Die einvernehmliche Beendigung von Kartellbußgeldverfahren vor der Europäischen Kommission und dem Bundeskartellamt

Schriften zum deutschen, europäischen und internationalen Wirtschaftsstrafrecht

Herausgegeben von Robert Esser

Band 3

PL ACADEMIC RESEARCH

Thiemo Engelbracht

Die einvernehmliche Beendigung von Kartellbußgeldverfahren vor der Europäischen Kommission und dem Bundeskartellamt

Eine rechtsvergleichende Untersuchung aus strafrechtlicher Perspektive

PL ACADEMIC RESEARCH

Bibliografische Information der Deutschen Nationalbibliothek
Die Deutsche Nationalbibliothek verzeichnet diese Publikation in der Deutschen Nationalbibliografie; detaillierte bibliografische Daten sind im Internet über http://dnb.d-nb.de abrufbar.

Zugl.: Bonn, Univ., Diss., 2015

D 5
ISSN 2190-0469
ISBN 978-3-631-66496-4 (Print)
E-ISBN 978-3-653-05764-5 (E-Book)
DOI 10.3726/978-3-653-05764-5

PL Academic Research ist ein Imprint der Peter Lang GmbH.

Peter Lang – Frankfurt am Main · Bern · Bruxelles · New York · Oxford · Warszawa · Wien

Diese Publikation wurde begutachtet.

www.peterlang.com

Vorwort

Die vorliegende Arbeit wurde im Januar 2015 von der Rechts- und Staatswissenschaftlichen Fakultät der Rheinischen Friedrich-Wilhelms-Universität als Dissertation angenommen. Entstanden ist sie während meiner Tätigkeit als wissenschaftliche Hilfskraft am juristischen Fachbereich der Universität Bonn und während meines Referendariats in Bonn und Sydney, Australien. Die Arbeit befindet sich im Wesentlichen auf dem Stand von Juli 2014; spätere Entwicklungen wurden vereinzelt berücksichtigt.

Meinem Doktorvater, Herrn Professor Dr. Martin Böse, danke ich sehr herzlich für den gewährten Freiraum bei der Auswahl des Themas und für die wertvollen Hinweise während dessen Bearbeitung. Ferner danke ich ihm sowie Herrn Professor Dr. Carl-Friedrich Stuckenberg, LL.M. (Harvard) für die Erstellung des Erst- bzw. des Zweitgutachtens.

Mein Dank gilt auch den hilfsbereiten (aktuellen und ehemaligen) Mitarbeitern des Dekanats besagter Fakultät sowie allen (neuen und alten) Freunden, die mich während der Erstellung der Arbeit begleitet und für die nötige Ablenkung gesorgt haben. Dank gebührt schließlich meinen Eltern, die mich stets unterstützt haben. Ihnen ist diese Arbeit gewidmet.

Frankfurt am Main, im April 2015
Thiemo Engelbracht

Inhaltsverzeichnis

Abkürzungsverzeichnis

a. a. O.	am angegebenen Ort
a. E.	am Ende
a. F.	alte Fassung
ABl. EG / EU	Amtsblatt der Europäischen Gemeinschaften / der Europäischen Union
Abs.	Absatz
AG	Amtsgericht
Alt.	Alternative
amtl.	amtlicher
ARA	The Antitrust Review of the Americas
Art. / Artt.	Artikel / Artikel (Plural)
Aufl.	Auflage
BB	Betriebsberater
bearb. / begr.	bearbeitet / begründet von
BGBl.	Bundesgesetzblatt
BGH	Bundesgerichtshof
BGHSt / BGHZ	Entscheidungssammlung des Bundesgerichtshofes in Strafsachen / in Zivilsachen
BR-Drucks. / BT-Drucks.	Drucksache des Bundesrates / des Deutschen Bundestages
BVerfG / BVerfGE	Bundesverfassungsgericht / Entscheidungssammlung des Bundesverfassungsgerichts
bzw.	beziehungsweise
CCC	Contrats – Concurrence – Consommation
CDE	Cahiers de Droit Européen
CLI	Competition Law International
CMLR	Common Market Law Review
CompLaw	Competition Law Journal
CompLI	Competition Law Insight
CPN	Competition Policy Newsletter
dass. / ders. / dies. / dens.	dasselbe / derselbe / dieselbe(n) / denselben
DB	Der Betrieb
EAR	The European Antitrust Review
EC / EG / EU	European Community / Europäische Gemeinschaft / Europäische Union
ECLR	European Competition Law Review
Ed.	Edition
EGMR / -E	Europäischer Gerichtshof für Menschenrechte / Entscheidungssammlung des EGMR

Einl.	Einleitung
EMRK	Europäische Menschenrechtskonvention
Erg.-Lfg.	Ergänzungslieferung
etc.	et cetera
EuG / EuGH	Gericht der Europäischen Union bzw. Gericht erster Instanz / Gerichtshof der Europäischen Union
EuGRZ	Europäische Grundrechte-Zeitschrift
EuR	Europarecht
EuZW	Europäische Zeitschrift für Wirtschaftsrecht
EWR	Europäischer Wirtschaftsraum
EWS	Europäisches Wirtschafts- und Steuerrecht
f. / ff.	folgende / fortfolgende
FIW	Forschungsinstitut für Wirtschaftsverfassung und Wettbewerb e. V. Köln
Fn.	Fußnote
fortgef.	fortgeführt von
GA / *GA*	Goltdammer's Archiv für Strafrecht / Generalanwalt
GAR	Global Antitrust Review
GCR	Global Competition Review
ggf.	gegebenenfalls
GRC	Charta der Grundrechte der Europäischen Union
GRUR / Int. /-RR	Gewerblicher Rechtsschutz und Urheberrecht / Internationaler Teil der GRUR / -Rechtsprechungsreport
GWR	Gesellschafts- und Wirtschaftsrecht
Hrsg.	Herausgeber
Hs.	Halbsatz
i. e. S. / i. w. S.	im engeren Sinne / im weiteren Sinne
i. H. v.	in Höhe von
i. V. m.	in Verbindung mit
ICLQ	The International & Comparative Law Quaterly
JECLP	Journal of European Competition Law & Practice
JuS	Juristische Schulung
JZ	Juristenzeitung
LG	Landgericht
lit.	litera
m. w. N.	mit weiteren Nachweisen
MJIL	Michigan Journal of International Law
NJW /-RR	Neue Juristische Wochenschrift / -Rechtsprechungsreport
Nr. / No.	Nummer / Number
NStZ /-RR	Neue Zeitschrift für Strafrecht / -Rechtsprechungsreport
NVwZ	Neue Zeitschrift für Verwaltungsrecht
NZG	Neue Zeitschrift für Gesellschaftsrecht
NZV	Neue Zeitschrift für Verkehrsrecht

NZKart	Neue Zeitschrift für Kartellrecht
OECD	Organisation for Economic Co-operation and Development
OLG	Oberlandesgericht
RefE / RegE	Referentenentwurf / Regierungsentwurf
Rn.	Randnummer
S.	Seite
Slg.	Sammlung (der Rechtsprechung des Gerichtshofes der Europäischen Union)
sog.	sogenannte(r)(n)
Spiegelstr.	Spiegelstrich
StV	Strafverteidiger
u. a.	und andere / unter anderem
v.	vom
Verf.	Verfasser
veröffentl.	veröffentlicht
vgl.	vergleiche
VO	Verordnung
Vol.	Volume
wistra	Zeitschrift für Wirtschafts- und Steuerstrafrecht
WRP	Wettbewerb in Recht und Praxis
WuW / WuW/E	Wirtschaft und Wettbewerb / Entscheidungssammlung zum Kartellrecht der WuW
z. B.	zum Beispiel
ZEuS	Zeitschrift für europarechtliche Studien
Ziff.	Ziffer
ZIP	Zeitschrift für Wirtschaftsrecht
ZIS	Zeitschrift für Internationale Strafrechtsdogmatik
zit.	zitiert
ZRP	Zeitschrift für Rechtspolitik
ZStW	Zeitschrift für die gesamte Strafrechtswissenschaft
ZWeR	Zeitschrift für Wettbewerbsrecht

Teil 1: Einleitung, Eingrenzung des Untersuchungsgegenstandes und Gang der Untersuchung

A. Einleitung

Bereits seit Längerem bedienen sich die Wettbewerbsbehörden zahlreicher Rechtsordnungen unterschiedlicher Instrumente, um die Durchsetzung des Kartellrechts zu verbessern. Nach der Kronzeugenregelung und den Verpflichtungszusagen ist das neueste Instrument in dieser Reihe das der einvernehmlichen Verfahrensbeendigung.[1] Diese hat das Ziel, die streitigen und oftmals langwierigen Kartellbußgeldverfahren durch mehr oder weniger kooperative Elemente sowie den Verzicht auf bestimmte Verteidigungs- und Verfahrensrechte zu beschleunigen. Vorbild dieses Vorgehens ist das aus dem U.S.-amerikanischen (Kartell-)Strafrecht bekannte und dort – jedenfalls nach Fallzahlen – äußerst erfolgreich eingesetzte sog. „Plea Bargaining".[2] Spätestens seit den 2000er Jahren interessieren sich auch die Wettbewerbsbehörden zahlreicher weiterer Staaten vermehrt für die einvernehmliche Beendigung von Kartellbußgeldverfahren.[3] Ein hierfür wiederholt angeführter Grund ist der Erfolg der Kronzeugenregelung, der dazu führt, dass zahlreiche Kartelle aufgedeckt und in der Folge geahndet werden wollen. Dieser Umstand hat das Interesse der Wettbewerbsbehörden geweckt, die bei ihr anhängigen Verfahren schneller abzuschließen, um die Kartellrechtsdurchsetzung insgesamt effizienter zu gestalten. Solchen Erwägungen stehen indes rechtsstaatliche Bedenken gegenüber: Ein Verhandeln zwischen den Wettbewerbsbehörden und den betroffenen Parteien sowie deren Verzicht auf die Ausübung bestimmter Verteidigungs- und Verfahrensrechte im Gegenzug für die Gewährung einer milderen Geldbuße erscheint bereits auf den ersten Blick nicht unbedenklich. Neben der Vereitelung des Allgemeininteresses an einer gerechten Sanktionierung steht insofern insbesondere eine Aushöhlung der Verteidigungsrechte der Parteien zu befürchten.

Auf europäischer Ebene hat die Europäische Kommission[4] mit Wirkung zum 1. Juli 2008 ein Vergleichsverfahren in Kartellfällen eingeführt.[5] Danach können Parteien, gegen die ein Bußgeldverfahren wegen eines Verstoßes gegen das

1 Dies gilt jedenfalls für die Situation auf europäischer Ebene, für die deutsche hingegen nur unter Einschränkungen. Vgl. dazu noch Teil 3, B., IV.

2 Vgl. dazu noch Teil 3, C., I.

3 Zuletzt waren auch verschiedene Expertengruppen internationaler Wirtschafts- und Wettbewerbsorganisationen mit dem Thema beschäftigt. Vgl. *ICN*, Cartel Settlements; *OECD*, Experiences with Direct Settlements in Cartel Cases.

4 Im Folgenden: Kommission.

5 Verordnung (EG) Nr. 622/2008 der Kommission vom 30. Juni 2008 zur Änderung der Verordnung (EG) Nr. 773/2004 hinsichtlich der Durchführung von Vergleichsverfahren in Kartellfällen (im Folgenden: VO 622/2008), ABl. EU Nr. L 171/3.

Kartellverbot gemäß Art. 101 AEUV eingeleitet worden ist, mit der Kommission kooperieren, um das Verfahren einvernehmlich zu beenden. Als „Belohnung“ für den teilweisen Verzicht auf verschiedene Verfahrensrechte wird das ursprünglich gegen die Partei zu verhängende Bußgeld um 10 % reduziert. Im Gegenzug soll ein solcher Vergleich es der Kommission ermöglichen, Bußgeldverfahren insgesamt schneller abzuschließen, um mehr Ressourcen für die Durchführung weiterer Kartellverfahren zur Verfügung zu haben.[6] Das Bundeskartellamt bietet den (Neben-) Betroffenen[7] ebenfalls die Möglichkeit der Bußgeldreduktion im Gegenzug für eine einvernehmliche Verfahrensbeendigung.[8] Die Praxis der sog. „Settlements“ besteht zwar schon deutlicher länger, hat aber erst im Zuge der Einführung des Vergleichsverfahrens auf europäischer Ebene breitere wissenschaftliche Aufmerksamkeit erlangt. Bestärkt wurde diese durch die mit Wirkung zum 4. August 2009 Gesetzesrecht gewordene Verständigung in Strafsachen[9] (auch „Absprache“, „Vergleich“ oder – negativ besetzt – „Deal“ genannt). Die Kodifikation der Verständigung im Strafverfahren stellt die wohl bedeutendste Änderung der deutschen StPO seit ihrem Bestehen dar.[10] Kritiker verbinden mit ihr vor allem einen „Handel mit der Gerechtigkeit“[11].

Anlass für eine nähere Befassung mit den Vergleichsverfahren von Kommission und Bundeskartellamt ist der Umstand, dass diese neben den erwähnten Vorteilen – Effizienzgewinne für die Tätigkeit der Wettbewerbsbehörden einerseits,

---

6 Mitteilung der Kommission über die Durchführung von Vergleichsverfahren bei dem Erlass von Entscheidungen nach Artikel 7 und Artikel 23 der Verordnung (EG) Nr. 1/2003 des Rates in Kartellfällen, ABl. EU 2008 Nr. C 167/1 (im Folgenden: Kommission, Mitteilung über das Vergleichsverfahren), Rn. 1; Erwägungsgrund Nr. 4 zur VO 622/2008.

7 Obgleich juristische Personen (bzw. Personenvereinigungen) nach deutschem Recht selbst Adressaten von bußgeldbewehrten Ver- bzw. Geboten sowie Bußgeldbescheiden sein können, werden sie üblicherweise nur als *Neben*betroffene bezeichnet (vgl. Bundeskartellamt, Kartellbußgeldverfahren, S. 5; *Gillmeister*, Ermittlungsrechte, S. 37), da Voraussetzung der Haftung einer juristischen Person stets ein ihr zurechenbarer Verstoß einer natürlichen Person ist. Vgl. dazu noch Teil 2, B., I., S. 53. Im Folgenden wird – der Einfachheit halber und sofern nicht anders angegeben – grundsätzlich einheitlich der Begriff „Betroffene“ verwendet.

8 Bericht des Bundeskartellamtes über seine Tätigkeit in den Jahren 2007/2008 sowie über die Lage und Entwicklung auf seinem Aufgabengebiet, BT-Drucks. 16/13500 v. 22.06.2009 (im Folgenden: Tätigkeitsbericht Bundeskartellamt 2007/2008), S. 35.

9 BGBl. I 2009, S. 2353 (im Folgenden: Verständigungsgesetz).

10 *Müller*, Absprachen im Strafverfahren, Vorwort. Vgl. auch die – deutliche kritischere – Einschätzung von *Stuckenberg*, in: Löwe-Rosenberg, StPO, § 257c Rn. 1, der insofern von dem „schwerste[n] Eingriff in das Gefüge der StPO“ spricht.

11 So *Stuckenberg*, in: Löwe-Rosenberg, StPO, § 257c Rn. 7. Vgl. auch BVerfG, NStZ 1987, 419; dass., NJW 2013, 1058 (1068); BGHSt 50, 40 (48).

Bußgeldreduktion für die Parteien andererseits[12] – auch zahlreiche Rechtsfragen „aus der strafrechtlichen Ecke“[13] mit sich bringen. Anders als die bislang zum Vergleichsverfahren erschienenen Arbeiten[14] nimmt die vorliegende Untersuchung deshalb eine vorwiegend strafprozessuale Perspektive ein. Während *Brenner* und *Bueren* sich u. a. auch mit der Effektivität des Vergleichsverfahrens bzw. seinen ökonomischen Aspekten befassen, sollen hier ausschließlich strafrechtliche Problemstellungen einer näheren Betrachtung unterzogen werden. Zwar untersuchen auch die vorgenannten Arbeiten das Vergleichsverfahren auf seine Vereinbarkeit mit bestimmten rechtsstaatlichen Grundsätzen, beschränken sich dabei aber auf das Vergleichsverfahren der Kommission, während ein Schwerpunkt der vorliegenden Arbeit auf dem Vergleichsverfahren des Bundeskartellamtes und seiner Gegenüberstellung mit dem der Kommission liegt. Darüber hinaus erfolgt hier eine ausführliche Befassung mit der Frage, ob Dritte ein Recht auf Einsicht in die bei der Kommission bzw. dem Bundeskartellamt befindlichen vergleichsspezifischen Aktenbestandteile haben.

Eine rechtsvergleichende Untersuchung bietet sich vor allem deshalb an, weil die in der vorliegenden Arbeit näher zu behandelnden Fragen in beiden Rechtsordnungen gleichermaßen auftauchen und hier wie dort sowohl von grundsätzlicher als auch aktueller Bedeutung sind.[15] So ist das Vergleichsverfahren der Kommission erst kürzlich eingeführt worden; nahezu zeitgleich ist das behördliche wie wissenschaftliche Interesse an der Durchführung von Vergleichsverfahren vor dem Bundeskartellamt gestiegen. Hinzu kommt, dass das Verständigungsgesetz, das zuvorderst Verständigungen im Strafverfahren regelt, daneben aber auch Auswirkungen auf die Praxis der einvernehmlichen Beendigung von Bußgeldverfahren durch das Bundeskartellamt hat, ebenfalls erst kürzlich in Kraft getreten ist. Schließlich gehört der Umfang der Einsicht Dritter in kartellrechtliche Aktenbestandteile zu den zurzeit wohl umstrittensten Fragestellungen des europäischen wie auch des deutschen Kartellrechts.

---

12 Vgl. *Stockmann*, ZWeR 2012, 20 (30): „Dass das Settlementverfahren als ein für die Kartellbehörden nahezu uneingeschränkt und für die Täter überwiegend erfreuliches Instrument diesem Erfolgsweg [dem der Kronzeugenregelung] in jüngeren Kartellrechtsordnungen folgen wird, ist kaum noch zu bezweifeln.“

13 So *Stockmann*, ZWeR 2012, 20 (30).

14 Vgl. *Brenner*, Das Vergleichsverfahren; *Bueren*, Verständigungen. Dies gilt in Teilen auch für *Hennig*, Settlements im Europäischen Kartellverfahren, der aber schwerpunktmäßig das Instrument der Verpflichtungszusagen behandelt und auf das Vergleichsverfahren der Europäischen Kommission in deutlich geringerem Umfang eingeht.

15 Einen Rechtsvergleich zwischen dem europäischen und deutschen Vergleichsverfahren hingegen ablehnend *Brenner*, Das Vergleichsverfahren, S. 24 f.

B. Eingrenzung des Untersuchungsgegenstandes

Die vorliegende Arbeit beschränkt sich auf eine Untersuchung des Vergleichsverfahrens. Dieses unterscheidet sich von den bereits erwähnten, dem Vergleichsverfahren verwandten Instrumenten der Verpflichtungszusagen und der Kronzeugenregelung[16] wie folgt.

Im Gegensatz zum streitigen Verfahren verhalten sich die betroffenen Parteien im Vergleichsverfahren weitgehend kooperativ, indem sie die Verantwortung für den Tatvorwurf übernehmen sowie auf bestimmte Verfahrensrechte verzichten. Im Gegenzug reduziert die Wettbewerbsbehörde die ursprüngliche Geldbuße, und zwar mit einer „normalen" Entscheidung nach Artt. 7 und 23 VO 1/2003[17] bzw. § 81 GWB, mit der ein Kartellrechtsverstoß festgestellt und eine Geldbuße verhängt wird. Lediglich der Weg zu der Entscheidung wird bei Anwendung des Vergleichsverfahrens abgekürzt. Der Erlass einer solchen Entscheidung ist ein wesentlicher Unterschied zu den in Art. 9 VO 1/2003 bzw. § 32b GWB geregelten Verpflichtungszusagen. Denn mit der Entscheidung der Wettbewerbsbehörde, Verpflichtungszusagen der Parteien für verbindlich zu erklären, um so ihre Wettbewerbsbedenken auszuräumen, wird das Verfahren vorzeitig beendet. In diesem Fall wird gerade keine Aussage darüber getroffen, ob ein Kartellrechtsverstoß vorliegt.[18] Ferner dient das Vergleichsverfahren dem schnelleren Abschluss eines Kartellverfahrens, mit dem ein bereits begangener Kartellverstoß festgestellt und sanktioniert wird. Demgegenüber ist das Instrument der Verpflichtungszusagen zukunftsgerichtet: Die Parteien schlagen der Wettbewerbsbehörde vor, sich künftig in einer bestimmten Weise zu verhalten, um bestehende wettbewerbliche Bedenken auszuräumen. Schließlich kommen Verpflichtungsentscheidungen nur in solchen Fällen in Betracht, in denen die Verhängung eines Bußgeldes nicht beabsichtigt ist, das wettbewerbswidrige Verhalten also kein schwerwiegendes ist.[19] Die Kommission möchte die

16 Der Begriff „Kronzeugenregelung" umfasst nachfolgend grundsätzlich auch das als „Bonusregelung" bezeichnete Kronzeugenprogramm des Bundeskartellamtes.

17 Verordnung (EG) Nr. 1/2003 des Rates vom 16. Dezember 20002 zur Durchführung der in den Artikeln 81 und 82 der Vertrags niedergelegten Wettbewerbsregeln, ABl. EG 2003 Nr. L 1/1.

18 Vgl. *Bechtold*, GWB, § 32b Rn. 1; *Wissmann*, in: Wissmann/Dreyer/Witting, Kartellbehördliche Ermittlungen, § 3 Rn. 472; *Ortega Gonzalez*, ECLR 2011, 170 (171); *Siragusa/Guerri*, in: Ehlermann/Marquis, Antitrust Settlements, 185 (186); *Wils*, World Competition 2008, 335 (338).

19 Vgl. zum europäischen Recht: Erwägungsgrund Nr. 13 a. E. zur VO 1/2003; *Brenner*, Das Vergleichsverfahren, S. 323 f.; *Burrichter/Zimmer*, in: Ehlermann/Atanasiu, Enforcement, 611 (614); *Marquis*, in: Ehlermann/Marquis, Antitrust Settlements, Einl. (29) 31; *Scordamaglia*, GAR 2009, 61 (67); *Siragusa/Guerri*, in: Ehlermann/Marquis, Antitrust Settlements, 185 (186). Vgl. zum deutschen Recht: RegE eines Siebten Gesetzes zur Änderung des Gesetzes gegen Wettbewerbsbeschränkungen, BT-Drucks. 15/3640 v. 12.08.2004 (im Folgenden: RegE 7. GWB-Novelle), S. 34; *Wissmann*, in: Wissmann/Dreyer/Witting, Kartellbehördliche Ermittlungen, § 3 Rn. 472; *Rehbinder*,

Verpflichtungszusagen deshalb grundsätzlich nicht in den sog. „Hardcore"-Kartellfällen[20] anwenden,[21] während sie den Anwendungsbereich des Vergleichsverfahrens auf ebendiese Kartellverstöße begrenzt hat.[22]

Die Kronzeugenregelung und das Vergleichsverfahren haben die Gemeinsamkeit, dass beide Instrumente den Parteien die Möglichkeit bieten, die ursprünglich zu verhängende Geldbuße durch eine Kooperation mit der Wettbewerbsbehörde zu verringern. Der Unterschied zwischen der Kronzeugenregelung und dem Vergleichsverfahren besteht vielmehr in der Form der Zusammenarbeit, die zudem unterschiedliche Zwecke verfolgt. Die Kronzeugenregelung ermöglicht es einer Partei, die Ermäßigung oder sogar den Erlass der Geldbuße zu erwirken, indem sie eine wettbewerbsbehördliche Untersuchung durch Aufdeckung des Kartells und durch Beibringung von Beweisen auslöst oder voranbringt. Das Vergleichsverfahren setzt hingegen gleichsam eine Stufe später an: Es belohnt die Partei nicht für die Offenlegung eines Kartells oder die Beibringung von Beweisen, sondern es ermäßigt die Geldbuße im Gegenzug für die Kooperation während des bereits laufenden Verfahrens. Während es sich bei der Kronzeugenregelung also um ein Ermittlungsinstrument handelt, dient das Vergleichsverfahren in erster Linie der Verfahrensbeschleunigung.[23] Bei der Ausgestaltung ihrer Vergleichsverfahren sind Kommission

---

in: Loewenheim/Meessen/Riesen-kampff, Kartellrecht, § 32b GWB Rn. 4. Allerdings können die Wettbewerbsbehörden Geldbußen für Verstöße gegen die für bindend erklärten Verpflichtungszusagen verhängen, vgl. Art. 23 Abs. 2 lit. c VO 1/2003 und § 81 Abs. 2 Nr. 2 lit. a GWB.

20 Hierunter werden im deutschen wie im europäischen Kartellrecht besonders wettbewerbsfeindliche Verhaltensweisen wie Preis-, Mengen- und Gebietsabsprachen verstanden, wobei dazu meistens nur solche Absprachen zwischen Wettbewerbern (d. h. im *horizontalen* Verhältnis) gezählt werden. Vgl. zur Begriffsbestimmung im Rahmen der Kronzeugenregelung *Albrecht*, Die Anwendung von Kronzeugenregelungen, S. 48; *Wiesner*, Der Kronzeuge im Kartellrecht, S. 42; *Zagrosek*, Kronzeugenregelungen, S. 21.

21 Kommission, MEMO/08/458 v. 30.06.2008, Antitrust: Commission introduces settlement procedure for cartels – frequently asked questions (im Folgenden: Kommission, MEMO/08/458), S. 3, abrufbar unter: http://europa.eu/rapid/press-release_MEMO-08-458_en.pdf. Die Kommission hat sich des Instruments der Verpflichtungszusagen – allerdings vor Einführung des Art. 9 VO 1/2003 – bereits in einem Kartellfall bedient; vgl. Kommission, Pressemitteilung IP/01/1796 v. 11.12.2011, S. 2. Vgl. dazu *Brenner*, Das Vergleichsverfahren, S. 328 ff.

22 Kommission, Mitteilung über das Vergleichsverfahren, Rn. 1 (Fn. 2).

23 Vgl. Kommission, Mitteilung über das Vergleichsverfahren, Rn. 1; Kommission, MEMO/08/458, S. 2; *Kroes*, SPEECH/08/445, S. 4. Vgl. auch *Burrichter/Zimmer*, in: Ehlermann/Atanasiu, Enforcement, 611 (629); *Gamble*, ECLR 2011, 449 (450); *Hederström*, in: Weiß, Die Rechtsstellung Betroffener, 9 (10 f.); *Holmes/Girardet*, Settling Cartel Cases, S. 1 f.; *Horányi*, ZEuS 2008, 663 (670); *Metha/Tierno Centella*, CLI 6/2008, 11 f.; *Ortega Gonzalez*, ECLR 2011, 170 (173 f.); *Scordamaglia*, GAR 2009, 61 (62/67); *Soltész/Köckritz*, ECLR 2011, 258 f.; *Wils*, World Competition 2008, 335 (340 f.).

und Bundeskartellamt dennoch darauf bedacht, die Attraktivität ihrer Kronzeugenprogramme nicht zu gefährden, was sich insbesondere bei der Diskussion um die richtige Höhe der Belohnung der Kooperation zeigt.[24] Ist die Bußgeldermäßigung zu hoch, besteht die Gefahr, dass die Parteien nicht an der Aufdeckung von Kartellen, sondern nur mehr im laufenden Verfahren kooperieren; ist die Bußgeldermäßigung hingegen zu niedrig, haben die Parteien lediglich einen geringen Anreiz zur Kooperation und beschränken sich möglicherweise auf die Einlegung eines Rechtsmittels gegen die behördliche Entscheidung.[25]

C. Gang der Untersuchung

Der Arbeit liegt folgender Untersuchungsgang zu Grunde, in dessen Verlauf schwerpunktmäßig zwei Fragen behandelt werden. Zum einen ist zu klären, ob die Vergleichsverfahren der Kommission sowie des Bundeskartellamtes gegen höherrangiges Recht verstoßen (Teil 4). Hierzu werden einzelne Aspekte der Vergleichsverfahren auf ihre Vereinbarkeit mit – insbesondere – strafrechtlichen und strafprozessualen Grundsätzen sowie Verteidigungs- und Verfahrensrechten untersucht. Zum anderen ist zu klären, ob Dritte ein Recht auf Einsicht in die bei Kommission und Bundeskartellamt befindlichen vergleichsspezifischen Aktenbestandteile haben (Teil 5). So verlangen beide Wettbewerbsbehörden von den Parteien die Abgabe bestimmter Erklärungen, an deren Inhalt Geschädigte des jeweiligen Kartellrechtsverstoßes ein Interesse haben könnten, um ihre privaten Schadensersatzklagen zu substantiieren. Dagegen ist den Wettbewerbsbehörden daran gelegen, solche Dokumente nicht offen zu legen, um ihre Vergleichsverfahren nicht zu gefährden. Denn es besteht die Befürchtung, dass sich die Parteien angesichts einer vermehrten zivilrechtlichen Inanspruchnahme gegen das Vergleichs- und für das streitige Verfahren entscheiden werden.

Die Untersuchung der skizzierten Fragen macht es erforderlich, zunächst die bußgeldrechtliche Durchsetzung des Kartellrechts sowohl auf europäischer als auch auf deutscher Ebene jedenfalls im Überblick darzustellen (Teil 2). Näher einzugehen ist in diesem Zusammenhang auf den Ablauf der jeweiligen streitigen Kartellverfahren, um in der Folge die Unterschiede zwischen dem streitigen und dem Vergleichsverfahren deutlich herausstellen zu können. Ein Schwerpunkt des 2. Teils bildet ferner die Bestimmung der Rechtsnatur – insbesondere – der europäischen Kartellgeldbuße, da hiervon der Prüfungsmaßstab für die Untersuchung der Rechtsstaatlichkeit des Vergleichsverfahrens abhängt. Anschließend erfolgt eine ausführliche Beschreibung der Vergleichsverfahren von Kommission und Bundeskartellamt (Teil 3). Dabei ist insbesondere auf den Ablauf der Verfahren sowie auf die seitens der Parteien zu erbringenden Kooperationsleistungen einzugehen. Abgeschlossen

24 Vgl. Tätigkeitsbericht Bundeskartellamt 2007/2008, S. 35; Bundeskartellamt, in: OECD, Settlements, S. 52.

25 Vgl. *Holmes/Girardet*, Settling Cartel Cases, S. 7.

werden soll der 3. Teil mit einem kurzen Blick auf die Vergleichsverfahren anderer Rechtsordnungen. Die Arbeit endet mit einer abschließenden Zusammenfassung der gefundenen Ergebnisse (Teil 6).

Um dem Anspruch an eine rechtsvergleichende Untersuchung gerecht zu werden, erfolgt die Darstellung der Themenkomplexe 2. bis 5. weitestgehend getrennt nach europäischem und deutschem Recht.

Teil 2: Bußgeldrechtliche Folgen eines Wettbewerbsverstoßes

Im europäischen wie im deutschen Kartellrecht haben die bußgeldrechtlichen Folgen trotz aller jüngeren Bestrebungen, die private Kartellrechtsdurchsetzung zu verbessern,[26] weiterhin überragende Bedeutung.[27] Vor allem die von der Kommission verhängten Geldbußen haben in den letzten Jahren selbst für finanzstarke Unternehmen empfindliche Höhen erreicht.[28] In Deutschland sind die verhängten Geldbußen zwar meist nicht so hoch wie auf Unionsebene. Dabei gilt es jedoch zu berücksichtigen, dass die Kommission die bedeutendsten Fälle mit zwischenstaatlichem Bezug aufgrund ihres Evokationsrechts aus Art. 11 Abs. 6 VO 1/2003 an sich ziehen kann, und gleichwohl bewegen sich die vom Bundeskartellamt verhängten Geldbußen nicht selten im dreistelligen Millionenbereich.[29]

---

26 Vgl. dazu noch Teil 5.

27 Das gilt zumindest für den Bereich des Kartell- sowie des Missbrauchsverbots, nicht hingegen für die Zusammenschlusskontrolle, wo Geldbußen nur eine untergeordnete Rolle spielen. Das Verfahren der Zusammenschlusskontrolle soll daher im Folgenden weitestgehend außer Acht gelassen werden. Obgleich das Bundeskartellamt das Vergleichsverfahren anders als die Kommission – so viel sei vorweggenommen – grundsätzlich auch bei der Zusammenschlusskontrolle anwendet, sind dort die verwaltungsrechtlichen Instrumente der Untersagung bzw. der Freigabe des Zusammenschlusses (ggf. unter Auflagen) dominierend.

28 Die bisherige Rekordgeldbuße *pro Partei* i. H. v. 1,06 Milliarden Euro verhängte die Kommission im Jahr 2009 gegen das Unternehmen *Intel* wegen eines Verstoßes gegen Art. 102 AEUV; vgl. Kommission v. 13.05.2009, ABl. EU 2009 Nr. C 227/13, Rn. 44 – *Intel.* Die bisherige Rekordgeldbuße *pro Fall* i. H. v. 1,47 Milliarden Euro verhängte die Kommission erst jüngst am 05.12.2012 gegen mehrere Hersteller von Bildröhren für Fernsehgeräte und Computermonitore, die sich an zwei Kartellen beteiligten; vgl. Kommission, Pressemitteilung IP/12/1317 v. 05.12.2012. Vgl. zur Entwicklung der Bußgeldpraxis *Albrecht*, Die Anwendung von Kronzeugenregelungen, S. 72 ff.; *Baudisch*, Die Rechtsstellung des Unternehmens, S. 37 ff.; *Schwarze/Bechtold/Bosch*, Rechtsstaatliche Defizite, S. 6 ff.; *Wils*, World Competition 2010, 5 (10 ff.); sowie – speziell für Verstöße gegen Art. 101 AEUV – http://ec.europa.eu/competition/cartels/statistics/statistics.pdf.

29 Im bisherigen Rekordjahr 2003 verhängte das Bundeskartellamt Geldbußen i. H. v. insgesamt 717 Millionen Euro. Davon entfielen allein 660 Millionen Euro auf das sog. „Zement-Kartell" und hiervon wiederum 251,5 Millionen Euro auf das Unternehmen *HeidelbergCement*; vgl. FRANKFURTER ALLGEMEINE ZEITUNG v. 14.04.2003, abrufbar unter: http://www.faz.net/aktuell/wirtschaft/baustoffe-kartellamt-verhaengt-660-millionen-euro-bussgeld-gegen-zementkartell-1104670.html. Das OLG Düsseldorf senkte die Geldbußen allerdings auf 330 Millionen Euro für das gesamte „Zement-Kartell" bzw. auf 170 Millionen Euro für *HeidelbergCement*, vgl. DIE WELT

A. Europäisches Recht

I. Bußgeldvorschriften und -adressaten

Rechtsgrundlage für die Verhängung von Bußgeldern im Bereich des Kartell- sowie des Missbrauchsverbots ist Art. 23 VO 1/2003. Dieser soll – zusammen mit Art. 24 VO 1/2003 – die Beachtung der Artt. 101 und 102 AEUV gewährleisten sowie die Erfüllung der den Parteien von der Kommission auferlegten Pflichten sicherstellen.[30] Art. 23 Abs. 1 VO 1/2003 ermöglicht die Ahndung von Verstößen der Parteien gegen bestimmte Mitteilungs-, Mitwirkungs- und Duldungspflichten im Rahmen der Untersuchung eines kartellrechtswidrigen Verhaltens durch die Kommission. Diese verfahrensrechtlichen Verstöße können mit einer Geldbuße von bis zu 1 % des im vorangegangenen Geschäftsjahr erzielten Gesamtumsatzes der Partei geahndet werden. Wesentlich schwerer wiegen nach Art. 23 Abs. 2 VO 1/2003 hingegen Verstöße gegen die materiell-rechtlichen Verbote aus Artt. 101 und 102 AEUV *(lit. a)*, gegen eine nach Art. 8 VO 1/2003 angeordnete einstweilige Maßnahme *(lit. b)* und gegen eine nach Art. 9 VO 1/2003 für bindend erklärte Verpflichtungszusage *(lit. c)*. Diese Verstöße können mit einer Geldbuße von bis zu 10 % des im vorangegangenen Geschäftsjahr erzielten Gesamtumsatzes der Partei geahndet werden. Voraussetzung für die Verhängung einer Geldbuße sowohl nach Art. 23 Abs. 1 als auch nach Art. 23 Abs. 2 VO 1/2003 ist, dass der Verstoß schuldhaft begangen wurde.

Adressaten der europäischen Bußgeldvorschriften sind ausschließlich Unternehmen.[31] Insofern stimmen die Bußgeldtatbestände des Art. 23 Abs. 1 und 2 VO 1/2003 mit den materiell-rechtlichen Vorschriften der Artt. 101 und 102 AEUV überein und haben sie Sonderdeliktscharakter.[32] Der Unternehmensbegriff wird im europäischen Recht extensiv ausgelegt und bezeichnet eine wirtschaftliche Einheit, „selbst wenn diese wirtschaftliche Einheit rechtlich aus mehreren natürlichen oder juristischen Personen gebildet wird“[33]. So können mehrere rechtlich selbstständige Konzerngesellschaften unter Umständen ein Unternehmen darstellen. Eine solche Konstellation ist insbesondere dann gegeben, wenn die Muttergesellschaft bestim-

---

v. 29.06.2009, abrufbar unter: http://www.welt.de/wirtschaft/article4021959/Gericht-senkt-Bussgeld-gegen-Zement-kartell. html. Der BGH hat die Geldbußen dem Grunde nach bestätigt, nahm wegen der langen Verfahrensdauer allerdings Abschläge i. H. v. jeweils 5 % vor; vgl. Bundeskartellamt, Pressemitteilung v. 14.04.2003. Zur Entwicklung der Bußgeldpraxis in den Jahren 1993–2012 vgl. den Bericht des Bundeskartellamtes über seine Tätigkeit in den Jahren 2011/2012 sowie über die Lage und Entwicklung auf seinem Aufgabengebiet, BT-Drucks. 17/13675 v. 29.05.2013, S. 30.

30 Erwägungsgrund Nr. 29 zur VO 1/2003.

31 *Böse*, Strafen und Sanktionen, S. 182; *Pascu*, Strafrechtliche Fundamentalprinzipien, S. 313; *Sura*, in: Langen/Bunte, Europäisches Kartellrecht, Art. 23 VO 1/2003 Rn. 10.

32 *Dannecker/Biermann*, in: Immenga/Mestmäcker, EU-Wettbewerbsrecht, Art. 23 VO 1/2003 Rn. 6; *Nowak*, in: Loewenheim/Meessen/Riesenkampff, Kartellrecht, Art. 23 VO 1/2003 Rn. 17; *Tiedemann*, in: FS-Jescheck, 1411 (1419).

33 EuGH v. 10.09.2009, C-97/08 P, Slg. 2009, I-8237 (8286, Rn. 55) – *Akzo Nobel u. a.*

menden Einfluss auf die Tochtergesellschaft ausübt, was im Fall einer 100 %-igen Beteiligung vermutet wird.[34] Die Bußgeldentscheidungen müssen sich indes, um vollstreckbar zu sein, gegen den Unternehmensträger richten, bei dem es sich regelmäßig um eine juristische Person oder Personenvereinigung handelt.[35] Daraus folgt auch, dass die Union – von dem Ausnahmefall des Einzelkaufmanns einmal abgesehen[36] – keine Sanktionen gegen natürliche Personen verhängen kann.[37] Da Unternehmen als solche nicht selbst handeln können, ist ihnen aber das Verhalten sowie das Verschulden der für sie handelnden natürlichen Personen zuzurechnen.[38]

II. Kommissionsverfahren

Ein Bußgeldverfahren als solches existiert auf Unionsebene nicht, da hier nicht zwischen Verfahren in Bußgeldsachen und solchen in Verwaltungssachen unterschieden wird.[39] Es findet vielmehr *ein* Verfahren – das sog. „Kommissionsverfahren" – statt, das die Kommission gemäß Art. 7 VO 1/2003 mit der Feststellung eines Verstoßes sowie der Aufforderung, diesen abzustellen, und zugleich gemäß Art. 23 VO 1/2003 mit der Verhängung einer Geldbuße abschließen kann.[40] Als Exekutivorgan

34 EuGH v. 10.09.2009, C-97/08 P, Slg. 2009, I-8237 (8287 f., Rn. 58 ff.) – *Akzo Nobel u. a.* Vgl. allgemein zur bußgeldrechtlichen Verantwortlichkeit und Haftungszurechnung *Nowak*, in: Loewenheim/Meessen/Riesenkampff, Kartellrecht, Art. 23 VO 1/2003 Rn. 18 f., sowie – ausführlich – *Kindhäuser/Meyer*, in: FK-Kartellrecht, Band II, Art. 101 AEUV Bußgeldrechtliche Folgen Rn. 20 ff./153 ff.

35 Vgl. *Dannecker/Biermann*, in: Immenga/Mestmäcker, EU-Wettbewerbsrecht, vor Art. 23 f. 1/2003 Rn. 76 ff.; *Mestmäcker/Schweitzer*, Europäisches Wettbewerbsrecht, § 21 Rn. 14.

36 Eine weitere, in der Praxis ebenfalls unbedeutende Ausnahme gilt gemäß Art. 14 Abs. 1 i. V. m. Art. 3 Abs. 1 lit. b VO 139/2004 im Bereich der Fusionskontrolle für natürliche Personen, die bereits ein Unternehmen kontrollieren oder einer eigenen Wirtschaftstätigkeit nachgehen, so dass sie insofern die Anforderungen des funktionalen Unternehmensbegriffs erfüllen; vgl. *Körber*, in: Immenga/Mestmäcker, EU-Wettbewerbsrecht, Art. 14 FKVO Rn. 5.

37 *Albrecht*, Die Anwendung von Kronzeugenregelungen, S. 65.

38 *Mestmäcker/Schweitzer*, Europäisches Wettbewerbsrecht, § 21 Rn. 14; *Nowak*, in: Loewenheim/Meessen/Riesenkampff, Kartellrecht, Art. 23 VO 1/2003 Rn. 17.

39 *Albrecht*, Die Anwendung von Kronzeugenregelungen, S. 63 f.; *Dannecker*, in: Wabnitz/Janovsky, Wirtschafts- und Steuerstrafrecht, 16. Kapitel Rn. 185; *Dannecker/Biermann*, in: Immenga/Mestmäcker, EU-Wettbewerbsrecht, vor Art. 23 f. VO 1/2003 Rn. 214; *Klees*, Europäisches Kartellverfahrensrecht, § 10 Rn. 8; *Ost*, in: Loewenheim/Meessen/Riesen-kampff, Kartellrecht, Erwägungsgründe VO 1/2003 Rn. 3.

40 Im deutschen Recht – so viel sei vorweggenommen – existiert hingegen eine förmliche Trennung zwischen dem Verfahren in Verwaltungssachen und dem Verfahren in Bußgeldsachen. Im GWB kommt dies bereits darin zum Ausdruck, dass das Verwaltungsverfahren im ersten (§§ 54 ff. GWB), das Bußgeldverfahren hingegen im zweiten Abschnitt des dritten Teils (§§ 81 ff. GWB) geregelt ist.

der Union ist die Kommission zuständig für die Durchführung des Kartellverfahrens und den Erlass eines Beschlusses nach Artt. 7 und 23 VO 1/2003. Die Durchführung des Kommissionsverfahrens bis zum Erlass des verfahrensbeendenden Beschlusses des Kommissionskollegiums, mithin die Vorbereitung desselben, ist der Generaldirektion Wettbewerb (unter derzeitiger Leitung des Kommissionsmitgliedes *Joaquín Almunia*) übertragen.[41] Innerhalb der Generaldirektion Wettbewerb sind für die Bearbeitung der einzelnen Fälle wiederum sog. „case teams" verantwortlich.[42]

Ob die Kommission ein Verfahren durchführt, entscheidet sie nach pflichtgemäßem Ermessen; es gilt mithin das Opportunitäts-, nicht das Legalitätsprinzip.[43] Das Kommissionsverfahren kann von Amts wegen oder auf eine Beschwerde hin eingeleitet werden. Beschwerdebefugt sind gemäß Art. 7 Abs. 2 VO 1/2003 natürliche und juristische Personen, sofern sie ein berechtigtes Interesse darlegen, sowie die Mitgliedstaaten. In letzter Zeit wird die Kommission indes vermehrt durch Kronzeugenanträge der Parteien auf die Existenz von Kartellen aufmerksam gemacht.

Das Kommissionsverfahren lässt sich in zwei Phasen einteilen: die Ermittlungs- und die Entscheidungsphase.[44] Eine solche Einteilung ergibt sich zwar ausdrücklich weder aus der VO 1/2003 noch aus der VO 773/2004[45]. In Art. 11 Abs. 6 VO 1/2003 bzw. Art. 2 Abs. 1 Hs. 1 VO 773/2004 ist vielmehr lediglich von einem Verfahren zum Erlass einer Entscheidung nach Kapitel III (der VO 1/2003) die Rede, womit die Entscheidungsphase gemeint ist. Allerdings bestimmt Art. 2 Abs. 3 VO 1/2003, dass die Kommission von ihren Ermittlungsbefugnissen gemäß Kapitel V der VO 1/2003 Gebrauch machen kann, bevor sie ein Verfahren einleitet, so dass es auch eine Ermittlungsphase geben muss; diese wird allerdings ohne förmlichen Beschluss eröffnet. Sie dient der Kommission dazu, dem Verdacht eines Wettbewerbsverstoßes nachzugehen, indem bei den betroffenen Parteien Auskünfte eingeholt oder

---

41 *Dieckmann*, in: Wiedemann, Kartellrecht, § 41 Rn. 15; *Wils*, World Competition 2010, 5 (8).

42 *Schwarze/Bechtold/Bosch*, Rechtsstaatliche Defizite, S. 50.

43 *Böse*, Strafen und Sanktionen, S. 233 f.; *Emmerich*, Kartellrecht, § 13 Rn. 19.

44 Vgl. *Hennig*, Settlements, S. 296. *Wissmann*, in: Wissmann/Dreyer/Witting, Kartellbehördliche Ermittlungen, § 3 Rn. 12, bezeichnet den Zeitraum bis zur förmlichen Einleitung des Kommissionsverfahrens als Vorermittlungsverfahren, den nachfolgenden Zeitraum bis zur Erlass des Beschluss durch die Kommission als förmliches Ermittlungsverfahren; *Friedmann*, Die Geltung rechtsstaatlicher Grundsätze, S. 11: Ermittlungsphase und Hauptphase; *Schmidt*, Die Befugnis des Gemeinschaftsrichters, S. 98: Untersuchungs- und Ermittlungsverfahren sowie förmliches Verfahren; *Vocke*, Die Ermittlungsbefugnisse, S. 17: Voruntersuchungsverfahren und streitiges Verfahren.

45 Verordnung (EG) Nr. 773/2004 der Kommission vom 7. April 2004 über die Durchführung von Verfahren auf der Grundlage der Artikel 81 und 82 EG-Vertrag durch die Kommission, ABl. EU 2004 Nr. L 123/18.

Unterlagen beschafft werden.[46] Die der Kommission insofern zustehenden Ermittlungsbefugnisse ergeben sich aus Artt. 17 ff. VO 1/2003.[47]

Sofern die Kommission aufgrund ihrer bisherigen Ermittlungen von einem Wettbewerbsverstoß ausgeht, leitet sie durch Beschluss gemäß Art. 11 Abs. 6 VO 1/2003 die Entscheidungsphase ein (vgl. Art. 2 Abs. 1 Hs. 1 VO 773/2004).[48] Dies kann die Kommission in geeigneter Weise bekannt machen, nachdem sie die Parteien davon zuvor in Kenntnis gesetzt hat (Art. 2 Abs. 2 VO 773/2004). Nach oder zeitgleich mit der Verfahrenseinleitung erfolgt die Mitteilung der Beschwerdepunkte, mit denen die Kommission den Parteien die Ergebnisse ihrer Ermittlungen sowie die Tatvorwürfe darlegt (vgl. Art. 2 Abs. 1 und Art. 10 Abs. 1 VO 773/2004). Die Mitteilung der Beschwerdepunkte muss für jede Partei in einer offiziellen Sprache desjenigen Mitgliedstaates verfasst sein, in dem sie ihren Sitz hat.[49] Nach Erhalt der Mitteilung der Beschwerdepunkte haben die Parteien das Recht auf Einsicht in die Ermittlungsakten der Kommission (Art. 27 Abs. 2 Satz 2 VO 1/2003 und Art. 15 VO 773/2004).[50] Die Kommission muss den Parteien gemäß Art. 27 Abs. 1 Satz 1 VO 1/2003 i. V. m. Art. 10 Abs. 2 und 3 VO 773/2004 ferner die Gelegenheit geben, zu den Beschwerdepunkten schriftlich Stellung zu nehmen, da die Kommission ihren Beschluss nur auf die Beschwerdepunkte stützen kann, zu denen sich die

---

46 *Vocke*, Die Ermittlungsbefugnisse, S. 17 f. Vgl. auch EuGH v. 15.10.2002, C-238/99 P, -244, -245, -247, -250 bis -252, -254/99 P, Slg. 2002, I-8375 (8684, Rn. 182 f.) – *Limburgse Vinyl Maatschappij u. a.*, sowie ders. v. 21.09.2006, C-113/04 P, Slg. 2006, I-8831 (8890 f., Rn. 43) – *Technische Unie*: Der erste Abschnitt, der sich bis zur Mitteilung der Beschwerdepunkte erstrecke, solle es der Kommission ermöglichen, zum weiteren Verlauf des Verfahrens Stellung zu nehmen, während der zweite Abschnitt es der Kommission ermöglichen solle, sich abschließend zu der gerügten Zuwiderhandlung zu äußern.

47 Nach Art. 17 VO 1/2003 kann die Kommission die Untersuchung eines bestimmten Wirtschaftszweigs oder bestimmter Arten von Vereinbarungen durchführen. Ferner hat sie die Befugnis zu Auskunftsverlangen (Art. 18 VO 1/2003), zu Befragungen (Art. 19 VO 1/2003) und zur Durchsuchung von Räumlichkeiten der Unternehmen (Art. 20 VO 1/2003) sowie anderer Räumlichkeiten (Art. 21 VO 1/2003). Die Wettbewerbsbehörden der Mitgliedstaaten leisten der Kommission dabei nach Maßgabe ihres jeweiligen innerstaatlichen Rechts Amtshilfe (Art. 22 VO 1/2003). Vgl. zum Ganzen ausführlich *Dieckmann*, in: Wiedemann, Kartellrecht, § 42; *Hensmann*, Die Ermittlungsrechte, S. 39 ff.; *Klees*, Europäisches Kartellverfahrensrecht, § 9; *Vocke*, Die Ermittlungsbefugnisse, S. 177 ff.

48 Mit dieser förmlichen Verfahrenseinleitung entfällt nach Art. 11 Abs. 6 VO 1/2003 auch die Zuständigkeit der Wettbewerbsbehörden der Mitgliedstaaten.

49 *Wils*, World Competition 2008, 335 (336).

50 Einzelheiten zum Umfang und zum Ablauf der Akteneinsicht ergeben sich aus der Mitteilung der Kommission über die Regeln für die Einsicht in Kommissionsakten in Fällen einer Anwendung der Artikel 81 und 82 EG-Vertrag, Artikel 53, 54 und 57 des EWR-Abkommens und der Verordnung (EG) Nr. 139/2004, ABl. EU 2005 Nr. C 325/7 v. 22.12.2005 (im Folgenden: Mitteilung über die Akteneinsicht).

Parteien äußern konnten (Art. 27 Abs. 1 Satz 2 VO 1/2003). Sofern die Parteien dies beantragen, können sie ihre Argumente zudem in einer Anhörung mündlich gegenüber der Kommission vortragen (Art. 12 VO 773/200). Die Anhörung erfolgt unter Leitung eines unabhängigen, allerdings in Diensten der Kommission stehenden Anhörungsbeauftragten (Art. 14 Abs. 1 VO 773/2004), der deren vorschriftsmäßige Durchführung sicherstellen soll.[51] Die Parteien haben dabei das Recht, sowohl in der schriftlichen Stellungnahme als auch in der mündlichen Anhörung eine offizielle Sprache des Mitgliedstaates zu verwenden, in dem sie ihren Sitz haben.[52]

Sind die Tatvorwürfe nicht oder nicht vollständig entkräften worden, kann die Kommission einen Bußgeldbeschluss gemäß Artt. 7 und 23 VO 1/2003 erlassen. Wie bereits die Verfolgung des Kartellverstoßes so steht auch dessen Ahndung im pflichtgemäßen Ermessen der Kommission; insofern gilt also ebenfalls das Opportunitätsprinzip (vgl. *kann* festsetzen bzw. verhängen, Art. 23 Abs. 1 und 2 VO 1/2003). Auch der Beschluss muss in einer offiziellen Sprache desjenigen Mitgliedstaates verfasst sein, in dem die jeweilige Partei ihren Sitz hat.[53] Da die Generaldirektion Wettbewerb den verfahrensbeendenden Beschluss der Kommission lediglich vorbereitet, bleibt die endgültige Entscheidung über die Verhängung einer Geldbuße nach Art. 1 der Geschäftsordnung der Kommission[54] dem Kommissionskollegium vorbehalten (sog. „Kollegial- oder Kollegialitätsprinzip“) und steht allein in dessen Ermessen.[55] Das Kommissionskollegium muss vor einem solchen Beschluss den Beratenden Ausschuss für Kartell- und Monopolfragen anhören, der sich aus Vertretern der Wettbewerbsbehörden der Mitgliedstaaten zusammensetzt (vgl. Art. 14 VO 1/2003).

Der vollständige, mit den Entscheidungsgründen versehene Bußgeldbeschluss wird nach Maßgabe von Art. 30 Abs. 2 VO 1/2003 veröffentlicht. Die Vorschrift verlangt die Nennung der Beteiligten und des wesentlichen Inhalts des Beschlusses, bereinigt um die Geschäftsgeheimnisse der Parteien. Seit 2004 veröffentlicht die Kommission im Amtsblatt der Europäischen Union zwar nicht mehr den vollen Wortlaut der Beschlüsse, sondern lediglich eine Zusammenfassung derselben.[56] Gleichwohl finden sich auf der Internetseite der Generaldirektion Wettbewerb die vollständigen Beschlüsse (lediglich bereinigt um die Geschäftsgeheimnisse der Parteien sowie sonstiger vertraulicher Informationen).

---

51 *Schwarze/Bechtold/Bosch*, Rechtsstaatliche Defizite, S. 50.

52 *Wils*, World Competition 2008, 335 (336).

53 *Wils*, World Competition 2008, 335 (336).

54 Geschäftsordnung der Kommission (im Folgenden: GO Kommission), ABl. EU 2000 Nr. L 308/26, geändert durch Beschluss der Kommission vom 24. Februar 2010 zur Änderung ihrer Geschäftsordnung, ABl. EU 2010 Nr. L 55/60.

55 *Schwarze/Bechtold/Bosch*, Rechtsstaatliche Defizite, S. 51. Vgl. näher zu den Beschlussfassungsverfahren der Kommission Artt. 4 ff. GO Kommission, sowie *Dieckmann*, in: Wiedemann, Kartellrecht, § 41 Rn. 14 ff.

56 *Bechtold/Bosch/Brinker/Hirsbrunner*, EG-Kartellrecht, Art. 30 VO 1/2003 Rn. 4.

III. Bußgeldbemessung

Grundlage der Bußgeldbemessung ist zunächst der in Art. 23 Abs. 1 und 2 VO 1/2003 festgelegte Bußgeldrahmen. Nach Art. 23 Abs. 3 VO 1/2003 sind bei der konkreten Festsetzung der Höhe der Geldbuße die Zumessungskriterien der Schwere und Dauer der Zuwiderhandlung zu berücksichtigen. Die weitere Berechnung der Geldbuße für einen Verstoß gegen Artt. 101 und 102 AEUV ergibt sich im Einzelnen aus den Bußgeldleitlinien der Kommission[57]. Die Berechnung erfolgt danach in zwei Stufen.[58] Auf der ersten Stufe wird zunächst der Grundbetrag der Geldbuße anhand des von der betreffenden Partei erzielten Umsatzes auf dem räumlich relevanten Markt innerhalb des EWR, auf dem es Waren oder Dienstleistungen verkauft hat, die mit dem Verstoß im Zusammenhang stehen, ermittelt. Abhängig von der Schwere des Wettbewerbsverstoßes wird ein bestimmter Anteil, der bis zu 30 % betragen kann, am so ermittelten Umsatz mit der Anzahl der Jahre, die der Wettbewerbsverstoß andauert, multipliziert. Auf der zweiten Stufe erfolgt eine Anpassung dieses Grundbetrages: erschwerende Umstände[59] führen zu einer Erhöhung, mildernde Umstände[60] zu einer Ermäßigung des Grundbetrages. Ferner kann die Kommission die so errechnete Geldbuße zur Gewährleistung einer abschreckenden Wirkung gegen solche Parteien erhöhen, die besonders hohe Umsätze mit Waren oder Dienstleistungen, die nicht mit der Zuwiderhandlung in Zusammenhang stehen, erzielt haben (sog. „Abschreckungsaufschlag").[61] Möglich ist eine weitere Bußgeld*erhöhung*, um den widerrechtlich erzielten Gewinn abzuschöpfen, sowie eine Bußgeld*ermäßigung*, falls anderenfalls die Überlebensfähigkeit des betreffenden Unternehmens gefährdet wäre.[62] Schließlich kommt ein teilweiser oder gar vollständiger Erlass der Geldbuße nach den Bestimmungen der Kronzeugenregelung in Betracht.[63]

---

57 Leitlinien für das Verfahren zur Festsetzung von Geldbußen gemäß Artikel 23 Absatz 2 Buchstabe a) der Verordnung (EG) Nr. 1/2003, ABl. EU 2006 Nr. C 210/2 v. 1.9.2006 (im Folgenden: Bußgeldleitlinien Kommission).

58 Bußgeldleitlinien Kommission, Rn. 9.

59 Vgl. die beispielhafte Aufzählung in den Bußgeldleitlinien Kommission, Rn. 28: Fortsetzung oder erneutes Begehen einer gleichartigen oder ähnlichen Zuwiderhandlung, Verweigerung der Zusammenarbeit oder Behinderung der Untersuchung, Rolle als Anstifter oder Anführer eines Verstoßes.

60 Vgl. die beispielhafte Aufzählung in den Bußgeldleitlinien Kommission, Rn. 29: nachgewiesene Beendigung des Verstoßes nach dem ersten Eingreifen der Kommission, Begehen der Zuwiderhandlung aus Fahrlässigkeit, geringfügige Beteiligung an einem Verstoß, aktive Zusammenarbeit der Partei mit der Kommission außerhalb der Kronzeugenregelung, Genehmigung oder Ermutigung des wettbewerbswidrigen Verhaltens durch die Behörden oder geltende Vorschriften.

61 Bußgeldleitlinien Kommission, Rn. 30.

62 Bußgeldleitlinien Kommission, Rn. 30 f./35.

63 Bußgeldleitlinien Kommission, Rn. 34. Vgl. zur Kronzeugenregelung noch Teil 3, A., II., S. 61 ff. Auf das Vergleichsverfahren der Kommission, das den Parteien eine

IV. Rechtsnatur der unionsrechtlichen Geldbuße

1. *Einführung*

Die rechtliche Einordnung der unionsrechtlichen Geldbuße hat grundlegende Bedeutung für die Frage, ob und inwiefern im Kommissionsverfahren spezifische strafrechtliche bzw. strafprozessuale Garantien Anwendung finden oder ob es bei der Geltung der allgemeinen verwaltungsrechtlichen Grundsätze bleibt.[64] Im Gegensatz zum Verwaltungsverfahren, das von Effizienzerwägungen, Heilungsmöglichkeiten von formalen Fehlern sowie Abwägungsprozessen geprägt ist, besteht das charakteristische Merkmal des Strafverfahrens in seiner strengen Förmlichkeit, die solche Einschränkungen grundsätzlich nicht zulässt.[65] Vielmehr verbieten die „strikten Gewährleistungsgehalte" und die „hohe Garantiedichte" der strafrechtlichen bzw. strafprozessualen Garantien gerade eine Ausrichtung an den Gesichtspunkten der Zweckmäßigkeit und der Effizienz.[66] Da der Betroffene in einem strafrechtlichen Verfahren dem Vorwurf ausgesetzt ist, eine Handlung begangen zu haben, für die ihm eine empfindliche Strafe droht, müssen die strafrechtlichen bzw. strafprozessualen Grundsätze eine besondere Schutzfunktion erfüllen,[67] die die Eingriffsintensität der strafrechtlichen Sanktion ausgleichen[68]. Die alleinige Anwendung verwaltungsrechtlicher Grundsätze bedeutet im Ergebnis eine weitaus weniger strenge Bindung an rechtsstaatliche Grundsätze, als sie die strafrechtlichen bzw. strafprozessualen Garantien erzeugen.[69]

Diese Überlegungen verdeutlichen, dass die spätere Überprüfung des Vergleichsverfahrens der Kommission auf seine Rechtsstaatlichkeit zunächst eine Einordnung der Geldbuße in das Sanktionssystem erforderlich macht. Dabei soll vor allem der Frage nachgegangen werden, ob und inwieweit strafrechtliche bzw. strafprozessuale Garantien zur Anwendung kommen.

---

weitere Möglichkeit der Bußgeldminderung bietet, soll ebenfalls erst in Teil 3, A., IV–VII., S. 65 ff., eingegangen werden.

64 Vgl. *Baudisch*, Die Rechtsstellung des Unternehmens, S. 244; *Böse*, Strafen und Sanktionen, S. 139 f.; *Hetzel*, Kronzeugenregelungen, S. 144 f.

65 *Kiegler*, Rechtliche Anforderungen, S. 52; *König*, Das Europäische Verwaltungssanktionsrecht, S. 46 f.; *Schwarze*, EuZW 2003, 261 (264).

66 *Appel*, Verfassung und Strafe, S. 489; *Hetzel*, Kronzeugenregelungen, S. 152; *Schwarze*, EuZW 2003, 261 (266).

67 *König*, Das Europäische Verwaltungssanktionsrecht, S. 45.

68 *Appel*, Verfassung und Strafe, S. 489; *König*, Das Europäische Verwaltungssanktionsrecht, S. 47.

69 *Hetzel*, Kronzeugenregelungen, S. 152; *Kiegler*, Rechtliche Anforderungen, S. 52; *Schwarze*, EuZW 2003, 261 (264).

2. *System der Sanktionen*

Eine Sanktion ist jede nachteilige Rechtsfolge, die anlässlich eines Verstoßes gegen eine Rechtsvorschrift verhängt wird.[70] Unterschieden werden nach ihrer Zielsetzung repressive, präventive und restitutive Sanktionen.[71] Die Geldbuße im Sinne des Art. 23 VO 1/2003 verfolgt nach allgemeiner Meinung einen repressiven Zweck, indem sie einen begangenen Kartellrechtsverstoß vergelten soll, sowie einen präventiven Zweck, indem sie die Allgemeinheit von der Begehung eines Kartellrechtsverstoßes abschrecken (*negative* Generalprävention) und deren Vertrauen in die geltende Rechtsordnung bestätigen soll (*positive* Generalprävention).[72] Durch ihren repressiven Zweck unterscheidet sich die Geldbuße insbesondere vom Zwangsgeld des Art. 24 VO 1/2003, das als Beugemittel ausschließlich präventiv wirkt,[73] sowie von der Schadensersatzleistung, die einen erlittenen Schaden ausgleichen soll und daher eine restitutive Sanktion darstellt[74]. Mit der Repressions- und der Präventi-

---

70 *Heitzer*, Punitive Sanktionen, S. 6; *Queck*, Die Geltung des nemo-tenetur-Grundsatzes, S. 27; *Valls Prieto*, ZStW 2008 (120), 403.

71 *Schwarze*, EuZW 2003, 261 (265); *Schwarze/Weitbrecht*, Grundzüge, § 7 Rn. 11.

72 Vgl. EuGH v. 15.07.1970, C-41/69, Slg. 1970, 661 (703, Rn. 172/176) – *ACF Chemiefarma*; EuGH v. 15.07.1970, C-44/69, Slg. 1970, 733 (763, Rn. 49) – *Buchler*; ders. v. 15.07.1970, C-45/69, Slg. 1970, 769 (810, Rn. 53) – *Boehringer*; ders. v. 07.06.1983, C-100 bis -103/80, Slg. 1983, 1825 (1905 f., Rn. 105 ff.) – *Musique Diffusion Française u. a.;* dass. v. 12.07.2001, T-202, -204, -207/98, Slg. 2001, II-2035 (2080, Rn. 133 f.) – *Tate & Lyle u. a.*; Kommission, Dreizehnter Bericht über die Wettbewerbspolitik 1983, Rn. 62; dies. v. 20.09.2000, ABl. 2001 Nr. L 59/1, Rn. 194 – *Opel*; Albrecht, Die Anwendung von Kronzeugenregelungen, S. 63; *Dannecker/Fischer-Fritsch,* Das EG-Kartellrecht, S. 6; *Heitzer,* Punitive Sanktionen, S. 21; *Kindhäuser/Meyer*, in: FK-Kartellrecht, Band II, Art. 101 AEUV Bußgeldrechtliche Folgen Rn. 12; *Schnakl*, Kronzeugenregelung, S. 67; *Schwarze*, EuZW 2003, 261 (267); *Schwarze/Weitbrecht*, Grundzüge, § 7 Rn. 17; *Slater/Thomas/Waelbroeck*, Competition law proceedings, S. 11; *Soltész/Steinle/Bielesz*, EuZW 2003, 202 (206). Demgegenüber sollen spezialpräventive Gesichtspunkte keine oder jedenfalls nur eine untergeordnete Rolle spielen. Vgl. *Dannecker/Biermann*, EU-Wettbewerbsrecht, vor Art. 23 f. VO 1/2003 Rn. 23; *Theurer*, Geldbußen, S. 75 ff.
Vgl. ausführlich zu den Sanktionszwecken der unionsrechtlichen Geldbuße *Kiegler*, Rechtliche Anforderungen, S. 66 ff.

73 *Böse*, in: FK-Kartellrecht, Band III, Art. 24 VO 1/2003 Rn. 2; *Dannecker/Biermann*, in: Immenga/Mestmäcker, EU-Wettbewerbsrecht, Art. 23 VO 1/2003 Rn. 335; *Dannecker/Fischer-Fritsch*, Das EG-Kartellrecht, S. 6; *Kindhäuser/Meyer*, in: FK-Kartellrecht, Band II, Art. 81 EG Bußgeldrechtliche Folgen Rn. 14.

74 Gleichwohl kann die Geldbuße auch den Gewinn abschöpfen, den ein Unternehmen durch einen Kartellrechtsverstoß widerrechtlich erlangt hat, so dass ihr zusätzlich eine Restitutionsfunktion zukommt, die neben die – ungleich wichtigeren – Repressions- und Präventionsfunktionen tritt. Vgl. *Baudisch*, Die Rechtsstellung des Unternehmens, S. 252 f.; *Dannecker/Biermann*, in: Immenga/Mestmäcker, EU-Wettbewerbsrecht, vor Art. 23 f. VO 1/2003 Rn. 23/27; *Nowak*, in: Loewenheim/Meessen/

onsfunktion erfüllt die unionsrechtliche Geldbuße die klassischen Funktionen des Strafrechts[75]; sie ist damit als punitive Sanktion anzusehen. Da sie nicht von einem Gericht, sondern von einer Behörde im Rahmen eines Verwaltungsverfahrens verhängt wird, handelt es sich bei der Geldbuße – jedenfalls formal betrachtet – um eine *Verwaltungs*sanktion.[76]

Im deutschen Recht wird unter dem Begriff des Strafrechts im Sinne des Art. 74 Abs. 1 Nr. 1 GG neben dem Kriminalstrafrecht („Strafrecht im engeren Sinne") auch das Recht der Ordnungswidrigkeiten („Strafrecht im weiteren Sinne") verstanden.[77] Allerdings ist lediglich mit der Verhängung der Kriminalstrafe eine sozial-ethische Missbilligung der Tat verbunden; im Recht der Ordnungswidrigkeiten fehlt dieser Vorwurf, und es wird hier lediglich eine Pflichtenmahnung ausgesprochen.[78] Nach herrschender Meinung besteht – materiell betrachtet – ein gemischt qualitativ-quantitativer Unterschied zwischen der Kriminalstrafe und der Ordnungswidrigkeit: In ihren jeweiligen Kernbereichen unterscheiden sie sich wesensmäßig (qualitativ), im Randbereich nur graduell (quantitativ).[79] Daraus folgt, dass der Gesetzgeber bei der – formalen – Einordnung eines Verhaltens in das Kriminalstrafrecht bzw. in das Recht der Ordnungswidrigkeiten in den Kernbereichen gebunden ist, im Randbereich hingegen einen Spielraum hat.[80] Da die Geldbuße des Ordnungswidrigkeitenrechts

---

Riesenkampff, Kartellrecht, Art. 23 VO 1/2003 Rn. 4; *Scholz/Haus*, EuZW 2002, 682 (683 ff.).

75 So die herrschende Vereinigungstheorie. Vgl. *Böse*, Strafen und Sanktionen, S. 35 f.; *Heitzer*, Punitive Sanktionen, S. 38; *Jescheck/Weigend*, Strafrecht AT, S. 4 ff./75 ff.; *König*, Das Europäische Verwaltungssanktionsrecht, S. 38 f.; *Schwarze*, EuZW 2003, 261 (265).

76 *Schwarze*, EuZW 2003, 261 (269).

77 *Böse*, Strafen und Sanktionen, S. 37; *Maunz*, in: Maunz/Dürig, GG, Art. 74 Rn. 64 f.; *von Münch*, in: von Münch/Kunig, GG, Art. 74 GG Rn. 12.

78 BVerfGE 27, 18 (33); *Böse*, Strafen und Sanktionen, S. 37 f.; *Jescheck/Weigend*, Strafrecht AT, S. 59; *König*, Das Europäische Verwaltungssanktionsrecht, S. 46; *Pascu*, Strafrechtliche Fundamentalprinzipien, S. 9.

79 Teilweise werden Kriminalstrafe und Ordnungswidrigkeit auch ausschließlich quantitativ, kaum mehr hingegen ausschließlich qualitativ voneinander abgegrenzt. Vgl. zum Ganzen BVerfGE 22, 49 (80); 27, 18 (29/33); 45, 272 (288 f.); 51, 60 (74); *Achenbach*, in: FK-Kartellrecht, Band VI, vor § 81 GWB Rn. 17; *ders.*, GA 2008, 1 (9 ff.); *Dietrich*, Die Bindung des Bußgeldverfahrens, S. 202 ff.; *Jescheck/Weigend*, Strafrecht AT, S. 58 f.; *König*, Das Europäische Verwaltungssanktionsrecht, S. 42; *Thiem*, Die Bonusregelung, S. 31 f. Vgl. allgemein zur historischen Entwicklung des Ordnungswidrigkeitenrechts *Achenbach*, GA 2008, 1 ff.; *Bohnert*, in: Karlsruher Kommentar, OWiG, Einl. Rn. 50 ff.; *Heitzer*, Punitive Sanktionen, S. 10 ff.

80 *Heitzer*, Punitive Sanktionen, S. 15; *Jescheck/Weigend*, Strafrecht AT, S. 59; *König*, Das Europäische Verwaltungssanktionsrecht, S. 43. Vgl. auch BVerfGE 39, 1 (44 ff.), zur Strafbedürftigkeit des Schwangerschaftsabbruchs.

(im Gegensatz zur Kriminalstrafe) von einer Behörde verhängt wird, handelt sich bei ihr um eine punitive Verwaltungssanktion.[81]

3. *Meinungsstand zur Rechtsnatur der unionsrechtlichen Geldbuße*

Die Rechtsnatur der unionsrechtlichen Geldbuße war in der Literatur lebhaft umstritten. Einigkeit bestand nur insoweit, als aus dem Grundsatz der einheitlichen Auslegung des Unionsrechts folgt, dass alle von der Kommission verhängten Geldbußen dieselbe Rechtsnatur aufweisen müssen.[82] Obgleich zur Rechtsnatur der Geldbuße im Wesentlichen nur noch zwei Auffassungen vertreten werden, die sich im Ergebnis wenig unterscheiden, soll zunächst der Meinungsstand in der Literatur dargestellt werden.[83] Anschließend erfolgt eine Analyse der Rechtsprechung des EGMR zu den Anforderungen an strafrechtliche Sanktionen und der Unionsgerichte zur Einordnung der Kartellgeldbuße.

81 *Böse*, Strafen und Sanktionen, S. 37. Von den punitiven Verwaltungssanktionen, die in den anderen Mitgliedstaaten existieren, sind die italienische „sanzione amministrativa" und die portugiesische „coíma" mit der Geldbuße des deutschen Ordnungswidrigkeitenrechts vergleichbar. Vgl. *Böse*, Strafen und Sanktionen, S. 41 f.; *Heitzer*, Punitive Sanktionen, S. 13 f.; *Pascu*, Strafrechtliche Fundamentalprinzipien, S. 10. Die genannten Sanktionen des deutschen, italienischen und portugiesischen Ordnungswidrigkeitenrechts unterscheiden sich hingegen weitgehend von den „sanctions administratives" des französischen Rechts der Verwaltungssanktionen. Unter diesen Sammelbegriff werden verschiedene Maßnahmen der Verwaltung mit repressivem, präventivem oder disziplinärem Charakter gefasst. Vgl. *Böse*, Strafen und Sanktionen, S. 146 f.; *Hetzel*, Kronzeugenregelungen, S. 146. Die „sanction administrative" ist von der Kriminalstrafe vollständig getrennt und wird bei bloßem Verwaltungsungehorsam verhängt; strafrechtliche Garantien kommen nur eingeschränkt zur Geltung. Vgl. *Böse*, Strafen und Sanktionen, S. 43; *Engels*, Unternehmensvorsatz, S. 63; *König*, Das Europäische Verwaltungssanktionsrecht, S. 56; *Pascu*, Strafrechtliche Fundamentalprinzipien, S. 41. Einschränkend ist jedoch zu berücksichtigen, dass mittlerweile auch der französische *Conseil d'État* und Teile der französischen Literatur die Anwendbarkeit strafrechtlicher Grundsätze auf Verwaltungssanktionen mit punitivem Charakter bejahen. Vgl. *Kiegler*, Rechtliche Anforderungen, S. 54 (Fn. 135); *Schmidt*, Die Befugnis des Gemeinschaftsrichters, S. 94; *Yomere*, Die Problematik der Mehrfachsanktionierung, S. 48.

82 *Böse*, Strafen und Sanktionen, S. 140; *Heitzer*, Punitive Sanktionen, S. 20; *Kiegler*, Rechtliche Anforderungen, S. 33; *Satzger*, Die Europäisierung des Strafrechts, S. 80; *Tiedemann*, in: FS-Jescheck, 1411 (1415).

83 Dies geschieht einerseits aus dogmatischem Interesse, dient andererseits aber auch dem besseren Verständnis der anschließend zu betrachtenden Rechtsprechung des EGMR sowie der Unionsgerichte.

a) Literatur

Eine ältere, heute nicht mehr vertretene Ansicht ordnete die Geldbuße dem Kriminalstrafrecht zu.[84] Hierfür könnte man den Wortlaut sowohl des Art. 103 Abs. 2 lit. a AEUV als auch den des Art. 23 VO 1/2003 anführen, die in einigen Sprachfassungen Bezeichnungen enthalten, die in den entsprechenden Mitgliedstaaten für kriminalstrafrechtliche Sanktionen verwendet werden.[85] Hierfür spricht ferner, dass die unionsrechtliche Geldbuße die klassischen Funktionen der Kriminalstrafe – namentlich Repression und Prävention – erfüllt,[86] ihre Verhängung anders als etwa das Zwangsgeld gemäß Art. 24 Abs. 1 und 2 VO 1/2003 eine schuldhafte Begehung voraussetzt[87] und sie schwerwiegende Wettbewerbsverstöße, deren Sozialschädlichkeit nicht selten mit der vieler Wirtschaftsstraftaten vergleichbar ist, sanktioniert.[88]

Was den Wortlaut von Art. 103 Abs. 2 lit. a AEUV bzw. Art. 23 VO 1/2003 angeht, so gilt es zu berücksichtigen, dass die Union seit dem Inkrafttreten des Vertrages von Lissabon gemäß Artt. 82 ff. AEUV neue Kompetenzen auch auf dem Gebiet des *Kriminal*strafrechts hat. So ist sie etwa nach Art. 83 Abs. 1 AEUV zur Festlegung von Mindestvorschriften für Straftaten mit grenzüberschreitender Dimension ermächtigt.[89] Die dort ebenfalls vorgesehenen Sanktionen mit eindeutig kriminalstrafrechtlichem Charakter werden in der deutschen Fassung als „Strafen“, in der englischen und französischen als „sanctions“, in der italienischen als „sanzioni“ und in der niederländischen als „sancties“ bezeichnet (vgl. Art. 83 Abs. 1 AEUV). Keine dieser Bezeichnungen entspricht indes der jeweiligen in Art. 103 Abs. 2 lit. a AEUV bzw. Art. 23 VO 1/2003 verwendeten Bezeichnung für die kartellrechtliche Geldbuße. Dem Argument der Repressions- und Präventionsfunktion einerseits sowie dem Verschuldenserfordernis andererseits ist entgegenzuhalten, dass sie zwar für

---

84 Sog. „Theorie der Kriminalstrafe“. Vgl. *Legros*, CDE 1980, 220 (222); *Schroth*, Economic offences, S. 159; *Wolf*, WuW 1962, 645 (659); Vgl. auch die Nachweise bei *Böse*, Strafen und Sanktionen, S. 140; *Hildebrandt*, Der Irrtum im Bußgeldrecht, S. 13; *König*, Das Europäische Verwaltungssanktionsrecht, S. 56 f.; *Winkler*, Die Rechtsnatur der Geldbuße, S. 50.

85 Vgl. etwa Englisch: „fines“, Französisch: „amendes“, Italienisch: „ammende“, Niederländisch: „geldboeten“; anders aber etwa Deutsch: „Geldbußen“. Vgl. zum Ganzen *Böse*, Strafen und Sanktionen, S. 140 f.; *Hildebrandt*, Der Irrtum im Bußgeldrecht, S. 12 f.; *Kiegler* Rechtliche Anforderungen, S. 57; *König*, Das Europäische Verwaltungssanktionsrecht, S. 73. Insofern anders *Winkler*, Die Rechtsnatur der Geldbuße, S. 52 f.

86 *Böse*, Strafen und Sanktionen, S. 140; *Kiegler*, Rechtliche Anforderungen, S. 91; *Schnakl*, Kronzeugenregelung, S. 67; *Schwarze*, EuZW 2003, 261 (267). Vgl. dazu bereits 2., S. 31 f.

87 *König*, Das Europäische Verwaltungssanktionsrecht, S. 91.

88 Vgl. *Hensmann*, Die Ermittlungsrechte, S. 113 f.; *Hetzel*, Kronzeugenregelungen, S. 154 f.; *Schwarze*, EuZW 2003, 261 (267 f.); *Schwarze/Weitbrecht*, Grundzüge, § 7 Rn. 18; *Soltész/Steinle/Bielesz*, EuZW 2003, 202 (206); *Wolf*, WuW 1962, 645 (659).

89 Vgl. dazu BVerfGE 123, 267 (406 ff.); *Beukelmann*, NJW 2010, 2081 ff.

einen strafrechtlichen, nicht jedoch zwingend für einen *kriminal*strafrechtlichen Charakter der Geldbuße sprechen. Zudem ist die außerordentliche Höhe einiger Kartellbußen vor allem Folge des Umstandes, dass es sich bei den Adressaten in aller Regel um finanzstarke Unternehmen handelt, bei denen niedrigere Sanktionen kaum Wirkung zeigen und nicht zu der von der Kommission intendierten Abschreckung führen würden.[90] Hinzu kommt, dass die Parteien durch kartellrechtswidriges Verhalten oftmals hohe Gewinne erzielen, die es dann wiederum durch die Verhängung von Geldbußen abzuschöpfen gilt, damit sich das Begehen Zuwiderhandlung nicht – jedenfalls nicht finanziell – lohnt.[91] Gegen die Einordnung der Geldbuße als Kriminalstrafe spricht ferner der Wortlaut des Art. 23 Abs. 5 VO 1/2003: „Die [...] Entscheidungen haben keinen strafrechtlichen Charakter." Vielfach wird diese Feststellung als bloße Fiktion betrachtet, da es für die materielle Beurteilung eines Rechtsaktes nicht auf dessen Bezeichnung, sondern ausschließlich auf dessen wahre Rechtsnatur ankomme.[92] Dem ist jedoch entgegenzuhalten, dass dem Gesetzgeber bei der Qualifikation der Rechtsnatur einer Sanktion durchaus ein Spielraum zukommt.[93] Eine solche Qualifikation ist dann nicht etwa unbeachtlich, sondern legt die Rechtsnatur der betreffenden Maßnahme verbindlich fest.[94] Ferner gilt es zu

---

90 *Baudisch*, Die Rechtsstellung des Unternehmens, S. 252.

91 *Baudisch*, Die Rechtsstellung des Unternehmens, S. 252; *Böse*, Strafen und Sanktionen, S. 144; *Winkler*, Die Rechtsnatur der Geldbuße, S. 61 f. Dieser Gedanke entspricht dabei eher dem Sanktionszweck des deutschen Ordnungswidrigkeitenrechts, wo die Geldbuße nach Maßgabe des § 17 Abs. 4 OWiG so bemessen werden soll, dass sie den wirtschaftlichen Vorteil, den der Täter aus der Ordnungswidrigkeit gezogen hat, übersteigt; vgl. *König*, Das Europäische Verwaltungssanktionsrecht, S. 86.

92 Vgl. *Baudisch*, Die Rechtsstellung des Unternehmens, S. 245; *Heitzer*, Punitive Sanktionen, S. 22; *Legros*, CDE 1980, 206 (220); *Schroth*, Economic offences, S. 155 f.; *Schwarze*, EuR 2009, 171 (181); *Schwarze/Bechtold/Bosch*, Rechtsstaatliche Defizite, S. 22; *Soltész/Steinle/Bielesz*, EuZW 2003, 202 (205). *Wolf*, WuW 1962, 645 (659), spricht sogar von einer „leeren Phrase".

93 Dies gilt jedenfalls im deutschen Recht etwa für die Zuordnung zum Kriminalstraf- oder Ordnungswidrigkeitenrecht im Randbereich beider Rechtsgebiete. Vgl. bereits 2., S. 34.

94 *Böse*, Strafe und Sanktionen, S. 143; *Kindhäuser/Meyer*, in: FK-Kartellrecht, Band II, Art. 101 AEUV Bußgeldrechtliche Folgen Rn. 19; *Tiedemann*, in: FS-Jescheck, 1411 (1415).
Gegen die Einordnung als Kriminalstrafe kann indes nicht vorgebracht werden, dass der Geldbuße der für die Kriminalstrafe charakteristische sozial-ethische Tadel fehle. So aber etwa *Alvarez Ligabue*, Der Grundsatz „nemo tenetur", S. 22; *Kindhäuser/Meyer*, in: FK-Kartellrecht, Band II, Art. 101 AEUV Bußgeldrechtliche Folgen Rn. 18; *Yomere*, Die Problematik der Mehrfachsanktionierung, S. 47. Denn nach dem Ausgeführten entscheidet der Gesetzgeber – jedenfalls im Randbereich von Kriminalstrafe und Ordnungswidrigkeit – durch eine entsprechende Zuordnung gerade selbst darüber, ob einem Verstoß ein solcher Vorwurf zu machen ist. Erst durch diese Zuordnung ist die Frage der sozial-ethischen Missbilligung entschieden. Verfehlt ist es deshalb,

berücksichtigen, dass die Geldbuße von der Kommission, mithin einem Exekutivorgan, das zugleich ermittelnde und ahndende Instanz ist, und nicht von einem Gericht verhängt wird.[95] Darüber, dass die Verhängung von Kriminalstrafen den Gerichten vorbehalten bleibt und nicht der Verwaltung zu überlassen ist, besteht in allen Mitgliedstaaten Einigkeit.[96] Denn das mit der Verhängung einer Kriminalstrafe notwendig verbundene Unwerturteil stellt einen so schwerwiegenden Eingriff in die Rechtssphäre des Bürgers dar, dass ein solcher etwa nach deutschem Verfassungsrecht nur durch einen Richter vorgenommen werden darf (vgl. Art. 92 Hs. 1 GG).[97] Ähnlich stellt sich die Situation im Hinblick auf das Verbot der „reformatio in peius" dar. Dieses verbietet eine Veränderung der gerichtlichen Entscheidung zum Nachteil des Rechtsmittelführers. Nach Art. 31 Satz 2 VO 1/2003 kann das EuG die verhängte Geldbuße aber nicht nur aufheben und herabsetzen, sondern auch *erhöhen*.[98] Dem gegenüber stellt das Verböserungsverbot in den meisten Mitgliedstaaten ein Kernelement des Strafprozessrechts dar.[99] Dessen Fehlen im gerichtlichen

---

von dem vermeintlichen (Nicht-)Vorhandensein der sozial-ethischen Missbilligung eines Verstoßes auf den Charakter der für diesen Verstoß zu verhängenden Sanktion schließen zu wollen. „Nicht vom Unrecht ist auf die Rechtsfolge, sondern von der Sanktion ist auf die Bewertung des Unrechts und der Schuld durch den Gesetzgeber zu schließen." So zutreffend *Tiedemann*, in: FS-Jescheck, 1411 (1415).

95 *Dannecker/Fischer-Fritsch*, Das EG-Kartellrecht, S. 7; *Hecker*, Europäisches Strafrecht, § 4 Rn. 65; *Hetzel*, Kronzeugenregelungen, S. 145; *Hildebrandt*, Der Irrtum im Bußgeldrecht, S. 15; *Kindhäuser/Meyer*, in: FK-Kartellrecht, Band II, Art. 101 AEUV Bußgeldrechtliche Folgen Rn. 18; *Pascu*, Strafrechtliche Fundamentalprinzipien, S. 43; *Wagemann*, Rechtfertigungs- und Entschuldigungsgründe, S. 16; *Yomere*, Die Problematik der Mehrfachsanktionierung, S. 46 f.

96 *Alvarez Ligabue*, Der Grundsatz „nemo tenetur", S. 22; *Kindhäuser/Meyer*, in: FK-Kartellrecht, Band II, Art. 101 AEUV Bußgeldrechtliche Folgen Rn. 18; *König*, Das Europäische Verwaltungssanktionsrecht, S. 98; *Tiedemann*, in: FS-Jescheck, 1411 (1415); *Yomere*, Die Problematik der Mehrfachsanktionierung, S. 46 f.

97 BVerfGE 22, 49 (80 f.); *Dannecker/Biermann*, in: Immenga/Mestmäcker, GWB, § 81 Rn. 500. Zur Vereinbarkeit der Verfolgung von Ordnungswidrigkeiten durch die Verwaltungsbehörden mit Art. 92 GG vgl. ausführlich *Böse*, Wirtschaftsaufsicht und Strafverfolgung, S. 183 ff., sowie speziell für die Kartellordnungswidrigkeiten des GWB *Möschel*, WuW 2010, 869 ff.

98 Vgl. dazu noch V.

99 Vgl. *König*, Das Europäische Verwaltungssanktionsrecht, S. 95 f. In Deutschland gilt das Verbot der „reformatio in peius" nur im Strafrecht nahezu umfassend (vgl. §§ 331, 358 Abs. 2, 373 Abs. 2 StPO) – einzige Ausnahme ist der nicht auf die Höhe eines Tagessatzes beschränkte Einspruch gegen einen Strafbefehl, hier kann es nach mündlicher Verhandlung auch zur Verhängung einer höheren Strafe kommen –, im Recht der Ordnungswidrigkeiten dagegen zwar für das Beschlussverfahren (vgl. § 72 Abs. 3 Satz 2 OWiG i. V. m. § 358 Abs. 2 StPO) und für die Rechtsbeschwerde (vgl. § 79 Abs. 3 OWiG i. V. m. § 358 Abs. 2 StPO), nicht jedoch für das Urteilsverfahren (vgl. § 71 Abs. 1 OWiG i. V. m. § 411 Abs. 4 StPO). Im Verwaltungsrecht gilt das Verbot der „reformatio in peius" nur bei der Einlegung eines Rechtsmittels gegen

Verfahren vor dem EuG deutet folglich darauf hin, dass die Geldbuße nicht *kriminal*strafrechtlicher Natur ist.[100]

Die Gegenansicht, die ebenfalls kaum noch nennenswert vertreten wird, war der Auffassung, die Geldbuße sei eine Verwaltungssanktion ohne strafrechtlichen Charakter,[101] die insbesondere den französischen „sanctions administratives" ähnele[102] und „die der Aufrechterhaltung einer ordnungsgemäßen Verwaltung sowie der Durchsetzung des Gemeinschaftsrechts dienen"[103]. Dies hätte zur Folge, dass strafrechtliche bzw. strafprozessuale Grundsätze nur in sehr begrenztem Umfang zur Anwendung kämen.[104] Für diese Auffassung könnte man die Feststellung in Art. 23

---

ein verwaltungsgerichtliches Urteil (vgl. §§ 129, 141 VwGO), nicht jedoch im Widerspruchsverfahren und bei der (erstinstanzlichen) Klage gegen eine behördliche Entscheidung. In den Strafprozessordnungen zahlreicher anderer Mitgliedstaaten finden sich dem deutschen Strafprozessrecht vergleichbare Regelungen zum Verbot der „reformatio in peius". Vgl. zu Frankreich *Huertin*, in: Becker/Kinzig, Rechtsmittel, 43 (59); zu Italien *Carnevale/Orlandi*, in: Becker/Kinzig, Rechtsmittel, 85 (122); zu Österreich *Zerbes*, in: Becker/Kinzig, Rechtsmittel, 251 (278); zu Portugal *de Alburquerque*, in: Becker/Kinzig, Rechtsmittel, 317 (346); zu Schweden *Schütz-Gärdén/Cornils*, in: Becker/Kinzig, Rechtsmittel, 379 (399); zu Spanien *Rimo*, in: Becker/Kinzig, Rechtsmittel, 419 (448). Vgl. aber zu England und Wales *Quick/Wells*, in: Becker/Kinzig, Rechtsmittel, 9 (21/28), sowie zur Niederlande *van Kalmthout/de Win*, in: Becker/Kinzig, Rechtsmittel, 203 (223).

100 Vgl. *Baudisch*, Die Rechtsstellung des Unternehmens, S. 249; *Hecker*, Europäisches Strafrecht, § Rn. 65; *Hildebrandt*, Der Irrtum im Bußgeldrecht, S. 15; *Krajewski*, Geldbußen und Zwangsgelder, S. 63; *Pascu*, Strafrechtliche Fundamentalprinzipien, S. 43; *Satzger*, Die Europäisierung des Strafrechts, S. 83; *Winkler*, Die Rechtsnatur der Geldbuße, S. 59; *Yomere*, Die Problematik der Mehrfachsanktionierung, S. 47.

101 *GA Gand* v. 10.06.1970, C-41/69, Slg. 1970, 706 (728 f.) – *ACF Chemiefarma*; *GA Mayras* v. 29.11.1972, C-7/72, Slg. 1972, 1293 (1303) – *Boehringer*, der jedoch meint, dass es die Zuordnung der Geldbuße zur Kategorie der verwaltungsrechtlichen Sanktionen nicht rechtfertige, „daß das Geldbußensystem der Gemeinschaft von allen strafrechtlichen Grundsätzen völlig gelöst wird". Vgl. ferner *Frenz*, Europäisches Kartellrecht, Rn. 1586 ff.; *ders.*, Europäische Grundrechte, Rn. 5077; *Schild/Terhechte*, in: Internationales Kartellrecht, § 8 Rn. 8.7/8.14.

102 *Krajewski*, Geldbußen und Zwangsgelder, S. 62 ff. Den Vergleich mit den „sanctions administratives" zieht bzw. zog insbesondere das französische Schrifttum. Vgl. die Nachweise bei *Hildebrandt*, Der Irrtum im Bußgeldrecht, S. 16; *König*, Das Europäische Verwaltungssanktionsrecht, S. 55; *Pascu*, Strafrechtliche Fundamentalprinzipien, S. 41; *Wagemann*, Rechtfertigungs- und Entschuldigungsgründe, S. 16; *Winkler*, Die Rechtsnatur der Geldbuße, S. 63.

103 So *Frenz*, Europäisches Kartellrecht, Rn. 1586.

104 *Böse*, Strafen und Sanktionen, S. 146; *Hetzel*, Kronzeugenregelungen, S. 146; *Winkler*, Die Rechtsnatur der Geldbuße, S. 67 ff.; *Yomere*, Die Problematik der Mehrfachsanktionierung, S. 47.

Abs. 5 VO 1/2003, dass die Geldbußen keinen strafrechtlichen Charakter haben,[105] sowie den Umstand, dass die Geldbuße in Art. 5 Abs. 1 VO 2988/95 als „verwaltungsrechtliche Sanktion" bezeichnet wird,[106] anführen. Für eine Zuordnung der europäischen Geldbuße zu den französischen „sanctions administratives" könnte ferner sprechen, dass das dem behördlichen Verfahren etwaig nachfolgende Gerichtsverfahren verwaltungsrechtlicher Art ist, da es – insbesondere wegen des Rechts zu unbeschränkter Ermessensnachprüfung gemäß Art. 261 AEUV und Art. 31 Satz 1 VO 1/2003 – dem französischen Verwaltungsprozess nachgebildet ist.[107]

Gegen eine rechtliche Einordnung der Geldbuße entsprechend den „sanctions administratives" ist aber anzuführen, dass im Hinblick auf die Formulierung in Art. 23 Abs. 5 VO 1/2003, Geldbußen haben keinen strafrechtlichen Charakter, allgemein anerkannt ist, dass hiermit lediglich den Bedenken begegnet wurde, die hinsichtlich der Kompetenz der EG zum Erlass *kriminal*strafrechtlicher Sanktionen bestanden;[108] einen schlechthin strafrechtlichen Charakter schließt der Wortlaut der Norm jedoch nicht aus[109]. Ferner entspricht der punitive Charakter der Geldbuße nicht den unterschiedlichen Verwaltungsmaßnahmen, die unter den Sammelbegriff

---

105 *Frenz*, Europäisches Kartellrecht, Rn. 1586; *Krajewski*, Geldbußen und Zwangsgelder, S. 62.

106 Verordnung (EG, Euratom) Nr. 2988/95 des Rates vom 18. Dezember 1995 über den Schutz der finanziellen Interessen der Europäischen Gemeinschaften, ABl. EG 1995 Nr. L 312/1: „Unregelmäßigkeiten, die vorsätzlich begangen oder durch Fahrlässigkeit verursacht werden, können zu folgenden verwaltungsrechtlichen Sanktionen führen: a) Zahlung einer Geldbuße [...]." Vgl. auch *Engels*, Unternehmensvorsatz, S. 63; *Kiegler*, Rechtliche Anforderungen, S. 33/58 f.

107 *Böse*, Strafen und Sanktionen, S. 146; *Krajewski*, Geldbußen und Zwangsgelder, S. 64; *Winkler*, Die Rechtsnatur der Geldbuße, S. 58. Im deutschen Recht der Ordnungswidrigkeiten findet die gerichtliche Überprüfung des Bußgeldbescheides gemäß §§ 71 ff. OWiG hingegen nach Art eines Strafverfahrens statt; vgl. *Böse*, Strafen und Sanktionen, S. 146. Zu den Unterschieden zwischen der gerichtlichen Kontrolle durch die Unionsgerichte und die der deutschen Gerichte vgl. noch V. sowie B., V., S. 56 ff.

108 Vgl. *Alvarez Ligabue*, Der Grundsatz „nemo tenetur", S. 22; *Biermann*, ZWeR 2007, 1 (10 f.); *Dannecker/Fischer-Fritsch*, Das EG-Kartellrecht, S. 6; *Hensmann*, Die Ermittlungsrechte, S. 112; *König*, Das Europäische Verwaltungssanktionsrecht, S. 78 f.; *Mestmäcker/Schweitzer*, Wettbewerbsrecht, § 21 Rn. 9; *Schmidt*, Die Befugnis des Gemeinschaftsrichters, S. 94; *Schwarze*, EuR 2009, 171 (181); *Slater/Thomas/Waelbroeck*, Competition law proceedings, S. 8; *Wagemann*, Rechtfertigungs- und Entschuldigungsgründe, S. 15 f.; *Winkler*, Die Rechtsnatur der Geldbuße, S. 26 ff./51 f./84.

109 *Böse*, Strafen und Sanktionen, S. 148; *Engels*, Unternehmensvorsatz, S. 66; *Hildebrandt*, Der Irrtum im Bußgeldrecht, S. 18; *Kiegler*, Rechtliche Anforderungen, S. 63; *Pascu*, Strafrechtliche Fundamentalprinzipien, S. 46/50; *Satzger*, Die Europäisierung des Strafrechts, S. 83; *Schmidt*, Die Befugnis des Gemeinschaftsrichters, S. 94; *Winkler*, Die Rechtsnatur der Geldbuße, S. 77 f.; *Yomere*, Die Problematik der Mehrfachsanktionierung, S. 51.

„sanctions administratives" gefasst werden.[110] Als weitere Argumente gegen eine Einordnung der Geldbuße als Verwaltungssanktion ohne strafrechtlichen Charakter sind im Wesentlichen jene zu nennen, die oben bereits für eine Einordnung als Kriminalstrafe angeführt, insofern aber entkräftet worden sind. So zwingt der Wortlaut des Art. 103 Abs. 2 lit. a AEUV sowie des Art. 23 VO 1/2003 nicht zur Annahme einer *kriminal*strafrechtlichen Sanktion; allerdings sind die Bezeichnungen in den einzelnen Sprachfassungen durchweg solche für Sanktionen mit punitivem Charakter.[111] Auch das Verschuldenserfordernis spricht für eine strafrechtliche bzw. strafrechtsähnliche, wenn auch nicht zwingend für eine kriminalstrafrechtliche Sanktion. Ferner kann die außerordentliche Höhe der – speziell – *Kartell*geldbußen nicht vollends unberücksichtigt bleiben. Zwar sollen durch die Verhängung hoher Geldbußen etwaige, aus dem Verstoß erzielte Gewinne abgeschöpft werden. Gleichwohl ist mit der Verhängung einer Geldbuße eine erhebliche Eingriffsintensität verbunden, angesichts derer kaum mehr von Sanktionen für die Begehung von bloßem Verwaltungsunrecht gesprochen werden kann.[112]

Eine im Vordringen befindliche Ansicht meint, die europäische Geldbuße sei eine Sanktion „sui generis",[113] bei deren Durchsetzung die strafrechtlichen Grundsätze der Mitgliedstaaten nur insoweit anwendbar sein sollen, „als diese dem Gemeinschaftsrecht in seiner ganzen Struktur und Ausrichtung konform sind"[114]. Diese

---

110 *Böse*, Strafen und Sanktionen, S. 146 f.; *Friedmann*, Die Geltung rechtsstaatlicher Grundsätze, S. 47 f.; *Hetzel*, Kronzeugenregelungen, S. 146 f.; *Hildebrandt*, Der Irrtum im Bußgeldrecht, S. 16 f.; *Pascu*, Strafrechtliche Fundamentalprinzipien, S. 45; *Wagemann*, Rechtfertigungs- und Entschuldigungsgründe, S. 17; *Winkler*, Die Rechtsnatur der Geldbuße, S. 75; *Yomere*, Die Problematik der Mehrfachsanktionierung, S. 47 f.

111 *Friedmann*, Die Geltung rechtsstaatlicher Grundsätze, S. 47.

112 *Friedmann*, Die Geltung rechtsstaatlicher Grundsätze, S. 49; *Schwarze/Weitbrecht*, Grundzüge, § 7 Rn. 18; *Schwarze*, EuR 2009, 171 (187): „Umschlag von Quantität in Qualität"; *Soltész/Steinle/Bielesz*, EuZW 2003, 202 (206); *Yomere*, Die Problematik der Mehrfachsanktionierung, S. 49 f.

113 *Braum*, Europäische Strafgesetzlichkeit, S. 232; *Engelsing/Schneider*, in: Münchener Kommentar, EU-Wettbewerbsrecht, Art. 23 VO 1/2003 Rn. 15; *Heitzer*, Punitive Sanktionen, S. 20 f./26 f.; *Kiegler*, Rechtliche Anforderungen, S. 61/90; *Oehler*, FS-Jescheck, 1399 (1408); *ders.*, Internationales Strafrecht, Rn. 938 f.; *Valls Prieto*, ZStW 2008 (120), 403 (414 ff.).

114 So *Oehler*, Internationales Strafrecht, Rn. 940. Von einigen Vertretern der Theorie der Geldbuße als Sanktion „sui generis" wird die Anwendbarkeit strafrechtlicher bzw. strafprozessualer Garantien gleichwohl ausdrücklich betont. Vgl. *Engelsing/Schneider*, in: Münchener Kommentar, EU-Wettbewerbsrecht, Art. 23 VO 1/2003 Rn. 15; *Heitzer*, Punitive Sanktionen, S. 23 ff.; *Kiegler*, Rechtliche Anforderungen, S. 93: „Dagegen ist die Geltung der strafrechtlichen Fundamentalgrundsätze für die Geldbußen als Sanktionen im supranationalen europäischen Kartellrecht weitestgehend unbestritten, da es sich um Strafen im weiteren Sinne handelt, die den Ordnungswidrigkeiten des deutschen, portugiesischen und italienischen

Annahme ist zwar insofern zutreffend, als die Geldbuße ein spezifisches, von den nationalen Sanktionsformen unabhängiges Sanktionsinstrument des Unionsrechts ist.[115] Ferner ist dieser Auffassung zuzugestehen, dass die Geldbuße Elemente sowohl des Verwaltungs- als auch des Strafrechts aufweist, so dass eine eindeutige Zuordnung zu dem ein oder anderen Rechtsgebiet tatsächlich schwerfällt. Das hindert aber nicht, die Geldbuße mit den in den Mitgliedstaaten bekannten Sanktionen zu vergleichen und ihre Auslegung an letzteren zu orientieren.[116] Der Hinweis auf das Erfordernis der Gemeinschaftskonformität der strafrechtlichen Grundsätze der Mitgliedstaaten ist hingegen eine Selbstverständlichkeit, die stets zu beachten ist.[117] Eine Qualifikation der Geldbuße als Sanktion „sui generis" lässt darüber hinaus aber offen, welche Folgen mit dieser Einordnung verbunden sein sollen.[118]

Die ganz herrschende Ansicht ist deshalb zurecht der Auffassung, dass es sich bei der Geldbuße um eine strafrechtliche Maßnahme i. w. S. handelt,[119] die mit

---

Ordnungswidrigkeitenrechts vergleichbar sind. Letztlich handelt es sich um ein spezifisches Rechtsinstrument des Gemeinschaftsrechts, das eine autonome Bewertung und Definition seines Rechtscharakters erfordert."

115 *Böse*, Strafen und Sanktionen, S. 146; *Kiegler*, Rechtliche Anforderungen, S. 93.

116 *Böse*, Strafen und Sanktionen, S. 146; *Hildebrandt*, Der Irrtum im Bußgeldrecht, S. 27.
Damit ist jedoch keinesfalls gesagt, „dass das Sanktionensystem der Gemeinschaft nur am deutschen System zur Verhängung von Bußgeldern ausgerichtet ist und von der Europäischen Gemeinschaft nur übernommen wurde." Diesen Vorwurf macht aber *Fromm*, ZIS 2007, 279 (283), denjenigen, welche die europäische Geldbuße mit der des deutschen Ordnungswidrigkeitenrechts für vergleichbar halten.

117 *Pascu*, Strafrechtliche Fundamentalprinzipien, S. 48 f.; *Yomere*, Die Problematik der Mehrfachsanktionierung, S. 48 f.

118 *Pascu*, Strafrechtliche Fundamentalprinzipien, S. 49; *Tiedemann*, FS-Jescheck, 1411 (1417); *Wagemann*, Rechtfertigungs- und Entschuldigungsgründe, S. 18; *Yomere*, Die Problematik der Mehrfachsanktionierung, S. 49.

119 *Baudisch*, Die Rechtsstellung des Unternehmens, S. 253; *Dannecker*, in: Wabnitz/Janovsky, Wirtschafts- und Steuerstrafrecht, 16. Kapitel Rn. 171; *Emmerich*, Kartellrecht, § 13 Rn. 25; *Eser*, in: Meyer, Grundrechtecharta, Art. 48 Rn. 11; *Friedmann*, Die Geltung rechtsstaatlicher Grundsätze, S. 49 f.; *Hecker*, Europäisches Strafrecht, § 4 Rn. 65; *Hildebrandt*, Der Irrtum im Bußgeldrecht, S. 18 ff.; *Hensmann*, Die Ermittlungsrechte, S. 116; *König*, Das Europäische Verwaltungssanktionsrecht, S. 115; *Lorenzmeier*, ZIS 2008, 20 (23); *Nowak*, in: Loewenheim/Meessen/Riesenkampff, Kartellrecht, Art. 23 VO 1/2003 Rn. 5; *Pascu*, Strafrechtliche Fundamentalprinzipien, S. 50; *Queck*, Die Geltung des nemo-tenetur-Grundsatzes, S. 63; *Schmidt*, Die Befugnis des Gemeinschaftsrichters, S. 96 f.; *Schnakl*, Kronzeugenregelung, S. 67; *Scholz/Haus*, EuZW 2002, 682 (683); *Schwarze*, EuZW 2003, 261 (267 ff.); *ders.*, EuR 2009, 171 (180 f.); *Schwarze/Bechtold/Bosch*, Rechtsstaatliche Defizite, S. 21 ff.; *Schwarze/Weitbrecht*, Grundzüge, § 7 Rn. 19 ff.; *Slater/Thomas/Waelbroeck*, Competition law proceedings, S. 26; *Soltész/Steinle/Bielesz*, EuZW 2003, 202 (206); *Sura*, in: Langen/Bunte, Europäisches Kartellrecht, Art. 23 VO 1/2003 Rn. 6; *Vocke*, Die Ermittlungsbefugnisse, S. 105; *Wagemann*, Rechtfertigungs- und

den Geldbußen des deutschen – und folgerichtig auch denen des italienischen und portugiesischen – Ordnungswidrigkeitenrechts vergleichbar ist[120]. Einige[121] scheinen sogar noch einen Schritt weiterzugehen, wenn sie meinen, die Geldbuße des Unionsrechts „entspreche" der des deutschen Ordnungswidrigkeitenrechts.[122] Zweifelhaft ist bereits, ob damit tatsächlich ein Unterschied zu der hier vertretenen Ansicht, welche die unionsrechtliche Geldbuße mit der des deutschen Ordnungswidrigkeitenrechts für „vergleichbar" hält, dem Inhalt oder nur der Formulierung nach gemeint ist. Eine Gleichsetzung der Geldbuße des Unionsrechts mit der des deutschen Ordnungswidrigkeitenrechts wäre aber insofern bedenklich, als weder das Unionsrecht noch alle Mitgliedstaaten eine Zweiteilung des Strafrechts in Kriminalstrafrecht und Ordnungswidrigkeitenrecht kennen.[123] Darüber hinaus wird ein solches Verständnis, insoweit ist der Theorie der Sanktion „sui generis" zuzustimmen, der Eigenständigkeit der europäischen Geldbuße nicht in ausreichendem Maße gerecht.[124]

Konsequenz der Qualifikation der Geldbuße als strafrechtliche Maßnahme i. w. S. ist jedenfalls die Anwendbarkeit strafrechtlicher bzw. strafprozessualer Grundsätze

---

Entschuldigungsgründe, S. 31 f.; *Wiesner*, Der Kronzeuge im Kartellrecht, S. 62; *Wils*, World Competition 2010, 5 (12 ff.); *Yomere*, Die Problematik der Mehrfachsanktionierung, S. 51 f.

120 So ausdrücklich: *Albrecht*, Die Anwendung von Kronzeugenregelungen, S. 63; *Alvarez, Ligabue*, Der Grundsatz „nemo tenetur", S. 23; *Biermann*, ZWeR 2007, 1 (11); *Dannecker/Biermann*, in: Immenga/Mestmäcker, EU-Wettbewerbsrecht, Art. 23 VO 1/2003 Rn. 334; *Dieckmann*, in: Wiedemann, Kartellrecht, § 46 Rn. 1, der den strafrechtlichen Charakter der Geldbuße gleichwohl verneint; *Hetzel*, Kronzeugenregelungen, S. 147; *Kindhäuser/Meyer*, in: FK-Kartellrecht, Band II, Art. 101 AEUV Bußgeldrechtliche Folgen Rn. 17; *Mestmäcker/Schweitzer*, Europäisches Wettbewerbsrecht, § 21 Rn. 9; *Pascu*, Strafrechtliche Fundamentalprinzipien, S. 50 (Fn. 294); *Winkler*, Die Rechtsnatur der Geldbuße, S. 84 ff.

121 *Böse*, Strafen und Sanktionen, S. 147 f.; *Dannecker/Fischer-Fritsch*, Das EG-Kartellrecht, S. 7; *Hildebrandt*, Der Irrtum im Bußgeldrecht, S. 20; *Tiedemann*, in: FS-Jescheck, 1411 (1417).

122 Ähnlich auch *GA Roemer* v. 19.12.1968, C-14/68, Slg. 1969, 17 (24) – *Walt Wilhelm* und *GA Mayras* v. 16./17.06.1975, C-40 bis -48, -50, -54 bis -56, -111, -113, -114/73, Slg. 1975, 2062 (2141) – *Suiker Unie u. a.*

123 *Wagemann*, Rechtfertigungs- und Entschuldigungsgründe, S. 32. Gegen eine Gleichsetzung auch *Pascu*, Strafrechtliche Fundamentalprinzipien, S. 50 (Fn. 294).

124 Vgl. *Winkler*, Die Rechtsnatur der Geldbuße, S. 85: „Die Übernahme der deutschen Abgrenzung von Ordnungswidrigkeiten und Kriminalstrafen berechtigt jedoch nicht dazu, nunmehr pauschal die Kasuistik und den Begriffsapparat des deutschen Ordnungswidrigkeitenrechts in das Gemeinschaftsrecht zu übertragen. Dagegen spricht schon die Eigenständigkeit des Gemeinschaftsrechts, die sich hier als Eigenständigkeit der Ordnungsstrafgewalt konkretisiert."

im Kommissionsverfahren[125] – und zwar unabhängig davon, ob man die unionsrechtliche Geldbuße mit der Geldbuße des deutschen Ordnungswidrigkeitenrechts für vergleichbar hält oder meint, jene entspreche dieser. Wegen der nur quasistrafrechtlichen Rechtsnatur der Geldbuße gelten die strafrechtlichen bzw. strafprozessualen Grundsätze jedoch nicht in dem gleichen Umfang wie im Kriminalstrafrecht.[126]

b) Rechtsprechung des EGMR

Nachfolgend soll das gefundene Ergebnis anhand der Kriterien, die der EGMR in seiner Rechtsprechung zum Begriff des Strafrechts aufgestellt hat, überprüft werden.

Der EGMR hat sich bislang nicht zur Rechtsnatur der unionsrechtlichen Geldbuße geäußert.[127] Dies ist bislang auch insofern nicht angezeigt gewesen, als die Union – anders als ihre Mitgliedstaaten – nicht Vertragspartnerin der EMRK ist und ihre Rechtsakte deshalb nicht unmittelbar vor dem EGMR angegriffen werden können.[128] Einen Beitritt der Union zur EMRK sieht Art. 6 Abs. 2 EUV zwar vor, ein solcher ist

---

125 *Dannecker/Fischer-Fritsch*, Das EG-Kartellrecht, S. 7; *Kiegler*, Rechtliche Anforderungen, S. 92; *Pascu*, Strafrechtliche Fundamentalprinzipien, S. 50 f.; *Wagemann*, Rechtfertigungs- und Entschuldigungsgründe, S. 32.

126 *Böse*, Strafen und Sanktionen, S. 148; *König*, Das Europäische Verwaltungssanktionsrecht, S. 115.

127 Vgl. aber die Europäische Kommission für Menschenrechte v. 09.02.1990, Nr. 13258/87 – *M. & Co*: „The question therefore is whether by giving effect to a judgment reached in proceedings that allegedly violated Article 6 (Art. 6) the Federal Republic of Germany incurred responsibility under the Convention on account of the fact that these proceedings against a German company were possible only because the Federal Republic has transferred its powers in this sphere to the European Communities. For the purpose of the examination of this question it can be assumed that the anti-trust proceedings in question would fall under Article 6 (Art. 6) had they been conducted by German and not by European judicial authorities [...]."
Daraus folgert *Schwarze*, EuR 2009, 171 (197), dass die Europäische Kommission für Menschenrechte auch das europäische Kartellverfahren in den Schutz der EMRK einbezogen habe. Die Europäische Kommission für Menschenrechte war zuständig für Beschwerden über Verstöße gegen die EMRK. Ihre Aufgaben wurden am 01.11.1998 dem nachfolgenden, nunmehr ständigen EGMR übertragen. Vgl. *Haratsch/Koenig/Pechstein*, Europarecht, Rn. 44; *Meyer-Ladewig/Petzold*, NJW 1999, 1165.

128 EGMR v. 18.02.1999, Nr. 24833/94, EuGRZ 1999, 200 (201, Rn. 32) – *Matthews*; *Bieber/Epiney/Haag*, Die Europäische Union, § 2 Rn. 19; *Hensmann*, Die Ermittlungsrechte, S. 117; *Herdegen*, Europarecht, § 3 Rn. 59; *König*, Das Europäische Verwaltungssanktionsrecht, S. 63. Vgl. aber zu der Möglichkeit einer mittelbaren Überprüfung des Unionsrechts im Fall der Übertragung von Hoheitsgewalt durch die Mitgliedstaaten auf die Union *Haratsch/Koenig/Pechstein*, Europarecht, Rn. 694 ff.

indes noch nicht erfolgt.[129] Der EGMR wertete allerdings bereits die Geldbuße des deutschen Ordnungswidrigkeitenrechts[130] und jüngst zudem die Geldbuße des italienischen Wettbewerbsrechts[131], deren Verfahrensstrukturen weitgehend mit denen des EU-Kartellrechts übereinstimmen sollen,[132] als strafrechtliche Maßnahmen im Sinne der Artt. 6 und 7 EMRK. Diesen Charakter sprach die Europäische Kommission für Menschenrechte auch der Geldbuße des französischen Wettbewerbsrechts zu.[133] Die Rechtsprechung des EGMR ist für die Einordnung der Rechtsnatur der europäischen Geldbuße gleichwohl von Bedeutung, da Art. 52 Abs. 3 der Charta der Grundrechte der Europäischen Union (GRC)[134] bestimmt, dass die in der Charta enthaltenen Rechte die gleiche Bedeutung und Tragweite haben wie die entsprechenden Rechte der EMRK, und die GRC wiederum gemäß Art. 6 Abs. 1 Unterabs. 1 Hs. 2 EUV verbindliches Primärrecht ist.[135] Der EGMR wendet seit der Rechtssache *Engel*[136] mit den sog. „Engel-Kriterien" eine eigene („autonome") Methode zur Bestimmung der Rechtsnatur von Sanktionen an. Dies ist ihm insbesondere deshalb möglich, weil er bei seiner Rechtsfindung weder an die Vorgaben des nationalen noch an die des europäischen Rechts gebunden ist.[137] Anderenfalls stünden die in der EMRK gewährten Rechte zur Disposition des jeweiligen Gesetzgebers.[138] Für den EGMR sind vielmehr (1) die formale Einordnung der Sanktion im Recht des Vertragsstaates, (2) die Art der Zuwiderhandlung sowie (3) die Art und die Schwere der für die Zuwiderhandlung angedrohten Sanktionen maßgeblich.[139] Diese Kriterien müssen nicht kumulativ, das zweite und dritte Kriterium können vielmehr

---

129 Das 14. Zusatzprotokoll zur EMRK, das die Voraussetzungen für einen Beitritt der EU geschaffen hat, ist am 1. Juni 2010 in Kraft getreten. Vgl. *Herdegen*, Europarecht, § 3 Rn. 2.

130 EGMR v. 21.02.1984, Nr. 8544/79, EGMR-E 2, 329 (Rn. 46 ff.) – *Öztürk*; ders. v. 25.08.1987, Nr. 9912/82, EGMR-E 3, 637 (Rn. 50 ff.) – *Lutz*.

131 EGMR v. 27.09.2011, Nr. 43509/08, Rn. 57 ff. – *A. Menarini Diagnostics S.R.L.*

132 *Kindhäuser/Meyer*, in: FK-Kartellrecht, Band II, Art. 101 AEUV Bußgeldrechtliche Folgen Rn. 16.

133 Europäische Kommission für Menschenrechte v. 30.05.1991, in: EGMR v. 27.02.1992, Nr. 11598/85, Serie A, Nr. 232, Rn. 57 ff. (Anhang) – *Société Stenuit*.

134 Charta der Grundrechte der Europäischen Union, ABl. EU 2010 Nr. C 83/391.

135 *Wils*, World Competition 2010, 5 (9). Vgl. zum Grundrechtsschutz in der Union und insbesondere zum Verhältnis von GRC und EMRK noch Teil 4, A., I.

136 EGMR v. 08.06.1976, Nr. 5100/71, EGMR-E 1, 178 – *Engel u. a.*

137 *König*, Das Europäische Verwaltungssanktionsrecht, S. 62.

138 EGMR v. 21.02.1984, Nr. 8544/79, EGMR-E 2, 329 (Rn. 49) – *Öztürk; Bechtold/Bosch*, ZWeR 2011, 160 (162); *Lorenzmeier*, ZIS 2008, 20 (23); *Slater/Thomas/Waelbroeck*, Competition law proceedings, S. 5.

139 EGMR v. 08.06.1976, Nr. 5100/71, EGMR-E 1, 178 (Rn. 82) – *Engel u. a.*; ders. v. 21.02.1984, Nr. 8544/79, EGMR-E 2, 329 (Rn. 50) – *Öztürk*; ders. v. 23.07.2002, Nr. 34619/97, Rn. 65 – *Janosevic;* ders. v. 23.11.2006, Nr. 73053/01, Rn. 30 f. – *Jussila*. Vgl. auch *Kiegler*, Rechtliche Anforderungen, S. 62; *König*, Das Europäische Verwaltungssanktionsrecht, S. 64; *Lorenzmeier*, ZIS 2008, 20 (23 f.); *Slater/Thomas/*

auch alternativ erfüllt sein,[140] so dass deren alleiniges Vorliegen den strafrechtlichen Charakter einer Sanktion begründen kann.

Fraglich ist, ob die unionsrechtliche Kartellgeldbuße hiernach als strafrechtliche Sanktion im Sinne der Art. 6 und 7 EMRK anzusehen ist. Was das erste Kriterium – die formale Einordnung der Sanktion im Recht des Vertragsstaates[141] – betrifft, gilt es zunächst zu berücksichtigen, dass auf europäischer Ebene keine geschlossenen Rechtssysteme existieren, die denen eines Vertragsstaates entsprächen und in welche die Geldbuße einzuordnen wäre.[142] Insofern kann einzig auf die Äußerung in Art. 23 Abs. 5 VO 1/2003, der bestimmt, dass die Geldbuße keinen strafrechtlichen Charakter hat, zurückgegriffen werden. Art. 23 Abs. 5 VO 1/2003 dient zwar nur der Klarstellung, dass die Geldbußen nicht *kriminal*strafrechtlicher Natur sind. Gleichwohl ist die Norm nicht gänzlich unbeachtlich, weil sich der europäische Gesetzgeber darin zur Rechtsnatur der Geldbuße äußert – mag diese Äußerung auch mehrdeutig sein – und folglich eine formale Einordnung im Sinne des ersten *Engel*-Kriteriums trifft. Dieses spricht somit eher gegen einen strafrechtlichen Charakter der Geldbuße. Das erste Kriterium ist indes gerade wegen seiner rein formalen Betrachtungsweise von untergeordneter Bedeutung und stellt lediglich den Ausgangspunkt der weiteren Prüfung dar.[143] Von ungleich größerer Relevanz ist demgegenüber das zweite Kriterium, namentlich die Art der Zuwiderhandlung. Dieses stellt ein starkes Indiz für den strafrechtlichen Charakter der unionsrechtlichen Geldbuße dar. So bejaht der EGMR den strafrechtlichen Charakter einer Sanktion, wenn dieser eine sowohl präventive als auch repressive Funktion zukommt.[144] Dies trifft auch auf die unionsrechtliche Geldbuße zu, so dass ihr insofern ein strafrechtlicher Charakter beizumessen ist. Diese Feststellung wird durch das dritte Kriterium – die Art und die Schwere der für die Zuwiderhandlung angedrohten Sanktion – noch bestärkt. Zwar kann die Kommission keine Freiheitsstrafen aussprechen; angesichts der regelmäßig verhängten Millionen-Geldbußen, die gemäß Art. 23 Abs. 2 VO 1/2003 bis zu 10 % des Jahresumsatzes der betreffenden Partei betragen

---

Waelbroeck, Competition law proceedings, S. 6; *Wils*, World Competition 2010, 5 (13); *Yomere*, Die Problematik der Mehrfachsanktionierung, S. 52.

140 EGMR v. 23.07.2002, Nr. 34619/97, Rn. 67 – *Janosevic*; ders. v. 23.11.2006, Nr. 73053/01, Rn. 30 f. – *Jussila*.

141 Wie bereits erwähnt ist die Union gleichwohl kein Vertragsstaat der EMRK.

142 EGMR v. 08.06.1976, Nr. 5100/71, EGMR-E 1, 178 (Rn. 82) – *Engel u.a.*; ders. v. 21.02.1984, Nr. 8544/79, EGMR-E 2, 329 (Rn. 53) – *Öztürk; Kiegler*, Rechtliche Anforderungen, S. 62.

143 EGMR v. 08.06.1976, Nr. 5100/71, EGMR-E 1, 178 (Rn. 82) – *Engel u.a.*; ders. v. 21.02.1984, Nr. 8544/79, EGMR-E 2, 329 (Rn. 52) – *Öztürk; König*, Das Europäische Verwaltungssanktionsrecht, S. 64; *Slater/Thomas/Waelbroeck*, Competition law proceedings, S. 6.

144 EGMR v. 21.02.1984, Nr. 8544/79, EGMR-E 2, 329 (Rn. 53) – *Öztürk*; ders. v. 25.08.1987, Nr. 9912/82, EGMR-E 3, 637 (Rn. 54) – *Lutz*; *Kiegler*, Rechtliche Anforderungen, S. 63; *König*, Das Europäische Verwaltungssanktionsrecht, S. 64 f.

können und die vielfach als Argument für die strafrechtliche Natur der Geldbuße hervorgehoben werden,[145] handelt es sich zweifelsohne um Sanktionen hoher Intensität.[146] Folglich besitzt die Geldbuße auch insofern strafrechtlichen Charakter.

Nach Anwendung der vom EGMR entwickelten Kriterien zur Bestimmung der Rechtsnatur einer Sanktion auf die unionsrechtliche Kartellgeldbuße gilt es somit festzuhalten, dass diese insgesamt strafrechtlicher Natur ist.[147] Diese Schlussfolgerung lässt sich zudem aus dem Umstand ziehen, dass der EGMR auch die Geldbuße des deutschen Ordnungswidrigkeitenrechts als strafrechtliche Sanktion angesehen hat. Geht man richtigerweise von einer Vergleichbarkeit der unionsrechtlichen Geldbuße mit der des deutschen Ordnungswidrigkeitenrechts aus, so ist jene sogar nahezu zwangsläufig als strafrechtliche Sanktion zu qualifizieren.[148]

Einschränkend ist jedoch hinzuzufügen, dass der EGMR, obgleich grundsätzlich von einem materiellen, mithin einem weiten strafrechtlichen Begriff ausgehend, durchaus zwischen dem Kernbereich des Strafrechts („hard core of criminal law") und dem Strafrecht im weiteren Sinne („cases not strictly belonging to the traditional categories of the criminal law") unterscheidet.[149] Im Gegensatz zum Kernbereich des Strafrechts seien die durch die EMRK gewährten strafrechtlichen Garantien im Strafrecht im weiteren Sinne nicht in ihrer vollen Strenge („not with full stringency") anzuwenden.[150] So stelle es etwa keinen Verstoß gegen Art. 6 Abs. 1 EMRK dar, wenn eine Strafe im weiteren Sinne in erster Instanz nicht von einem „unabhängigen und unparteiischen Gericht", sondern von einer Behörde, die – wie die Kommission – sowohl ermittelnde als auch ahndende Instanz ist, verhängt werde;

145 Vgl. etwa *Kiegler*, Rechtliche Anforderungen, S. 180 f.; *Schwarze*, EuZW 2003, 261 (267 f.); *ders.*, EuR 2009, 171 (181 f.); *Soltész/Steinle/Bielesz*, EuZW 2003, 202 (205 f.); *Wolf*, WuW 1962, 645 (659).

146 *König*, Das Europäische Verwaltungssanktionsrecht, S. 65; *Lorenzmeier*, ZIS 2008, 20 (25); *Slater/Thomas/Waelbroeck*, Competition law proceedings, S. 12, die darauf hinweisen, dass die Geldbußen des europäischen Kartellrechts die Sanktionen, die der EGMR bereits als strafrechtliche wertete, um mehrere 1000 % übersteigen.

147 Im Ergebnis ist dies weitestgehend anerkannt. Vgl. *GA Vesterdorf* v. 10.07.1991, T-1/89, Slg. 1991, II-869 (885) – *Rhône-Poulenc; GA Léger* v. 03.02.1998, C-185/95 P, Slg. 1998, I-8422 (8431, Rn. 31) – *Baustahlgewebe*; *GA Sharpston* v. 10.02.2011, C-272/09 P, noch nicht in amtl. Slg., Rn. 64 – *KME Germany u. a.*; *Bechtold/Bosch*, ZWeR 2011, 160 (163); *Slater/Thomas/Waelbroeck*, Competition law proceedings, S. 26; *Wils*, World Competition 2010, 5 (17).

148 So auch *Böse*, Strafen und Sanktionen, S. 152; *König*, Das Europäische Verwaltungssanktionsrecht, S. 65; *Soltész*, WuW 2012, 141 (144).

149 EGMR v. 23.11.2006, Nr. 73053/01, Rn. 43 – *Jussila*. Vgl. *Wils*, World Competition 2010, 5 (15); *ders.*, World Competition 2011, 189 (205); *Bronckers/Vallery*, World Competition 2011, 535 (537 f.). Kritisch hinsichtlich einer solchen Differenzierung *Bechtold/Bosch*, ZWeR 2011, 160 (163); *Slater/Thomas/Waelbroeck*, Competition law proceedings, S. 22 ff.

150 EGMR v. 23.11.2006, Nr. 73053/01, Rn. 43 – *Jussila*.

erforderlich sei dann jedoch, dass der Adressat der Geldbuße diese gerichtlich überprüfen lassen könne.[151]

Da der EGMR die Geldbuße des deutschen Ordnungswidrigkeitenrechts dem Strafrecht im weiteren Sinne zuordnet,[152] gilt diese Einschätzung nach den obigen Ausführungen auch für die vergleichbare unionsrechtliche Geldbuße.[153]

c) *Rechtsprechung der Unionsgerichte*

EuG und EuGH haben sich in ihren Entscheidungen bisher nicht eindeutig zur Rechtsnatur der Kartellgeldbuße geäußert. Teilweise wird darauf hingewiesen, dass der Zweck der Geldbußen ebenso darin bestehe, unerlaubte Handlungsweisen zu ahnden, wie darin, ihrer Wiederholung vorzubeugen, und dass sie sich durch diese Zwecke von den Zwangsgeldern unterscheiden würden.[154] Da strafrechtliche Sanktionen einen repressiven und präventiven Zweck verfolgen, könnte man annehmen, dass auch die Unionsgerichte die Geldbuße für eine strafrechtliche Sanktion halten. In anderen – älteren wie jüngeren – Entscheidungen betonen sie hingegen den verwaltungsrechtlichen Charakter des Kommissionsverfahrens.[155] Die Geldbuße

---

151 EGMR v. 23.07.2002, Nr. 34619/97, Rn. 65 – *Janosevic*; ders. v. 23.11.2006, Nr. 73053/01, Rn. 43 – *Jussila*; ders. v. 27.09.2011, Nr. 43509/08, Rn. 57 ff. – *A. Menarini Diagnostics S.R.L.* Vgl. auch *Bueren*, ZEuS 2011, 485 (494); *Classen*, Gute Verwaltung, S. 193 f.; *Wils*, World Competition 2010, 5 (16).

152 EGMR v. 23.11.2006, Nr. 73053/01, Rn. 30 f. – *Jussila*, unter Verweis auf ders. v. 21.02.1984, Nr. 8544/79, EGMR-E 2, 329 (Rn. 53) – *Öztürk*.

153 So auch *GA Sharpston* v. 10.02.2011, C-272/09 P, noch nicht in amtl. Slg., Rn. 67 – *KME Germany u. a.*; *Kindhäuser/Meyer*, in: FK-Kartellrecht, Band II, Art. 101 AEUV Bußgeldrechtrechtliche Folgen Rn. 17. Im Ergebnis ebenso *Wils*, World Competition 2010, 5 (17); *ders.*, World Competition 2011, 189 (205). Anders aber *GA Darmon* v. 18.05.1989, C-374/87, Slg. 1989, 3301 (3337, Rn. 138) – *Orkem*.
Bechtold/Bosch, ZWeR 2011, 160 (163 f.), meinen, dass der EGMR das Kartellbußgeldrecht durchaus auch dem Kernbereich des Strafrechts zuordnen würde, da – anders als in der Rechtssache *Jussila* – die Engel-Kriterien nicht nur alternativ, sondern kumulativ erfüllt seien. Zustimmend *Soltész*, WuW 2012, 141 (145). So auch – die hohen Kartellgeldbußen betonend – *Bronckers/Vallery*, World Competition 2011, 535 (541 f.). Gegen eine Zuordnung zum Kernbereich des Strafrechts jüngst aber *GA Kokott* v. 28.02.2013, C-681/11, noch nicht in amtl. Slg., Rn. 40 – *Schenker und Co. AG u. a.*: „Ausgangspunkt für die Überlegungen zu dieser Problematik sollte sein, dass das Kartellrecht zwar nicht zum Kernbereich des Strafrechts gehört, jedoch anerkanntermaßen strafrechtsähnlichen Charakter hat."

154 EuGH v. 15.07.1970, C-41/69, Slg. 1970, 661 (703, Rn. 172/176) – *ACF Chemiefarma*; ders. v. 15.07.1970, C-44/69, Slg. 1970, 733 (763, Rn. 49) – *Buchler*; ders. v. 15.07.1970, C-45/69, Slg. 1970, 769 (810, Rn. 53) – *Boehringer*.

155 EuGH v. 15.07.1970, C-44/69, Slg. 1970, 733 (756, Rn. 20) – *Buchler;* ders. v. 13.02.1979, C-85/76, Slg. 1979, 461 (511, Rn. 9) – *Hoffmann-La Roche*; ders. v. 02.10.2003, C-194/99 P, Slg. 2003, I-10821 (10900, Rn. 30) – *Thyssen Stahl*; ders. v. 10.05.2007, C-238/05 P, Slg. 2007, I-3921 (3984, Rn. 70) – *SGL Carbon;* EuG v. 20.03.2002,

sei schon allein deswegen keine strafrechtliche Sanktion, weil Art. 17 Abs. 4 VO 17/1962 (nun Art. 23 Abs. 5 VO 1/2003) der Geldbuße den strafrechtlichen Charakter abspreche.[156] Diese Äußerungen deuten eher darauf hin, dass die Unionsgerichte einer Einordnung der Geldbuße als Verwaltungssanktion ohne strafrechtlichen Charakter nahestehen. Wegen der Bezugnahme auf Art. 17 Abs. 4 VO 17/1962 (nun Art. 23 Abs. 5 VO 1/2003), der richtigerweise lediglich den *kriminal*strafrechtlichen Charakter der Geldbuße ausschließen soll,[157] könnte man aber auch annehmen, dass sie nur einer Einordnung als Kriminalstrafe ablehnend gegenüberstehen.[158] Im Zusammenhang mit der Frage der Geltung von bestimmten Verfahrensrechten der Parteien berufen sich die Unionsgerichte mittlerweile jedenfalls regelmäßig auf die EMRK.[159] So betont der EuGH unter Bezugnahme auf die Rechtsprechung des

---

T-23/99, Slg. 2002, II-1705 (1787, Rn. 220) – *LR AF 1998*. Besonders deutlich in diesem Sinne EuG v. 08.07.2008, T-99/04, Slg. 2008, II-1501 (1563, Rn. 139) – *AC Treuhand*: „Auch ist dieser Grundsatz [der Gesetzlichkeit der Straftatbestände und Strafen] sowohl bei Normen mit strafrechtlichem Charakter als auch bei spezifischen verwaltungsrechtlichen Instrumenten zu beachten, die die Verhängung von Sanktionen durch die Verwaltung – etwa die nach der Verordnung Nr. 17 – vorschreiben oder gestatten […]." Mit ähnlichem Wortlaut dass. v. 08.10.2008, T-69/04, Slg. 2008, II-2567 (2589, Rn. 29) – *Schunk*.

156 Vgl. nur EuG v. 06.10.1994, T-83/91, Slg. 1994, II-755 (855, Rn. 235) – *Tetra Pak;* dass. v. 13.07.2011, T-138/07, Slg. 2011, II-4819, Rn. 53 – *Schindler Holding u. a.*

157 Vgl. bereits a).

158 *König*, Das Europäische Verwaltungssanktionsrecht, S. 59; *Pascu*, Strafrechtliche Fundamentalprinzipien, S. 37. So ist wohl auch die Aussage von *GA Mayras* v. 16./17.06.1975, C-40 bis -48, -50, -54 bis -56, -111, -113, -114/73, Slg. 1975, 2062 (2141) – *Suiker Unie,* zu interpretieren. Dieser schließt sich zwar der Ansicht von *GA Roemer v. 19.12.1968, C-14/68,* Slg. 1969, 17 (Rn. 24) – *Walt Wilhelm* an, die Geldbuße des Unionsrechts weise „dieselbe Rechtsnatur auf wie die im deutschen Gesetz gegen Wettbewerbsbeschränkungen vorgesehenen Geldbußen, die dem Bereich des Ordnungswidrigkeitenrechts zuzurechnen sind." Er meint aber gleichwohl, indem er *GA Gand* v. 10.06.1970, C-41/69, Slg. 1970, 706 (728 f.) – *ACF Chemiefarma* zitiert, bei den Geldbußen des Unionsrechts handele es sich nicht um Strafen, „weil die Mitgliedstaaten keine strafrechtlichen Befugnisse (…) auf die Gemeinschaft übertragen haben." Ähnlich GA Fennelly v. 29.10.1998, C-395, -396/96 P, Slg. 2000, I-1371 (1435, Rn. 178) – *Compagnie Maritime Belge Transports u. a.*: „Auch wenn sie im strafrechtlichen Sinne keine Strafen sind, erfüllen Geldbußen doch eine Bußfunktion."

159 Besonders deutlich insofern EuGH v. 18.10.1989, C-374/87, Slg. 1989, 3283 (3350, Rn. 30) – *Orkem*: „Was Artikel 6 der Europäischen Menschenrechtskonvention angeht, so ist zwar einzuräumen, dass sich ein Unternehmen, gegen das eine Untersuchung auf dem Gebiet des Wettbewerbsrechts durchgeführt wird, auf diese Vorschrift berufen kann." Vgl. auch ders. v. 21.09.1989, C-46/87, -227/88, Slg. 1989, 2859 (2923, Rn. 13) – *Hoechst*; ders. v. 07.01.2004, C-204, -205, -211, -213, -217, -219/00 P, Slg. 2004, I-123 (442, Rn. 64) – *Aalborg Portland u. a.*; ders. v. 28.06.2005, C-189, -202, -205 bis -208, -213/02 P, Slg. 2005, I-5425 (5529 f., Rn. 69) – *Dansk Rørindustri u. a.*; EuG v. 08.07.2008, T-99/04, Slg. 2008, II-1501 (1562 f., Rn. 137 f.) – *AC*

EGMR, „dass der Grundsatz der Unschuldsvermutung angesichts der Art der fraglichen Zuwiderhandlung sowie der Art und der Schwere der ihretwegen verhängten Sanktionen in Verfahren der wegen der Verletzung der für die Unternehmen geltenden Wettbewerbsregeln anwendbar ist, die zur Verhängung von Geldbußen oder Zwangsgeldern führen kann."[160] Danach scheinen sie die Geldbuße als strafrechtliche Sanktion im Sinne der Rechtsprechung des EGMR anzusehen. Hierfür spricht auch ein jüngst ergangenes Urteil des EuG, in dem dieser der Geldbuße lediglich eine Zugehörigkeit zum strafrechtlichen Kernbereich im Sinne der Rechtsprechung des EGMR abspricht:[161] „Als Erstes ist in Bezug auf das Vorbringen, dass das Verfahren vor der Kommission nicht den Anforderungen von Art. 6 Abs. 1 EMRK genüge, darauf hinzuweisen, dass es nach der Rechtsprechung des EGMR für die Anwendung von Art. 6 EMRK ausreicht, wenn die fragliche Zuwiderhandlung ihrer Art nach strafrechtlich ist oder den Betroffenen einer Maßregel ausgesetzt hat, die nach ihrer Art und ihrem Schweregrad im Allgemeinen dem Strafrecht zuzuordnen ist [...]. Insoweit haben, wie sich aus der Rechtsprechung des EGMR ergibt, dessen Organe, indem sie eine eigenständige Auslegung des Begriffs der ‚strafrechtlichen Anklage' geschaffen haben, den Boden für eine schrittweise Ausdehnung der Anwendung des strafrechtlichen Aspekts von Art. 6 auf Bereiche bereitet, die formal nicht zu den herkömmlichen Kategorien des Strafrechts gehören, wie etwa die finanziellen Sanktionen, die wegen Verstößen gegen das Wettbewerbsrecht verhängt werden. In Bezug auf die Kategorien, die nicht zum harten Kern des Strafrechts gehören, hat der EGMR allerdings klargestellt, dass die Garantien, die der strafrechtliche Aspekt von Art. 6 vermittelt, nicht notwendigerweise in ihrer ganzen Strenge anzuwenden sind [...]." Eine Konstanz in der Rechtsprechung von EuG und EuGH lässt sich gleichwohl nicht feststellen, denn in anderen Entscheidungen vertraten diese wiederum die Auffassung, „dass die Effektivität des Wettbewerbsrechts der Gemeinschaft ernsthaft gefährdet wäre, wenn man der These folgte, dass das Wettbewerbsrecht zum

---

Treuhand; dass. v. 08.10.2008, T-69/04, Slg. 2008, II-2567 (2589, Rn. 27 ff.) – *Schunk*; dass. v. 14.05.1998, T-347/94, Slg. 1998, II-1751 (1847, Rn. 312) – *Mayr-Melnhof*; dass. v. 20.02.2001, T-112/98, Slg. 2001, II-729 (754, Rn. 60) – *Mannesmannröhren-Werke*; dass. v. 09.07.2003, T-224/00, Slg. 2003, II-2597 (2641, Rn. 85) – *Archer Daniels Midland*; dass. v. 15.12.2010, T-141/08, Slg. 2010, II-5761 (5782, Rn. 52/5841 f., Rn. 238) – *E.ON Energie*.

160 EuGH v. 08.07.1999, C-199/92 P, Slg. 1999, I-4287 (4384, Rn. 150) – *Hüls*; ders. v. 08.07.1999, C-235/92 P, Slg. 1999, I-4539 (4631, Rn. 176) – *Montecatini*. Mit ähnlichem Wortlaut auch EuG v. 05.04.2006, T-279/02, Slg. 2006, II-897 (951, Rn. 115) – *Degussa*; dass. v. 15.12.2010, T-141/08, Slg. 2010, II-5761 (5782, Rn. 52/5841 f., Rn. 238) – *E.ON Energie*. Die Anwendbarkeit von Art. 7 Abs. 1 EMRK hinsichtlich des Grundsatzes der Gesetzmäßigkeit der Strafen lässt das EuG gleichwohl offen; vgl. dass. v. 05.04.2006, T-279/02, Slg. 2006, II-897 (936, Rn. 71) – *Degussa*. Ähnlich hinsichtlich des fair trial-Grundsatzes EuGH v. 17.12.1998, C-185/95 P, Slg. 1998, I-8417 (8496, Rn. 21) – *Baustahlgewebe*.

161 EuG v. 13.07.2011, T-138/07, Slg. 2011, II-4819, Rn. 52 – *Schindler Holding u.a.*

Strafrecht gehöre."[162] In einer neueren Entscheidung hat es der EuGH ausdrücklich offen gelassen, ob die Geldbuße als strafrechtliche Maßnahme im Sinne der EMRK anzusehen ist, da ein von der Rechtsmittelführerin behaupteter Verstoß gegen den fair trial-Grundsatz nicht hinreichend dargelegt worden sei.[163]

Es ist also festzustellen, dass die Unionsgerichte – im Gegensatz zur herrschenden Ansicht in der Literatur – im Hinblick auf die Anerkennung des strafrechtlichen Charakters der Geldbuße eine eher restriktive Haltung einnehmen. Eine definitive diesbezügliche Aussage lässt sich aufgrund der wenig konkreten und – zumindest sprachlich – teils widersprüchlichen Rechtsprechung aber nicht treffen.[164] Am ehesten ist diese wohl dahingehend zusammenfassen, dass die Unionsgerichte strafrechtliche bzw. strafprozessuale Grundsätze zwar punktuell anwenden, es ihnen bei deren konkreter Anwendung hingegen an Stringenz fehlt.[165]

4. Ergebnis

Nach alledem ist festzuhalten, dass die unionsrechtliche Geldbuße dem Strafrecht i. w. S. zuzuordnen ist. Ihre strafrechtliche Natur erfordert es, dass im Kommissionsverfahren die strengen strafrechtlichen bzw. strafprozessualen Garantien zu Gunsten der betroffenen Parteien Geltung beanspruchen.

V. Rechtsmittel

Der Beschluss der Kommission über die Verhängung einer Geldbuße kann innerhalb von zwei Monaten (vgl. Art. 263 Abs. 6 AEUV) mit der Nichtigkeitsklage gemäß Artt. 263 f. AEUV zum Gerichtshof angegriffen werden. In erster Instanz überprüft das EuG den Beschluss der Kommission in tatsächlicher wie rechtlicher Hinsicht. Bei Klagen gegen einen Beschluss, mit dem ein Bußgeld festgesetzt wird, hat das EuG nach Art. 261 AEUV und Art. 31 Satz 1 VO 1/2003 das Recht zu unbeschränkter Ermessensnachprüfung. Anders als bei der „normalen" Nichtigkeitsklage[166]

---

162 EuGH v. 18.09.2003, C-338/00 P, Slg. 2003, I-9189, (9267, Rn. 96 f.) – *Volkswagen*; EuG v. 01.07.2008, T-276/04, Slg. 2008, II-1277 (1306, Rn. 66) – *Compagnie Maritime Belge*.

163 EuGH v. 17.06.2010, C-413/08 P, Slg. 2010, II-5361 (5437, Rn. 74 f.) – *Lafarge*.

164 Zu weitgehend deshalb *Pascu*, Strafrechtliche Fundamentalprinzipien, S. 36; *Wagemann*, Rechtfertigungs- und Entschuldigungsgründe, S. 20; *Yomere*, Die Problematik der Mehrfachsanktionierung, S. 51, die meinen, der EuGH gehe spätestens seit der Rechtssache *ACF Chemiefarma* (vgl. ders. v. 15.07.1970, C-41/69, Slg. 1970, 661 [703, Rn. 172/176]) – vom strafrechtlichen Charakter der Geldbuße aus.

165 Ähnlich auch *Brinker*, NZKart 2013, 2 (5); *König*, Das Europäische Verwaltungssanktionsrecht, S. 62; *Schwarze*, EuR 2009, 171 (182); *ders.*, Europäisches Wirtschaftsrecht, Rn. 204.

166 *Dannecker/Biermann*, in: Immenga/Mestmäcker, EU-Wettbewerbsrecht, Art. 31 VO 1/2003 Rn. 30, nehmen an, dass durch Art. 31 VO 1/2003 eine eigene Verfahrensart eingeführt worden sei.

(vgl. Art. 263 Abs. 4 AEUV) erstreckt sich die Prüfungskompetenz des EuG damit nicht nur auf die Rechtmäßigkeit der angegriffenen Maßnahme, sondern auch auf die Zweckmäßigkeit und Angemessenheit der verhängten Geldbuße.[167] Ähnliches gilt in Bezug auf die Entscheidungskompetenz des EuG: Es kann die Verhängung der Geldbuße nicht nur für nichtig erklären oder die Klage abweisen, sondern die Geldbuße zudem nach Art. 31 Satz 2 VO 1/2003 aufheben, herabsetzen oder erhöhen und damit die angegriffene Maßnahme inhaltlich abändern.[168] In der Praxis beschränkt sich das EuG hingegen auf eine Rechtmäßigkeitskontrolle des Kommissionsbeschlusses in dem Umfang, wie der Kläger diesen – substantiiert[169] – gerügt hat.[170] Dabei erfolgt das Verfahren im Wesentlichen schriftlich, so dass *ein* mündlicher Verhandlungstag regelmäßig ausreichend ist.[171] Die Entscheidung des EuG kann wiederum mit einem – allerdings auf Rechtsfragen beschränkten[172] – Rechtsmittel zum EuGH angegriffen werden.[173]

B. Deutsches Recht

I. Bußgeldvorschriften und Bußgeldadressaten

Rechtsgrundlage für die Verhängung von Geldbußen ist im deutschen Kartellrecht § 81 GWB. Ähnlich wie Art. 23 VO 1/2003 sieht jene Vorschrift Geldbußen für verfahrensrechtliche Verstöße gegen Mitteilungs-, Mitwirkungs- und Duldungspflichten (sog. „Ungehorsamstatbestände“[174]) sowie für Verstöße gegen die materiell-rechtlichen Verbotsnormen und gegen bestimmte vollziehbare behördliche Verfügungen vor. Während die leichteren „Ungehorsamstatbestände“ lediglich eine Bußgeldpflicht bis zu 100.000 Euro auslösen können (§ 81 Abs. 4 Satz 5 GWB), sind die schwerwiegenderen Verstöße gegen die materiell-rechtlichen Verbotsnormen und gegen bestimmte vollziehbare behördliche Verfügungen mit einer Geldbuße von bis zu einer Million Euro (§ 81 Abs. 4 Satz 1 GWB) bedroht. Zu den schwerwiegenderen

167 *Böse*, in: FK-Kartellrecht, Band III, Art. 31 VO 1/2003 Rn. 8; *Pascu*, Strafrechtliche Fundamentalprinzipien, S. 324 f.; *Sura*, in: Langen/Bunte, Europäisches Kartellrecht, Art. 31 VO 1/2003 Rn. 2.

168 *Böse*, in: FK-Kartellrecht, Band III, Art. 31 VO 1/2003 Rn. 2.

169 Zum Erfordernis einer hinreichend substantiierten Klage vgl. EuGH v. 08.12.2011, C-386/10 P, noch nicht in amtl. Slg., Rn. 64 ff. – *Chalkor.*

170 Bundeskartellamt, Kartellbußgeldverfahren, S. 21.

171 Bundeskartellamt, Kartellbußgeldverfahren, S. 22.

172 Dass in Art. 31 VO 1/2003 dennoch allgemein vom Gerichtshof die Rede ist, ist wohl darauf zurückzuführen, dass das EuG dem EuGH beigeordnet ist. Vgl. *Pascu*, Strafrechtliche Fundamentalprinzipien, S. 324; *Sura*, in: Langen/Bunte, Europäisches Kartellrecht, Art. 31 VO 1/2003 Rn. 1.

173 *Dannecker/Biermann*, in: Immenga/Mestmäcker, EU-Wettbewerbsrecht, Art. 31 VO 1/2003 Rn. 3/5/18. Vgl. dazu ausführlich *Schmidt*, Die Befugnis des Gemeinschaftsrichters, S. 177 ff.

174 *Dannecker/Biermann*, in: Immenga/Mestmäcker, GWB, § 81 Rn. 14.

Verstößen gehören insbesondere solche gegen Artt. 101, 102 AEUV, §§ 1, 19 ff., 29 sowie § 41 GWB. Gegen Unternehmen kann im Fall eines schwerwiegenden Verstoßes sogar eine Geldbuße i. H. v. bis zu 10 % des im vorausgegangenen Geschäftsjahr erzielten Umsatzes verhängt werden, § 81 Abs. 4 Satz 2 GWB.

Nach der Konzeption des deutschen Ordnungswidrigkeitenrechts und im Gegensatz zum Unionsrecht sind die Adressaten eines Bußgeldbescheides in erster Linie natürliche Personen, da Ordnungswidrigkeiten verantwortlich nur von solchen begangen werden können.[175] Bei den Bußgeldtatbeständen des § 81 GWB handelt es sich hingegen um Sonderdelikte, denn die dort genannten Pflichten richten sich – wie im europäischen Kartellrecht – ausschließlich an Unternehmen.[176] Um die Leitungspersonen des Unternehmens für die Begehung eines Wettbewerbsverstoßes haftbar machen zu können, ist ihnen deshalb die Unternehmenseigenschaft gemäß § 9 OWiG zuzurechnen. Im Fall der Aufsichtspflichtverletzung kommt ferner eine Haftung gemäß § 81 GWB i. V. m. § 130 OWiG in Betracht. Nach Maßgabe des § 30 OWiG kann eine Geldbuße schließlich auch gegen den Unternehmensträger verhängt werden, der – von dem unbedeutenden Fall des Einzelkaufmanns wiederum abgesehen – regelmäßig eine juristische Person oder Personenvereinigung ist.[177] Diese sog. „Verbandsgeldbuße" ist seit der Streichung der Einschränkung „als Nebenfolge" in § 30 OWiG im Zuge des „Zweite[n] Gesetz[es] zur Bekämpfung der Wirtschaftskriminalität (2. WiKG)" vom 15. Mai 1986[178] als Hauptfolge und mithin als echte Sanktion anzusehen, da die Verbände selbst Normadressaten sein können.[179] Anders als nach Unionsrecht, wo die Geldbuße gegen die verantwortliche Tochter- *und* die davon – juristisch betrachtet – unabhängige Muttergesellschaft

175 *Albrecht*, Die Anwendung von Kronzeugenregelungen, S. 87; *Klusmann*, in: Wiedemann, Kartellrecht, § 55 Rn. 31; *Kurz*, in: Karlsruher Kommentar, OWiG, § 66 Rn. 5.

176 *Cramer/Pananis*, in: Loewenheim/Meessen/Riesenkampff, Kartellrecht, § 81 GWB Rn. 5; *Dreher*, WuW 2011, 232 (234).

177 Da im Fall der Rechtsnachfolge sowie innerhalb eines Konzernverbundes Unternehmen und Unternehmensträger auseinander fallen können und eine Haftung nur bei (nahezu) wirtschaftlicher Identität der Subjekte bestehen soll (vgl. BGH, NJW 2012, 164 ff.; ders., NJW 2013, 1972 [1975]), war eine Haftungszurechnung insofern deutlich problematischer als im europäischen Recht und wurde das deutsche Ordnungswidrigkeitenrecht oft als lückenhaft angesehen; vgl. nur Bundeskartellamt, Kartellbußgeldverfahren, S. 12 ff. Diese Lücke ist im Zuge der 8. GWB-Novelle durch einen neuen § 30 Abs. 2a OWiG geschlossen worden; vgl. dazu Beschlussempfehlung und Bericht des Ausschusses für Wirtschaft und Technologie (9. Ausschuss) zum RegE eines Achten Gesetzes zur Änderung des Gesetzes gegen Wettbewerbsbeschränkungen (8. GWB-ÄndG), BT-Drucks. 17/11053 v. 17.10.2012, S. 26/28 f.

178 BGBl. I 1986, S. 721.

179 *Dannecker/Biermann*, in: Immenga/Mestmäcker, GWB, vor § 81 Rn. 97. Zur historischen Entwicklung der Verbandsgeldbuße vgl. *Rogall*, in: Karlsruher Kommentar, OWiG, § 30 Rn. 22 ff. Vgl. auch bereits Fn. 7.

verhängt wird, ist nach deutschem Recht aber nur die verantwortliche Tochtergesellschaft Adressatin des Bußgeldbescheides.[180]

II. Bußgeldverfahren

Anders als das europäische unterscheidet das deutsche Kartellrecht formal zwischen dem Verwaltungsverfahren (§§ 54 ff. GWB) und dem Bußgeldverfahren (§§ 81 ff. GWB). Mangels spezieller Vorschriften im GWB richtet sich das kartellrechtliche Bußgeldverfahren nach denen des OWiG. Dieses verweist wiederum auf die allgemeinen Strafvorschriften, sofern es selbst keine abweichenden Regelungen trifft, vgl. § 46 Abs. 1 OWiG.

Nach § 47 Abs. 1 OWiG gilt im deutschen – ebenso wie im europäischen – Bußgeldverfahren das Opportunitätsprinzip, d. h. die Einleitung des Bußgeldverfahrens steht im pflichtgemäßen Ermessen der Wettbewerbsbehörde[181].[182] Diese darf sich grundsätzlich darauf beschränken, die bedeutenderen Fälle zu verfolgen.[183] Die Fallauswahl muss aber dem Grundsatz der Gleichbehandlung entsprechen, so dass die Wettbewerbsbehörde bei Vorliegen gleicher Umstände nicht in einem Fall von der Verfolgung absehen und in einem anderen Fall das Bußgeldverfahren durchführen darf.[184] Ein Kartellbußgeldverfahren wird durch die erste Maßnahme der Wettbewerbsbehörde eingeleitet, die erkennbar darauf abzielt, gegen jemanden wegen einer Kartellordnungswidrigkeit vorzugehen, ohne dass dafür aber ein formaler Akt erforderlich wäre.[185] Neben der Einleitung von Amts wegen oder auf eine Anzeige hin (vgl. § 46 Abs. 1 OWiG i. V. m. § 158 StPO) führen – wie im europäischen Recht

---

180 *Thomas*, in: Oberender, Kartellrechtsdurchsetzung, 55 (60).

181 Neben dem Bundeskartellamt gibt es in Deutschland noch die Landeskartellbehörden, deren Zuständigkeiten aber regelmäßig bereits dann enden, wenn die Wirkungen eines Wettbewerbsverstoßes über das Gebiet eines Bundeslandes hinaus reichen. Vgl. *Klose*, in: Wiedemann, Kartellrecht, § 53 Rn. 8/10; *Raum*, in: Langen/Bunte, Deutsches Kartellrecht, § 81 Rn. 192. Im Vergleich zum Bundeskartellamt haben die Landeskartellbehörden eine nur untergeordnete Bedeutung. Oft bestehen sie nur aus einem Referat beim jeweiligen Landeswirtschaftsministerium; vgl. *Weiß*, Die Verteidigungsrechte, S. 164. Daher beziehen sich die die Verwaltungspraxis betreffenden Ausführungen in dieser Arbeit ausschließlich auf jene des Bundeskartellamtes.

182 *Dannecker/Biermann*, in: Immenga/Mestmäcker, GWB, vor § 81 Rn. 195; *Dreher*, WuW 2011, 232 (234).

183 *Wrage-Molkenthin/Bauer*, in: FK-Kartellrecht, Band VI, vor §§ 81–86 GWB Rn. 3.

184 *Dannecker/Biermann*, in: Immenga/Mestmäcker, GWB, vor § 81 Rn. 197; *Wrage-Molkenthin/Bauer*, in: FK-Kartellrecht, Band VI, vor §§ 81–86 GWB Rn. 5.

185 *Dannecker/Biermann*, in: Immenga/Mestmäcker, GWB, vor § 81 Rn. 202; *Wrage-Molkenthin/Bauer*, in: FK-Kartellrecht, Band VI, vor §§ 81–86 GWB Rn. 34.

– seit einiger Zeit insbesondere Kronzeugenanträge nach der Bonusregelung[186] zur Aufdeckung von Kartellen und zum Tätigwerden des Bundeskartellamtes.[187]

Auch im deutschen Bußgeldverfahren gilt der Amtsermittlungsgrundsatz, vgl. § 46 Abs. 1 OWiG i. V. m. §§ 160, 163.[188] Zur Ermittlung des Sachverhaltes stehen dem Bundeskartellamt gemäß § 46 Abs. 2 OWiG grundsätzlich[189] dieselben Befugnisse nach der StPO zu wie der Staatsanwaltschaft im strafrechtlichen Ermittlungsverfahren.[190] Zu diesen Befugnissen gehören insbesondere die Durchsuchung von Betriebsräumen und die Beschlagnahme von Geschäftsunterlagen, die dem Bundeskartellamt nach entsprechenden Vorermittlungen zur Gewinnung von Beweismitteln dienen.[191] Erhärtet sich nach Auswertung der so gewonnenen Beweismittel der Verdacht einer Ordnungswidrigkeit, fasst das Bundeskartellamt seine Ermittlungsergebnisse in einem förmlichen Anhörungsschreiben zusammen und lässt dieses den Betroffenen zukommen.[192] Anders als die förmliche Mitteilung der Beschwerdepunkte im Kommissionsverfahren ist das Anhörungsschreiben allerdings kein zwingend vorgesehener Verfahrensschritt.

Als Gegenpol zu den weitreichenden Ermittlungsbefugnissen der Wettbewerbsbehörde stehen den Betroffenen grundsätzlich die strafprozessualen Verteidigungsrechte zu. So haben sie gemäß § 46 Abs. 1 OWiG i. V. m. § 147 StPO das Recht, mittels eines Verteidigers Einsicht in die Ermittlungsakten der Wettbewerbsbehörde zu nehmen.[193] Von diesem Recht machen die Betroffenen in der Regel spätestens nach Erhalt des Anhörungsschreibens Gebrauch. Ferner besteht nach Maßgabe des § 55 Abs. 1 OWiG ein Anspruch auf rechtliches Gehör. Gemäß § 55 Abs. 1 OWiG i. V. m. § 163a Abs. 1 Satz 2 StPO ist es dabei ausreichend, wenn den Betroffenen – wie in „einfachen Strafsachen" – die Gelegenheit zur schriftlichen Äußerung

---

186 Bekanntmachung Nr. 9/2006 über den Erlass und die Reduktion von Geldbußen in Kartellsachen – Bonusregelung – v. 7. März 2006 (im Folgenden: Bonusregelung 2006). Die abweichende Bezeichnung „Bonusregelung" ist mit der Begründung, dass die Belohnung der Selbstanzeige eines Kartellanten im Vordergrund stehe, während es bei Kronzeugen typischerweise in erster Linie darum gehe, für die Belastung Dritter belohnt zu werden, gewählt worden; vgl. *Albrecht*, Die Anwendung von Kronzeugenregelungen, S. 127 f./238 f.

187 *Wrage-Molkenthin/Bauer*, in: FK-Kartellrecht, Band VI, vor §§ 81–86 GWB Rn. 33.

188 *Dannecker/Biermann*, in: Immenga/Mestmäcker, GWB, vor § 81 Rn. 253; *Thiem*, Die Bonusregelung, S. 123 f.; *Zagrosek*, Kronzeugenregelungen, S. 180/181.

189 Dieser Grundsatz erfährt allerdings durch § 46 Abs. 3 OWiG eine Einschränkung.

190 *Albrecht*, Die Anwendung von Kronzeugenregelungen, S. 89; *Wrage-Molkenthin/Bauer*, in: FK-Kartellrecht, Band VI, vor §§ 81–86 GWB Rn. 1.

191 Vgl. dazu ausführlich *Dannecker/Biermann*, in: Immenga/Mestmäcker, GWB, vor § 81 Rn. 221 ff.; *Herrlinger*, ZWeR 2012, 137 (140 ff.); *Wrage-Molkenthin/Bauer*, in: FK-Kartellrecht, Band VI, vor §§ 81–86 GWB Rn. 100 ff.

192 *Albrecht,* Die Anwendung von Kronzeugenregelungen, S. 90; *Burrichter*, in: Ehlermann/Marquis, Antitrust Settlements, 471 (473).

193 Vgl. *Wrage-Molkenthin/Bauer*, in: FK-Kartellrecht, Band VI, vor §§ 81–86 GWB Rn. 69 ff.

gewährt wird;[194] eine förmliche mündliche Anhörung ist nicht vorgeschrieben.[195] Die Bedeutung und die Komplexität der meisten Kartellordnungswidrigkeiten erfordern hingegen eine solche Anhörung,[196] so dass sie im Bußgeldverfahren vor dem Bundeskartellamt auch regelmäßig erfolgt.

Die Entscheidung über die Verhängung einer Geldbuße wird innerhalb des Bundeskartellamtes von den Beschlussabteilungen als Kollegialorgane in der Besetzung mit einem Vorsitzenden und zwei Beisitzenden getroffen, § 51 Abs. 2 und 3 GWB. Die Stellung der Beschlussabteilungen als Kollegialorgane und ihre weitgehende Ungebundenheit von Weisungen im Einzelfall[197] führt dazu, dass sie gemeinhin als justiz- bzw. gerichtsähnlich bezeichnet werden.[198] Dabei steht die Entscheidung über die Verhängung der Geldbuße – wie bereits die Einleitung des Bußgeldverfahrens – im pflichtgemäßen Ermessen der betreffenden Beschlussabteilung, vgl. § 47 Abs. 1 OWiG.[199]

III. Bußgeldbemessung

Die Bußgeldbemessung erfolgt in zwei Schritten: Zu unterscheiden sind die Festlegung des Bußgeldrahmens einerseits sowie die Zumessung der konkreten Geldbuße andererseits.[200] In Abweichung von der allgemeinen Vorschrift des § 17 Abs. 1 OWiG ergibt sich der Bußgeldrahmen für Kartellordnungswidrigkeiten aus § 81 Abs. 4 GWB. Für die schwerwiegenderen Verstöße beträgt die Obergrenze eine Million Euro (vgl. § 81 Abs. 4 Satz 1 GWB), für die leichteren Verstöße 100.000 Euro (vgl. § 81 Abs. 4 Satz 5 GWB). Richtet sich die Geldbuße wegen eines schwerwiegenderen Verstoßes gegen ein Unternehmen, so kann sie über die Bußgeldobergrenze von einer Million Euro hinaus bis zu 10 % des im vorausgegangenen Geschäftsjahr erzielten Umsatzes[201] betragen, § 81 Abs. 4 Satz 2 GWB. Nach der allgemeinen

---

194 *Dannecker/Biermann*, in: Immenga/Mestmäcker, GWB, vor § 81 Rn. 239.

195 *Wrage-Molkenthin/Bauer*, in: FK-Kartellrecht, Band VI, vor §§ 81–86 GWB Rn. 44.

196 *Dannecker/Biermann*, in: Immenga/Mestmäcker, GWB, vor § 81 Rn. 239.

197 Vgl. dazu *Bechtold*, GWB, § 51 Rn. 2 f./§ 53 Rn. 4; *Becker*, in: Loewenheim/Meessen/Riesenkampff, Kartellrecht, § 51 GWB Rn. 6; *Klaue*, in: Immenga/Mestmäcker, GWB, § 51 Rn. 5/11 ff.; *Schneider*, in: Langen/Bunte, Deutsches Kartellrecht, § 51 Rn. 16 f.

198 *Becker*, in: Loewenheim/Meessen/Riesenkampff, Kartellrecht, § 51 GWB Rn. 3; *Klaue*, in: Immenga/Mestmäcker, GWB, § 51 Rn. 5; *Schneider*, in: Langen/Bunte, Deutsches Kartellrecht, § 51 Rn. 18.

199 *Klaue*, in: Immenga/Mestmäcker, GWB, § 51 Rn. 12, geht von einer Ermessensbindung hinsichtlich der Fortführung des Verfahrens und des Erlasses eines Bußgeldbeschlusses aus, sobald Tatbestandsmäßigkeit und Rechtswidrigkeit des untersuchten Kartellrechtsverstoßes festgestellt sind.

200 *Albrecht*, Die Anwendung von Kronzeugenregelugen, S. 90 f.; *Dannecker/Biermann*, in: Immenga/Mestmäcker, GWB, § 81 Rn. 320.

201 Für die Berechnung der Höhe der Geldbuße ist dabei nicht nur der Umsatz der verantwortlichen Nebenbetroffenen, sondern vielmehr der Gesamtumsatz der

Vorschrift des § 17 Abs. 2 OWiG halbieren sich allerdings die genannten Bußgeldobergrenzen, sofern der Verstoß nicht vorsätzlich, sondern nur fahrlässig begangen worden ist. Ist der Bußgeldrahmen gemäß dieser Grundsätze festgelegt worden, erfolgt die Zumessung der konkreten Geldbuße. Als maßgebliche Kriterien hierfür nennt § 81 Abs. 4 Satz 6 GWB – in Übereinstimmung mit Art. 23 Abs. 3 VO 1/2003 – die Schwere sowie die Dauer der Zuwiderhandlung. Berücksichtigung findet daneben die allgemeine Vorschrift des § 17 Abs. 3 OWiG,[202] wonach Grundlage für die Zumessung der Geldbuße in erster Linie die Bedeutung der Ordnungswidrigkeit und der den Täter treffenden Vorwurf sind, § 17 Abs. 3 Satz 1 OWiG. Bei nicht nur geringfügigen Ordnungswidrigkeiten sind gemäß § 17 Abs. 3 Satz 2 OWiG ferner die wirtschaftlichen Verhältnisse des Täters zu berücksichtigen.

Ähnlich der Kommission hat auch das Bundeskartellamt – zuletzt im Jahr 2013 –, Bußgeldleitlinien[203] erlassen, die allgemeine Verwaltungsgrundsätze für die Ermessensausübung bei der Bußgeldbemessung im Sinne des § 81 Abs. 7 GWB darstellen[204]. Die Veröffentlichung der aktuellen Bußgeldleitlinien war erforderlich geworden, weil der BGH in einer jüngeren Entscheidung allein eine Auslegung der 10 %-Grenze des § 81 Abs. 4 Satz 2 GWB als *Bußgeldrahmen* – im Gegensatz zur Auslegung des Bundeskartellamtes in seinen bisherigen Bußgeldleitlinien[205] als *Kappungsgrenze* – für verfassungskonform angesehen hat.[206] Wesentlicher Unterschied zwischen beiden Berechnungsmethoden ist, dass innerhalb eines Bußgeldrahmens die höchste Sanktion nur für den denkbar schwersten Fall verhängt wird, während das Bundeskartellamt die Geldbuße in seinen bisherigen Leitlinien – wie die Kommission – erst kappte, sobald der Grundbetrag der Geldbuße unter Berücksichtigung von Zu- oder Abschlägen die Grenze von 10 % des Unternehmensumsatzes überschritt.[207] Die Bußgeldleitlinien finden ausschließlich im Bereich

---

wirtschaftlichen Einheit zu Grunde zu legen, vgl. § 81 Abs. 4 Satz 3 GWB. Nach einem neueren Beschluss des BGH (NJW 2013, 1972 [1975]) soll ein solches Vorgehen auch bereits vor einer entsprechenden Änderung des § 81 Abs. 4 GWB im Jahr 2007 möglich gewesen sein.

202 *Bechtold*, GWB, § 81 Rn. 34; *Dannecker/Biermann*, in: Immenga/Mestmäcker, GWB, § 81 Rn. 360; *Raum*, in: Langen/Bunte, Deutsches Kartellrecht, § 81 Rn. 160.

203 Leitlinien für die Bußgeldzumessung in Kartellordnungswidrigkeitenverfahren v. 25.06.2013 (im Folgenden: Bußgeldleitlinien Bundeskartellamt).

204 Vgl. zu den Verwaltungsgrundsätzen des Bundeskartellamtes noch Teil 3, B., V., 2.

205 Bekanntmachung Nr. 38/2006 über die Festsetzung von Geldbußen nach § 81 Abs. 4 Satz 2 des Gesetzes gegen Wettbewerbsbeschränkungen (GWB) gegen Unternehmen und Unternehmensvereinigungen – Bußgeldleitlinien – 15. September 2006 (im Folgenden: Bußgeldleitlinien Bundeskartellamt 2006).

206 Vgl. BGH, NJW 2013, 1972 (1973 f.). Für unvereinbar mit dem verfassungsrechtlichen Bestimmtheitsgebot (Art. 103 Abs. 2 GG) halten die Vorschrift des § 81 Abs. 4 Satz 2 GWB aber etwa *Bechtold*, GWB, § 81 Rn. 26; *Hassemer/Dallmeyer*, Gesetzliche Orientierung, S. 16 ff. Anders *Mundt*, WuW 2007, 458 (460); *Raum*, in: Langen/Bunte, Deutsches Kartellrecht, § 81 Rn. 150.

207 Vgl. BGH, NJW 2013, 1972 (1973).

der schwerwiegenderen Ordnungswidrigkeiten des Kartellverbots sowie der Missbrauchsaufsicht Anwendung.[208] Sie betreffen zudem nur die Bemessung der umsatzabhängigen Geldbußen gegen Unternehmen nach § 81 Abs. 4 Satz 2 bis 4 GWB und gelten lediglich für den ahndenden Teil der Geldbuße.[209] Die Bußgeldleitlinien sehen eine im Wesentlichen zweistufige Bußgeldberechnung vor, namentlich in Form der Ermittlung des Bußgeldrahmens sowie der Bußgeldzumessung innerhalb desselben. Unter Berücksichtigung der gesetzlichen Bußgeldobergrenze i. H. v. 10 bzw. 5 % des Umsatzes (vgl. §§ 81 Abs. 4 Satz 2 GWB, 17 Abs. 2 OWiG)[210] legt das Bundeskartellamt im konkreten Fall eine individuelle Bußgeldobergrenze fest[211]. Diese berechnet sich aus dem sog. „Schadens- und Gewinnpotential" i. H. v. 10 % des Inlandsumsatzes, der auf die von der Tat betroffenen Güter oder Dienstleistungen entfällt, und einem Multiplikationsfaktor, der sich an dem Gesamtumsatz des Unternehmens orientiert.[212] Innerhalb des so ermittelten Bemessungsspielraums werden dann bei der „eigentlichen" Bußgeldzumessung schärfende und mildernde, tat- und täterbezogene Kriterien – wie etwa die Art und Dauer der Zuwiderhandlung, die Auswirkungen der Tat oder die Rolle des betreffenden Unternehmens im Kartell – auf Grundlage einer Gesamtabwägung einander gegenübergestellt.[213] Dabei soll die Einordnung von besonders schwerwiegenden Verstößen wie etwa Preis-, Quoten-, Gebiets- und Kundenabsprachen in der Regel „im oberen Bereich" des Bußgeldrahmens erfolgen.[214] Schließlich kommen ein teilweiser oder gar vollständiger Erlass der Geldbuße nach den Bestimmungen der Bonusregelung sowie ein Abschlag für eine einvernehmliche Verfahrensbeendigung in Betracht.[215]

208 Bußgeldleitlinien Bundeskartellamt, Rn. 1.

209 Bußgeldleitlinien Bundeskartellamt, Rn. 1. Nach § 17 Abs. 4 Satz 1 OWiG *soll* die Geldbuße den wirtschaftlichen Vorteil, den der Täter aus der Ordnungswidrigkeit gezogen hat, übersteigen. § 81 Abs. 5 Satz 1 GWB modifiziert diese Regelung dahingehend, dass der wirtschaftliche Vorteil abgeschöpft werden *kann*. Somit kann mit der Geldbuße auch ein reiner Ahndungszweck verfolgt werden, was allerdings bei der Zumessung der Geldbuße entsprechend zu berücksichtigen ist, § 81 Abs. 5 Satz 2 GWB. Vgl. näher *Cramer/Pananis*, in: Loewenheim/Meessen/Riesenkampff, Kartellrecht, § 81 GWB Rn. 70 f.; *Dannecker/Biermann*, in: Immenga/Mestmäcker, GWB, § 81 Rn. 448 ff.

210 Bußgeldleitlinien Bundeskartellamt, Rn. 8.

211 Bußgeldleitlinien Bundeskartellamt, Rn. 9.

212 Bußgeldleitlinien Bundeskartellamt, Rn. 10 ff.

213 Bußgeldleitlinien Bundeskartellamt, Rn. 16.

214 Bußgeldleitlinien Bundeskartellamt, Rn. 16.

215 Bußgeldleitlinien Bundeskartellamt, Rn. 18. Vgl. zur Bonusregelung noch Teil 3, B., II., sowie zur Möglichkeit der einvernehmlichen Verfahrensbeendigung im Rahmen des Vergleichsverfahrens ausführlich Teil 3, B., IV–VII.

IV. Rechtsnatur der deutschen Kartellgeldbuße

Kartellrechtswidrige Verhaltensweisen, die eine Bußgeldpflicht nach § 81 GWB auslösen können, sind nach deutschem Recht Ordnungswidrigkeiten, mithin Straftaten i. w. S. Dies ergibt sich bereits aus dem Wortlaut des § 81 GWB, der von *ordnungswidrigem* Handeln spricht. Der Gesetzgeber des GWB von 1958[216] sah Verstöße gegen den Wettbewerb als ethisch nicht verwerfliches Unrecht an.[217] Diese historische Entscheidung ist bislang nicht revidiert worden, und eine Änderung ist – soweit ersichtlich – auch nicht geplant.[218] Eine Ausnahme besteht lediglich für wettbewerbswidrige Absprachen bei Ausschreibungen (sog. „Submissionsabsprachen"), die seit 1997 in § 298 StGB mit (Kriminal-)Strafe bedroht sind.[219] Gewichtige Stimmen – vor allem in der Strafrechtslehre – sind mittlerweile der Meinung, dass die Einordnung der schwerwiegenden Kartellrechtsverstöße (insbesondere der Hardcore-Kartelle) als Ordnungswidrigkeiten rechtspolitisch

---

216 Das GWB wurde am 27.07.1957 beschlossen und trat am 01.01.1958 in Kraft.

217 Vgl. *Biermann*, ZWeR 2007, 1 (8); *Hetzel*, Kronzeugenregelungen, S. 148; *Tiedemann*, Kartellrechtsverstöße, S. 23.

218 Erst jüngst hat die Bundesregierung zum Ausdruck gebracht, dass sie außerhalb des Submissionsbetruges keine Notwendigkeit für die Kriminalisierung von Kartellrechtsverstößen sehe; vgl. Antwort der Bundesregierung v. 02.11.2012 auf die kleine Anfrage der Abgeordneten Manfred Nink; Wolfgang Tiefensee, Hubertus Heil (Peine), weiterer Abgeordneter und der Fraktion der SPD – Drucksache 17/11071 – „Reformbedarf im europäischen Kartellrecht", BT-Drucks. 17/11285 v. 02.11.2012, S. 4. Gleichwohl anerkannte der Gesetzgeber früh, „daß gravierende Wettbewerbsverstöße keine ‚Kavaliersdelikte' sind, sondern eine schwerwiegende Störung der öffentlichen Ordnung darstellen, die im Interesse der Allgemeinheit wirksamen Sanktionen unterworfen werden müssen." Vgl. RegE eines Vierten Gesetzes zur Änderung des Gesetzes gegen Wettbewerbsbeschränkungen, BT-Drucks. 8/2136 v. 27.09.1978, S. 27.

219 Nach § 298 Abs. 1 StGB wird mit Freiheitsstrafe bis zu fünf Jahren oder mit Geldstrafe bestraft, wer bei einer Ausschreibung über Waren oder gewerbliche Leistungen ein Angebot abgibt, das auf einer rechtswidrigen Absprache beruht, die darauf abzielt, den Veranstalter zur Annahme eines bestimmten Angebots zu veranlassen. Zur Entstehungsgeschichte des § 298 StGB vgl. *Dannecker/Biermann*, in: Immenga/Mestmäcker, GWB, vor § 81 Rn. 4 ff., und *Wagner-von Papp*, WuW 2009, 1236 (1242 ff.). Zur Begründung der Strafbarkeit von Submissionsabsprachen vgl. den Gesetzentwurf des Bundesrates zur Änderung des Strafgesetzbuches, des Gesetz gegen den unlauteren Wettbewerb, der Strafprozeßordnung und anderer Gesetze – Korruptionsbekämpfungsgesetz –, BT-Drucks. 13/3353 v. 18.12.1995, S. 8 ff. Zum deutschen „Kartellstrafrecht", das neben § 298 StGB noch andere Straftatbestände umfassen kann, vgl. *Cramer/Pananis*, in: Loewenheim/Meessen/Riesenkampff, Kartellrecht, § 81 GWB Rn. 48 ff.; *Dannecker/Biermann*, in: Immenga/Mestmäcker, GWB, § 81 Rn. 134 ff. *Klusmann*, in: Wiedemann, Kartellrecht, § 56.

verfehlt sei, und fordert deren Ausgestaltung als Straftatbestände.[220] Begründet wird dies vor allem mit der Sozialschädlichkeit bzw. dem Unrechtsgehalt solcher Kartellrechtsverstöße,[221] den hohen Geldbußen sowie der zunehmenden Tendenz zur Kriminalisierung von Kartellrechtsverstößen in ausländischen Rechtsordnungen[222]. Das LG Bonn setzte Kartellabsprachen in einer jüngeren Entscheidung sogar mit „Straftat[en] erheblicher Bedeutung" gleich.[223] Vertreter der wirtschaftsrechtlichen Literatur halten dem entgegen, dass bei der Ausgestaltung als Straftatbestände die Aufdeckung, Verfolgung und Ahndung von Kartellrechtsverstößen durch die dann zuständigen Staatsanwaltschaften nicht so zweckmäßig wie nach geltendem Recht durch die Wettbewerbsbehörden erfolgen könne und die generalpräventive Wirkung der Sanktionierung dadurch sinke.[224] Zudem funktioniere das Ordnungswidrigkeitenrecht des GWB weniger als quasi-strafrechtliches denn als wirtschaftsrechtliches Sanktionsinstrumentarium, sei also vielmehr Teil der kartellbehördlichen Wirtschaftsaufsicht.[225]

Dieser Streit soll angesichts der eindeutigen Entscheidung des historischen Gesetzgebers hier nicht entschieden werden.[226] Festzuhalten bleibt aber, dass auch und gerade im deutschen Bußgeldverfahren die wesentlichen strafrechtlichen bzw. strafprozessualen Garantien Geltung beanspruchen. Diese haben im Kartellordnungswidrigkeitenrecht zudem eine erhebliche größere Bedeutung als bei den massenhaft auftretenden Ordnungswidrigkeiten etwa des Verkehrsordnungswidrigkeitenrechts. Nicht nur die Deliktsnatur und die entsprechend hohe Bußgeldandrohung, sondern insbesondere die Komplexität der meisten Kartellordnungswidrigkeiten erfordert ein wesentlich formalisierteres Verfahren. Plastisch – wenn auch in der Sache nicht weiterführend – wird die Zwitterstellung der Kartellordnungswidrigkeiten

---

220 Vgl. *Biermann*, ZWeR 2007, 1 (19); *Dannecker/Biermann*, in: Immenga/Mestmäcker, GWB, vor § 81 Rn. 19; *Stockmann*, ZWeR 2012, 20 (39 f.); *Tiedemann*, Kartellrechtsverstöße, S. 106 ff.; *Wagner-von Papp*, WuW 2010, 268 ff.

221 Vgl. BVerfGE 45, 272 (290); Bericht des Bundeskartellamtes über seine Tätigkeit in den Jahren 1999/2000 sowie über die Lage und Entwicklung auf seinem Aufgabengebiet, BT-Drucks. 14/6300 v. 22.06.2001, S. 43.

222 Vgl. dazu *Bätge*, Wettbewerb der Wettbewerbsordnungen, S. 77 f. (Fn. 302); *Dreher*, WuW 2011, 232 f.

223 LG Bonn v. 10.01.2011–27 Qs 33/10, Rn. 13 (zit. nach *juris*).

224 *Rittner/Dreher*, Wirtschaftsrecht, § 23 Rn. 132. Ausführlich „wider die Kriminalisierung des Kartellrechts" *Dreher*, WuW 2011, 232 ff.

225 *Ackermann*, ZWeR 2010, 329 (333 ff.); *K. Schmidt*, wistra 1990, 131 (133); *Mundt*, WuW 2007, 458 (459).

226 Mittlerweile gibt es sogar erste Gedanken in die andere Richtung. So befindet das Bundeskartellamt die derzeitige Ausgestaltung des deutschen Kartellbußgeldverfahrens für zu langwierig, ressourcenaufwändig sowie ineffizient und schlägt deshalb – insbesondere mit Blick auf das europäische Recht – eine Neugestaltung nach Art eines Verwaltungsverfahrens vor. Vgl. dazu Bundeskartellamt, Kartellbußgeldverfahren.

zwischen Straf- und „normalem" Ordnungswidrigkeitenrecht durch den Begriff der „Großen Ordnungswidrigkeit".[227]

V. Rechtsmittel

Gegen den Bußgeldbescheid des Bundeskartellamtes können die Betroffenen gemäß § 67 Abs. 1 Satz 1 OWiG innerhalb von zwei Wochen nach dessen Zustellung Einspruch einlegen. Das Bundeskartellamt prüft dann in einem Zwischenverfahren, ob der Einspruch zulässig ist und ggf. ob es den Bußgeldbescheid aufrechterhält oder zurücknimmt, § 69 Abs. 2 Satz 1 OWiG. Im Fall der Rücknahme kann das Bundeskartellamt einen neuen Bußgeldbescheid mit einer gegenüber dem ursprünglichen Bußgeldbescheid höheren oder niedrigeren Geldbuße erlassen. Nimmt das Bundeskartellamt den Bußgeldbescheid nicht zurück, gibt es das Verfahren an die Staatsanwaltschaft[228] ab und legt dieser die Verfahrensakte vor, § 69 Abs. 3 Satz 1 OWiG. Gemäß § 69 Abs. 4 Satz 1 OWiG ist nunmehr die Staatsanwaltschaft Herrin des Verfahrens. Diese führt zunächst weitere Ermittlungen durch, ehe sie die Verfahrensakte zur Entscheidung an das zuständige OLG Düsseldorf[229] weiterleitet, § 69 Abs. 4 Satz 2 OWiG. Anders als bei „einfachen" Ordnungswidrigkeiten, wo die Staatsanwaltschaft regelmäßig auf eigene Ermittlungen verzichtet, ist die Prüfung durch die Staatsanwaltschaft in Kartellbußgeldverfahren wegen des Umfangs und der Komplexität der Tatvorwürfe durchaus mit einigem Aufwand verbunden.

Das gerichtliche Verfahren richtet sich, soweit das Gesetz nicht etwas anderes bestimmt, nach den Vorschriften der StPO, die nach zulässigem Einspruch gegen einen Strafbefehl gelten, § 71 Abs. 1 OWiG. Das Gericht überprüft also nicht nur den Bußgeldbescheid auf seine Rechtmäßigkeit, sondern nimmt im Rahmen der Hauptverhandlung eine selbstständige Untersuchung der Sache vor und fällt eine eigene Entscheidung.[230] Auch hier gilt der Amtsermittlungsgrundsatz, § 244 Abs. 2 StPO i. V. m. § 77 Abs. 1 OWiG. Der Bußgeldbescheid des Bundeskartellamtes hat nur noch die Funktion einer Anklageschrift, indem er den Prozessgegenstand der Person und

---

227 Vgl. *Achenbach*, GA 2008, 1 (12 ff.); *Hassemer/Dallmeyer*, Gesetzliche Orientierung, S. 32 f.

228 Es handelt sich um die Generalstaatsanwaltschaft beim OLG Düsseldorf; vgl. Bundeskartellamt, Kartellbußgeldverfahren, S. 6.

229 Die Zuständigkeit des Oberlandesgerichts Düsseldorf ergibt sich aus §§ 83 Abs. 1 Satz 1, 92 Abs. 1 Satz 1 GWB i. V. m. § 2 der „Verordnung über die Bildung gemeinsamer Kartellgerichte und über die gerichtliche Zuständigkeit in bürgerlichen Rechtsstreitigkeiten nach dem Energiewirtschaftsgesetz" v. 30.08.2011, GV. NRW. 2011, S. 469.

230 *Herrlinger*, ZWeR 2012, 136 (139); *Schmidt*, Die Befugnis des Gemeinschaftsrichters, S. 65. Kritisch Bundeskartellamt, Kartellbußgeldverfahren, S. 6/16 ff.

der Sache nach begrenzt.[231] Wegen der Geltung des Mündlichkeitsprinzips und der des Strengbeweisverfahrens dauert die mündliche Hauptverhandlung regelmäßig 10 bis 50, im Ausnahmefall sogar bis zu 100 Tage, und ist damit insgesamt deutlich aufwändiger und zeitintensiver als vor den Unionsgerichten.[232] Während des Prozesses hat das Bundeskartellamt nicht die Stellung eines Verfahrenssubjektes, sondern seine Beteiligungsbefugnisse beschränken sich auf ein Äußerungs- und Fragerecht (vgl. § 82a Abs. 1 GWB) bzw. kann es vom Gericht nach Maßgabe des § 76 Abs. 1 und 2 OWiG zur weiteren Sachaufklärung am Verfahren beteiligt werden. Das Urteil des OLG Düsseldorf kann wiederum nach § 84 Satz 1 i. V. m. § 94 Abs. 1 Nr. 2 GWB mit der Rechtsbeschwerde zum BGH angegriffen werden. Die Rechtsbeschwerde bildet verfahrens- und materiell-rechtlich die Parallele zur Revision in Strafsachen, vgl. § 79 Abs. 3 OWiG; eine Überprüfung des Urteils des OLG Düsseldorf ist deshalb nur in rechtlicher Hinsicht möglich.[233] Auf die Einlegung des Einspruchs zum OLG Düsseldorf bzw. auf die der Rechtsbeschwerde zum BGH kann zwar grundsätzlich noch vor Ablauf der Rechtsmittelfrist (vgl. § 67 Abs. 1 Satz 2 OWiG bzw. § 79 Abs. 3 OWiG i. V. m. § 302 Abs. 1 Satz 1 StPO), aber nicht vor Erlass des Bußgeldbescheids bzw. der Verkündung des Urteils wirksam verzichtet werden.[234]

Im Hinblick auf das sich etwaig anschließende Gerichtsverfahren wird das behördliche Bußgeldverfahren teilweise als „Vorschaltverfahren“ bezeichnet, in dessen Rahmen der Bußgeldbescheid keine abschließende Sachentscheidung, sondern lediglich einen vorläufigen Ausspruch darstelle.[235] Es handele sich um einen „Abrügungsvorschlag“, der durch „Unterwerfung“ des Betroffenen wirksam werden könne. Daher trage die Behördenentscheidung theoretisch wie faktisch Züge eines Vergleichs. Schließlich wird aber gleichwohl darauf hingewiesen, dass der Verweis auf die entsprechende Anwendung des Strafprozessrechts in § 46 Abs. 1 OWiG deutlich mache, dass die Ausgestaltung der Stellung der Verfahrensbeteiligten rechtlich keineswegs auf Kooperation hin angelegt sei.

C. Zusammenfassung

Sowohl das Kommissionsverfahren, das auf die Verhängung einer Geldbuße gerichtet ist, als auch das Kartellbußgeldverfahren des Bundeskartellamtes sind stark

---

231 *Dannecker/Biermann*, in: Immenga/Mestmäcker, GWB, vor § 81 Rn. 249; *Schmidt*, Die Befugnis des Gemeinschaftsrichters, S. 65; *Wrage-Molkenthin/Bauer*, in: FK-Kartellrecht, Band VI, vor §§ 81–86 GWB Rn. 146.

232 *Brinker*, NZKart 2013, 2 (6); Bundeskartellamt, Kartellbußgeldverfahren, S. 17.

233 *Klusmann*, in: Wiedemann, Kartellrecht, § 58 Rn. 21.

234 *Klusmann*, in: Wiedemann, Kartellrecht, § 57 Rn. 55/§ 58 Rn. 8.

235 Vgl. zum Ganzen Bundeskartellamt, Kartellbußgeldverfahren, S. 6; *Dannecker/Biermann*, in: Immenga/Mestmäcker, GWB, vor § 81 Rn. 248; *Hetzel*, Kronzeugenregelungen, S. 268; *Tiedemann*, in: Immenga/Mestmäcker, GWB, 2. Aufl., § 81 Rn. 57; *Wrage-Molkenthin/Bauer*, in: FK-Kartellrecht, Band VI, vor §§ 81–86 GWB Rn. 145.

formalisiert. Den Ermittlungsbefugnissen der Wettbewerbsbehörden stehen dabei umfangreiche Verfahrensrechte der Parteien gegenüber. Die unionsrechtliche (Kartell-)Geldbuße ist mit der herrschenden Auffassung in der Literatur als strafrechtliche Maßnahme i. w. S. einzuordnen und sind bei ihrer Verhängung durch die Kommission strafrechtliche bzw. strafprozessuale Grundsätze anzuwenden. Dies ergibt sich auch aus den in der Rechtsprechung des EGMR entwickelten Kriterien zur Bestimmung der Rechtsnatur einer Sanktion. Demgegenüber wenden die Unionsgerichte strafrechtliche bzw. strafprozessuale Grundsätze nur punktuell an. Im deutschen Recht stellen Kartellverstöße Ordnungswidrigkeiten, mithin Straftaten i. w. S. dar.

Teil 3: Die Vergleichsverfahren

A. Europäisches Recht

Ehe nunmehr eine ausführliche Darstellung des europäischen Vergleichsverfahrens und insbesondere seines Verfahrensablaufs erfolgen soll, wird zunächst ein Überblick über die Berücksichtigung kooperativen Verhaltens bei der Bußgeldbemessung durch die Kommission vor Einführung des Vergleichsverfahrens und außerhalb desselben gegeben.

I. Berücksichtigung kooperativen Verhaltens bei der Bußgeldbemessung vor Einführung der Kronzeugenregelung

Schon vor Einführung der Kronzeugenregelung berücksichtigte die Kommission kooperatives Verhalten der Parteien als mildernden Umstand bei der Bemessung der zu verhängenden Geldbuße.[236] In einigen Fällen zu Beginn und Mitte der 1980er Jahre wurde bereits das freiwillige Abstellen des wettbewerbswidrigen Verhaltens unmittelbar nach Einschreiten der Kommission durch dieselbe als mildernder Umstand gewertet.[237] In den Folgejahren belohnte die Kommission auch Parteien, die sich während der Nachprüfungen kooperativ verhalten und zur Aufklärung der Tat beigetragen haben, mit einer Bußgeldermäßigung.[238] In einem Fall wurde einigen Parteien die Geldbuße sogar vollständig erlassen, weil diese die Kommission erst auf die verbotenen Praktiken aufmerksam gemacht haben.[239] Die Praxis der Kommission, die Kooperation der Parteien bußgeldmindernd zu berücksichtigen, wurde vom EuG grundsätzlich gebilligt.[240]

---

236 *Albrecht*, WRP 2007, 417 (418); *Dannecker/Biermann*, in: Immenga/Mestmäcker, EU-Wettbewerbsrecht, Art. 23 VO 1/2003 Rn. 234/236 ff.; *Häberle*, Die Kronzeugenmitteilung, S. 26/182; *Schnakl*, Kronzeugenregelung, S. 104; *Soltész*, EWS 2000, 240; *Weitbrecht*, EuZW 1997, 555 (556).

237 Vgl. Kommission 7.12.1982, ABl. EG 1982 Nr. L 354/28 Rn. 67 ff. – *National Panasonic*; Kommission v. 16.5.1984, ABl. EG 1984 Nr. L 136/9 Rn. 63 – *Polistil/Arbois*.

238 Vgl. nur Kommission v. 6.8.1984, ABl. EG 1984 Nr. L 220/27 Rn. 104 – *Zinc Producer Group;* Kommission v. 19.12.1984, ABl. EG 1985 Nr. L 85/1 Rn. 149 – *Zellstoff;* Kommission v. 16.12.1985, ABl. EG 1985 Nr. L 376/21 Rn. 68 – *Sperry New Holland;* Kommission v. 23.4.1986, ABl. EG 1986 Nr. L 230/1 Rn. 109 – *Polypropylen*; Kommission v. 5.6.1991, ABl. EG 1991 Nr. L 287/39 Rn. 28 f. – *Viho/Toshiba;* Kommission v. 15.7.1992, ABl. EG 1992 Nr. L 233/27 Rn. 24 – *Viho/Parker Pen*. Vgl. auch die Nachweise bei *Albrecht*, WRP 2007, 417 (419, Fn. 6).

239 Kommission v. 01.04.1992, ABl. EG 1992 Nr. L 134/1 Rn. 74 – *Reederausschüsse in der Frankreich-Westafrika-Fahrt*.

240 EuG v. 10.03.1992, T-12/89, Slg. 1992, II-907 (1017, Rn. 341 f.) – *Solvay*; dass. v. 10.03.1992, T-13/89, Slg. 1992, II-1021 (1151, Rn. 393) – *ICI*.

Im sog. „Karton-Fall" differenzierte die Kommission bei der Bußgeldbemessung zwischen verschiedenen Stufen von Kooperationsleistungen. Während die freiwillige Überlassung von Beweismitteln (= aktive Kooperation) bei zwei der an dem Kartell beteiligten Parteien zu einer Ermäßigung von zwei Dritteln der ursprünglich zu verhängenden Geldbuße führte, beschränkte sich die Zusammenarbeit der übrigen Parteien desselben Kartells auf die Abgabe einer ausdrücklichen Erklärung, die mitgeteilten Beschwerdepunkte nicht zu bestreiten (= passive Kooperation), was bei diesen Parteien zu einer Bußgeldermäßigung von lediglich einem Drittel führte.[241] Andere Verhaltensweisen, die weder zur Aufklärung des Sachverhalts noch zur Beschleunigung des Kommissionsverfahrens beigetragen haben, wurden hingegen nicht bußgeldmindernd berücksichtigt. So betrachtete die Kommission eine Bußgeldermäßigung als Gegenleistung für einen Rechtsmittelverzicht als einen „Handel", an dessen Abschluss sie kein Interesse habe.[242] Die Unionsgerichte billigten auch dieses Vorgehen der Kommission und entschieden, dass eine Bußgeldermäßigung gerechtfertigt sei, wenn das Verhalten der Partei es der Kommission ermöglicht habe, eine Zuwiderhandlung leichter festzustellen und ggf. zu beenden.[243] Dies sei indes nicht der Fall, wenn die Partei die Beschwerdepunkte im Wesentlichen bestreite, wenn sie gar nicht antworte oder wenn nur erkläre, dass sie zu den von der Kommission aufgestellten Tatsachenbehauptungen nicht Stellung nehme.[244] Erforderlich ist somit eine ausdrückliche Erklärung, dass der Sachverhalt nicht nur nicht bestritten, sondern vielmehr eingeräumt werde.[245]

---

241 Kommission v. 13.07.1994, ABl. EG 1994 Nr. L 243/1 Rn. 169/171 f. – *Karton*. Vgl. EuG v. 14.05.1998, T-304/94, Slg. 1998, II-869 (918, Rn. 159) – *Europa Carton*; *Albrecht*, WRP 2007, 417 (419). Vgl. auch *Häberle*, Die Kronzeugenmittelung der Kommission, S. 26 f.; *Soltész*, EWS 2000, 240 (242).

242 Vgl. Kommission, in: EuG v. 14.05.1998, T-347/94, Slg. 1998, II-1751 (1850, Rn. 327) – *Mayr-Melnhof*.

243 EuGH v. 16.11.2000, C-297/98 P, Slg. 2000, I-10101 (10147, Rn. 36) – *SCA Holding*; v. 10.03.1992, T-13/89, Slg. 1992, II-1021 (1151, Rn. 393) – *ICI*; EuG v. 14.05.1998, T-308/94, Slg. 1998, II-925 (1000, Rn. 255) – *Cascades*; dass. v. 14.05.1998, T-310/94, Slg. 1998, II-1043 (1123, Rn. 271) – *Gruber + Weber*; dass. v. 14.05.1998, T-311/98, Slg. 1998, II-1129 (1224, Rn. 325) – *BPB de Eendracht*; dass. v. 14.05.1998, T-327/94, Slg. 1998, II-1373 (1421, Rn. 156) – *SCA Holding*; dass. v. 14.05.1998, T-338/94, Slg. 1998, II-1617 (1721, Rn. 363) – *Finnboard*; dass. v. 14.05.1998, T-347/94, Slg. 1998, II-1751 (1851, Rn. 330) – *Mayr-Melnhof*; dass. v. 14.05.1998, T-352/94, Slg. 1998, II-1998 (2096, Rn. 394) – *Mo Och Domsjö*.

244 EuG v. 14.05.1998, T-308/94, Slg. 1998, II-925 (1000, Rn. 257) – *Cascades*; dass. v. 14.05.1998, T-327/94, Slg. 1998, II-1373 (1421, Rn. 156) – *SCA Holding*; dass. v. 14.05.1998, T-347/94, Slg. 1998, II-1751 (1846, Rn. 309/1851 f., Rn. 331 ff.) – *Mayr-Melnhof*; dass. v. 14.05.1998, T-352/94, Slg. 1998, II-1989 (2096 f., Rn. 396) – *Mo Och Domsjö*; dass. v. 05.04.2006, T-279/02, Slg. 2006, II-897 (1029, Rn. 381) – *Degussa*.

245 EuGH v. 16.11.2000, C-297/98 P, Slg. 2000, I-10101 (10147, Rn. 37) – *SCA Holding*; EuG v. 08.07.2004, T-44/00, Slg. 2000, II-2223 (2316, Rn. 303) – *Mannesmannröhren-Werke*; dass. v. 30.09.2009, T-161/05, Slg. 2009, II-3555 (3591, Rn. 91) – *Hoechst*.

Gesonderte Erwähnung verdient schließlich der Umstand, dass die Kooperation der Parteien ohnehin nur dann bußgeldmindernd von der Kommission berücksichtigt wird, wenn sie freiwillig erfolgt. Eine solche freiwillige Kooperation ist aber nicht gegeben, wenn die Partei lediglich ihren gesetzlichen Auskunftspflichten gemäß Art. 18 VO 1/2003 nachkommt. Zu einer Bußgeldminderung führt die Kooperation der Partei folglich nur dann – und das gilt auch für die nachfolgend darzustellende Kronzeugenregelung –, soweit deren Umfang über die gesetzlichen Auskunftspflichten hinausgeht.[246]

II. Die Kronzeugenregelung

Im Jahr 1996 führte die Kommission ihre erste Kronzeugenregelung[247] ein, anhand der sie ihre Verwaltungspraxis zur Berücksichtigung kooperativen Verhaltens in Kartellfällen veröffentlichte und für Betroffene vorhersehbar machte. Sie folgte damit dem Vorgehen der Antitrust Division des U.S. Department of Justice, die ihre neuen Kronzeugenregelungen (sog. „Leniency Policies") in den Jahren 1993 (für Unternehmen, sog. „Corporate Leniency Policy") und 1994 (für natürliche Personen, sog. „Leniency Policy for Individuals") eingeführt hatte.[248] Die Kronzeugenregelung von 1996 richtete sich – wie auch ihre Nachfolgerinnen– ausschließlich an Parteien, die an (horizontalen) Hardcore-Kartellen teilnahmen.[249] Sie unterschied zwischen drei Kooperationsstufen: (1) Nichtfestsetzung oder wesentlich niedrigere Festsetzung der Geldbuße, (2) erheblich niedrigere Festsetzung der Geldbuße und

---

Vgl. auch EuG v. 08.07.2004, T-48/00, Slg. 2004, II-2325 (2381, Rn. 193) – *Corus UK*, mit dem zusätzlichen Hinweis darauf, dass eine solche Erklärung nicht ausreiche, wenn sie im konkreten Fall ohne jeden Nutzen für die Kommission sei. Ebenso EuG v. 05.04.2006, T-279/02, Slg. 2006, II-897 (1029, Rn. 381) – *Degussa*.

246 *Flocken*, Die Bußgeldbemessung der Kommission, S. 123; *Wiesner*, Der Kronzeuge im Kartellrecht, S. 149.

247 Mitteilung der Kommission über die Nichtfestsetzung oder die niedrigere Festsetzung von Geldbußen in Kartellsachen, ABl. EG 1996 Nr. C 207/4 (im Folgenden: Kronzeugenmitteilung 1996).

248 *Albrecht*, WRP 2007, 417 (419); *Lutz*, BB 2000, 677. Die Leniency Policies ersetzten das wenig erfolgreiche „Amnesty Program" von 1978, das zwar den gleichen Grundgedanken wie jene – Straffreiheit gegen Selbstanzeige und Verrat der übrigen Kartellanten –, jedoch deutlich strengere Anwendungsvoraussetzungen hatte. Vgl. zu den Leniency-Programmen in den USA *Albrecht*, Die Anwendung von Kronzeugenregelungen, S. 140 ff. Zu den Gemeinsamkeiten sowie Unterschieden zwischen der U.S.-amerikanischen und der europäischen Kronzeugenregelung vgl. den Überblick bei *Bloch/Schmidt/Winters/Driscoll*, Leniency and Plea Bargaining, S. 20 ff.

249 *Dieckmann*, in: Wiedemann, Kartellrecht, 1. Aufl., § 46 Rn. 18; *Häberle*, Die Kronzeugenmitteilung, S. 24; *Soltész*, WuW 2005, 616 (618). Anders aber *Albrecht*, Die Anwendung von Kronzeugenregelungen, S. 166, der auch vertikale Absprachen als erfasst ansieht.

(3) spürbar niedrigere Festsetzung der Geldbuße.[250] Danach konnte (1) die Selbstanzeige *vor* einer Nachprüfung durch die Kommission zu einer Ermäßigung der ursprünglich zu verhängenden Geldbuße um 75 bis 100 %,[251] (2) die Selbstanzeige *nach* einer (erfolglosen) Nachprüfung zu einer Ermäßigung um 50 bis 75 %[252] und (3) sonstiges kooperatives Verhalten zu einer Ermäßigung um 10 bis 50 %[253] führen. Weitere Voraussetzungen zu (1) und (2) waren, dass eine Partei als erstes Angaben machte, die für den Beweis des Kartells von entscheidender Bedeutung waren, dass es die Teilnahme an dem Kartell spätestens mit der Selbstanzeige einstellte, dass es der Kommission alle sachdienlichen Informationen, Unterlagen und Beweismittel über das Kartell bereitstellte und während der gesamten Dauer der Untersuchung zu einer ununterbrochenen und uneingeschränkten Zusammenarbeit bereit war sowie dass es keine andere Partei zur Teilnahme am Kartell gezwungen oder zu der rechtswidrigen Handlung angestiftet oder bei ihrer Durchführung eine entscheidende Rolle gespielt hatte.[254] Zu dem sonstigen kooperativen Verhalten, das unter (3) fiel, zählte insbesondere die Lieferung von Informationen, Unterlagen oder sonstigen Beweismitteln, die zur Feststellung des Vorliegens eines Verstoßes beitrugen, vor der Mitteilung der Beschwerdepunkte sowie das Nichtbestreiten des Sachverhalts, auf den die Kommission ihre Einwände stützte, nach Mitteilung der Beschwerdepunkte.[255] In Bezug auf die letztgenannte Kooperationsform unterschied die Kommission wiederum zwischen dem bloßen Nichtbestreiten des Sachverhaltes, wofür sie eine Bußgeldermäßigung i. H. v. 10 % gewährte, und dem ausdrücklichen Eingestehen des Tatvorwurfes, wofür sie eine Bußgeldermäßigung i. H. v. 20 % gewährte.[256] Auf keiner der drei Kooperationsstufen war es hingegen erforderlich,

250 Vgl. *Albrecht*, Die Anwendung von Kronzeugenregelungen, S. 168; *ders.*, WRP 2007, 417 (419); *Flocken*, Die Bußgeldbemessung der Kommission, S. 27 f.

251 Kronzeugenmitteilung 1996, Abschnitt B.

252 Kronzeugenmitteilung 1996, Abschnitt C.

253 Kronzeugenmitteilung 1996, Abschnitt D.

254 Kronzeugenmitteilung 1996, Abschnitt B lit. b bis e.

255 Kronzeugenmitteilung 1996, Abschnitt D Ziff. 2.

256 Vgl. etwa Kommission v. 21.01.1998, ABl. EG 1998 Nr. L 100/55, Rn. 100 f. – *Legierungszuschlag*; bestätigt durch EuG v. 13.12.2001, T-45, -47/98, Slg. 2001, II-3757 (3839 ff., Rn. 260 ff.) – *Krupp Thyssen Stainless und Acciai Speciali Terni*. *Brenner*, Das Vergleichsverfahren, S. 111 f., und *Häberle*, Die Kronzeugenmitteilung, S. 50, folgern daraus, dass damit (auch) das Anerkenntnis der *rechtlichen* Würdigung des Tatvorwurfes mit einer höheren Bußgeldermäßigung belohnt werde. Anders aber *Bueren*, Verständigungen, S. 797 ff., der – unter Berufung auf die Rechtsprechung der Unionsgerichte insbesondere zum Auskunftsverweigerungsrecht – darin lediglich das Eingeständnis, einen wettbewerbswidrigen Zweck verfolgt zu haben, erblickt. Die Möglichkeit der Bußgeldermäßigung im Gegenzug für das Nichtbestreiten des Sachverhaltes bzw. das Eingestehen des Tatvorwurfes wird häufig als Vorläufer des Vergleichsverfahrens angesehen. Vgl. *Bätge*, Wettbewerb der Wettbewerbsordnungen, S. 164 (Fn. 797); *Brenner*, Das Vergleichsverfahren, S. 58; *Bueren*, Verständigungen, S. 483; *Ledoux/Roda*, CCC 8–9/2008, 8.

dass die Parteien auf ihre Rechte auf Anhörung, auf Akteneinsicht oder auf das Einlegen eines Rechtsmittels verzichteten.[257]

Im Jahr 2002 veröffentliche die Kommission eine Neufassung ihrer Kronzeugenregelung[258]. Die grundsätzliche Einführung einer Kronzeugenregelung war zuvor zwar größtenteils positiv bewertet worden, allerdings hatten die Parteien anfangs nur zögerlich Gebrauch von ihr gemacht. Mit der Neufassung sollten die Defizite der ursprünglichen Fassung, insbesondere die mangelnde Transparenz und Berechenbarkeit der Bußgeldermäßigung, beseitigt werden.[259]

Die Kronzeugenregelung von 2002 unterschied formell nur noch zwischen dem Erlass der Geldbuße[260] und ihrer Ermäßigung[261]. Eine wesentliche Neuerung bestand darin, dass die Geldbuße einer Partei auch dann noch erlassen werden konnte, wenn sie sich nach einer (erfolglosen) Nachprüfung durch die Kommission selbst anzeigte oder wenn sie als Anführerin bzw. Anstifterin des Kartells handelte – vorausgesetzt bei der betreffenden Partei handelte es sich um die erste, die sich bei der Kommission meldete.[262] Sofern eine Partei die entsprechenden Voraussetzungen erfüllte, hatte sie zudem einen Anspruch auf Gewährung des Bußgelderlasses, d. h. dieser stand nicht mehr im Ermessen der Kommission.[263] Dabei erhielt eine Partei, die einen Kronzeugenantrag stellte und für die Anwendung der Kronzeugenregelung grundsätzlich in Betracht kam, zunächst nur einen bedingten Erlass der Geldbuße, der erst mit der vollständigen Erfüllung der Mitwirkungspflichten[264] zu einem endgültigen wurde.[265] Für eine Bußgeld*ermäßigung* musste die Partei der

257 *Soltész*, EWS 2000, 240 (242); *Weitbrecht*, EuZW 1997, 555 (557 f.).

258 Mitteilung der Kommission über den Erlass und die Ermäßigung von Geldbußen in Kartellsachen, ABl. EG 2002 Nr. C 45/3 (im Folgenden: Kronzeugenmitteilung 2002).

259 Kronzeugenmitteilung 2002, Rn. 5. Vgl. auch die Gegenüberstellung der Kronzeugenregelung von 1996 mit der von 2002 bei *Albrecht*, Die Anwendung von Kronzeugenregelungen, S. 220 ff.

260 Kronzeugenmitteilung 2002, Abschnitt A.

261 Kronzeugenmitteilung 2002, Abschnitt B.

262 *Flocken*, Die Bußgeldbemessung der Kommission, S. 30.

263 *Albrecht*, Die Anwendung von Kronzeugenregelungen, S. 211; *Hetzel*, Kronzeugenregelungen, S. 190; *Polley/Seeliger*, EuZW 2002, 397 (398); *Schnakl*, Kronzeugenregelung, S. 139. Vgl. die Kronzeugenmitteilung 2002, Rn. 21: „Die Kommission *erlässt* einem Unternehmen die Geldbuße, die andernfalls verhängt worden wäre […].“ Vgl. dagegen noch die Kronzeugenmitteilung 1996, Abschnitt B: „Gegenüber einem Unternehmen […] wird die Höhe der ohne diese Mitarbeit festzusetzenden Geldbuße um mindestens 75 % niedriger festgesetzt und *kann* auf die Festsetzung der Geldbuße ganz verzichtet werden.“ [Hervorhebungen durch Verf.].

264 Vgl. Kronzeugenmitteilung 2002, Rn. 8 ff.

265 Kronzeugenmitteilung 2002, Rn. 15 f.; *Nowak*, in: Loewenheim/Meessen/Riesenkampff, Kartellrecht, Art. 23 VO 1/2003 Rn. 39; *Schnakl*, Kronzeugenregelung, S. 145 f. Bereits der erste bei der Kommission eingereichte Antrag nach der Kronzeugenregelung von 2002 führte nicht zu einem endgültigen Erlass der Geldbuße,

Kommission Beweise mit erheblichem „Mehrwert“[266] vorlegen und ihre Beteiligung an dem Kartell spätestens zum Zeitpunkt der Beweisvorlage einstellen.[267] Die erste Partei, die diese Voraussetzungen erfüllte, konnte eine Ermäßigung i. H. v. 30 bis 50 %, die zweite eine solche i. H. v. 20 bis 30 % und jede weitere eine solche i. H. v. bis zu 20 % erhalten.[268] Eine Bußgeldermäßigung für ein rein passives Verhalten, das sich auf das Nichtbestreiten des Sachverhaltes beschränkt, war allerdings nicht mehr vorgesehen.[269] Eine weitere wesentliche Neuerung war die ausdrückliche Erklärung der Kommission, Unterlagen, die sie von den Parteien erhalten hatte (Kronzeugenanträge und mit diesen im Zusammenhang stehende Beweismittel), Dritten gegenüber nicht offenlegen zu wollen.[270]

Der Schwerpunkt der Kronzeugenregelung von 1996 lag auf der Kooperation der Parteien mit der Kommission während des Verfahrens. Dies findet seinen Ausdruck u. a. darin, dass insbesondere in den ersten Jahren nach Einführung der Kronzeugenregelung Bußgeldermäßigungen ausschließlich wegen „sonstigen kooperativen Verhaltens“[271] gewährt wurden.[272] Demgegenüber setzte die Kronzeugenregelung von 2002 verstärkt auf die Aufdeckung unbekannter Kartelle.[273]

---

da das betreffende Unternehmen – *Deltafina* – die Stellung des Kronzeugenantrages gegenüber den anderen Parteien offengelegt und daher nach Ansicht der Kommission gegen seine Pflicht zur Zusammenarbeit (vgl. Kronzeugenmitteilung 2002, Rn. 11 lit. a) verstoßen hatte; vgl. Kommission v. 20.10.2005, COMP/C.38.281/B.2, Rn. 408 ff. – *Rohtabak Italien*. Bestätigt durch EuG v. 09.09.2011, T-12/06, Slg. 2011, II-5639, Rn. 123 ff. – *Deltafina*.

266 „Der Begriff ‚Mehrwert‘ bezieht sich auf das Ausmaß, in dem die vorgelegten Beweismittel aufgrund ihrer Eigenschaft und/oder ihrer Ausführlichkeit der Kommission dazu verhelfen, den betreffenden Sachverhalt nachzuweisen. Bei ihrer Würdigung wird die Kommission im Allgemeinen schriftlichen Beweisen aus der Zeit des nachzuweisenden Sachverhalts einen größeren Wert beimessen als solchen, die zeitlich später einzuordnen sind. Ebenso werden Beweismittel, die den fraglichen Sachverhalt unmittelbar beweisen, höher eingestuft als jene, die nur einen mittelbaren Bezug aufweisen.“ Vgl. Kronzeugenmitteilung 2002, Rn. 21.

267 Kronzeugenmitteilung 2002, Rn. 21.

268 Kronzeugenmitteilung 2002, Rn. 23 lit. b.

269 *Albrecht*, Die Anwendung von Kronzeugenregelungen, S. 221 f.; *Brenner*, Das Vergleichsverfahren, S. 112 f.; *Häberle*, Die Kronzeugenmitteilung, S. 80; *Scordamaglia*, GAR 2009, 61 (67).

270 Vgl. Kronzeugenmitteilung 2002, Rn. 32 f. Vgl. zur Problematik der Offenlegung von Kronzeugen- und Vergleichserklärungen noch ausführlich Teil 5, S. 253 ff.

271 Kronzeugenmitteilung 1996, Abschnitt D.

272 Vgl. zur Anwendungspraxis der Kommission im Rahmen der Kronzeugenregelung von 1996 *Albrecht*, Die Anwendung von Kronzeugenregelungen, S. 174 ff.

273 *Albrecht*, Die Anwendung von Kronzeugenregelungen, S. 220 f.; *Dannecker/Biermann*, in: Immenga/Mestmäcker, EU-Wettbewerbsrecht, Art. 23 VO 1/2003 Rn. 242; *Polley/Seeliger*, EuZW 2002, 397/401.

Ihre dritte und vorerst letzte Kronzeugenregelung veröffentlichte die Kommission im Jahr 2006[274]. Was die Voraussetzungen für den Erlass[275] und die Ermäßigung[276] der Geldbuße betrifft, brachte diese keine wesentlichen Neuerungen; mit ihr wurden diese Voraussetzungen nur mehr konkretisiert.[277] Wie bei der Kronzeugenregelung von 2002 sieht die Kommission das primäre Ziel der Kronzeugenregelung von 2006 darin, den Parteien Anreize zur Aufdeckung unbekannter Kartelle – und weniger solche zur bloßen Kooperation während des Kommissionsverfahrens – zu geben.[278]

III. Kooperation als mildernder Umstand im Rahmen der Bußgeldleitlinien

Auch sofern die Voraussetzungen für eine Bußgeldermäßigung nach der Kronzeugenregelung im Einzelfall nicht erfüllt sein sollten, konnte und kann die Kooperation einer Partei im Kommissionsverfahren bußgeldmindernd berücksichtigt werden.[279] Die Bußgeldleitlinien der Kommission von 2006, die – anders als die Kronzeugenregelung – sowohl für das Kartellverbot als auch die Missbrauchsaufsicht gelten, erblicken in der „aktiven Zusammenarbeit eines Unternehmens“ mit der Kommission außerhalb des Anwendungsbereichs der Kronzeugenregelung und über die rechtliche Verpflichtung der Partei zur Zusammenarbeit hinaus einen mildernden Umstand, der zur Verringerung des Grundbetrages der Geldbuße führt.[280] Eine „aktive Zusammenarbeit“ in diesem Sinne liegt vor, wenn das Verhalten der Partei es der Kommission ermöglicht hat, das Vorliegen einer Zuwiderhandlung leichter festzustellen und diese ggf. zu beenden.[281]

---

274 Mitteilung der Kommission über den Erlass und die Ermäßigung von Geldbußen in Kartellsachen, ABl. EU 2006 Nr. C 298/17 (im Folgenden: Kronzeugenmitteilung 2006).

275 Kronzeugenmitteilung 2006, Rn. 8 ff.

276 Kronzeugenmitteilung 2006, Rn. 23 ff.

277 Vgl. dazu *Albrecht*, WRP 2007, 417 (421 ff.).

278 *Sura*, in: Langen/Bunte, Europäisches Kartellrecht, Art. 23 VO 1/2003 Rn. 53.

279 Vgl. dazu Kommission v. 16.12.2003, ABl. EU 2004 Nr. L 125/50, Rn. 19 – *Industrierohre*; *Dannecker/Biermann*, in: Immenga/Mestmäcker, EU-Wettbewerbsrecht, Art. 23 VO 1/2003 Rn. 213; *Dieckmann*, in: Wiedemann, Kartellrecht, § 46 Rn. 14 f.; *Schnakl*, Kronzeugenregelung, S. 106 f.

280 Bußgeldleitlinien Kommission, Rn. 29.

281 EuG v. 09.07.2003, T-224/00, Slg. 2003, II-2597 (2704 ff., Rn. 300 ff.) – *Archer Daniels Midland;* dass. v. 08.07.2004, T-44/00, Slg. 2004, II-2223 (2317 f., Rn. 307 ff.) – *Mannesmannröhrenwerke*; dass. v. 30.04.2009, T-18/03, Slg. 2009, II-1021 (1065, Rn. 125) – *CD-Contact Data*; dass. v. 12.12.2012, T-400/09, noch nicht in amtl. Slg., Rn 61 f. – *Ecka Granulate.* So auch die Rechtsprechung der Unionsgerichte für die Zeit vor Inkrafttreten der Kronzeugenregelung; vgl. bereits I., S. 66 f.

IV. Die Einführung des Vergleichsverfahrens

1. *Beweggründe*

Die Kronzeugenregelungen der Kommission erwiesen sich nach anfänglichen Schwierigkeiten zuletzt als überaus erfolgreich. Im Zeitraum von 1998 bis 2007 etwa wurden 39 Kartellentscheidungen mit 50 Kartellen und 269 betroffenen Parteien durch die Kommission veröffentlicht und 45 der 50 (= 90 %) Kartelle mit der Hilfe von Kronzeugen aufgedeckt.[282] Mit der steigenden Anzahl von Kronzeugenanträgen lagen der Kommission nunmehr allerdings so viele Kartellfälle vor, dass sie mit deren Bearbeitung kaum noch nachkam.[283] So hatte sie bis zu 40 laufende Kartellermittlungen gleichzeitig durchzuführen, konnte aber nur sechs bis acht Entscheidungen im Jahr erlassen.[284] Das oben bereits im Überblick dargestellte Kommissionsverfahren ist derart zeitaufwendig, dass es selbst im Fall eines Kronzeugenantrages durchschnittlich drei Jahre bis zu einem Bußgeldbeschluss dauert.[285] Im Vergleich zu den Kartellverfahren in den USA nahmen diejenigen auf europäischer Ebene teilweise sogar bis zu fünf Mal so viel Zeit in Anspruch.[286] Zuletzt sollen etwa 35–40 % der Kommissionsressourcen allein auf die Bekämpfung illegaler Kartelle entfallen sein.[287] Deshalb hielt es die Kommission für erforderlich, eine Möglichkeit zu schaffen, mittels derer Kartellverfahren schneller als bisher abgeschlossen werden können, um so mit unveränderten Ressourcen mehr Kartellverfahren betreiben zu können.[288] Dadurch wiederum sollte dem Allgemeininteresse an einer wirksamen und rechtzeitigen Ahndung von Kartellverstößen entsprochen und die Abschreckungswirkung insgesamt verbessert werden.[289] Zwar kann die verfahrensmäßige

---

282 *Sura*, in: Langen/Bunte, Europäisches Kartellrecht, Art. 23 VO 1/2003 Rn. 54.

283 *Brankin*, CompLaw 2008, 170 (172); *Holmes/Girardet*, Settling Cartel Cases, S. 2; *Scordamaglia*, GAR 2009, 61; *Stephan*, ICLQ 2009, 627 f.; *Wils*, World Competition 2008, 335 (341, Fn. 38).

284 Vgl. *Burrichter/Zimmer*, in: Ehlermann/Atanasiu, Enforcement, 611 (615); *Gamble*, ECLR 2001, 449 (450, Fn. 13); *Hansen/Calzado, Sullivan*, ARA 2008, 63; *Stephan*, ICLQ 2009, 627 (636).

285 *Burrichter/Zimmer*, in: Ehlermann/Atanasiu, Enforcement, 611 (615); *Motta*, ECLR 2008, 209 (211). *Stephan*, ICLQ 2009, 627 (635), und *Brankin*, CompLaw 2008, 170 (171), gehen sogar von einer dreieinhalb- bzw. vierjährigen Verfahrensdauer aus.

286 *Hansen/Calzado/Sullivan*, ARA 2008, 63. Vgl. auch *Gamble*, ECLR 2011, 449 (450 f.).

287 *Scordamaglia*, GAR 2009, 61 (64).

288 *Hennig*, Settlements, S. 292; *Horányi*, ZEuS 2008, 663 (666); *Kindhäuser/Meyer*, in: FK-Kartellrecht, Band III, Art. 23 VO 1/2003 Rn. 155; *Kroes*, SPEECH/07/722, S. 3; *Ortega Gonzalez*, ECLR 2011, 170 f.; *Schwarze/Bechtold/Bosch*, Rechtsstaatliche Defizite, S. 70; *Scordamaglia*, GAR 2009, 61 (62).

289 Kommission, Mitteilung über das Vergleichsverfahren, Rn. 1. Vgl. auch Kommission, MEMO/08/458, S. 1; *Hennig*, Settlements, S. 292; *Horányi*, ZEuS 2008, 663 (666); *Motta*, ECLR 2008, 209 (218); *Schwarze/Bechtold/Bosch*, Rechtsstaatliche Defizite, S. 70; *Scordamaglia*, GAR 2009, 61 (62).

Kooperation der Parteien auch im Rahmen der Kronzeugenregelung belohnt werden; gleichwohl ist diese – wie bereits erwähnt – eher darauf ausgelegt, Kartelle aufzudecken und der Kommission Beweise zu liefern, als weniger das Kommissionsverfahren zu vereinfachen und zu beschleunigen.[290] Hinzu kommt, dass gegen etwa zwei Drittel aller Kommissionsbeschlüsse Rechtsmittel zum EuG eingelegt werden[291] und jedes Kartellverfahren durchschnittlich drei bis vier Rechtsmittelverfahren auslöst[292]. Das Vergleichsverfahren soll auch zur Senkung dieser Rechtsmittelquote beitragen. Es wird insofern erwartet, dass die Parteien seltener Rechtsmittel gegen eine Entscheidung der Kommission einlegen, an der sie gleichsam selbst mitgewirkt haben.[293]

2. Der Weg bis zur Einführung des Vergleichsverfahrens

Offizielle Erwähnung fand das Vergleichsverfahren seitens der Kommission erstmals in einer Rede der damaligen Wettbewerbskommissarin *Neelie Kroes* vom 7. April 2005.[294] Diese bedauerte, dass im europäischen Recht ein dem Plea Bargaining des U.S.-amerikanischen Kartellrechts vergleichbares Instrument, in dessen Rahmen die Parteien dem Tatvorwurf sowie der Verhängung einer angemessenen Sanktion zustimmen können, fehle.[295] Vielmehr sei die Kommission stets verpflichtet, jedes Detail eines Falles zu ermitteln und eine vollständig begründete Entscheidung zu erlassen.[296] *Kroes* betonte allerdings auch, dass diese Äußerungen noch lediglich Ausdruck einer Beobachtung seien und dass erst dann, wenn die bereits eingeführten Maßnahmen zur Erhöhung der Effektivität der Kartellrechtsdurchsetzung keine zeitnahe Bestrafung ermöglichten, über die Einführung eines Vergleichsverfahrens[297] im europäischen Recht nachzudenken sei.[298] In weiteren Reden

---

290 Vgl. dazu die Kronzeugenmitteilung 2006, Rn. 12 lit. a, die von den Parteien zwar ein „Wohlverhalten“ verlangt, nicht jedoch – wie die Regelungen des Vergleichsverfahrens – den (teilweisen) Verzicht auf Verteidigungsrechte.

291 *Holmes/Girardet*, Settling Cartel Cases, S. 1; *Scordamaglia*, GAR 2009, 61 (84) und *Hull/Clancy*, in: Gheur/Petit, Alternative enforcement techniques, 107 (113), gehen sogar von einer Rechtsmittelquote i. H. v. 90 % aus.

292 *Kroes*, SPEECH/05/205, S. 4; *Scordamaglia*, GAR 2009, 61 (65).

293 Vgl. Kommission, Bericht über die Wettbewerbspolitik 2008, KOM(2009) 374 endgültig, Rn. 18.

294 *Kroes*, SPEECH/05/205, S. 5.

295 *Kroes*, SPEECH/05/205, S. 5

296 *Kroes*, SPEECH/05/205, S. 5.

297 Das Vergleichsverfahren ist damals noch als „direct settlement“ bezeichnet worden. Mittlerweile lautet die offizielle englischsprachige Bezeichnung „settlement procedure“.

298 *Kroes*, SPEECH/05/205, S. 5.

vom 13. Oktober 2006[299], vom 8. März 2007[300] sowie vom 5. Juni 2007[301] kam *Kroes* erneut auf die Einführung eines Vergleichsverfahrens zu sprechen. Ihre kurzen Ausführungen zu einigen Punkten des geplanten Vergleichsverfahrens[302] bezeichnete sie dabei noch als „erste Gedanken“[303]. Die Einführung eines Vergleichsverfahrens nannte sie *eine* Option, um die Effektivität der Kartellpolitik der Kommission zu erhöhen, und kündigte weitere diesbezügliche Überlegungen der Kommission für das laufende Jahr 2007 an.[304]

Am 27. Oktober 2007 veröffentlichte die Kommission den Entwurf einer Kommissionsverordnung zur Änderung der VO 773/2004 hinsichtlich der Durchführung von Vergleichsverfahren in Kartellfällen[305] sowie den Entwurf einer Mitteilung über die Durchführung von Vergleichsverfahren[306]. Die Veröffentlichung dieser Entwürfe teilte die Kommission in einer Pressemitteilung[307] vom 26. Oktober 2007 mit und forderte gleichzeitig im Rahmen einer öffentlichen Konsultation zur Abgabe von Stellungnahmen zu den Entwürfen bis zum 21. Dezember 2007 auf.[308] Ebenfalls am 26. Oktober 2007 veröffentlichte die Kommission ein Dokument, in dem die grundlegenden Gedanken und Mechanismen des geplanten Vergleichsverfahrens anhand von „frequently asked questions“ [309] erläutert werden. In einer Rede vom 19. November 2007 nahm *Kroes* abermals Bezug auf das geplante Vergleichsverfahren und nannte einige Details desselben, die sich auch in den am 26. bzw. 27. Oktober veröffentlichen Dokumenten finden, etwa dass das Vergleichsverfahren nur in Kartellfällen, aber neben der Kronzeugenregelung anwendbar sein und dass es – wie das

299 *Kroes*, SPEECH/06/595.

300 *Kroes*, SPEECH/07/128.

301 *Kroes*, SPEECH/07/364.

302 Vgl. *Kroes*, SPEECH/07/128, S. 4.

303 „First thoughts“; vgl. *Kroes*, SPEECH/06/595, S. 5.

304 *Kroes*, SPEECH/07/364, S. 4.

305 Vorschlag für eine Verordnung (EG) Nr. .../... der Kommission vom [...] zur Änderung der Verordnung (EG) Nr. 773/2004 hinsichtlich der Durchführung von Vergleichsverfahren in Kartellfällen vom 27. Oktober 2007, ABl. EU 2007 Nr. C 255/48.

306 Entwurf einer Mitteilung der Kommission vom [...] über die Durchführung von Vergleichsverfahren bei dem Erlass von Entscheidungen nach Artikel 7 und Artikel 23 der Verordnung 1/2003 des Rates in Kartellfällen, ABl. EU 2007 Nr. C 255/51 v. 27.10.2007 (im Folgenden: Kommission, Entwurf einer Mitteilung über das Vergleichsverfahren).

307 Kommission, Pressemitteilung IP/07/1608 v. 26.10.2007.

308 Gemäß Art. 33 Abs. 2 S. 1 VO 1/2003 muss die Kommission vor dem Erlass einer Durchführungsverordnung nach Art. 33 Abs. 1 VO 1/2003 einen Entwurf derselben veröffentlichen und den Beteiligten mindestens einen Monat lang Gelegenheit zur Stellungnahme geben. Noch vor der Veröffentlichung dieses Entwurfs und dann wiederum vor dessen Erlass muss die Kommission den Beratenden Ausschuss für Kartell- und Monopolfragen anhören, Art. 33 Abs. 2 Satz 2 VO 1/2003.

309 Kommission, MEMO/07/433 v. 26.10.2007.

streitige Verfahren auch – mit einer förmlichen Entscheidung abgeschlossen werden solle.[310] Ferner betonte sie den Umstand, dass es in dem europäischen Verfahren – anders als im Rahmen des Plea Bargaining des U.S.-amerikanischen Rechts – nicht zu Verhandlungen über den Tatvorwurf sowie das Strafmaß kommen werde.[311] Im Rahmen der öffentlichen Konsultation gingen bei der Kommission 51 Stellungnahmen ein, welche die Kommission bei der Überarbeitung ihrer Entwürfe, die zudem in Absprache mit den Wettbewerbsbehörden der Mitgliedstaaten erfolgte, berücksichtigt hat.[312] Die auf der Internetseite der Kommission[313] abrufbaren Stellungnahmen begrüßten – trotz teilweiser Kritik an einigen Punkten – fast ausnahmslos die geplante Einführung eines Vergleichsverfahrens.

Schließlich erfolgte mit Wirkung zum 1. Juli 2008 die Einführung des Vergleichsverfahrens durch das sog. „settlement package“[314] bestehend aus der VO 622/2008[315] und der Mitteilung über die Durchführung von Vergleichsverfahren[316]. Begleitet wurde die Einführung des Vergleichsverfahrens von einer entsprechenden Pressemitteilung[317] sowie einem Dokument mit „frequently asked questions“[318].[319] Bei einem Vergleich der Entwurfsfassung der Mitteilung über das Vergleichsverfahren von 2007 und der endgültigen Fassung von 2008 zeigt sich, dass diese insbesondere in folgenden Punkten von jener abweicht: (1) Die Parteien dürfen auch ohne ausdrückliche vorherige Zustimmung der Kommission die Inhalte der Vergleichsgespräche oder der Dokumente, zu denen sie im Laufe des Verfahrens Zugang hatten, anderen Parteien offenlegen;[320] (2) in der Bereitschaft zur Aufnahme von Vergleichsgesprächen seitens der Parteien ist ausdrücklich kein Eingeständnis ihrer Beteiligung an einer Zuwiderhandlung und ihrer Verantwortlichkeit hierfür zu

310 Vgl. *Kroes*, SPEECH/07/722, S. 3 ff.

311 Vgl. *Kroes*, SPEECH/07/722, S. 3 ff.

312 Kommission, Pressemitteilung IP/08/1056 v. 30.06.2008, Wettbewerb: Kommission führt Vergleichsverfahren in Kartellfällen ein (im Folgenden: Kommission, IP/08/1056), S. 1, abrufbar unter: http://europa.eu/rapid/press-release_IP-08-1056_de.pdf. Vgl. zu den Entwürfen der Kommission auch *Wissmann*, in: Wissmann/Dreyer/Witting, Kartellbehördliche Ermittlungen, § 3 Rn. 264 ff.

313 http://ec.europa.eu/competition/cartels/legislation/cartels_settlements/index.html.

314 *Gambaro/Mazzocchi*, La nuova procedura transattiva, S. 1; *Hederström*, in: Weiß, Die Rechtsstellung Betroffener, 9; *Kroes*, SPEECH/08/445, S. 2; *Macchi di Cellere/Mezzapesa*, ECLR 2009, 604; *Soltész/Köckritz*, ECLR 2011, 258; *Tierno Centella*, CPN 3/2008, 30.

315 Vgl. bereits oben Fn. 5.

316 Vgl. bereits oben Fn. 6.

317 Kommission, IP/08/1056; vgl. oben Fn. 312.

318 Kommission, MEMO/08/458; vgl. oben Fn. 21.

319 Alle vier Dokumente sind auf der Internetseite der Kommission abrufbar unter: http://ec.europa.eu/competition/cartels/legislation/settlements.html.

320 Kommission, Entwurf einer Mitteilung über das Vergleichsverfahren, Rn. 7; Kommission, Mitteilung über das Vergleichsverfahren, Rn. 7.

sehen;[321] (3) die Vorlage von Vergleichsausführungen ist auch mündlich möglich;[322] (4) die Vergleichsausführungen werden ohne Einwilligung der betreffenden Antragsteller nicht an einzelstaatliche Gerichte weitergeleitet;[323] es besteht schließlich keine Fernwirkung der Beweisverwertungsverbote[324].

V. Anwendungsbereich des Vergleichsverfahrens

Wie sich bereits aus den Überschriften der VO 622/2008 und der Mitteilung über das Vergleichsverfahren ergibt, kommt das Vergleichsverfahren nur in Kartellfällen zur Anwendung. Was unter dem Begriff „Kartellfall" zu verstehen ist, definiert wiederum die Mitteilung über das Vergleichsverfahren: „Kartelle sind Absprachen und/oder abgestimmte Verhaltensweisen zwischen zwei oder mehr Wettbewerbern zwecks Koordinierung ihres Wettbewerbsverhaltens auf dem Markt und/oder Beeinflussung der relevanten Wettbewerbsparameter durch Praktiken wie Festsetzung von Preisen oder anderen Handelsbedingungen, die Aufteilung von Produktions- oder Absatzquoten, die Aufteilung von Märkten einschließlich Angebotsabsprachen, Ein- und Ausfuhrbeschränkungen und/oder gegen andere Wettbewerber gerichtete wettbewerbsschädigende Maßnahmen."[325] Erfasst sind damit solche Verstöße gegen das Kartellverbot des Art. 101 Abs. 1 AEUV, die weitestgehend denen der bereits erwähnten, besonders schwerwiegenden Hardcore-Kartelle (horizontale Absprachen zwischen Wettbewerbern) entsprechen.[326] Ausgenommen von der Anwendung des Vergleichsverfahrens sind somit zunächst einmal die Verstöße gegen das Missbrauchsverbot des Art. 102 AEUV sowie alle übrigen Fälle des Art. 101 AEUV, insbesondere solche zwischen Nicht-Wettbewerbern. Für den Anwendungsbereich der Kronzeugenregelung definiert die Kronzeugenmitteilung von 2006 den Begriff „Kartell" – abgesehen von einigen sprachlichen Abweichungen[327] – in identischer Weise.[328] Durch ihre ausschließliche Anwendbarkeit in Fällen besonders

---

321 Kommission, Entwurf einer Mitteilung über das Vergleichsverfahren, Rn. 11; Kommission, Mitteilung über das Vergleichsverfahren, Rn. 11.

322 Kommission, Mitteilung über das Vergleichsverfahren, Rn. 38. Vgl. *Hull/Clancy*, in: Gheur/Petit, Alternative enforcement techniques, 107 (117 f.); *Wesselburg*, Drittschutz, S. 138 f.

323 Kommission, Mitteilung über das Vergleichsverfahren, Rn. 39. Vgl. *Wesselburg*, Drittschutz, S. 139.

324 Kommission, Entwurf einer Mitteilung über das Vergleichsverfahren, Rn. 27/29; Kommission, Mitteilung über das Vergleichsverfahren, Rn. 27/29.

325 Kommission, Mitteilung über das Vergleichsverfahren, Rn. 1 (Fn. 2).

326 *Hennig*, Settlements, S. 294; *Hirsbrunner*, in: FIW, Schwerpunkte des Kartellrechts 2009/2010, 87 (89); *Horányi*, ZEuS 2008, 663 (666 f.); *Ledoux/Roda*, CCC 8–9/2008, 8; *Wils*, World Competition 2008, 335 (339).

327 „Abstimmung" statt „Koordinierung", „Verhaltensweisen" statt „Praktiken", „An- oder Verkaufspreise" statt „Preise", „sonstige Geschäftsbedingungen" statt „andere Handelsbedingungen".

328 Kronzeugenmitteilung 2006, Rn. 1.

schwerwiegender Verstöße gegen Art. 101 Abs. 1 AEUV unterscheiden sich das Vergleichsverfahren und die Kronzeugenregelung von den Verpflichtungszusagen, die ausschließlich für weniger schwerwiegende Fälle, in denen die Verhängung einer Geldbuße nicht beabsichtigt ist, vorgesehen sind.[329]

VI. Verfahrensablauf

1. Einleitung des Vergleichsverfahrens

a) Allgemeines

Wie auch im streitigen Verfahren gliedert sich das Kommissionsverfahren, in dessen Rahmen die Durchführung eines Vergleichsverfahrens beabsichtigt ist, in eine Ermittlungs- und eine Entscheidungsphase.[330] Da das Vergleichsverfahren anders als die Kronzeugenregelung kein Ermittlungsinstrument sein soll, bleibt die Ermittlungsphase von der Durchführung des Vergleichsverfahrens grundsätzlich unberührt.[331] Das Vergleichsverfahren soll erst nach vollständiger Sachverhaltsermittlung,[332] mithin in der Entscheidungsphase zur Anwendung kommen. Dementsprechend verlangt Art. 2 Abs. 1 Hs. 2 VO 773/2004, dass die förmliche Verfahrenseinleitung gemäß Art. 11 Abs. 6 VO 1/2003 *vor* der Aufforderung an die Parteien, ihr Interesse an der Aufnahme von Vergleichsgesprächen zu bekunden, erfolgt.[333] Den Parteien bleibt es hingegen unbenommen, sich bereits vor der förmlichen Verfahrenseinleitung mit dem Ersuchen um die Durchführung des Vergleichsverfahrens an die Kommission zu wenden,[334] obgleich Artt. 2 Abs. 1 Hs. 2 und 10a Abs. 1 Unterabs. 1 VO 773/2004 lediglich den (Regel-)Fall erwähnen, dass die Kommission an die Parteien herantritt.

b) Ermessenserwägungen der Kommission

Nach Art. 10a Abs. 1 Unterabs. 1 Satz 1 VO 773/2004 kann die Kommission die Parteien auffordern, ihr Interesse an der Aufnahme von Vergleichsgesprächen zu

329 Vgl. bereits Teil 1, B.

330 *Hennig*, Settlements, S. 296.

331 *Horányi*, ZEuS 2008, 663 (670/681); *Metha/Tierno Centella*, CLI 6/2008, 11 (13).

332 *Hederström*, in: Weiß, Die Rechtsstellung Betroffener, 9 (12); *Hennig*, Settlements, S. 298; *Horányi*, ZEuS 2008, 663 (680 f.); *Laina/Laurinen*, JECLP 2013, 302 (303); *Siragusa/Guerri*, in: Ehlermann/Marquis, Antitrust Settlements, 185 (193).

333 Vgl. auch Art. 10a Abs. 1 Unterabs. 1 VO 773/2004 sowie Kommission, Mitteilung über das Vergleichsverfahren, Rn. 9.

334 Kommission, Mitteilung über das Vergleichsverfahren, a. E. („Überblick über das Verfahren zum Erlass einer [Vergleichs-]Entscheidung nach den Artikeln 7 und 23 der Verordnung (EG) Nr. 1/2003", dort unter I.); Kommission, MEMO/10/201 v. 19.05.2010, S. 1; *Brankin*, CompLaw 2008, 170 (174); *Hennig*, Settlements, S. 297; *Horányi*, ZEuS 2008, 663 (670); *Wissmann*, in: Wissmann/Dreyer/Witting, Kartellbehördliche Ermittlungen, § 3 Rn. 266.

bekunden. Da es sich hierbei um eine „kann“-Vorschrift handelt, steht die Entscheidung über die Aufnahme von Vergleichsgesprächen im Ermessen der Kommission, und ein Anspruch der Parteien auf die Durchführung eines Vergleichsverfahrens besteht grundsätzlich nicht.[335] Dies hat das EuG mittlerweile ausdrücklich bestätigt und damit das Vorbringen der Klägerin, die Kommission habe in ihrer Mitteilung über das Vergleichsverfahren anerkannt, dass die Zusammenarbeit einer Partei belohnt werden müsse, zurückgewiesen.[336] Freilich hat die Kommission ihr Ermessen gleichwohl pflichtgemäß auszuüben. Einige Erwägungen, welche die Kommission bei der Abwägung für und wider die Durchführung des Vergleichsverfahrens berücksichtigen möchte, finden in der VO 622/2008 sowie in der Mitteilung über das Vergleichsverfahren ausdrückliche Erwähnung.[337] Danach stellt es ein entscheidendes Kriterium dar, dass mit den Parteien innerhalb einer vertretbaren Frist Einvernehmen erzielt werden kann, und zwar etwa hinsichtlich der Anzahl der Parteien, vorhersehbarer Konflikte bei der Haftungszurechnung sowie des Umfangs der Anfechtung des Sachverhalts; ein anderes, ob Verfahrensrationalisierungen aufgrund des in dem Vergleichsverfahren insgesamt erlangten Fortschrittes erzielt werden können.[338] Aber auch darüber hinausgehende Erwägungen – wie etwa die Entstehung eines Präzedenzfalles – können von Bedeutung sein.[339] Letztlich dürfte sich die Kommission je eher für die Durchführung eines Vergleichsverfahrens entscheiden, desto weniger Unternehmen Parteien des Kartellverfahrens sind und desto mehr von diesen desto früher sowie desto umfassender den Ermittlungsergebnissen der Kommission sowie deren rechtlicher Bewertung voraussichtlich

---

335 Vgl. Erwägungsgrund Nr. 4 zur VO 622/2008; Kommission, Mitteilung über das Vergleichsverfahren, Rn. 3/5/6; *Hederström*, in: Weiß, Die Rechtsstellung Betroffener, 9 (11); *Hennig*, Settlements, S. 299; *Horányi*, ZEuS 2008, 663 (668); *Joshua/Hugmark/Daems*, EAR 2009, 23 (24).

336 EuG v. 17.05.2011, T-343/08, Slg. 2011, II-2287, Rn. 191 – *Arkema France*. Überdies stand eine Anwendung des Vergleichsverfahrens in dem vom EuG entschiedenen Fall aber auch deshalb außer Betracht, weil das betreffende Kommissionsverfahren bereits vor Inkrafttreten des Vergleichsverfahrens abgeschlossen worden war; vgl. EuG, a. a. O. Demgegenüber sind *Schwarze/Bechtold/Bosch*, Rechtsstaatliche Defizite, S. 72 f., der Auffassung, dass der zu weite Ermessensspielraum, den sich die Kommission u. a. bei der Frage vorbehalte, ob sie überhaupt in Vergleichsgespräche eintrete, gegen die rechtsstaatlichen Gebote der Bestimmtheit und der Berechenbarkeit des Verwaltungshandelns verstoße.

337 Vgl. auch *Brankin*, CompLaw 2008, 170 (174); *Hederström*, in: Weiß, Die Rechtsstellung Betroffener, 9 (11 f.); *Hennig*, Settlements, S. 299 ff.; *Horányi*, ZEuS 2008, 663 (668 f.); *Hull/Clancy*, in: Gheur/Petit, Alternative enforcement techniques, 107 (108 f.); *Joshua/Hugmark/Daems*, EAR 2009, 23 (24); *Ortega Gonzalez*, ECLR 2011, 170 (171); *Scordamaglia*, GAR 2009, 61 (73 f.).

338 Erwägungsgrund Nr. 4 zur VO 622/2008; Kommission, Mitteilung über das Vergleichsverfahren, Rn. 5.

339 Erwägungsgrund Nr. 4 zur VO 622/2008; Kommission, Mitteilung über das Vergleichsverfahren, Rn. 5.

zustimmen werden.[340] Maßgeblich ist für die Kommission also, was bereits aus den Beweggründen für die Einführung des Vergleichsverfahrens ersichtlich wird: der Umfang der Erzielung von Verfahrensrationalisierungen. Sollte es die Kommission ablehnen, die Parteien zu Vergleichsgesprächen aufzufordern, findet das streitige Verfahren Anwendung. Ihre ablehnende Entscheidung muss die Kommission nicht begründen, und die Entscheidung ist auch nicht justiziabel.[341]

c) Aufforderung zu Vergleichsgesprächen

Sofern die Kommission nach dieser Abwägung einen Fall für die Durchführung des Vergleichsverfahrens geeignet hält, setzt sie allen[342] Parteien nach Art. 10a Abs. 1 Unterabs. 1 Satz 1 VO 773/2004 eine Frist, die nach Art. 17 Abs. 3 Satz 1 VO 773/2004 mindestens zwei Wochen betragen muss und innerhalb der die Parteien ihr Interesse an der Aufnahme von Vergleichsgesprächen bekunden können.[343] Sind mehrere Parteien innerhalb eines Konzernverbundes betroffen, informiert die Kommission die jeweiligen Parteien darüber, welche weiteren Parteien desselben Unternehmens[344] ebenfalls betroffen sind, damit diese gemäß Art. 10a Abs. 1 Unterabs. 2 Satz 1 VO 773/2004 einen gemeinsamen Vertreter benennen können, der die Vergleichsgespräche mit der Kommission in ihrem Namen führt, vgl. Art. 10a Abs. 1 Unterabs. 2 Satz 2 VO 773/2004.[345]

d) Reaktionen der Parteien

Die Parteien sind in ihrer Entscheidung, ob sie das Vergleichsverfahren durchführen wollen, grundsätzlich frei.[346] Sofern eine Partei kein Interesse an der Aufnahme von Vergleichsgesprächen hat, kann sie der Kommission dies ausdrücklich mitteilen oder die ihr gesetzte Frist einfach verstreichen lassen. In diesem Fall findet das streitige Verfahren Anwendung, und die Kommission teilt den Parteien als nächsten Verfahrensschritt die Beschwerdepunkte mit. Sollte sich eine Partei gegen die Durchführung des Vergleichsverfahrens entscheiden oder vorzeitig aus diesem aussteigen,

---

340 *Soltész/Köckritz*, ECLR 2011, 258 (259 f.). Vgl. dazu ausführlich *Hennig*, Settlements, S. 299 ff.

341 *Horányi*, ZEuS 2008, 663 (669).

342 Kommission, Mitteilung über das Vergleichsverfahren, Rn. 6.

343 Kommission, Mitteilung über das Vergleichsverfahren, Rn. 9.

344 Wie dargelegt (vgl. Teil 2, A., I.) wird der Unternehmensbegriff im europäischen Recht weit verstanden, so dass rechtlich selbstständige juristische Personen im Kommissionsverfahren zwar als eigene Parteien gelten, aber unter Umständen zu einem Unternehmen zählen.

345 Kommission, Mitteilung über das Vergleichsverfahren, Rn. 11.

346 Kommission, Mitteilung über das Vergleichsverfahren, Rn. 3; Kommission, MEMO/10/201 v. 19.05.2010, S. 1; *Hennig*, Settlements, S. 307.

kann sie gleichwohl eine Bußgeldermäßigung nach der Kronzeugenregelung[347] oder den Bußgeldleitlinien erhalten.

Entscheidet sich eine Partei nach der Aufforderung durch die Kommission hingegen für die Aufnahme von Vergleichsgesprächen, teilt sie dies der Kommission mit. In der Praxis haben zuvor bereits Sondierungsgespräche zwischen der Kommission und den an dem Kartell beteiligten Parteien stattgefunden, so dass die Aufforderung zur Aufnahme von Vergleichsgesprächen durch die Parteien in den allermeisten Fällen auch tatsächlich angenommen wird.[348] Die Mitteilung muss nach Art. 10a Abs. 1 Unterabs. 1 Satz 1 VO 773/2004 schriftlich und innerhalb der von der Kommission gesetzten Frist erfolgen.[349] Es scheint indes nicht ausgeschlossen, dass die Kommission einen Antrag auf Durchführung des Vergleichsverfahrens in begründeten Einzelfällen auch noch nach Fristablauf akzeptiert; ferner dürfte eine Fristverlängerung nach Art. 17 Abs. 4 VO 773/2004 möglich sein.[350] Mit dem Fristablauf entfällt jedoch die Selbstbindung der Kommission, und diese kann einen Antrag auf Durchführung des Vergleichsverfahrens ermessensfehlerfrei ablehnen.[351] Sofern sich mehrere Parteien, die nach Auffassung der Kommission demselben Unternehmen angehören, zur Aufnahme von Vergleichsgesprächen bereit erklären, müssen diese Parteien zugleich einen gemeinsamen Vertreter benennen, der die Vergleichsgespräche mit der Kommission in ihrem Namen führt, Art. 10a Abs. 1 Unterabs. 2 Satz 1 VO 773/2004. Ein solcher gemeinsamer Vertreter soll die Vergleichsgespräche erleichtern, nicht jedoch der Haftungszuweisung unter den Parteien vorgreifen.[352]

Möglich ist auch die Durchführung sog. „Hybrid-Fälle“.[353] Hierunter sind Konstellation zu verstehen, in denen sich nicht alle Parteien in gleicher Weise, d. h. für oder gegen die Durchführung eines Vergleichsverfahrens entscheiden. Dann findet hinsichtlich der Partei/den Parteien, die sich für das Vergleichsverfahren entschieden hat/haben, ein solches statt; für die übrige(n) Partei(en) gilt hingegen das streitige Verfahren. Allerdings ist anzunehmen, dass der Kommission in einem Hybrid-Fall erhebliche Verfahrensrationalisierungen dadurch verloren gehen, dass sie für

---

347 So geschehen im *Tierfutter-Fall,* dem zweiten EU-Settlement (vgl. dazu noch VII., 2., S. 91 f.), wo der nicht vergleichsbereiten Partei eine Bußgeldermäßigung nach der Kronzeugenregelung i. H. v. 5 % gewährt wurde. Vgl. Kommission, Pressemitteilung IP/10/985 v. 20.07.2010, S. 3.

348 *Hirsbrunner*, in: FIW, Schwerpunkte des Kartellrechts 2009/2010, 87 (90).

349 Kommission, Mitteilung über das Vergleichsverfahren, Rn. 5/9.

350 *Hennig*, Settlements, S. 310.

351 *Hennig*, Settlements, S. 308. Nach Fristablauf kann die Kommission ferner Anträge auf Erlass oder Ermäßigung von Geldbußen nach der Kronzeugenregelung ablehnen. Vgl. Kommission, Mitteilung über das Vergleichsverfahren, Rn. 13; *Horányi*, ZEuS 2008, 663 (672); *Metha/Tierno Centella*, CLI 6/2008, 11 (13).

352 Kommission, Mitteilung über das Vergleichsverfahren, Rn. 12; Kommission, MEMO/08/458, S. 3.

353 Kommission, MEMO/08/458, S. 4: „In cases where all parties settle [...]. In hybrid cases, the parties who do not settle [...].“

wenigstens eine Partei den Aufwand betreiben muss, den sie sich bei der Durchführung des Vergleichsverfahrens mit allen Parteien erspart hätte.[354] Deshalb war zunächst unklar, ob die Kommission tatsächlich bereit wäre, Hybrid-Fälle durchzuführen.[355] Diese Zweifel räumte die Kommission allerdings früh aus, indem sie bereits mit ihrem zweiten Vergleichsbeschluss einen ersten Hybrid-Fall entschied.[356]

Wie die Mitteilung über das Vergleichsverfahren nunmehr ausdrücklich betont, stellt die Erklärung einer Partei, an der Aufnahme von Vergleichsgesprächen interessiert zu sein, kein Geständnis dar, sich an der Zuwiderhandlung beteiligt zu haben oder dafür verantwortlich zu sein.[357] Da den Parteien zu dem Zeitpunkt, in dem sie diese Erklärung abgeben, die Beschwerdepunkte noch nicht mitgeteilt worden sind, ihnen noch keine Akteneinsicht gewährt worden ist und sie zudem noch nicht angehört worden sind, können die Parteien ohnehin keine genaue Kenntnis des Tatvorwurfes haben.[358] Insofern ist es nur folgerichtig, dass allein ihre Bereitschaft zur Aufnahme von Vergleichsgesprächen kein solches Geständnis darstellen soll.[359]

2. *Vergleichsgespräche*

a) *Allgemeines*

Haben die Parteien ihr Interesse an der Durchführung des Vergleichsverfahrens gegenüber der Kommission bekundet, schließen sich die Vergleichsgespräche an. Diese stellen das Kernelement des Vergleichsverfahrens dar[360] und bestehen aus jeweils bilateralen Kontakten zwischen der Generaldirektion Wettbewerb und den einzelnen an einem Vergleich interessierten Parteien bzw. Unternehmen[361]. Teilweise wird die Ansicht vertreten, die Kommission wolle die Parteien durch die Bilateralität der Gespräche zu Geständnissen motivieren, indem sie sich deren Ungewissheit über die Äußerungen der jeweils anderen Parteien im Sinne eines sog. „Prisoner's Dilemma" zu Nutze mache.[362] Dies kann allerdings nur bedingt überzeugen. Zwar sind die Inhalte der Gespräche sowie der Dokumente, zu denen

---

354 Vgl. *Brankin*, CompLaw 2008, 170 (171 f.); *Hennig*, Settlements, S. 304; *Horányi*, ZEuS 2008, 663 (673); *Joshua/Hugmark/Daems*, EAR 2009, 23 (27); *Ledoux/Roda*, CCC 8–9/2008, 8 (10); *Soltész/Köckritz*, ECLR 2011, 258 (260).

355 Vgl. *Brankin*, CompLaw 2008, 170 (177); *Joshua/Hugmark/Daems*, EAR 2009, 23; *Macchi di Cellere/Mezzapesa*, ECLR 2009, 604 (609); *Scordamaglia*, GAR 2009, 61 (74); *Siragusa/Guerri*, in: Ehlermann/Marquis, Antitrust Settlements, 185 (201); *Van Hove/Burton*, CompLI 2008, 8 (9); *Wissmann*, in: Wissmann/Dreyer/Witting, Kartellbehördliche Ermittlungen, § 3 Rn. 269.

356 Vgl. dazu noch VII., 2.

357 Kommission, Mitteilung über das Vergleichsverfahren, Rn. 11.

358 *Hennig*, Settlements, S. 310.

359 *Hennig*, Settlements, S. 310.

360 *Soltész*, BB 2010, 2123 (2124).

361 Kommission, Mitteilung über das Vergleichsverfahren, Rn. 14.

362 *Soltész*, BB 2010, 2123 (2125).

die Parteien Zugang haben, vertraulich und dürfen „Dritten“ nicht offengelegt werden.[363] Allerdings zeigt ein Vergleich der Mitteilung über das Vergleichsverfahren mit deren Entwurfsfassung – hier war noch von „anderen Unternehmen *oder* Dritten“ die Rede[364] –, dass zu den „Dritten“ nicht (mehr) die übrigen „vergleichsbereiten“ Parteien desselben Verfahrens zählen, so dass insofern ein Austausch möglich ist.[365] Der Abschlussbericht des Anhörungsbeauftragten im sog. „DRAM-Fall“, dem ersten Settlement der Kommission, bestätigt, dass die Parteien jedenfalls darüber informiert wurden, mit welchen anderen Parteien die Kommission ebenfalls Vergleichsgespräche führte.[366] In Hybrid-Fällen haben die nicht vergleichsbereiten Parteien nur Zugang zu den Vergleichsausführungen, wenn sie sich verpflichten, die Vergleichsausführungen nicht zu kopieren und sicherzustellen, dass die erhaltenen Informationen ausschließlich für die Zwecke der Rechts- und Verwaltungsverfahren im Rahmen der Wettbewerbsregeln der Union verwendet werden.[367] Ein Verstoß gegen die vorgenannten Geheimhaltungspflichten kann die Kommission zum Abbruch des Vergleichsverfahrens bewegen, einen erschwerenden Umstand nach den Bußgeldleitlinien darstellen sowie zum Widerruf des Kronzeugenbonus’ nach der Kronzeugenregelung führen.[368]

b) Gegenstand und Ablauf der Vergleichsgespräche

Gegenstand der Vergleichsgespräche können die von der Kommission behaupteten Tatsachen, deren rechtliche Bewertung, die individuelle Verantwortlichkeit der Parteien sowie die Obergrenze der möglicherweise zu verhängenden Geldbuße sein.[369]

Im Rahmen der Vergleichsgespräche kann die Kommission den Parteien nach Art. 10a Abs. 2 Unterabs. 1 Satz 1 VO 773/2004 die gegen sie erwogenen Beschwerdepunkte (lit. a), die Beweise, anhand derer die erwogenen Beschwerdepunkte festgestellt wurden, (lit. b), sonstige, nicht vertrauliche Fassungen sämtlicher in der Akte des Falles aufgeführter Unterlagen (lit. c) und die Höhe etwaiger Geldbußen (lit. d) offenlegen. Wie die Mitteilung über das Vergleichsverfahren ergänzt, werden die Parteien aber jeweils nur über die „*wesentlichen* Elemente“ der Beschwerdepunkte in

---

363 Kommission, Mitteilung über das Vergleichsverfahren, Rn. 7.

364 Kommission, Entwurf einer Mitteilung über das Vergleichsverfahren, Rn. 7. [Hervorhebung durch Verf.].

365 So auch *Brenner*, Das Vergleichsverfahren, S. 83 f.; *Bueren*, Verständigungen, S. 602; *Horányi*, ZEuS 2008, 663 (674). Dies übersehen hingegen *Hirsbrunner*, EuZW 2011, 12 (13); *ders.*, in: FIW, Schwerpunkte des Kartellrechts 2009/2010, 87 (90); *Scordamaglia*, GAR 2009, 61 (75). Zweifelnd *Soltész/Köckritz*, ECLR 2011, 258 (264, Fn. 46).

366 Abschlussbericht des Anhörungsbeauftragten, COMP/38.511, ABl. EU 2011 Nr. C 180/13 – *DRAMs*.

367 Kommission, Mitteilung über das Vergleichsverfahren, Rn. 35.

368 Kommission, Mitteilung über das Vergleichsverfahren, Rn. 7.

369 Kommission, Mitteilung über das Vergleichsverfahren, Rn. 16; dies., MEMO/08/458, S. 4; *Hennig*, Settlements, S. 311 f.; *Horányi*, ZEuS 2008, 663 (674).

Kenntnis gesetzt.[370] Durch die frühzeitige Offenlegung dieser Informationen sollen die Parteien in die Lage versetzt werden, zu den gegen sie gerichteten Beschwerdepunkten Stellung zu nehmen.[371] Gemäß Art. 15 Abs. 1a VO 773/2004 erfolgt die Offenlegung nur auf Antrag der Parteien, im Fall von lit. c zudem nur, sofern eine Partei dies beantragt, damit sie ihre Position bezüglich eines Zeitraums oder anderer Gesichtspunkte des Kartells ermitteln kann, Art. 10a Abs. 2 Unterabs. 1 Satz 1 lit. c VO 773/2004.[372] Zu diesem Zweck wird den Parteien eine Liste von sämtlichen in der Verfahrensakte befindlichen Unterlagen bereitgestellt.[373]

Üblicherweise finden die Vergleichsgespräche in drei Sitzungen statt, in denen (1) die Kommission den Parteien den Tatvorwurf, dessen Einschätzung sowie die wesentlichen Beweismittel darlegt, (2) Gespräche über den Tatvorwurf und die von der Kommission gesammelten Beweise stattfinden und es (3) um die Offenlegung und die Berechnung der möglicherweise zu verhängenden Geldbuße geht.[374]

c) Verhandlungsmöglichkeiten

Inwiefern die Kommission bereit ist, mit den Parteien über die von der Kommission ermittelten Fakten, deren rechtliche Bewertung und die Höhe der Geldbuße zu verhandeln, ist weitgehend unklar. Schon vor Einführung des Vergleichsverfahrens betonte *Kroes*, dass die Kommission nicht über Beweise oder Beschwerdepunkte verhandele.[375] Entsprechende Aussagen finden sich auch in den Dokumenten des settlement package. So heißt es etwa in der Mitteilung über das Vergleichsverfahren: „Die Kommission [...] verhandelt zwar nicht über die Frage des Vorliegens einer

370 Kommission, Mitteilung über das Vergleichsverfahren, Rn. 16. [Hervorhebung durch Verf.].
371 Kommission, Mitteilung über das Vergleichsverfahren, Rn. 16.
372 Kommission, Mitteilung über das Vergleichsverfahren, Rn. 16.
373 Kommission, Mitteilung über das Vergleichsverfahren, Rn. 16 (Fn. 2).
374 Vgl. *Brenner*, Das Vergleichsverfahren, S. 36 f.; *Bueren*, ZEuS 2011, 485 (487 f./Fn. 9); *Hirsbrunner*, EuZW 2011, 12 (13 f.); *ders.*, in: FIW, Schwerpunkte des Kartellrechts 2009/2010, 87 (90 f.); *Laina/Laurinen*, JECLP 2013, 302 (304 f.); *Polley/Heinz*, WuW 2012, 14 (18); *Soltész*, BB 2010, 2123 (2124); *Soltész/Köckritz*, ECLR 2011, 258 (261). Vgl. auch *Brankin*, ECLR 2011, 165 (166), zum Ablauf der Vergleichsgespräche im ersten Settlement der Kommission. An diesem Vorgehen kritisieren *Polley/Heinz*, WuW 2012, 14 (20), dass die für die Parteien besonders wichtige Tatsache der voraussichtlichen Höhe der zu verhängenden Geldbuße zeitlich getrennt von der Darlegung des Tatvorwurfs erfolge.
375 *Kroes*, SPEECH/07/722, S. 4. Ähnlich auch *Italianer*, Recent developments, S. 7: „I must also point out that settlements are not an investigative shortcut. A thorough investigation, before the settlement process starts is essential. This allows us to better scope the case and deal efficiently with issues that arise. In the same vein, settlements are not bargains on fines – they are built on factual evidence."

Zuwiderhandlung gegen das Gemeinschaftsrecht und deren angemessene Ahndung, kann jedoch die in dieser Mitteilung beschriebene Zusammenarbeit belohnen."[376]

Seitens der Kommission wird allerdings auch darauf hingewiesen, dass es im Rahmen der Vergleichsgespräche zu einem Austausch von Argumenten komme, in dessen Rahmen die Parteien die Möglichkeit hätten, die ihnen von der Kommission informell dargelegten Beschwerdepunkte durch Diskussionen zu beeinflussen.[377] Die Diskussionsbereitschaft der Kommission kommt ferner darin zum Ausdruck, dass sie den in den Vergleichsgesprächen erzielten Erfolg u. a. in dem „Einvernehmen über den Umfang der potenziellen Beschwerdepunkte und einer Veranschlagung der möglicherweise festzusetzenden Geldbußen" sieht.[378] Schließlich will die Kommission „die Parteien zu den erhobenen Beschwerdepunkten anhören und deren Auffassungen berücksichtigen, indem sie ggf. ihre anfängliche Beurteilung ändert. Die Kommission muss in der Lage sein, nicht nur die von den Parteien im Laufe des Verfahrens vorgebrachten Argumente anzunehmen oder zurückzuweisen, sondern auch ihre eigene Bewertung der von den Parteien angeführten Argumente vorzunehmen, um entweder die Beschwerdepunkte aufzugeben, weil sie sich als unbegründet erwiesen haben, oder ihre sachlichen oder rechtlichen Argumente zur Stützung der von ihr aufrecht erhaltenen Beschwerdepunkte zu ergänzen oder neu zu bewerten."[379]

So ist es letztlich wahrscheinlich, dass die Kommission mit den Parteien zwar nicht im Sinne eines gegenseitigen Nachgebens („Kuhhandels"[380]) über ihr vorliegende Beweise verhandelt, sie sich aber durchaus – wenn auch in begrenztem Umfang – von den Argumenten der Parteien etwa hinsichtlich der Dauer und des Umfangs der Zuwiderhandlung sowie deren wettbewerblichen Auswirkungen beeinflussen lässt.[381] Dies wiederum eröffnet den Parteien die Möglichkeit, bereits zu diesem Zeitpunkt – jedenfalls mittelbar – Einfluss auf die Höhe der zu verhängenden Geldbuße zu nehmen und neben der 10 %-igen Belohnung weitere Vorteile zu erreichen.[382] In diesem Zusammenhang ist es von Bedeutung, sich zu vergegenwärtigen, dass der Anwendungsbereich des Vergleichsverfahrens auf Kartellfälle beschränkt ist und die Parteien daher nicht erfolgreich argumentieren können, ihr Verhalten sei rechtlich nicht als Beteiligung an einem (Hardcore-)Kartell zu bewerten.[383] Eine

---

376 Kommission, Mitteilung über das Vergleichsverfahren, Rn. 2. Vgl. mit ähnlichem Wortlaut auch Kommission IP/08/1056, S. 1, sowie dies., MEMO/08/458, S. 1.

377 Kommission, MEMO/08/458, S. 1; *Kroes*, SPEECH/07/722, S. 5.

378 Vgl. Kommission, Mitteilung über das Vergleichsverfahren, Rn. 17.

379 Kommission, Mitteilung über das Vergleichsverfahren, Rn. 24.

380 So *Hennig*, Settlements, S. 314.

381 *Hennig*, Settlements, S. 314; *Horányi*, ZEuS 2008, 663 (697); *Joshua/Hugmark/Daems*, EAR 2009, 23 (27); *Tierno Centella*, CPN 3/2008, 30 (33). Zweifelnd dagegen *Polley/Heinz*, WuW 2012, 14 (20); *Soltész*, BB 2010, 2123 (2126).

382 *Tierno Centella*, CPN 3/2008, 30 (33); *Van Hove/Burton*, CompLI 6/2010, 8 (9).

383 *Soltész/Köckritz*, ECLR 2011, 258.

gegenteilige Einigung mit der Kommission ist vor diesem Hintergrund ausgeschlossen, und das Vergleichsverfahren wäre anderenfalls abzubrechen.

d) Abschluss der Vergleichsgespräche

Sofern die Vergleichsgespräche erfolgreich verlaufen, d. h. zu einem Einvernehmen über den Umfang der potenziellen Beschwerdepunkte und einer Veranschlagung der möglicherweise festzusetzenden Geldbuße führen sowie nach Auffassung der Kommission mit einer Rationalisierung des Verfahrens zu rechnen ist, fordert die Kommission die Parteien zur Vorlage von Vergleichsausführungen auf und setzt ihnen zugleich eine Frist hierzu,[384] Art. 10a Abs. 2 Unterabs. 3 Satz 1 VO 773/2004.[385] Verlaufen die Vergleichsgespräche hingegen – entweder nach Auffassung der Kommission oder nach Auffassung einer bzw. mehrerer Partei(en) oder nach beiderseitiger Auffassung – nicht erfolgreich und kommt es demnach nicht zur Vorlage von Vergleichsausführungen, findet anstelle des Vergleichsverfahrens das streitige Verfahren Anwendung.[386] Dann wird die Kommission den Parteien als nächsten Verfahrensschritt die (streitigen) Beschwerdepunkte mitteilen.[387]

3. Vergleichsausführungen

a) Allgemeines

Die Vergleichsausführungen sind förmliche Ersuchen der Parteien, mit der diese die Fortführung des Vergleichsverfahrens begehren.[388] Die Frist zu ihrer Vorlage beträgt abweichend von Art. 17 Abs. 3 Satz 1 VO 773/2004 mindestens 15 Arbeitstage.[389] Gemäß Art. 10 Abs. 3 Unterabs. 2 Satz 3 VO 773/2004 ist die Kommission nicht verpflichtet, nach Ablauf dieser Frist eingegangene Vergleichsausführungen zu berücksichtigen. Deren Abgabe ist sowohl in schriftlicher als auch in mündlicher Form zulässig; im letzteren Fall werden die Vergleichsausführungen von der Kommission aufgezeichnet und niedergeschrieben.[390] In dem Entwurf der Mitteilung über das Vergleichsverfahren war die Möglichkeit der mündlichen Vorlage von Vergleichsausführungen noch nicht enthalten.[391] Zahlreiche, im Rahmen der öffentlichen

---

384 Vgl. dazu 3.

385 Kommission, Mitteilung über das Vergleichsverfahren, Rn. 17.

386 Kommission, Mitteilung über das Vergleichsverfahren, Rn. 19.

387 So kürzlich in einem Verfahren geschehen, in dem die Kommission die Vergleichsgespräche „aufgrund der fehlenden Fortschritte“ eingestellt hat; vgl. Kommission, Pressemitteilung IP/13/346 v. 22.04.2013.

388 *Hederström*, in: Weiß, Die Rechtsstellung Betroffener, 9 (15).

389 Kommission, Mitteilung über das Vergleichsverfahren, Rn. 17.

390 Kommission, Mitteilung über das Vergleichsverfahren, Rn. 38.

391 *Horányi*, ZEuS 2008, 663 (676, Fn. 51); *Hull/Clancy*, in: Gheur/Petit, Alternative enforcement techniques, 107 (117); *Macchi di Cellere/Mezzapesa*, ECLR 2009, 604 (605, Fn. 6).

Konsultation bei der Kommission eingegangene Stellungnahmen hatten eine solche aber im Hinblick auf etwaige Akteneinsichtsbegehren durch private Schadensersatzkläger[392] gefordert.[393] Entsprechendes gilt auch für die nunmehr in der Mitteilung über das Vergleichsverfahren enthaltene Erklärung, dass die Kommission die Vergleichsausführungen nicht an einzelstaatliche Gerichte weiterleiten werde.[394]

b) Inhalt der Vergleichsausführungen

Nach Art. 10a Abs. 2 Unterabs. 3 Satz 1 VO 773/2004 müssen die Parteien in den Vergleichsausführungen die Ergebnisse der Vergleichsgespräche wiedergeben und ihre Beteiligung an einem Hardcore-Kartell im Sinne des Art. 101 AEUV einschließlich ihrer Haftbarkeit hierfür anerkennen. Diese Vorgaben werden durch die Mitteilung zum Vergleichsverfahren weiter konkretisiert. Danach sollten die Vergleichsausführungen Folgendes enthalten:

„a) ein eindeutiges Anerkenntnis der Haftbarkeit der Parteien für die zusammenfassend dargelegte Zuwiderhandlung hinsichtlich ihres Ziels, ihrer möglichen Durchführung, des hauptsächlichen Sachverhalts, dessen juristischer Bewertung, der Rolle der Partei und der Dauer ihrer Teilnahme an der Zuwiderhandlung gemäß den Ergebnissen der Vergleichsgespräche;

b) eine Angabe zum Höchstbetrag der Geldbuße, die nach Auffassung der Parteien von der Kommission verhängt werden wird und der die Parteien im Rahmen des Vergleichsverfahrens zustimmen würden;

c) eine Erklärung der Parteien, dass sie über die Beschwerdepunkte hinreichend in Kenntnis gesetzt wurden, die die Kommission zu erheben beabsichtigt, und dass sie hinreichend Gelegenheit hatten, der Kommission ihre Auffassungen vorzutragen;

d) eine Erklärung der Parteien, dass sie nicht beabsichtigen, Akteneinsicht oder eine erneute mündliche Anhörung zu beantragen, es sei denn, die Kommission gibt ihre Vergleichsausführungen in der Mitteilung der Beschwerdepunkte und der Entscheidung nicht wieder;

e) die Zustimmung der Parteien, die Mitteilung der Beschwerdepunkte und die endgültige Entscheidung gemäß Artikel 7 und Artikel 23 der Verordnung EG Nr. 1/2003 in der vereinbarten Amtssprache der Europäischen Union entgegenzunehmen.“[395]

---

392 Vgl. dazu noch Teil 5.

393 Vgl. *Brankin*, CompLaw 2008, 170 (176); *Hennig*, Settlements, S. 319 f.; *Hull/Clancy*, in: Gheur/Petit, Alternative enforcement techniques, 107 (117); *Macchi di Cellere/Mezzapesa*, ECLR 2009, 604 (608 f.); *Metha/Tierno Centella*, CLI 6/2008, 11 (14 f.).

394 Kommission, Mitteilung über das Vergleichsverfahren, Rn. 39.

395 Kommission, Mitteilung über das Vergleichsverfahren, Rn. 20. Vgl. auch *Brankin*, CompLaw 2008, 170 (175); *Hederström*, in: Weiß, Die Rechtsstellung Betroffener, 9 (15 f.); *Hennig*, Settlements, S. 318; *Hirsbrunner*, EuZW 2011, 12 (14); *Horányi*,

Die Formulierung „*sollten* [...] enthalten“[396] lässt darauf schließen, dass in den Vergleichsausführungen nicht stets alle vorgenannten Punkte Erwähnung finden müssen, sondern die Mitteilung über das Vergleichsverfahren insofern lediglich den Regelfall vorgibt. Da sich die Kommission aber insbesondere von dem Anerkenntnis der Haftbarkeit (lit. a) sowie dem Verzicht auf die Anhörung und die Akteneinsicht (lit. d) Verfahrensrationalisierungen versprechen dürfte, ist davon auszugehen, dass jedenfalls die Nennung dieser Punkte stets Voraussetzung für die Fortführung des Vergleichsverfahrens sind.

c) Reaktionen der Parteien und Wirkungen der Vergleichsausführungen

Sollten die Parteien keine Vergleichsausführungen vorlegen, findet das streitige Verfahren Anwendung. Die Vorlage – vielmehr: die Nichtvorlage – der Vergleichsausführungen stellt für die Parteien die letzte Möglichkeit dar, einseitig aus dem Vergleichsverfahren auszusteigen. Ab diesem Zeitpunkt können sie die Vergleichsersuchen nicht mehr widerrufen[397] und sind sie verpflichtet, das Vergleichsverfahren fortzuführen.[398] Anderes gilt indes für die Kommission, die nach Art. 10a Abs. 4 VO 773/2004 „jederzeit beschließen [kann], die Vergleichsgespräche in einem bestimmten Fall insgesamt oder mit einer oder mehreren Parteien zu beenden, wenn sie zu der Auffassung gelangt, dass eine Rationalisierung des Verfahrens voraussichtlich nicht erzielt werden kann.“ Folge einer solchen Bindungswirkung für die Parteien ist zunächst einmal, dass das von ihnen abgegebene Anerkenntnis von der Kommission auch dann als Beweismittel verwendet werden kann, wenn sich die Parteien hiervon – in irgendwie gearteter Form – distanzieren sollten. Dies ergibt sich aus einem Umkehrschluss zu der Aussage in der Mitteilung über das Vergleichsverfahren, dass das Anerkenntnis als zurückgezogen gilt, soweit die

---

ZEuS 2008, 663 (675 f.); *Joshua/Hugmark/Daems*, EAR 2009, 23 (25); *Scordamaglia*, GAR 2009, 61 (76 ff.); *Soltész/Köckritz*, ECLR 2011, 258 (262).

396 Kommission, Mitteilung über das Vergleichsverfahren, Rn. 20. [Hervorhebung durch Verf.].

397 Kommission, Mitteilung über das Vergleichsverfahren, Rn. 22.

398 So auch *Brenner*, Das Vergleichsverfahren, S. 44, sowie *Laina/Laurinen*, JECLP 2013, 302 (305). *Hirsbrunner*, EuZW 2011, 12 (14) scheint eine Bindung der Parteien hingegen erst aufgrund ihrer Erwiderung auf die Wiedergabe der Vergleichsausführungen durch die Kommission (vgl. dazu noch 5., S. 85 f.) anzunehmen. Ein solches Verständnis dürfte aber mit der genannten Passage in Kommission, Mitteilung über das Vergleichsverfahren, Rn. 22, nicht vereinbar sein. Eine ausdrückliche Erklärung, dass sie sich zur Fortführung des Vergleichsverfahrens verpflichten, müssen die Parteien erst in ihrer Erwiderung auf die Mitteilung der Beschwerdepunkte abgeben; vgl. Kommission, Mitteilung über das Vergleichsverfahren, Rn. 26. *Brenner*, Das Vergleichsverfahren, S. 87, vermutet, die Kommission habe damit ausschließen wollen, dass sich die Parteien später auf eine fehlerhafte Wiedergabe ihrer Vergleichsausführungen in der Mitteilung der Beschwerdepunkte berufen können.

Kommission die Vergleichsausführungen nicht in der Mitteilung über die Beschwerdepunkte wiedergibt[399].[400] Dass diese Passage mit der Wiedergabe der Vergleichsausführungen erst einen späteren Zeitpunkt im Verfahrensablauf betrifft, steht einer solchen Einschätzung nicht entgegen, da die Bindungswirkung unverändert ab Vorlage der Vergleichsausführungen gilt.

Teilweise wird vertreten, dass sich die beschriebene Bindungswirkung auf die Beweisverwertung beschränke, dass aber gleichwohl das streitige Verfahren Anwendung finde, wenn die Parteien von ihren Vergleichsausführungen Abstand nähmen.[401] Richtigerweise geht die Kommission jedoch davon aus, dass das Vergleichsverfahren gleichwohl fortgeführt werde und dass die Parteien die Verfahrensrechte, auf deren Ausübung sie in den Vergleichsausführungen verzichtet haben, nun nicht mehr sollen ausüben können. Dagegen spricht zwar, dass die Parteien nach der Mitteilung über das Vergleichsverfahren grundsätzlich nicht zur Durchführung des Vergleichsverfahrens verpflichtet sein sollen.[402] Allerdings betrifft diese Passage nur die (anfängliche) Einleitung, nicht hingegen die Fortführung des Vergleichsverfahrens. So ist dort die Rede davon, „dass den Parteien nicht auferlegt werden kann, sich für dieses Verfahren zu entscheiden."[403] Haben sich die Parteien dagegen einmal für die Durchführung des Vergleichsverfahrens entschieden, sollen sie nach der Vorlage der Vergleichsausführungen hieran auch gebunden sein. So bestimmt die Mitteilung über das Vergleichsverfahren, dass die Parteien keinen Antrag auf Anhörung oder Akteneinsicht mehr stellen können, sofern ihre Vergleichsausführungen in der Mitteilung über die Beschwerdepunkte wiedergegeben worden sind.[404] Zwar bewirkt eine Verwaltungsvorschrift wie die Mitteilung über das Vergleichsverfahren nur eine (Selbst-)Bindung der Kommission, so dass die Parteien allein danach nicht zur Fortführung des Vergleichsverfahrens verpflichtet werden können.[405] Richtig ist auch, dass die Fortführung des Vergleichsverfahrens für die Parteien insofern eher eine Obliegenheit, deren Nichterfüllung nur zum Verlust eigener Rechte führen kann, denn eine Pflicht darstellt, als die Kommission nun ihrerseits geneigt ist, die in Aussicht gestellte Bußgeldermäßigung letztlich nicht zu gewähren.[406] Allerdings haben die Parteien mit der Vorlage ihrer Vergleichsausführungen eine Erklärung abgeben müssen, mit der sie auf bestimmte Verfahrensrechte verzichten (vgl. Art. 15 Abs. 1a Satz 2 VO 773/2004). An dieser Erklärung möchte die

---

399 Vgl. dazu noch 4.

400 Kommission, Mitteilung über das Vergleichsverfahren, Rn. 27. Vgl. *Hennig*, Settlements, S. 322.

401 So *Brenner*, Das Vergleichsverfahren, S. 44 ff.

402 Vgl. Kommission, Mitteilung über das Vergleichsverfahren, Rn. 3. So auch *Brenner*, Das Vergleichsverfahren, S. 45.

403 Kommission, Mitteilung über das Vergleichsverfahren, Rn. 3.

404 Kommission, Mitteilung über das Vergleichsverfahren, Rn. 28.

405 *Brenner*, Das Vergleichsverfahren, S. 45; *Bueren*, Verständigungen, S. 879. Vgl. dazu noch Teil 4., A., II., 1., b).

406 *Brenner*, Das Vergleichsverfahren, S. 45; *Bueren*, Verständigungen, S. 879.

Kommission sie auch grundsätzlich festhalten, so dass ein Wechsel in das streitige Verfahren nicht mehr möglich sein soll. Sofern die Kommission also weiterhin ein Interesse an der Fortführung des Vergleichsverfahrens hat, geschieht dies, ohne dass die Parteien die Verfahrensrechte voll ausüben könnten, und ergeht schließlich – unter Berücksichtigung der 10 %-igen Bußgeldermäßigung – ein Vergleichsbeschluss.

4. Mitteilung der Beschwerdepunkte

a) Wiedergabe der Vergleichsausführungen

Nach Art. 10 Abs. 1 VO 773/2004 teilt die Kommission den Parteien die gegen sie erhobenen Beschwerdepunkte schriftlich mit. Im Hinblick auf Art. 27 Abs. 1 Satz 2 VO 1/2003, nach dem die Kommission ihren Beschluss nur auf die Beschwerdepunkte stützt, zu denen sich die Parteien äußern konnten, ist die Mitteilung der Beschwerdepunkte ein auch im Vergleichsverfahren zu beachtender, verbindlicher Schritt vor Erlass des Bußgeldbescheides.[407] Im streitigen Verfahren handelt es sich bei der Mitteilung der Beschwerdepunkte um ein oftmals mehrere hundert Seiten umfassendes Dokument, in dem die Kommission den Parteien detailliert die gegen sie erhobenen Vorwürfe sowie deren rechtliche Bewertung darlegt.[408] Im Vergleichsverfahren haben die Parteien hingegen bereits im Rahmen der Vergleichsgespräche, welche insofern die originäre Funktion der Mitteilung der Beschwerdepunkte einnehmen, Kenntnis von den Tatvorwürfen erlangt.[409] Die Mitteilung der Beschwerdepunkte dient der Kommission im Vergleichsverfahren deshalb vor allem dazu, den Parteien die Möglichkeit zu geben, zu überprüfen, ob ihren Vergleichsausführungen stattgegeben wird.[410] Dies tut die Kommission, indem sie die Vergleichsverführungen in der Mitteilung der Beschwerdepunkte wiedergibt, dort also die oben unter lit. a genannten Punkte aufführt.[411] Die Mitteilung der Beschwerdepunkte enthält damit letztlich kaum mehr als die Vergleichsausführungen der Parteien und ist folglich deutlich weniger umfangreich als im streitigen Verfahren.[412] Eine zusätzliche Arbeitsentlastung verspricht sich die Kommission von dem Umstand, dass die Mitteilung der Beschwerdepunkte in einer mit den Parteien vereinbarten Amtssprache verfasst ist, so dass der Übersetzungsaufwand wegfällt.[413]

---

407 Vgl. Kommission, Mitteilung über das Vergleichsverfahren, Rn. 23.

408 *Horányi*, ZEuS 2008, 663 (682).

409 *Horányi*, ZEuS 2008, 663 (682).

410 *Wissmann*, in: Wissmann/Dreyer/Witting, Kartellbehördliche Ermittlungen, § 3 Rn. 275.

411 Kommission, Mitteilung über das Vergleichsverfahren, Rn. 22.

412 Vgl. *Hansen/Calzado/Sullivan*, ARA 2008, 63 (64); *Hederström*, in: Weiß, Die Rechtsstellung Betroffener, 9 (16); *Hennig*, Settlements, S. 324; *Horányi*, ZEuS 2008, 663 (682 f.); *Joshua/Hugmark/Daems*, EAR 2009, 23 (26 Fn. 13): Kommissionsbeamten zufolge soll die Mitteilung der Beschwerdepunkte lediglich 10–20 Seiten umfassen; *Polley/Heinz*, WuW 2012, 14 (19/24).

413 *Horányi*, ZEuS 2008, 663 (683).

b) Fehlende Wiedergabe der Vergleichsausführungen

Ob die Kommission den Vergleichsausführungen stattgibt, steht in ihrem Ermessen, und zwar selbst in dem Fall, dass die Vergleichsausführungen der Parteien alle in der Mitteilung über das Vergleichsverfahren vorausgesetzten Erklärungen enthalten. Sie kann also zu diesem Zeitpunkt immer noch – anders als die Parteien – aus dem Vergleichsverfahren aussteigen mit der Folge, dass das streitige Verfahren Anwendung findet.[414] In diesem Fall gilt das Anerkenntnis der Haftbarkeit der Parteien, der Verzicht auf die Anhörung und die Akteneinsicht sowie auf das Recht, den endgültigen Beschluss in einer offiziellen Sprache des Mitgliedstaates der betreffenden Partei zu erhalten, als zurückgezogen.[415] Das Anerkenntnis der Haftbarkeit darf dann nicht länger als Beweismittel gegen die Parteien verwendet werden,[416] und die vorgenannten Rechte können wieder ausgeübt werden.[417] Zu diesem Zweck setzt die Kommission den Parteien mit der Mitteilung der Beschwerdepunkte zugleich eine Frist, innerhalb derer letztere einen Antrag auf Anhörung sowie auf Akteneinsicht stellen können.[418]

Wie der Vergleich der Mitteilung über das Vergleichsverfahren mit ihrer Entwurfsfassung zeigt, sollen die erwähnten Beweisverwertungsverbote indes keine Fernwirkung haben. So hieß es in dem Entwurf einer Mitteilung über das Vergleichsverfahren in Rn. 27: „Dann würde das in den Vergleichsausführungen der Parteien enthaltene Anerkenntnis als zurückgezogen gelten und könnte nicht gegen eine der Parteien verwendet werden." Ähnlich lautete Rn. 29 der Entwurfsfassung: „Damit würde das in ihren Vergleichsausführungen gemachte Anerkenntnis als zurückgezogen gelten, so dass es in dem Verfahren nicht mehr gegen die Parteien herangezogen werden könnte." Demgegenüber lautet die Mitteilung über das Vergleichsverfahren in Rn. 27 und 29 nunmehr wie folgt: „Dann würde das in den Vergleichsausführungen der Parteien enthaltene Anerkenntnis als zurückgezogen gelten und könnte nicht *als Beweismittel* gegen eine der Parteien verwendet werden."[419] Die Einfügung des einschränkenden Passus' „als Beweismittel" ist dahingehend zu verstehen, dass das Anerkenntnis der Haftbarkeit im Fall des Abbruchs des Vergleichsverfahrens zwar als zurückgezogen gilt und im streitigen Verfahren nicht *unmittelbar* als Beweismittel verwendet wird, dass aber solche Erkenntnisse, die die Kommission durch die Kooperation der Parteien im Vergleichsverfahren erlangt hat, *mittelbar* verwertet werden können. Während zunächst also alle im Vergleichsverfahren

---

414 Kommission, Mitteilung über das Vergleichsverfahren, Rn. 27.

415 Kommission, Mitteilung über das Vergleichsverfahren, Rn. 27.

416 Angesichts der eindeutigen diesbezüglichen Regelung in der Mitteilung über das Vergleichsverfahren soll der Frage, ob – über die Selbstbindung der Kommission hinaus – ein primärrechtliches Verwertungsverbot in Bezug auf das Anerkenntnis im Fall des Abbruchs des Vergleichsverfahrens besteht, nicht weiter nachgegangen werden. Vgl. dazu aber *Bueren*, Verständigungen, S. 900 ff.

417 Kommission, Mitteilung über das Vergleichsverfahren, Rn. 27.

418 Kommission, Mitteilung über das Vergleichsverfahren, Rn. 27.

419 [Hervorhebung durch Verf.].

gewonnenen Erkenntnisse einem Beweisverwertungsverbot unterlagen, kann das Anerkenntnis der Haftbarkeit nunmehr Anlass für Folgeermittlungen zur Gewinnung neuer Beweismittel sein.[420]

Aus Sicht der Parteien mag diese Regelung auf den ersten Blick unbefriedigend erscheinen, setzen sie sich durch die Teilnahme am Vergleichsverfahren doch möglicherweise einem erhöhten Risiko aus, der Kommission Ansatzpunkte für weitergehende Ermittlungen zu liefern. Ob die Vergleichsgespräche und -erklärungen zu solchen Bedenken aber überhaupt ernsthaft Anlass bieten, darf bezweifelt werden. So stehen nicht etwa – wie es im Kartellbußgeldverfahren hinsichtlich der Fernwirkung von Beweisverwertungsverboten regelmäßig der Fall ist – Ermittlungen der Kommission gemäß Artt. 18–22 VO 1/2003 im Raum, wo belastende Zufallsfunde tatsächlich nicht selten vorkommen. Im Vergleichsverfahren werden die Parteien hingegen ausschließlich darauf bedacht sein, den von der Kommission ermittelten Sachverhalt zu bestätigen; falls es ihnen in den Vergleichsgesprächen nicht sogar gelingt, die Kommission von einer weniger schwerwiegenden Zuwiderhandlung zu überzeugen. Insofern dürfte das bloße Anerkenntnis der Parteien nur selten dazu geeignet sein, der Kommission als Grundlage für weitere Nachprüfungen zu dienen. Darüber hinaus ist eine Fernwirkung von Beweisverwertungsverboten im Kartellbußgeldverfahren aber auch nicht anerkannt, so dass die Kommission jedenfalls berechtigt wäre, die aus etwaigen Folgeermittlungen erlangten Beweise im streitigen Verfahren gegen die Parteien zu verwenden. Dies haben die Unionsgerichte im Hinblick auf Art. 28 Abs. 1 VO 1/2003 (bzw. dessen Vorgängerregelung), nach dem „die gemäß den Artikeln 17 bis 22 erlangten Informationen nur zu dem Zweck verwertet werden [dürfen], zu dem sie eingeholt wurden", wiederholt festgestellt.[421] Diese verallgemeinerungsfähige Rechtsprechung dürfte auf das Verhältnis zwischen

---

420 Auf den unterschiedlichen Wortlaut zwischen den beiden Fassungen weisen auch *Bueren*, Verständigungen, S. 911, sowie *Cooke*, in: Ehlermann/Marquis, Antitrust Settlements, 261 (272, Fn. 3), hin. Vgl. ferner *Brenner*, Das Vergleichsverfahren, S. 162, der (nur) die aktuelle Fassung in Bezug nimmt und den dortigen Wortlaut dahingehend auslegt, dass lediglich das Anerkenntnis als zurückgezogen gelte. Vgl. auch *Wissmann*, in: Wissmann/Dreyer/Witting, Kartellbehördliche Ermittlungen, § 3 Rn. 284, der bereits im Stadium der Entwurfsfassung eine klarstellende Regelung, dass im Vergleichsverfahren erlangte Informationen nicht Anlass für verwertbare Folgeermittlungen sein dürften, forderte. Vgl. schließlich *Laina/Laurinen*, JECLP 2013, 302 (310), die darauf hinweisen, dass der Abbruch des Vergleichsverfahrens Einfluss auf den Umfang des Tatvorwurfs haben könne, da die Kommission nun möglicherweise weitergehende Ermittlungen anstelle, auf die sie anderenfalls verzichtet hätte.

421 EuGH v. 17.10.1989, C-85/87, Slg. 1989, 3137 (3155, Rn. 19) – *Dow Benelux*; ders. v. 16.07.1992, C-67/91, Slg. 1992, I-4785 (4833, Rn. 39) – *Asociacion Espanola de Banca Privada u.a.;* ders. v. 15.10.2002, C-238/, -244, -245, -247, -250 bis -252, -254/99 P, Slg. 2002, I-8375 (8717, Rn. 305 f.) – *Limburgse Vinyl Maatschappij u.a.;* EuG v. 18.09.1996, T-353/94, Slg. 1996, II-921 (947 f., Rn. 70) – *Postbank*. Vgl. auch *Barthelmeß/Rudolf*, in: Loewenheim/Meessen/Riesenkampff, Kartellrecht, Art. 28 VO

Vergleichsverfahren und dem sich anschließenden streitigen Verfahren übertragbar sein, so dass insofern nichts anderes gilt und etwaige Folgeermittlungen der Kommission grundsätzlich zulässig sind.[422]

5. *Erwiderung der Parteien*

Im Fall der Wiedergabe der Vergleichsausführungen setzt die Kommission den Parteien nach Art. 10a Abs. 3 Satz 1 i. V. m. Art. 17 Abs. 3 Satz 3 VO 773/2004 eine mindestens zweiwöchige Frist, innerhalb derer die Parteien bestätigen, dass die Mitteilung der Beschwerdepunkte den Inhalt ihrer Vergleichsausführungen wiedergibt, und sie sich ferner verpflichten, das Vergleichsverfahren weiterhin zu befolgen.[423] Sofern die Parteien der Kommission eine solche Erwiderung nicht bzw. nicht rechtzeitig zukommen lassen, „nimmt die Kommission zur Kenntnis, dass die Parteien ihrer Verpflichtung nicht nachgekommen sind, und kann ferner das Ersuchen der Partei auf Befolgung des Vergleichsverfahrens zurückweisen."[424] Gleichwohl können die Parteien – wie erwähnt – nicht mehr einseitig aus dem Verfahren aussteigen; sie geben der Kommission vielmehr lediglich einen Grund dies möglicherweise ihrerseits zu tun. In diesem Fall findet das streitige Verfahren Anwendung, in dem die Kommission den Parteien zunächst erneut eine Mitteilung der Beschwerdepunkte übersendet und ihnen Gelegenheit zur Stellungnahme sowie zur Einsicht in die Verfahrensakten gibt. Die Kommission kann das Vergleichsverfahren allerdings auch gegen den Willen der Parteien fortführen.[425]

6. *Vergleichsbeschluss*

a) *Allgemeines*

Entscheidet sich die Kommission für die Fortführung des Vergleichsverfahrens, kann sie gemäß Art. 10 Abs. 3 Satz 2 VO 773/2004 – nach vorheriger Stellungnahme durch den Beratenden Ausschuss gemäß Art. 14 Abs. 1 VO 1/2003 – einen

---

1/2003 Rn. 10; *Böse*, in: Schwarze, EU-Kommentar, Art. 337 AEUV Rn. 10; *Dieckmann*, in: Wiedemann, Kartellrecht, § 42 Rn. 12.

422 So auch *Brenner*, Das Vergleichsverfahren, S. 162 f.; *Bueren*, Verständigungen, S. 911 ff. Ungeachtet dessen ist Art. 28 Abs. 1 VO 1/2003 auf die vorliegende Konstellation aber bereits deshalb nicht – jedenfalls nicht unmittelbar – anwendbar, weil das Vergleichsverfahren nicht der Erlangung von Informationen nach Artt. 18–22 VO 1/2003 dient und es beim Übergang vom Vergleichsverfahren zum streitigen Verfahren nicht zu einem Austausch des Untersuchungsgegenstandes kommt. Vgl. *Brenner*, Das Vergleichsverfahren, S. 161 f.; *Bueren*, Verständigungen, S. 902 f.

423 Kommission, Mitteilung über das Vergleichsverfahren, Rn. 26.

424 Kommission, Mitteilung über das Vergleichsverfahren, Rn. 26.

425 *Hennig*, Settlements, S. 327, hält dies für die wahrscheinlichere Alternative.

Vergleichsbeschluss erlassen.[426] Wie die Mitteilung über das Vergleichsverfahren klarstellt, geschieht dies ohne einen weiteren Verfahrensschritt und ohne dass die Parteien die Möglichkeit hätten, eine Anhörung oder Akteneinsicht zu beantragen.[427] Die Phase zwischen der Mitteilung der Beschwerdepunkte und dem Erlass des Beschlusses beansprucht im streitigen Verfahren regelmäßig einen Großteil der Zeit.[428] Durch die Verkürzung dieses Verfahrensstadiums, das nur teilweise durch die Vergleichsgespräche ersetzt wird, kommt es im Vergleichsverfahren zu erheblichen Zeiteinsparungen.[429]

b) Gemeinsamkeiten und Unterschiede im Vergleich zum „streitigen" Beschluss

Ein Vergleichsbeschluss beruht wie ein Beschluss, der am Ende des streitigen Verfahrens ergeht, auf Artt. 7 und 23 VO 1/2003.[430] Beides sind förmliche Beschlüsse im Sinne des Art. 288 Abs. 4 AEUV, unterscheiden sich in rechtlicher Hinsicht mithin nicht. Inhaltlich soll ein Vergleichsbeschluss indes deutlich kürzer ausfallen und damit zu der Arbeitsentlastung beitragen, die sich die Kommission insgesamt von der Durchführung des Vergleichsverfahrens verspricht.[431] Sie beschränkt sich insofern auf eine Darstellung des wesentlichen Sachverhalts sowie eine knappe rechtliche Bewertung und verzichtet insbesondere auf eine Befassung mit etwaigen Gegenargumenten der Parteien.[432] Zudem ist der Vergleichsbeschluss ist aufgrund der entsprechenden Zustimmung der Parteien in ihren Vergleichsausführungen in einer vereinbarten Amtssprache der Union verfasst.[433] Er kann ferner – wie jeder

426 Kommission, Mitteilung über das Vergleichsverfahren, Rn. 28.

427 Kommission, Mitteilung über das Vergleichsverfahren, Rn. 28.

428 *Scordamaglia*, GAR 2009, 61 (84); *Stephan*, ICLQ 2009, 627 (635).

429 *Scordamaglia*, GAR 2009, 61 (84).

430 *Hennig*, Settlements, S. 329; *Holmes/Girardet*, Settling Cartel Cases, S. 2; *Horányi*, ZEuS 2008, 663 (685); *Metha/Tierno Centella*, CLI 6/2008, 11 (12); *Ortega Gonzalez*, ECLR 2011, 170 (171); *Sauer*, in: Schulte/Just, Kartellrecht, Art. 23 VO 1/2003 Rn. 239; *Tierno Centella*, CPN 3/2008, 30; *Waelbroeck*, in: Gheur/Petit, Alternative enforcement techniques, S. 258; *Wils*, World Competition 2008, 335 (339).

431 *Bach*, in: Ehlermann/Marquis, Antitrust Settlements, 251 (255); *Hennig*, Settlements, S. 329; *Ortega Gonzalez*, ECLR 2011, 170 (172). Die Kommissionsbeschlüsse am Ende des streitigen Verfahrens umfassen laut *Schwarze/Bechtold/Bosch*, Rechtsstaatliche Defizite, S. 69, häufig mehrere 100 Seiten. Die von der Kommission bislang veröffentlichten Vergleichsbeschlüsse fallen demgegenüber mit einem Umfang zwischen 22 und 55 Seiten tatsächlich deutlich kürzer aus; wobei es sich bei dem umfangreichsten Beschluss um einen solchen in einem Hybrid-Fall handelt. Mit 108 Seiten ist der Beschluss, den die nicht vergleichsbereite Partei in demselben Verfahren erhalten hat, aber fast doppelt so lang wie die Vergleichsbeschlüsse. Vgl. auch *Vascott*, GCR 2013, 13; *Brenner*, Das Vergleichsverfahren, S. 43.

432 *Sauer*, in: Schulte/Just, Kartellrecht, Art. 23 VO 1/2003 Rn. 239.

433 *Horányi*, ZEuS 2008, 663 (686).

andere Beschluss der Kommission auch – mit Rechtsmitteln angegriffen und durch die Unionsgerichte überprüft werden.[434] Ein Verzicht der Parteien auf dieses Recht ist also keine Voraussetzung für den Erlass eines Vergleichsbeschlusses.

c) Ermessen der Kommission

Selbst nach Anhörung des Beratenden Ausschusses und vor Erlass des verfahrensbeendenden Beschlusses behält die Kommission sich vor, „eine Haltung einzunehmen, die von ihrer in der Mitteilung der Beschwerdepunkte zur Übernahme der schriftlichen Vergleichsausführungen der Parteien ursprünglich dargelegten Haltung abweicht, entweder unter Berücksichtigung der vom Beratenden Ausschuss vorgelegten Auffassung oder aus anderen vertretbaren Erwägungen im Hinblick auf die diesbezügliche Entscheidungsfreiheit der Kommission."[435] Dies ist insofern folgerichtig, als der endgültige Beschluss vom Kommissionskollegium und mithin unabhängig von der Generaldirektion Wettbewerb, die mit der Durchführung des Kommissionsverfahrens lediglich die „Vorarbeiten" leistet, getroffen wird.[436] Auch soweit das Kommissionskollegium für den Erlass des Vergleichsbeschlusses zuständig ist, unterscheidet sich das Vergleichsverfahren also nicht vom streitigen Verfahren.[437]

---

434 Kommission, MEMO/08/458, S. 7; *Hederström*, in: Weiß, Die Rechtsstellung Betroffener, 9 (20); *Holmes/Girardet*, Settling Cartel Cases, S. 3; *Horányi*, ZEuS 2008, 663 (679); *Kindhäuser/Meyer*, in: FK-Kartellrecht, Band III, Art. 23 VO 1/2003 Rn. 172; *Metha/Tierno Centella*, CLI 6/2008, 11 (15); *Scordamaglia*, GAR 2009, 61 (78); *Siragusa/Guerri*, in: Ehlermann/Marquis, Antitrust Settlements, 185 (197); *Soltész/Köckritz*, ECLR 2011, 258 (263); *Stephan*, ICLQ 2009, 627 (632).

435 Kommission, Mitteilung über das Vergleichsverfahren, Rn. 29. Dieser eindeutigen Aussage dürfte die in die gegenteilige Richtung deutende Aussage in der Mitteilung über das Vergleichsverfahren, Rn. 31 („Gemäß der Entscheidungspraxis der Kommission *wird* die Tatsache, dass ein Unternehmen im Rahmen im Rahmen dieser Mitteilung an dem Verfahren mitgearbeitet hat, bei der Begründung der Höhe der Geldbuße in der endgültigen Entscheidung berücksichtigt." [Hervorhebung durch Verf.]), nicht entgegen zu setzen sein.

436 Vgl. *Brankin*, CompLaw 2008, 170 (175); *Burrichter/Zimmer*, in: Ehlermann/Atanasiu, Enforcement, 611 (617); *O'Brien*, Cartel Settlements in the U.S. and EU, S. 9; *Wissmann*, in: Wissmann/Dreyer/Witting, Kartellbehördliche Ermittlungen, § 3 Rn. 274.

437 Anders als im Entwurf der Mitteilung über das Vergleichsverfahren ist in Rn. 29 der Mitteilung über das Vergleichsverfahren statt von der „Entscheidungsfreiheit des *Kommissionskollegiums*" nunmehr von der „Entscheidungsfreiheit der *Kommission*" [Hervorhebungen durch Verf.] die Rede. Dies dürfte einzig den Grund haben, dass damit solchen Bedenken entgegengewirkt werden sollte, die ein häufiges Abweichen des Kommissionskollegiums von der zwischen der Generaldirektion Wettbewerb und den Parteien gefundenen Einvernehmens befürchteten; vgl. *Brenner*, Das Vergleichsverfahren, S. 151.

Sofern sich die Kommission tatsächlich gegen die Gewährung einer Bußgeldermäßigung und damit für den Abbruch des Vergleichsverfahrens entscheidet, was in diesem Stadium nur ausnahmsweise geschehen soll,[438] erlässt sie aber nicht einfach einen Beschluss, der die Vergleichsausführungen nicht wiedergibt. Vielmehr findet das streitige Verfahren Anwendung.[439] Die Parteien sind dann nicht mehr an ihre Vergleichsausführungen gebunden, d. h. das Anerkenntnis der Haftbarkeit gilt als zurückgezogen und kann nicht länger als Beweismittel verwendet werden, es erfolgt eine erneute Mitteilung der Beschwerdepunkte und die Parteien sind wieder berechtigt, eine Anhörung sowie Akteneinsicht zu beantragen und zur Mitteilung der Beschwerdepunkte Stellung zu nehmen.[440]

Schließlich ist davon auszugehen, dass mit dem Erlass eines Vergleichsbeschlusses zwingend eine Bußgeldermäßigung i. H. v. 10 % verbunden ist.[441] Demgegenüber wird teilweise vertreten, dass der Kommission auch insoweit ein Ermessen zustehe, die erfolgreiche Durchführung des Vergleichsverfahrens also unabhängig von der Gewährung der Bußgeldermäßigung sei.[442] Hierfür spricht zwar die Aussage in der Mitteilung über das Vergleichsverfahren, dass „mit der endgültigen Entscheidung eine Geldbuße festgesetzt werden [*sollte*], die den angegebenen Höchstbetrag nicht überschreitet, um davon ausgehen zu können, dass die Vergleichsausführungen wiedergegeben worden sind."[443] Dagegen ist aber anzuführen, dass eine Trennung zwischen dem Erlass eines Vergleichsbeschlusses und der Gewährung der Bußgeldermäßigung an (sonst) keiner Stelle zum Ausdruck kommt. Vielmehr geht die Kommission offenbar davon aus, dass eine Rückkehr zum streitigen Verfahren – und ein damit verbundenes Wiederaufleben der Verteidigungsrechte – stets erfolgen soll, sofern die Parteien nicht für ihre Kooperation belohnt werden. Die Belohnung und damit die Anreizwirkung für die Teilnahme an dem Vergleichsverfahren insgesamt ist aber zu einem ganz wesentlichen Teil in der in Aussicht gestellten Bußgeldermäßigung zu sehen. Fiele diese weg, besäße auch der Vergleichsbeschluss für die Parteien letztlich keinen besonderen Wert mehr und scheint es vor diesem Hintergrund sowohl geboten als auch von der Kommission tatsächlich beabsichtigt, dass diese einen solchen nicht etwa erlässt, ohne die in Aussicht gestellte Bußgeldermäßigung zu gewähren.

---

438 Kommission, MEMO/08/458, S. 6; *Tierno Centella*, CPN 3/2008, 30 (35); *Wissmann*, in: Wissmann/Dreyer/Witting, Kartellbehördliche Ermittlungen, § 3 Rn. 283.

439 Vgl. *Hederström*, in: Weiß, Die Rechtsstellung Betroffener, 9 (18); *Horányi*, ZEuS 2008, 663 (678); *Scordamaglia*, GAR 2009, 61 (82).

440 Kommission, Mitteilung über das Vergleichsverfahren, Rn. 29.

441 So auch *Kindhäuser/Meyer*, in: FK-Kartellrecht, Band III, Art. 23 VO 1/2003 Rn. 165.

442 *Hennig*, Settlements, S. 332.

443 Kommission, Mitteilung über das Vergleichsverfahren, Rn. 22. [Hervorhebung durch Verf.].

7. *Die Bußgeldbemessung im Vergleichsverfahren*

a) *Formelle Bußgeldermäßigung i. H. v. 10 %*

Sofern die Kommission das Vergleichsverfahren mit einem Vergleichsbeschluss beendet, belohnt sie die Parteien für ihre Kooperation mit einer Bußgeldermäßigung i. H. v. einheitlich[444] 10 % der ursprünglich zu verhängenden Geldbuße. Diese Bußgeldermäßigung steht am Ende der Bußgeldbemessung, d. h. nach Anwendung der Kriterien der Schwere und Dauer der Zuwiderhandlung (vgl. Art. 23 Abs. 3 VO 1/2003), sonstiger erschwerender oder mildernder Umstände nach den Bußgeldleitlinien sowie unter Berücksichtigung der Bußgeldobergrenze i. H. v. 10 % des von der Partei erzielten Umsatzes (vgl. Art. 23 Abs. 2 Satz 2 und 3 VO 1/2003).[445] Sofern einer Partei zusätzlich eine Bußgeldermäßigung nach der Kronzeugenregelung gewährt wird, ist diese mit der des Vergleichsverfahrens kumulierbar.[446] So kann etwa eine Partei, der für ihren Beitrag zur Aufdeckung und Aufklärung eines Kartells nach der Kronzeugenregelung eine Bußgeldermäßigung i. H. v. 50 % gewährt wird, für die Durchführung des Vergleichsverfahrens mit weiteren 10 % belohnt werden, so dass die Kommission die ursprünglich zu verhängende Geldbuße um einmalig 60 % verringern wird.[447] Diese Berechnungsmethode führt zu einer höheren Ermäßigung, als wenn von der ursprünglich zu verhängenden Geldbuße zunächst 50 % und von dem dann erreichten Betrag erneut 10 % abgezogen würden.[448]

Eine Bußgeldermäßigung i. H. v. 10 % scheint auf den ersten Blick zwar nicht sehr hoch; so erzielt allein das – nach der Durchführung eines Vergleichsverfahrens gleichwohl mögliche – Einlegen von Rechtsmitteln gegen den Beschluss der Kommission eine durchschnittliche Bußgeldermäßigung i. H. v. 18 %.[449] Dementsprechend forderten zahlreiche der im Rahmen der öffentlichen Konsultation bei der Kommission eingegangenen Stellungnahmen mit Verweis hierauf sowie darauf,

---

444 *Kommission*, MEMO/08/458, S. 6; *Kindhäuser/Meyer*, in: FK-Kartellrecht, Band III, Art. 23 VO 1/2003 Rn. 166; *Macchi di Cellere/Mezzapesa*, ECLR 2009, 604 (608); *Stephan*, ICLQ 2009, 627 (641).

445 *Horányi*, ZEuS 2008, 663 (678); *Kindhäuser/Meyer*, in: FK-Kartellrecht, Band III, Art. 23 VO 1/2003 Rn. 164.

446 Kommission, Mitteilung über das Vergleichsverfahren, Rn. 1/33; *Hederström*, in: Weiß, Die Rechtsstellung Betroffener, 9 (11/17 f.); *Kindhäuser/Meyer*, in: FK-Kartellrecht, Band III, Art. 23 VO 1/2003 Rn. 78. Sollte eine Partei nach der Kronzeugenregelung volle Immunität erlangt haben, ist eine weitere Bußgeldermäßigung nach dem Vergleichsverfahren natürlich überflüssig; vgl. *Hederström*, in: Weiß, Die Rechtsstellung Betroffener, 9 (18).

447 Vgl. *Gambaro/Mazzocchi*, La nuova procedura transattiva, S. 11; *Soltész*, BB 2010, 2123; *Soltész/Köckritz*, ECLR 2011, 258 (259).

448 *Soltész/Köckritz*, ECLR 2011, 258 (259).

449 Vgl. *Veljanovski*, ECLR 2006, 510 (512), der im Rahmen einer Untersuchung von 39 Kartellfällen im Zeitraum von 1999 bis 2004 zu diesem Ergebnis kommt. Vgl. auch *Stephan*, ICLQ 2009, 627 (637), der von einer durchschnittlichen Bußgeldermäßigung i. H. v. etwa 20 % ausgeht.

dass den Parteien die Möglichkeit der Rechtsmitteleinlegung im Vergleichsverfahren faktisch genommen werde,[450] eine Bußgeldermäßigung von mindestens 20 %.[451] Allerdings gilt es zu bedenken, dass die Kommission das Vergleichsverfahren speziell in Fällen besonders schwerwiegender Verstöße gegen das Kartellverbot anwendet, bei denen sie mittlerweile nicht selten Geldbußen im dreistelligen Millionenbereich verhängt. Insofern und unter Berücksichtigung voraussichtlich weiter steigender Geldbußen bewegt sich eine 10 %-ige Ermäßigung unter Umständen selbst im hohen zweistelligen Millionenbereich und stellt mithin einen enormen Anreiz für die Durchführung des Vergleichsverfahrens dar.[452]

b) „Informelle" Bußgeldermäßigung

Neben die formelle Bußgeldermäßigung i. H. v. 10 % können für die Parteien einige „informelle" Vergünstigungen treten. So scheint es nicht ausgeschlossen, dass die Parteien in den Vergleichsgesprächen die Möglichkeit haben, die Ansicht der Kommission von der begangenen Zuwiderhandlung in einem gewissen Umfang zu ihren Gunsten zu beeinflussen und die Bußgeldhöhe dadurch mittelbar herabzusetzen.[453] Diesem Umstand wird in der Literatur große Bedeutung beigemessen: Entscheidend sei nicht allein die formelle Bußgeldermäßigung i. H. v. 10 %, sondern vielmehr „10 per cent of what"[454], d. h. die Bezugsgröße der formellen Bußgeldermäßigung.[455] In den bisher entschiedenen Vergleichsfällen soll die Kommission zudem recht moderate Prozentsätze bei der Festsetzung des Grundbetrages der Geldbuße nach den Bußgeldleitlinien angewendet haben.[456] Schließlich führt ein Vergleichsschluss dazu, dass der in den Bußgeldleitlinien vorgesehene „Abschreckungsaufschlag" nicht zu einer Erhöhung der Geldbuße um einen Faktor von mehr als zwei führt.[457]

VII. Fallpraxis

Bislang[458] sind 14 Vergleichsfälle von der Kommission entschieden worden, zwei im Jahr 2010, drei im Jahr 2011, einer im Jahr 2012, drei im Jahr 2013 und bereits fünf in der ersten Hälfte des Jahres 2014. Auch wenn diese Fallzahl – absolut betrachtet –

---

450 Vgl. dazu noch Teil 4, A., IX.

451 Vgl. *Hennig*, Settlements, S. 333; *Joshua/Hugmark/Daems*, EAR 2009, 23 (28); *Schwarze/Bechtold/Bosch*, Rechtsstaatliche Defizite, S. 72; *Scordamaglia*, GAR 2009, 61 (83); *Siragusa/Guerri*, in: Ehlermann/Marquis, Antitrust Settlements, 185 (197).

452 Vgl. *Hirsbrunner*, EuZW 2011, 12 (13).

453 Vgl. dazu bereits 2., c).

454 *Joshua/Hugmark/Daems*, EAR 2009, 23 (28).

455 *Bueren*, ZEuS 2011, 485 (515).

456 *Polley/Heinz*, WuW 2012, 14 (20).

457 Vgl. Kommission, Mitteilung über das Vergleichsverfahren, Rn. 32; *Hull/Clancy*, in: Gheur/Petit, Alternative enforcement techniques, 107 (110/112); *Horányi*, ZEuS 2008, 663 (678/695).

458 Stand: 4. Juli 2014.

noch nicht zwingend für einen erfolgreichen Start des Vergleichsverfahrens streiten mag, so zeigt sie doch, dass das Vergleichsverfahren zuletzt deutlich häufiger zur Anwendung gekommen ist. Zudem sind zwischenzeitlich, namentlich seit dem ersten Vergleichsfall im Jahr 2010 bis Ende des Jahres 2012, sechs von 16 Kartellfällen im Wege des Vergleichsverfahrens abgeschlossen[459] sowie Geldbußen i. H. v. etwa 1,23 Milliarden Euro verhängt worden, was einem Drittel der in diesem Zeitraum insgesamt verhängten Geldbußen entspricht[460]. In einer im Frühjahr 2013 gehaltenen Rede prognostizierte *Almunia*, dass künftig etwa die Hälfte aller Kartellverfahren einvernehmlich beendet werde.[461]

1. DRAM

Der erste Vergleichsbeschluss wurde am 19. Mai 2010 im sog. „*DRAM*-Fall" erlassen und betraf ein weltweites Kartell von zehn Herstellern von Speicherchips, die zwischen 1998 und 2002 ihre Verkaufspreise koordinierten.[462] Die Kommission verhängte gegen die Teilnehmer dieses Kartells nach Abzug der 10 %-igen Belohnung für die Durchführung des Vergleichsverfahrens Geldbußen i. H. v. insgesamt 331,27 Millionen Euro. Mehrere Parteien erhielten zuvor bereits Bußgeldermäßigungen nach der Kronzeugenregelung sowie wegen mildernder Umstände nach den Bußgeldleitlinien. Einer Partei wurde die Geldbuße nach der Kronzeugenregelung sogar erlassen, weil sie die Kommission im Jahr 2002 über die Existenz des Kartells informierte. Zusätzlich zu diesen formellen Bußgeldermäßigungen konnten die Parteien durch Verhandlungen mit der Kommission über die Tatvorwürfe in den Vergleichsgesprächen weitere Vorteile erzielen.[463] Die Durchführung des Vergleichsverfahrens dauerte ab Beginn der Vergleichsgespräche im März 2009 bis zur Bekanntgabe des Vergleichsbeschlusses durch die Kommission am 19. Mai 2010 knapp 14 Monate.[464] Zwischen den Mitteilungen der Beschwerdepunkte, die den Parteien am 8. Februar 2010 zuging, und der Bekanntgabe des Vergleichsbeschlusses vergingen nur etwa

---

459 *Almunia,* SPEECH/13/210, S. 6.

460 *Laina/Laurinen,* JECLP 2013, 302 (307). Nach eigenen Berechnungen sind es mittlerweile sogar etwa 4 Milliarden Euro, was vor allem an den hohen Geldbußen in den Vergleichsfällen *Euro- und Yen-Zinsderivate-* (insgesamt 1,7 Milliarden Euro; vgl. dazu noch 8., S. 95) sowie *Kfz-Wälzlager* (953, 31 Millionen Euro; vgl. dazu noch 11., S. 96) liegt.

461 *Almunia,* SPEECH/13/210, S. 6.

462 Vgl. zum Ganzen die Kommission, Pressemitteilung IP/10/586 v. 19.05.2010, sowie die Zusammenfassung des Beschlusses der Kommission vom 19. Mai 2010 in einem Verfahren nach Artikel 101 AEUV und Artikel 53 EWR-Abkommen (Sache COMP/38.511 – *DRAMs*), ABl. EU 2011 Nr. C 180/15.

463 So jedenfalls *Brankin,* ECLR 2011, 165 (168 f.), sowie *Ortega Gonzalez,* ECLR 2011, 170 (173).

464 Vgl. zum Ablauf des Vergleichsverfahrens in diesem Fall auch den Abschlussbericht des Anhörungsbeauftragten, COMP/38.511 – *DRAMs,* ABl. EU 2011 Nr. C 180/13.

dreieinhalb Monate; zuvor waren der Kommission im Dezember 2009 die Vergleichsausführungen der Parteien übermittelt worden. Die Ermittlungen der Kommission liefen im Zeitpunkt der Einführung des Vergleichsverfahrens jedoch bereits etwa sechs Jahre, so dass das gesamte Verfahren mehr als sieben Jahre in Anspruch nahm. In Parallelverfahren in den USA hingegen schlossen einige Parteien bereits in den Jahren 2003 und 2004 sog. „Plea Agreements"[465] mit der Antitrust Division.[466] Das gesamte Verfahren konnte dort im Jahr 2006 abgeschlossen werden.[467] In zukünftigen Vergleichsfällen erwartet die Kommission eine Verfahrensdauer von nicht mehr als sechs Monaten ab der Aufforderung zur Aufnahme von Vergleichsgesprächen bis zum Erlass des verfahrensbeendenden Beschlusses.[468]

2. *Tierfutter*

Die Bekanntgabe des zweiten Vergleichsfalles erfolgte am 20. Juli 2010 und betraf ein Kartell von Herstellern von Futterphosphaten.[469] Das sog. „*Tierfutter*-Kartell", das – allerdings mit wechselnden Teilnehmern – mindestens zwischen 1969 und 2004 bestand, traf Preis- und Gebietsabsprachen sowie Absprachen über Produktions- und Absatzmengen. Nach Abzug der 10 %-igen Belohnung verhängte die Kommission gegen sechs Parteien Geldbußen i. H. v. insgesamt 175,65 Millionen Euro. Darüber hinaus gewährte sie mehreren Parteien Bußgeldermäßigungen nach der Kronzeugenregelung sowie einer Partei eine Bußgeldermäßigung nach den Bußgeldleitlinien wegen drohenden Verlustes ihrer Überlebensfähigkeit.[470] Einer Partei wurde die Geldbuße erlassen, weil sie die Kommission im Jahr 2003 über die Existenz des Kartells informierte. Da eine weitere Partei einen Vergleich mit der Kommission ablehnte, handelte es sich bereits bei dem zweiten von der Kommission entschiedenen Vergleichsfall um einen Hybrid-Fall[471], in dem das Vergleichsverfahren und das

465 Vgl. dazu noch C., I.

466 *Soltész*, BB 2010, 2123 (2127). Dort wurden Geldstrafen i. H. v. insgesamt 729 Millionen Dollar verhängt; vgl. *Brankin*, ECLR 2011, 165. *Gamble*, ECLR 2011, 449 (450 f.), nennt einen Betrag i. H. v. 732 Millionen Dollar.

467 *Gamble*, ECLR 2011, 449 (450 f.).

468 Vgl. *Holmes/Girardet*, Settling Cartel Cases, S. 2; *Sauer*, in: Schulte/Just, Kartellrecht, Art. 23 VO 1/2003 Rn. 224; *Van Hove/Burton*, CompLI 6/2010, 8.

469 Vgl. zum Ganzen die Kommission, Pressemitteilung IP/10/985 v. 20.07.2010, sowie die Zusammenfassung des Beschlusses der Kommission vom 20. Juli 2010 in einem Verfahren nach Artikel 101 des Vertrags über die Arbeitsweise der Europäischen Union und Artikel 53 des EWR-Abkommens (Sache COMP/38.866 – *Futterphosphate*), ABl. EU 2011 Nr. C 111/15.

470 Vgl. Bußgeldleitlinien Kommission, Rn. 35.

471 *Brankin*, ECLR 2011, 165 (167), spricht von einem „partial hybrid", weil sich die Partei zunächst für das Vergleichsverfahren entschieden hat, dann aber ausgestiegen ist, nachdem die Kommission die Parteien über die zu erwartenden Geldbußen informiert hat.

gewöhnliche Verfahren parallel durchgeführt wurden.[472] Dies ist insofern bemerkenswert, als bis dato völlig unklar war, ob die Kommission wegen des Verlustes von Verfahrensrationalisierungen in Hybrid-Fällen tatsächlich bereit ist, solche durchzuführen. Die Einleitung des Vergleichsverfahrens ist den Parteien im Januar 2009 mitgeteilt worden, und nach den Vergleichsgesprächen sowie der Vorlage der Vergleichsausführungen seitens der Parteien übersandte die Kommission im November 2009 die Mitteilung der Beschwerdepunkte. In der Erwiderung der Parteien bestätigte eine Partei nicht, dass die Beschwerdepunkte ihre Vergleichsausführungen wiedergeben, so dass es hinsichtlich dieser Partei zur Anwendung des streitigen Verfahrens kam.[473] Dies ist offenbar auch der Grund dafür, dass die verfahrensbeendenden Beschlüsse für alle Parteien des Kartells erst acht Monate nach der Mitteilung der Beschwerdepunkte – im *DRAM*-Fall waren es nur drei Monate – erlassen wurden. Die Ermittlungen der Kommission im *Tierfutter*-Fall dauerten insgesamt sieben Jahre;[474] die Durchführung des Vergleichsverfahrens nahm dabei aber nur etwa 16 Monate (Januar 2009 – Juli 2010) in Anspruch.

3. *Haushaltswaschmittel*

Am 13. April 2011 schloss die Kommission ihren dritten Vergleichsfall innerhalb eines Jahres ab; sie verhängte Geldbußen i. H. v. insgesamt 315,2 Millionen Euro gegen zwei Hersteller von Waschpulver.[475] Neben der Bußgeldermäßigung i. H. v. 10 % nach der Vergleichsmitteilung erhielten diese Parteien für ihre Mitwirkung im Verfahren zusätzliche Ermäßigungen i. H. v. 50 bzw. 25 % nach der Kronzeugenregelung. Einer dritten, an dem Kartell beteiligten Partei wurde die Geldbuße erlassen, da sie die Kommission im Mai 2008 über die Existenz des Kartells informierte. Das Kartell bestand etwa drei Jahre lang (Januar 2002 bis März 2005) und verfolgte den Zweck, die Marktstellung der Kartellmitglieder durch Preisabsprachen in mehreren europäischen Ländern zu stabilisieren. Im Juni 2008 führte die Kommission aufgrund

---

472 Vgl. zum Ablauf des Vergleichsverfahrens in diesem Fall auch den Entwurf des Abschlussberichts des Anhörungsbeauftragten, Sache COMP/38.866 – *Futterphosphate*, ABl. EU 2011 Nr. C 111/13. Die nicht vergleichsbereite Partei hat gegen den Bußgeldbeschluss der Kommission am 01.10.2010 Klage zum EuG eingereicht; vgl. T-456/10, ABl. EU 2010 Nr. C 346/46 – *Timab Industries und CFPR.*

473 Vgl. zu dem abgetrennten Verfahren hinsichtlich dieser Partei die Zusammenfassung des Beschlusses der Kommission vom 20. Juli 2010 in einem Verfahren nach Artikel 101 des Vertrags über die Arbeitsweise der Europäischen Union und Artikel 53 des EWR-Abkommens (Sache COMP/38.866 – *Futterphosphate*), ABl. EU 2011 Nr. C 111/19.

474 *Soltész*, BB 2010, 2123 (2127).

475 Vgl. zum Ganzen die Kommission, Pressemitteilung IP/11/473 v. 13.04.2011, sowie die Zusammenfassung des Beschlusses der Kommission vom 13. April 2011 in einem Verfahren nach Artikel 101 des Vertrags über die Arbeitsweise der Europäischen Union und Artikel 53 des EWR-Abkommens (Sache COMP/39.579 – *Wasch- und Reinigungsmittel im Haushalt*), ABl. EU 2011 Nr. C 193/14.

des Kronzeugenantrages einer Partei erste Nachprüfungen durch; daraufhin beantragte eine zweite Partei im September 2008 und eine dritte Partei im Oktober 2009 die Anwendung der Kronzeugenregelung. Nach Aufnahme der Vergleichsgespräche im Juni 2010, der Vorlage der Vergleichsausführungen im Januar 2011 sowie der Mitteilung der Beschwerdepunkte im Februar 2011 konnte die Kommission den verfahrensbeendenden Beschluss schließlich im April 2011 erlassen.[476] Während die Verfahren im *DRAM*-Fall insgesamt etwa acht und im *Tierfutter*-Fall etwa sieben Jahren dauerten, konnte dieser Fall somit bereits nach weniger als vier Jahren abgeschlossen werden. Von der Aufnahme der Vergleichsverhandlungen bis zum Erlass der Vergleichsbeschlüsse verging deutlich weniger als ein Jahr und damit ebenfalls weniger Zeit als in den beiden vorherigen Vergleichsfällen. Allerdings gilt es zu berücksichtigen, dass die Kommission in diesem Fall gegen lediglich drei Parteien ermittelte, während es im *Tierfutte*r-Fall sechs und im *DRAM*-Fall sogar zehn Parteien waren.

4. CRT-Glas

Ihren vierten Vergleichsfall entschied die Kommission am 19. Oktober 2011.[477] An dem Kartell beteiligten sich vier Hersteller von CRT-Glas. Gegen drei Parteien verhängte die Kommission Geldbußen i. H. v. insgesamt 128,74 Millionen Euro. Aufgrund der Teilnahme an dem Vergleichsverfahren ermäßigte die Kommission die Geldbußen dieser Parteien um jeweils 10 %. Die Geldbuße einer Partei reduzierte die Kommission nach der Kronzeugenregelung zusätzlich um 50 %; einer anderen Partei wurde die Geldbuße erlassen, weil sie die Kommission über die Existenz des Kartells informiert hatte. Das Kartell bestand von Februar 1999 bis Dezember 2005 und betraf Preisabsprachen. Erste Untersuchungen konnte die Kommission aber erst im Jahr 2008 durchführen, bevor sie im März 2009 die Geschäftsräume einer Partei durchsuchte. Das Kommissionsverfahren wurde Ende Juni 2010 eingeleitet, und die Vergleichsgespräche dauerten etwa ein Jahr (Juli 2010 bis Juli 2011), ehe die Kommission den Parteien Ende Juli 2011 die Mitteilung der Beschwerdepunkte zukommen ließ.[478]

476 Vgl. zum Ablauf des Vergleichsverfahrens in diesem Fall auch den Abschlussbericht des Anhörungsbeauftragten, COMP/39.579 – *Haushaltswaschmittel*, ABl. EU 2011 Nr. C 193/12.

477 Vgl. zum Ganzen die Kommission, Pressemitteilung IP/11/1214 v. 19.10.2011 sowie die Zusammenfassung des Beschlusses der Kommission vom 19. Oktober 2011 in einem Verfahren nach Artikel 101 AEUV und Artikel 53 EWR-Abkommen (Sache COMP/39.605 – *CRT-Glas)*, ABl. EU 2012 Nr. C 48/18.

478 Vgl. zum Ablauf des Vergleichsverfahrens in diesem Fall auch den Abschlussbericht des Anhörungsbeauftragten, COMP/39.605 – *CRT-Glas*, ABl. EU 2012 Nr. C 48/16.

5. *Kühlkompressoren*

Am 7. Dezember 2011 schloss die Kommission ihren fünften Vergleichsfall ab und verhängte gegen vier Hersteller von Kühlkompressoren Geldbußen i. H. v. insgesamt 161,12 Millionen Euro.[479] Das Kartell bestand dreieinhalb (April 2004 bis Oktober 2007) bzw. für eine Partei zweieinhalb (April 2004 bis November 2006) Jahre und betraf Preisabsprachen sowie den Austausch von sonstigen Marktinformationen. Einer Partei wurde die Geldbuße erlassen, weil sie die Kommission zuvor über die Existenz des Kartells informiert hatte. Die Vergleichsgespräche dauerten von November 2010 bis September 2011, bevor die Kommission den Parteien im Oktober 2011 die Beschwerdepunkte mitteilte und im Dezember desselben Jahres den verfahrensbeendenden Beschluss erließ.[480]

6. *Water-Management-Produkte*

Der sechste Vergleichsfall betraf ein Kartell von drei Herstellern von Water-Management-Produkten für Heiz-, Kühl- und Sanitärsysteme, die von Juni 2006 bis Mai 2008 vornehmlich auf dem deutschen Markt, zeitweise aber auch auf 13 anderen europäischen Märkten Preisabsprachen trafen.[481] Die Kommission verhängte gegen diese Parteien am 27. Juni 2012 Geldbußen i. H. v. insgesamt 13,66 Millionen Euro, wobei einer Partei die Geldbuße nach der Kronzeugenregelung erlassen wurde. Nachdem bereits im Dezember 2008 sowie im April 2009 Durchsuchungen der Geschäftsräume der beteiligten Parteien stattgefunden hatten, leitete die Kommission das Kartellverfahren im Januar 2011 ein. Die Vergleichsgespräche dauerten in diesem Fall etwa ein Jahr (Februar 2011 bis März 2012); die Mitteilung der Beschwerdepunkte ließ die Kommission den Parteien im April 2012 zukommen.[482]

---

479 Vgl. zum Ganzen die Kommission, Pressemitteilung IP/11/1511 v. 07.12.2011 sowie die Zusammenfassung des Beschlusses der Kommission vom 07. Dezember 2011 in einem Verfahren nach Artikel 101 AEUV und Artikel 53 EWR-Abkommen (Sache COMP/39.600 – *Kühlkompressoren*), ABl. EU 2012 Nr. C 122/6.

480 Vgl. zum Ablauf des Vergleichsverfahrens in diesem Fall auch den Abschlussbericht des Anhörungsbeauftragten, COMP/39.600 – *Kühlkompressoren*, ABl. EU 2012 Nr. C 122/4.

481 Vgl. zum Ganzen die Kommission, Pressemitteilung IP/12/704 v. 27.06.2012 sowie die Zusammenfassung des Beschlusses der Kommission vom 27. Juni 2012 in einem Verfahren nach Artikel 101 AEUV (Sache COMP/39.611 – *Water-Management-Produkte*), ABl. EU 2012 Nr. C 335/4.

482 Vgl. zum Ablauf des Vergleichsverfahrens in diesem Fall auch den Abschlussbericht des Anhörungsbeauftragten, COMP/39.611 – *Water-Management-Produkte*, ABl. EU 2012 Nr. C 335/3.

7. *KFZ-Kabelbäume*

In ihrem siebten Kartellvergleichsverfahren verhängte die Kommission Geldbußen i. H. v. insgesamt 141,79 Millionen Euro gegen fünf Hersteller von Kabelbäumen für Kraftfahrzeuge.[483] Die Parteien beteiligten sich – mit wechselnden Teilnehmern – an insgesamt fünf Kartellen, die die den gesamten Europäischen Wirtschaftsraum betrafen und von März 2000 bis Ende 2009 bestanden. Im Rahmen der Kartelle kam es zu Absprachen über Preise sowie zur Aufteilung der jeweiligen Abnehmer der Unternehmen. Während einer Partei die Geldbuße erlassen wurde, weil sie das Kartell aufgedeckt hatte, erhielten die übrigen vier Parteien aufgrund ihrer Kooperation mit der Kommission neben der Bußgeldermäßigung des Vergleichsverfahrens weitere Ermäßigungen zwischen 20 und 50 % gemäß der Kronzeugenregelung. Nachdem die Kommission erstmals im Februar 2010 unangekündigte Nachprüfungen durchgeführt hatte, leitete sie im August 2012 das Kartellverfahren ein. Daraufhin kam es zwischen Ende September 2012 und Mitte Mai 2013 zu Vergleichsgesprächen, ehe die Kommission Ende Mai 2013 eine Mitteilung der Beschwerdepunkte annahm und schließlich am 10. Juli 2013 den Bußgeldbeschluss erließ. Auffällig ist, dass die Vergleichsgespräche weniger als zehn Monate in Anspruch nahmen und das Verfahren wesentlich zügiger abgeschlossen werden konnte als die vorherigen.

8. *Euro- und Yen-Zinsderivate*

In ihrem achten und neunten Vergleichsfall verhängte die Kommission am 4. Dezember 2013 gegen acht Finanzinstitute Geldbußen i. H. v. insgesamt 1,71 Milliarden Euro.[484] Vier der Finanzinstitute beteiligten sich an einem Kartell in Bezug auf Zinsderivate in Euro, sechs von ihnen an Absprachen in Bezug auf Zinsderivate in Yen. Im Euro-Zins-Kartell wurde einer Partei die Geldbuße nach der Kronzeugenregelung erlassen; die übrigen Parteien erhielten für ihre Kooperation mit der Kommission sowohl nach der Kronzeugenregelung als auch im Rahmen des Vergleichsverfahrens Bußgeldermäßigungen. Das Euro-Zins-Kartell bestand von September 2005 bis Mai 2008. Hier führte die Kommission im Oktober 2011 erste Ermittlungen durch, ehe sie im März 2013 das formelle Verfahren einleitete.

Die sieben einzelnen Absprachen über Yen-Zinsderivate fanden zwischen 2007 und 2010 statt. Das formelle Kommissionsverfahren wurde im Februar 2013 eingeleitet. Auch hier erließ die Kommission einer Partei die Geldbuße nach der Kronzeugenregelung, während sie die übrigen Parteien für ihre Kooperation im Rahmen des Vergleichsverfahrens und teilweise zusätzlich nach der Kronzeugenregelung belohnte. Zwischen der Einleitung der Ermittlungsverfahren und dem Erlass der

483 Vgl. zum Ganzen Kommission, Pressemitteilung IP/13/673 v. 10.07.2013, sowie die Zusammenfassung des Beschlusses der Kommission vom 10. Juli 2013 in einem Verfahren nach Artikel 101 AEUV (Sache AT.39748 – *KFZ-Kabelbäume*), ABl. EU 2012 Nr. C 283/5.

484 Vgl. zum Ganzen Kommission, Pressemitteilung IP/13/1208 v. 04.12.2013.

Vergleichsbeschlüsse lagen etwa neun (Euro-Zins-Kartell) bzw. zehn Monate (Yen-Zins-Kartell).

9. *Polyurethanweichschaum*

Am 29. Januar 2014 schloss die Kommission ihren zehnten Vergleichsfall ab und verhängte gegen vier Hersteller von Polyurethanweichschaum Geldbußen i. H. v. insgesamt 114,08 Millionen Euro.[485] Einer Partei wurde die Geldbuße nach der Kronzeugenregelung erlassen, weil sie das Kartell gegenüber der Kommission aufdeckte. Zwei weitere Parteien wurden für ihre Zusammenarbeit im Rahmen der Kronzeugenregelung mit Bußgeldermäßigungen i. H. v. jeweils 50 % belohnt. Die Parteien trafen über einen Zeitraum von fast fünf Jahren – Oktober 2005 bis Juli 2010 – Absprachen über die Verkaufspreise von Schaumstoff in zehn Mitgliedstaaten. Erste Ermittlungen gegen die Parteien wurden im Juli 2010 durchgeführt.[486]

10. *Strombörsen*

Der elfte von der Kommission abgeschlossene Vergleichsfall betraf ein Kartell von zwei europäischen Strombörsen, die in den Jahren 2011 und 2012 über einen Zeitraum von sieben Monaten Gebietsabsprachen trafen.[487] Die Absprachen endeten erst, als die Kommission im Februar 2012 unangekündigte Nachprüfungen in den Geschäftsräumen der Unternehmen durchführte. Das nur etwa zwei Jahre dauernde Kartellverfahren schloss die Kommission „[d]ank des Vergleichsverfahrens"[488] bereits am 5. März 2014 ab und verhängte schließlich Geldbußen i. H. v. insgesamt 5,98 Millionen Euro.

11. *Kfz-Wälzlager*

Ihren zwölften Vergleichsfall schloss die Kommission am 19. März 2014 ab.[489] Dabei sanktionierte sie sechs Parteien, darunter zwei europäische sowie vier japanische Unternehmen, mit Geldbußen i. H. v. insgesamt 953,31 Millionen Euro, da die Parteien im Rahmen des über mehr als sieben Jahre (April 2004 bis Juli 2011) bestehenden Kartells ihre Verkaufspreise koordinierten. Einer Partei wurde die Geldbuße nach der Kronzeugenregelung allerdings erlassen, weil sie die Kommission über das Bestehen des Kartells informierte hatte. Vier weitere Parteien erhielten aufgrund ihrer

---

485 Vgl. zum Ganzen Kommission, Pressemitteilung IP/14/88 v. 29.01.2014.
486 Weitere Angaben zum Ablauf des Vergleichsverfahrens machte die Kommission in dieser sowie auch den nachfolgenden Pressemitteilungen zu den jüngeren Vergleichsfällen leider nicht mehr.
487 Vgl. zum Ganzen Kommission, Pressemitteilung IP/14/225 v. 05.03.2014.
488 So die Kommission in der Pressemitteilung (vgl. Fn. 487).
489 Vgl. zum Ganzen Kommission, Pressemitteilung IP/14/280 v. 19.03.2014.

Kooperation mit der Kommission gemäß der Kronzeugenregelung ebenfalls weitere Bußgeldermäßigungen zwischen 20 und 40 %.

12. *Stahl-Strahlmittel*

Dem 13. Vergleichsfall der Kommission lag ein Kartell von vier Unternehmen zugrunde, die mit unterschiedlicher Dauer über einen Zeitraum von insgesamt nahezu sieben Jahren ihre Preise für sog. Stahl-Strahlmittel abgesprochen hatten, ehe die Absprachen durch die Kooperation einer der kartellbeteiligten Parteien aufgedeckt wurde und die Kommission im Juni 2010 unangekündigte Nachprüfungen in den Geschäftsräumen der Unternehmen durchführen konnte.[490] Der betreffenden Partei wurde die Geldbuße nach der Kronzeugenregelung erlassen, während die Kommission gegen die übrigen drei Parteien am 2. April 2014 Geldbußen i. H. v. insgesamt 30,71 Millionen Euro verhängte.

13. *Pilzkonserven*

Zuletzt sanktionierte die Kommission ein Kartell von drei Pilzkonserven-Herstellern.[491] Dabei verhängte sie am 25. Juni 2014 gegen zwei Parteien Geldbußen i. H. v. insgesamt 32,26 Millionen Euro, während der dritten Partei die Geldbuße nach der Kronzeugenregelung vollständig erlassen wurde, weil sie das Kartell zuvor gegenüber der Kommission aufgedeckt hatte. Auch eine der beiden anderen Parteien erhielt für ihre Kooperation gemäß der Kronzeugenregelung eine zusätzliche Bußgeldermäßigung i. H. v. 30 %. Die zwischen den Parteien getroffenen Absprachen erfolgten von September 2010 bis Dezember 2011 bzw. Februar 2012 und betrafen u. a. Mindestpreise, Mengenziele und die Aufteilung von Kunden, ehe das Kartellverfahren im Februar 2012 durch unangekündigte Nachprüfungen seitens der Kommission angestoßen wurde. Auch dieses Kartellverfahren konnte damit nach nur wenig mehr als zwei Jahren abgeschlossen werden.

B. Deutsches Recht

Ehe näher auf die Praxis des Bundeskartellamtes zur Durchführung von Vergleichsverfahren[492] eingegangen werden soll, erfolgt zunächst ein kurzer Überblick über

---

490 Vgl. zum Ganzen Kommission, Pressemitteilung IP/14/359 v. 02.04.2014.

491 Vgl. zum Ganzen Kommission, Pressemitteilung IP/14/727 v. 25.06.2014.

492 Die überwiegend verwendete Bezeichnung des Bundeskartellamtes für die Kooperation mit den Betroffenen im Bußgeldverfahren lautet „Settlement"; vgl. etwa Bundeskartellamt v. 18.12.2009, Fallbericht B11–18/08 v. 14.01.2010, S. 3: „einvernehmliche Verfahrensbeendigung (sog. Settlement)". In Abgrenzung zu dem Fall, dass sich eine Partei nach streitiger Durchführung des Bußgeldverfahrens lediglich dazu entschließt, kein Rechtsmittel gegen den Bußgeldbescheid einzulegen, hat das Bundeskartellamt eine einvernehmliche Beendigung des Bußgeldverfahrens

die Kooperationsmöglichkeiten der Betroffenen im Bußgeldverfahren außerhalb der einvernehmlichen Verfahrensbeendigung.

I. Die Berücksichtigung kooperativen Verhaltens außerhalb des Anwendungsbereichs der Bonusregelung und der Bußgeldleitlinien

Das Bundeskartellamt berücksichtigte in seiner Verwaltungspraxis die unterschiedlichsten Formen kooperativen Verhaltens der Betroffenen im Verfahren bußgeldmindernd.[493] So ist etwa – obgleich nur in geringem Maße – das freiwillige und unverzügliche Einstellen des beanstandeten Verhaltens als Milderungsgrund angesehen worden.[494] Dasselbe gilt für ein Geständnis[495] sowie für die Bereitschaft, die im Rahmen der Ermittlungen angeforderten Unterlagen herauszugeben[496]. Auch die Erklärung der Betroffenen, die Festsetzung der Geldbuße ohne Rechtsmitteleinlegung hinnehmen zu wollen, führte zu einer Bußgeldermäßigung.[497] Teilweise ist in den veröffentlichten Entscheidungen des Bundeskartellamtes nur die Rede davon, ohne die Art der Kooperation zu spezifizieren, dass im Rahmen der Bußgeldbemessung zu Gunsten der Betroffenen die Kooperation während des Verfahrens berücksichtigt wurde.[498] Auch die Höhe der jeweils gewährten Bußgeldermäßigung gibt das Bundeskartellamt in den veröffentlichten Entscheidungen nicht an, so dass

zunächst auch als „*early* settlement" bezeichnet; vgl. Bundeskartellamt, in: OECD, Settlements, S. 51. Im Folgenden soll – in Übereinstimmung mit der (deutschsprachigen) Praxis der Kommission – grundsätzlich die Bezeichnung „Vergleichsverfahren" verwendet werden.

493 Vgl. *Achenbach*, in: FK-Kartellrecht, Band VI, § 81 GWB Rn. 270; *Dannecker/Biermann*, in: Immenga/Mestmäcker, GWB, § 81 Rn. 381.

494 Bundeskartellamt v. 11.07.1969, WuW/E BKartA, 1280 (1287) – *Oldtimer*; dass. v. 17.12.2003, WuW/E DE-V, 911 (917) – *Fotoarbeitstasche*; dass. v. 25.09.2009, B 3–123/08, Rn. 73 – *Kontaktlinsen*, abrufbar unter: http://www.bundeskartellamt.de/SharedDocs/Entscheidung/DE/Entscheidungen/Kartellverbot/2009/B3-123-08.pdf?__blob=publicationFile&v=3.

495 Bundeskartellamt v. 19.07.1971, WuW/E BKartA, 1426 (1428) – *Zahntechniker-Innung*; dass. v. 02.09.2003, B 7-69/03, S. 10 – *Akkutechnische Erzeugnisse*, abrufbar unter: http://www.bundeskartellamt.de/SharedDocs/Entscheidung/DE/Entscheidungen/Kartellverbot/2003/B7-69-03.pdf?__blob=publicationFile&v=3; dass. v. 25.04.2007, B 7–42/06, S. 21 – *Haushaltskleingeräte*, abrufbar unter: http://www.bundeskartellamt.de/SharedDocs/Entscheidung/DE/Entscheidungen/Kartellverbot/2007/B7–42–06.pdf?__blob=publicationFile&v=3.

496 Bundeskartellamt v. 20.08.1975, WuW/E BKartA, 1586 (1590) – *Preisaufkleber*; dass. v. 02.09.2003, B 7-69/03, S. 10 – *Akkutechnische Erzeugnisse*.

497 Bundeskartellamt v. 16.06.1977, WuW/E BKartA, 1689 (1693) – *Heizungs- und Klimaindustrie*; dass. v. 28.10.1976, WuW/E BKartA, 1670 (1675) – *Tempurgußfittings*.

498 Vgl. etwa Bundeskartellamt v. 07.12.2007, B 3–6/05, Rn. 51 – *OTC-Arzneimittel*, abrufbar unter: http://www.bundeskartellamt.de/SharedDocs/Entscheidung/DE/

ein Rückschluss darauf, welche Art der Kooperation als mehr oder weniger wertvoll angesehen wird, kaum möglich ist.

II. Die Bonusregelung

Nach dem Vorbild der Kommission entschloss sich auch das Bundeskartellamt dazu, seine Verwaltungspraxis zur Belohnung von aufklärungsbereiten Kartellanten in einer Bekanntmachung zusammenzufassen. Dementsprechend veröffentlichte es im Jahr 2000 eine Bonusregelung[499], nach der die Täter im Gegenzug für die Aufdeckung von Kartellen und für die sonstige Beibringung von Beweisen den Erlass oder die Ermäßigung der zu verhängenden Geldbuße erwirken können.[500] Der sachliche Anwendungsbereich der deutschen Regelung beschränkte sich wie ihr europäisches Vorbild auf Hardcore-Absprachen; ihr persönlicher Anwendungsbereich war hingegen weiter: Neben juristischen Personen und Personenvereinigungen im Sinne des § 30 OWiG stand die Bonusregelung von 2000 auch natürlichen Personen offen.[501] Wie die Kronzeugenregelung der Kommission von 1996 unterschied auch die Bonusregelung von 2000 zwischen drei Kooperationsstufen: (1) Nichtfestsetzung einer Geldbuße (Abschnitt A), (2) erheblich niedrigere Festsetzung einer Geldbuße (Abschnitt B) und (3) niedrigere Festsetzung einer Geldbuße (Abschnitt C). Eine Nichtfestsetzung der Geldbuße durch das Bundeskartellamt erfolgte „in der Regel", wenn sich der Täter vor Einleitung eines Ermittlungsverfahrens selbst angezeigt, entscheidende Angaben für die Aufdeckung des Kartells gemacht, dem Bundeskartellamt alle Informationen und Beweismittel zur Verfügung gestellt, ununterbrochen sowie uneingeschränkt mit dem Bundeskartellamt zusammengearbeitet, die Teilnahme an dem Kartell nach einer entsprechenden Aufforderung durch das Bundeskartellamt, spätestens jedoch nach Zustellung eines ersten Anhörungsschreibens eingestellt und innerhalb des Kartells keine entscheidende Rolle gespielt hatte. Für eine erheblich niedrigere Festsetzung um mindestens 50 % der ursprünglich zu verhängenden Geldbuße konnte die Selbstanzeige auch noch nach Einleitung eines Ermittlungsverfahrens erfolgen; im Übrigen mussten aber alle Voraussetzungen des

---

Entscheidungen/Kartellverbot/2007/B3-6-05.pdf?__blob=publicationFile&v=5 dass. v. 25.09.2009, B 3-123/08, Rn. 73 – *Kontaktlinsen.*

499 Bekanntmachung Nr. 68/2000 über Richtlinien des Bundeskartellamtes für die Festsetzung von Geldbußen – Bonusregelung – v. 17. April 2000.

500 Schon im Zuge des Gesetzgebungsverfahrens zur 6. GWB-Novelle im Jahr 1998 gab es die Überlegung, „ob eine Bußgeldreduzierung bei Selbstanzeige im Gesetz verankert werden soll"; vgl. RegE eines Sechsten Gesetzes zur Änderung des Gesetzes gegen Wettbewerbsbeschränkungen, BT-Drucks. 13/9720 v. 29.01.1998, S. 45. Das Gesetz ist letztlich jedoch ohne eine solche Regelung verabschiedet worden. Vgl. *Achenbach*, NJW 2001, 2232; *Albrecht*, Die Anwendung von Kronzeugenregelungen, S. 237 f.; *Ohle/Albrecht*, WRP 2006, 866 (867).

501 *Albrecht*, Die Anwendung von Kronzeugenregelungen, S. 239; *Thiem*, Die Bonusregelung, S. 26.

Abschnitts A erfüllt sein. Eine niedrigere Festsetzung der Geldbuße um bis zu 50 % konnte erreichen, wer weder die kumulativen Voraussetzungen des Abschnitts A noch die des Abschnitts B erfüllt, jedoch einen wesentlichen Beitrag zur Aufdeckung des Kartells geleistet und die Teilnahme an demselben spätestens nach Erhalt eines ersten Anhörungsschreibens eingestellt hatte.[502]

Nachdem die Kommission ihre Kronzeugenregelung im Jahr 2002 und erneut im Jahr 2006 überarbeitet hatte, passte das Bundeskartellamt seine Bonusregelung jener weitestgehend an und veröffentlichte im Jahr 2006 eine überarbeitete Fassung derselben. Wie ihr europäisches Vorbild unterscheidet die Bonusregelung von 2006 nur noch zwischen dem Erlass und der Ermäßigung der Geldbuße, jedoch auf insgesamt drei Kooperationsstufen: (1) zwingender Erlass der Geldbuße, (2) Erlass der Geldbuße „in der Regel" und (3) Ermäßigung der Geldbuße. Für den Täter, der sich als erstes an das Bundeskartellamt wendet und dieses durch Informationen und Beweismittel in die Lage versetzt, einen Durchsuchungsbeschluss zu erwirken, ist der Erlass der Geldbuße zwingend (1).[503] Sofern das Bundeskartellamt bereits in der Lage ist, einen Durchsuchungsbeschluss zu bewirken, wird dem Täter, der sich als erstes an das Bundeskartellamt wendet und dieses durch Informationen und Beweismittel in die Lage versetzt, die Tat nachzuweisen, die Geldbuße immerhin noch in der Regel erlassen (2).[504] In beiden Fällen ist es zudem erforderlich, dass der Täter ununterbrochen und uneingeschränkt mit dem Bundeskartellamt zusammenarbeitet.[505] Was hierunter zu verstehen ist, ergibt sich im Einzelnen aus dem mit „Kooperationspflichten" überschriebenen Abschnitt D. Hiernach muss der Täter seine Teilnahme an dem Kartell beenden, dem Bundeskartellamt auch nach Stellung des Bonusantrages alle ihm zugänglichen Informationen und Beweismittel übermitteln, die Zusammenarbeit mit dem Bundeskartellamt vertraulich behandeln und alle an der Kartellabsprache beteiligten Beschäftigten benennen sowie darauf hinwirken, dass alle Beschäftigten ununterbrochen und uneingeschränkt mit dem Bundeskartellamt zusammenarbeiten.[506] Allerdings kann es dem Täter nicht zum Nachteil gereichen, wenn er seine Verteidigungsrechte ausübt, d. h. insbesondere Akteneinsicht und eine Anhörung beantragt und in diesem Zusammenhang entlastende Tatsachen vorträgt.[507] Anders als bei der Kronzeugenregelung der Kommission ist ein Bußgelderlass nicht nur ausgeschlossen, wenn ein Täter andere Beteiligte zur Teilnahme an dem Kartell gezwungen hat, sondern auch dann, wenn er alleiniger

502 Vgl. zum Ganzen *Albrecht*, Die Anwendung von Kronzeugenregelungen, S. 240 f.; *Ohle/Albrecht*, WRP 2006, 866 (869 f.); *Thiem*, Die Bonusregelung, S. 22 ff.

503 Vgl. Bonusregelung 2006, Abschnitt B Rn. 3: „Das Bundeskartellamt *wird* einem Kartellbeteiligten die Geldbuße *erlassen* [...]." [Hervorhebungen durch Verf.].

504 Vgl. Bonusregelung 2006, Abschnitt B Rn. 4: „Das Bundeskartellamt *wird* einem Kartellbeteiligten [...] die Geldbuße *in der Regel erlassen* [...]."[Hervorhebungen durch Verf.].

505 Bonusregelung 2006, Abschnitt B Rn. 3/4 Ziff. 4.

506 Bonusregelung 2006, Abschnitt D.

507 *Dannecker/Biermann*, in: Immenga/Mestmäcker, GWB, § 81 Rn. 432.

Anführer des Kartells gewesen ist.[508] Liegen die kumulativen Voraussetzungen für einen Bußgelderlass nicht vor, kommt ferner eine Bußgeldermäßigung i. H. v. bis zu 50 % der ursprünglich zu verhängenden Geldbuße in Betracht (3). Dazu ist es erforderlich, dass der Täter dem Bundeskartellamt Informationen und Beweismittel vorlegt, die wesentlich dazu beitragen, die Tat nachzuweisen, und er – wie für den Erlass der Geldbuße – ununterbrochen und uneingeschränkt mit dem Bundeskartellamt zusammenarbeitet.[509]

III. Kooperation als mildernder Umstand im Rahmen der Bußgeldleitlinien

Sofern die Voraussetzungen der Bonusregelung nicht erfüllt sind, ist die Berücksichtigung kooperativen Verhaltens im Bußgeldverfahren auch nach den aktuellen Bußgeldleitlinien des Bundeskartellamtes von 2013 möglich. Dort findet sich nunmehr folgende Passage: „Ein positives Nachtatverhalten in Form eines Bonusantrags wird gesondert bei der Bußgeldzumessung berücksichtigt. *Im Anschluss daran wird ggf. ein Abschlag für eine einvernehmliche Verfahrensbeendigung (Settlement) gewährt.*"[510] Auch nach den alten Bußgeldleitlinien von 2006, in denen die Möglichkeit einer Bußgeldermäßigung im Rahmen einer einvernehmlichen Verfahrensbeendigung noch nicht ausdrücklich genannt war, konnte die Kooperation der Betroffenen im Kartellbußgeldverfahren einen mildernden Umstand darstellen, der im Rahmen der Bußgeldbemessung als sog. „Anpassungsfaktor" zu einer Verringerung des Grundbetrages der Geldbuße führte.[511] Anders als in den Bußgeldleitlinien der Kommission war die Kooperation der Betroffenen – dort als „aktive Zusammenarbeit" bezeichnet – in denen des Bundeskartellamtes zwar nicht ausdrücklich genannt, aber als „Nachtatverhalten"[512] einer Ermäßigung der Geldbuße zugänglich.[513]

IV. Überblick über die Entwicklung des Vergleichsverfahrens

Bereits kurz nach Inkrafttreten des GWB im Jahr 1958 wurden Kartellbußgeldverfahren vor dem Bundeskartellamt wiederholt einvernehmlich mit den Betroffenen beendet.[514] *Tiedemann* berichtet in einer im Jahr 1976 veröffentlichten Arbeit von der „Praxis der Kartellaufsichtsbehörden, die [...] nicht selten eine Einigung mit den Betroffenen suchen."[515] In der Folge und insbesondere in den 1990er Jahren

---

508 Vgl. Bonusregelung 2006, Abschnitt B. Rn. 3/4 Ziff. 3; *Dannecker/Biermann*, in: Immenga/Mestmäcker, GWB, § 81 Rn. 428.
509 Bonusregelung 2006, Abschnitt C.
510 Bußgeldleitlinien Bundeskartellamt, Rn. 18. [Hervorhebung durch Verf.].
511 Vgl. Bußgeldleitlinien Bundeskartellamt 2006, Rn. 17.
512 Bußgeldleitlinien Bundeskartellamt 2006, Rn. 17.
513 *Junker/Knigge/Pischel/Reinhart*, in: Rechtsanwaltshandbuch, § 48 Rn. 60.
514 *Burrichter*, in: Ehlermann/Marquis, Antitrust Settlements, 471.
515 *Tiedemann*, Kartellrechtsverstöße, S. 169.

ist das Bundeskartellamt vermehrt zu einer einvernehmlichen Beendigung von Kartellbußgeldverfahren übergegangen.[516] Zwischenzeitlich ist diese Praxis zwar wohl nur vereinzelt angewandt worden,[517] erlebt jedoch seit Ende 2007 einen erneuten Aufschwung, was mit steigenden Fallzahlen aufgrund der häufiger werdenden Inanspruchnahme der Bonusregelung zu begründen sein dürfte.[518] Im Zuge der Bestrebungen der Kommission, ein Vergleichsverfahren auf europäischer Ebene einzuführen, scheint gleichzeitig auch das wissenschaftliche Interesse an der einvernehmlichen Verfahrensbeendigung vor dem Bundeskartellamt gestiegen zu sein. Eine erste Formalisierung seiner Praxis nahm das Bundeskartellamt im Tätigkeitsbericht 2007/2008 vor, in dem es die „Eckpunkte für einvernehmliche Verfahrensbeendigungen (sog. Settlements)“ darlegte.[519] Anschließend begann das Bundeskartellamt ferner damit, den Erlass von Vergleichsentscheidungen regelmäßig in seinen sog. „Fallberichten“ zu dokumentieren.[520] Soweit ersichtlich ist die erste in dieser Form veröffentliche Vergleichsentscheidung jene im Fall *Kaffeeröster*.[521] In diesem Fallbericht ging das Bundeskartellamt noch einmal auf die Grundzüge seiner Settlement-Praxis ein, die es bereits im Tätigkeitsbericht 2007/2008 dargelegt und im *Kaffeeröster*-Fall fortentwickelt hatte.[522] In nachfolgenden Fallberichten und Pressemeldungen wird der Erlass einer Vergleichsentscheidung jeweils kurz erwähnt.[523]

---

516 Bundeskartellamt, Plea Bargaining, Rn. 10; *Vollmer*, in: FIW, Schwerpunkte des Kartellrechts 2009/2010, 135. Erstaunlich ist indes, dass *de Maizière*, Die Praxis der informellen Verfahren, S. 9, in einer im Jahr 1986 erschienenen Arbeit berichtet, dass es seit Anfang der 1980er Jahre beim Bundeskartellamt eine interne Anweisung gebe, „die Höhe der Geldbuße nicht mehr zum Gegenstand von Verhandlungen zu machen“; zuvor sei dies „lange Jahre“ üblich gewesen. Mittlerweile wäre eine solche interne Anweisung indes unzulässig, da die einzelnen Beschlussabteilungen des Bundeskartellamtes nicht mehr weisungsgebunden sind. Außerdem dürfte die Anweisung auch angesichts des Umstandes aufgehoben worden sein, dass Verständigungen in Strafverfahren im Grundsatz bereits seit Längerem von der höchstrichterlichen Rechtsprechung akzeptiert sind. Vgl. *Bueren*, Verständigungen, S. 79 (Fn. 260).

517 Bundeskartellamt, Plea Bargaining, Rn. 10.

518 *Polley/Heinz*, WuW 2012, 14; *Stockmann*, ZWeR 2012, 20 (41).

519 Tätigkeitsbericht Bundeskartellamt 2007/2008, S. 35.

520 In den „Fallberichten“ sowie in den Pressemeldungen fasst das Bundeskartellamt Sachverhalt und wesentliche Entscheidungsgründe ausgewählter Verwaltungs- und Bußgeldverfahren zusammen.

521 Bundeskartellamt v. 18.12.2009, B11–18/08, Fallbericht v. 14.01.2010, S. 3 f.

522 Bericht des Bundeskartellamtes über seine Tätigkeit in den Jahren 2009/2010 sowie über die Lage und Entwicklung auf seinem Aufgabengebiet, BT-Drucks. 17/6640 v. 20.07.2011 (im Folgenden: Tätigkeitsbericht Bundeskartellamt 2009/2010), S. 39; *Wrage-Molkenthin/Bauer*, in: FK-Kartellrecht, Band VI, vor §§ 81–86 GWB Rn. 27 (Fn. 2).

523 Vgl. etwa Bundeskartellamt v. 28.05.2010, B 12–11/08, Fallbericht v. 10.06.2010, S. 3, sowie dass. v. 26.11.2010, B12–13/08, Fallbericht v. 13.12.2010, S. 2.

Jüngst hat das Bundeskartellamt schließlich ein Merkblatt[524] veröffentlicht, in dem es Einzelheiten zum Anwendungsbereich, den Voraussetzungen sowie dem Ablauf des Vergleichsverfahrens darstellt. Die Veröffentlichung des Merkblatts überrascht insofern, als es inhaltlich kaum über die vorgenannten Informationen des Bundeskartellamtes hinausreicht, keine geänderte Verwaltungspraxis enthält und zu einem Zeitpunkt erfolgt, in dem das Vergleichsverfahren bereits weitgehend etabliert ist, ein solches Merkblatt aus Transparenzgesichtspunkten also nicht erforderlich scheint.[525]

Mittlerweile beendet das Bundeskartellamt die Mehrzahl der Bußgeldverfahren einvernehmlich. Der Tätigkeitsbericht 2007/2008 weist erstmals aus, dass in dem entsprechenden Berichtszeitraum sieben von 15 Bußgeldverfahren, also annähernd 50 %, einvernehmlich beendet worden sind.[526] Nach Aussage des Präsidenten des Bundeskartellamtes *Andreas Mundt* in einer Rede vom 10. März 2011 „hat [das Bundeskartellamt] seit 2007 in 37 Verfahren, das entspricht 82 %, Entscheidungen aufgrund von Settlementvereinbarungen getroffen."[527] Das Redemanuskript ergänzt: „Es wird allerdings oft auch nur mit einem Unternehmen im Verfahren gesettelt. In der Zeit 2007 bis März 2011 waren 115 von 178, d. h. 65 %, Unternehmensbußen gesettelte Bußgelder. Bezogen auf die Bußgeldhöhe wurden 37 % der verhängten Bußen gesettelt."[528] Im Tätigkeitsbericht 2009/2010 ist die Rede davon, dass in dem Berichtszeitraum der „überwiegende Anteil der Bußgeldverfahren" einvernehmlich beendet worden sei.[529] An anderer Stelle findet sich die Information, dass im Zeitraum von November 2007 bis September 2011 27 Kartellbußgeldverfahren ganz oder teilweise einvernehmlich beendet werden konnten.[530]

Die Motive des Bundeskartellamtes, Bußgeldverfahren einvernehmlich zu beenden, entsprechen dabei denen, die auch die Kommission zur Einführung des Vergleichsverfahrens bewogen haben: Um der steigenden Anzahl von Kartellbußgeldverfahren Herr werden zu können, sollen die behördlichen Verfahren

---

524 Das Settlement-Verfahren des Bundeskartellamtes in Bußgeldsachen v. 23.12.2003 (im Folgenden: Bundeskartellamt, Merkblatt zum Vergleichsverfahren).

525 Die Monopolkommission hat sich indes aus Gründen der Rechtsklarheit noch recht spät für eine eigenständige Veröffentlichung durch das Bundeskartellamt zu seinem Vorgehen in Vergleichsfällen ausgesprochen; vgl. *Monopolkommission*, Hauptgutachten 2010/2011, Rn. 487. Vgl. zur Wirkung des Merkblattes im Hinblick auf die Schaffung von Verwaltungsgrundsätzen noch V., 2.

526 Tätigkeitsbericht Bundeskartellamt 2007/2008, S. 35; Vgl. auch *Bischke/Boger*, NZG 2009, 1022.

527 *Mundt*, Alternative Instrumente, S. 13 f.

528 *Mundt*, Alternative Instrumente, S. 14 (Fn. 22).

529 Tätigkeitsbericht Bundeskartellamt 2009/2010, S. 41.

530 *Stockmann*, ZWeR 2012, 20 (41); *Vollmer*, in: FIW, Schwerpunkte des Kartellrechts 2009/2010, 135 (136).
Zur Empirie der Verständigungspraxis in *Straf*verfahren vgl. *Velten*, in: SK-StPO, vor §§ 257b-257c ff. StPO Rn. 10.

abgekürzt, Gerichtsverfahren möglichst vermieden und so Ressourcen eingespart werden.[531]

V. Rechtlicher Rahmen der einvernehmlichen Beendigung von Kartellbußgeldverfahren

1. Gesetz zur Regelung der Verständigung in Strafverfahren

a) Allgemeines

Wohl kaum eine Frage ist zwischen Gesetzgeber, Praxis und Rechtswissenschaft ähnlich kontrovers diskutiert worden wie die der Möglichkeit von Absprachen in Strafverfahren.[532] Hierunter ist die Verständigung von Angeklagtem, Gericht und Staatsanwaltschaft in der strafgerichtlichen Hauptverhandlung über Fortgang und vor allem Ergebnis des Verfahrens zu verstehen. Diese seit Jahrzehnten informell betriebene und von der höchstrichterlichen Rechtsprechung[533] grundsätzlich gebilligte Praxis ist mittlerweile mit dem am 4. August 2009 in Kraft getretenen Verständigungsgesetz kodifiziert worden. Insofern ist der Gesetzgeber der Forderung des BGH nachgekommen, „die Zulässigkeit und, bejahendenfalls, die wesentlichen rechtlichen Voraussetzungen und Begrenzungen von Urteilsabsprachen gesetzlich zu regeln."[534]

In der Literatur ist die Diskussion um die Zulässigkeit und Sinnhaftigkeit von Absprachen in Strafverfahren noch nicht abgerissen. Während ihre Kodifizierung insbesondere von Praktikern begrüßt und insofern „lediglich" Kritik an der konkreten gesetzlichen Ausgestaltung geübt wird,[535] stößt die Verständigung in der Strafrechtswissenschaft nach[536] (Inkrafttreten des Verständigungsgesetzes) wie vor[537] (Inkrafttreten des Verständigungsgesetzes) nahezu auf gänzliche Ablehnung. Mit Urteil vom 19. März 2013 hat das BVerfG festgestellt, dass die gesetzlichen Regelungen des Verständigungsgesetzes grundsätzlich verfassungsgemäß seien, dass aber ein erhebliches Vollzugsdefizit bestehe. Der Gesetzgeber sei daher verpflichtet, die gerichtliche Verständigungspraxis im Auge zu behalten und etwaigen

---

531 *Mundt*, Alternative Instrumente, S. 2/15. Die Bezugnahme auf die Vermeidung von Gerichtsverfahren verwundert allerdings insofern, als kartellrechtliche Bußgeldbescheide in Deutschland nur vergleichsweise selten vor Gericht verhandelt werden. Vgl. auch Bundeskartellamt, Merkblatt zum Settlementverfahren, S. 2.

532 Vgl. dazu *Schünemann*, ZRP 2009, 104 (105).

533 Vgl. BVerfG, NStZ 1987, 419; dass., NJW 2013, 1058; BGHSt 43, 195; ders. St 50, 40.

534 BGHSt 50, 40 (64).

535 Vgl. nur *Meyer-Goßner*, ZRP 2009, 107 ff.; so aber auch *Jahn/Müller*, NJW 2009, 2625 ff.

536 Vgl. etwa *Eschelbach*, in: Graf, Beck-OK StPO, § 257c StPO Rn. 1 ff.; *Miebach*, in: Münchener Kommentar, StGB, § 46 Rn. 207 ff.; *Stuckenberg*, in: Löwe-Rosenberg, StPO, § 257c Rn. 2 ff.

537 Vgl. etwa *Fischer*, NStZ 2007, 433 ff.; *Weigend*, JZ 1990, 774 ff.

Fehlentwicklungen entgegenzuwirken, um der Entstehung eines verfassungswidrigen Zustandes vorzubeugen.[538]

b) Geltung des Verständigungsgesetzes auch für Bußgeldverfahren vor dem Bundeskartellamt?

Hat sich das Bundeskartellamt vor Inkrafttreten des Verständigungsgesetzes maßgeblich an der höchstrichterlichen Rechtsprechung zu Absprachen im strafgerichtlichen Verfahren orientiert,[539] könnte das Verständigungsgesetz nunmehr auch die Rechtsgrundlage für die einvernehmliche Beendigung von Kartellbußgeldverfahren bilden.[540]

Nach § 257c Abs. 1 Satz 1 StPO kann sich das Gericht in geeigneten Fällen mit den Verfahrensbeteiligten über den weiteren Fortgang und das Ergebnis des Strafverfahrens verständigen.[541] Da sich sowohl das gerichtliche (vgl. § 71 Abs. 1 OWiG) als auch das behördliche (vgl. § 46 Abs. 1 OWiG) Bußgeldverfahren grundsätzlich nach den Regeln des Strafverfahrens richtet, erscheint die Geltung des Verständigungsgesetzes auch für das Ordnungswidrigkeitenrecht naheliegend. Allerdings ist der Gesetzentwurf der Auffassung, dass es im Bußgeldverfahren in der Regel keine „geeigneten Fälle" im Sinne des § 257c Abs. 1 Satz 1 StPO gebe.[542] Hierfür führt werden folgende Gründe angeführt:[543]

- im Hinblick auf eine zügige Verfahrenserledigung seien nur selten schwierige und langwierige Beweiserhebungen erforderlich;
- das Nachtatverhalten der Betroffenen sei bei den Zumessungskriterien für die Höhe der Geldbuße in § 17 Abs. 3 OWiG – anders als in § 46 Abs. 2 StGB – nicht explizit genannt, auch wenn es als Zumessungskriterium herangezogen werden könne;

538 BVerfG, NJW 2013, 1058 (1067 ff.).

539 Bundeskartellamt, Plea Bargaining, Rn. 8 f.; *Bueren*, Verständigungen, S. 80; *Dannecker/Biermann*, in: Immenga/Mestmäcker, GWB, vor § 81 Rn. 251.

540 Ob das Vergleichsverfahren einer (parlaments-)gesetzlichen Ermächtigungsgrundlage bedarf, soll hier zunächst noch offen gelassen und erst in Teil 4., B., I. geklärt werden.

541 Daneben sehen § 160b StPO und § 202a StPO zwar auch Absprachen zwischen der Staatsanwaltschaft und den Verfahrensbeteiligten bzw. dem Gericht und den Verfahrensbeteiligten außerhalb der Hauptverhandlung vor. Hierbei handelt es sich jedoch ausschließlich um die bloße Möglichkeit, den Verfahrensstand mit den Beteiligten zu erörtern und eine zukünftige, bindende Verständigung vorzubereiten, was sie maßgeblich von dem vorliegend zu behandelnden Vergleichsverfahren des Bundeskartellamtes unterscheidet. Sie können deshalb im Folgenden außer Acht gelassen werden.

542 RegE Verständigungsgesetz, BT-Drucks. 16/12310, S. 15.

543 RegE Verständigungsgesetz, BT-Drucks. 16/12310, S. 15.

- das in § 47 Abs. 3 OWiG enthaltene Verbot, eine Verfahrenseinstellung zu „erkaufen", zeige, dass im Bußgeldverfahren gerade die in Massenverfahren gebotene Gleichbehandlung bei der Sanktionierung eine gewisse Zurückhaltung gegenüber einer vom Regelfall abweichenden Ahndung gebiete;
- das im Bußgeldverfahren geltende Opportunitätsprinzip eröffne bereits jetzt einen hinreichenden Spielraum, z. B. auf eine schwierige Sachverhaltsaufklärung, die in keinem angemessenen Verhältnis zur Bedeutung der Ordnungswidrigkeit stehe, zu verzichten und das Verfahren einzustellen.

Die vorgenannten Erwägungen sind indes auf leichte, massenhaft auftretende Verstöße, wie vor allem Verkehrsordnungswidrigkeiten, welche in dem Gesetzentwurf beispielhaft genannt werden, zugeschnitten. Bei schwerwiegenden Ordnungswidrigkeiten wie etwa bei Kartellordnungswidrigkeiten könne hingegen im Einzelfall durchaus eine prozessrechtliche Situation entstehen, die eine Verständigung angezeigt erscheinen lasse.[544] Insofern sei es grundsätzlich auch gerechtfertigt, die im Entwurf des Verständigungsgesetzes für das Strafverfahren aufgestellten Anforderungen und Bedingungen zu beachten.[545] Dies soll aber wiederum nur für das *gerichtliche*, nicht jedoch für das *behördliche* Bußgeldverfahren gelten. Auf eine Regelung, die der Verwaltungsbehörde die dem Gericht im Strafverfahren eingeräumten Befugnisse zur Verständigung gewährt, werde verzichtet, da hierfür nicht nur kein nennenswerter Bedarf erkennbar sei, sondern eine solche Regelung auch das summarische Verfahren der Verwaltungsbehörde übermäßig formalisieren würde.[546] Im Übrigen entspreche dieser Verzicht auch der für das Verfahren bis zum Erlass eines Strafbefehls vorgesehenen Rechtslage.[547] In der kartellrechtlichen Literatur wird für den Verzicht auf eine solche Regelung ergänzend angeführt, dass das behördliche Bußgeldverfahren ohnehin vergleichsartig ausgestaltet und der Bußgeldbescheid nur ein vorläufiger Ausspruch sei.[548] Demnach kann das Verständigungsgesetz nicht als spezielle Rechtsgrundlage für einvernehmliche Verfahrensbeendigungen vor dem Bundeskartellamt angesehen werden.[549]

Davon zu unterscheiden ist indes die Frage, ob und inwiefern die Grundsätze des Verständigungsgesetzes auch im *behördlichen* Kartellbußgeldverfahren Anwendung finden (sollen). Der Gesetzentwurf geht davon aus, dass das Gebot des fairen Verfahrens es erfordere, die „zentralen rechtsstaatlichen Anforderungen des Verständigungsgesetzes" im behördlichen Verfahren zu beachten.[550] Allerdings

544 RegE Verständigungsgesetz, BT-Drucks. 16/12310, S. 15.
545 RegE Verständigungsgesetz, BT-Drucks. 16/12310, S. 16.
546 RegE Verständigungsgesetz, BT-Drucks. 16/12310, S. 16.
547 RegE Verständigungsgesetz, BT-Drucks. 16/12310, S. 16.
548 *Vollmer*, ECLR 2011, 350 (351); *ders.*, in: FIW, Schwerpunkte des Kartellrechts 2009/2010, 135 (139). Vgl. dazu bereits Teil 2, B., V.
549 So auch *Polley/Heinz*, WuW 2012, 14 (15); *Vollmer*, ECLR 2011, 350 (351).
550 RegE Verständigungsgesetz, BT-Drucks. 16/12310, S. 16. Vgl. auch Bundeskartellamt, Merkblatt zum Settlement-Verfahren, S. 2.

beschreibt diese Feststellung – obgleich durchaus begrüßenswert – ohnehin nur eine Selbstverständlichkeit und ist deshalb rein deklaratorisch. So kann es nicht vom Willen des einfachen Gesetzgebers abhängen, ob die rechtsstaatlichen, mithin verfassungsrechtlichen Anforderungen des Verständigungsgesetzes bei Absprachen im Bußgeldverfahren gelten. Dogmatisch ist die sinngemäße Anwendbarkeit der Vorschriften des Verständigungsgesetzes für das *gesamte* Ordnungswidrigkeitenrecht zudem – wie oben bereits angedeutet – über §§ 46 Abs. 1, 71 Abs. 1 OWiG begründbar.[551] Da § 257c StPO auf die Hauptverhandlung im Strafverfahren zugeschnitten ist, ist bei der sinngemäßen Anwendung auf das *behördliche* Ordnungswidrigkeitenverfahren einerseits zwar Vorsicht geboten. Andererseits dürften die rechtsstaatlichen Grundsätze in *Kartell*bußgeldsachen durchaus in einer gewissen Strenge gelten, da es sich bei Kartellverstößen – jedenfalls bei den schwerwiegenden materiell-rechtlichen Zuwiderhandlungen – um große Ordnungswidrigkeiten mit entsprechend hohen Sanktionen und gerade nicht um massenhaft auftretendes Bagatellunrecht handelt.[552]

Leider nennt der Gesetzentwurf die „zentralen rechtsstaatlichen Anforderungen des Verständigungsgesetzes" nicht im Einzelnen. Allerdings entstammt die Begrifflichkeit offensichtlich der Rechtsprechung von BVerfG und BGH. Ersteres hat in seiner Grundsatzentscheidung festgestellt: „Grundrechtlicher Prüfungsmaßstab für eine solche Verständigung über Ergebnisse eines Strafverfahrens ist in erster Linie das Recht des Angeklagten auf ein faires, rechtsstaatliches Verfahren (Art. 2 I i. V. mit Art. 20 III GG)."[553] Eine ähnliche Formulierung hat der BGH gewählt: „Ausgangspunkt für die Prüfung der Zulässigkeit einer Absprache ist das aus dem Rechtsstaatsprinzip (Art. 20 Abs. 3 GG) i.V.m. Art. 2 Abs. 1 GG abgeleitete allgemeine Recht des Angeklagten auf ein faires, rechtsstaatliches Verfahren mit den Ausprägungen, die dieses Prinzip in den Verfahrensgrundsätzen des Strafprozeßrechts

551 Vgl. auch *Brenner*, WuW 2011, 590 (594); *Fromm*, NZV 2010, 550; *Seitz*, in: Göhler, OWiG, § 78 Rn. 2a; *Stuckenberg*, in: Löwe-Rosenberg, StPO, § 257c Rn. 20.

552 Ähnlich auch bereits für Verständigungen in Kartellbußgeldverfahren *vor* Inkrafttreten des Verständigungsgesetzes *Dannecker/Biermann*, in: Immenga/Mestmäcker, GWB, § 81 Rn. 251: „Diese Grundsätze sind entsprechend auf das Ordnungswidrigkeitenverfahren – jedenfalls soweit es sich um schwerwiegende Kartellrechtsverstöße handelt, die mit hohen Geldbußen geahndet werden sollen – zu übertragen. Im gerichtlichen Verfahren sind diese Anforderungen im Wesentlichen verbindlich. Auch in dem behördlichen Verfahren bietet sich eine Orientierung an diesen durch die Rechtsprechung aufgestellten Prinzipien an." Was die Überprüfung des Vergleichsverfahrens im Hinblick auf seine Rechtsstaatlichkeit in dieser Arbeit betrifft (vgl. Teil 4, B.), so ergibt sich aus dem Vorgenannten, dass argumentative Bezugnahmen auf die jeweilige Vorschrift des Verständigungsgesetzes durchaus angezeigt sind, das Vorgehen des Bundeskartellamtes aber nicht gegen die Vorschrift des Verständigungsgesetzes als solche, sondern nur gegen den entsprechenden rechtsstaatlichen Grundsatz verstoßen kann.

553 BVerfG, NStZ 1987, 419.

gefunden hat."[554] In der Folge haben beide Gerichte – jedenfalls implizit – die Praxis der Verständigung in Strafverfahren auf ihre Vereinbarkeit mit ganz unterschiedlichen verfassungsrechtlichen Verfahrensprinzipien bzw. Verteidigungsrechten, welche ihren Niederschlag schließlich auch im Verständigungsgesetz gefunden haben, geprüft. Namentlich sind dies der Untersuchungsgrundsatz (§ 257c Abs. 1 Satz 2), das Verbot einer Verständigung über den Schuldspruch, (§ 257c Abs. 2 Satz 3 StPO), die grundsätzliche Bindungswirkung der getroffenen Absprache (§ 257c Abs. 4 Satz 1 Hs. 1 und 2 StPO), das Verbot, das Geständnis einer gescheiterten Absprache zu verwerten (§ 257c Abs. 4 Satz 3 StPO), der Grundsatz schuldangemessenen Strafens (§ 257c Abs. 4 Satz 1 Hs. 2 StPO), die Pflicht zur Protokollierung der Absprache (§ 273 Abs. 1a StPO)[555] und das Verbot eines Rechtsmittelverzichtes (§ 302 Abs. 1 Satz 2 StPO).

2. *Allgemeine Verwaltungsgrundsätze*

Darüber hinaus könnte das Bundeskartellamt durch seine Veröffentlichungen[556] allgemeine Verwaltungsgrundsätze geschaffen haben, die die einvernehmliche Beendigung von Kartellbußgeldverfahren im Einzelnen regeln und das Bundeskartellamt bei der zukünftigen Durchführung von Vergleichsverfahren binden.

Gemäß § 81 Abs. 7 GWB kann das Bundeskartellamt „allgemeine Verwaltungsgrundsätze über die Ausübung seines Ermessens bei der Bemessung der Geldbuße, insbesondere für die Feststellung der Bußgeldhöhe als auch für die Zusammenarbeit mit ausländischen Wettbewerbsbehörden festlegen." Bei den Verwaltungsgrundsätzen des Bundeskartellamtes, die dieses zumeist als Bekanntmachungen, Leitlinien oder Merkblätter bezeichnet, handelt es sich um ermessenslenkende Verwaltungsvorschriften, die – ähnlich den Mitteilungen, Bekanntmachungen und Leitlinien der Kommission – zu einer Selbstbindung der Behörde führen.[557] Grundlage der Selbstbindung der Verwaltung im Rahmen des ihr eingeräumten Ermessens sind der Grundsatz der Gleichbehandlung aus Art. 3 Abs. 1 GG sowie – insbesondere bei der Veröffentlichung von Verwaltungsgrundsätzen – das rechtsstaatliche

---

554 BGHSt 43, 195 (203 f.). Ähnlich auch BGHSt 50, 40 (48): „Verfassungsrechtliche Grenzen ergeben sich für die Urteilsabsprache insbesondere aus dem Grundsatz des fairen Verfahrens und dem Schuldprinzip."

555 Insofern sieht § 78 Abs. 2 OWiG für das gerichtliche Bußgeldverfahren spezialgesetzlich vor, dass nur eine tatsächlich erfolgte Verständigung – und nicht wie im Strafverfahren auch ihr Unterbleiben, vgl. § 273 Abs. 1a Satz 3 StPO – zu protokollieren ist. Vgl. dazu noch VII., 2., c).

556 Vgl. bereits IV.

557 BGHZ 96, 69 (79/80); *Becker*, in: Loewenheim/Meessen/Riesenkampff, Kartellrecht, § 53 GWB Rn. 3; *Brenner*, WuW 2011, 590 (593); *ders.*, Das Vergleichsverfahren, S. 306; *Dannecker/Biermann*, in: Immenga/Mestmäcker, GWB, § 81 Rn. 470; *Klaue*, in: Immenga/Mestmäcker, GWB, § 53 GWB Rn. 4; *Wiedemann*, in: Wiedemann, Kartellrecht, § 1 Rn. 45.

Vertrauensschutzprinzip.[558] Von einer Selbstbindung ist demnach auszugehen, sofern bei den Betroffenen aufgrund gefestigter oder kundgetaner Verwaltungspraxis ein Vertrauenstatbestand dergestalt geschaffen wurde, dass das Bundeskartellamt gemäß den veröffentlichten Verwaltungsgrundsätzen verfahren bzw. entscheiden werde.

§ 81 Abs. 7 GWB wurde durch die 7. GWB-Novelle in das Gesetz eingefügt. Zunächst war in der Vorschrift nur die Rede von der „Bemessung der Geldbuße auch für die Zusammenarbeit mit den ausländischen Wettbewerbsbehörden"; erst durch eine Gesetzesänderung im Jahr 2007 wurde sie dergestalt ergänzt, dass der Erlass von Verwaltungsvorschriften „insbesondere [auch] für die Feststellung der Bußgeldhöhe" möglich ist.[559] Dies war insofern angezeigt, als die Kompetenz des Bundeskartellamtes zum Erlass von Verwaltungsvorschriften, die seine Ermessensausübung bei der Bemessung von Geldbußen betreffen, im Zuge der Einführung der Bonusregelung angezweifelt worden war.[560]

Anders als bei dieser hat das Bundeskartellamt hinsichtlich des Vergleichsverfahrens zunächst jedoch auf die Veröffentlichung einer entsprechenden Bekanntmachung verzichtet. Aufgrund der wesentlichen Unterschiede zwischen der Bonusregelung und dem Vergleichsverfahren kann deren Bekanntmachung auch nicht etwa zur Regelung der einvernehmlichen Beendigung von Bußgeldverfahren herangezogen werden. Ähnliches gilt hinsichtlich der Bußgeldleitlinien des Bundeskartellamtes. Zwar sahen bereits die Bußgeldleitlinien von 2006 eine Ermäßigung der Geldbuße für positives Nachtatverhalten vor, worunter auch die Abgabe eines Geständnisses subsumiert werden kann.[561] In den Bußgeldleitlinien von 2013 ist die Möglichkeit der Bußgeldermäßigung im Rahmen des Vergleichsverfahrens nun sogar ausdrücklich genannt.[562] Allerdings stellt die Bußgeldermäßigung für die Abgabe des Geständnisses (bzw. der Settlementerklärung) nur einen Teilaspekt des Vergleichsverfahrens dar und finden sich weder hier noch dort spezifische Ausführungen zu den Voraussetzungen einer einvernehmlichen Verfahrensbeendigung oder dem Ablauf des Verfahrens. Einzig in den „Erläuterungen zu den Leitlinien für die Bußgeldzumessung in Kartellordnungswidrigkeitenverfahren", die den aktuellen Bußgeldleitlinien beigefügt sind, wird auf die „Leitlinien des Bundeskartellamts für eine einvernehmliche Verfahrensbeendigung [vgl. den Tätigkeitsbericht 2007/2008,

---

558 Vgl. nur BVerwGE 35, 159 (162); *Dürig/Scholz*, in: Maunz/Dürig, GG, Art. 3 Abs. 1 Rn. 428 ff.

559 RegE eines Gesetzes zur Bekämpfung von Preismissbrauch im Bereich der Energieversorgung und des Lebensmittelhandels, BT-Drucks. 16/5847 v. 27.06.2007, S. 12; *Raum*, in: Langen/Bunte, Deutsches Kartellrecht, § 81 Rn. 180.

560 *Dannecker/Biermann*, in: Immenga/Mestmäcker, GWB, § 81 Rn. 469. Zur Kompetenz des Bundeskartellamtes zum Erlass von Verwaltungsvorschriften noch vor Inkrafttreten des § 81 Abs. 7 GWB vgl. ausführlich *Hetzel*, Kronzeugenregelungen, S. 240 ff.; *Thiem*, Die Bonusregelung, S. 75 ff.; *Wiesner*, Der Kronzeuge im Kartellrecht, S. 77 ff.

561 Vgl. auch Tätigkeitsbericht Bundeskartellamt 2007/2008, S. 35.

562 Vgl. bereits III.

S. 35] und den Fallbericht zur Entscheidung vom 18.12.2009 im ‚Bußgeldverfahren gegen Kaffeeröster‘ (B11–18/08), S. 3 f.“, in denen Einzelheiten des Vergleichsverfahrens dargestellt sind,[563] verwiesen.[564] Vor dem Hintergrund dieser „Veröffentlichungssystematik“ erschien es fraglich, ob mit den vorgenannten Informationen bereits bindende Verwaltungsgrundsätze aufgestellt worden sind.[565]

Eine bestimmte Form der Veröffentlichung sehen zwar weder § 81 Abs. 7 noch § 53 Abs. 1 Satz 3 GWB vor,[566] so dass grundsätzlich auch Tätigkeitsberichte oder Fallberichte Verwaltungsgrundsätze enthalten können.[567] In den erwähnten „Erläuterungen zu den Leitlinien für die Bußgeldzumessung in Kartellordnungswidrigkeitenverfahren“ bezeichnet das Bundeskartellamt die Darstellungen des Vergleichsverfahrens im Tätigkeitsbericht 2007/2008 sowie im Fallbericht zum *Kaffeeröster*-Verfahren zudem selbst als „Leitlinien“.[568] Gegen eine Qualifikation als Verwaltungsgrundsätze spricht hingegen die – im Vergleich etwa zu den Bußgeldleitlinien, der Bonusregelung oder den Aussagen des Bundeskartellamtes zur Anwendung des Kartellverbots auf Gemeinschaftsunternehmen[569] – geringe Regelungsdichte sowie der Umstand, dass die Informationen zum Vergleichsverfahren eher bruchstückhaft an Orten erschienen sind, die jedenfalls als

563 Vgl. bereits IV.

564 Vgl. a. a. O., S. 4. Weitere Informationen seitens des Bundeskartellamtes finden sich ferner im Tätigkeitsbericht Bundeskartellamt 2009/2010, S. 41, sowie in zwei Beiträgen für den Wettbewerbsausschuss der OECD (Bundeskartellamt, Plea Bargaining; dass., in: OECD, Settlements, S. 51 f.).

565 Die Existenz von Verwaltungsgrundsätzen ablehnend *Polley/Heinz*, WuW 2012, 14 (24), die jedoch gleichwohl – aufgrund der sich mittlerweile herausgebildeten Verwaltungspraxis – eine Bindung des Bundeskartellamtes bejahen. Ähnlich auch *Brenner*, Das Vergleichsverfahren, S. 307 f., der die in dem Fallbericht *Kaffeeröster* genannten Eckpunkte für geeignet hält, eine Selbstbindung des Bundeskartellamtes herbeizuführen; zweifelnd hingegen noch *ders.*, WuW 2011, 590 (593). Eine Selbstbindung kraft Verwaltungspraxis – jedenfalls für die Höhe der zu gewährenden Bußgeldermäßigung – nimmt auch *Herrlinger*, ZWeR 2012, 137 (154), an. Der Meinungsstand bezieht sich dabei noch auf die Situation vor Erlass der aktuellen Bußgeldleitlinien von 2013.

566 *Becker*, in: Loewenheim/Meessen/Riesenkampff, Kartellrecht, § 53 GWB Rn. 1; *Klaue*, in: Immenga/Mestmäcker, GWB, § 53 GWB Rn. 6. § 53 Abs. 1 Satz 3 GWB betrifft den Erlass von Verwaltungsvorschriften mit allgemeiner, verfahrensregelnder Wirkung außerhalb der Bußgeldbemessung.

567 Im Hinblick auf Aussagen des Bundeskartellamtes in seinem Tätigkeitsbericht aus dem Jahr 1978 – Bericht des Bundeskartellamtes über seine Tätigkeit im Jahre 1978 sowie über Lage und Entwicklung auf seinem Aufgabengebiet (§ 50 GWB), BT-Drucks. 8/2980 , S. 24 – zur Anwendung des Kartellverbots auf Gemeinschaftsunternehmen, ist dies bereits vom BGH (BGHZ 96, 69 [79]) entschieden worden. Vgl. auch *Brenner*, Das Vergleichsverfahren, S. 307; *ders.*, WuW 2011, 590 (593).

568 Vgl. Bundeskartellamt, a. a. O., S. 4.

569 Vgl. Fn. 567.

unüblich für die Veröffentlichung von Verwaltungsgrundsätzen anzusehen. Das Bundeskartellamt hat die Darstellungen seiner Settlement-Praxis deshalb zunächst auch lediglich als „Eckpunkte" bezeichnet.[570] In ihrer Stellungnahme zum Tätigkeitsbericht 2009/2010 des Bundeskartellamtes hat sich die Bundesregierung positiv sowohl zur Praxis der einvernehmlichen Beendigung von Kartellbußgeldverfahren als solcher als auch zur diesbezüglichen Öffentlichkeitsarbeit des Bundeskartellamt geäußert:[571] „Sie [die Bundesregierung] beurteilt den Ansatz des Bundeskartellamtes, Bußgeldverfahren – soweit möglich und sinnvoll – durch einvernehmliche Absprachen mit den Betroffenen abzuschließen, positiv. Auf diese Weise lässt sich die Effektivität der Kartellverfolgung erhöhen. Die Bundesregierung legt Wert darauf, dass auch bei einvernehmlichen Verfahrensbeendigungen die rechtsstaatlichen Grenzen beachtet werden. Sie begrüßt deshalb, dass das Bundeskartellamt im Rahmen des *Kaffeeröster*-Kartells die Voraussetzungen und Verfahrensschritte bei einem Vergleich zwischen Wettbewerbsbehörde und Betroffenen veröffentlicht und damit transparent gemacht hat."

Spätestens das gegen Ende des Jahres 2013 veröffentlichte Merkblatt zum Vergleichsverfahren[572] enthält schließlich aber Verwaltungsgrundsätze im dargestellten Sinne. Zwar sind die in ihm enthaltenen Informationen kaum detaillierter als die bisherigen Veröffentlichungen des Bundeskartellamtes und erreichen jene nicht annähernd den Umfang sowie die Regelungsdichte der Mitteilung über das Vergleichsverfahren der Kommission. Diese weiterhin geringe Formalisierung des Vergleichsverfahrens[573] dürfte dem Bundeskartellamt dabei aber vor allem dazu dienen, im Einzelfall möglichst flexibel vorgehen zu können; sie spricht indes nicht schlechthin gegen das Vorliegen von Verwaltungsgrundsätzen. Vielmehr muss die Verwaltung auch und gerade in solchen Fallgestaltungen, die von dem Regelfall abweichen, in der Lage sein, eine angemessene, dem konkreten Einzelfall gerecht werdende Entscheidung zu treffen. Darüber hinaus stellt die Veröffentlichung aber eine Zusammenfassung der bekannten Informationen zum Vergleichsverfahren dar und gibt damit einen Überblick über die bisherige Verwaltungspraxis. Dies geschieht schließlich – und das ist ungleich wichtiger – in einem Merkblatt, mithin an „prominenter" Stelle, in dem nicht etwa nur gelegentlich eines anderen Anlasses – insofern aber der Tätigkeitsbericht 2007/2008 sowie der Fallbericht im *Kaffeeröster*-Verfahren – über das Vergleichsverfahren informiert wird, sondern dessen einziger Zweck hierin besteht.

Damit ist bei den Adressaten ein dahingehender Vertrauenstatbestand geschaffen worden, dass sich das Bundeskartellamt in zukünftigen (Vergleichs-)Fällen

---

570 Tätigkeitsbericht Bundeskartellamt 2007/2008, S. 35; dass. v. 18.12.2009, B11–18/08, Fallbericht v. 14.01.2010, S. 3.

571 Tätigkeitsbericht Bundeskartellamt 2009/2010, S. VII.

572 Vgl. bereits IV.

573 Vgl. bereits zur Situation vor Veröffentlichung des Merkblatts zum Vergleichsverfahren *Brenner*, Das Vergleichsverfahren, S. 308; *ders.*, WuW 2011, 590 (592); *Polley/Heinz*, WuW 2012, 14 (17/20).

grundsätzlich in der in dem Merkblatt zum Vergleichsverfahren beschriebenen Art und Weise verhalten werde.[574]

VI. Anwendungsbereich des Vergleichsverfahrens

Der Anwendungsbereich des deutschen ist deutlich weiter als der des europäischen Vergleichsverfahrens. Während die Kommission ihr Vergleichsverfahren nur in Hardcore-Fällen zur Anwendung bringen möchte, ist die Durchführung von Vergleichsverfahren vor dem Bundeskartellamt neben horizontalen auch bei vertikalen Kartellabsprachen sowie bei Verstößen gegen das Missbrauchs- und das Zusammenschlussverbot möglich.[575] Im Berichtszeitraum 2009/2010 etwa wurden zehn Verfahren wegen horizontaler und vier wegen vertikaler Absprachen sowie eines wegen des Verstoßes gegen das fusionskontrollrechtliche Vollzugsverbot einvernehmlich beendet.[576] Zudem können sich neben juristischen auch natürliche Personen, also insbesondere die für die Zuwiderhandlung verantwortlichen Leitungspersonen, mit dem Bundeskartellamt vergleichen.[577]

VII. Verfahrensablauf

Wie das Vergleichsverfahren der Kommission ist auch das Vergleichsverfahren des Bundeskartellamtes nicht als Alternative zum streitigen Bußgeldverfahren anzusehen, sondern jenes ist dergestalt in dieses integriert, dass es den normalen Verfahrensablauf in einigen Punkten modifiziert.

1. Beginn

Die Initiative zur Aufnahme von Vergleichsgesprächen geht in der Regel vom Bundeskartellamt aus, wobei sich dieses aus Gründen der Gleichbehandlung stets an alle Betroffenen wendet, um deren Gesprächsbereitschaft auszuloten.[578] Aber auch die Betroffenen können an das Bundeskartellamt herantreten und eine einvernehmliche

---

574 Um die Bandbreite der verschiedenen Vorgehensweisen des Bundeskartellamtes in der Praxis möglichst umfassend abzubilden, soll im Folgenden neben dem Merkblatt zum Vergleichsverfahren aber auch maßgeblich auf andere Informationsquellen, zu denen neben den älteren Veröffentlichungen des Bundeskartellamtes auch entsprechende Beiträge aus dem Schrifttum zählen, zurückgegriffen werden.

575 Vgl. Bundeskartellamt, Merkblatt zum Vergleichsverfahren, S. 1; *Brenner*, WuW 2011, 590 (592); *Burrichter*, in: Ehlermann/Marquis, Antitrust Settlements, 471 (473); *Mundt*, Alternative Instrumente S. 14; *Polley/Heinz*, WuW 2012, 14 (15).

576 Tätigkeitsbericht Bundeskartellamt 2009/2010, S. 41.

577 Vgl. Tätigkeitsbericht Bundeskartellamt 2009/2010, S. 39; Bundeskartellamt v. 16.06.2010, Fallbericht B11–15/09 v. 28.06.2010, S. 2; dass., Merkblatt zum Vergleichsverfahren, S. 1.

578 *Vollmer*, ECLR 2011, 350 (353); *ders.*, in: FIW, Schwerpunkte des Kartellrechts 2009/2010, 135 (144).

Verfahrensbeendigung anregen.[579] Es besteht jedoch kein Anspruch auf Durchführung des Vergleichsverfahrens; die Aufnahme von Vergleichsgesprächen steht vielmehr im Ermessen des Bundeskartellamtes, und eine Ermessensreduzierung auf Null dürfte aufgrund der Verschiedenartigkeit der einzelnen Fälle kaum jemals in Betracht kommen.[580]

Die Kontaktaufnahme seitens des Bundeskartellamtes mit dem Zweck, die Vergleichsbereitschaft der Parteien auszuloten, kann bereits zu einem sehr frühen Zeitpunkt erfolgen. Das Merkblatt zum Vergleichsverfahren spricht insofern (nur) von einem „hinreichenden Informationsstand", den sich das Bundeskartellamt durch die Sichtung von Beweismitteln zuvor verschafft haben will.[581] Zwar betont *Mundt*, dass den Betroffenen erst nach Abschluss der Sachverhaltsermittlung ein Angebot zur Durchführung des Vergleichsverfahrens gemacht werde.[582] *Vollmer* bezeichnet ein solches Vorgehen hingegen lediglich als den Regelfall, gibt aber zu, dass Vergleichsgespräche ausnahmsweise auch bereits unmittelbar nach einer Durchsuchung bei den Betroffenen beginnen können.[583] Beispielhaft für ein solches Vorgehen nennt er die Fälle *Werbezeitenvermarkter* sowie *Dekorpapier*. In ersterem konnte das Bundeskartellamt bereits nach etwa fünf Monaten (November 2007), nachdem die Geschäftsräume der betroffenen Unternehmen durchsucht worden waren (Juni 2007), Bußgeldbescheide verhängen; zudem erklärten die Unternehmen bereits im Oktober 2007, die in Aussicht gestellten Geldbußen akzeptieren zu wollen.[584] Im Fall *Dekorpapier* lagen zwischen der Durchsuchung der Geschäftsräume und dem Erlass des Bußgeldbescheides sogar nur drei Monate.[585]

Teilweise kommt es aber auch erst nach Erhalt des Anhörungsschreibens zur Aufnahme von Vergleichsgesprächen, wobei die Verfahrensrationalisierungen in diesem Fall regelmäßig geringer ausfallen dürften.[586]

Während es in Bezug auf das europäische Vergleichsverfahrens Diskussionen gab, ob die Kommission wegen des etwaigen Verlustes von Verfahrensrationalisierungen bereit wäre, Hybrid-Fälle durchzuführen, werden solche vom Bundeskartellamt

---

579 Bundeskartellamt, Merkblatt zum Vergleichsverfahren, S. 2; *Polley/Heinz*, WuW 2012, 14 (16).

580 *Polley/Heinz*, WuW 2012, 14 (16, Fn. 22).

581 Bundeskartellamt, Merkblatt zum Vergleichsverfahren, S. 3.

582 Interview mit *Andreas Mundt*, DER SPIEGEL, Nr. 24/2010, S. 82.

583 *Vollmer*, ECLR 2011, 350 (353); *ders.*, in: FIW, Schwerpunkte des Kartellrechts 2009/2010, 135 (143 f.). Vgl. dazu auch *Mundt*, Alternative Instrumente, S. 15.

584 Bundeskartellamt, Pressemitteilung v. 30.11.2007; *Holmes/Girardet*, Settling Cartel Cases, S. 5; *Vollmer*, ECLR 2011, 350. Vgl. zu dem Fall auch ICN, Cartel Settlements, S. 29 f.

585 *Vollmer*, ECLR 2011, 350.

586 *Burrichter*, in: Ehlermann/Marquis, Antitrust Settlements, 471 (473); *Polley/Heinz*, WuW 2012, 14 (18); *Vollmer*, ECLR 2011, 350 (353/354).

ganz selbstverständlich entschieden.[587] Im Berichtszeitraum 2009/2010 etwa handelte es sich bei fünf von zehn Verfahren wegen horizontaler Absprachen um Hybrid-Fälle.[588] Verfahrensrationalisierungen sollen in Hybrid-Fällen vor allem im Zwischen- sowie im sich etwaig anschließenden Gerichtsverfahren entstehen.[589] Außerdem verwendet das Bundeskartellamt die Geständnisse bzw. Settlementerklärungen[590] als Beweismittel in den Verfahren gegen die nicht vergleichsbereiten Betroffenen.[591] Ein weiterer Vorteil sei es, dass die Betroffenen, mit denen ein Bußgeldverfahren rechtskräftig einvernehmlich beendet worden ist, als Zeugen in den (Gerichts-)Verfahren gegen die anderen Betroffenen vernommen werden könnten, da jenen insofern kein Auskunftsverweigerungsrecht gemäß § 46 Abs. 1 OWiG i. V. m. § 55 StPO mehr zustehe.[592]

2. *Die Vergleichsgespräche*

a) Gegenstand der Vergleichsgespräche

Sind sowohl die Betroffenen als auch das Bundeskartellamt grundsätzlich zu einer einvernehmlichen Verfahrensbeendigung bereit, kommt es zu Vergleichsgesprächen. Möglich und üblich sind Absprachen über den Fortgang sowie das Ergebnis des Verfahrens[593] und auch solche über das verfahrensbezogene Verhalten der Betroffenen.[594]

Aufgrund der geringen Formalisierung des deutschen Vergleichsverfahrens gestalten sich die Vergleichsgespräche flexibler. Dabei sind sowohl deren inhaltliche Spannbreite als auch die Verhandlungsmöglichkeiten der Betroffenen regelmäßig größer als im Vergleichsverfahren der Kommission. So hat sich das Bundeskartellamt wiederholt positiv dazu geäußert, weniger bedeutende Tatteile nicht weiter zu verfolgen und auf eine Ahndung für diese zu verzichten,[595] was von einer insofern

587 *Brenner*, WuW 2011, 590 (591 f.); *Hirsbrunner*, EuZW 2011, 12 (14). Vgl. auch Bundeskartellamt, Merkblatt zum Vergleichsverfahren, S. 2.

588 Tätigkeitsbericht Bundeskartellamt 2009/2010, S. 41. Vgl. auch die Fallübersicht bei *Vollmer*, ECLR 2011, 350 (351).

589 *Mundt*, Alternative Instrumente, S. 15.

590 Vgl. dazu noch 2., b).

591 Tätigkeitsbericht Bundeskartellamt 2009/2010, S. 41; *Vollmer*, ECLR 2011, 350 (355); *ders.*, in: FIW, Schwerpunkte des Kartellrechts 2009/2010, 135 (146).

592 Tätigkeitsbericht Bundeskartellamt 2009/2010, S. 41; *Mundt*, Alternative Instrumente, S. 15; *Vollmer*, ECLR 2011, 350 (355); *ders.*, in: FIW, Schwerpunkte des Kartellrechts 2009/2010, 135 (146). Vgl. dazu noch Teil 4, B., IV., 2., d).

593 Dies sieht § 257c Abs. 1 Satz 1 StPO für Verständigungen in Strafverfahren ausdrücklich vor.

594 *Vollmer*, in: FIW, Schwerpunkte des Kartellrechts 2009/2010, 135 (139).

595 Tätigkeitsbericht Bundeskartellamt 2007/2008, S. 35; Bundeskartellamt, Plea Bargaining, Rn. 11.

deutlich offeneren Grundhaltung des Bundeskartellamtes zeugt.[596] Zudem finden regelmäßig Verhandlungen über eine Ermäßigung der Geldbuße für die an dem Kartellverstoß beteiligten *natürlichen* Personen statt; in Betracht kommt insofern sogar eine Einstellung des Verfahrens, sofern neben die Abgabe eines Geständnisses weitere Umstände wie etwa ein hohes Alter, der Eintritt in den Ruhestand, so dass die Gefahr weiterer Zuwiderhandlungen nicht besteht, oder das lange Zurückliegen der Zuwiderhandlung treten.[597] Es soll auch bereits Absprachen über die rechtliche Bewertung eines Verstoßes – namentlich über das Vorliegen von Vorsatz oder Fahrlässigkeit – gegeben haben.[598] Interessant ist schließlich ein Kartellverfahren aus dem Jahr 2008, weil das dortige Vorgehen des Bundeskartellamtes mehr an das verwaltungsrechtliche Instrument der Verpflichtungszusagen im Sinne des § 32b GWB und weniger an ein Settlement im Bußgeldverfahren erinnert.[599] In diesem Fall hat das Bundeskartellamt ein Verfahren wegen des Verdachts überhöhter Preise (§ 29 GWB) gegen 30 Gasversorgungsunternehmen eingestellt, nachdem diese zugesagt haben, insgesamt fast 130 Millionen Euro über Gutschriften oder Preissenkungen an ihre Kunden zurückerstatten zu wollen.[600]

Es ist indes fraglich, ob und inwiefern die vorgenannten Aspekte weiterhin Gegenstand von Vergleichsgesprächen sind oder ob sie sich nicht auf die Zeit der „de facto-Settlements" beschränken. Vor dem Hintergrund des § 257c Abs. 2 Satz 3 StPO, der eine Verständigung über den Schuldspruch in Strafverfahren verbietet, dürften nunmehr insbesondere Absprachen über die *rechtliche* Bewertung von Verstößen in Kartellbußgeldverfahren ausgeschlossen sein.[601] Denn die Vorschrift ist Ausdruck des Schuldprinzips,[602] mithin eines zentralen rechtsstaatlichen Grundsatzes, der auch im behördlichen Ordnungswidrigkeitenverfahren gilt.[603] Insofern ist anzunehmen, dass sich das Bundeskartellamt zunehmend dem Vorbild der Kommission

---

596 *Polley/Heinz*, WuW 2012, 14 (20); *Vollmer*, ECLR 2011, 350 (352/353). In Bezug auf die Dauer der Zuwiderhandlung war das Bundeskartellamt etwa bereit, Tatvorwürfe, die sich auf den Zeitraum vor Inkrafttreten der 7. GWB-Novelle im Juli 2005 beziehen, fallen zu lassen, um so eine Berechnung der Bußgeldhöhe nur nach den damals aktuellen Bußgeldleitlinien von 2006 vorzunehmen; vgl. *Polley/Heinz*, a. a. O.

597 Bundeskartellamt, Plea Bargaining 2006, Rn. 21; *Bueren*, Verständigungen, S. 83; *Burrichter*, in: Ehlermann/Marquis, Antitrust Settlements, 471 (475); *Polley/Heinz*, WuW 2012, 14 (21); *Vollmer*, ECLR 2011, 350 (352).

598 *Bueren*, Verständigungen, S. 83; *Burrichter*, in: Ehlermann/Marquis, Antitrust Settlements, 471 (474).

599 *Holmes/Girardet*, Settling Cartel Cases, S. 6.

600 Bundeskartellamt, B10-06/08 bis 56/08, Pressemeldung v. 06.10.2008 sowie v. 01.12.2008, Fallbericht v. 26.08.2009, S. 1.

601 Allerdings hatte auch bereits der BGH Absprachen über den Schuldspruch in Strafverfahren eine deutliche Absage erteilt; vgl. BGHSt 43, 195 (204).

602 Vgl. BVerfG, NJW 2013, 1058 (1068).

603 Vgl. zur sinngemäßen Geltung der Vorschriften des Verständigungsgesetzes im behördlichen Bußgeldverfahren bereits V., 1., b).

anpasst und die inhaltliche Spannbreite der Vergleichsgespräche reduziert. Dementsprechend sollen sich diese in jüngerer Zeit eher auf die Modalitäten der Bußgeldberechnung konzentrieren.[604] Gleichwohl schweigt das neue Merkblatt zum Vergleichsverfahren weitestgehend zu möglichen Inhalten der Vergleichsgespräche; dieser Umstand wiederum dürfte dem Bundeskartellamt auch zukünftig die Wahl verschiedener „Gesprächsinhalte" erlauben.

b) Form und Ablauf der Vergleichsgespräche

Die Vergleichsgespräche werden – wie im Vergleichsverfahren der Kommission – jeweils bilateral zwischen dem Bundeskartellamt und den Betroffenen geführt. Eine Pflicht, die Inhalte der Vergleichsgespräche vertraulich zu behandeln, besteht weder im Verhältnis zu den übrigen Betroffenen noch gegenüber Dritten.[605] Alles andere wäre aus Transparenzgesichtspunkten, ein Erfordernis, das sowohl in §§ 273 Abs. 1a StPO, 78 Abs. 2 OWiG als auch in der jüngsten Entscheidung des BVerfG[606] zur Verständigung in Strafverfahren zum Ausdruck kommt,[607] bedenklich.

Im Gegensatz zur Praxis der Kommission werden den Betroffenen bereits zu Beginn der Vergleichsgespräche die voraussichtliche Höhe der zu verhängenden Geldbuße sowie deren Berechnung offengelegt.[608] Sofern die Vergleichsgespräche – wie regelmäßig – vor dem Versand des Anhörungsschreibens stattfinden, übermittelt das Bundeskartellamt den Betroffenen zudem eine schriftliche Zusammenfassung ihrer Ermittlungsergebnisse und/oder erläutert ihnen diese mündlich.[609] In diesem Fall haben die Betroffenen auch noch keine Gelegenheit zur Einsichtnahme in die Verfahrensakte gehabt, so dass ihnen im Verlauf der Vergleichsgespräche die wichtigsten Beweismittel offengelegt werden.[610] Darüber hinaus verzichten die Betroffenen in der Regel aber auf die Ausschöpfung ihrer Verteidigungsrechte, etwa auf die Gewährung vollständiger Akteneinsicht, den Erhalt eines ausführlichen

---

604 *Polley/Heinz*, WuW 2012, 14 (20).

605 *Burrichter*, in: Ehlermann/Marquis, Antitrust Settlements, 471 (476); *Polley/Heinz*, WuW 2012, 14 (23).

606 BVerfG, NJW 2013, 1058 (1064 ff.)

607 Vgl. dazu noch c).

608 Vgl. Bundeskartellamt, Merkblatt zum Vergleichsverfahren, S. 3; *Polley/Heinz*, WuW 2012, 14 (18).

609 Bundeskartellamt v. 18.12.2009, Fallbericht B11/18–08 v. 14.01.2010, S. 3; dass., Merkblatt zum Vergleichsverfahren, S. 3; *Brenner*, WuW 2011, 590 (591); *Burrichter/Zimmer*, in: Ehlermann/Atanasiu, Enforcement, 611 (612 f.); *Polley/Heinz*, WuW 2012, 14 (18); *Vollmer*, ECLR 2011, 350 (354).

610 Bundeskartellamt v. 18.12.2009, Fallbericht B11–18/08 v. 14.01.2010, S. 4; *Brenner*, WuW 2011, 590 (591); *Mundt*, Alternative Instrumente, S. 17; *Polley/Heinz*, WuW 2012, 14 (18); *Vollmer*, ECLR 2011, 350 (354); *ders.*, in: FIW, Schwerpunkte des Kartellrechts 2009/2010, 135 (144).

Bußgeldbescheides sowie auf den Erhalt eines Anhörungsschreibens.[611] Da eine förmliche mündliche Anhörung, wie sie im Kommissionsverfahren stattfindet, im deutschen Kartellbußgeldverfahren nicht vorgeschrieben ist,[612] und die Betroffenen sich zudem auch im Rahmen der Vergleichsgespräche zum Tatvorwurf einlassen, ist eine entsprechende Verzichtserklärung im deutschen Vergleichsverfahren indes nicht vorgesehen. Ferner verlangt das Bundeskartellamt von den Betroffenen eine „geständige Einlassung“[613] dergestalt, dass sie Angaben zum Tatvorwurf und zu den für die Bußgeldbemessung maßgeblichen Umständen wie den wirtschaftlichen Verhältnissen einschließlich der Zahlungsfähigkeit sowie – bei Unternehmen – zum tatbezogenen Umsatz machen.[614]

Nach Abschluss der Vergleichsgespräche übermittelt das Bundeskartellamt den Betroffenen einen konkreten Settlementvorschlag und setzt ihnen zugleich eine Frist zur Annahme desselben.[615] Regelmäßig erhalten diese zugleich einen Entwurf des verfahrensbeendenden Bußgeldbescheids.[616] Dieser ersetzt das Anhörungsschreiben und dient ebenfalls Anhörungszwecken.[617] Die Annahme des Settlementvorschlags erfolgt durch die Betroffenen mittels eines Geständnisses bzw. durch die Nebenbetroffenen mittels einer sog. „Settlementerklärung“.[618] Hiermit erkennen die (Neben-)

---

611 Bundeskartellamt v. 18.12.2009, B11–18/08, Fallbericht v. 14.01.2010, S. 4; dass., Merkblatt zum Vergleichsverfahren, S. 2 f.; *Brenner*, WuW 2011, 590 (591); *Polley/Heinz*, WuW 2012, 14 (22); *Vollmer*, ECLR 2011, 350 (352/354); *ders.*, in: FIW, Schwerpunkte des Kartellrechts 2009/2010, 135 (141). Sofern die Vergleichsgespräche ausnahmsweise erst nach dem Versand des Anhörungsschreibens und der Gewährung von Akteneinsicht stattfinden, scheidet ein gesonderter Verzicht der Parteien auf diese Verfahrensrechte natürlich aus.

612 Vgl. bereits Teil 2, B., II.

613 *Vollmer*, ZWeR 2012, 442 (469).

614 Vgl. Bundeskartellamt v. 18.12.2009, B11–18/08, Fallbericht v. 14.01.2010, S. 3; dass., Merkblatt zum Vergleichsverfahren, S. 2; *Brenner*, WuW 2011, 590 (591); *Vollmer*, ZWeR 2012, 442 (469); *ders.*, ECLR 2011, 350 (352); *ders.*, in: FIW, Schwerpunkte des Kartellrechts 2009/2010, 135 (140).

615 Bundeskartellamt v. 18.12.2009, B11–18/08, Fallbericht v. 14.01.2010, S. 4; dass., Merkblatt zum Vergleichsverfahren, S. 3; *Brenner*, WuW 2011, 590 (591); *Holmes/Girardet*, Settling Cartel Cases, S. 6; *Vollmer*, ECLR 2011, 350 (354).

616 Bundeskartellamt v. 18.12.2009, B11–18/08, Fallbericht v. 14.01.2010, S. 4; *Brenner*, WuW 2011, 590 (591); *Burrichter*, in: Ehlermann/Marquis, Antitrust Settlements, 471 (474); *Burrichter/Zimmer*, in: Ehlermann/Atanasiu, Enforcement, 611 (613); *Vollmer*, ECLR 2011, 350 (354); *Waelbroeck*, in: Gheur/Petit, Alternative enforcement techniques, 220 (243).

617 Bundeskartellamt v. 18.12.2009, B11–18/08, Fallbericht v. 14.01.2010, S. 4; *Brenner*, WuW 2011, 590 (591); *Burrichter*, in: Ehlermann/Marquis, Antitrust Settlements, 471 (474).

618 Tätigkeitsbericht Bundeskartellamt 2009/2010, S. 41; *Vollmer*, ECLR 2011, 350 (351 f./354). Der rein sprachliche Unterschied zwischen dem Geständnis und der Settlementerklärung ergibt sich daraus, dass juristische Personen (und

Betroffenen den ihnen zur Last gelegten Sachverhalt an und erklären, die Geldbuße bis zu der vom Bundeskartellamt genannten Obergrenze zu akzeptieren.[619] Anders als im Vergleichsverfahren der Kommission müssen die (Neben-)Betroffenen hingegen weder den Tatvorwurf ausdrücklich eingestehen noch seiner rechtlichen Würdigung zustimmen.[620] Geständnis und Settlementerklärung werden von dem Betroffenen bzw. – für die Nebenbetroffene – von einem vertretungsberechtigten Organ unterschrieben.[621] Ein Rechtsmittelverzicht ist wie im Vergleichsverfahren der Kommission hingegen keine Voraussetzung einer einvernehmlichen Verfahrensbeendigung.[622] Bislang ist nach Durchführung des Vergleichsverfahrens soweit ersichtlich erst in einem Fall Einspruch gegen den Bußgeldbescheid eingelegt worden.[623]

c) *Vergleichsschluss*

Auch wenn der Vergleich mit der Annahme des Settlementvorschlags durch die Betroffenen als geschlossen gilt,[624] bleibt es den Betroffenen weiterhin gestattet, aus dem Vergleichsverfahren auszusteigen.[625] Im Fall des Ausstiegs eines Betroffenen

Personenvereinigungen) wegen des höchstpersönlichen Charakters des Geständnisses ein solches nicht sollen abgeben können. Vgl. *Vollmer*, ECLR 2011, 350 (352); *ders.*, in: FIW, Schwerpunkte des Kartellrechts 2009/2010, 135 (140). In dem Merkblatt zum Vergleichsverfahren spricht das Bundeskartellamt nur noch von der Settlementerklärung (a. a. O., S. 2).

619 Bundeskartellamt v. 18.12.2009, B11–18/08, Fallbericht v. 14.01.2010, S. 3 f.; *Brenner*, WuW 2011, 590 (591); *Holmes/Girardet*, Settling Cartel Cases, S. 6; *Polley/Heinz*, WuW 2012, 14 (22); *Vollmer*, ECLR 2011, 350 (351 f.).

620 *Polley/Heinz*, WuW 2012, 14 (21); *Vollmer*, ECLR 2011, 350 (352); *ders.*, in: FIW, Schwerpunkte des Kartellrechts 2009/2010, 135 (140).

621 Bundeskartellamt, Merkblatt zum Vergleichsverfahren, S. 3; *Vollmer*, ECLR 2011, 350 (352).

622 Tätigkeitsbericht Bundeskartellamt 2007/2008, S. 35; Tätigkeitsbericht Bundeskartellamt 2009/2010, S. 41; Bundeskartellamt v. 18.12.2009, B11–18/08, Fallbericht v. 14.01.2010, S. 4; dass., Merkblatt zum Vergleichsverfahren, S. 3; *Bischke/Boger*, NZG 2009, 1022; *Brenner*, WuW 2011, 590 (591); *Holmes/Girardet*, Settling Cartel Cases, S. 6; *Vollmer*, ECLR 2011, 350 (351); *Waelbroeck*, in: Gheur/Petit, Alternative enforcement techniques, 220 (243). Vgl. zur Geltung des § 302 Abs. 1 Satz 2 StPO im Kartellbußgeldverfahren sowie der Wirksamkeit eines etwaigen Rechtsmittelverzichts noch Teil 4, B., VII.

623 *Stockmann*, ZWeR 2012, 20 (41); *Vollmer*, in: FIW, Schwerpunkte des Kartellrechts 2009/2010, 135 (138). Im Zwischenverfahren kam es dann endgültig zur einvernehmlichen Verfahrensbeendigung; vgl. *Vollmer*, ZWeR 2012, 442 (469, Fn. 229).

624 *Brenner*, WuW 2011, 590 (594). Für die Verständigung im Strafverfahren sieht § 257c Abs. 3 S. 4 StPO vor, dass eine solche zustande kommt, wenn Angeklagter und Staatsanwaltschaft dem Vorschlag des Gerichts zustimmen.

625 Bundeskartellamt, in: OECD, Settlements, S. 52; *Mundt*, Alternative Instrumente, S. 16.

aus dem Vergleichsverfahren findet zwischen diesem und dem Bundeskartellamt das streitige Verfahren Anwendung.[626] Dagegen fühlt sich das Bundeskartellamt selbst – und anders als die Kommission[627] – grundsätzlich an den geschlossenen Vergleich gebunden.[628]

Die Einzelheiten des Settlementvorschlags sowie dessen Annahme oder Ablehnung durch die Betroffenen werden schließlich in den Verfahrensakten vermerkt.[629] Im Strafverfahren dient die Protokollierung der Transparenz und Dokumentation sowie nicht zuletzt der Überprüfbarkeit der Verständigung durch das Rechtsmittelgericht.[630] Zwar ist das Bußgeldverfahren mangels öffentlicher Hauptverhandlung nicht in gleicher Weise transparent wie das Strafverfahren und muss die Protokollierung deshalb nicht den hohen Anforderungen[631] des Strafverfahrens genügen. Insbesondere der letztgenannte Aspekt – die Überprüfbarkeit der Verständigung – findet seine Berechtigung aber auch im Ordnungswidrigkeitenrecht, so dass eine entsprechende Protokollierung hier ebenfalls zu fordern ist. Für das gerichtliche Bußgeldverfahren ergibt sich eine „positive" Protokollierungspflicht ausdrücklich aus § 78 Abs. 2 OWiG. Im Übrigen dürfte es sich bei § 273 Abs. 1a StPO aus den genannten Gründen aber um eine zentrale rechtsstaatliche Anforderung – und nicht um eine bloße Ordnungsvorschrift[632] – handeln, so dass sie auch im behördlichen Bußgeldverfahren Anwendung findet.[633]

3. *Bußgeldbescheid*

Trotz des vorherigen Vergleichsschlusses endet das Vergleichsverfahren formal erst mit dem Erlass des Bußgeldbescheides, der – wie derjenige nach Durchführung des streitigen Verfahrens – auf § 81 GWB beruht. Der Bußgeldbescheid wird

---

626 Bundeskartellamt, in: OECD, Settlements, S. 52; *Vollmer*, ECLR 2011, 350 (354).

627 Vgl. bereits oben A., VI., 3., c).

628 *Brenner*, WuW 2011, 590 (594); *Polley/Heinz*, WuW 2012, 14 (23); *Vollmer*, ECLR 2011, 350 (353). Für das Strafverfahren ist eine entsprechende Bindung des Gerichts in § 257c Abs. 4 Satz 1 und 2 StPO vorgesehen; dieser lässt ein Entfallen der Verständigung nur ausnahmsweise zu. Vgl. zur Anwendbarkeit dieser Regelung im Kartellbußgeldverfahren noch Teil 4, B., VIII., 1.

629 Bundeskartellamt v. 18.12.2009, B11–18/08, Fallbericht v. 14.01.2010, S. 4; dass., Merkblatt zum Vergleichsverfahren, S. 3.

630 RegE Verständigungsgesetz, BT-Drucks. 16/12310, S. 1/9/15; BVerfG, NJW 2013, 1058 (1066 f.); *Frister*, in: SK-StPO, § 273 StPO Rn. 17; *Peglau*, in: Graf, Beck-OK StPO, § 273 StPO Rn. 21. Eine Protokollierung der Verständigung hat der BGH bereits vor Inkrafttreten des Verständigungsgesetzes gefordert. Vgl. BGHSt 43, 195 (206); ders., NStZ 2007, 355.

631 Vgl. BVerfG, NJW 2013, 1058 (1066).

632 Vgl. BVerfG, NJW 2013, 1058 (1066).

633 *Brenner*, WuW 2011, 590 (598 f.); *Bueren*, Verständigungen, S. 86 (Fn. 315). Anders aber *Vollmer*, ECLR 2011, 350 (354); *ders.*, in: FIW, Schwerpunkte des Kartellrechts 2009/2010, 135 (144).

von derselben Beschlussabteilung erlassen, mit der die Betroffenen bereits die Vergleichsgespräche geführt haben, was zu einem schnelleren Verfahrensabschluss als auf Unionsebene führen soll.[634]

Auf den ersten Blick überrascht es, dass das Bundeskartellamt die Bußgeldermäßigung scheinbar nur für die Abgabe des Geständnisses bzw. der Settlementerklärung, nicht jedoch für den teilweisen Verzicht der Betroffenen auf die Ausübung ihrer Verteidigungsrechte gewähren möchte.[635] Dabei ist es gerade letzterer, der maßgeblich zur Verkürzung des streitigen Verfahrens führt und dem Zweck der Verfahrensbeschleunigung in besonderer Weise dient. Allerdings dürfte mit dem „Geständnis" nicht nur das Anerkenntnis des Tatvorwurfs und damit ein Eingeständnis im engeren Sinne gemeint sein. Vielmehr liegt es näher, dass das Bundeskartellamt darunter die gesamte Kooperation der Betroffenen versteht.

Im Gegensatz zum Bußgeldbescheid im streitigen Verfahren, der – der Bedeutung und der Komplexität der meisten Kartellordnungswidrigkeiten entsprechend – umfassend begründet sein muss,[636] ergeht die Vergleichsentscheidung in Form eines sog. „Kurzbescheids", der nur die nach § 66 OWiG unbedingt erforderlichen Angaben enthält.[637] Das bedeutet insbesondere, dass der Bußgeldbescheid nur mit einer Zusammenfassung der Fakten sowie einer verkürzten rechtlichen Begründung versehen ist (vgl. § 66 Abs. 3 i. V. m. Abs. 1 Nr. 3 und 4 OWiG).[638] Möglich ist ein solches Vorgehen, weil das Bundeskartellamt davon ausgeht, dass gegen einen Vergleichsbescheid regelmäßig kein Einspruch eingelegt werden wird.[639] Zwar würde

---

634 *Polley/Heinz*, WuW 2012, 14 (27).

635 Vgl. Bundeskartellamt, Tätigkeitsbericht 2007/2008, S. 35; dass., Merkblatt zum Vergleichsverfahren, S. 3.

636 Vgl. *Dannecker/Biermann, in: Immenga/Mestmäcker*, GWB, vor § 81 Rn. 254; *Klusmann*, in: Wiedemann, Kartellrecht, § 57 Rn. 56.

637 Vgl. Bundeskartellamt v. 18.12.2009, B11–18/08, Fallbericht v. 14.01.2010, S. 4; dass., Merkblatt zum Vergleichsverfahren, S. 2 f.; *Hirsbrunner*, EuZW 2011, 12 (15); *ders.*, in: FIW, Schwerpunkte des Kartellrechts 2009/2010, 87 (94); *Vollmer*, ECLR 2011, 350 (354); *ders.*, in: FIW, Schwerpunkte des Kartellrechts 2009/2010, 135 (144); *ders.*, ZWeR 2012, 442 (453).

638 *Burrichter*, in: Ehlermann/Marquis, Antitrust Settlements, 471 (474); *Burrichter/Zimmer*, in: Ehlermann/Atanasiu, Enforcement, 611 (613); *Vollmer*, ECLR 2011, 350 (354); *ders.*, in: FIW, Schwerpunkte des Kartellrechts 2009/2010, 135 (144); *ders.*, ZWeR 2012, 442 (453). Der Kurzbescheid des Bundeskartellamtes soll damit noch einmal deutlich kürzer sein als jener der Kommission und kaum mehr Informationen enthalten als die Pressemitteilungen, die das Bundeskartellamt nach Abschluss eines Verfahrens in der Regel veröffentlicht; vgl. *Polley/Heinz*, WuW 2012, 14 (19). In dem bereits erwähnten *Dekorpapier*-Fall etwa hatten die Bußgeldbescheide lediglich einen Umfang von vier bzw. sechs Seiten; vgl. *Kapp*, WuW 2012, 474 (475).

639 *Burrichter/Zimmer*, in: Ehlermann/Atanasiu, Enforcement, 611 (613).

ein verkürzter Vergleichsbescheid einer gerichtlichen Kontrolle nicht standhalten.[640] Sollte aber tatsächlich ein Betroffener Einspruch gegen den Bußgeldbescheid einlegen, kann das Bundeskartellamt seine Entscheidung im Zwischenverfahren zurücknehmen, weitere Ermittlungen durchführen und eine neue, vollständig begründete Entscheidung erlassen (vgl. § 69 Abs. 2 Satz 1 OWiG).[641]

4. *Bußgeldbemessung*

Im deutschen Vergleichsverfahren gibt es grundsätzlich keine einheitliche Bußgeldermäßigung. Allerdings begrenzte das Bundeskartellamt die Spanne der maximal möglichen Belohnung in Angleichung an das Verfahren der Kommission[642] sowie, um die Bonusregelung nicht zu gefährden,[643] für Kartelle auf 10 %[644]; zur Zeit der „de facto-Settlements" waren hingegen auch (geringfügig) höhere Nachlässe möglich[645]. Im Umkehrschluss kann die Bußgeldermäßigung bei anderen Verstößen als in Kartellfällen aber weiterhin höher ausfallen. Die finale Höhe der Bußgeldermäßigung hängt bei allen Verstößen maßgeblich davon ab, wie weit das Bußgeldverfahren zu Beginn der Vergleichsgespräche fortgeschritten war, insbesondere ob den Betroffenen bereits ein Anhörungsschreiben übermittelt wurde, und wie zügig eine Einigung in den Vergleichsgesprächen erzielt werden konnte.[646]

Wie im Vergleichsverfahren der Kommission sind die Bußgeldrabatte, die sich die Betroffenen sowohl nach der Bonusregelung als auch nach dem Vergleichsverfahren

640 *Burrichter/Zimmer*, in: Ehlermann/Atanasiu, Enforcement, 611 (613); *Waelbroeck*, in: Gheur/Petit, Alternative enforcement techniques, 221 (243, Fn. 69).

641 Bundeskartellamt, Merkblatt zum Vergleichsverfahren, S. 3; *Burrichter*, in: Ehlermann/Marquis, Antitrust Settlements, 471 (472); *Klusmann*, in: Wiedemann, Kartellrecht, § 57 Rn. 55; *Polley/Heinz*, WuW 2012, 14 (19/26); *Vollmer*, ECLR 2011, 350 (354); *Waelbroeck*, in: Gheur/Petit, Alternative Enforcement techniques, 220 (243, Fn. 69); *Wrage-Molkenthin/Bauer*, in: FK-Kartellrecht, Band VI, vor §§ 81–86 GWB Rn. 30.

642 *Polley/Heinz*, WuW 2012, 14 (16, Fn. 18); *Burrichter*, in: Ehlermann/Marquis, Antitrust Settlements, 471 (475).

643 *Vollmer*, ECLR 2011, 350 (352).

644 Bundeskartellamt v. 18.12.2009, B11–18/08, Fallbericht v. 14.01.2010, S. 4; dass., Merkblatt zum Vergleichsverfahren, S. 3; *Bueren*, Verständigungen, S. 84; *Holmes/Girardet*, Settling Cartel Cases, S. 5; *Polley/Heinz*, WuW 2012, 14 (16); *Vollmer*, ECLR 2011, 350 (352); *ders.*, in: FIW, Schwerpunkte des Kartellrechts 2009/2010, 135 (141); *Wrage-Molkenthin*, in: FK-Kartellrecht, Band VI, vor §§ 81–86 GWB Rn. 27.

645 *Burrichter*, in: Ehlermann/Marquis, Antitrust Settlements, 471 (475), nennt eine Ermäßigung i. H. v. 15 %; vgl. auch *Bueren*, Verständigungen, S. 4; *Holmes/Girardet*, Settling Cartel Cases, S. 5 f., gehen im Fall *Werbezeitenvermarkter* von einer höheren Ermäßigung als 10 % aus.

646 Tätigkeitsbericht Bundeskartellamt 2007/2008, S. 35; *Burrichter*, in: Ehlermann/Marquis, Antitrust Settlements, 471 (475); *Wrage-Molkenthin/Bauer*, in: FK-Kartellrecht, Band VI, vor §§ 81–86 GWB Rn. 27.

verdient haben, kumulierbar. Anders als dort erfolgt jedoch keine Zusammenrechnung, sondern die Bußgeldrabatte werden vielmehr dergestalt sukzessive gewährt, dass zunächst eine Ermäßigung nach der Bonusregelung und erst anschließend, d h. auf die bereits reduzierte Geldbuße, eine solche nach dem Vergleichsverfahren erfolgt.[647]

Entsprechend der inhaltlichen Spannbreite der Vergleichsgespräche sowie der größeren Bereitschaft des Bundeskartellamtes zu Verhandlungen im Rahmen derselben tritt neben die formelle meist eine nicht unerhebliche faktische Bußgeldermäßigung. Dies gilt etwa für den Fall, dass das Bundeskartellamt Teile der Zuwiderhandlung nicht weiter verfolgt oder das Verfahren gegen bestimmte Betroffene einstellt. In einigen Fällen hat die Kooperation der Betroffenen auch bereits bei der Bestimmung des Grundbetrages der Geldbuße Berücksichtigung gefunden.[648]

C. Vergleichsverfahren in anderen Kartellrechtsordnungen

Wie eingangs erwähnt[649] zeichnet sich international seit einigen Jahren ein Trend zur einvernehmlichen Beendigung von Kartellverfahren ab und existieren Vergleichsverfahren mittlerweile in zahlreichen Rechtsordnungen. Der Vollständigkeit halber soll deshalb ein kurzer Überblick über die Rechtslage bzw. die Praxis der einvernehmlichen Beendigung von Kartellverfahren in den USA, in Frankreich sowie im Vereinigten Königreich gegeben werden. Diese aus deutscher Sicht wohl wichtigsten Kartellrechtsordnungen bedienen sich zum Teil höchst unterschiedlicher Konzepte. Da es anlässlich der Einführung des europäischen Vergleichsverfahrens wiederholt Bezugnahmen auf das Plea Bargaining des U.S.-amerikanischen Kartellrechts gegeben hat,[650] verdient dieses dabei besondere Beachtung.

---

647 So Bundeskartellamt, Merkblatt zum Vergleichsverfahren, S. 3: „Ein Settlement kann unabhängig von einem Bonusantrag erzielt werden. Der Settlement-Abschlag erfolgt dann auf die bereits aufgrund des Bonusantrags reduzierte Geldbuße." Unklar daher *Vollmer*, ECLR 2011, 350 (352): „Both forms of co-operation can be combined and will then be rewarded cumulatively. This corresponds to the settlement procedure before the European Commission." Zu den Auswirkungen dieser für die Betroffenen nachteiligen Bußgeldberechnung vgl. bereits A., VI. 7., a).

648 *Burrichter*, in: Ehlermann/Marquis, Antitrust Settlements, 471 (475); *Polley/Heinz*, WuW 2012, 14 (21).

649 Vgl. Teil 1, A.

650 Vgl. *Kroes*, SPEECH/05/205, S. 5; *dies.*, SPEECH/07/722, S. 5; *dies.*, SPEECH/08/445, S. 4.

I. USA

Das Plea Bargaining bietet einem Unternehmen („corporate defendant") bzw. einer natürlichen Person („individual defendant") eine dem europäischen sowie dem deutschen Recht vergleichbare Möglichkeit, mit der Wettbewerbsbehörde zu kooperieren und im Gegenzug einen Strafnachlass zu erhalten. Seine Rechtsgrundlage findet es in Rule 11 der Federal Rules of Criminal Procedure (FRCrP), mithin einer Vorschrift des allgemeinen Strafprozessrechts, die auch bei Verstößen gegen die strafbewährten Vorschriften des Sherman Act zur Anwendung kommt.[651] Dabei wird die Strafe nicht von der Wettbewerbsbehörde, sondern vom Gericht verhängt,[652] das an den Vergleichsverhandlungen aber nicht teilnimmt[653]. Diese werden vielmehr allein zwischen der Antitrust Division des U.S. Department of Justice, die für die Verfolgung und die Anklage der Straftaten des Sherman Act zuständig ist,[654] und dem Beschuldigten geführt und schließlich dem Gericht vorgelegt[655]. Grundsätzlich kann die Antitrust Division das Plea Bargaining bei allen Kartellrechtsverstößen, also auch bei vertikalen Absprachen und in Monopolisierungsfällen anwenden;[656] sie beschränkt sich jedoch nahezu ausschließlich auf (horizontale) Kartelle[657].[658] Anders

---

651 Insbesondere der Sherman Act sieht strafrechtliche Sanktionen für kartellrechtswidriges Verhalten vor. Vgl. *Albrecht*, Die Anwendung von Kronzeugenregelungen, S. 36; *de Frênes*, Das US-amerikanische Kartellstrafrecht, S. 52. Eine Verletzung des Sherman Act kann mit einer Freiheits- oder einer Geldstrafe geahndet werden; vgl. *Blechmann/Patterson*, in: FK-Kartellrecht, Band VI, Ausland, USA, Einl. Rn. 18. Vgl. zu den weiteren Antitrust-Gesetzen in den USA den Überblick bei *Blechmann/Patterson*, in: FK-Kartellrecht, Band VI, Ausland, USA, Einl. Rn. 5 ff.

652 *O'Brien*, Cartel Settlements in the U.S. and EU, S. 9; *Macchi di Cellere/Mezzapesa*, ECLR 2009, 604 (606).

653 *Bueren*, Verständigungen, S. 60; *Reindl*, in: Ehlermann/Marquis, Antitrust Settlements, 47 (49).

654 Neben der Antitrust Division des Department of Justice gibt es in den USA noch eine zweite Wettbewerbsbehörde auf Bundesebene, namentlich die Federal Trade Commission. Allerdings hat nur die Antitrust Division die Befugnis zur Verfolgung strafrechtlicher Verstöße gegen das Antitrustrecht. Vgl. zu den Zuständigkeiten der U.S.-amerikanischen Wettbewerbsbehörden im Einzelnen *Albrecht*, Die Anwendung von Kronzeugenregelungen, S. 37 f.; *Blechmann/Patterson*, in: FK-Kartellrecht, Band VI, Ausland, USA, Einl. Rn. 15 f.; *de Frênes*, Das US-amerikanische Kartellstrafrecht, S. 51 ff.

655 *Reindl*, in: Ehlermann/Marquis, Antitrust Settlements, 47 (63).

656 *Hennig*, Settlements, S. 295.

657 *Bueren*, Verständigungen, S. 56.

658 Welche Erwägungen bei der Beurteilung der Vergleichsgeeignetheit eines Falls anzustellen sind, ergibt sich aus den §§ 9–27.420 der „Principles of Federal Prosecution" des „U.S. Attorney Manual". Vgl. *Macchi di Cellere/Mezzapesa*, ECLR 2009, 604 (605 f.); *Hammond*, Negotiated Plea Agreements, S. 5.

als im deutschen und im europäischen Vergleichsverfahren finden die Vergleichsverhandlungen dabei meistens schon während des Ermittlungsverfahrens statt.[659]

Können sich die Antitrust Division und der Beschuldigte einigen, wird ein sog. „plea agreement" geschlossen. Zu einem solchen kommt es in den USA in über 90 % aller Verfahren wegen eines strafbewährten Verstoßes gegen das Antitrustrecht.[660] Auf Seiten des Beschuldigten ist die Abgabe eines Schuldanerkenntnisses in Form des sog. „guilty plea" – den sog. „nolo contendere plea" akzeptiert die Antitrust Division grundsätzlich nicht (mehr)[661] – sowie der Verzicht auf bestimmte Verfahrensrechte, insbesondere auf die Einlegung eines Rechtsmittels, erforderlich.[662] Gerade der Rechtsmittelverzicht ist ein wesentlicher Unterschied zwischen dem U.S.-amerikanischen Plea Bargaining einerseits und dem europäischen sowie dem deutschen Vergleichsverfahren andererseits. Daneben verlangt die Antitrust Division meist die Vorlage von Beweisen oder eine Aussage gegen Tatbeteiligte.[663] Das Plea Bargaining hat dadurch auch die Funktion, wie sie den Kronzeugenregelungen im europäischen und im deutschen Recht zukommt, d. h. es dient weniger der Verfahrensbeschleunigung, sondern ist in erster Linie Ermittlungsinstrument.[664]

---

659 *Bloch/Schmidt/Winters/Driscoll*, Leniency and Plea Bargaining, S. 26; *Hammond*, Negotiated Plea Agreements, S. 6/9; *Hansen/Calzado/Sullivan*, ARA 2008, 63; *O'Brien*, Cartel Settlements in the U.S. and EU, S. 6.

660 *Bloch/Schmidt/Winters/Driscoll*, Leniency and Plea Bargaining, S. 25 f.; *Hammond*, Negotiated Plea Agreements, S. 1; *Hansen/Calzado/Sullivan*, ARA 2008, 63; *Macchi di Cellere/Mezzapesa*, ECLR 2009, 604 (605); *O'Brien*, Cartel Settlements in the U.S. and EU, S. 2.

661 *Bueren*, Verständigungen, S. 59; *Hennig*, Settlements, S. 71; *Reindl*, in: Ehlermann/Marquis, Antitrust Settlements, 47 (53, Fn. 20); *Stephan*, ICLQ 2009, 627 (631). Der Unterschied zwischen dem guilty plea und dem nolo contendere plea (nolo contendere = Latein für „Ich will nicht bestreiten") besteht darin, dass nur ersterer ein ausdrückliches Schuldeingeständnis darstellt, während mit letzterem weder ein ausdrückliches Schuldeingeständnis noch ein ausdrückliches Bestreiten der Schuld verbunden ist. Der nolo contendere plea wird im Strafprozess jedoch wie ein Schuldeingeständnis bewertet und hat lediglich den Vorteil, dass ein Urteil, das aufgrund eines solchen ergeht, im Rahmen einer nachfolgenden zivilrechtlichen Klage nicht als „prima facie"-Beweis, der zu einer Beweislastumkehr zu Ungunsten des Beklagten führen würde, verwendet werden kann. Vgl. *de Frênes*, Das US-amerikanische Kartellstrafrecht, S. 52 f./141; *Hennig*, Settlements, S. 71 f.; *Kobor*, Bargaining, S. 37 ff.

662 *Bueren*, Verständigungen, S. 59; *Hennig*, Settlements, S. 74; *O'Brien*, Cartel Settlements in the U.S. and EU, S. 9; *Stephan*, ICLQ 2009, 627 (632).

663 Vgl. *Albrecht*, Die Anwendung von Kronzeugenregelungen, S. 112; *O'Brien*, Cartel Settlements in the U.S. and EU, S. 8.

664 Kommission, MEMO/10/201 v. 19.05.2010, S. 5; *Almunia*, SPEECH/13/210, S. 5; *Bloch/Schmidt/Winters/Driscoll*, Leniency and Plea Bargaining, S. 30; *Gambaro/Mazzocchi*, La nuova procedura transattiva, S. 2; *Hennig*, Settlements, S. 298; *Ortega Gonzalez*, ECLR 2011, 170 (174, Fn. 37); *Scordamaglia*, GAR 2009, 61 (67);

Dies ist Folge des Umstands, dass die U.S.-amerikanischen Kronzeugenregelungen nur dem Beschuldigten (vollständige) Immunität gewähren, der als erster ein Kartell aufdeckt, darüber hinaus aber für die Kooperation während des laufenden Kartellverfahrens keine Strafermäßigungen vorsehen.[665] Wer in den USA also das „Rennen um die Straffreiheit" nach der Kronzeugenregelung verloren hat, kann für seine Kooperation immer – bzw. nur – noch im Rahmen des Plea Bargaining belohnt werden.[666]

Was Gegenstand und Ablauf des Plea Bargaining betrifft, scheint die Antitrust Division deutlich flexibler als insbesondere die Kommission, aber auch als das Bundeskartellamt zu sein. So ist ein echtes Verhandeln etwa über Dauer, Umfang und rechtliche Bewertung des Kartellverstoßes viel eher möglich als auf europäischer oder deutscher Ebene,[667] wobei die Antitrust Division schon allein aufgrund der dem Beschuldigten drohenden (kriminal-)strafrechtlichen Folgen erheblichen Druck, schuldig zu plädieren, ausüben kann.[668] Allerdings wird von Seiten der Antitrust Division auch betont, dass sie mit dem Beschuldigten nicht um die Gerechtigkeit feilsche.[669] Dem entspricht es, dass die Antitrust Division zu sog. „A agreements" gemäß 11(c)(1)(A) FRCrP, die das Fallenlassen einzelner Anklagepunkte bedeuten, in der Regel nicht mehr bereit ist.[670] Sie spricht aber weiterhin eine das Gericht *nicht* bindende Strafmaßempfehlung (sog. „B agreement", 11(c)(1)(B) FRCrP) oder – in den meisten Fällen[671] – eine das Gericht *grundsätzlich* bindende Strafmaßempfehlung (sog. „C agreement", 11(c)(1)(C) FRCrP) aus.[672] Die Bindungswirkung des „C agreement" besteht nur insoweit, als das Gericht die Höhe der Strafe nicht mehr verändern kann, sofern es das plea agreement akzeptiert.[673] Es bleibt dem Gericht hingegen unbenommen, das plea agreement insgesamt abzulehnen; dies geschieht allerdings nur äußerst selten.[674] Der Rahmen möglicher Strafrabatte ist deutlich weiter als der des europäischen sowie des deutschen Vergleichsverfahrens und

---

Siragusa/Guerri, in: Ehlermann/Marquis, Antitrust Settlements, 185 (193); *Wils*, World Competition 2008, 335 (341).

665 *Hammond*, Negotiated Cartel Settlements, S. 2; *Hansen/Calzado/Sullivan*, ARA 2008, 63 (64); *Macchi di Cellere/Mezzapesa*, ECLR 2009, 604 (608); *Metha/Tierno Centella*, CLI 6/2008, 11 Fn. 5; *Ortega Gonzalez*, ECLR 2011, 170 (174, Fn. 37); *Scordamaglia*, GAR 2009, 61 (67); *Stephan*, ICLQ 2009, 627 (629); *Wils*, World Competition 2008, 335 (341).

666 *O'Brien*, Cartel Settlements in the U.S. and EU, S. 6.

667 *Bätge*, Wettbewerb der Wettbewerbsordnungen, S. 164.

668 *Reindl*, in: Ehlermann/Marquis, Antitrust Settlements, 47 (51).

669 Vgl. *Bueren*, Verständigungen, S. 59 f.; *O'Brien*, Cartel Settlements in the U.S. and EU, S. 3 ff.

670 *Hennig*, Settlements, S. 75 f.; *O'Brien*, Cartel Settlements in the U.S. and EU, S. 4.

671 *Reindl*, in: Ehlermann/Marquis, Antitrust Settlements, 47 (53).

672 Vgl. *Hennig*, Settlements, S. 68 f.; *Stephan*, ICLQ 2009, 627 (631).

673 *Hennig*, Settlements, S. 77; *Reindl*, in: Ehlermann/Marquis, Antitrust Settlements, 47 (53).

674 *Hammond*, Negotiated Cartel Settlements, S. 9.

hängt maßgeblich von dem Zeitpunkt sowie dem Umfang der Kooperation des Beschuldigten ab.[675]

II. Frankreich

In Frankreich ist am 16. Mai 2001 durch das „Loi No. 2001–420 sur les nouvelles régulations économiques“ das sog. „procédure de non-contestation des griefs“ als Article L. 464–2-II eingeführt worden. Nach zwei weiteren Gesetzesänderungen[676] findet es sich nunmehr in Article L. 464–2-III Code de Commerce. Damit ist Frankreich nicht nur einer der ersten europäischen Staaten, in denen Kartellbußgeldverfahren im Rahmen eines spezifischen Verfahrens einvernehmlich beendet werden können, sondern auch einer der wenigen, in denen dies ein Parlamentsgesetz ausdrücklich vorsieht.[677] Der Hauptbeweggrund für die Einführung einer Möglichkeit, Bußgeldverfahren mit der Autorité de la Concurrence – der französischen Wettbewerbsbehörde – kooperativ zu führen, war, das Verwaltungsverfahren zu beschleunigen und effizienter zu gestalten.[678] Wie in Deutschland und den USA – und anders als auf EU-Ebene – ist das procédure de non-contestation des griefs nicht auf Kartellfälle beschränkt.[679]

Hat eine Partei, nachdem ihr die Beschwerdepunkte mitgeteilt worden sind, Interesse an einer Kooperation, kann sie den Rapporteur Général, der innerhalb der französischen Wettbewerbsbehörde die Ermittlungen leitet, kontaktieren und mit diesem Vergleichsverhandlungen führen.[680] Verhandlungen sind dabei jedoch nur über die Höhe der Geldbuße möglich.[681] Die Partei verpflichtet sich, den Tatvorwurf, dessen rechtliche Würdigung sowie ihre Verantwortung für die Tat nicht zu bestreiten.[682] Es besteht allerdings weiterhin ein unbegrenztes Akteneinsichtsrecht[683]

675 *O'Brien*, Cartel Settlements in the U.S. and EU, S. 10; *Macchi di Cellere/Mezzapesa*, ECLR 2009, 604 (608).

676 Verordnung Nr. 2004–1173 v. 04.11.2004 und Verordnung Nr. 2008–1161 v. 13.11.2008. Eine dritte Gesetzesänderung trat am 20.11.2012 in Kraft (Gesetz Nr. 2012–1270); diese betraf allerdings weder die Ausgestaltung noch die Stellung des procédure de non-contestation des griefs.

677 *Lasserre/Zivy*, in: Ehlermann/Marquis, Antitrust Settlements, 143 (144).

678 *Lasserre/Zivy*, in: Ehlermann/Marquis, Antitrust Settlements, 143 (145 f.).

679 *Hennig*, Settlements, S. 295; *Lasserre/Zivy*, in: Ehlermann/Marquis, Antitrust Settlements, 143 (150); *Rivery*, in: Ehlermann/Marquis, Antitrust Settlements, 453 (455).

680 *Bueren*, Verständigungen, S. 73; *Lasserre/Zivy*, in: Ehlermann/Marquis, Antitrust Settlements, 143 (150).

681 *Bueren*, Verständigungen, S. 70; *Lasserre/Zivy*, in: Ehlermann/Marquis, Antitrust Settlements, 143 (144).

682 *Lasserre/Zivy*, in: Ehlermann/Marquis, Antitrust Settlements, 143 (145); *Waelbroeck*, in: Gheur/Petit, Alternative enforcement techniques, 220 (243).

683 *Waelbroeck*, in: Gheur/Petit, Alternative enforcement techniques, 220 (245).

und auch keine Pflicht, auf die Einlegung von Rechtsmitteln zu verzichten[684]. Als Belohnung für ihre Kooperation erhält die Partei eine Bußgeldermäßigung[685] und verringert sich der Höchstbetrag der Geldbuße, die gegen ein Unternehmen verhängt werden kann – gemäß Article L. 464–2-I Code de Commerce sind das 10 % des jährlichen Gesamtumsatzes – um die Hälfte, vgl. Article L. 464–2-III Code de Commerce. Darüber hinaus kann die Partei Verpflichtungszusagen abgeben, die ihr zukünftiges wettbewerbliches Verhalten betreffen, vgl. Article L. 464–2-III a. E. Code de Commerce. Hierfür soll in einem Fall bereits eine Bußgeldermäßigung i. H. v. insgesamt 90 % gewährt worden sein.[686]

Ist eine Einigung zwischen der Partei und dem Rapporteur Général erzielt worden, muss diese von einer weiteren, gerichtsähnlichen Instanz innerhalb der Autorité de la Concurrence, dem Collège, überprüft werden.[687] Die Entscheidung über die Verhängung einer Geldbuße sowie über ihre Höhe steht letztlich allein in dessen Ermessen.[688]

III. Vereinigtes Königreich

Auch im Vereinigten Königreich werden seit einigen Jahren kartellrechtliche Bußgeldverfahren durch Kooperationen zwischen der Wettbewerbsbehörde, der Competition and Market Authority,[689] und den Parteien einvernehmlich beendet (sog. „early resolution agreements")[690]. Das erste auf diese Weise entschiedene

684 *Bueren*, Verständigungen, S. 74; *Lasserre/Zivy*, in: Ehlermann/Marquis, Antitrust Settlements, 143 (146); *Waelbroeck*, in: Gheur/Petit, Alternative enforcement techniques, 220 (243).

685 Es soll eine Bußgeldermäßigung i. H. v. bis zu 30 % möglich sein; vgl. *Lasserre/ Zivy*, in: Ehlermann/Marquis, Antitrust Settlements, 143 (147).

686 Vgl. *Holmes/Girardet*, Settling Cartel Cases, S. 6.

687 *Lasserre/Zivy*, in: Ehlermann/Marquis, Antitrust Settlements, 143 (150); *Rivery*, in: Ehlermann/Marquis, Antitrust Settlements, 453 (454); *Waelbroeck*, in: Gheur/Petit, Alternative enforcement techniques, 220 (243).

688 *Bueren*, Verständigungen, S. 74; *Rivery*, in: Ehlermann/Marquis, Antitrust Settlements, 453 (461).

689 Am 1. April 2014 sind die Aufgaben des Office of Fair Trading von der neu gegründeten Competition and Markets Authority übernommen worden; vgl. https://www.gov.uk/government/news/new-competition-authority-comes-into-existence.

690 Die Bezeichnung des Vergleichsverfahrens des Office of Fair Trading ist uneinheitlich. Teilweise wird es – wie das Vergleichsverfahren der Kommission vor dessen Einführung – „direct settlements", teilweise „fast track resolutions", jüngst jedoch „early resolution agreements" genannt. Vgl. *Holmes/Girardet*, Settling Cartel Cases, S. 2; *Martin Alegi/Murray*, in: Ehlermann/Marquis, Antitrust Settlements, 511; *Stephan*, ECLR 2010, 432. In Verfahren gegen das mit Kriminalstrafe bedrohte Kartellverbot des Enterprise Act 2002 findet die hier dargestellte Form

Kartellverfahren war der *Independent Schools*-Fall aus dem Jahr 2006.[691] Im Vereinigten Königreich findet sich aber weder eine entsprechende gesetzliche Regelung, noch gibt es eine Bekanntmachung der Competition and Markets Authority, in der dieser ihre Vorgehensweise offiziell dargelegt hätte. Sie hat jedoch in mehreren eine einvernehmliche Verfahrensbeendigung zugelassen und im Zuge dessen einige Eckpunkte der early resolution agreements festgelegt.[692] Mindestvoraussetzungen für eine Ermäßigung der ursprünglich zu verhängenden Geldbuße sind in jedem Fall ein Schuldanerkenntnis der Parteien sowie der Verzicht auf bestimmte Verfahrensrechte wie etwa eine ausführliche schriftliche Begründung oder eine Anhörung.[693] Andere als Kartellfälle sind – wie in Deutschland, den USA und Frankreich und anders als auf Unionsebene – nicht von vorn-herein von der Anwendung der early resolution agreements ausgeschlossen.[694] Auch in Bezug auf die Höhe möglicher Bußgeldermäßigungen soll sich die Competition and Markets Authority (bzw. das Office of Fair Trading) weitgehend flexibel gezeigt[695] und der Rabatt für die Kooperation der Parteien zwischen 20 und 35 % betragen haben[696].

D. Zusammenfassung

Um das streitige Kartellbußgeldverfahren zu beschleunigen, haben sich sowohl die Kommission als auch das Bundeskartellamt für die Möglichkeit einer einvernehmlichen Verfahrensbeendigung entschlossen. Eine bußgeldmindernde Berücksichtigung der Kooperation der Parteien war und ist in beiden Rechtsordnungen indes auch außerhalb der Vergleichsverfahren möglich.

Die Kommission hat ihr Vergleichsverfahren in der VO 622/2008 sowie in der Mitteilung über das Vergleichsverfahren detailliert geregelt in der Absicht, ein hohes Maß an Transparenz zu schaffen und den Ablauf des Vergleichsverfahrens sowie die Voraussetzungen für den Erlass eines Vergleichsbeschlusses vorhersehbar zu machen. Sein Anwendungsbereich erstreckt sich – anders als das Vergleichsverfahren des Bundeskartellamtes – nur auf Hardcore-Kartelle. Gegenüber dem Vergleichsverfahren der Kommission ist das des Bundeskartellamtes weitgehend entformalisiert. Das Gesetz zur Regelung der Verständigung in Strafverfahren findet nach dem Willen des Gesetzgebers in (behördlichen) Ordnungswidrigkeitenverfahren

der einvernehmlichen Verfahrensbeendigung keine Anwendung. Vgl. Office of Fair Trading, in: OECD, Settlements, S. 63.

691 Office of Fair Trading v. 20.11.2006, Decision No CA98/05/2006.

692 *Holmes/Girardet*, Settling Cartel Cases, S. 2; *Holmes/Girardet/Butler*, EAR 2009, 206 (207). Vgl. auch die Fallbeispiele bei *Bueren*, Verständigungen, S. 95 ff.

693 *Martin Alegi/Murray*, in: Ehlermann/Marquis, Antitrust Settlements, 511 (517); Office of Fair Trading, in: OECD, Settlements, S. 64.

694 *Hennig*, Settlements, S. 295; *Martin Alegi/Murray*, in: Ehlermann/Marquis, Antitrust Settlements, 511 (513).

695 *Martin Alegi/Murray*, in: Ehlermann/Marquis, Antitrust Settlements, 511 (515).

696 *Vascott*, GAR 2013, 6.

keine Anwendung; die hinter den Vorschriften der StPO stehenden rechtsstaatlichen Grundsätze beanspruch hingegen auch in Kartellbußgeldverfahren Geltung. Zuletzt hat das Bundeskartellamt ein – allerdings wenig umfangreiches – Merkblatt zur Durchführung von Vergleichsverfahren veröffentlicht und damit insofern erstmals Verwaltungsgrundsätze geschaffen.

Sowohl das Vergleichsverfahren der Kommission als auch das des Bundeskartellamtes führen in weiten Teilen zu einer Umgestaltung des streitigen Kartellverfahrens. Nach Ermittlung des Sachverhalts und zu Beginn des eigentlichen Verfahrens finden die Vergleichsgespräche statt, in denen den Parteien die wesentlichen Ermittlungsergebnisse dargelegt werden und diese sich zu den Tatvorwürfen äußern können. Echte Verhandlungen im Sinne eines gegenseitigen Nachgebens sind dabei vor dem Bundeskartellamt eher möglich als vor der Kommission. Dieser Umstand verschafft den Parteien die Möglichkeit größerer Einflussnahme auf Verfahrensablauf und Bußgeldhöhe. Entschließen sich beide Seiten nach den Vergleichsgesprächen für die Fortführung des Vergleichsverfahrens, geben die Parteien – schriftliche oder mündliche – Vergleichsausführungen ab, mittels derer sie auf bestimmte Verfahrensrechte wie etwa eine mündliche Anhörung oder eine vollständige Akteneinsicht verzichten. Gleichzeitig beschreiben sie der Kommission den begangenen Verstoß und erkennen ihre Haftbarkeit hierfür an. Auch das Bundeskartellamt verlangt eine Beschreibung der Tat, obgleich ein ausdrückliches Anerkenntnis nicht erforderlich ist. Ein Verzicht auf eine mündliche Anhörung sowie auf eine vollständige Akteneinsicht ist aber ebenfalls Voraussetzung, ein Rechtsmittelverzicht hingegen weder im Vergleichsverfahren des Bundeskartellamtes noch in dem der Kommission. Letztere übersendet den Parteien nach Vorlage der Vergleichsausführungen eine Mitteilung der Beschwerdepunkte, in der sie lediglich die Vergleichsausführungen wiedergibt. Bis zum Erlass des Vergleichsbeschlusses behält sich die Kommission vor, das Vergleichsverfahren abzubrechen und zum streitigen Verfahren zurückzukehren; in diesem Fall leben die einzelnen Verfahrensrechte der Parteien wieder auf und gilt ihr Geständnis als zurückgezogen. Erlässt das Kommissionskollegium einen Vergleichsbeschluss, wird die ursprünglich zu verhängende Geldbuße um 10 % ermäßigt. Dagegen fühlt sich das Bundeskartellamt grundsätzlich an den Vergleichsschluss gebunden und beträgt die Bußgeldermäßigung (nur) in Kartellfällen bis zu 10 %, kann bei anderen Verstößen aber auch höher ausfallen. Die verfahrensbeendenden Vergleichsbescheide beschränken sich in beiden Verfahren auf eine äußerst knappe Entscheidungsbegründung und enthalten lediglich wenige Informationen zu Tatvorwurf sowie Bußgeldbemessung.

Als Hauptgrund für die erfolgreiche Settlementpraxis des Bundeskartellamtes wird zuvorderst die große Flexibilität des deutschen Vergleichsverfahrens genannt, wofür wiederum dessen weitgehende Entformalisierung angeführt wird. Ein Blick auf die von der Kommission entschiedenen Vergleichsfälle zeigt jedoch, dass ihr vermeintlich starre, europäische Vergleichsverfahren – jedenfalls mittlerweile – durchaus etabliert ist und in zunehmendem Maße Anwendung findet.

Das U.S.-amerikanische Plea Bargaining findet in nahezu jedem (Kartell-)Strafverfahren Anwendung. Es bezweckt nicht nur einen schnelleren Verfahrensabschluss, sondern dient der Antitrust Division zudem als Ermittlungsinstrument. Dabei ergeben sich zudem deutlich weitergehende Verhandlungsmöglichkeiten über den Tatvorwurf, den Verfahrensfortgang und die Strafhöhe als die Verfahren vor Kommission und Bundeskartellamt. In Frankreich ist die non-contestation des griefs seit 2001 gesetzlich geregelt. Die Voraussetzungen für eine Bußgeldermäßigung entsprechen im Wesentlichen denen des europäischen sowie denen des deutschen Vergleichsverfahrens. Ähnlich wie in Deutschland sind die early resolution agreements im Vereinigten Königreich im Wege des case law entwickelt worden. Trotz der dadurch bedingten hohen Flexibilität ist Voraussetzung für eine Bußgeldermäßigung ebenfalls ein Schuldanerkenntnis und der Verzicht auf bestimmte Verfahrensrechte.

Teil 4: Rechtmäßigkeit der Vergleichsverfahren

Nach Darstellung der Vergleichsverfahren von Kommission und Bundeskartellamt sollen diese nachfolgend auf ihre Vereinbarkeit mit den einschlägigen rechtsstaatlichen Grundsätzen sowie Verteidigungsrechten untersucht werden.

A. Europäisches Recht

Da die rechtsstaatlichen Prinzipien und Verteidigungsrechte von den Unionsgerichten als allgemeine Grundsätze des Gemeinschafts- bzw. Unionsrechts entwickelt worden,[697] nunmehr aber in der GRC, die sich wiederum an der EMRK orientiert, enthalten sind, soll zunächst ein kurzer Überblick über den Grundrechtsschutz in der Union gegeben werden, um die für die nachfolgende Untersuchung maßgebliche Kodifizierung zu identifizieren.

697 EuGH v. 28.03.2000, C-7/98, Slg. 2000, I-1935 (1966, Rn. 26) – *Krombach*: „So hat der Gerichtshof ausdrücklich den aus diesen Grundrechten entwickelten allgemeinen gemeinschaftsrechtlichen Grundsatz anerkannt, dass jedermann Anspruch auf einen fairen Prozess hat […].“; ders. v. 07.01.2004, C-204, -205, -211, -213, -217, -219/00 P, Slg. 2004, I-123 (442, Rn. 64) – *Aalborg Portland u. a.*: „Die Verteidigungsrechte gehören als Grundrechte zu den allgemeinen Rechtsgrundsätzen, deren Wahrung der Gerichtshof zu sichern hat.“ Vgl. zu den „Verteidigungsrechten als Gemeinschaftsgrundrechte“ auch *Mader*, Die Verteidigungsrechte, S. 88 ff.

I. Grundrechtsschutz in der Union und allgemeine Grundrechtslehren

1. *Grundrechte als „allgemeine Grundsätze der Gemeinschaftsrechtsordnung"*

Das Fehlen eines geschriebenen Grundrechtskataloges[698] haben die Unionsgrundrechte – wenn auch nach anfänglicher Ablehnung[699] – dadurch kompensiert, dass sie die Grundrechte als „allgemeine Grundsätze der Gemeinschaftsrechtsordnung",[700] mithin als ungeschriebenen Teil des Primärrechts anerkannt haben.[701] So handelt es sich bei der Feststellung in Art. 6 Abs. 3 EUV, dass die Grundrechte, wie sie sich aus den gemeinsamen Verfassungsüberlieferungen der Mitgliedstaaten und der EMRK ergeben, zu den allgemeinen Grundsätzen des Unionsrechts gehören, letztlich um eine Kodifizierung der Rechtsprechung der Unionsgerichte.[702] Bei der Herleitung der Grundrechte aus den allgemeinen Rechtsgrundsätzen verwiesen die Unionsgerichte zunächst auf die gemeinsamen Verfassungsüberlieferungen der Mitgliedstaaten[703], später auch auf die „internationalen Verträge über den Schutz

---

698 Zu unterscheiden sind die europäischen Grundrechte von den vier Grundfreiheiten (Warenverkehrsfreiheit, Personenfreizügigkeit, Dienstleistungsfreiheit, Kapital- und Zahlungsverkehrsfreiheit), die das europäische Primärrecht bereits seit Inkrafttreten des EG-Vertrages im Jahr 1957 bzw. – was die Kapital und Zahlungsverkehrsfreiheit betrifft – seit dem Inkrafttreten des Vertrages von Maastricht im Jahr 1994 verbürgt. Auch wenn sich der Einzelne auf die Grundfreiheiten berufen kann, richten sie sich in erster Linie an die staatlichen Stellen der Mitgliedstaaten und verpflichten sie diese, den Angehörigen der übrigen Mitgliedstaaten die gleiche wirtschaftliche Betätigungsfreiheit wie den eigenen Staatsangehörigen zu gewährleisten. Dadurch sollen die Grundfreiheiten zur Schaffung sowie Aufrechterhaltung eines europäischen Binnenmarktes beitragen. Vgl. dazu *Mader*, Die Verteidigungsrechte, S. 85 f.; *Oppermann/Classen/Nettesheim*, Europarecht, § 23 Rn. 2 ff. Die Grundfreiheiten werden daher oftmals auch als „Marktfreiheiten" bezeichnet; so etwa *Herdegen*, Europarecht, § 14. Zum Verhältnis der Grundrechte und Grundfreiheiten vgl. auch *Frenz*, Europäische Grundrechte, Rn. 201 ff.

699 EuGH v. 04.02.1959, C-1/58, Slg. 1959, 43 (64) – *Stork & Cie.;* ders. v. 15.07.1960, C-36, -37, -38, -40/59, Slg. 1960, 885 (921) – *Präsident Ruhrkohlen-Verkaufsgesellschaft u. a.*

700 Erstmals EuGH v. 12.11.1969, C-29/69, Slg. 1969, 419 (425, Rn. 7) – *Stauder*; bestätigt durch dens. v. 17.12.1970, C-11/70, Slg. 1970, 1125 (1135, Rn. 4) – *Internationale Handelsgesellschaft.*

701 *Bieber/Epiney/Haag*, Die Europäische Union, § 2 Rn. 10; *Haratsch/Koenig/Pechstein*, Europarecht, Rn. 662; *Herdegen*, Europarecht, § 8 Rn. 15; *Kiegler*, Rechtliche Anforderungen, S. 254; *Kingreen*, in: Calliess/Ruffert, EUV/AEUV, Art. 6 EUV Rn. 5.

702 *Bieber/Epiney/Haag*, Die Europäische Union, § 2 Rn. 10; *Haratsch/Koenig/Pechstein*, Europarecht, Rn. 662.

703 EuGH v. 17.12.1970, C-11/70, Slg. 1970, 1125 (1135, Rn. 4) – *Internationale Handelsgesellschaft.*

der Menschenrechte"[704]. In der Folge zogen sie vermehrt die EMRK als Rechtserkenntnisquelle heran und betonten deren besondere Bedeutung für die Gewinnung eines europäischen Grundrechtsschutzes.[705] In jüngeren Urteilen erfolgten zusätzlich Bezugnahmen auf die am 7. Dezember 2000 in Nizza von Parlament, Rat und Kommission feierlich proklamierte, damals aber rechtlich noch unverbindliche GRC[706], um die einzelnen Grundrechte zu bekräftigen.[707]

---

704 EuGH v. 14.05.1974, C-4/73, Slg. 1974, 491 (507, Rn. 13) – *Nold.*

705 Erstmals ausdrücklich – allerdings nicht zur Herleitung von Grundrechten – EuGH v. 28.10.1975, C-36/75, Slg. 1975, 1219 (1232, Rn. 32) – *Rutili.* Vgl. zu weiteren Bezugnahmen auf die EMRK *Frenz*, Europäische Grundrechte, Rn. 33 ff. Eine von den Unionsgerichten (vgl. nur EuGH v. 21.09.1989, C-46/87, -227/88, Slg. 1989, 2859 [2923, Rn. 13] – *Hoechst)* häufig verwendete Formel, in der sie sich sowohl auf die Verfassungsüberlieferungen der Mitgliedstaaten als auch auf die EMRK berufen, lautet: „Nach ständiger Rechtsprechung gehören die Grundrechte zu den allgemeinen Rechtsgrundsätzen, die der Gerichtshof im Einklang mit den gemeinsamen Verfassungsüberlieferungen der Mitgliedstaaten und mit den völkerrechtlichen Verträgen an deren Abschluß die Mitgliedstaaten beteiligt waren oder denen sie beigetreten sind, zu wahren hat [...]. Der Europäischen Konvention zum Schutz der Menschenrechte und Grundfreiheiten vom 4. November 1950 kommt dabei besondere Bedeutung zu [...]."

706 Charta der Grundrechte der Europäischen Union, ABl. EG 2000 Nr. C 364/1. Vgl. zur Entstehungsgeschichte der GRC *Yomere*, Die Problematik der Mehrfachsanktionierung, S. 187 ff.

707 EuGH v. 27.06.2006, C-540/03, Slg. 2006, I-5769 (5822 f., Rn. 38) – *Parlament/Rat*; ders. v. 13.03.2007, C-432/05, Slg. 2007, I-2271 (2316, Rn. 37) – *Unibet*; ders. v. 03.05.2007, C-303/05, Slg. 2007, I-3633 (3694, Rn. 46) – *Advocaten voor de Wereld*; ders. v. 11.12.2007, C-438/05, Slg. 2007, I-10779 (10826, Rn. 44) – *International Transport Workers' Federation*; ders. v. 18.12.2007, C-341/05, Slg. 2007, I-11767 (11884, Rn. 90) – *Laval un Partneri*; EuG v. 30.01.2002, T-54/99, Slg. 2002, II-313 (333, Rn. 48; 337, Rn. 57) – *max.mobil*; dass. v. 15.01.2003, T-377, -379, -380/00, -260, -272/01, Slg. 2003, II-1 (40, Rn. 122) – *Philip Morris International u. a.*; dass. v. 09.07.2003, T-223/00, Slg. II-2553, (2591, Rn. 104) – *Kyowa Hakko Kogyo;* dass. v. 09.07.2003, T-224/00, Slg. 2003, II-2597 (2643 f., Rn. 93) – *Archer Daniels Midland*; dass. v. 12.10.2007, T-474/04, Slg. 2007, II-4225 (4259, Rn. 75) – *Pergan Hilfsstoffe.* Schließlich finden sich in der Rechtsprechung der Unionsgerichte zu den Grundrechten gelegentliche Bezugnahmen auf den Internationalen Pakt über bürgerliche und politische Rechte (IPbpR) vom 19. Dezember 1966. Vgl. etwa EuGH v. 18.10.1989, C-374/87, Slg. 1989, 3283 (3350, Rn. 31) – *Orkem*; ders. v. 17.02.1998, C-249/96, Slg. 1998, I-621 (650 f., Rn. 44 f.) – *Grant*; ders. v. 27.06.2006, C-540/03, Slg. 2006, I-5769 (5822, Rn. 37) – *Parlament/Rat.* Der IPbpR ist ein Menschenrechtspakt der Vereinten Nationen, dem alle Mitgliedstaaten der Union angehören; vgl. *Haratsch/Koenig/Pechstein*, Europarecht, Rn. 664.

2. *Verhältnis der einzelnen Grundrechtsverbürgungen zueinander nach Inkrafttreten des Vertrages von Lissabon*

Mit Inkrafttreten des Vertrages von Lissabon am 1. Dezember 2009 hat die GRC in der Fassung vom 14. Dezember 2007[708] rechtliche Verbindlichkeit erlangt, vgl. Art. 6 Abs. 1 Hs. 1 EUV. Sie hat sich damit für den Grundrechtsschutz in der Union von der Rechts*erkenntnis*quelle zur unmittelbar anwendbaren Rechtsquelle gewandelt.[709] Nach Art. 6 Abs. 1 Hs. 2 EUV steht die GRC gleichrangig neben den Verträgen; sie ist mithin Teil des Primärrechts, obgleich sie weder im EUV noch im AEUV inkorporiert ist.[710] Ihre rechtliche Verbindlichkeit auf Unionsebene unterscheidet die GRC insofern von der EMRK und den gemeinsamen Verfassungsüberlieferungen der Mitgliedstaaten. Zwar gelten die Grundrechte, wie sie sich aus der EMRK und den gemeinsamen Verfassungsüberlieferungen der Mitgliedstaaten ergeben, gemäß Art. 6 Abs. 3 EUV als allgemeine Grundsätze Teil des Unionsrechts. Schon aus diesem Grund haben die EMRK und die Verfassungsüberlieferungen immer noch große Bedeutung für den Grundrechtsschutz in der Union. Gleichwohl handelt es sich bei ihnen eben nur um Rechts*erkenntnis*quellen ohne unmittelbare Verbindlichkeit, so dass sie allenfalls ergänzend zur Auslegung der GRC heranzuziehen sind.

Ein solches Verständnis legt auch Art. 52 Abs. 3 und 4 GRC nahe, der das Verhältnis der GRC zur EMRK und den gemeinsamen Verfassungsüberlieferungen der Mitgliedstaaten regelt. Nach Art. 52 Abs. 3 Satz 1 EUV hat jedes Grundrecht der GRC die *gleiche Bedeutung und Tragweite* wie das entsprechende Grundrecht der EMRK.[711] Diese Vorschrift macht die EMRK zwar weder zum „verbindlichen Referenzpunkt" noch zum „mittelbaren Bestandteil" des Unionsrechts.[712] Es sollte aber ein Gleichklang des grundrechtlichen Schutzniveaus von EMRK und GRC geschaffen werden,[713] indem Art. 52 Abs. 3 Satz 1 AEUV einen an der EMRK – in ihrer Auslegung durch den EGMR – orientierten grundrechtlichen Mindeststandard festlegt, während Art. 52 Abs. 3 Satz 2 GRC einen über die EMRK hinausgehenden Schutz erlaubt. Überdies gilt abschließend Art. 6 Abs. 2 EUV, der einen Beitritt der Union zur EMRK erst noch vorsieht, so dass die EMRK weiterhin den Status einer

---

708 Charta der Grundrechte der Europäischen Union, ABl. EU 2007 Nr. C 303/1. Die aktuelle Fassung der GRC v. 30.03.2010 findet sich in ABl. EU 2010 Nr. C 83/391.

709 *Pache/Rösch*, EuZW 2008, 519; *Weitbrecht/Mühle*, EuZW 2010, 327.

710 *Kingreen*, in: Calliess/Ruffert, EUV/AEUV, Art. 6 EUV Rn. 12; *Pache/Rösch*, EuZW 2008, 519 (521). Maßgebend ist die Fassung der GRC v. 12.12.2007, ABl. EU 2007 Nr. C 303/1.

711 Eine Auflistung der Artikel der GRC, die dieselbe Bedeutung und Tragweite wie die entsprechen Artikel der EMRK haben, findet sich in den Erläuterungen zur Charta der Grundrechte, ABl. EU 2007 Nr. C 303/17 (33 f.).

712 So aber *Callewaert*, EuGRZ 2003, 198 (200); ähnlich auch *Borowsky*, in: Meyer, Grundrechtecharta, Art. 52 Rn. 34: „materieller Beitritt" der Union zur EMRK.

713 Erläuterungen zur Charta der Grundrechte, ABl. EU 2007 Nr. C 303/17 (33); *Frenz*, Europäische Grundrechte, Rn. 49.

Rechts*erkenntnis*quelle behält.[714] Daraus folgt zudem, dass die Unionsgerichte zwar grundsätzlich verpflichtet sind, die Rechtsprechung des EGMR zu berücksichtigen, nicht jedoch, diesem in jeder Auslegungsfrage zu folgen.[715]

Vorsichtiger als Art. 52 Abs. 3 GRC ist dessen Abs. 4 formuliert, der bestimmt, dass die Grundrechte der GRC im Einklang mit den entsprechenden Grundrechten der gemeinsamen Verfassungsüberlieferungen der Mitgliedstaaten ausgelegt werden. Daraus wird gefolgert, dass der Einfluss der gemeinsamen Verfassungsüberlieferungen für die Auslegung der Grundrechte geringer ist als jener der EMRK.[716] Dafür spricht, dass sich – wie erwähnt – auch die Unionsgerichte bei der Herleitung der Grundrechte in zunehmendem Maße auf die EMRK berufen. Art. 52 Abs. 4 GRC macht aber deutlich, dass es sich bei den gemeinsamen Verfassungsüberlieferungen der Mitgliedstaaten wiederum nur um eine Rechts*erkenntnis*quelle handelt, die den Unionsgerichten bei der Anwendung der GRC als Auslegungshilfe dienen kann.[717]

Art. 53 GRC legt schließlich fest, dass keine Bestimmung der GRC als eine Einschränkung oder Verletzung anderer Grundrechtsverbürgungen auszulegen ist. Dies führt zunächst einmal dazu, dass die Anwendung anderer – nationaler, europäischer oder internationaler – Grundrechtsverbürgungen von der GRC unberührt bleiben.[718] Die GRC kann also nicht herangezogen werden, um die in anderen Grundrechtsverbürgungen enthaltenen Rechte einschränkend auszulegen.[719] Darüber hinaus kann Art. 53 GRC zu einer Meistbegünstigung führen; denn wenn neben der GRC noch andere Grundrechtsverbürgungen anwendbar sind, kommt im Kollisionsfall immer (auch) das günstigere Recht zur Anwendung.[720]

Der aufgewertete Status der GRC dürfte dazu führen, dass sich die Unionsgerichte hinsichtlich des Grundrechtsschutzes in der Union künftig vorrangig auf die einzelnen Gewährleistungen der GRC berufen. Dieser kommt aber für den Grundrechtsschutz in der Union im Wesentlichen nur eine deklaratorische und

---

714 *Bieber/Epiney/Haag*, Die Europäische Union, § 2 Rn. 19; *Jarass*, Grundrechtecharta, Art. 52 Rn. 64; *Kingreen*, in: Calliess/Ruffert, EUV/AEUV, Art. 52 GRC Rn. 37.

715 *Frenz*, Europäische Grundrechte, Rn. 97/116; *Herdegen*, Europarecht, § 8 Rn. 30; *Oppermann/Classen/Nettesheim*, Europarecht, § 18 Rn. 10. Vgl. dazu ausführlich *Schneiders*, Die Grundrechte, S. 241 ff.

716 *Jarass*, Grundrechtecharta, Art. 52 Rn. 67.

717 *Borowsky*, in: Meyer, Grundrechtecharta, Art. 52 Rn. 44; *Jarass*, Grundrechtecharta, Art. 52 Rn. 67.

718 *Becker*, in: Schwarze, EU-Kommentar, Art. 53 GRC Rn. 1; *Borowsky*, in: Meyer, Grundrechtecharta, Art. 53 GRC Rn. 11; *Jarass*, Grundrechtecharta, Art. 53 GRC Rn. 3.

719 *Schneiders*, Die Grundrechte, S. 241.

720 *Borowsky*, in: Meyer, Grundrechtecharta, Art. 53 GRC Rn. 14; *Jarass*, Grundrechtecharta, Art. 53 GRC Rn. 3. Anders aber *Kingreen*, in: Calliess/Ruffert, EUV/AEUV, Art. 53 GRC Rn. 6, der meint, es handele sich „um eine im Grundrechtsföderalismus typische Vorschrift, die die Eigenständigkeit der (mit-)gliedstaatlichen Grundrechtsordnung gegenüber den Grundrechten des Gesamtverbandes sicherstellen will."

weniger eine konstitutive Funktion zu. Sie soll die bisher als allgemeine Grundsätze des Unionsrechts anerkannten Grundrechte zusammenfassen und durch ihre Kodifikation sichtbar machen.[721] Da diese Grundrechte aus den gemeinsamen Verfassungsüberlieferungen der Mitgliedstaaten sowie der EMRK hergeleitet worden sind und gemäß Art. 6 Abs. 3 EUV als Teil des Unionsrechts fortgelten, ergeben sich durch das Inkrafttreten des Vertrages von Lissabon zunächst keine unmittelbaren materiell-rechtlichen Änderungen hinsichtlich des Umfangs der einzelnen Gewährleistungen.[722]

3. *Bedeutung der GRC speziell für das Kartellverfahren*

Offenbar betrachtete der europäische Gesetzgeber die GRC bereits bei Erlass der VO 1/2003 als Maßstab für den Grundrechtsschutz im Kartellverfahren. So stellt der Erwägungsgrund Nr. 37 zur VO 1/2003 fest: „Diese Verordnung wahrt die Grundrechte und steht im Einklang mit den Prinzipien, die insbesondere in der Charta der Grundrechte der Europäischen Union verankert sind. Demzufolge ist diese Verordnung in Übereinstimmung mit diesen Rechten und Prinzipien auszulegen und anzuwenden." Hieraus wurde eine Selbstbindung des europäischen Gesetzgebers dergestalt hergeleitet, dass die in der GRC verbürgten Grundrechte im Kartellverfahren zwingend

---

721 Vgl. Präambel der Charta der Grundrechte der Europäischen Union, ABl. EU 2010 Nr. C 83/389 (391, Unterabs. 5); *Jarass*, Grundrechtecharta, Einl. Rn. 8; *König*, Das Europäische Verwaltungssanktionsrecht, S. 35 f.; *Pache/Rösch*, EuZW 2008, 519 (520); *Schwarze*, EuZW 2001, 517 (518); *Yomere*, Die Problematik der Mehrfachsanktionierung, S. 198.

722 *Bueren*, Verständigungen, S. 733 (Fn. 4021); *Jarass*, Grundrechtecharta, Einl. Rn. 8; *König*, Das Europäische Verwaltungssanktionsrecht, S. 35 f.; *Pache/Rösch*, EuZW 2008, 519 (520). Zur Vorgehensweise der Rechtsprechung vgl. etwa EuGH v. 09.11.2010, C-92, -93/09, Slg. 2010, I-11063 (Rn. 51) – *Volker und Markus Schecke*, der a. a. O. sowohl Bezug auf die EMRK als auch auf die GRC nimmt: „Schließlich geht aus Art. 52 III der Charta hervor, dass, soweit diese Charta Rechte enthält, die den durch die EMRK garantierten Rechten entsprechen, diese die gleiche Bedeutung und Tragweite haben, wie sie ihnen in der genannten Konvention verliehen wird. In Art. 53 der Charta heißt es hierzu ergänzend, dass keine ihrer Bestimmungen als eine Einschränkung oder Verletzung der Rechte auszulegen ist, die u. a. durch die EMRK anerkannt werden. Demnach ist zum einen davon auszugehen, dass sich die in den Art. 7 und 8 der Charta anerkannte Achtung des Privatlebens hinsichtlich der Verarbeitung personenbezogener Daten auf jede Information erstreckt, die eine bestimmte oder bestimmbare natürliche Person betrifft [...] und zum anderen, dass Einschränkungen des Rechts auf Schutz der personenbezogenen Daten gerechtfertigt sein können, wenn sie denen entsprechen, die im Rahmen von Art. 8 EMRK geduldet werden." Eine Aufwertung haben hingegen die sog. „sozialen Grundrechte" erfahren, die für die Zwecke der vorliegenden Arbeit allerdings nicht von Relevanz sind; vgl. dazu *Pache/Rösch*, EuZW 2008, 519 (520).

zu beachten sind,[723] obgleich die GRC zum damaligen Zeitpunkt lediglich den Status einer Rechtserkenntnisquelle innehatte. Mit Inkrafttreten des Vertrages von Lissabon und dem gleichzeitigen Erstarken der GRC zur Rechtsquelle kommt dem Erwägungsgrund Nr. 37 zur VO 1/2003 jedenfalls nur noch deklaratorische Wirkung zu.

4. *Grundrechtsverpflichtete und Grundrechtsträger*

Für eine Beurteilung der Rechtmäßigkeit des Vergleichsverfahrens ist es schließlich erforderlich, zu klären, ob die GRC ihrer Konzeption nach überhaupt geeignet ist, die Kommission zu verpflichten sowie juristische Personen zu begünstigen.

Gemäß Art. 51 Abs. 1 GRC gilt die GRC u. a. für die Organe und Einrichtungen der Union.[724] Bei der Kommission handelt es sich um ein Organ der Union, so dass jene bei ihrem Handeln die Grundrechte der GRC beachten muss und mithin Grundrechtsverpflichtete ist.

Da es sich bei den Adressaten der kartellrechtlichen Bußgeldvorschriften im europäischen Recht um Unternehmen handelt, deren Träger in der Regel juristische Personen sind, ist aber fraglich, ob diese sich auf die Grundrechte berufen können oder ob die europäischen Grundrechte lediglich für natürliche Personen gelten. Gegen eine grundsätzliche Geltung der Grundrechte auch für juristische Personen könnte sprechen, dass diese ausdrücklich nur in den Schutz der Artt. 42 bis 44 GRC einbezogen werden.[725] Die GRC kodifiziert aber – wie erwähnt – lediglich den vorhandenen Grundrechtsschutz in der Union. Die grundsätzliche Geltung der Grundrechte jedenfalls für die juristischen Personen des Privatrechts[726] war vor Inkrafttreten der GRC allgemein anerkannt.[727] Es würde daher einen nicht gewollten Rückschritt beim Grundrechtsschutz in der Union darstellen, würde man aus Artt. 42

723 Vgl. *GA Kokott* v. 08.12.2005, C-105/04 P, Slg. 2006, I-8730 (8754, Rn. 107, Fn. 59) – *Nederlandse Federatieve Vereniging*; *Weiß*, in: Loewenheim/Meessen/Riesenkampff, Kartellrecht, Art. 27 VO 1/2003 Rn. 1.

724 Daneben bindet die GRC zwar auch die Mitgliedstaaten bei der Durchführung des Unionsrechts. Anders als die Grundfreiheiten richtet sie sich aber nicht in erster Linie an diese, sondern vielmehr an die Union. Die in Bezug auf die Bindung der Mitgliedstaaten restriktive Haltung kommt dadurch zum Ausdruck, dass die GRC „für die Mitgliedstaaten ausschließlich bei der Durchführung des Rechts der Union" gilt. Vgl. *Borowsky*, in: Meyer, Grundrechtecharta, Art. 51 Rn. 2 ff.; *Jarass*, Grundrechtecharta, Art. 51 Rn. 10.

725 Vgl. *Classen*, Gute Verwaltung, S. 66; *Schwarze*, EuZW 2001, 517 (518); *Yomere*, Die Problematik der Mehrfachsanktionierung, S. 198.

726 Unter Umständen können sich auch juristische Personen des *öffentlichen* Rechts – etwa Mitgliedstaaten im Beihilfeverfahren – auf Grundrechte berufen; vgl. dazu *Mader*, Verteidigungsrechte, S. 126 ff.

727 Vgl. EuGH v. 21.09.1989, C-46/87, -227/88, Slg. 1989, 2859 (2924, Rn. 19) – *Hoechst*; *Bieber/Epiney/Haag*, Die Europäische Union, § 2 Rn. 18; *Kiegler*, Rechtliche Anforderungen, S. 262; *Mader*, Verteidigungsrechte, S. 125; *Pascu*, Strafrechtliche Fundamentalprinzipien, S. 104.

bis 44 GRC folgern, dass sich juristische Personen nur auf diese berufen könnten.[728] Da die EMRK in einer Vielzahl der der GRC entsprechenden Rechte auch juristische Personen schützt, wäre ein solches Verständnis zudem nicht mit Artt. 52 Abs. 3 und 53 GRC vereinbar.[729] Schließlich ist in der Rechtsprechung des EGMR anerkannt, dass sich auch juristische Personen auf Art. 6 Abs. 1 EMRK berufen können.[730] Dies wird aus der Beschwerdebefugnis des Art. 34 Satz 1 EMRK abgeleitet, die eine Verletzung der durch die EMRK gewährten Rechte voraussetzt und neben den natürlichen Personen auch „nichtstaatliche Organisationen oder Personengruppen“ in Bezug nimmt.[731] Demnach können sich neben natürlichen grundsätzlich auch juristische Personen auf die Grundrechte der GRC berufen.[732] Voraussetzung ist aber – ähnlich der Regelung in Art. 19 Abs. 3 GG –, dass die Grundrechte ihrem Schutzgehalt nach auf sie anwendbar sind.[733]

5. Ergebnis

Aus dem Vorgenannten folgt, dass die Rechtmäßigkeit des Vergleichsverfahrens in erster Linie anhand der in der GRC enthaltenen rechtsstaatlichen Prinzipien und Verteidigungsrechte zu prüfen ist und eine Herleitung aus den gemeinsamen Verfassungsüberlieferungen der Mitgliedstaaten sowie der EMRK grundsätzlich entbehrlich ist; gleichwohl sollen letztere im Rahmen der nachfolgenden Untersuchung bei den jeweiligen Grundsätzen und Verteidigungsrechten zumindest Erwähnung finden. Hinsichtlich des Umfangs der einzelnen Gewährleistungen kann zudem auf die bisherige Rechtsprechung der Unionsgerichte zurückgegriffen werden.

---

728 *Classen*, Gute Verwaltung, S. 66.

729 *Classen*, Gute Verwaltung, S. 66; *Ladenburger*, in: Tettinger/Stern, Grundrechtecharta, Art. 51 Rn. 3.

730 Europäische Kommission für Menschenrechte v. 30.05.1991, in: EGMR v. 27.02.1992, Nr. 11598/85, Serie A, Nr. 232, Rn. 66 (Anhang) – *Société Stenuit; Queck*, Die Geltung des nemo-tenetur-Grundsatzes, S. 107 f.; *Schwarze*, EuR 2009, 171 (184/197); *Schwarze/Bechtold/Bosch*, Rechtsstaatliche Defizite, S. 37; *Weiß*, NJW 1999, 2236 (2237).

731 *Queck*, Die Geltung des nemo-tenetur-Grundsatzes, S. 107 f.; *Weiß*, NJW 1999, 2236 (2237).

732 *Classen*, Gute Verwaltung, S. 65 ff.; *Schwarze*, EuZW 2001, 517 (518/521); *Yomere*, Die Problematik der Mehrfachsanktionierung, S. 198.

733 *Bieber/Epiney/Haag*, Die Europäische Union, § 2 Rn. 18; *Classen*, Gute Verwaltung, S. 67; *Kiegler*, Rechtliche Anforderungen, S. 262; *Pascu*, Strafrechtliche Fundamentalprinzipien, S. 104.

II. Kompetenz der Kommission zur Einführung des Vergleichsverfahrens

Zunächst ist zu prüfen, ob der kommission möglicherweise die kompetenz für den erlass der vo 622/2008 sowie der mitteilung des vergleichsverfahrens fehlte[734] und ob die einführung des vergleichsverfahrens eines tätigwerdens des rates als „hauptrechtsetzungsorgan für sekundäres unionsrecht“[735] bedurft hätte.[736] Zwar folgt die union nicht dem klassischen schema der strikten gewaltenteilung nach legislative, exekutive und judikative, sondern haben die unionsorgane vielmehr gemischte funktionen.[737] Gleichwohl gebietet es der ehemals in art. 7 Abs. 1 Satz 2 egv (jetzt: ~ art. 13 Abs. 2 Satz 1 euv) verankerte grundsatz des institutionellen gleichgewichts, „daß jedes organ seine befugnisse unter beachtung der befugnisse der anderen organe ausübt.“[738] Gegen diesen grundsatz hätte die kommission verstoßen, wenn sie durch die einführung des vergleichsverfahrens ihre befugnisse überschritten und sich damit eine in den befugnisbereich des rates fallende aufgabe angemaßt hätte.

1. Rechtsgrundlagen des Vergleichsverfahrens

Bevor diesen Fragen nachgegangen werden soll, sind zunächst einige Überlegungen zu Rechtsnatur und Bindungswirkung der Rechtsgrundlagen des Vergleichsverfahren

---

734 Da das Vergleichsverfahren noch zur Zeit des Vertrages von Nizza erlassen wurde, sind dessen Vorgaben – und nicht etwa die durch den Vertrag von Lissabon eingetretenen Rechtsänderungen – maßgeblich; vgl. *Weiß*, EWS 2010, 257 (261).

735 So *Streinz*, Europarecht, Rn. 340. Nach dem Inkrafttreten des Vertrages von Lissabon wird der Rat „gemeinsam mit dem Europäischen Parlament als Gesetzgeber tätig“ (vgl. Art. 16 Abs. 1 Satz 1 EUV), so dass es sich bei ihm nur mehr um ein „*Mit*rechtsetzungsorgan“ handelt.

736 *Weitbrecht/Mühle*, EuZW 2008, 551 (559), sind der Ansicht, dass „der Versuch, durch Verwaltungsvorschriften einen allgemeinen Rechtsrahmen für Absprachen im Bußgeldverfahren zu schaffen, rechtsstaatlich fragwürdig“ sei. Zweifelnd auch *Scordamaglia*, GAR 2009, 61 (68), sowie *Waelbroeck*, in: Gheur/Petit, Alternative Enforcement techniques, 221 (258 f.). Zur entsprechenden Kritik an der Kronzeugenregelung vgl. *Schwarze*, WuW 2009, 171 (179); *Soltész*, WuW 2005, 616 (617). Den Erlass der Kronzeugenregelung in Form einer Mitteilung hat auch das Europäische Parlament kritisiert. Es forderte die Kommission in einer Entschließung auf, „Maßnahmen zur Einführung eines rechtlich bindenden Instruments mit einer angemessen Rechtsgrundlage zu treffen“. Vgl. Entschließung des Europäischen Parlaments zum XXVI. Bericht der Kommission über die Wettbewerbspolitik (1996), ABl. EG 1997 Nr. C 358/55, Rn. 8.

737 So hat der Rat als (Mit-)Legislativorgan auch Exekutivbefugnisse und die Kommission – umgekehrt – als Exekutivorgan auch Legislativbefugnis. Vgl. *Häberle*, Die Kronzeugenmitteilung, S. 106; *Haratsch/Koenig/Pechstein*, Europarecht, Rn. 204.

738 EuGH v. 22.05.1990, C-70/88, Slg. 1990, I-2041 (2072, Rn. 22) – *Parlament/Rat*. Vgl. auch ders. v. 29.10.1980, C-138/79, Slg. 1980, 3333 (3360, Rn. 33) – *Roquette Frères*; ders. v. 02.03.1994, C-316/91, Slg. 1994, I-625 (657 f., Rn. 11 f.) – *Parlament/Rat*.

anzustellen, auf die im Folgenden zurückgegriffen werden kann. Im Vergleich zu ähnlichen – jedenfalls auch – die Bußgeldfestsetzung betreffenden und von der Kommission erlassenen Instrumenten wie der Kronzeugenregelung oder den Bußgeldleitlinien fällt insbesondere auf, dass das Vergleichsverfahren neben einer Mitteilung auch in einer Verordnung geregelt ist.

a) VO 622/2008 und VO 773/2004

Bei der VO 773/2004 bzw. der VO 622/2008, mittels derer die VO 773/2004 a. F. um Regelungen das Vergleichsverfahren betreffend geändert worden ist,[739] handelt es sich um Durchführungsverordnungen. Zu deren Erlass ist die Kommission grundsätzlich nach Art. 33 Abs. 1 VO 1/2003 ermächtigt. Rechtsgrundlage der VO 1/2003 war wiederum Art. 83 EGV (jetzt: Art. 103 AEUV), der eine Subdelegation einzelner Maßnahmen an die Kommission nicht ausschließt.[740] Die grundsätzliche Möglichkeit, dass der Rat der Kommission in einer Verordnung die Befugnis zum Erlass der die Durchführung betreffenden Regelungen erteilt, war ehemals in Artt. 202 Spiegelstr. 3 und 211 Spiegelstr. 4 EGV vorgesehen. Durchführungsverordnungen sind wie die Verordnungen des Rates in allen ihren Teilen verbindlich und gelten unmittelbar in jedem Mitgliedstaat.[741]

Während Art. 202 Spiegelstr. 3 EG der Kommission noch vorbehaltlos die Kompetenz zur Durchführung der vom Rat beschlossenen Vorschriften übertrug,[742] müssen Ziele, Inhalt, Geltungsbereich sowie Dauer der Durchführungsverordnung nun gemäß Art. 290 Abs. 1 Unterabs. 2 Satz 1 AEUV in dem delegierenden Gesetzgebungsakt bestimmt sein.[743] Diesem sind schließlich auch die wesentlichen Aspekte des jeweiligen Regelungsbereichs vorbehalten, vgl. Art. 290 Abs. 1 Unterabs. 2 Satz 1 AEUV. Zumindest vergleichbar sind die Durchführungsverordnungen deshalb mit den aus dem deutschen Recht bekannten Rechtsverordnungen (vgl. Art. 80 Abs. 1

---

739 Vgl. Artt. 10a, 15 Abs. 1a, 2 Abs. 1, 6 Abs. 1, 10 Abs. 1, 11 Abs. 1, 12 Abs. 2, 17 Abs. 1 und 3 VO 773/2004.

740 EuGH v. 15.07.1970, C-41/69, Slg. 1970, 661 (691, Rn. 60/62) – *ACF Chemiefarma*; *Ruffert*, in: Calliess/Ruffert, EUV/AEUV, Art. 103 AEUV Rn. 9.

741 *Ritter*, in: Immenga/Mestmäcker, EU-Wettbewerbsrecht, Art. 33 VO 1/2003 Rn. 1.

742 *Bruha/Münch*, NJW 1987, 542 (544); *von Danwitz*, Europäisches Verwaltungsrecht, S. 204.

743 Nach Inkrafttreten des Vertrages von Lissabon erfüllt nun die sog. „delegierte Rechtsetzung“ gemäß Art. 290 AEUV die Funktion der Durchführungsrechtsetzung nach Artt. 202 Spiegelstr. 3 und 211 Spiegelstr. 4 EGV. Nach Art. 290 Abs. 1 Unterabs. 1 AEUV kann der Kommission im Gesetzgebungsakt die Befugnis übertragen werden, Rechtsakte ohne Gesetzescharakter mit allgemeiner Geltung zur Ergänzung oder Änderung bestimmter, nicht wesentlicher Vorschriften des betreffenden Gesetzgebungsaktes zu erlassen. Die Durchführungsverordnungen werden dabei von den „delegierten“ Rechtsakten (vgl. Art. 290 Abs. 3 AEUV) ersetzt. Nach dem ausdrücklichen Wortlaut des Art. 290 Abs. 1 Unterabs. 1 AEUV haben diese – wie jene – keinen Gesetzescharakter.

Satz 2 GG), die ebenfalls entsprechend den Vorgaben eines (Parlaments-)Gesetzes als verbindliche Rechtsakte von der Exekutive erlassen werden.[744]

b) *Mitteilung über das Vergleichsverfahren*

Die Mitteilung über das Vergleichsverfahren präzisiert und ergänzt die in der VO 622/2008 enthaltenen bzw. die in die VO 773/2004 neu eingefügten Bestimmungen betreffend den Verfahrensablauf sowie die Voraussetzungen für den Vergleichsschluss. Einzig in der Mitteilung über das Vergleichsverfahren ist insbesondere die mögliche Bußgeldermäßigung i. H. v. 10 % genannt.[745] Mitteilungen waren in Art. 249 EGV nicht als Handlungsform des Gemeinschaftsrechts genannt. Deshalb gehörten sie – ebenso wie Leitlinien und Bekanntmachungen – nicht zum sekundären Gemeinschaftsrecht.[746] Dieser Umstand führt indes nicht zu ihrer Unzulässigkeit; denn der Katalog der Handlungsformen in Art. 249 EGV war nicht abschließend.[747] Die Mitteilung über die Durchführung von Vergleichsverfahren ist – im Gegensatz zur VO 773/2004 – jedoch kein bindender Rechtsakt. Rechtlich verbindlich waren nur die in Art. 249 EGV Verordnungen (Unterabs. 2), Richtlinien (hinsichtlich des zu erreichenden Ziels, Unterabs. 3) und Entscheidungen (Unterabs. 4, nun: Beschlüsse). Die in Art. 249 EGV ebenfalls genannten Empfehlungen und Stellungnahmen (Unterabs. 5) sowie andere dort nicht aufgeführte Handlungsformen waren es indes nicht.[748] Gleichwohl ist anerkannt, dass die Kommission grundsätzlich auch ohne ausdrückliche Ermächtigungsgrundlage im Primär- oder Sekundärecht

---

744 Vgl. *Rieckhoff*, Der Vorbehalt des Gesetzes, S. 195; *Schwarze*, EuR 2009, 171 (178); *Streinz*, Europarecht, Rn. 562; *von Danwitz*, Europäisches Verwaltungsrecht, S. 374. Soweit sich die Kommission aufgrund sekundärrechtlicher Vorgaben im Bereich der Rechtsetzung betätigt, wurde und wird hierfür teilweise der Begriff „Tertiärrecht“ verwendet; so etwa *Streinz*, Europarecht, Rn. 560.

745 Kommission, Mitteilung über das Vergleichsverfahren, Rn. 32.

746 *Kiegler*, Rechtliche Anforderungen, S. 103/266. Vgl. auch *Hetzel*, Kronzeugenregelungen, S. 182 f.

747 *Frenz*, WRP 2010, 224; *Kiegler*, Rechtliche Anforderungen, S. 103; *Pampel*, EuZW 2005, 11 (12).

748 Entsprechendes gilt nach Inkrafttreten des Vertrages von Lissabon nunmehr auch im Hinblick auf Art. 288 AEUV, der für das Unionsrecht Art. 249 EGV ersetzt. Für die Unverbindlichkeit der Mitteilungen kann hingegen nicht angeführt werden, dass sie im Amtsblatt unter der Nr. C (= Communications/Bekanntmachungen und Mitteilungen) und nicht unter der Nr. L (= Legislation/Rechtsakte) veröffentlicht werden; so aber *Häberle*, Die Kronzeugenmitteilung, S. 91. Denn die ebenfalls unverbindlichen Empfehlungen und Stellungnahmen werden im Gegensatz zu den Mitteilungen im Amtsblatt unter der Nr. L veröffentlicht. Dieser Umstand wird teilweise als Argument dafür herangezogen, dass es sich bei den Mitteilungen nicht um Empfehlungen und Stellungnahmen handelt, obwohl allen – wie erwähnt – ihre rechtliche Unverbindlichkeit gemein ist. Vgl. *Adam*, Die Mitteilungen der Kommission, S. 85; *Härtel*, Europäische Rechtsetzung, § 13 Rn. 37.

unverbindliche Mitteilungen erlassen kann.[749] Dieses Recht folgt bereits aus ihrer Funktion als „Hüterin der Verträge“ (vgl. Art. 17 Abs. 1 Satz 2 und 3 EUV).[750] Um diese Funktion effektiv wahrnehmen zu können, muss die Kommission befugt sein, ihre Verwaltungspraxis auf den ihr zugewiesenen Sachgebieten abstrakt zu regeln.[751] Durch die Veröffentlichung solcher Mitteilungen trägt die Kommission ferner zur Schaffung von Rechtssicherheit, Vorhersehbarkeit und Transparenz ihrer Aufgabenerfüllung bei.[752] Da sie zur Durchsetzung des Wettbewerbsrechts auf Unionsebene einschließlich der Sanktionierung von Unternehmen nach Durchführung eines Kartellverfahrens berufen ist, steht der Kommission grundsätzlich auch die Befugnis zur Veröffentlichung von Mitteilungen in diesem Bereich zu. Einer Delegation in einer Ratsverordnung bedarf es insofern nicht.[753] Die Kommission muss sich dabei aber innerhalb des ihr durch die Vorschriften des Primär- und Sekundärrechts vorgegebenen Spielraums bewegen und darf sich insbesondere keine neuen oder vom höherrangigen Recht nicht mehr gedeckten Befugnisse aneignen.

Bei den Mitteilungen der Kommission handelt es sich um sog. „soft law“ (vergleichbar mit den aus dem deutschen Recht bekannten norminterpretierenden und ermessenslenkenden Verwaltungsvorschriften),[754] das weder die Unionsgerichte noch die Gerichte und Wettbewerbsbehörden der Mitgliedstaaten bindet, noch unmittelbar geltende Pflichten für Dritte begründet.[755] Die Mitteilungen entfalten aber insofern eine Bindungswirkung für die Kommission selbst, als diese durch deren Veröffentlichung ihr Ermessen beschränkt hat und nach dem – aus dem Grundsatz der Gleichbehandlung und dem Grundsatz des Vertrauensschutzes folgenden – Grundsatz der Selbstbindung der Verwaltung von den sich selbst auferlegten Regeln nur in begründeten Ausnahmefällen abweichen kann.[756] Durch den Erlass von Mit-

---

749 Vgl. nur EuGH v. 18.07.2013, C-501/11 P, noch nicht in amtl. Slg., Rn. 68 – *Schindler Holding u. a.*: „Keine Bestimmung der Verträge untersagt es jedoch einem Organ, eine solche Verhaltensnorm mit Hinweischarakter zu erlassen.“

750 *Häberle*, Die Kronzeugenmitteilung, S. 99.

751 Vgl. *Adam*, Die Mitteilungen der Kommission, S. 101 f.; *Häberle*, Die Kronzeugenmitteilung, S. 99 f.; *Hetzel*, Kronzeugenregelungen, S. 186.

752 Vgl. EuGH v. 07.03.2002, C-310/99, Slg. 2002, I-2289 (2339, Rn. 52) – *Italien*; EuG v. 12.12.2012, T-400/09, noch nicht in amtl. Slg., Rn. 31 – *Ecka Granulate*.

753 *Ritter*, in: Immenga/Mestmäcker, EU-Wettbewerbsrecht, Art. 33 VO 1/2003 Rn. 1.

754 Vgl. *Adam*, Die Mitteilungen der Kommission, S. 132 ff.; *von Danwitz*, Europäisches Verwaltungsrecht, S. 372. Eine dem deutschen Recht entsprechende, dogmatische Unterscheidung zwischen Beurteilungsspielräumen (auf Tatbestandsebene) und Ermessen (auf Rechtsfolgenebene) ist dem europäischen Recht dagegen fremd; vgl. *Triantafyllou*, Vom Vertrags- zum Gesetzesvorbehalt, S. 283.

755 *Häberle*, Die Kronzeugenmitteilung, S. 91; *Kiegler*, Rechtliche Anforderungen, S. 111; *Pampel*, EuZW 2005, 11 (12).

756 Vgl. EuGH v. 15.01.2002, C-171/00 P, Slg. 2002, I-451 (493, Rn. 35) – *Libéros*; ders. v. 28.06.2005, C-189, -202, -205 bis -208, -213/02 P, Slg. 2005, I-5425 (5565 f., Rn. 209 ff.) – *Dansk Rørindustri u. a.*; ders. v. 18.05.2006, C-397/03 P, Slg. 2006, I-4429 (4510, Rn. 91) – *Archer Daniels Midland*; v. 18.07.2013, C-501/11 P, noch nicht in amtl.

teilungen wird bei Dritten ein berechtigtes Vertrauen geschaffen, so dass diese sich grundsätzlich auf die in der Mitteilung enthaltenen Erklärungen verlassen können.[757] Soweit die Mitteilungen nicht nur die interne Verwaltungstätigkeit der Kommission regeln, sondern sich – wie insbesondere im Wettbewerbsrecht – an Dritte richten, handelt es sich bei ihnen um sog. „Verwaltungsnormen mit Außenwirkung".[758] Von der Verwaltung erlassene innerdienstliche Verwaltungsnormen – auch solche mit Außenwirkung – hat der EuGH zwar ausdrücklich nicht als Rechtsnormen qualifiziert.[759] Gleichwohl sei „nicht auszuschließen, dass derartige Verhaltensnormen mit allgemeiner Geltung unter bestimmten Voraussetzungen und je nach ihrem Inhalt Rechtswirkungen entfalten können."[760] So hat der EuGH festgestellt, dass die Auffassung des EuG, „dass die Leitlinien [Bußgeldleitlinien der Kommission] nicht zum rechtlichen Rahmen für die Höhe der Geldbußen gehörten", falsch sei.[761] Auch wenn sie nicht als Rechtsgrundlage für die Verhängung von Geldbußen anzusehen seien, fielen solche Verhaltensnormen grundsätzlich unter den Begriff „Recht" im Sinne des Art. 7 Abs. 1 EMRK.[762] Teilweise scheint der EuGH den Mitteilungen sogar eine rechtliche bzw. unmittelbare Bindungswirkung für Dritte zuzusprechen. So hat er in einem früheren Urteil entschieden, dass „Bekanntmachungen

---

Slg., Rn. 67 – *Schindler Holding u. a.*; EuG. v. 17.12.1991, T-7/89, Slg. 1991, II-1711 (1739, Rn. 53) – *Hercules Chemicals*; *Frenz*, Europäische Grundrechte, Rn. 5139; *Kindhäuser/Meyer*, in: FK-Kartellrecht, Band III, Art. 23 VO 1/2003 Rn. 172; *Pampel*, EuZW 2005, 11 (12); *Triantafyllou*, Vom Vertrags- zum Gesetzesvorbehalt, S. 284; *von Danwitz*, Europäisches Verwaltungsrecht, S. 252; *Weiß*, EWS 2010, 257 (258). Ausführlich *Frenz*, WRP 2010, 224 (225 ff.); *Kiegler*, Rechtliche Anforderungen, S. 107 ff.

757 *Kiegler*, Rechtliche Anforderungen, S. 109. Zu weitgehend aber wohl *Pascu*, Strafrechtliche Fundamentalprinzipien, S. 307, der meint, dass den Leitlinien aufgrund ihres abstrakt-generellen Regelungsgehaltes materiell Normcharakter zukomme.

758 EuGH v. 28.06.2005, C-189, -202, -205 bis -208, -213/02 P, Slg. 2005, I-5425 (5566, Rn. 210) – *Dansk Rørindustri u. a.*; ders. v. 18.05.2006, C-397/03 P, Slg. 2006, I-4429 (4510, Rn. 91) – *Archer Daniels Midland*. Vgl. auch *Weiß*, EWS 2010, 257 (258).

759 Vgl. EuGH v. 15.01.2002, C-171/00 P, Slg. 2002, I-451 (493, Rn. 35) – *Libéros*; ders. v. 28.06.2005, C-189, -202, -205 bis -208, -213/02 P, Slg. 2005, I-5425 (5565 f., Rn. 210 f.) – *Dansk Rørindustri u. a.*; ders. v. 18.05.2006, C-397/03 P, Slg. 2006, I-4429 (4510, Rn. 91) – *Archer Daniels Midland*.

760 EuGH v. 28.06.2005, C-189, -202, -205 bis -208, -213/02 P, Slg. 2005, I-5425 (5566, Rn. 211) – *Dansk Rørindustri u. a.*

761 EuGH v. 28.06.2005, C-189, -202, -205 bis -208, -213/02 P, Slg. 2005, I-5425 (5565, Rn. 207 f.) – *Dansk Rørindustri u. a.*

762 Vgl. EuGH v. 28.06.2005, C-189, -202, -205 bis -208, -213/02 P, Slg. 2005, I-5425 (5566 ff., Rn. 213 ff.) – *Dansk Rørindustri u. a.* Der EuGH, a. a. O., prüfte eine Änderung der Bußgeldleitlinien auf ihre Vereinbarkeit mit dem strafrechtlichen Rückwirkungsverbot, lehnte aber einen Verstoß ab, da die Änderung der Bußgeldleitlinien für die betreffenden Unternehmen im Zeitpunkt der Zuwiderhandlung vorhersehbar gewesen sei.

[...] Rechtshandlungen von allgemeiner Tragweite [sind], welche Rechte und Pflichten der Unternehmen [...] im voraus in objektiver Weise festlegen."[763] Im Wettbewerbsrecht haben die Mitteilungen regelmäßig jedenfalls insofern eine *faktische* Bindungswirkung, als sich nicht nur die Kommission, sondern auch die Wettbewerbsbehörden der Mitgliedstaaten an ihnen orientieren und den Erlass eigener Verwaltungsvorschriften vermehrt nach jenen richten.[764]

2. Regelung wesentlicher Aspekte durch Kommission statt Rat

Dies vorausgeschickt stellt sich nunmehr die Frage, ob die Kommission durch den Erlass der VO 622/2008 sowie der Mitteilung über das Vergleichsverfahren in die Kompetenzen des Rates eingegriffen hat. Im Bereich der Rechtsetzung erfolgt die Abgrenzung der Kompetenzen des Rates und der Kommission anhand des Kriteriums der Wesentlichkeit. Es entspricht ständiger Rechtsprechung des EuGH, dass die wesentlichen Grundlagen der zu regelnden Materie dem Basisrechtsakt, d. h. einer Regelung des Rates, vorbehalten bleiben müssen.[765] Dabei verfolgt der EuGH weniger einen „rechtsstaatlich-grundrechtsbezogenen"[766] als vielmehr einen „demokratisch-politischen" Ansatz,[767] nach dem „wesentlich" im genannten Sinne „nur solche Bestimmungen [sind], durch die die grundsätzlichen Ausrichtungen der Gemeinschaftspolitik umgesetzt werden."[768] In einer neueren Entscheidung hat der EuGH die Anforderungen an die Wesentlichkeit zwar verschärft, indem er für den Basisrechtsakt eine wesentlich höhere Regelungsdichte forderte.[769] Allerdings hat

763 EuGH v. 06.03.1979, C-92/78, Slg. 1979, 777 (800, Rn. 38) – *Simmenthal*. Vgl. auch *Triantafyllou*, Vom Vertrags- zum Gesetzesvorbehalt, S. 284.

764 Vgl. *Härtel*, Europäische Rechtssetzung, § 13 Rn. 33. Dies kommt etwa darin zum Ausdruck, dass das Bundeskartellamt nach dem Vorbild der Kommission Kronzeugenregelungen sowie Bußgeldleitlinien erlassen bzw. deren bestehende Fassungen entsprechend geändert hat.

765 EuGH 17.12.1970, C-25/70, Slg. 1970, 1161 (1172, Rn. 6) – *Köster*; ders. v. 27.10.1992, C-240/90, Slg. 1992, I-5383 (5434, Rn. 36) – *Deutschland*; ders. v. 06.12.2005, C-66/04, Slg. 2005, I-10553 (10590, Rn. 48) – *Vereinigtes Königreich*. Auf Grundlage dieser Rechtsprechung ist in Art. 290 Abs. 1 AEUV mittlerweile von „nicht *wesentlichen* Vorschriften" und in Art. 290 Abs. 1 Unterabs. 2 AEUV von „*wesentlichen* Aspekten eines Bereichs", die dem Gesetzgebungsakt vorbehalten sind und für die eine „Befugnisübertragung ausgeschlossen" [Hervorhebungen durch Verf.] ist, die Rede.

766 So aber das BVerfG; vgl. dazu noch B., I.

767 *Calliess/Ruffert*, EUV/AEUV, Art. 290 AEUV Rn. 10; *Streinz*, Europarecht, Rn. 562 (Fn. 16); *von Danwitz*, Europäisches Verwaltungsrecht, S. 347.

768 EuGH v. 27.10.1992, C-240/90, Slg. 1992, I-5383 (5434, Rn. 37) – *Deutschland*.

769 EuGH v. 06.12.2005, C-66/04, Slg. 2005, I-10553 (10590, Rn. 48 f.) – *Vereinigtes Königreich*: „Der Gemeinschaftsgesetzgeber ist erstens verpflichtet, in dem Basisrechtsakt die wesentlichen Elemente der betreffenden Harmonisierungsmaßnahmen festzulegen. Zweitens muss der Mechanismus zur Umsetzung dieser Elemente so angelegt sein, dass er zu einer Harmonisierung im Sinne des Art. 95 EG

der EuGH mit dieser Entscheidung keine – jedenfalls keine ausdrückliche – Rechtsprechungsänderung vollzogen.[770] Zudem erging sie zu Harmonisierungsmaßnahmen nach Art. 95 EGV (jetzt: Art. 114 AEUV), die den besonders sensiblen Bereich der Rechtsangleichung in den Mitgliedstaaten aufgrund gemeinschaftsrechtlicher Vorgaben und Kompetenzen betreffen. Eine Übertragbarkeit dieser Rechtsprechung auf das Vergleichsverfahren erscheint daher zweifelhaft.[771] Schließlich wird auch jüngst noch überwiegend von einer großzügigen Auslegung des Begriffs der Wesentlichkeit durch den Gerichtshof ausgegangen.[772]

Das Vergleichsverfahren könnte aufgrund der folgenden zwei Erwägungen dergestalt wesentlich sein, dass es ein Tätigwerden des Rates erfordert haben könnte: Zum einen hat es Einfluss auf die Höhe der zu verhängenden Geldbuße, und zum anderen modifiziert es den Ablauf des Kartellverfahrens.

a) Art. 23 Abs. 2 und 3 VO 1/2003

Die in der Mitteilung über das Vergleichsverfahren als Belohnung für die Teilnahme an dem Vergleichsverfahren vorgesehene Bußgeldermäßigung ist im Hinblick auf das Wesentlichkeitskriterium unproblematisch. In Art. 23 Abs. 2 VO 1/2003 hat der Rat den Bußgeldrahmen abgesteckt, indem er einen Haftungshöchstbetrag von 10 % des Unternehmensumsatzes festgelegt hat. Zusätzlich hat er mittels der in Art. 23 Abs. 3 VO 1/2003 genannten Kriterien der Schwere und Dauer der Kommission die wesentlichen Vorgaben für die Bemessung der Geldbuße gemacht. Innerhalb dieses Rahmens bzw. unter Beachtung dieser Vorgaben kann die Kommission das ihr zustehende Ermessen ausüben, ohne selbst etwas „Wesentliches" im genannten Sinne zu regeln.

Fraglich ist hingegen, ob die Kommission ihr Ermessen durch den Erlass der Mitteilung über das Vergleichsverfahren in unzulässiger Weise beschränkt hat, indem sie den Parteien in Aussicht stellt, die ursprünglich zu verhängende Geldbuße bei Vorliegen der in der Mitteilung genannten Voraussetzungen zu ermäßigen. Bei Anwendung des Vergleichsverfahrens würde die Kommission dann nicht den Einzelfall, sondern einzig diese Voraussetzungen prüfen und automatisch eine stets gleiche

---

führt. Das ist dann gegeben, wenn der Gemeinschaftsgesetzgeber im Einzelnen die Modalitäten festlegt, nach denen die Entscheidungen in jedem Abschnitt eines solchen Zulassungsverfahrens getroffen werden müssen, und er die Befugnisse, die der Kommission als der Instanz zustehen, die die endgültige Entscheidung zu treffen hat, genau bestimmt und eingrenzt."

770 *Bueren*, Verständigungen, S. 696; *Ohler*, JZ 2006, 359 (361); *Weiß*, EWS 2010, 257 (259).

771 So auch *Bueren*, Verständigungen, S. 698 ff.

772 *Rieckhoff*, Der Vorbehalt des Gesetzes, S. 178; *Ruffert*, in: Calliess/Ruffert, EUV/AEUV, Art. 290 Rn. 10; *Zagrosek*, Kronzeugenregelungen, S. 127. Anders aber im Hinblick auf die Kronzeugenregelung *Schwarze*, WuW 2009, 171 (177 f.), sowie – bereits unter Berücksichtigung des Art. 290 Abs. 1 AEUV – *Weiß*, EWS 2010, 257 (260).

Bußgeldermäßigung i. H. v. 10 % gewähren, so dass ein Fall des Ermessensnichtgebrauchs vorliegen könnte. Entsprechende Bedenken sind in der Literatur in Bezug auf die Kronzeugenregelung erhoben worden.[773]

Zunächst gilt jedoch das oben bereits Ausgeführte: Innerhalb des ihr zustehenden Ermessens ist die Kommission berechtigt, ermessenskonkretisierende Mitteilungen zu erlassen.[774] Die Mitteilung über das Vergleichsverfahren unterscheidet sich aber auch insofern von der Kronzeugenmitteilung, als sich die Kommission dort die endgültige Entscheidung über den Erlass des Vergleichsbeschlusses und folglich auch über die Bußgeldermäßigung vorbehält, selbst wenn die Parteien die in der Mitteilung über das Vergleichsverfahren vorgesehenen Voraussetzungen für den Erlass eines Vergleichsbeschlusses erfüllen. Die Kommission macht somit weiterhin von dem ihr zustehenden Ermessen hinsichtlich des „Ob" der Gewährung einer Bußgeldermäßigung Gebrauch und trifft damit auch im Vergleichsverfahren Einzelfallentscheidungen. Die Gefahr eines etwaigen Ermessensnichtgebrauchs seitens der Kommission ist damit von vornherein ausgeschlossen.[775]

---

773 Vgl. *Flocken*, Die Bußgeldbemessung der Kommission, S. 33; *Häberle*, Die Kronzeugenmitteilung, S. 185; *Hetzel*, Kronzeugenregelungen, S. 190 f.; *Kiegler*, Rechtliche Anforderungen, S. 275; *Stockmann*, ZWeR 2012, 20 (35 f.); *Wiesner*, Der Kronzeuge im Kartellrecht, S. 113 f.

774 So auch für die Mitteilung über das Vergleichsverfahren *Brenner*, Das Vergleichsverfahren, S. 226. In der Rechtssache *Lögstör Rör* warf die Klägerin der Kommission unter dem Gesichtspunkt der Verletzung des Vertrauensschutzes vor, letztere habe mit der Kronzeugenregelung (von 1996) „[d]urch die Schaffung einer völlig neuen Methode [...] für die Honorierung einer Kooperation der Unternehmen [...] „*Normen abstrakt-generellen Charakters geschaffen*, die sich an den für förmliche Rechtsnormen geltenden Grundsätzen messen lassen müssten"; vgl. EuG v. 20.03.2002, T-16/99, Slg. 2003, II-1633 (Rn. 242, nicht in amtl. Slg.) – *Lögstör Rör*. [Hervorhebung durch Verf.]. Das EuG (a. a. O., Rn. 242) entgegnete dem: „Nach ständiger Rechtsprechung dürfen die Wirtschaftsteilnehmer nicht auf die Beibehaltung einer bestehenden Situation vertrauen, die im Rahmen des Ermessensspielraums der Gemeinschaftsorgane verändert werden kann [...]." Und ferner (EuG, a. a. O., Rn. 248): „Zum berechtigten Vertrauen in Bezug auf die Zusammenarbeit ist festzustellen, dass allein aus der Tatsache, dass die Kommission in früheren Entscheidungen bei einem bestimmten Verhalten die Geldbuße in bestimmtem Umfang herabgesetzt hat, nicht abgeleitet werden kann, dass sie verpflichtet wäre, bei der Beurteilung eines ähnlichen Verhaltens im Rahmen eines späteren Verwaltungsverfahrens eine entsprechende Herabsetzung vorzunehmen [...]."

775 Anderes soll nach verbreiteter Auffassung bei den Kronzeugenregelungen von 2002 und von 2006 gelten, da diese nach ihrem jeweiligen Abschnitt A unter bestimmten Voraussetzungen einen automatischen Bußgelderlass gewähren. Hierzu wird vertreten, dass die Kommission das ihr eingeräumte Ermessen missbraucht habe und die Kronzeugenregelungen daher insofern rechtswidrig seien. Vgl. *Häberle*, Die Kronzeugenmitteilung, S. 185 („Ermessens*über*schreitung"); *Hetzel*, Kronzeugenregelungen, S. 190 f. („Ermessens*unter*schreitung"); *Kiegler*,

b) Art. 33 VO 1/2003

Möglicherweise sind jedoch die in der VO 622/2008 enthaltenen Regelungen über den Ablauf des Vergleichsverfahrens wesentlich und konnten diese deshalb nicht von der Kommission erlassen werden.

Wie dargestellt wird die Kommission von Art. 33 VO 1/2003 ermächtigt, verbindliche Durchführungsvorschriften zu erlassen, und eine solche stellt die VO 622/2008 auch grundsätzlich dar. Gleichwohl könnte diese nicht mehr von Art. 33 VO 1/2003 gedeckt sein; denn die in Art. 33 Abs. 1 Satz 2 VO 1/2003 aufgeführten Beispiele scheinen die Kommission nur zum Erlass formeller Verfahrensvorschriften, möglicherweise jedoch nicht zu so weit reichenden Regelungen wie denen des Vergleichsverfahrens zu ermächtigen.[776] Deutlich wird dies am Beispiel des Art. 33 Abs. 1 lit. c VO 1/2003. Dieser könnte auf den ersten Blick zwar eine Regelung wie das Vergleichsverfahren betreffen, indem er den Erlass von Vorschriften über die Anhörung an die Kommission delegiert und der durch die VO 622/2008 eingefügte Art. 12 Abs. 2 VO 773/2004 auch tatsächlich Anhörungsfragen regelt. Während jedoch in Art. 33 Abs. 1 lit. c VO 1/2003 lediglich von der „*praktische[n]* Durchführung der Anhörungen gemäß Artikel 27 [VO 1/2003]“[777] die Rede ist, sieht Art. 12 Abs. 2 VO 773/2004 einen – jedenfalls teilweisen – Verzicht der Parteien auf die Anhörung vor und scheint damit deutlich weitergehend, als jener es erlauben würde.

Im Ergebnis kann der Erlass der VO 622/2008 dennoch auf Art. 33 VO 1/2003 gestützt werden. Denn so sehr sich die Verkürzung des Kartellverfahrens und das (teilweise) Auslassen bzw. Umgestalten mehrerer Verfahrensstationen wie etwa der vollständigen Akteneinsicht oder der Anhörung auch auf den hergebrachten Ablauf des Kartellverfahrens auswirken mag, so wenig ist ein bestimmter Verfahrensablauf in der VO 1/2003 ausdrücklich vorgesehen. Diese enthält nur einige elementare rechtsstaatliche Anforderungen[778] überlässt die Ausgestaltung des Verfahrens im Übrigen aber weitgehend der Kommission, die hiervon wiederum durch die Regelung der VO 773/2004 Gebrauch gemacht hat.[779] Zudem handelt es sich bei der

---

Rechtliche Anforderungen, S. 275 („Ermessens*unter*schreitung“); *Klees*, WuW 2002, 1056 (1068). Anders aber *Flocken*, Die Bußgeldbemessung der Kommission, S. 33; *Wiesner*, Der Kronzeuge im Kartellrecht, S. 113 f.; *Zagrosek*, Kronzeugenregelungen, S. 146.

776 Vgl. *Scordamaglia*, GAR 2009, 61 (68).

777 [Hervorhebung durch Verf.].

778 In diesem Zusammenhang insbesondere das Erfordernis der Mitteilung der Beschwerdepunkte und die Möglichkeit der Parteien, sich hierzu zu äußern (vgl. Art. 27 Abs. 1 Satz 1 und 2 VO 1/2003), ferner das Akteneinsichtsrecht der Parteien nach Art. 27 Abs. 2 VO 1/2003.

779 Vgl. zum Kommissionsverfahren und dessen einzelnen, in der VO 773/2004 enthaltenen Verfahrensschritten bereits Teil 2, A., II., S. 26 ff. Die Ausgestaltung des Verfahrens durch die Kommission muss natürlich ihrerseits rechtsstaatlichen Anforderungen genügen. Dabei handelt es sich indes nicht um eine spezifische Vorgabe des Art. 33 VO 1/2003, um den es an dieser Stelle aber allein gehen soll.

Einführung des Vergleichsverfahrens auch nicht etwa um eine grundsätzliche Neuausrichtung der Gemeinschaftspolitik, die nach der – wie erwähnt – großzügigen Rechtsprechung des EuGH einer Regelung im Basisrechtsakt bedurft hätte. Damit stellt Art. 33 VO 1/2003 eine ausreichende Ermächtigungsgrundlage für den Erlass der VO 622/2008 dar.[780]

c) *Art. 9 VO 1/2003 i. V. m. Erwägungsgrund Nr. 13 zur VO 1/2003*

Der Einführung des Vergleichsverfahrens könnte aber der Umstand entgegenstehen, dass mit dem Institut der Verpflichtungszusagen bereits eine Möglichkeit der konsensualen Verfahrensbeendigung existiert, die auch vom Rat erlassen worden ist, die aber gemäß Erwägungsgrund Nr. 13 zur VO 1/2003 in Bußgeldverfahren nicht zur Anwendung kommen soll. Damit könnte sich der Rat implizit gegen die Möglichkeit der Verständigung in Bußgeldverfahren ausgesprochen haben.[781]

Hiergegen spricht aber zum einen der wesentliche Unterschied zwischen den Verpflichtungszusagen und dem Vergleichsverfahren, namentlich dass es bei ersteren zu einem Verfahrensabbruch kommt und kein verfahrensbeendender Beschluss ergeht, während bei letzterem das Verfahren lediglich abgekürzt, aber gleichwohl eine – wenn auch ermäßigte – Geldbuße nach Artt. 7 und 23 VO 1/2003 verhängt wird. Zum anderen war die bußgeldmindernde Berücksichtigung der Kooperation der Parteien im Kartellverfahren bereits vor Erlass des Art. 9 VO 1/2003 anerkannt, so dass es einer eindeutigen Willensbekundung seitens des Rates bedurft hätte, sollte eine solche nunmehr ausgeschlossen sein.[782] Daher erscheint es allenfalls nicht konsequent, dass das Institut der Verpflichtungszusagen sekundär-, das bußgeldrelevante Vergleichsverfahren hingegen nur tertiärrechtlich verankert ist. Jedoch hat der Rat mit Art. 9 VO 1/2003 i. V. m. Erwägungsgrund Nr. 13 zur VO 1/2003 nicht etwa eine Entscheidung gegen die Möglichkeit der Verständigung in Bußgeldverfahren getroffen.

3. *Ergebnis*

Folglich verfügte die Kommission über die nötige Kompetenz zur Einführung des Vergleichsverfahrens sowohl in Bezug auf den Erlass der VO 622/2008 als auch in Bezug auf den der Mitteilung über das Vergleichsverfahren.

---

780 So auch *Brenner*, Das Vergleichsverfahren, S. 227 f.

781 Vgl. *Bueren*, Verständigungen, S. 674; *Waelbroeck*, in: Gheur/Petit, Alternative enforcement techniques, 221 (259).

782 So auch *Bueren*, Verständigungen, S. 674.

III. Verstoß gegen den Grundsatz der Verhältnismäßigkeit der Strafe

1. Vorüberlegungen

Möglicherweise verstößt die in der Mitteilung über das Vergleichsverfahren vorgesehene Möglichkeit, die ursprünglich zu verhängende Geldbuße um 10 % zu ermäßigen, gegen den Grundsatz der Verhältnismäßigkeit der Strafe.

Bereits früh haben die Unionsgerichte den Verhältnismäßigkeitsgrundsatz als allgemeinen Grundsatz des Gemeinschaftsrechts anerkannt.[783] Auch die Höhe der von der Kommission auf dem Gebiet des Wettbewerbsrechts verhängten Geldbußen überprüfen die Unionsgerichte regelmäßig auf ihre Verhältnismäßigkeit.[784] Dabei nehmen sie eine über die allgemeine Verhältnismäßigkeitsprüfung hinausgehende, strengere Prüfung vor.[785] Für die Verhängung von Strafen enthält nunmehr Art. 49 Abs. 3 GRC eine spezielle Bestimmung, nach der das Strafmaß zur Straftat verhältnismäßig, also sowohl tat- als auch schuldangemessen sein muss.[786] Ein Rückgriff auf Art. 49 Abs. 3 GRC und eine Überprüfung des Vergleichsverfahrens anhand desselben kommt allerdings nicht in Betracht, da es sich bei der Norm um ein Grundrecht und nicht, worum es vorliegend geht, um eine objektiv-rechtliche Garantie handelt.

---

783 Erstmals wohl – wenn auch noch nicht ausdrücklich – EuGH v. 17.12.1970, C-11/70, Slg. 1970, 1125 (1136 ff., Rn. 7) – *Internationale Handelsgesellschaft*. Vgl. *Häberle*, Kronzeugenregelungen, S. 146; *Hetzel*, Kronzeugenregelungen, S. 208; *Kiegler*, Rechtliche Anforderungen, S. 294.

784 Vgl. nur EuGH v. 14.02.1978, C-27/76, Slg. 1978, 207 (311, Rn. 302/304) – *United Brands*; EuG v. 11.12.2003, T-65/99, Slg. 2003, II-5433 (5508 ff., Rn. 189 ff.) – *Strintzis Lines Shipping*; dass. v. 29.04.2004, T-236, -239, -244 bis -246, -251, -252/01, Slg. 2004, II-1181 (1278 ff., Rn. 244 ff.) – *Tokai Carbon u. a.*

785 Vgl. *Jarass*, EU-Grundrechte, § 6 Rn. 54/§ 42 Rn. 17 ff.

786 *Dannecker/Biermann*, in: Immenga/Mestmäcker, EU-Wettbewerbsrecht, vor Art. 23 f. VO 1/2003 Rn. 24 (dort fälschlicherweise als Art. *50* Abs. 3 GRC bezeichnet) und Art. 23 VO 1/2003 Rn. 138; *Eser*, in: Meyer, Grundrechtecharta, Art. 49 Rn. 38; *Jarass*, Grundrechtecharta, Art. 49 Rn. 16; *Rengeling/Szczekalla*, Grundrechte in der EU, Rn. 1205. Die Anwendbarkeit der Vorschrift auch bei der Verhängung von Geldbußen für kartellrechtliche Verstöße folgt aus der Qualifikation der Geldbuße als strafrechtliche Maßnahme. Vgl. auch *Eser*, in: Meyer, Grundrechtecharta, Art. 49 Rn. 38 (Fn. 344); *Jarass*, EU-Grundrechte, § 42 Rn. 19. Vgl. entsprechend zum Grundsatz schuldangemessenen Strafens im deutschen Recht BGHSt 43, 195 (208 f.), und BGHSt 50, 40 (49/50). Dieser Grundsatz scheint im Unionsrecht indes noch nicht anerkannt; vgl. *Häberle*, Die Kronzeugenmitteilung, S. 177 ff., die jedoch bereits die Existenz des Schuldprinzips als allgemeinen Rechtsgrundsatz verneint. Sofern in einem jüngeren Fall die Verletzung des Grundsatzes des schuldangemessenen Strafen gerügt worden ist, hat sich das EuG mit der Frage der Geltung desselben nicht näher befasst; vgl. EuG v. 13.07.2011, T-138/07, Slg. 2011, II-4819, Rn. 271 ff. – *Schindler Holding u. a.*

Im Unionsrecht dient der Verhältnismäßigkeitsgrundsatz nicht nur – als Schranken-Schranke – dem Schutz subjektiver Rechte, sondern fungiert darüber hinaus als allgemeine Handlungsbegrenzung zur Überprüfung der Ausgewogenheit sowohl von belastenden als auch von begünstigenden Maßnahmen und damit nicht zuletzt auch der Ermessensausübung der Kommission bei der Bußgeldbemessung.[787] Da Kartellverstöße den freien Wettbewerb beschränken und sowohl die Wettbewerber als auch die Abnehmer der Kartellanten einschließlich der Verbraucher schädigen, besteht ein hohes Allgemeininteresse an einer gerechten Sanktionierung.[788] Die Bußgeldermäßigung, welche die Kommission den Parteien im Vergleichsverfahren als Belohnung für ihre Kooperation gewährt, könnte diesem Interesse zuwiderlaufen. Deshalb ist im Rahmen einer umfassenden Verhältnismäßigkeitsprüfung zu untersuchen, ob die Kommission die Kooperation der Parteien in der Weise bußgeldmindernd berücksichtigen kann, wie es die Regelungen über das Vergleichsverfahren vorsehen.

2. *Bußgeldzumessungskriterien des Art. 23 Abs. 3 VO 1/2003*

Zunächst ist zu klären, ob und inwiefern Art. 23 Abs. 3 VO 1/2003 es zulässt, die Kooperation der Parteien bei der Festsetzung der Höhe der Geldbuße zu berücksichtigen. Diese Frage soll der Überprüfung spezifischer Bedenken gegen das Vergleichsverfahren vorangestellt werden.

---

787 Vgl. *Bueren*, Verständigungen, S. 834 f.; *Häberle*, Die Kronzeugenmitteilung, S. 149 f.; *von Danwitz*, Europäisches Verwaltungsrecht, S. 217.

788 Vgl. EuG v. 13.07.2011, T-138/07, Slg. 2011, II-4819, Rn. 165 – *Schindler Holding u. a.*, wo die Klägerinnen einen Verstoß gegen den Verhältnismäßigkeitssatz wie folgt begründeten: „Auch wenn nämlich die Mitteilung über die Zusammenarbeit von 2002 eine verbesserte Aufklärung von Kartellen ermögliche, wodurch das Gemeinschaftsinteresse gefördert werde, belohne sie doch die Unternehmen, die gegen Art. 81 EG verstoßen hätten, und schaffe für die redlichen Unternehmen Wettbewerbsnachteile, da sie die Verhängung von Geldbußen gegen die am Kartell beteiligten Unternehmen, die vom Kartell profitiert hätten, verhindere. Sie tangiere zudem das Gemeinschaftsinteresse an der Ahndung von Verstößen gegen das Wettbewerbsrecht."
Vgl. auch *Soltész*, EWS 2000, 240 (241): „Problematisch ist die Kronzeugenregelung [...], weil sie bestimmte ‚Kartellsünder' in weitem Maße von einer Bußgeldverhängung ausnimmt und damit das Rechtsbewusstsein der Marktbürger gefährdet." *Brenner*, Das Vergleichsverfahren, S. 228, wirft die Frage auf, ob eine Herabsetzung der Geldbußen mit der Pflicht der Kommission, „eine hinreichende Abschreckungswirkung und damit eine bestmögliche Durchsetzung des Wettbewerbsrechts zu erreichen", vereinbar ist. Vgl. auch *Häberle*, Die Kronzeugenmitteilung, S. 150, die darauf hinweist, dass den kartellbeteiligten Unternehmen, die keine Bußgeldermäßigung (nach der Kronzeugenregelung) enthalten, Wettbewerbsnachteile entstehen könnten.

Durch die Einführung des Vergleichsverfahrens könnte die Kommission das ihr eingeräumte Ermessen deshalb fehlerhaft ausgeübt haben, weil sich in Art. 23 Abs. 3 VO 1/2003 für die Festsetzung der Höhe der Geldbuße einzig die – zwingend zu beachtenden[789] – Kriterien der Schwere und Dauer der Zuwiderhandlung finden, während das Vergleichsverfahren die Kooperation der Parteien bußgeldmindernd berücksichtigt. Dem ist jedoch entgegenzuhalten, dass die Kommission auch im Vergleichsverfahren die Schwere und Dauer der Zuwiderhandlung als maßgebliche Kriterien für die Festsetzung der Höhe der Geldbuße heranzieht. Wie dargelegt[790] wird die 10 %-ige Bußgeldermäßigung, welche die Mitteilung über das Vergleichsverfahren als Belohnung für die Kooperation der Parteien vorsieht, im Rahmen der Bemessung der Geldbuße erst an deren Ende von dem nach Art. 23 Abs. 2 und 3 VO 1/2003 sowie den Bußgeldleitlinien ermittelten Betrag abgezogen. Am Anfang der Bemessung stehen indes die Kriterien der Schwere und Dauer der Zuwiderhandlung, anhand derer die Kommission – unter Berücksichtigung des relevanten Umsatzes der Partei – den Grundbetrag der Geldbuße berechnet. Dass diese Kriterien bei Anwendung des Vergleichsverfahrens weiterhin die maßgebenden bleiben, zeigt die Tatsache, dass die Bußgeldermäßigung mit 10 % vergleichsweise gering ausfällt und den ursprünglich anhand der Schwere und Dauer ermittelten Betrag folglich nur geringfügig verringert.

789 *Flocken*, Die Bußgeldbemessung der Kommission, S. 6; *Häberle*, Die Kronzeugenmitteilung, S. 182; *Kiegler*, Rechtliche Anforderungen, S. 160; *Nowak*, in: Loewenheim/Meessen/Riesenkampff, Kartellrecht, Art. 23 VO 1/2003 Rn. 26. Anders aber *Dannecker/Biermann*, in: Immenga/Mestmäcker, Art. 23 VO 1/2003 Rn. 129, die den Kriterien der Schwere und Dauer nur „exemplarischen Charakter" zumessen. Die von den Autoren in Bezug genommene Entscheidung des EuG (v. 12.09.2007, T-30/05, abgekürzte Veröffentlichung, Slg. 2007, II-105 – *Prym*) lässt eine solche Aussage indes nicht erkennen. Teilweise wird Art. 23 Abs. 3 VO 1/2003 sogar dahingehend verstanden, dass sich die Kriterien der Schwere und Dauer in dem *End*betrag der Geldbuße wiederfinden müssten, so dass der nach der Kronzeugenregelung vorgesehene, automatische Bußgeld*erlass* ermessenswidrig sei; vgl. *Häberle*, Die Kronzeugenzeugenmitteilung der Kommission, S. 183 ff. Vgl. auch EuG v. 13.07.2011, T-138/07, Slg. 2011, II-4819, Rn. 173 – *Schindler Holding u. a.*: „Nach Ansicht der Klägerinnen hat die Kommission mit dem Erlass der Mitteilung über Zusammenarbeit von 2002 das ihr in Art. 23 Abs. 2 und 3 der Verordnung Nr. 1/2003 eingeräumte Ermessen überschritten. Nach dieser Bestimmung müsse die Kommission bei der Festsetzung der Höhe der Geldbuße die Schwere und Dauer der Zuwiderhandlung berücksichtigen, was bei einem ‚vollständigen Erlass' nicht der Fall sein könne. Abschnitt A der Mitteilung über Zusammenarbeit von 2002 sei daher rechtswidrig, was die Rechtswidrigkeit der gesamten Mitteilung nach sich ziehe."

790 Vgl. bereits Teil 3, A., VI., 7., a).

Art. 23 Abs. 3 VO 1/2003 verbietet es ferner nicht, neben den dort genannten noch weitere Kriterien bei der Festsetzung der Höhe der Geldbuße zu berücksichtigen; die Aufzählung in Art. 23 Abs. 3 VO 1/2003 ist also keine abschließende.[791]

So hat die Kommission schon vor Einführung der Kronzeugenregelung die Kooperation der Parteien im Verfahren wiederholt bußgeldmindernd berücksichtigt und hat das EuG dieses Vorgehen gebilligt.[792] Mit Inkrafttreten der ersten Kronzeugenregelung im Jahr 1996 wurde die Möglichkeit, die Kooperation der Parteien mit der Herabsetzung oder gar dem Erlass der Geldbuße zu belohnen, erstmals formalisiert. In Bezug auf die Kronzeugenregelung entschied das EuG in der bereits erwähnten Rechtssache *Lögstör Rör*: „Die Kommission ist nämlich nach der Verordnung Nr. 17 [VO 17/1962] weder verpflichtet, ein kooperatives Verhalten der betroffenen Unternehmen in irgendeiner Weise zu belohnen, noch wird ihr dies verwehrt."[793] Der Kronzeugenregelung von 1996 folgten die von 2002 und schließlich die von 2006. Zwischenzeitlich – in den Jahren 1998 und 2006 – veröffentlichte die Kommission ihre Bußgeldleitlinien. Diese orientieren sich bereits bei der Berechnung des Grundbetrages am relevanten Umsatz der betroffenen Partei und sehen beispielhaft weitere mildernde und erschwerende Kriterien vor, welche sich auf die Höhe der Geldbuße auswirken, indem sie den Grundbetrag entsprechend anpassen; als milderndes Kriterium ist dort auch die Kooperation der Partei genannt.[794] Die Zulässigkeit der Berücksichtigung solcher, über die Vorgaben des Art. 23 Abs. 3 VO 1/2003 hinausgehender Kriterien ist dabei allgemein anerkannt. Folglich kann, wie die Unionsgerichte ausdrücklich festgestellt haben, auch das Verhalten der Partei während des Kartellverfahrens bei der Festsetzung der Geldbuße Berücksichtigung finden.[795]

Dieses Ergebnis wird schließlich dadurch untermauert, dass die Sanktionierung von wettbewerbswidrigem Verhalten von den Unionsgerichten als „ein Instrument der Wettbewerbspolitik der Kommission" angesehen wird.[796] Als Hüterin der Verträge obliegt es der Kommission, mittels der Durchsetzung der Wettbewerbsregeln das Funktionieren des Binnenmarktes zu gewährleisten. Zur Erfüllung dieser Aufgabe

---

791 EuGH v. 17.07.1997, C-219/95 P, Slg. 1997, I-4411 (4441 f., Rn. 32 f.) – *Ferriere Nord*; ders. v. 16.11.2000, C-298/98 P, Slg. 2000, I-10157 (10213, Rn. 56) – *Finnboard*; EuG v. 13.07.2011, T-138/07, Slg. 2011, II-4819, Rn. 175 – *Schindler Holding u. a.*

792 Vgl. dazu bereits Teil 3, A., I.

793 EuG v. 20.03.2002, T-16/99, Slg. 2002, II-1633 (Rn. 231, nicht in amtl. Slg.) – *Lögstör Rör.*

794 Vgl. dazu bereits Teil 3, A., II.

795 EuGH v. 11.01.1990, C-277/87, Slg. 1990, I-45 (nicht in amtl. Slg.) – *Sandoz Prodotti Farmaceutici*; ders. v. 16.11.2000, C-298/98 P, Slg. 2000, I-10157 (10213, Rn. 56) – *Finnboard*; EuG v. 13.07.2011, T-138/07, Slg. 2011, II-4819, Rn. 175 – *Schindler Holding u. a.*

796 EuG v. 06.04.1995, T-150/89, Slg. 1995, II-1165 (1186, Rn. 59) – *Martinelli*; dass. v. 21.10.1997, T-229/94, Slg. 1997, II-1689 (1736, Rn. 127) – *Deutsche Bahn.* Vgl. *Wiesner*, Der Kronzeuge im Kartellrecht, S. 103 f.

haben die Unionsgerichte der Kommission einen weiten Ermessensspielraum zugestanden. So haben sie Bußgeldermäßigungen bzw. -erlässe, die die Kommission aufklärungsbereiten Parteien gewährt, wiederholt damit gerechtfertigt, dass die Kooperation der Parteien es der Kommission ermögliche, Kartellverstöße leichter festzustellen und zu beenden.[797]

3. Verhältnismäßigkeit

Obgleich der Kommission grundsätzlich ein weites Ermessen bei der Verhängung von Geldbußen zusteht, könnte die Bußgeldermäßigung, welche sie den Parteien als Gegenleistung für die Durchführung des Vergleichsverfahrens gewährt, unverhältnismäßig sein. Denn der Ermessensspielraum der Kommission findet seine Grenzen insbesondere auch im Verhältnismäßigkeitsgrundsatz.[798]

a) Legitimes Ziel

Zunächst ist festzustellen, dass das Vergleichsverfahren das legitime Ziel verfolgt, die Kartellverfahren vor der Kommission abzukürzen. Aufgrund der schnelleren Durchführung von Kartellverfahren sollen Ressourcen bei der Kommission frei werden, was es dieser wiederum ermöglichen soll, mehr Kartelle zu ahnden. Davon wiederum verspricht sich die Kommission eine bessere Kartellrechtsdurchsetzung und eine höhere Abschreckungswirkung der Wettbewerbsregeln insgesamt.

b) Geeignetheit

Das Vergleichsverfahren ist auch geeignet, dieses Ziel zu erreichen, da die Kooperation der Parteien regelmäßig die Verkürzung bzw. Beschleunigung des streitigen Verfahrens zur Folge hat. Auch wenn die Kommission ihre ersten Vergleichsverfahren noch nicht so schnell durchführen konnte, wie sie es sich zunächst erhofft hatte, kam es hier – jedenfalls zuletzt – doch zu erheblichen Zeit- und folglich auch Ressourcengewinnen. Im Übrigen scheint es nicht ausgeschlossen, dass zukünftige Vergleichsverfahren noch schneller abgeschlossen werden können. Sofern die Kommission die frei werdenden Ressourcen tatsächlich in die Bearbeitung anderer Kartellfälle investiert, wovon mangels gegenteiliger Anhaltspunkte auszugehen ist, ist das Vergleichsverfahren geeignet, zu einer effizienteren Kartellrechtsdurchsetzung und einer höheren Abschreckungswirkung der Wettbewerbsregeln beizutragen.

---

797 Vgl. bereits Teil 3, A., I.

798 Vgl. EuG v. 05.04.2006, T-279/02, Slg. 2006, II-897 (938, Rn. 77) – *Degussa; Dannecker/Biermann*, in: Immenga/Mestmäcker, EU-Wettbewerbsrecht, Art. 23 VO 1/2003 Rn. 138; *Wiesner*, Der Kronzeuge im Kartellrecht, S. 117.

c) Erforderlichkeit

Das Vergleichsverfahren müsste in seiner konkreten Ausgestaltung mit der von der Kommission vorgesehenen Bußgeldermäßigung auch erforderlich, also das mildeste unter mehreren gleich geeigneten Mitteln zur Erreichung des genannten Ziels sein. Aus den eingangs angestellten Überlegungen folgt insofern, dass die Bußgeldermäßigung möglichst gering sein muss, um das mildeste Mittel zur Zielerreichung darzustellen.[799]

Dabei gilt es zu berücksichtigen, dass sich eine Bußgeldermäßigung i. H. v. 10 % am unteren Ende der im Vorfeld der Einführung des Vergleichsverfahrens diskutierten Spannbreite möglicher Ermäßigungen bewegt.[800] Während zahlreiche Stimmen im Schrifttum eine Bußgeldermäßigung i. H. v. mindestens 20 % als erforderlich angesehen haben, um die Parteien zur Teilnahme am Vergleichsverfahren zu bewegen, hat sich die Kommission letztlich nur für eine solche i. H. v. 10 % entschieden, insbesondere um die Kronzeugenregelung nicht zu gefährden. Eine noch geringere Bußgeldermäßigung dürfte den Parteien wiederum keinen genügenden Anreiz zur Teilnahme an dem Vergleichsverfahren bieten, so dass eine solche insofern zwar ein milderes, jedoch kein gleich geeignetes Mittel zur Erreichung des Ziels darstellt. Im Übrigen ist der Kommission bei der Höhe der zu gewährenden Bußgeldermäßigung aber auch ein Ermessen vorbehalten, das es ihr erlaubt, die „richtige" Höhe im gewissen Umfang selbst zu bestimmen.[801]

Ernsthafte Alternativen zur Einführung eines Vergleichsverfahrens, die das Kartellverfahren abkürzen und somit beschleunigen könnten, sind nicht ersichtlich. Insbesondere kann die (aktuelle) Kronzeugenregelung dies nur bedingt leisten; sie dient zuvorderst der Aufdeckung von Kartellen bzw. der Gewinnung von Beweisen für die Existenz von solchen.[802] Im Übrigen stellt die Kronzeugenregelung im Rahmen dieser Verhältnismäßigkeitsprüfung bereits deshalb kein milderes Mittel dar, weil den Parteien hier deutlich höhere Bußgeldermäßigungen gewährt werden und sogar ein (vollständiger) Erlass der Geldbuße möglich ist.

Neben der Kronzeugenregelung sind die Verpflichtungszusagen gemäß Art. 9 VO 1/2003 ein dem Vergleichsverfahren zumindest ähnliches Instrument. Verpflichtungszusagen haben jedoch zum einen sogar zur Folge, dass das Kommissionsverfahren

---

799 Vgl. dazu die „Stellungnahme des Wirtschafts- und Sozialausschusses zum Thema ‚Entwurf einer Mitteilung der Kommission über die Immunität vor Geldbußen und die Ermäßigung von Geldbußen in Kartellsachen'", ABl. EG 2002 Nr. C 48/82, Rn. 3.1.2.: „Der erste Vorbehalt betrifft die Notwendigkeit, Nachlässe, die den Rechtsverletzern gewährt werden, um Absprachen nachweisen und verbieten zu können, auf das unabdingbare Minimum zu begrenzen und dabei das öffentliche Interesse an der Sanktionierung von Verstößen gegen die Wettbewerbsbestimmungen der Gemeinschaft nicht aus den Augen zu verlieren." So auch *Klees*, WuW 2002, 1056 (1067).

800 Vgl. bereits Teil 3, A., VI., 7., a).

801 *Kiegler*, Rechtliche Anforderungen, S. 311.

802 Vgl. bereits Teil 1, B.

ohne Verhängung einer Geldbuße beendet wird. Zum anderen finden sie lediglich in weniger schwerwiegenderen Fällen Anwendung, namentlich in solchen, in denen die Verhängung einer Geldbuße nicht beabsichtigt ist. Da die Hardcore-Fälle, in denen das Vergleichsverfahren – und auch die Kronzeugenregelung – wiederum ausschließlich anwendbar sind, aber grundsätzlich die Verhängung einer Geldbuße erfordern, können die Verpflichtungszusagen es nicht leisten, das Kartellverfahren abzukürzen und gleichwohl eine Geldbuße zu verhängen. Somit ist in ihnen auch kein milderes, gleich geeignetes Mittel zur Erreichung des Ziels zu erblicken.

Demnach ist die Bußgeldermäßigung i. H. v. 10 %, welche die Kommission den Parteien für die Teilnahme an dem Vergleichsverfahren gewährt, als erforderlich anzusehen.

d) Angemessenheit

Möglicherweise fehlt es aber an der Angemessenheit der Bußgeldermäßigung.

aa) Angemessene Gewichtung der Sanktionszwecke

Dies wäre der Fall, wenn die Kommission die Sanktionszwecke der Geldbuße nicht angemessen gewichten würde. Wie dargelegt[803] kommt der Geldbuße eine repressive und eine präventive Funktion zu: Sie ist repressiv, soweit sie den begangenen Kartellverstoß ahndet, und präventiv, soweit sie von der Begehung weiterer Kartellverstöße abschreckt.

Durch die Gewährung der Bußgeldermäßigung im Vergleichsverfahren betont die Kommission möglicherweise zu sehr die präventive zu Ungunsten der repressiven Funktion der Geldbuße. Denn die Bußgeldermäßigung dient der Kommission als Belohnung für die Teilnahme der Parteien am Vergleichsverfahren. Das Vergleichsverfahren wiederum soll das streitige Kartellverfahren beschleunigen und mittels der frei werdenden Ressourcen dazu beitragen, dass insgesamt mehr Kartellverfahren durchgeführt werden können, wodurch dem Allgemeininteresse an einer wirksamen und rechtzeitigen Ahndung „entsprochen" und die Abschreckungswirkung insgesamt „verbessert" werden soll.[804] Mit der Bezugnahme auf die Ahndung nimmt die Kommission die repressive und mit der Abschreckung die präventive Funktion in den Blick. Die genannten Formulierungen – einer wirksamen und rechtzeitigen Ahndung „entsprechen" einerseits und die Abschreckungswirkung „verbessern" andererseits – scheinen zwar darauf hinzudeuten, dass es der Kommission bei der Einführung des Vergleichsverfahrens vor allem auf die Verbesserung der Abschreckungswirkung, mithin der präventiven Funktion ankam, während die repressive Funktion lediglich erhalten bleiben sollte. Sofern man den genannten Formulierungen aber überhaupt eine solche Interpretation beimessen

---

803 Vgl. Teil 2, A., IV., 2.

804 Kommission, Mitteilung über das Vergleichsverfahren, Rn. 1. Vgl. bereits Teil 3, A., IV., 1.

mag, ist jedenfalls festzustellen, dass die Kommission die präventive Funktion der Geldbuße stets besonders betont hat,[805] ohne dass das Vergleichsverfahren insofern eine neue Verwaltungspraxis statuieren würde, und angesichts des ihr von den Unionsgerichten eingeräumten weiten Ermessens ist dies auch nicht zu beanstanden. Aufgrund der frei gewordenen Ressourcen ist die Kommission zudem in der Lage, mehr Kartellverfahren zu betreiben und folglich auch mehr Kartellverstöße zu ahnden. Die Bußgeldermäßigung im Einzelfall soll also dadurch kompensiert werden, dass mehr Kartellverstöße – wenn auch geringer – bestraft werden können.[806]

Somit ist davon auszugehen, dass die Kommission durch die Bußgeldermäßigung im Vergleichsverfahren die präventive Funktion der Geldbuße nicht übermäßig gegenüber deren repressiver Funktion betont.

bb) Tat- und Schuldangemessenheit

Als problematisch stellt sich beim Vergleichsverfahren indes die Einzelfallgerechtigkeit der Sanktionierung dar. Sofern die Kommission die Geldbuße dort ermäßigt, (nur) um dadurch insgesamt mehr Kartellfälle ahnden zu können, stellt sich die Frage, ob die ermäßigte Geldbuße noch dem Unrechts- und Schuldgehalt des einzelnen Kartellverstoßes entspricht.[807]

---

805 *Kiegler*, Rechtliche Anforderungen, S. 315.

806 So auch *Brenner*, Das Vergleichsverfahren, S. 229 f.
Zu den entsprechenden Überlegungen hinsichtlich der Kronzeugenregelung vgl. *Häberle*, Die Kronzeugenmitteilung, S. 161 f.; *Wiesner*, Der Kronzeuge im Kartellrecht, S. 134 ff. Kritisch *Stockmann*, ZWeR 2012, 20 (34 f.).

807 Insofern geht es nicht um einen möglicherweise fehlerhaften Ausgleich *zwischen* der repressiven und der präventiven Funktion der Geldbuße, sondern vielmehr um einen solchen *innerhalb* ihrer repressiven Funktion. Die Kommission hat die Einführung ihrer Kronzeugenregelung damit begründet, „dass die Gemeinschaft ein Interesse daran hat, Unternehmen, die unter den nachstehenden Voraussetzungen mit ihr zusammenarbeiten, Rechtsvorteile zu gewähren. Das Interesse der Verbraucher und Bürger, dass die vorstehenden Praktiken festgestellt und untersagt werden, überwiegt das Interesse an der Auferlegung von Geldbußen gegenüber Unternehmen, die mit der Kommission zusammenarbeiten und es ihr auf diese Weise ermöglichen, ein Kartell aufzudecken und zu untersagen." Vgl. Kronzeugenmitteilung 1996, Abschnitt A, Rn. 4; Kronzeugenmitteilung 2002, Rn. 4. In der Einleitung zur Kronzeugenmitteilung 2006, Rn. 3, führt die Kommission hierzu aus: „Da Kartelle geheim sind, ist ihre Aufdeckung und Untersuchung ohne die Mitwirkung von daran beteiligten Unternehmen oder Einzelpersonen häufig äußerst schwierig. Daher liegt es nach Auffassung der Kommission im Interesse der Gemeinschaft, an dieser Art von rechtswidrigen Verhaltensweisen beteiligten Unternehmen, die zur Beendigung ihrer Beteiligung und zur Mitwirkung an der Untersuchung bereit sind, unabhängig von den übrigen am Kartell beteiligten Unternehmen Gegenleistungen zu gewähren. Das Interesse der Verbraucher und Bürger an der Aufdeckung und Ahndung von Kartellen ist größer als das Interesse

Lässt man die rechtspolitischen und -ethischen Bedenken, die gegen Kronzeugen- und Absprachereglungen teilweise erhoben werden,[808] außer Betracht, ist im Zusammenhang mit der Strafzumessung im (Kriminal-)Strafrecht einzig problematisch, ob die Strafe, die aufgrund der Kooperation des Täters gemildert wird, noch tat- und schuldangemessen ist.[809] Tat- und Schuldangemessenheit stellen bei der Berücksichtigung positiven Nachtatverhaltens, das das Unrecht der Tat nur schwerlich wieder wettmachen kann,[810] die limitierenden Faktoren dar.[811] Hinzu kommt, dass das Vergleichsverfahren – wie auch die Kronzeugenregelung – ausschließlich auf Hardcore-Kartelle Anwendung findet, also auf jene Verstöße, die als die schwersten Zuwiderhandlungen gegen die Wettbewerbsregeln gelten und bei denen das Unrecht der Tat als besonders hoch anzusehen ist. Gerade bei diesen scheint deshalb eine besonders konsequente Ahndung angezeigt.[812] So sieht etwa die Kronzeugenregelung im deutschen Strafrecht einen *Verzicht* auf die Strafe nur dann vor, „wenn die Straftat ausschließlich mit zeitiger Freiheitsstrafe bedroht ist und der Täter keine Freiheitsstrafe von mehr als drei Jahren verwirkt hat" (§ 46b Abs. 1 Satz 4 StGB). Bei Taten, „die mit einer im Mindestmaß erhöhten Freiheitsstrafe

an der Verhängung von Geldbußen gegen Unternehmen, die es der Kommission ermöglichen, solche Verhaltensweisen aufzudecken und zu untersagen."

808 Vgl. dazu *Steinberg*, WuW 2006, 719 (721).

809 Mangels einer eigenen Dogmatik auf Unionsebene soll im Folgenden vor allem auf die deutsche Rechtslage und die dort bestehenden Regelungen Kriminalstraf- und Ordnungswidrigkeitenrecht zurückgegriffen werden.

810 So *Oehler*, BB 1980, 446 (447). Allerdings wird die Kooperation des Täters mit den Strafverfolgungsbehörden häufig als Indiz für dessen grundsätzlich positive Einstellung zur Rechtsordnung angesehen. Vgl. *Wiesner*, WuW 2005, 606 (609); *Jeßberger*, Kooperation, S. 63 ff. Vgl. dazu noch B., II., 2., S. 218 ff.

811 Vgl. *Dannecker/Fischer-Fritsch*, Das Bußgeldrecht, S. 337: „Eine Verständigung mit den Unternehmen ist allerdings nur solange zulässig, wie sich die Kommission im Rahmen ihrer Kompetenz hält und sich nicht im Rahmen eines Leistungsaustauschs auf eine schuldangemessen niedrige Geldbuße festlegt." Vgl. auch *Tiedemann*, in: Immenga/Mestmäcker, GWB, 2. Aufl., § 81 Rn. 57: „Das in der Praxis im übrigen recht verbreitete ‚Aushandeln' der Höhe der Geldbuße wird dann nicht ohne weiteres als rechtswidrig zu bezeichnen sein, wenn der weite Ermessensspielraum für die Bestimmung der ‚richtigen' Höhe der Sanktion nicht überschritten wird [...]."

812 Vgl. *Tiedemann*, in: Immenga/Mestmäcker, GWB, 2. Aufl., § 81 Rn. 57: „Die Kooperation zwischen Kartellbehörde und Betroffenem [...] ist in Fällen gravierender Sozialschädlichkeit gesetzwidrig, da insoweit praktisch kein Raum für Ermessensausübung bleibt. Eine ‚Kooperation' kann sich also zulässigerweise vor allem auf leichte Fälle oder aber auf Umstände beziehen, die für die eigentliche Sachentscheidung nicht von Bedeutung sind [...]." *Kiegler*, Rechtliche Anforderungen, S. 315 f., und *Wils*, The Optimal Enforcement of EC Antitrust Law, S. 54, begründen die Beschränkung der Kronzeugenregelung auf Hardcore-Kartelle hingegen u. a. damit, dass diese Verstöße am ehesten unterbunden werden müssten, wozu die Kronzeugenregelung beitrage.

oder mit lebenslanger Freiheitsstrafe bedroht [sind]", ist hingegen lediglich eine *Milderung* der Strafe möglich (§ 46b Abs. 1 Satz 1 StGB).

Bedenken gegen (kriminal-)strafrechtliche Kronzeugenregelungen und Absprachen bestehen in strafprozessualer Hinsicht insbesondere im Hinblick auf eine etwaige Durchbrechung des dort herrschenden Legalitätsprinzips.[813] Im europäischen Kartellverfahren gilt hingegen das Opportunitätsprinzip, das dem Umstand Rechnung trägt, dass strafrechtliche Verstöße i. w. S. die Rechtsordnung grundsätzlich weniger stark gefährden als Kriminalstraftaten.[814] Demnach müssen Kartellverstöße auch nicht mit der gleichen Stringenz verfolgt und sanktioniert werden, wie dies bei Kriminalstraftaten der Fall ist, sondern können Zweckmäßigkeitserwägungen eine größere Rolle spielen.[815]

Dagegen sind *Fischötter* und *Wrage-Molkenthin* der Auffassung, dass die gegen kriminalstrafrechtliche Kronzeugenregelungen erhobenen Bedenken in noch stärkerem Maße für die entsprechenden Instrumente des Kartellbußgeldrechts gelten müssten, da es sich bei Kartellverstößen um bloße Ordnungswidrigkeiten und nicht um kriminelles Unrecht handele, um dessen erfolgreicher Bekämpfung willen es gerechtfertigt sei, die erhobenen Bedenken zurückzustellen.[816] Hiergegen ist jedoch einzuwenden, dass – gerade umgekehrt – das Sanktionsinteresse umso größer ist, je stärker der Rechtsverstoß wiegt.[817] Da Zuwiderhandlungen gegen die unionsrechtlichen Wettbewerbsvorschriften jedoch keine Kriminalstraftaten, sondern bloße Ordnungswidrigkeiten darstellen, ist das Sanktionsinteresse hier als geringer anzusehen. Die gegen kriminalstrafrechtliche Kronzeugenregelungen und Absprachen erhobenen Bedenken bestehen deshalb auf dem Gebiet des Strafrechts i. w. S. nicht in gleichem Maße. Bei ihren Ermessenserwägungen muss die Wettbewerbsbehörde den Unrechts- und Schuldgehalt der Tat zwar ebenfalls berücksichtigen.[818] Jedoch kann das Sanktionsinteresse in den Hintergrund treten und somit unter Umständen sogar zur Einstellung des Verfahrens bzw. zum Verzicht, jedenfalls aber zur Ermäßigung der Geldbuße selbst bei schwersten Kartellverstößen wie Hardcore-Kartellen führen.[819] Dementsprechend wird die Möglichkeit sogar des vollständigen

---

813 *Fischötter/Wrage-Molkenthin*, in: FS-Lieberknecht, 321 (326/329); *Flocken*, Die Bußgeldbemessung der Kommission, S. 34.

814 *Lutz*, BB 2000, 677 (679); *Mitsch*, Ordnungswidrigkeiten, S. 221.

815 *Lutz*, BB 2000, 677 (679).

816 *Fischötter/Wrage-Molkenthin*, in: FS-Lieberknecht, 321 (326 f.).

817 *Flocken*, Die Bußgeldbemessung der Kommission, S. 35.

818 Vgl. *Dannecker/Fischer-Fritsch*, Das Bußgeldrecht, S. 337; *Steinberg*, WuW 2006, 719 (725).

819 Anders aber (noch) *Oehler*, BB 1980, 446 (447). Vgl. auch *Tiedemann*, in: Immenga/Mestmäcker, GWB, 2. Aufl., § 81 Rn. 57: „Das ‚Aushandeln' der Bedingungen, insbesondere der Höhe der Geldbuße gegen Teilgeständnisse des Betroffenen, wird jedoch auch von dem beherrschten Opportunitätsprinzip des Bußgeldverfahrens (§ 47 Abs. 1 OWiG) nicht getragen und ist ermessenswidrig, sofern die Möglichkeit weiterer Sachaufklärung besteht und nicht außer Verhältnis zur Bedeutung der

Erlasses der Geldbuße als Belohnung für die Aufdeckung eines Kartells im Rahmen der Kronzeugenregelung – soweit ersichtlich – grundsätzlich[820] nicht (mehr) ernsthaft bezweifelt, sondern vielmehr als unabdingbar für eine wirksame Kartellrechtsdurchsetzung angesehen.[821] Das Interesse an einer insgesamt effizienteren Kartellrechtsdurchsetzung überwiegt dabei das Interesse an einer vollumfänglichen Sanktionierung im Einzelfall.

Vor diesem Hintergrund ist auch die – nur – 10 %-ige Bußgeldermäßigung im Vergleichsverfahren nicht unverhältnismäßig.

cc) Bußgeldermäßigung auch für sog. „Haupttäter"

In Bezug auf die Kronzeugenregelung wird vielfach vertreten, dass diese, sofern sie einen Bußgelderlass selbst für den Anstifter oder Anführer (sog. „Haupttäter") des Kartells vorsehe, nicht mit dem Verhältnismäßigkeitsgrundsatz vereinbar sei, da sie Aufklärungs- und Sanktionsinteresse nicht in einen gerechten Ausgleich bringe.[822] Auch das Vergleichsverfahren differenziert nicht zwischen den einzelnen Beteiligten des Kartells, so dass insofern ebenfalls von dessen Unverhältnismäßigkeit ausgegangen werden könnte.

Dagegen spricht aber, dass bei der Kronzeugenregelung ein Bußgeld*erlass* in Rede steht, während ein etwaiger Haupttäter im Vergleichsverfahren allenfalls eine Bußgeld*ermäßigung* erhalten kann. Eine solche i. H. v. zudem nur 10 % ist selbst bei der Verhängung von Geldbußen gegen Anstifter und Anführer des Kartells nicht als unverhältnismäßig anzusehen. Hinzu kommt, dass es bei der Kronzeugenregelung auch insofern nicht geboten ist, Anstiftern und Anführern einen Bußgelderlass zu gewähren, als allen anderen Kartellbeteiligten die Möglichkeit des Bußgelderlasses ebenfalls offen steht und damit weitere potenzielle Kronzeugen vorhanden sind.[823] Beim Vergleichsverfahren ist es hingegen erstrebenswert, alle Kartellbeteiligten zur einvernehmlichen Verfahrensbeendigung zu bewegen, da sich nur so möglichst große Verfahrensrationalisierungen erzielen lassen. Ein teilweiser Verzicht auf die

---

Angelegenheit steht. Die Kooperation zwischen Kartellbehörde und Betroffenem […] ist in Fällen gravierender Sozialschädlichkeit gesetzwidrig, da insoweit praktisch kein Raum für Ermessensausübung bleibt. Eine ‚Kooperation' kann sich also zulässigerweise vor allem auf leichte Fälle oder aber auf Umstände beziehen, die für die eigentliche Sachentscheidung nicht von Bedeutung sind […]."

820 Zu den Ausnahmen hinsichtlich des Bußgelderlasses für sog. „Haupttäter" siehe sogleich.

821 Anders aber noch *Oehler*, BB 1980, 446 (447), hinsichtlich des deutschen Rechts, der eine Bußgeldermäßigung nur dann für möglich hält, wenn das Nachtatverhalten positive Rückschlüsse auf die Tat bzw. die Tatschuld zulässt.

822 Vgl. *Häberle*, Die Kronzeugenmitteilung, S. 162 f.; *Hetzel*, Kronzeugenregelungen, S. 213 ff.; *Klees*, WuW 2002, 1056 (1067); *Lutz*, BB 2000, 677 (682); *Wiesner*, Der Kronzeuge im Kartellrecht, S. 144 f. Anders aber *Kiegler*, Rechtliche Anforderungen, S. 315.

823 *Häberle*, Die Kronzeugenmitteilung, S. 163.

Ahndung eines etwaigen Haupttäters ist insofern verhältnismäßig und hinzunehmen.

dd) Aushandeln der Geldbuße

Schließlich besteht die zumindest theoretische Möglichkeit, dass die Kommission mit den Parteien die Zahlung einer Geldbuße vereinbart, die zu dem tatsächlich begangenen Verstoß – in die eine oder andere Richtung – unverhältnismäßig ist, nur um das Verfahren schnell abschließen zu können und sich eine vollständige Sachverhaltsermittlung zu ersparen.[824]

Einem etwaigen Aushandeln des Tatvorwurfs und der zu verhängenden Sanktion, wie es insbesondere beim U.S.-amerikanischen Plea Bargaining der Fall ist, hat die Kommission wiederholt eine deutliche Absage erteilt. Zwar möchte sie es den Parteien auch ermöglichen, durch eine entsprechende Argumentation Einfluss auf die Bußgeldhöhe zu nehmen; ausgeschlossen werden sollen nur Verhandlungen im Sinne eines gegenseitigen Nachgebens („Kuhhandel").[825] Eine solche Beeinflussung dürfte indes auch im streitigen Verfahren – obgleich dort erst zu einem späteren Zeitpunkt – nicht gänzlich ausgeschlossen sein. Anderenfalls würde der Zweck bestimmter Verfahrensrechte wie dem der Anhörung oder der Akteneinsicht von vornherein teilweise nicht erreicht werden können. Jedenfalls aber kann danach nicht die Rede davon sein, dass zwischen der Kommission und den Parteien eine Geldbuße ausgehandelt würde, die zu dem begangenen Kartellverstoß unverhältnismäßig wäre.

4. Ergebnis

Nach alledem verstößt das Vergleichsverfahren nicht gegen den Verhältnismäßigkeitsgrundsatz. Die Kommission ist vielmehr berechtigt, die Kooperation der Parteien im vorgesehenen Umfang bußgeldmindernd zu berücksichtigen.

IV. Gleichbehandlungsgrundsatz

1. Vorüberlegungen

Möglicherweise verstößt das Vergleichsverfahren aber gegen den allgemeinen Gleichbehandlungsgrundsatz, der nunmehr von Art. 20 GRC[826] gewährt wird, vor

---

824 So meinen *Kindhäuser/Meyer*, in: FK-Kartellrecht, Band III, Art. 23 VO 1/2003 Rn. 160, ein Beschluss sei nur rechtmäßig, „wenn die Tatbestandsvoraussetzungen in vollem Umfang und in nachgewiesener Art und Weise erfüllt sind und zudem auch die Rechtsfolge und ihre Bemessung den Anforderungen des Art. 23 VO 1/2003 genügen. Es ist daher nicht möglich, ‚Gerechtigkeit auszuhandeln'."

825 Vgl. dazu bereits Teil 3, A., VI., 2., c).

826 Art. 20 GRC lautet: „Alle Personen sind vor dem Gesetz gleich". Nach den Erläuterungen zur GRC soll „[d]ieser Artikel [...] dem allgemeinen Rechtsprinzip,

dessen Inkrafttreten aber vom EuGH bereits früh aus den speziellen Diskriminierungsverboten als ein „Grundprinzip des Gemeinschaftsrechts“ herausgebildet worden ist.[827] Auch in Art. 1 des 12. Zusatzprotokolls zur EMRK[828] sowie in den Verfassungen der meisten Mitgliedstaaten[829] findet sich ein allgemeiner Gleichbehandlungsgrundsatz.[830]

Nach ständiger Rechtsprechung der Unionsgerichte ist ein Verstoß gegen den Gleichbehandlungsgrundsatz gegeben, wenn vergleichbare Sachverhalte unterschiedlich oder unterschiedliche Sachverhalte gleich behandelt werden, es sei denn, eine solche Behandlung ist objektiv gerechtfertigt.[831] Wie erwähnt, wird der Kommission bei der Verhängung von Geldbußen im Wettbewerbsrecht ein grundsätzlich

---

das in allen europäischen Verfassungen verankert ist und das der Gerichtshof als ein Grundprinzip des Gemeinschaftsrechts angesehen hat [, entsprechen]“; vgl. Erläuterungen zur EU-Grundrechte-Charta, ABl. EU 2007 Nr. C 303/17, S. 24.

827 EuGH 19.10.1977, C-117/76, -16/77, Slg. 1977, 1753 (1769 f., Rn. 7) – *Ruckdeschel u. a.*; ders. v. 19.10.1977, C-124/76, -20/77, Slg. 1977, 1795 (1812, Rn. 14/17) – *Moulins Pont-à-Mousson u. a.* Vgl. *Häberle*, Die Kronzeugenmitteilung, S. 128 f.; *Hetzel*, Kronzeugenregelungen, S. 202.

828 *Rengeling/Szczekalla*, Grundrechte in der EU, Rn. 886. Dagegen hat Art. 14 EMRK ausschließlich akzessorische Geltung, d. h. er ergänzt lediglich andere Rechte der EMRK und ist daher nicht als allgemeiner Gleichheitssatz anzusehen. Vgl. *Rengeling/Szczekalla*, Grundrechte in der EU, Rn. 885.

829 Vgl. die Nachweise bei *Hölscheidt*, in: Meyer, Grundrechtecharta, Art. 20 Rn. 3 f. sowie *Sachs*, in: Tettinger/Stern, Grundrechtecharta, Art. 20 Rn. 13 f.

830 Auf Unionsebene finden sich weitere, besondere Gleichheitssätze in den Artt. 21 sowie 23–26 GRC und in Art. 157 AEUV; vgl. *Kingreen*, in: Ehlers, Europäische Grundrechte, § 17 Rn. 19 ff.

831 Vgl. nur EuGH v. 15.07.1982, C-245/81, Slg. 1982, 2745 (2754, Rn. 11) – *Edeka*; ders. v. 07.07.1993, C-217/91, Slg. 1993, I-3923 (3953, Rn. 37) – *Spanien*; ders. v. 13.12.1994, C-306/93, Slg. 1994, I-5555 (5583 f., Rn. 30) – *SMW Winzersekt;* EuG v. 05.04.2006, T-351/02, Slg. 2006, II-1047 (1094, Rn. 137) – *Deutsche Bahn*; dass. v. 14.05.1998, T-311/98, Slg. 1998, II-1129 (1221, Rn. 309) – *BPB de Eendracht*; dass. v. 09.07.2003, T-224/00, Slg. 2003, II-2597 (2636, Rn. 69) – *Archer Daniels Midland.* Die Prüfung eines Verstoßes gegen den Gleichbehandlungsgrundsatz hat also zweistufig zu erfolgen: Zunächst ist eine Ungleichbehandlung innerhalb einer bestimmten Vergleichsgruppe festzustellen; anschließend ist zu fragen, ob die Ungleichbehandlung objektiv zu rechtfertigen ist. Teilweise wird eine dreistufige Prüfung befürwortet. Auf der dritten Stufe sei zu prüfen, ob zwischen der Ungleichbehandlung und den Umständen, die diese rechtfertigen soll, ein angemessenes Verhältnis bestehe. Vgl. *Hetzel*, Kronzeugenregelungen, S. 203; *Kiegler*, Rechtliche Anforderungen, S. 320. Richtigerweise ist die Verhältnismäßigkeit der Ungleichbehandlung aber bereits auf der zweiten Stufe, mithin bei der Frage der Rechtfertigung zu berücksichtigen. Anderenfalls käme man zu dem widersprüchlichen Ergebnis, dass eine Ungleichbehandlung zwar gerechtfertigt, aber unverhältnismäßig sein könnte. Vgl. *Hölscheidt*, in: Meyer, Grundrechtecharta, Art. 20 Rn. 16a. Wie hier im Ergebnis auch *Häberle*, Die Kronzeugenmitteilung, S. 131.

weiter Ermessensspielraum zugebilligt. Dieser findet seine Grenzen – neben dem Verhältnismäßigkeitsgrundsatz – aber insbesondere auch im Gleichbehandlungsgrundsatz, so dass das Vergleichsverfahren an diesem zu messen ist.[832]

Insofern könnte das Vorgehen der Kommission aufgrund der folgenden fünf Überlegungen gegen den Gleichbehandlungsgrundsatz verstoßen. Zunächst könnte der Umstand, dass die Durchführung von Vergleichsverfahren im Ermessen der Kommission steht, eine Verletzung des Gleichbehandlungsgrundsatzes begründen. Zudem könnte sich ein solcher Verstoß in Hybrid-Fällen daraus ergeben, dass Parteien, die an dem Vergleichsverfahren teilgenommen haben, eine Bußgeldermäßigung erhalten, während den übrigen kartellbeteiligten Parteien eine solche nicht gewährt wird.

Ferner könnte eine objektiv nicht gerechtfertigte Ungleichbehandlung darin zu erblicken sein, dass die Bußgeldermäßigung im Vergleichsverfahren stets 10 % beträgt, obgleich der jeweilige Grad der Kooperation im Einzelfall möglicherweise eine (deutlich) höhere bzw. niedrigere Bußgeldermäßigung rechtfertigt. Auch der Umstand, dass die Bußgeldermäßigung im Vergleichsverfahren lediglich 10 % beträgt, während bei der Kronzeugenregelung deutlich höhere Bußgeldermäßigungen gewährt werden, könnte einen Verstoß gegen den Gleichbehandlungsgrundsatz begründen. Schließlich könnte sich ein solcher daraus ergeben, dass die Kommission den Anwendungsbereich auf Hardcore-Kartelle beschränkt, andere Wettbewerbsverstöße also von der Anwendung des Vergleichsverfahrens ausschließt und den an solchen Verstößen beteiligten Parteien von vornherein die Möglichkeit einer Bußgeldermäßigung vorenthält.

2. *Bewertung des Gleichbehandlungsgrundsatzes im Vergleichsverfahren*

a) *Vergleichsverfahren nur nach Ermessen der Kommission*

Zunächst könnte ein Gleichheitsverstoß darin zu erblicken sein, dass sich die Kommission bei der Auswahl von „geeigneten" Kartellfällen ein Ermessen vorbehält,[833] die Durchführung des Vergleichsverfahrens im Einzelfall also allein von ihrer Entscheidung abhängt und die Parteien nicht etwa einen entsprechenden Anspruch haben. Bedenken könnte dies insbesondere deshalb hervorrufen, weil die

832 Vgl. auch *Dannecker/Fischer-Fritsch*, Das Bußgeldrecht, S. 337: „Außerdem muß bei einem solchen informellen Handeln die Geltung des Gleichheitsgrundsatzes sichergestellt und überprüfbar sein." *Brenner*, Das Vergleichsverfahren, S. 258, weist zutreffend darauf hin, dass dem Gleichheitssatz im Kartellverfahren weniger eine subjektiv-rechtliche Funktion zukomme, als dass er vielmehr an die Selbstbindung der Kommission anknüpfe.

833 In Bezug auf die Verständigung im deutschen Strafverfahren sieht *Miebach*, in: Münchener Kommentar, StGB, § 46 Rn. 209, in dem Umstand, dass der „Eintritt in das Sonderverfahren ausschließlich von der Ermessensausübung durch das Gericht abhängig" ist, eine Verletzung von Art. 3 Abs. 1 GG.

Durchführung des Vergleichsverfahrens dann möglicherweise davon abhängt, dass die Parteien der Kommission „etwas zu bieten" haben.[834]

Der bloße Umstand, dass die Durchführung des Vergleichsverfahrens von einer Ermessensentscheidung der Kommission abhängt, kann einen Gleichheitsverstoß indes nicht begründen. So steht bereits die Einleitung eines Kartellverfahrens im Ermessen der Kommission und ist dieser auch bei der Gewährung einer Bußgeldermäßigung von den Unionsgerichten stets ein weiter Beurteilungsspielraum zugestanden worden.[835] Insofern stellt sich die Rechtslage grundlegend anders dar als im vom Legalitätsprinzip beherrschten Strafverfahren, wo eine gegenteilige Beurteilung angezeigt sein mag. Entgegen der eingangs ferner erhobenen Bedenken, dass die Durchführung des Vergleichsverfahrens möglicherweise davon abhängt, dass die Parteien „etwas bieten" müssten, um sich überhaupt die Möglichkeit einer Bußgeldermäßigung offenzuhalten, gilt es zu berücksichtigen, dass die Kommission ein Vergleichsverfahren unabhängig davon einleitet, ob eine Partei über Sonderwissen verfügt. Die Kommission bezweckt mit der Durchführung des Vergleichsverfahrens in erster Linie eine effiziente Streitbeilegung durch die Abgabe eines Geständnisses und den Verzicht auf Verfahrensrechte, belohnt hingegen nicht die Vorlage von Informationen, über die möglicherweise nur bestimmte Täter verfügen. Damit steht das Vergleichsverfahren grundsätzlich jedem Kartelltäter offen, und es handelt sich gerade nicht um „privilegierendes Sonderrecht".

b) Bußgeldermäßigung nur für Teilnehmer des Vergleichsverfahrens

Möglicherweise begründet aber der Umstand, dass nur die Teilnehmer des Vergleichsverfahrens eine Bußgeldermäßigung erhalten, während den übrigen Parteien eine solche nicht gewährt wird, einen Verstoß gegen den Gleichbehandlungsgrundsatz. Dies kann vor dem Hintergrund der oben bereits zum Verhältnismäßigkeitsgrundsatz angestellten Überlegungen jedoch vergleichsweise einfach entkräftet werden.

So bilden die Parteien eines Kartells zwar eine Vergleichsgruppe, weil sie – den konkreten Tatbeitrag der jeweiligen Partei im Kartell einmal außen vor gelassen – dieselbe Zuwiderhandlung begangen haben.[836] Die Ungleichbehandlung innerhalb

---

834 So die entsprechender Kritik zur Verständigung im deutschen Strafverfahren bei *Miebach*, in: Münchener Kommentar, StGB, § 46 Rn. 209 („privilegierendes Sonderrecht").

835 Vgl. dazu bereits III., 2.

836 Vgl. EuG v. 09.07.2003, T-224/00, Slg. 2003, II-2597 (2636, Rn. 70) – *Archer Daniels Midland*: „Im Bereich der Ahndung von Zuwiderhandlungen gegen die Wettbewerbsregeln verlangt die Beachtung dieses Grundsatzes [des allgemeinen Gleichbehandlungsgrundsatzes], dass gegenüber Unternehmen, die im selben Zeitraum Zuwiderhandlungen derselben Art begangen haben, unabhängig von dem zwangsläufig zufallsbedingten Zeitpunkt, zu dem eine Entscheidung gegen sie ergeht, die gleiche gesetzliche Sanktionsandrohung besteht."

dieser Vergleichsgruppe ist darin zu erblicken, dass den Parteien, die an dem Vergleichsverfahren teilgenommen haben, eine Bußgeldermäßigung gewährt wird, während die übrigen Parteien eine solche nicht erhalten.[837] Jedoch ist die Ungleichbehandlung damit zu rechtfertigen, dass die Parteien, denen eine Bußgeldermäßigung gewährt wird, durch ihre Teilnahme am Vergleichsverfahren dazu beigetragen haben, dass die Kommission das betreffende Kartellverfahren schneller abschließen konnte und – aufgrund der frei werdenden Ressourcen – in Zukunft mehr Kartellverfahren durchführen kann.[838] Mangels Willkürlichkeit der Ungleichbehandlung scheidet ein Verstoß gegen den Gleichbehandlungsgrundsatz insofern aus.

c) Stets gleiche Bußgeldermäßigung i. H. v. 10 %

Eine objektiv nicht gerechtfertigte Ungleichbehandlung könnte aber darin zu erblicken sein, dass die den vergleichsbereiten Parteien gewährte Bußgeldermäßigung stets 10 % beträgt, obgleich der jeweilige Grad der Kooperation im Einzelfall möglicherweise eine (deutlich) höhere oder niedrigere Bußgeldermäßigung rechtfertigt. Insofern bilden die Kartellbeteiligten, die an dem Vergleichsverfahren teilnehmen, eine Vergleichsgruppe. Durch die einheitliche Bußgeldermäßigung i. H. v. 10 % werden innerhalb dieser Vergleichsgruppe möglicherweise unterschiedliche Sachverhalte gleich behandelt.

Bei der Kronzeugenregelung gewährt die Kommission unterschiedlich hohe Bußgeldermäßigungen. So wird bei der Höhe der Bußgeldermäßigung zunächst zwischen den Abschnitten II (Erlass der Geldbuße) und III (Ermäßigung der Geldbuße) und innerhalb des Abschnitts III (30–50 %; 20–30 %; bis 20 %) nochmals differenziert. Dies ist Folge des Umstands, dass sich bei der Kronzeugenregelung der Wert bzw. der Grad der Kooperation im Einzelfall deutlich voneinander unterscheiden kann.[839] Im Vergleichsverfahren verlangt die Kommission von den Parteien hingegen eine im Wesentlichen gleichartige und -wertige Kooperation. Was den Zeitpunkt der Kooperation angeht, so fordert die Kommission die Parteien im Regelfall zur Teilnahme am Vergleichsverfahren auf. Bei der Kronzeugenregelung treten hingegen die Parteien an die Kommission heran und offenbaren dieser die Existenz eines Kartells oder bringen Beweise hierfür bei. Zwar ist es nicht ausgeschlossen, dass sich im Einzelfall auch als erstes eine Partei mit der Bitte um Durchführung eines Vergleichsverfahrens an die Kommission wendet. Letztere wird sich aber, sofern

---

837 Vgl. entsprechend zur Kronzeugenregelung *Häberle*, Die Kronzeugenmitteilung, S. 140 f.; *Hetzel*, Kronzeugenregelungen, S. 204; *Kiegler*, Rechtliche Anforderungen, S. 332; *Lutz*, BB 2000, 677 (681); *Wiesner*, Der Kronzeuge im Kartellrecht, S. 119.

838 Demnach wäre es auch denkbar gewesen, die Vergleichsgruppe enger zu fassen und danach zu unterscheiden, ob ein Kartellbeteiligter an dem Vergleichsverfahren teilgenommen hat oder nicht. Erstere und letztere würden dann unterschiedliche Vergleichsgruppen bilden, so dass bereits keine Ungleichbehandlung vorläge.

839 Vgl. insofern zur Gleichbehandlung bei der Kronzeugenregelung *Kiegler*, Rechtliche Anforderungen, S. 332 ff.

sie die Durchführung eines Vergleichsverfahrens für sinnvoll hält, alle Parteien zur Teilnahme an dem Vergleichsverfahren auffordern; denn nur in diesem Fall können maximale Verfahrensrationalisierungen erzielt werden. Auch die Voraussetzungen für die erfolgreiche Durchführung des Vergleichsverfahrens und somit für den Erlass eines Vergleichsbeschlusses sind stets die gleichen. So müssen insbesondere alle Parteien der Kommission Vergleichsausführungen vorlegen, in denen sie ein Geständnis abgeben und auf bestimmte Verfahrensrechte verzichten.

Einzig die Vergleichsgespräche können unterschiedlich verlaufen. Hier wird es zwischen der jeweiligen Partei und der Kommission mal mehr und mal weniger schnell zu einer Einigung kommen. Die Rechtsprechung macht die Höhe einer zu gewährenden Bußgeldermäßigung bei im Übrigen gleichartiger Zusammenarbeit maßgeblich davon abhängig, wie werthaltig der Kooperationsbeitrag einer Partei für die Kommission ist. In einem jüngeren Urteil setzte das EuG die Geldbuße einer Partei entsprechend des den übrigen kartellbeteiligten Parteien gewährten Prozentsatzes herab, weil es nachweisen konnte, dass sich die von mehreren Parteien beigebrachten Informationen gleichermaßen in der Kommissionsentscheidung wiederfanden.[840] Da die Kommission das Vergleichsverfahren eingeführt hat, um das Kartellverfahren zu beschleunigen, erscheint ein Anknüpfen an den Zeitpunkt des Erzielens einer Einigung mit den Parteien als Maßstab für die Höhe der Bußgeldermäßigung durchaus naheliegend; denn je eher die Vergleichsgespräche beendet werden können, desto höher fallen auch die von der Kommission angestrebten Verfahrensrationalisierungen aus.[841]

Eine solche Handhabung scheint jedoch nicht zwingend geboten. Zum einen steht der Kommission ein Recht zur Pauschalisierung zu, d. h. es muss sich nicht jede noch so geringe Abstufung beim Umfang der Kooperation in der Höhe der Bußgeldermäßigung wiederfinden. So ist der Gleichbehandlungsgrundsatz nur betroffen, wenn *wesentlich* unterschiedliche Sachverhalte gleich behandelt werden.[842] Zum anderen scheint es bedenklich, die Höhe der Bußgeldermäßigung davon abhängig zu machen, wie zügig in den Vergleichsgesprächen eine Einigung mit der Kommission erzielt werden kann. Denn die Parteien könnten sich in diesem Fall gezwungen sehen, möglichst frühzeitig und umfangreich auf ihre Verteidigungsrechte zu verzichten, nur um eine möglichst hohe Bußgeldermäßigung zu erhalten.[843] Schließlich erlässt die Kommission einen Vergleichsbeschluss regelmäßig erst dann, wenn die einzelnen Verfahren mit allen Parteien abgeschlossen sind, so dass eine höhere Belohnung für den schnelleren Abschluss der Vergleichsgespräche insgesamt keine verfahrensbeschleunigende Wirkung hätte.

---

840 EuG v. 20.04.2009, T-13/03, Slg. 2009, II-947 (1003 ff., Rn. 169 ff.) – *Nintendo und Nintendo of Europe*. Vgl. dazu ausführlich *Brenner*, Das Vergleichsverfahren, S. 267 ff.

841 Vgl. auch *Brenner*, Das Vergleichsverfahren, S. 270 f.

842 *Jarass*, Grundrechtecharta, Art. 20 Rn. 10; *von Danwitz*, Europäisches Verwaltungsrecht, S. 354.

843 Vgl. zum Vergleichsverfahren des Bundeskartellamtes aber noch B., IV., 2., c).

Demnach dürfte es hinsichtlich der stets gleichen Bußgeldermäßigung i. H. v. 10 % bereits an einer Ungleichbehandlung fehlen, jedenfalls ist ein solcher aber gerechtfertigt[844].

d) Geringere Bußgeldermäßigung gegenüber der Kronzeugenregelung

In Betracht kommt ein Verstoß gegen den Gleichbehandlungsgrundsatz ferner aufgrund des Umstandes, dass die Kommission den Parteien bei der Kronzeugenregelung eine gegenüber dem Vergleichsverfahren regelmäßig deutlich höhere Bußgeldermäßigung gewährt.[845]

Vergleichsverfahren und Kronzeugenregelung bilden insofern eine Vergleichsgruppe, als beide Instrumente den Erlass bzw. die Ermäßigung der ursprünglich zu verhängenden Geldbuße vorsehen, wenn eine Partei im Kartellverfahren mit der Kommission kooperiert. Wie mehrfach erwähnt wird der Partei, die der Kommission im Rahmen der Kronzeugenregelung als erstes Beweise für die Existenz eines Kartells liefert, die Geldbuße vollständig erlassen. Ist diese Voraussetzung nicht erfüllt, können dort aber immer noch Bußgeldermäßigungen i. H. v. bis zu 50 % – und selbst auf der niedrigsten Stufe i. H. v. bis zu 20 % – gewährt werden. Damit zeigt sich die Kommission bei der Kronzeugenregelung deutlich großzügiger als im Vergleichsverfahren, wo die Kooperation der Parteien lediglich mit einer Bußgeldermäßigung i. H. v. 10 % belohnt wird. Wegen dieser Unterschiede bei der Höhe der Bußgeldermäßigung ist eine Ungleichbehandlung im Verhältnis der Kronzeugenregelung zum Vergleichsverfahren gegeben.

Die Ungleichbehandlung könnte aber gerechtfertigt sein. Dies wäre zunächst dann der Fall, wenn der *Umfang* der Kooperation der Parteien bei der Kronzeugenregelung größer wäre. Die Kooperation der Parteien beginnt bei der

---

844 So im Ergebnis auch *Brenner*, Das Vergleichsverfahren, S. 270 f./273 f., der allerdings eine flexible Bußgeldermäßigung zwischen 10 und 20 % nach dem Vorbild der Kronzeugenregelung vorschlägt, um ein „echtes Vergleichsverfahren mit ernstzunehmenden Verhandlungen" zu schaffen. *Brenner*, a. a. O., S. 271 ff./274 f., weist ferner darauf hin, dass das Geständnis einer Partei, die bereits im Rahmen der Kronzeugenregelung mit der Kommission zusammengearbeitet hat, im Vergleichsverfahren weniger wert sei, so dass insofern eine Ungleichbehandlung bestehe. Hiergegen spricht jedoch die von der Kommission wiederholt betonte Eigenständigkeit des Vergleichsverfahrens neben der Kronzeugenregelung sowie die Möglichkeit, die in beiden Instrumenten vorgesehenen Bußgeldermäßigungen miteinander zu kombinieren.

845 Es gilt zu berücksichtigen, dass die Unionsgerichte diese Frage wohl unter dem Punkt „Ermessensausübung" prüfen würden, da sie eine fallübergreifende Prüfung des Gleichbehandlungsgrundsatzes ablehnen und nur eine solche innerhalb desselben Kartellverfahrens vornehmen. Vgl. *Brenner*, Das Vergleichsverfahren, S. 258 f.; *Bueren*, Verständigungen, S. 784 f. Wie hier – obgleich zur Kronzeugenregelung – etwa *Hetzel*, Kronzeugenregelungen, S. 207 f., sowie *Zagrosek*, Kronzeugenregelungen, S. 224 f.

Kronzeugenregelung bereits in der Ermittlungsphase, mithin zu einem früheren Zeitpunkt als im Vergleichsverfahren; ganz überwiegend werden die Ermittlungen sogar erst durch Kronzeugenanträge angestoßen. Bei der Kronzeugenregelung müssen die Parteien der Kommission in der Ermittlungsphase Beweise für die Existenz des Kartells beibringen. Allerdings bleibt die Entscheidungsphase von der Kronzeugenregelung weitestgehend unberührt. Die Parteien sind zwar verpflichtet „während des gesamten Verwaltungsverfahrens ernsthaft, in vollem Umfang, kontinuierlich und zügig mit der Kommission zusammen[zuarbeiten].[846] Gleichwohl sind sie berechtigt, ihre Verteidigungsrechte in der Entscheidungsphase grundsätzlich in vollem Umfang auszuüben, auch wenn deren Wert aufgrund der zuvor erfolgten Selbstanzeige bzw. der Beweisbringung wohl nicht selten erheblich gemindert sein dürfte. Das Vergleichsverfahren betrifft hingegen einzig die Entscheidungsphase. Hier müssen die Parteien auf die vollständige Ausübung ihrer Verteidigungsrechte verzichten und zudem ein Geständnis abgeben. Was den Umfang der Kooperation betrifft, so ist dieser im Vergleichsverfahren also eher noch größer als bei der Kronzeugenregelung, so dass sich damit die unterschiedliche Höhe der Bußgeldermäßigung nicht rechtfertigen lässt.

Möglicherweise ergibt sich jedoch ein anderes Ergebnis unter Berücksichtigung des jeweiligen Wertes der unterschiedlichen Kooperationsformen. So dient die Kronzeugenregelung der Beseitigung eines „Ermittlungsnotstandes“, da viele Hardcore-Kartelle ohne die (Mit-)Hilfe von Kronzeugen unentdeckt blieben und folglich nicht beendet und sanktioniert werden könnten.[847] Demgegenüber dient das Vergleichsverfahren (nur) der schnelleren Durchführung von Kartellverfahren. Ohne das Vergleichsverfahren könnten zwar ebenfalls weniger Kartellverfahren sanktioniert werden oder würde sich deren Sanktionierung zumindest verzögern. Demgegenüber führt die Kronzeugenregelung aber dazu, dass zahlreiche Kartelle überhaupt erst aufgedeckt und sanktioniert werden können. Die Einführung des Vergleichsverfahrens stellt sich dabei sogar als eine Folge des Erfolgs der Kronzeugenregelung dar, ohne die es jenes schlechthin nicht bedürfte.[848] Damit ist der Aufdeckung geheimer Kartelle mittels der Kronzeugenregelung ein ungleich höherer Wert beizumessen, der auch die dort vorgesehenen höheren Bußgeldermäßigungen rechtfertigt.

Ein weiterer Grund für die geringere Höhe der Bußgeldermäßigung im Vergleichsverfahren ist die Besorgnis, dass eine wesentlich höhere Bußgeldermäßigung die Kronzeugenregelung gefährden würde. Denn im Fall der Gewährung einer höheren Belohnung würden die Parteien möglicherweise vermehrt dazu übergehen, sich im Rahmen der Kronzeugenregelung nicht mehr selbst anzuzeigen, sondern nur noch am Vergleichsverfahren teilzunehmen. Das ist um der Aufdeckung und des

846 Kronzeugenmitteilung 2006, Rn. 12 lit. a.

847 Der Begriff „Ermittlungsnotstand“ entstammt der strafrechtlichen Terminologie; vgl. *Jeßberger*, Kooperation, S. 103 f.

848 Vgl. bereits Teil 3, A., IV., 1.

Beweises von geheimen Kartellen wegen indes nicht wünschenswert. Auch dieser Umstand rechtfertigt daher die Ungleichbehandlung bei der Höhe der Bußgeldermäßigung zwischen Kronzeugenregelung und Vergleichsverfahren.

e) *Vergleichsverfahren nur für Hardcore-Kartelle*

Schließlich könnte sich aber ein Verstoß gegen den Gleichbehandlungsgrundsatz daraus ergeben, dass die Kommission den Anwendungsbereich des Vergleichsverfahrens auf Hardcore-Kartelle beschränkt hat. Dadurch sind andere Kartellrechtsverstöße (sonstige horizontale sowie vertikale Vereinbarungen, Verstöße gegen das Missbrauchsverbot) von der Anwendung des Vergleichsverfahrens gänzlich ausgeschlossen.[849]

Die Hardcore-Kartelle bilden jedenfalls mit den übrigen Verstößen gegen das Kartellverbot gemäß Art. 101 AEUV (sonstige horizontale sowie vertikale Vereinbarungen) sowie den Verstößen gegen das Missbrauchsverbot gemäß Art. 102 AEUV insofern eine Vergleichsgruppe, als sie Verstöße gegen materielles Kartellrecht darstellen und von der Kommission gemäß Art. 23 Abs. 2 lit. a VO 1/2003 innerhalb eines einheitlichen Bußgeldrahmens sanktioniert werden können.[850] Keine Vergleichbarkeit besteht indes mit Verstößen gegen Art. 23 Abs. 1 und 2 lit. b und c VO 1/2003, die im Ergebnis – mithin faktisch, freilich nicht rechtlich – bloßes Verwaltungsunrecht darstellen und deutlich niedrigere Geldbußen nach sich ziehen.[851] Die Ungleichbehandlung zwischen den Hardcore-Kartellen und den übrigen Verstößen des Art. 101 AEUV sowie denen des Art. 102 AEUV besteht darin, dass das Vergleichsverfahren ausschließlich auf erstere anwendbar ist.

Diese Ungleichbehandlung könnte aber objektiv gerechtfertigt sein. Bei der Kronzeugenregelung, die ebenfalls ausschließlich auf Hardcore-Kartelle anwendbar ist, wird insofern stets darauf hingewiesen, dass jene den Ermittlungsnotstand der Wettbewerbsbehörden zu beseitigen versuche, der darin bestehe, dass Hardcore-Kartelle – anders als die übrigen Kartellrechtsverstöße – von einer hohen Konspiration geprägt seien und nur mittels Kronzeugen aufgedeckt und bewiesen werden

---

849 Vor dem Hintergrund des oben (Fn. 845) erwähnten Vorgehens hat das EuG in einem jüngeren Urteil bei der Frage, ob die Kronzeugenregelung auf vertikale Kartelle analog anzuwenden ist, das Vorgehen der Kommission dahingehend überprüft, ob sie ihr Ermessen fehlerhaft ausgeübt hat – und nicht ob sie den Gleichbehandlungsgrundsatz verletzt hat –, indem sie eine solche analoge Anwendung abgelehnt hat; vgl. EuG v. 30.04.2009, T-13/03, Slg. 2009, II-947 (1000 f., Rn. 157 ff.) – *Nintendo und Nintendo of Europe*. Vgl. auch *Bueren*, Verständigungen, S. 785.

850 *Häberle*, Die Kronzeugenmitteilung, S. 136 f.

851 Anders hinsichtlich Art. 23 Abs. 2 lit. b und c VO 1/2003 sowie Art. 14 Abs. 2 VO 139/2004, insofern jedoch zu formalistisch *Häberle*, Die Kronzeugenmitteilung, S. 134/138. Ähnlich wie hier indes – jedenfalls hinsichtlich Art. 23 Abs. 2 lit. b und c VO 1/2003 – *Dannecker/Biermann*, in: Immenga/Mestmäcker, EU-Wettbewerbsrecht, Art. 23 VO 1/2003 Rn. 96/97.

könnten.[852] In Bezug auf das Vergleichsverfahren stellt sich die Situation hingegen so dar, dass es der Aufdeckung des Kartells nicht mehr bedarf, sondern lediglich das Kartellverfahren beschleunigt werden soll. Vor diesem Hintergrund ist es zunächst nicht ersichtlich, warum die Kommission den Anwendungsbereich des Vergleichsverfahrens nicht auch auf die übrigen Kartellrechtsverstöße erstreckt hat.

Allerdings weisen Verfahren wegen Verstößen gegen das Kartellverbot einige Besonderheiten auf, die bei anderen Kartellrechtsverstößen nicht in vergleichbarer Form auftreten. So sind die Ermittlungen in Kartellfällen wegen der Vielzahl der betroffenen Parteien, der unterschiedlichen Sprachen sowie Rechtsordnungen oftmals schwieriger.[853] Andererseits ist aber die rechtliche Bewertung des wettbewerblichen Verhaltens in Kartellfällen eindeutig, so dass schnell ein Einvernehmen mit den Parteien erreicht wird, sobald die Kommission diesen ihr kartellrechtswidriges Verhalten beweisen kann.[854] Verhandlungen gibt es dann in Kartellfällen jedoch wiederum etwa über den Umfang und die Richtigkeit der Beweise, über die Höhe der zu verhängenden Geldbuße sowie die Frage der Haftbarkeit der Mutter- für ihre Töchterunternehmen.[855] Schließlich legen die Parteien in Kartellfällen selten Rechtsmittel ein, um Rechtsfragen klären zu lassen, woran die Kommission grundsätzlich interessiert ist, sondern um die Tatsachengrundlage der Beschlüsse anzugreifen und so eine Reduzierung der Geldbuße zu erreichen.[856]

Fände das Vergleichsverfahren hingegen auch auf andere Kartellrechtsverstöße Anwendung, würde dies das Kommissionsverfahren eher verzögern als beschleunigen. Denn in Fällen, die rechtlich nicht so eindeutig sind wie Hardcore-Kartelle, könnte es im Rahmen der Vergleichsgespräche zu langwierigen Diskussionen zwischen der Kommission und den Parteien etwa über die Absicht des wettbewerblichen Verhaltens, über dessen positive und negative Effekte oder die Abgrenzung des relevanten Marktes kommen.[857]

---

852 Vgl. *Häberle, Die Kronzeugenmitteilung*, S. 133 ff.; *Hetzel*, Kronzeugenregelungen, S. 207 f.; *Kiegler*, Rechtliche Anforderungen, S. 331 f.; *Wiesner*, Der Kronzeuge im Kartellrecht, S. 122 ff. Anders aber *Zagrosek*, Kronzeugenregelungen, S. 225, der die Ungleichbehandlung zwischen einem Kartell und dem Missbrauch einer marktbeherrschenden Stellung für nicht gerechtfertigt hält.

853 Vgl. Kommission, MEMO/08/458, S. 1; *Horányi*, ZEuS 2008, 663 (667); *Kroes*, SPEECH/07/722, S. 4; *Metha/Tierno Centella*, CLI 6/2008, 11 (12); *Scordamaglia*, GAR 2009, 61 (63 f.).

854 Vgl. *Hennig*, Settlements, S. 295; *Horányi*, ZEuS 2008, 663 (667); *Kroes*, SPEECH/07/722, S. 4; *Metha/Tierno Centella*, CLI 6/2008, 11 (12); *Tierno Centella*, CPN 3/2008, 30 f.

855 Vgl. *Hennig*, Settlements, S. 295; *Horányi*, ZEuS 2008, 663 (667); *Kroes*, SPEECH/07/722, S. 4; *Metha/Tierno Centella*, CLI 6/2008, 11 (12); *Tierno Centella*, CPN 3/2008, 30 f.

856 *Horányi*, ZEuS 2008, 663 (668).

857 Vgl. *Hennig*, Settlements, S. 295; *Kroes*, SPEECH/07/722, S. 4; *Metha/Tierno Centella*, CLI 6/2008, 11 (12); *Tierno Centella*, CPN 3/2008, 30 f.

Daran wird kritisiert, dass die Kommission – entgegen der Rechtslage bzw. der Praxis in anderen Ländern[858] – solche Kartellrechtsverstöße, die nicht als Beteiligung an einem Hardcore-Kartell gelten, von der Anwendung des Vergleichsverfahrens ausgenommen habe, obgleich auch bei jenen Verfahrensrationalisierungen nicht von vornherein ausgeschlossen seien.[859] Richtig an dieser Kritik ist, dass es etwa auch im Rahmen des Missbrauchsverbots rechtlich vergleichsweise eindeutige Fälle geben kann, in denen die betreffende Partei unumstritten eine marktbeherrschende Stellung innehat und die negativen wettbewerblichen Effekte klar überwiegen, so dass die Verhängung einer empfindlichen Geldbuße gerechtfertigt ist. Bezeichnenderweise ist die bisherige Rekordgeldbuße bezogen auf eine Partei durch die Kommission wegen eines Verstoßes gegen das Verbot des Missbrauchs einer marktbeherrschenden Stellung verhängt worden.[860]

Vor dem Hintergrund des weiten Beurteilungsspielraums, der der Kommission zugestanden wird,[861] können die Gründe, die für eine Beschränkung des Vergleichsverfahrens auf Hardcore-Kartelle angeführt worden sind, eine Ungleichbehandlung gleichwohl rechtfertigen. Dass sich möglicherweise auch bei der Anwendung des Vergleichsverfahrens auf die übrigen Kartellrechtsverstöße Verfahrensrationalisierungen ergeben und deren Ausschluss durch die Kommission gleichsam „ohne Not“ erfolgt, vermag eine Verletzung des Gleichbehandlungsgrundsatzes noch nicht zu begründen. Schließlich sind solche Kartellrechtsverstöße auch nicht gänzlich von einer Bußgeldermäßigung ausgenommen; vielmehr kann die Kooperation der Parteien insofern immer noch nach den Bußgeldleitlinien belohnt werden. Die Vorenthaltung der Möglichkeit eines Vergleichs für die übrigen Kartellrechtsverstöße bedeutet also nicht, dass die Kommission schlechthin auf die Ausübung ihres Ermessens und die Berücksichtigung von Milderungsgründen verzichten würde. Sie möchte in diesem Fall eben nur nicht das von ihr speziell auf Kartellfälle zugeschnittene Vergleichsverfahren anwenden.

3. *Ergebnis*

Letztlich kann also keiner der genannten Umstände einen Verstoß gegen den Gleichbehandlungsgrundsatz begründen. Weder ergibt sich ein solcher Verstoß daraus, dass die Durchführung von Vergleichsverfahren im Ermessen der Kommission steht,

---

858 Vgl. zu der Situation in Deutschland, den USA, Frankreich und Großbritannien bereits oben Teil 3, B., VI., bzw. C.

859 *Hennig*, Settlements, S. 295. Vgl. auch *Siragusa/Guerri*, in: Ehlermann/Marquis, Antitrust Settlements, 185 (201).

860 Vgl. oben Fn. 28. Dabei gilt es freilich zu bedenken, dass das betroffene Unternehmen – *Intel* – über hohe Umsätze verfügt, die bei der Berechnung der Geldbuße Berücksichtigung gefunden haben.

861 So hat das EuG in dem oben (vgl. Fn. 849) genannten Urteil einen Ermessensverstoß der Kommission abgelehnt; vgl. EuG v. 30.04.2009, T-13/03, Slg. 2009, II-947 (1001, Rn. 158 f./161 f.) – *Nintendo und Nintendo of Europe.*

noch daraus, dass nur die Teilnehmer des Vergleichsverfahrens eine Bußgeldermäßigung erhalten, noch daraus, dass die Bußgeldermäßigung im Vergleichsverfahren stets 10 % beträgt. Auch verstößt es nicht gegen den Gleichbehandlungsgrundsatz, dass die Kommission bei der Kronzeugenregelung höhere Bußgeldnachlässe gewährt und dass sie den Anwendungsbereich des Vergleichsverfahrens auf Hardcore-Kartelle beschränkt hat.

V. Nemo tenetur-Grundsatz

1. Vorüberlegungen

Nach dem nemo tenetur-Grundsatz[862] darf niemand gezwungen werden, gegen sich selbst aussagen.[863] Im Vergleichsverfahren könnte dieser Grundsatz insofern verletzt sein, als die Abgabe eines Geständnisses, mittels dessen die Partei den Tatvorwurf der Kommission anerkennt, Voraussetzung für den erfolgreichen Abschluss des Vergleichsverfahrens und damit für eine Bußgeldermäßigung ist. Angesichts der in Aussicht gestellten Bußgeldermäßigung könnten sich die Parteien gezwungen sehen, gegen sich selbst auszusagen.[864]

a) Rechtsgrundlagen

Der nemo tenetur-Grundsatz ist in der GRC zwar nicht genannt, allerdings ergibt er sich aus einem Zusammenspiel von Art. 47 Abs. 2 GRC (fair trial-Grundsatz) und Art. 48 Abs. 1 GRC (Unschuldsvermutung).[865] Denn es würde dem fair trial-Grundsatz zuwiderlaufen, wenn die zu Gunsten des Beschuldigten bestehende Unschuldsvermutung mit Beweismitteln widerlegt würde, die durch dessen erzwungene Aussage gewonnen worden wären.[866] In der EMRK ist der nemo tenetur-Grundsatz ebenfalls nicht ausdrücklich niedergeschrieben. Dort wird er überwiegend dem fair trial-Grundsatz des Art. 6 Abs. 1 EMRK entnommen,[867] teilweise aber auch aus

---

862 Eigentlich: *nemo tenetur se ipsum accusare.*

863 *Häberle*, Die Kronzeugenmitteilung, S. 172; *König*, Das Europäische Verwaltungssanktionsrecht, S. 163.

864 In diese Richtung etwa *Kindhäuser/Meyer*, in: FK-Kartellrecht, Band III, Art. 23 VO 1/2003 Rn. 159: „In verfahrensrechtlicher Hinsicht bleibt anzumerken, dass der Bußgeldrabatt durch eine weitgehende Aufgabe der Verfahrensrechte erkauft wird."

865 *Eser*, in: Meyer, Grundrechtecharta, Art. 48 Rn. 10a; *Frenz*, Europäische Grundrechte, Rn. 5098; *Schwarze*, EuR 2009, 171 (192); *Schwarze/Bechtold/Bosch*, Rechtsstaatliche Defizite, S. 33.

866 *Eser*, in: Meyer, Grundrechtecharta, Art. 48 Rn. 10a; *Frenz*, Europäische Grundrechte, Rn. 5098; *Schwarze*, EuR 2009, 171 (192); *Schwarze/Bechtold/Bosch*, Rechtsstaatliche Defizite, S. 33. Kritisch zu dieser Herleitung *Weiß*, Die Verteidigungsrechte, S. 371.

867 EGMR v. 25.02.1993, Nr. 10828/84, Serie A, Nr. 265 (Rn. 41 ff.) – *Funke*; ders. v. 03.05.2001, Nr. 31827/96, NJW 2002, 499 (501, Rn. 64) – *J.B.*; *Queck*, Die Geltung

Art. 6 Abs. 1 EMRK i. V. m. Art. 6 Abs. 2 EMRK (Unschuldsvermutung) hergeleitet.[868] Der EGMR sieht den nemo tenetur-Grundsatz als umfassendes Auskunftsverweigerungsrecht an, wonach der Angeklagte das Recht hat, zu schweigen sowie nicht zu seiner eigenen Beschuldigung beitragen zu müssen.[869] Der EGMR ist der Auffassung, dass „das Recht, sich nicht selbst zu beschuldigen, [...] insbesondere voraus[setzt], dass die Behörden versuchen müssen, ihre Behauptungen zu beweisen, ohne auf Beweise zurückzugreifen, die durch Zwang oder Druck gegen den Willen der ‚angeklagten Person' erlangt sind."[870] Dabei könne der Angeklagte auch nicht gezwungen werden, belastende Unterlagen herauszugeben.[871]

b) Unionsgerichte

Die Unionsgerichte lehnen hingegen die umfassende Geltung des nemo tenetur-Grundsatzes ab und bleiben damit hinter der Rechtsprechung des EGMR zurück. Was das Kartellverfahren angeht, so ist die Argumentation der Unionsgerichte offensichtlich von der Erwägung geleitet, die Kommission bei der Durchsetzung des Wettbewerbsrechts nicht in ihrer Effektivität einzuschränken.[872] In der Grundsatzentscheidung *Orkem* entschied der EuGH, dass ein Auskunftsverweigerungsrecht weder in der VO 17/1962[873] (nun: VO 1/2003) enthalten sei, noch sich als allgemeiner Grundsatz des Gemeinschaftsrechts aus den Rechtsordnungen der Mitgliedstaaten,

---

des nemo-tenetur-Grundsatzes, S. 106; *Schwarze/Bechtold/Bosch*, Rechtsstaatliche Defizite, S. 31; *Vocke*, Die Ermittlungsbefugnisse, S. 123 ff.

868 EGMR v. 08.02.1996, EuGRZ 1996, 587 (590, Rn. 40 ff.) – *John Murray/Großbritannien*; EGMR v. 18.03.2010, NJW 2011, 201 (202, Rn. 30 ff.) – *Krumpholz/Österreich*; *Grabenwarter/Pabel*, EMRK, § 24 Rn. 123.

869 EGMR v. 25.02.1993, Nr. 10828/84, Serie A, Nr. 265 (Rn. 44) – *Funke*; ders. v. 03.05.2001, Nr. 31827/96, NJW 2002, 499 (501, Rn. 64) – *J.B.*

870 EGMR v. 03.05.2001, Nr. 31827/96, NJW 2002, 499 (501, Rn. 64) – *J.B.* Ähnlich auch ders. v. 11.07.2006, 54810/00, EuGRZ 2007, 150 (161, Rn. 100) – *Jalloh*; ders. v. 01.06.2010, 22978/05, NJW 2010, 3145 (3150, Rn. 186) – *Gäfgen*.

871 EGMR v. 25.02.1993, Nr. 10828/84, Serie A, Nr. 265 (Rn. 41 ff.) – *Funke*; ders. v. 03.05.2001, Nr. 31827/96, NJW 2002, 499 (501, Rn. 65 ff.) – *J.B.*

872 *Schwarze*, EuR 2009, 171 (191); *Schwarze/Bechtold/Bosch*, Rechtsstaatliche Defizite, S. 31/38. Vgl. EuGH v. 18.10.1989, C-374/87, Slg. 1989, 3283 (3351, Rn. 34) – *Orkem*: „Daher ist die Kommission zwar um der Erhaltung der praktischen Wirksamkeit des Artikels 11 Absätze 2 und 5 der Verordnung Nr. 17 willen berechtigt, das Unternehmen zu verpflichten, ihr alle erforderlichen Auskünfte über ihm eventuell bekannte Tatsachen zu erteilen und ihr erforderlichenfalls die in seinem Besitz befindlichen Schriftstücke, die sich hierauf beziehen, zu übermitteln [...]."

873 Das Parlament hat dem Ministerrat in einer Entschließung v. 19.10.1961, ABl. EG 1961, S. 1409 die Aufnahme eines Auskunftsverweigerungsrechts wegen der Gefahr der Selbstbelastung empfohlen; hierauf ist allerdings verzichtet worden. Vgl. *Böse*, Strafen und Sanktionen, S. 236; *Dannecker/Fischer-Fritsch*, Das EG-Kartellrecht, S. 48; *König*, Das Europäische Verwaltungssanktionsrecht, S. 167.

der EMRK oder dem IPbpR ergebe.[874] Die Kommission sei vielmehr gemäß Art. 11 VO 17/1962 (jetzt: Art. 18 VO 1/2003)[875] berechtigt, „das Unternehmen zu verpflichten, ihr alle erforderlichen Auskünfte über ihm eventuell bekannte Tatsachen zu erteilen und ihr erforderlichenfalls die in seinem Besitz befindlichen Schriftstücke, die sich hierauf beziehen, zu übermitteln, selbst wenn sie dazu verwendet werden können, den Beweis für ein wettbewerbswidriges Verhalten des betreffenden oder eines anderen Unternehmens zu erbringen."[876] Die Pflicht der Parteien reiche allerdings nicht so weit, „Antworten zu erteilen, durch die es das Vorliegen einer Zuwiderhandlung eingestehen müsste, für die die Kommission den Beweis zu erbringen hat."[877] Nach Ansicht der Unionsgerichte existiert demnach lediglich das Verbot, die Parteien zu zwingen, sich durch das Eingeständnis eines Rechtsverstoßes unmittelbar selbst zu belasten.[878]

---

874 EuGH v. 18.10.1989, C-374/87, Slg. 1989, 3283 (3350 f., Rn. 27 ff.) – *Orkem*. Bestätigt durch dens. v. 10.11.1993, C-60/92, Slg. I-1993, 5683 (5711, Rn. 11 f.) – *Otto BV*; dens. v. 15.10.2002, C-238/, -244, -245, -247, -250 bis -252, -254/99 P, Slg. 2002, I-8375 (8709 ff., Rn. 273 ff.) – *Limburgse Vinyl Maatschappij u. a.*; dens. v. 14.07.2005, C-57/02 P, Slg. 2005, I-6689 (6765, Rn. 86) – *Acerinox*; dens. v. 14.07.2005, C-65, -73/02 P, Slg. 2005, I-6773 (6795, Rn. 49) – *ThyssenKrupp*; dens. v. 29.06.2006, C-301/04 P, Slg. 2006, I-5915 (5967 ff., Rn. 40 ff.) – *SGL Carbon*. Ebenso EuG v. 08.03.1995, T-34/93, Slg. 1995, II-545 (569 f., Rn. 71 ff.) – *Société Générale*; dass. v. 20.04.1999, T-305 bis -307, -313 bis -316, -318, -325, -328, -329, -335/94, Slg. 1999, II-931 (1061 ff., Rn. 444 ff.) – *Limburgse Vinyl Maatschappij u. a.*; dass. v. 20.02.2001, T-112/98, Slg. 2001, II-729 (754 ff., Rn. 62 ff.) – *Mannesmannröhren-Werke*; dass. v. 29.04.2004, T-236, -239, -244 bis -246, -251, -252/01, Slg. 2004, II-1181 (1327 f., Rn. 402 ff.) – *Tokai Carbon u. a.* Eine ausführliche Darstellung der Rechtsprechung findet sich bei *Hensmann*, Die Ermittlungsrechte, S. 92 ff.

875 Im Fall eines einfachen Auskunftsverlangens der Kommission nach Art. 18 Abs. 2 VO 1/2003 sind die Parteien (nur) verpflichtet, keine unrichtigen oder irreführenden Angaben zu machen, Art. 23 Abs. 1 lit. a VO 1/2003. Machen sie überhaupt keine Angaben, kann die Kommission dies nicht sanktionieren. Ergeht das Auskunftsverlangen der Kommission hingegen gemäß Art. 18 Abs. 3 VO 1/2003 in der Form eines Beschlusses, müssen die Parteien die Angaben nicht nur richtig und nicht irreführend, sondern überhaupt, vollständig und innerhalb der ihnen gesetzten Frist machen, um die Verhängung einer entsprechenden Geldbuße durch die Kommission zu vermeiden, Art. 23 Abs. 1 lit. b VO 1/2003.

876 EuGH v. 18.10.1989, C-374/87, Slg. 1989, 3283 (3351, Rn. 34) – *Orkem*. Anders aber das EuG (v. 29.04.2004, T-236, -239, -244 bis -246, -251, -252/01, Slg. 2004, II-1181 (1328 f., Rn. 407 f.) – *Tokai Carbon u. a.*), das bestimmte Auskunftsverlangen der Kommission sowie die Vorlage von Unterlagen als Eingeständnis der Zuwiderhandlung angesehen hatte. Diese Entscheidung hob der EuGH (v. 29.06.2006, C-301/04 P, Slg. 2006, I-5915 (5967 ff., Rn. 40 ff.) – *SGL Carbon*) jedoch auf.

877 EuGH v. 18.10.1989, C-374/87, Slg. 1989, 3283 (3351, Rn. 35) – *Orkem*.

878 *Frenz*, Europäische Grundrechte, Rn. 96 (Fn. 201).

Dabei haben die zitierten Passagen aus dem Urteil des EuGH in der Rechtssache *Orkem* nahezu wortgleich Eingang in den Erwägungsgrund Nr. 23 zur VO 1/2003 gefunden.

c) Kritik der Literatur

Die hinsichtlich des Auskunftsverweigerungsrechts zurückhaltende Rechtsprechung der Unionsgerichte ist in der Literatur auf breite Kritik gestoßen.[879] Im Ergebnis würden die Unionsgerichte kein Auskunfts-, sondern allenfalls ein Geständnisverweigerungsrecht anerkennen,[880] das es den Parteien zwar erlaube, über innere Tatsachen zu schweigen, sie aber gleichwohl verpflichte, äußere Tatsachen preiszugeben[881]. Dieses (beschränkte) Auskunftsverweigerungsrecht könne durch die Kommission in Form von geschickt formulierten Auskunftsverlangen sogar noch umgangen werden.[882] Denn die Grenzziehung zwischen zulässigen Fragen, die äußere Tatsachen betreffen, und unzulässigen Fragen, die innere Tatsachen betreffen (wie etwa nach dem Zweck einer Zusammenkunft von Vertretern mehrerer Unternehmen), sei im Einzelfall fließend.[883] So könnten die Parteien kaum

---

879 Vgl. *Böse*, in: Schwarze, EU-Kommentar, Art. 337 AEUV Rn. 4; *Brenner*, Das Vergleichsverfahren, S. 235 ff.; *Gumbel*, Grundrechte im EG-Kartellverfahren, S. 129 f.; *Häberle*, Die Kronzeugenmitteilung, S. 174 f.; *Hensmann*, Die Ermittlungsrechte, S. 108 ff.; *Hetzel*, Kronzeugenregelungen, S. 222; *Kindhäuser/Meyer*, in: FK-Kartellrecht, Band II, Art. 101 AEUV Bußgeldrechtliche Folgen Rn. 232 ff.; *Queck*, Die Geltung des nemo-tenetur-Grundsatzes, S. 112 ff.; *Schwarze/Bechtold/Bosch*, Rechtsstaatliche Defizite, S. 30 ff.; *Vocke*, Die Ermittlungsbefugnisse, S. 119 f.; *Weiß*, Die Verteidigungsrechte, S. 357 ff. Zustimmend hingegen *Bueren*, Verständigungen, S. 741 f.; *ders.*, ZEuS 2011, 485 (504 f./506); *Burrichter/Hennig*, in: Immenga/Mestmäcker, EU-Wettbewerbsrecht, vor Art. 17–22 VO 1/2003 Rn. 41 ff.; *Dannecker/Fischer-Fritsch*, Das EG-Kartellrecht, S. 48; *König*, Das Europäische Verwaltungssanktionsrecht, S. 172; *Wils*, World Competition 2003, 567 (577 f.).

880 *Alvarez Ligabue*, Der Grundsatz „nemo tenetur", S. 95; *Häberle*, Die Kronzeugenmitteilung, S. 174; *Hensmann*, Die Ermittlungsrechte, S. 96/108; *Hetzel*, Kronzeugenregelungen, S. 222; *Schwarze*, EuR 2009, 171 (191); *ders.*, WuW 2009, 6 (11); *Schwarze/Bechtold/Bosch*, Rechtsstaatliche Defizite, S. 31; *Vocke*, Die Ermittlungsbefugnisse; *Weiß*, Die Verteidigungsrechte, S. 358; *Wiesner*, Der Kronzeuge im Kartellrecht, S. 150.

881 *Böse*, in: Schwarze, EU-Kommentar, Art. 337 AEUV Rn. 4.

882 *Gumbel*, Grundrechte im EG-Kartellverfahren, S. 129; *Hensmann*, Die Ermittlungsrechte, S. 110; *Hetzel*, Kronzeugenregelungen, S. 222; *Kehl*, Schutz von Informationen, S. 67 f.; *Queck*, Die Geltung des nemo-tenetur-Grundsatzes, S. 114; *Vocke*, Die Ermittlungsbefugnisse, S. 119; *Weiß*, Die Verteidigungsrechte, S. 360.

883 *Alvarez Ligabue*, Der Grundsatz „nemo tenetur", S. 95; *Kehl*, Schutz von Informationen, S. 67; *Kindhäuser/Meyer*, in: FK-Kartellrecht, Band II, Art. 101 AEUV Bußgeldrechtliche Folgen Rn. 232; *Queck*, Die Geltung des nemo-tenetur-Grundsatzes, S. 114; *Vocke*, Die Ermittlungsbefugnisse, S. 119; *Weiß*, Die Verteidigungsrechte, S. 359 f.

abschätzen, welche Fragen der Kommission zulässig und welche unzulässig seien.[884] Zudem laufe selbst das Auskunftsverweigerungsrecht in Form des von den Unionsgerichten vertretenen Geständnisverweigerungsrechts ins Leere, wenn die Parteien verpflichtet seien, eindeutig belastende Unterlagen herauszugeben, die faktisch ein Eingeständnis der Zuwiderhandlung darstellten.[885] Das EuG betont zwar, dass „nichts [...] den Adressaten daran [hindert], später im Verwaltungsverfahren oder in einem Verfahren vor dem Gemeinschaftsrichter seine Verteidigungsrechte auszuüben und zu beweisen, dass die in den Antworten mitgeteilten Tatsachen oder die übermittelten Unterlagen eine andere als die ihnen von der Kommission beigemessene Bedeutung haben."[886] Diese Möglichkeit in Form des nachträglichen Rechtsschutzes ist indes nicht geeignet, den genannten Bedenken zu begegnen. Insbesondere kann sie nicht verhindern, dass sich die Kommission bereits ein Bild von der Zuwiderhandlung gemacht hat.[887] Ferner höhlt sie den Untersuchungsgrundsatz, nach dem die Kommission für das Vorliegen der Zuwiderhandlung sowie aller bußgeldrelevanten Umstände beweispflichtig ist, aus.[888] Schließlich ist der vom EuGH in der Rechtssache *Orkem* angestellte Vergleich – jedenfalls der sich auf die EMRK beziehende – nicht (mehr) zutreffend.[889] Denn der EGMR hat wie erwähnt aus Art. 6 Abs. 1 EMRK ein umfassendes Auskunftsverweigerungsrecht hergeleitet – obgleich erst in der Rechtssache *Funke* aus dem 1993 und mithin nach dem Urteil des EuGH in der Rechtssache *Orkem*.[890]

---

884 *Alvarez Ligabue*, Der Grundsatz „nemo tenetur", S. 95; *Vocke*, Die Ermittlungsbefugnisse, S. 120.

885 *Hensmann*, Die Ermittlungsrechte, S. 109; *Vocke*, Die Ermittlungsbefugnisse, S. 120.

886 EuG v. 20.02.2001, T-112/98, Slg. 2001, II-729 (758, Rn. 78) – *Mannesmannröhren-Werke*; dass. v. 29.04.2004, T-236, -239, -244 bis -246, -251, -252/01, Slg. 2004, II-1181 (1328, Rn. 406) – *Tokai Carbon u. a.*

887 *Hensmann*, Die Ermittlungsrechte, S. 109. Ähnlich und sogar noch weitergehend argumentiert das EuG (v. 17.09.2007, T-125, -253/03, Slg. 2007, II-3523, (3563 f., Rn. 86 f.) – *Akzo Nobel Chemicals und Akcros Chemicals*) in Bezug auf den Grundsatz des Schutzes der Vertraulichkeit der Kommunikation zwischen Rechtsanwalt und Mandant, indem es diesen Grundsatz bereits dann als verletzt ansieht, wenn die Kommission vom Inhalt eines vertraulichen Schriftstückes Kenntnis erlangt, auch wenn dieses Schriftstück nicht als Beweismittel gegen die Partei verwendet werden kann.

888 *Queck*, Die Geltung des nemo-tenetur-Grundsatzes, S. 114.

889 *Gumbel*, Grundrechte im EG-Kartellverfahren, S. 130; *Hensmann*, Die Ermittlungsrechte, S. 122; *Kehl*, Schutz von Informationen, S. 69; *König*, Das Europäische Verwaltungssanktionsrecht, S. 165; *Queck*, Die Geltung des nemo-tenetur-Grundsatzes, S. 112 f.; *Vocke*, Die Ermittlungsbefugnisse, S. 123.

890 So auch das EuG v. 29.04.2004, T-236, -239, -244 bis -246, -251, -252/01, Slg. 2004, II-1181 (1328, Rn. 405) – *Tokai Carbon u. a.* Zwar enthält auch Art. 14 Abs. 3 lit. g IPbpR ein Selbstbelastungsverbot. Allerdings gelten die Rechte des IPbpR, wie sich aus den Bezugnahmen in dessen Präambel auf die „dem Menschen innewohnende Würde" und aus der Anknüpfung insbesondere an rein individuelle Merkmale

d) *Geltung für juristische Personen auf dem Gebiet des Wettbewerbsrechts*

Fraglich ist indes, wie es zu beurteilen ist, dass der EuGH die Geltung eines umfassenden Auskunftsverweigerungsrechts für *juristische Personen* auf dem Gebiet des *Wettbewerbsrechts* mit dem Argument ablehnt, die Rechtsordnungen der Mitgliedstaaten würden ein solches Recht nur *natürlichen Personen* in einem *Strafverfahren* zuerkennen.[891]

Zunächst scheitert die Anwendbarkeit des nemo tenetur-Grundsatzes nicht daran, dass es sich bei dem Kommissionsverfahren nicht um ein Kriminalstrafverfahren handelt. Da die Geldbuße richtigerweise eine strafrechtliche Sanktion i. w. S. darstellt, beanspruchen strafrechtliche bzw. strafprozessuale Grundsätze auch in dem Verfahren, das auf ihre Verhängung gerichtet ist, Geltung.[892] Problematisch ist aber in der Tat die Frage, ob der nemo tenetur-Grundsatz auch für Unternehmen gilt, sofern es sich bei dem Unternehmensträger nicht um eine natürliche, sondern – wie regelmäßig – um eine juristische Person handelt.

Ein umfassender Vergleich der Rechtsordnungen der Mitgliedstaaten kann und muss hier nicht erfolgen. Ein solcher kam in der Rechtssache *Orkem* zwar zu dem Ergebnis, dass in den Mitgliedstaaten Einheitlichkeit grundsätzlich nur insofern bestehe, als sich *natürliche Personen* in Strafverfahren auf den nemo tenetur-Grundsatz berufen könnten.[893] Es ist aber bereits zweifelhaft, ob das Ergebnis heute – nach beinahe 25 Jahren Rechtsentwicklung und nunmehr 28 statt zwölf Mitgliedstaaten – immer noch in diesem Sinne ausfallen würde.[894] So ist eine neuere rechtsvergleichende Untersuchung zu dem Ergebnis gelangt, dass „ein Grundsatz in den Mitgliedstaaten der Europäischen Union [besteht], wonach Personen, von denen in einem Verfahren eine Aussage verlangt wird, mit der sie sich mit einem sanktionsbedrohten Verhalten selbst belasten könnten, diese verweigern dürfen."[895] Zudem wird darauf hingewiesen, dass der EuGH bereits ein Verfahrensgrundrecht anerkannt habe, das in der Rechtsordnung nur eines Mitgliedstaates existiert habe, so dass es einer „Einheitlichkeit" in den Mitgliedstaaten gar nicht bedürfe.[896] Schließlich

---

ergibt, nicht für juristische Personen. Vgl. *Queck*, Die Geltung des nemo-tenetur-Grundsatzes, S. 105 f.; *Vocke*, Die Ermittlungsbefugnisse, S. 135.

891 EuGH v. 18.10.1989, C-374/87, Slg. 1989, 3283 (3350, Rn. 29) – *Orkem*.

892 Vgl. dazu bereits Teil 2, A., IV.

893 *GA Darmon* v. 18.05.1989, C-374/87, Slg. 1989, 3301 (3327 ff., Rn. 98 ff.) – *Orkem*.

894 Vgl. *Vocke*, Die Ermittlungsrechte, S. 121. Zu den Rechtsordnungen einiger Mitgliedstaaten vgl. auch *Weiß*, Die Verteidigungsrechte, S. 378 ff. sowie die Nachweise bei *Hetzel*, Kronzeugenregelungen, S. 221 (Fn. 659).

895 *Alvarez Ligabue*, Der Grundsatz „nemo tenetur", S. 71.

896 *Abetz*, Justizgrundrechte in der EU, S. 72; *Gundel*, in: Ehlers, Europäische Grundrechte, 1. Aufl., § 18 Rn. 3. Allerdings deutet das von den Autoren in Bezug genommene Urteil des EuGH v. 18.05.1982, C-155/79, Slg. 1982, 1575 (1610, Rn. 18 ff.) – *AM & S*, eher darauf hin, dass dieser das streitgegenständliche Verfahrensgrundrecht – den Grundsatz der Vertraulichkeit der Anwaltskorrespondenz („legal

ist anzuführen, dass sich die Gewährleistungen der GRC an der Auslegung der EMRK orientieren und letztere auch in den meisten Mitgliedstaaten den rechtlich anerkannten Mindeststandard darstellt.[897] Zwar hat sich der EGMR noch nicht ausdrücklich positiv zur Anwendbarkeit des nemo tenetur-Grundsatzes auf juristische Personen geäußert. Es ist allerdings allgemein anerkannt, dass sich diese grundsätzlich auf Art. 6 Abs. 1 EMRK berufen können.[898]

Der Wortlaut der Normen – Art. 47 Abs. 2 i. V. m. Art. 48 Abs. 1 GRC einerseits sowie Art. 6 Abs. 1 EMRK andererseits – umfasst neben den natürlichen auch juristische Personen, da dort allgemein von „Personen" die Rede ist.

Allerdings könnte man annehmen, dass der nemo tenetur-Grundsatz dem Schutz vor einem persönlichen Gewissenskonflikt dient, er seinen Ursprung mithin in der Menschenwürde hat und deshalb auf juristische Personen keine Anwendung findet.[899] Diese Ansicht vertritt das BVerfG,[900] das den Schutz vor dem Zwang zur Selbstbezichtigung aus dem allgemeinen Persönlichkeitsrecht gemäß Art. 2 Abs. 1 i. V. m. Art. 1 Abs. 1 GG ableitet.[901] Es beruft sich darauf, dass „[e]ine Lage, wie sie der Zwang zur Selbstbezichtigung für natürliche Personen heraufbeschwört, [...] bei [juristischen Personen] nicht eintreten [kann]."[902] Da sich die Sanktionen im europäischen Kartellrecht ausschließlich gegen Unternehmen richten und nicht gegen die vertretungsberechtigten natürlichen Personen der Unternehmen, wäre eine vergleichbare „psychische Zwangslage" nicht denkbar und die Anwendbarkeit des nemo tenetur-Grundsatzes folglich abzulehnen.[903] Das BVerfG argumentiert in Bezug auf das deutsche Ordnungswidrigkeitenrecht indes genau gegensätzlich, indem es darauf verweist, dass die juristische Person für eine Zuwiderhandlung lediglich eingeschränkt verantwortlich und Täter derselben allein die natürliche Person sei.[904]

Zweifelhaft ist aber bereits, ob – wie das BVerfG annimmt – die Selbstbelastungsfreiheit überhaupt dem Schutz vor einer psychischen Zwangslage dient. Zwar geht

---

professional privilege") – in den Rechtsordnungen *mehrerer* Mitgliedstaaten und nicht nur einer einzigen – namentlich der des Vereinigten Königreichs – verankert sieht. Dies lässt sich bereits den rechtsvergleichenden Ausführungen von *GA Warner* (v. 20.01.1981, Slg. 1982, 1619 [1630 ff.]) und *GA Slynn* (v. 26.01.1982, Slg. 1982, 1642 [1648 ff.]) in derselben Rechtssache entnehmen.

897 *Vocke*, Die Ermittlungsrechte, S. 121 f.

898 Vgl. bereits oben I., 4.

899 Vgl. *Kehl*, Schutz von Informationen, S. 85.

900 Vgl. BVerfGE 95, 220 (241 f.).

901 BVerfGE 38, 105 (114 f.); 56, 37 (41 f.); 95, 220 (241).

902 BVerfGE 95, 220 (242).

903 Allerdings weist *Kehl*, Schutz von Informationen, S. 88, darauf hin, dass natürlichen Personen im europäischen Kartellrecht ohne die Anerkennung eines Auskunftsverweigerungsrechts verpflichtet wären, „ein Fehlverhalten einzugestehen, das auch ihr eigenes ist, da sie die handelnden Personen für die juristische Person sind."

904 BVerfGE 95, 220 (242).

die Argumentation fehl, dass „hinter jedem Unternehmen (in Form einer juristischen Person) natürliche Personen stehen [...], die durch eine dem Unternehmen auferlegte hohe Geldstrafe [...] zumindest mittelbar betroffen sind."[905] Denn der nemo tenetur-Grundsatz dient nicht dem Schutz vor den Folgen einer möglichen Sanktionsverhängung, sondern vielmehr der Gewährleistung eines rechtsstaatlichen Verfahrens. Überdies ist die Annahme einer psychischen Zwangslage aber allein nachvollziehbar, sofern ein *Zeuge* Gefahr läuft, sich oder ihm nahestehende Dritte durch seine Aussage zu belasten. In diesem Fall ist es auch geboten, ihm ein Zeugnis- bzw. Auskunftsverweigerungsrecht zu gewähren, um einen etwaigen Gewissenskonflikt aufzulösen. Beim *Beschuldigten* ist ein vergleichbarer Gewissenskonflikt indes nicht ersichtlich. Vielmehr ist dieser einzig daran interessiert, sich angemessen verteidigen zu können und seine Verteidigungsposition nicht durch eine selbstbelastende Auskunft zu schmälern.

Angesichts dessen ist eine Bezugnahme auf das Bestehen einer psychischen Zwangslage oder eines Gewissenskonfliktes nicht zwingend und liegt es näher, den nemo tenetur-Grundsatz in Übereinstimmung mit der Rechtsprechung des EGMR dem fair trial-Grundsatz aus Art. 6 Abs. 1 EMRK zu entnehmen, ihn mithin als Verfahrensgrundrecht zu anzusehen.[906] Solche sind durchweg auf juristische Personen anwendbar, da diese das gleiche Interesse an einer effektiven Verteidigung wie natürliche Personen haben[907] und dieses Interesse auch nicht etwa an persönliche Substrate oder das Menschsein anknüpft. Es ist deshalb geboten, juristischen Personen die gleichen „Waffen" wie natürlichen Personen zur Verfügung zu stellen, wozu auch die Selbstbelastungsfreiheit gehört. Würde man allein letzteren, nicht aber ersteren eine Berufung auf die Selbstbelastungsfreiheit verweigern, würde dies eine nicht zu rechtfertigende, weil allein an die Rechtsform des Unternehmensträgers anknüpfende Ungleichbehandlung darstellen.[908] Das gilt umso mehr,

---

905 So aber *Alvarez Ligabue*, Der Grundsatz „nemo tenetur", S. 26; *Kehl*, Schutz von Informationen, S. 88.

906 Vgl. bereits a). Vgl. für das deutsche Recht etwa auch *Böse*, Wirtschaftsaufsicht und Strafverfolgung, S. 196 f., der den nemo tenetur-Grundsatz in dem Grundsatz des Anspruchs auf rechtliches Gehör aus Art. 103 Abs. 1 GG verankert sieht; vgl. *Böse*, a. a. O., Rn. 149 ff.; *Dannecker/Biermann*, in: Immenga/Mestmäcker, GWB, vor § 81 Rn. 215, die den nemo tenetur-Grundsatz aus dem Rechtsstaatsprinzip gemäß Art. 20 Abs. 3 GG ableiten; *Queck*, Die Geltung des nemo-tenetur-Grundsatzes, S. 193 ff., die den nemo tenetur-Grundsatz als Bestandteil des aus dem Rechtsstaatsprinzip folgenden sowie in Art. 6 Abs. 1 EMRK niedergelegten Rechts auf ein faires Verfahren betrachtet. Anders aber *Dannecker/Fischer-Fritsch*, Das EG-Kartellrecht, S. 48, die meinen, der nemo tenetur-Grundsatz solle (nur) vor einem persönlichen Gewissenskonflikt schützen und sei daher auf juristische Personen nicht anwendbar. Vgl. im Übrigen bereits die Nachweise in Fn. 879.

907 *Kehl*, Schutz von Informationen, S. 86.

908 *Alvarez Ligabue*, Der Grundsatz „nemo tenetur", S. 26/72; *Böse*, Strafen und Sanktionen, S. 236; *Gumbel*, Grundrechte im EG-Kartellverfahren, S. 138 f.; *Kehl*, Schutz

als Unternehmen, bei denen es sich regelmäßig um juristische Personen handelt, im europäischen Kartellrecht – wie erwähnt – selbst unmittelbare Adressaten der Sanktionen sind.[909]

e) Zwischenergebnis

Richtigerweise ist also von der Geltung des Auskunftsverweigerungsrechts im Kommissionsverfahren auszugehen.[910] Nur ein solches Verständnis des nemo tenetur-Grundsatzes wird den hohen rechtsstaatlichen Anforderungen gerecht, die an das auf die Verhängung einer strafrechtlichen Sanktion wie der unionsrechtlichen Geldbuße abzielende Verfahren zu stellen sind. Die Parteien sollten deshalb entgegen der Rechtsprechung der Unionsgerichte nicht verpflichtet sein, Auskunftsverlangen der Kommission nachzukommen, durch sie sich selbst belasten können.

2. Bewertung des nemo tenetur-Grundsatzes im Vergleichsverfahren

Nach den obigen Ausführungen ist der nemo tenetur-Grundsatz im Vergleichsverfahren in jedem Fall betroffen. Dies gilt selbst unter Zugrundelegung der zurückhaltenden Rechtsprechung der Unionsgerichte und der Anerkennung lediglich eines teilweisen Auskunftsverweigerungsrechts im Sinne eines Geständnisverweigerungsrechts. Denn um einen erfolgreichen Verfahrensabschluss herbeizuführen und die in Aussicht gestellte Geldbuße zu erhalten, sind die Parteien nicht etwa nur zur Herausgabe belastender Unterlagen verpflichtet, sondern sie müssen den Tatvorwurf vielmehr ausdrücklich – und damit auch im Sinne der genannten Rechtsprechung – eingestehen.[911]

Einer Verletzung des nemo tenetur-Grundsatzes könnte aber der Umstand entgegenstehen, dass die Teilnahme am Vergleichsverfahren und folgerichtig auch das Eingeständnis des Tatvorwurfes seitens der Parteien grundsätzlich freiwillig erfolgen. Bei der Bußgeldermäßigung, die für die Teilnahme am Vergleichsverfahren gewährt wird, könnte es sich demnach lediglich um einen zulässigen Anreiz für

---

von Informationen, S. 87; *Vocke*, Die Ermittlungsbefugnisse, S. 161 f.; *Weiß*, Die Verteidigungsrechte, S. 377.

909 *Schwarze/Bechtold/Bosch*, Rechtsstaatliche Defizite, S. 38.

910 Dies entspricht der ganz herrschenden Auffassung in der Literatur. Vgl. nur *Gumbel*, Grundrechte im EG-Kartellverfahren, S. 151 ff.; *Hensmann*, Die Ermittlungsrechte, S. 125 f.; *Kehl*, Schutz von Informationen, S. 85 ff.; *Schwarze/Bechtold/Bosch*, Rechtsstaatliche Defizite, S. 37 f.; *Vocke*, Die Ermittlungsbefugnisse, S. 140 ff./169.

911 So auch *Brenner*, Das Vergleichsverfahren, S. 238; *Bueren*, Verständigungen, S. 742. *Wils*, In Bezug auf die Kronzeugenregelung, wo (lediglich) eine Pflicht zur Erteilung von Auskünften über das Vorliegen einer Zuwiderhandlung und zur Vorlage entsprechender Beweise besteht, wird dies teilweise anders beurteilt. Vgl. nur *Brenner*, Das Vergleichsverfahren, S. 238; *Wils*, The Optimal Enforcement, S. 62. Anders aber *Wiesner*, Der Kronzeuge im Kartellrecht, S. 150: „Die Aufklärungshilfe eines Kronzeugen ist normalerweise mit einem (Teil)geständnis verbunden.“

die Parteien handeln, mit der Kommission zu kooperieren. So hat das EuG für die Zeit vor Inkrafttreten der ersten Kronzeugenregelung entschieden, dass es nicht als rechtswidriger Druck auf eine Partei anzusehen sei, wenn die Kommission auf die Möglichkeit einer Bußgeldermäßigung für die Anerkennung wesentlicher oder aller Tatsachenbehauptungen seitens der Partei hinweise.[912] Diese Rechtsprechung ist vom EuGH im Hinblick auf die Kronzeugenregelung bestätigt worden: „Auch wenn die Kommission ein Unternehmen nicht zwingen kann, seine Beteiligung an einer Zuwiderhandlung einzugestehen, ist sie doch nicht daran gehindert, bei der Bemessung der Geldbuße den Betrag zu berücksichtigen, den das Unternehmen freiwillig zum Nachweis der Zuwiderhandlung geleistet hat."[913] Dies ist insofern folgerichtig, als eine Bußgeldermäßigung bereits formalrechtlich keine Sanktion darstellt.[914] Aus Sicht der nicht vergleichsbereiten Partei mag dies zwar zu kurz greifen, da eine nicht gewährte Bußgeldermäßigung regelmäßig wie eine (zusätzliche) Sanktion wirkt. Jedoch hat das EuG zutreffend entschieden, dass die Minderung einer Geldbuße im Gegenzug für die Kooperation einer Partei nicht nur gerechtfertigt, sondern – jedenfalls im Fall der aktiven Kooperation – auch geboten sei.[915] Dabei folge die Berücksichtigung mildernder Umstände „zwingend aus dem Grundsatz der individuellen Zumessung von Strafen und Sanktionen, der besagt, dass ein Unternehmen nur für die Handlungen bestraft werden darf, die ihm individuell zur Last gelegt worden sind, und der in allen Verwaltungsverfahren gilt, die zu Sanktionen gemäß den Wettbewerbsregeln der Gemeinschaft führen können."[916] Wenn aber

912 EuG v. 14.05.1998, T-347/94, Slg. 1998, II-1751 (1847, Rn. 314) – *Mayr-Melnhof.* Die Klägerin brachte vor, dass die Kommission während des Verfahrens Drohungen ausgesprochen habe, um sie dazu zu zwingen, die Behauptungen der Kommission nicht zu bestreiten (a. a. O., 1843, Rn. 299). Die Kommission entgegnete, lediglich zum Ausdruck gebracht zu haben, dass eine Kooperation der Klägerin bei der Bußgeldbemessung Berücksichtigung finden könne (a. a. O., 1843, Rn. 299).

913 EuGH v. 14.07.2005, C-57/02 P, Slg. 2005, I-6689 (6765, Rn. 87) – *Acerinox*; ders. v. 14.07.2005, C-65, -73/02 P, Slg. 2005, I-6773 (6796, Rn. 50) – *ThyssenKrupp.* Ähnlich deutlich dann auch das EuG (v. 13.07.2011, T-138/07, Slg. 2011, II-4819, Rn. 153 – *Schindler Holding u. a.*) in Bezug auf die Kronzeugenregelung von 2002: „Hierbei ist festzustellen, dass die Zusammenarbeit im Sinne der Mitteilung über Zusammenarbeit von 2002 seitens des betreffenden Unternehmens völlig freiwillig erfolgt. Denn es wird in keiner Weise dazu gezwungen, zu dem vermuteten Kartell Beweismittel vorzulegen. Das Ausmaß der Zusammenarbeit, die das Unternehmen im Lauf des Verwaltungsverfahrens anzubieten wünscht, ist somit ausschließlich Gegenstand seiner freien Entscheidung und wird keinesfalls von der Mitteilung über Zusammenarbeit von 2002 vorgegeben […]."

914 So auch *Bueren*, Verständigungen, S. 743; *ders.*, ZEuS 2011, 485 (505).

915 EuG v. 09.07.2003, T-224/00, Slg. 2003, II-2597 (2706, Rn. 306 f.) – *Archer Daniels Midland.*

916 EuG v. 09.07.2003, T-224/00, Slg. 2003, II-2597 (2694, Rn. 261) – *Archer Daniels Midland.*

die Belohnung der Kooperation die Ausübung verbotenen Zwangs darstellen soll, könnte es eine solche Pflicht der Kommission folgerichtig nicht geben.[917]

Der nemo tenetur-Grundsatz gebietet es auch nicht etwa, dem „Schweigenden" die gleichen Vorteile zu gewähren wie dem „Sprechenden".[918] So geht der EGMR nur dann von einem unzulässigen Druck aus, wenn die dem Betroffenen angedrohten Sanktionen in einem eklatanten Missverhältnis zueinander stehen, wenn also die für die Eingehung eines Vergleichs in Aussicht gestellte Strafe die anderenfalls verhängte deutlich unterschreitet und jene damit zwingend macht.[919] Im Hinblick auf die im Vergleichsverfahren vorgesehene, lediglich 10 %-ige Bußgeldermäßigung sind solche Bedenken aber fernliegend.

Ein – unzulässiger – Druck würde von der Kommission allenfalls dann ausgeübt, wenn sie die Geldbuße einer Partei alleine deshalb erhöhen würde, weil diese sich geweigert hat, am Vergleichsverfahren teilzunehmen.[920] So hat das EuG bereits für die Zeit vor Inkrafttreten der Kronzeugenregelung entschieden, dass „[e]ine [...] Herabsetzung der Geldbuße [...] nur dann als Verletzung der Verteidigungsrechte der fraglichen Unternehmen angesehen werden [kann], wenn die Kommission damit drohe, gegen Unternehmen, die die Zuwiderhandlung nicht zugäben, höhere Geldbußen zu verhängen."[921] In diesem Fall wäre nämlich die Ausgangslage des „Schweigenden" im Vergleich zum „Sprechenden" verschlechtert,[922] so dass tatsächlich eine Sanktionierung der Inanspruchnahme des Auskunftsverweigerungsrechts vorläge. Ohne eine Teilnahme am Vergleichsverfahren bleibt es indes bei der Festsetzung der Geldbuße entsprechend der gesetzlichen Vorgaben aus Art. 23 Abs. 3 VO 1/2003 und den Bußgeldleitlinien. Erst auf die hiernach errechnete Geldbuße wird – bei erfolgreicher Durchführung des Vergleichsverfahrens – die Bußgeldermäßigung i. H. v. 10 % angerechnet. Die Kommission erhöht die Geldbuße also nicht bereits deshalb, weil sich eine Partei weigert, am Vergleichsverfahren teilzunehmen. Damit befindet sich die schweigende im Vergleich zur sprechenden Partei nicht in einer

917 Vgl. *Bueren*, Verständigungen, S. 743 f., sowie *ders.*, ZEuS 2011, 485 (506).

918 *Jeßberger*, Kooperation, S. 138; *Wiesner*, Der Kronzeuge im Kartellrecht, S. 148; *ders.*, WuW 2005, 606 (615).

919 EGMR v. 27.02.1980, Nr. 6903/75, Rn. 49 ff. – *Deweer*. Vgl. auch ders. v. 15.06.2004, Nr. 36256/97, Rn. 50 – *Thompson*.

920 EuG v. 14.05.1998, T-347/94, Slg. 1998, II-1751 (1844, Rn. 301) – *Mayr-Melnhof*; *Hetzel*, Kronzeugenregelungen, S. 224; *Wils*, World Competition 2008, 335 (350).

921 EuG v. 14.05.1998, T-347/94, Slg. 1998, II-1751 (1844, Rn. 301) – *Mayr-Melnhof*.

922 Vgl. *Jeßberger*, Kooperation, S. 138; *Thiem*, Die Bonusregelung, S. 126; *Wiesner*, Der Kronzeuge im Kartellrecht, S. 148; *ders.*, WuW 2005, 606 (615).

schlechteren Ausgangslage[923] und ein unzulässiger Druck seitens der Kommission wird nicht ausgeübt.[924]

Etwas anderes würde jedoch wiederum dann gelten, wenn eine nicht vergleichsbereite Partei mittelbar durch höhere Geldbußen bestraft würde. In Bezug auf die Kronzeugenregelung werden diesbezüglich mehrere Ansätze diskutiert, die grundsätzlich auch für das Vergleichsverfahren Relevanz beanspruchen.[925] So sind *Schwarze/Bechtold/Bosch* der Auffassung, dass es sich die Parteien angesichts der stetig steigenden Geldbußen der Kommission kaum noch leisten könnten, auf eine Bußgeldermäßigung zu verzichten.[926] Dieser Umstand führe zu einem faktischen Kooperationszwang sowie dazu, dass das Selbstbelastungsverbot unter der Kronzeugenregelung wertlos werde.[927] *Hetzel* wirft die Frage auf, ob nicht die zunehmende Anwendung der Kronzeugenregelung zu einer „schleichenden" Erhöhung des Bußgeldniveaus für die schweigende Partei führe.[928] *Zagrosek* meint, dass die Praxis der Kommission, die Kooperation der Parteien im Rahmen der Kronzeugenregelung zu belohnen und gleichzeitig das Niveau der Geldbußen anzuheben, eine Bestrafung der schweigenden Partei darstelle, da dieser der Erlass bzw. die Ermäßigung der

---

923 Vgl. EuGH v. 16.11.2000, C-298/98 P, Slg. 2000, I-10157 (10214, Rn. 58) – *Finnboard.* Dies übersieht *Oehler*, BB 1980, 446 (447), der durch die Berücksichtigung der Kooperation bei der Höhe der Geldbuße im deutschen Kartellverfahren „die Grenzen zur unzulässigen Benachteiligung desjenigen Betroffenen verwischt [sieht], der sein Recht wahrnimmt, sich nicht beschuldigen zu müssen und sich durch Schweigen, Bestreiten etc. zu verteidigen." Kritisch auch *Waelbroeck*, in: Gheur/Petit, Alternative enforcement techniques, 221 (250 ff.), der die – im Vergleich zu den U.S.-amerikanischen Sentencing Guidelines – fehlende Vorhersehbarkeit der Bußgeldhöhe im Vergleichsverfahren bemängelt und schließlich fragt (a. a. O., 252): „In those circumstances, is such a ‚*bonus*' for a party which does not defend itself – i.e. in reality a ‚*penalty*' of a unknown amount for the one which chooses to exercise its rights of defence – at all compatible with the rights of the defence and non-self-incrimination?".

924 Vgl. *Hetzel*, Kronzeugenregelungen, S. 224; *Wils*, World Competition 2008, 335 (350).

925 Vgl. auch *Brenner*, Das Vergleichsverfahren, S. 238 ff.

926 *Schwarze/Bechtold/Bosch*, Rechtsstaatliche Defizite, S. 54.

927 *Schwarze/Bechtold/Bosch*, Rechtsstaatliche Defizite, S. 54. *Brenner*, Das Vergleichsverfahren, S. 245 f., weist darauf hin, dass möglicherweise auch arbeits- oder gesellschaftsrechtliche Pflichten zu einer Teilnahme am Vergleichsverfahren zwingen könnten. Allerdings ist – jedenfalls nach deutschem Recht – ein Hinwirken hierauf für den Vorstand gemäß § 93 Abs. 1 Satz 2 AktG nicht verpflichtend, so dass die Gefahr eines entsprechenden, faktischen Zwangs nicht besteht; vgl. *Brenner*, a. a. O., S. 246.

928 *Hetzel*, Kronzeugenregelungen, S. 224 f. Vgl. auch *Soltész*, WuW 2005, 616 (617); *Wiesner*, Der Kronzeuge im Kartellrecht, S. 148 f./152 f. Auch *Jeßberger*, Kooperation, S. 139, fragt in Bezug auf das Kriminalstrafrecht, „ob nicht die zunehmende Anwendung von Kronzeugenregelungen […] zu einer ‚schleichenden' Erhöhung des Strafmaßes für den schweigenden, nichtkooperierenden Straftäter führt."

Geldbuße verwehrt bleibe.[929] Dieser Umstand bedeute gleichwohl keine Verletzung des nemo tenetur-Grundsatzes, da er zur Folge hätte, „dass jegliches Nachtatverhalten des Betroffenen bei der Bußgeldfestsetzung unberücksichtigt bleiben müsste, sobald sich diesbezüglich eine generelle Praxis herausgebildet hat, die das Regeltatbild prägt, und zusätzlich, sobald das Sanktionsniveau im Gegensatz zur früheren Praxis angehoben wird."[930]

Weniger drängend als bei der Kronzeugenregelung stellt sich beim Vergleichsverfahren hingegen das Problem eines „Wettlaufs" um den Erlass der Geldbuße dar. Denn bei der Anwendung der Kronzeugenregelung macht sich die Kommission das sog. „Gefangenendilemma" zu nutzen, indem sie die Parteien durch den in Aussicht gestellten Bußgelderlass dazu veranlasst, sie als erste über die Existenz des Kartell zu informieren. Dabei befinden sich die Parteien permanent in einer Situation der Ungewissheit über das Verhalten der Mitkartellanten. Durch dieses Vorgehen der Kommission wird der Druck auf die Parteien, möglichst vor den Mitkartellanten mit der Kommission zu kooperieren, abermals erhöht.[931] Wegen der stets gleichen Bußgeldermäßigung i. H. v. 10 % gibt es beim Vergleichsverfahren hingegen von vornherein keinen solchen „Wettlauf" der Parteien.[932] Auch die übrigen vorgenannten Bedenken, die in Bezug auf die Kronzeugenregelung vorgebracht werden, können nicht überzeugen. Sie übersehen, dass die Unionsgerichte die Kommission grundsätzlich ermächtigt haben, das Niveau der Geldbußen innerhalb der ihr durch die Bestimmungen der VO 1/2003 gezogenen Grenzen anzuheben, „wenn dies erforderlich ist, um die Durchführung der gemeinschaftlichen Wettbewerbspolitik sicherzustellen"[933].[934] Mit der Erhöhung der Geldbußen geht jedoch lediglich eine größere Anreizwirkung, mit der Kommission zu kooperieren, einher; sie führt aber nicht dazu, dass eine – im Grundsatz – freiwillige Kooperation nunmehr als unfreiwillig anzusehen wäre.[935]

---

929 *Zagrosek*, Kronzeugenregelungen, S. 192.

930 *Zagrosek*, Kronzeugenregelungen, S. 192.

931 Vgl. dazu *Schwarze*, WuW 2009, S. 10 f.; *Schwarze/Bechtold/Bosch*, Rechtsstaatliche Defizite, S. 53 f.

932 So auch *Brenner*, Das Vergleichsverfahren, S. 242.

933 EuGH v. 07.06.1983, C-100/80 bis -103/80, Slg. 1983, 1825 (1906, Rn. 109) – *Musique Diffusion Française u. a.;* EuG v. 10.03.1992, T-12/89, Slg. 1992, II-907 (1009, Rn. 309) – *Solvay*; dass. v. 14.05.1998, T-304/94, Slg. 1998, II-869 (901, Rn. 89) – *Europa Carton*; dass. v. 20.03.2002, T-23/99, Slg. 2002, II-1705 (1791, Rn. 237) – *LR AF 1998.*

934 *Häberle*, Die Kronzeugenmitteilung, S. 176.

935 *Häberle*, Die Kronzeugenmitteilung, S. 176. *Brenner*, Das Vergleichsverfahren, S. 243, verweist darauf, dass dies nur insofern gelte, als die Kommission mit der Erhöhung der Bußgelder tatsächlich ihre primärrechtliche Pflicht zur Durchsetzung der Wettbewerbsregeln und nicht etwa die Sanktionierung der Wahrnehmung des Aussageverweigerungsrechts bezwecke. Für eine gegenteilige Annahme bestehen indes keinerlei Anhaltspunkte.

3. *Ergebnis*

Nach alledem kann also nicht von einem Zwang zur Selbstbelastung und einem Verstoß gegen den nemo tenetur-Grundsatz im Vergleichsverfahren der Kommission gesprochen werden. Zwar mag die in Aussicht gestellte Belohnung in Höhe der 10 %-igen Bußgeldermäßigung regelmäßig „verlockend" wirken, sie steht aber nicht etwa in einem „eklatanten Missverhältnis" zur Höhe der anderenfalls verhängten Geldbuße. Zudem droht der Partei, die sich gegen eine Kooperation und für das streitige Verfahren entscheidet, keine zusätzliche Sanktion. Letztlich sind die Wahlmöglichkeiten der Parteien durch die Einführung des Vergleichsverfahrens sogar erhöht worden, da nunmehr eine weitere Verhaltensalternative zur Verfügung steht, die zuvor nicht – jedenfalls nicht in dieser Form – existiert hat.[936]

VI. Grundsatz der Unschuldsvermutung und in dubio pro reo-Grundsatz

1. *Vorüberlegungen*

Der Grundsatz der Unschuldsvermutung verlangt, dass jeder Beschuldigte bis zum rechtsförmlich erbrachten Beweis des Gegenteils als unschuldig zu gelten hat.[937] Übertragen auf das Kartellbußgeldverfahren bedeutet dies, dass die Kommission dazu verpflichtet ist, die Parteien während des Verfahrens so zu behandeln, als hätten sie keine Zuwiderhandlung begangen.[938] Widerlegt ist die Unschuldsvermutung erst mit Eintritt der Rechtskraft des von der Kommission erlassenen Bußgeldbeschlusses.[939] Aus dem Grundsatz der Unschuldsvermutung folgt ferner, dass die Kommission im Kartellbußgeldverfahren die Beweisführungslast trägt.[940] Sie muss die der Partei vorgeworfene Zuwiderhandlung untersuchen und sowohl deren tatbestandliches Vorliegen als auch deren schuldhafte Begehung durch die Partei nachweisen.[941]

Der Grundsatz der Unschuldsvermutung ist in Art. 48 Abs. 1 GRC sowie in Art. 6 Abs. 2 EMRK enthalten;[942] er findet sich zudem in den Verfassungen der meisten

936 Vgl. *Kölbel*, NStZ 2003, 232 (234), zu Absprachen im deutschen Strafverfahren.

937 *Blanke*, in: Calliess/Ruffert, EUV/AEUV, Art. 48 GRC Rn. 3; *Gumbel*, Grundrechte im EG-Kartellverfahren, S. 252; *Häberle*, Die Kronzeugenmitteilung, S. 180; *König*, Das Europäische Verwaltungssanktionsrecht, S. 145; *Schwarze*, EuR 2009, 171 (190); *Schwarze/Bechtold/Bosch*, Rechtsstaatliche Defizite, S. 30.

938 *König*, Das Europäische Verwaltungssanktionsrecht, S. 152.

939 *Frenz*, Europäische Grundrechte, Rn. 5096.

940 Vgl. allgemein *Eser*, in: Meyer, Grundrechtecharta, Art. 48 Rn. 12.

941 *Häberle*, Die Kronzeugenmitteilung, S. 180.

942 Obgleich Art. 48 Abs. 1 GRC vom *rechtsförmlich erbrachten Beweis* und Art. 6 Abs. 2 EMRK vom *gesetzlichen Beweis* spricht, sollen sich beide Formulierungen entsprechen; vgl. *Eser*, in: Meyer, Grundrechtecharta, Art. 48 Rn. 16.

Mitgliedstaaten.[943] Auch die Unionsgerichte gehen in gefestigter Rechtsprechung von der Anwendbarkeit des Grundsatzes der Unschuldsvermutung im europäischen Kartellverfahren aus.[944] Kann der Beweis der Schuld nicht erbracht werden, ist der Beschuldigte – *in dubio pro reo* – freizusprechen;[945] verbleibende Zweifel wirken sich also zu seinen Gunsten aus.[946] Damit ist der in dubio pro reo-Grundsatz spezieller als der der Unschuldsvermutung: Er kommt erst dann zur Anwendung, wenn die Schuld des Beschuldigten auch nach abgeschlossener Beweiswürdigung nicht zweifelsfrei feststellbar ist.[947] Als Unterfall des Grundsatzes der Unschuldsvermutung wird der in dubio pro reo-Grundsatz ebenfalls von Art. 48 Abs. 1 GRC sowie Art. 6 Abs. 2 EMRK gewährleistet.[948]

Das Vergleichsverfahren könnte gegen die Unschuldsvermutung verstoßen, da die Kommission die Zuwiderhandlung möglicherweise nicht vollständig untersucht, sondern sich vielmehr auf die Kooperation der Parteien, insbesondere auf deren

---

943 Vgl. die Nachweise bei *Rengeling/Szczekalla*, Grundrechte in der EU, Rn. 1190 (Fn. 8), und *Eser*, in: Meyer, Grundrechtecharta, Art. 48 Rn. 2a, sowie – ausführlich – den Rechtsvergleich bei *Stuckenberg*, Untersuchungen zur Unschuldsvermutung, S. 46 ff.

944 EuGH v. 08.07.1999, C-199/92 P, Slg. 1999, I-4287 (4384, Rn. 150) – *Hüls;* ders. v. 08.07.1999, C-235/92 P, Slg. 1999, I-4539 (4631, Rn. 176) – *Montecatini*; ders. v. 21.09.2006, C-167/04 P, Slg. 2006, I-8935 (9000, Rn. 90) – *JCB Service*; EuG v. 29.06.1995, T-32/91, Slg. 1995, II-1775 (1808, Rn. 73) – *Solvay*; dass. v. 29.06.1995, T-36/91, Slg. 1995, II-1847 (1886, Rn. 83) – *ICI*; dass. v. 06.10.2005, T-22, -23/02, Slg. 2005, II-4065 (4105, Rn. 105) – *Sumitomo Chemical und Sumika Fine Chemicals*; dass. v. 25.10.2005, T-38/02, Slg. 2005, II-4407 (4499, Rn. 216) – *Groupe Danone*; dass. v. 05.04.2006, T-279/02, Slg. 2006, II-897 (951, Rn. 115) – *Degussa;* dass. v. 12.10.2007, T-474/04, Slg. 2007, II-4225 (4259, Rn. 75) – *Pergan Hilfsstoffe.*

945 *Eser*, in: Meyer, Grundrechtecharta, Art. 48 Rn. 12.

946 *Kindhäuser/Meyer*, in: FK-Kartellrecht, Band II, Art. 101 AEUV Bußgeldrechtliche Folgen Rn. 246.

947 *Fischer*, Karlsruher Kommentar, StPO, Einl. Rn. 167; *König*, Das Europäische Verwaltungssanktionsrecht, S. 148 f. Zur Abgrenzung des in dubio pro reo-Grundsatzes von dem der Unschuldsvermutung vgl. ausführlich *König*, Das Europäische Verwaltungssanktionsrecht, S. 147 ff., sowie *Stuckenberg*, Untersuchungen zur Unschuldsvermutung, S. 98 ff. Keine genauen Differenzierungen zwischen den Grundsätzen nehmen hingegen vor *Häberle*, Die Kronzeugenmitteilung, S. 180; *Schwarze*, EuR 2009, 170 (189); *ders.*, WuW 2009, 6 (10); *Schwarze/Bechtold/Bosch*, Rechtsstaatliche Defizite, S. 30.

948 *Dannecker/Biermann*, in: Immenga/Mestmäcker, EU-Wettbewerbsrecht, vor Art. 23 f. VO 1/2003 Rn. 62; *Kindhäuser/Meyer*, in: FK-Kartellrecht, Band II, Art. 101 AEUV Bußgeldrechtliche Folgen Rn. 139. Auch „[d]ie Tatsache, dass es sich bei den Tätern um Unternehmen handelt, steht dem Eingreifen des Fundamentalprinzips ‚in dubio pro reo' nicht entgegen, weil es nicht nur die prozessuale Kehrseite des Schuldgrundsatzes, sondern auch und insbesondere Bestandteil des Rechtsstaatsprinzips ist und deshalb losgelöst von einer individuellen Schuld eingreift." Vgl. *Dannecker/Biermann*, a. a. O.

Geständnisse verlässt. Damit könnten Haftbarkeit und Haftungsumfang der Parteien bereits vor Erlass des Bußgeldbeschlusses präjudiziert sein. Unschädlich ist insofern, dass die Teilnahme der Parteien am Vergleichsverfahren freiwillig erfolgt. Denn der durch die Unschuldsvermutung vermittelte Schutz ist grundsätzlich unverzichtbar, da es sich bei ihm nicht nur um ein subjektives Recht, sondern vielmehr auch um eine objektive Institutsgarantie handelt.[949]

Daneben kommt ein Verstoß gegen den in dubio pro reo-Grundsatz in Betracht, da die Kommission einen Kartellverstoß nach Durchführung des Vergleichsverfahrens und Erlass eines Bußgeldbeschlusses möglicherweise nicht zweifelsfrei festgestellt hat. Bedenklich erschiene dies insbesondere vor dem Hintergrund der Annahme, dass die kooperierenden Parteien gegen den Bußgeldbeschluss ohnehin kein Rechtsmittel einlegen werden. Auch nach abgeschlossener Beweiswürdigung könnten also noch relevante Zweifel an der Schuld der Parteien verbleiben.[950]

2. *Bewertung des Grundsatzes der Unschuldsvermutung im Vergleichsverfahren*

Anders als bei der Kronzeugenregelung sind die Parteien im Vergleichsverfahren nicht verpflichtet, Beweise für die Existenz des Kartells vorzulegen. Das Vergleichsverfahren dient deshalb nicht der Aufdeckung des Kartells, sondern vielmehr der Verfahrensbeschleunigung. Allerdings ist eine Voraussetzung für den erfolgreichen Abschluss des Vergleichsverfahrens die Abgabe eines umfangreichen Geständnisses, mittels dessen die Parteien die Verantwortlichkeit für die Zuwiderhandlung übernehmen und den Tatvorwurf bestätigen. Somit übernehmen sie im Vergleichsverfahren ebenfalls einen Teil der Beweisführung. Sofern es bei einer bloßen Unterstützung der Tätigkeit der Kommission durch die Parteien bleibt, ist daran zunächst einmal auch nichts auszusetzen. So hat das EuG entschieden, dass es „keine Bestimmung und keinen allgemeinen gemeinschaftsrechtlichen Grundsatz [gibt], die es der Kommission verbieten, sich auf Auskünfte und Schriftstücke wie die von den Klägerinnen angeführten zu berufen."[951]

---

949 *Eser*, in: Meyer, Grundrechtecharta, Art. 48 Rn. 10; *Jarass*, Grundrechtecharta, Art. 48 Rn. 9.

950 Kritisch zur Vereinbarkeit des Vergleichsverfahrens mit dem Grundsatz der Unschuldsvermutung, ohne jedoch konkrete Bedenken vorzubringen, *Kindhäuser/Meyer*, in: FK-Kartellrecht, Band III, Art. 23 VO 1/2003 Rn. 159: „Grundsätzlich ist aus verfahrensrechtlicher Hinsicht abschließend anzunehmen, dass die Kommission bei der Durchführung des Verfahrens mit Blick auf die Unschuldsvermutung auf einem sehr schmalen Grat wandelt."

951 EuG v. 20.04.1999, T-305 bis -307, -313 bis -316, -318, -325, -328, -329, -335/94, Slg. 1999, II-931 (1077, Rn. 512) – *Limburgse Vinyl Maatschappij u. a.* Die Klägerinnen haben vorgebracht, die Kommission verstoße gegen den fair trial-Grundsatz aus Art. 6 Abs. 1 EMRK, wenn sie den Nachweis der Zuwiderhandlung ausschließlich auf Erklärungen der beschuldigten Partei oder anderer beschuldigter Parteien

Problematisch wird eine solche Form der Kooperation aber, wenn die Kommission den Sachverhalt nicht mehr hinreichend ausermittelt,[952] sondern den Parteien einen Tatvorwurf macht und sich diesen von den Parteien gleichsam nur noch bestätigen lässt.[953] Die Parteien gehen dann unter Umständen einen schlechten „Deal" ein, wenn sie statt des streitigen Verfahrens das Vergleichsverfahren wählen.[954] Denn möglicherweise hätte die Kommission im streitigen Verfahren mangels ausreichender Beweise überhaupt keinen Bußgeldbeschluss erlassen (können) oder eine Geldbuße festgesetzt, die niedriger ist, als es die nach Durchführung des Vergleichsverfahrens verhängte Geldbuße abzüglich der 10 %-igen Ermäßigung wäre.

In der Rechtssache *Finnboard* hat der EuGH – den Schlussanträgen von *GA Mischo* folgend – die Konstellation, „dass sich ein Unternehmen einer Zuwiderhandlung beschuldigt, die es entgegen der Annahme der Kommission nicht begangen hat, um sicherzugehen, dass die Geldbuße herabgesetzt wird, deren Verhängung es gleichwohl befürchtet", noch als „rein theoretischen Fall" bezeichnet und eine Verletzung der Verteidigungsrechte insofern abgelehnt.[955] Dass diese Einschätzung möglicherweise nicht gänzlich zutrifft, zeigt ein jüngerer Fall des Office of Fair Trading. Dieses hat im April 2010 angekündigt, mehreren Unternehmen, die in den Jahren 2007 und 2008 in einem Hybrid-Fall ein Settlement mit dem Office of Fair Trading eingegangen sind, bereits gezahlte Geldbußen teilweise zurückzuerstatten, da sich im Laufe der Ermittlungen gegen zwei weitere Unternehmen, die sich nicht an dem Settlement beteiligt haben, herausgestellt hat, dass das Office of Fair Trading nicht über ausreichende Beweismittel für die ursprünglich geahndete Tat verfügte. Gegen eines der zwei übrigen Unternehmen, die sich nicht an dem Settlement beteiligt haben, ist das Verfahren eingestellt, hinsichtlich des zweiten Unternehmens sind drei der vier Tatvorwürfe fallen gelassen worden.[956]

---

stütze; vgl. a. a. O., (1076, Rn. 509). Mit ähnlichem Wortlaut EuG v. 08.07.2004, T-67, -68, -71, -78/00, Slg. 2004, II-2501, (2587, Rn. 192) – *JFE Engineering u. a.*

952 *Burrichter/Zimmer*, in: Ehlermann/Atanasiu, Enforcement, 611 (618).

953 Vgl. *Cooke*, in: Ehlermann/Marquis, Antitrust Settlements, 261 (269 f.). So auch *Zagrosek*, Kronzeugenregelungen, S. 196 f., hinsichtlich des verwandten Problems bei der Kronzeugenregelung. Vgl. auch *Dannecker/Fischer-Fritsch*, Das EG-Kartellrecht, S. 60 f., die eine verstärkte Sachverhaltsaufklärung durch die Unionsgerichte fordern, wenn die Parteien mit der Kommission im Verwaltungsverfahren zusammengearbeitet haben.

954 Vgl. *Hull/Clancy*, in: Gheur/Petit, Alternative enforcement techniques, 107 (115).

955 EuGH v. 16.11.2000, C-298/98 P, Slg. 2000, I-10157 (10214, Rn. 58) – *Finnboard.*

956 Vgl. zum Ganzen *Brankin*, ECLR 2011, 165 (167 f.); *Stephan*, ECLR 2010, 432 (433 f.), sowie die Pressemitteilungen des Office of Fair Trading v. 30.04.2010 Nr. 45/10 (abrufbar unter: http://webarchive.nationalarchives.gov.uk/20140402142426/http://www.oft.gov.uk/ news-and-updates/press/2010/45-10) und 46/10 (abrufbar unter: http://webarchive.nationalarchives.gov.uk/20140402142426/http://www.oft.gov.uk/news-and-updates/press/2010/46-10).

Im Vergleichsverfahren der Kommission scheint eine solche Situation indes fernliegend. Zunächst einmal soll das Vergleichsverfahren ausschließlich in „clear cut cases" zur Anwendung kommen, d. h. in Fällen, in denen sowohl die tatsächliche als auch die rechtliche Situation vergleichsweise eindeutig ist. Zudem soll die Aufnahme der Vergleichsgespräche erst nach vollständiger Sachverhaltsermittlung erfolgen.[957] Es ist also nicht davon auszugehen, dass die Kommission auf die eigentliche zeit- sowie arbeitsintensive Prüfung der Zuwiderhandlung verzichtet und den Sachverhalt mit der jeweiligen Partei in den Vergleichsgesprächen aushandelt. Vielmehr dürften der formellen Verfahrenseinleitung gemäß Art. 11 Abs. 6 VO 1/2003 und der nachfolgenden, relativ zügigen Durchführung des Vergleichsverfahrens regelmäßig monate-, teilweise gar jahrelange Nachforschungen der Kommission in der Ermittlungsphase vorausgehen. Da diese von der Durchführung des Vergleichsverfahrens unberührt bleiben soll, ist davon auszugehen, dass die Kommission bereits vor Einleitung des Vergleichsverfahrens ihrer Beweispflicht nachgekommen ist und den Sachverhalt hinreichend untersucht hat.[958] Man mag zwar – berechtigterweise – an der Notwendigkeit eines Vergleichs in „clear cut cases" zweifeln und befürchten, dass die Kommission den Umfang ihrer Ermittlungen in solchen Fällen tatsächlich einschränkt. Indes gilt es zu berücksichtigen, dass die Kommission das Vergleichsverfahren weniger als „echtes Vergleichsinstrument" im Sinne eines permanenten Verhandelns in der Ermittlungsphase als vielmehr als Möglichkeit zur Verfahrensbeschleunigung begreift und die Parteien für den Verzicht auf bestimmte Verfahrensrechte in der Entscheidungsphase belohnt. Hierauf deuten jedenfalls die bislang von der Kommission entschiedenen Vergleichsfälle hin, in denen die Ermittlungsphase nicht signifikant kürzer war als in vergleichbaren streitigen Verfahren.

In Bezug auf die Kronzeugenregelung wird teilweise vertreten, dass sich die nicht kooperationsbereiten Parteien gegen die Beschuldigungen durch Kronzeugen wehren müssten, was materiell zu einer Beweislastumkehr führe, weil dann nicht mehr die Kommission den Beweis für die Zuwiderhandlung erbringen müsse, sondern vielmehr die beschuldigten Parteien gezwungen seien, sich selbst von den Tatvorwürfen zu entlasten.[959] Möglicherweise ist diese Auffassung auf das

957 Vgl. oben Teil 3, VI., 1., a).

958 *Horányi*, ZEuS 2008, 663 (681).

959 *Schwarze*, EuR 2009, 171 (189); *ders.*, WuW 2009, 6 (10); *Schwarze/Bechtold/Bosch*, Rechtsstaatliche Defizite, S. 30. Vgl. auch EuG v. 13.07.2011, T-138/07, Slg. 2011, II-4819, Rn. 159 – *Schindler Holding u. a.*, wo die Klägerinnen der Ansicht waren, dass die Kronzeugenregelung (von 2002) gegen den Grundsatz der Unschuldsvermutung verstoße, „da sie faktisch dazu führe, dass die Unternehmen den Beweis für die eigene Zuwiderhandlung und das eigene Verschulden sowie für die Zuwiderhandlungen und das Verschulden der anderen Unternehmen erbrächten." Auch das EuG (v. 24.03.2011, T-379/06, abgekürzte Veröffentlichung, Slg. 2011, II-64, Rn. 55 – *Kaimer u. a.*) hat festgestellt, dass „gegenüber den freiwilligen Angaben der Hauptteilnehmer an einem rechtswidrigen Kartell im Allgemeinen ein gewis-

Vergleichsverfahren übertragbar und die dortige Situation ähnlich zu beurteilen. Zwar unterscheidet sich das Vergleichsverfahren von der Kronzeugenregelung dadurch, dass es bei jenem keine Partei gibt, welche die Kommission über die Existenz eines Kartells informieren und andere Parteien mithin explizit beschuldigen würde. Zu Beginn des Vergleichsverfahrens ist der Kommission der Sachverhalt vielmehr schon im Wesentlichen bekannt. Angesichts der Pflicht zur Vorlage der Vergleichsausführungen, in denen sich die Parteien u. a. zum Tatvorwurf äußern, könnte indes auch im Vergleichsverfahren eine ähnliche Situation entstehen. So könnten – in Hybrid-Fällen – die Geständnisse als Beweismittel auch gegen die nicht vergleichsbereiten Parteien verwendet werden[960] und könnten diese Beschuldigungen ausgesetzt sein, gegen die sie sich möglicherweise verteidigen müssen. Hinzu kommt, dass die vergleichsbereiten Parteien insgesamt voraussichtlich dazu neigen werden, den eigenen Tatbeitrag zu bagatellisieren und den der anderen Parteien zu dramatisieren.[961]

Aus diesem Grund sind die in Bezug auf die Kronzeugenregelung vorgebrachten Bedenken auch beim Vergleichsverfahren nicht ganz fernliegend. Zunächst aber ist die Wahrscheinlichkeit, dass die Geständnisse überhaupt als Beweismittel gegen die nicht vergleichsbereiten Parteien eingesetzt werden, gering. So deuten die das Geständnis betreffenden Ausführungen in der Mitteilung über das Vergleichsverfahren eher darauf hin, dass sich jenes in erster Linie auf die Zuwiderhandlung der das Geständnis abgebenden Partei bezieht, nicht jedoch auf die der übrigen Parteien.[962] Sofern das Geständnis gleichwohl solche Angaben enthält, ist die Kommission jedoch befugt, diese auch zu verwerten.[963] Zwar kann hierfür nicht vorgebracht werden, dass die Aufgabe bestimmter Verteidigungsrechte nicht dazu führe, dass die Beweiskraft der Vergleichserklärungen geschmälert werde.[964] Denn anders als die Parteien, die an dem Vergleichsverfahren teilnehmen, verzichten die nicht

---

ses Misstrauen angebracht [ist], da sie die Neigung haben können, die Bedeutung ihres eigenen Tatbeitrags als so klein wie möglich und den der anderen als so groß wie möglich darzustellen."

960 *Brankin*, CompLaw 2008, 170 (171); *Cooke*, in: Ehlermann/Marquis, Antitrust Settlements, 260 (271 f.); *Hirsbrunner*, EuZW 2011, 12 (15); *Siragusa/Guerri*, in: Ehlermann/Marquis, Antitrust Settlements, 185 (193). Vgl. für das deutsche Vergleichsverfahren *Polley/Heinz*, WuW 2012, 14 (23); vgl. auch *Soltész/Köckritz*, ECLR 2011, 258 (260, Fn. 23), die ergänzend darauf hinweisen, dass die Vergleichsausführungen eine Liste mit allen an dem Kartell beteiligten Parteien enthalten.

961 Vgl. entsprechend zur Kronzeugenregelung *Hetzel*, Kronzeugenregelungen, S. 236; *Jeßberger*, Kooperation, S. 128; *Soltész*, WuW 2012, 141 (148 f.). So auch die Klägerin, in EuG v. 16.11.2006, T-120/04, Slg. 2006, II-4441 (4474, Rn. 70) – *Peróxidos Orgánicos*.

962 Kommission, Mitteilung über das Vergleichsverfahren, Rn. 20 lit. a.

963 *Soltész/Köckritz*, ECLR 2011, 258 (260, Fn. 23). Vgl. für das deutsche Vergleichsverfahren *Polley/Heinz*, WuW 2012, 14 (23). Zweifelnd dagegen *Hirsbrunner*, EuZW 2011, 12 (15).

964 So aber – für das deutsche Vergleichsverfahren – *Polley/Heinz*, WuW 2012, 14 (23).

vergleichsbereiten Parteien nicht auf die (teilweise) Ausübung ihrer Verteidigungsrechte und geben sie insbesondere kein Geständnis ab, das nun als Beweismittel gegen sie verwendet würde.[965] Allerdings hilft das Vergleichsverfahren – wie die Kronzeugenregelung – der Kommission lediglich bei der Beweisführung, indem sie den Parteien Anreize für eine Kooperation bietet. Dadurch wird zwar die Beweisführung der Kommission erleichtert, sie verbleibt aber letztlich bei dieser.[966] Auch wenn das Geständnis einer Partei als Beweismittel gegen eine andere Partei verwendet werden kann, wird sich die Kommission allenfalls zusätzlich, nicht jedoch allein auf dieses berufen können. So stellen die Unionsgerichte hohe Anforderungen an den Nachweis eines Kartellverstoßes. In Bezug auf die Kronzeugenregelung hat das EuG wiederholt entschieden, dass „eine Erklärung, die ein der Beteiligung an einer Absprache beschuldigtes Unternehmen abgibt und deren Richtigkeit von den beschuldigten Unternehmen bestritten wird, nicht als hinreichender Beweis für die Begehung einer Zuwiderhandlung durch diese anderen Unternehmen angesehen werden [kann], wenn sie nicht durch andere Beweismittel untermauert wird."[967]

Allerdings erscheint die Ausgestaltung des Vergleichsverfahrens – zum einen aufgrund der Kooperationspflicht als solcher, zum anderen aufgrund insbesondere des Verzichts auf die Verteidigungsrechte sowie der Abgabe des Geständnisses – vor dem Hintergrund, dass die Unschuldsvermutung davor schützen soll, dass jemand

---

965 *Hirsbrunner*, EuZW 2011, 12 (15); *ders.*; in: FIW, Schwerpunkte des Kartellrechts 2009/2010, 87 (93).

966 Vgl. zur Kronzeugenregelung EuG v. 13.07.2011, T-138/07, Slg. 2011, II-4819, Rn. 163 – *Schindler Holding u. a.*: „Zweitens berührt die Mitteilung über Zusammenarbeit von 2002 nicht die Verpflichtung der Kommission, die für die von ihr festgestellte Zuwiderhandlung beweispflichtig ist, Beweismittel vorzulegen, die geeignet sind, rechtlich hinlänglich das Vorliegen von Tatsachen zu belegen, die den Tatbestand der Zuwiderhandlung erfüllen. Jedoch kann sich die Kommission, um eine Zuwiderhandlung zu bejahen, auf alle sachdienlichen Elemente stützen, über die sie verfügt. So kann sie sich ohne Verstoß gegen den Grundsatz der Unschuldsvermutung nicht nur auf Unterlagen stützen, die sie anlässlich von Nachprüfungen nach den Verordnungen Nrn. 17 und 1/2003 erlangt oder die sie aufgrund von Auskunftsverlangen nach den genannten Verordnungen erhalten hat, sondern auch auf Beweismittel, die ihr ein Unternehmen freiwillig gemäß dieser Mitteilung unterbreitet hat." So auch *Häberle*, Die Kronzeugenmitteilung, S. 180, hinsichtlich der Vereinbarkeit der Kronzeugenregelung mit dem in dubio pro reo-Grundsatz. Wie erwähnt (vgl. Fn. 947) differenziert *Häberle* jedoch dogmatisch nicht sauber zwischen dem in dubio pro reo-Grundsatz und dem der Unschuldsvermutung. Die von ihr vorgebrachten Argumente passen eher zu letzterem.

967 EuG v. 16.06.2011, T-186/06, Slg. 2011, II-2839, Rn. 107 – *Solvay*. Vgl. auch dass. v. 14.05.1998, T-337/94, Slg. 1998, II-1571 (1598, Rn. 91) – *Enso-Gutzeit*; dass. v. 08.07.2004, T-67, -68, -71, -78/00, Slg. 2004, II-2501 (2595, Rn. 219) – *JFE Engineering u. a.*; dass. v. 25.10.2005, T-38/02, Slg. 2005, II-4407 (4520, Rn. 285) – *Groupe Danone*; dass. v. 24.03.2011, T-379/06, abgekürzte Veröffentlichung, Slg. 2011, II-64, Rn. 50 – *Kaimer u. a.*

bereits als schuldig gilt, noch bevor seine Schuld durch rechtsförmlichen Beweis festgestellt wurde, nicht unproblematisch.[968] In diesem Zusammenhang gilt es jedoch zu berücksichtigen, dass nach der Mitteilung über das Vergleichsverfahren allein die Bereitschaft der Parteien, an Vergleichsgesprächen mit der Kommission teilzunehmen, nicht einem „Geständnis der Parteien gleich[kommt], sich an der Zuwiderhandlung beteiligt zu haben oder dafür verantwortlich zu sein“[969]. Die Parteien müssen auch während der Vergleichsgespräche kein Geständnis abgeben, dass sie möglicherweise als schuldig erscheinen ließe. Vielmehr können sie die Vergleichsgespräche mit der Kommission jederzeit abbrechen und zum streitigen Verfahren übergehen. Die genannte Erklärung in der Mitteilung über das Vergleichsverfahren hat indes nur eine geringe Bedeutung, falls das jeweilige case team gleichwohl voreingenommen, d. h. von der Verantwortlichkeit der Parteien überzeugt sein sollte. Selbst wenn das Vergleichsverfahren später von den Parteien abgebrochen werden sollte, könnten deren bloße Vergleichsbereitschaft sowie die Teilnahme an den Vergleichsgesprächen nachteilige Folgen nach sich ziehen. So dürfte das case team dieses Verhalten bereits – jedenfalls unterbewusst – als Schuldindiz werten und somit in jedem Fall nicht mehr von der Feststellung einer Zuwiderhandlung sowie der Verhängung einer Geldbuße absehen.[970]

Dabei ist aber zu beachten, dass die Kommission bei wohl nahezu jeder Einleitung eines förmlichen Verfahrens im Sinne des Art. 11 Abs. 6 VO 1/2003 mehr oder weniger stark von der Verantwortlichkeit der Parteien überzeugt sein dürfte. Eine etwaige Voreingenommenheit des case teams wäre daher weniger „vergleichsspezifisch“ als vielmehr dem Umstand geschuldet, dass die Kommission zugleich ermittelnde und ahndende Instanz ist. Hinzu kommt, dass sie das Vergleichsverfahren ohnehin nur in den bereits erwähnten „clear cut cases“, in denen die Rechts- und Sachlage eindeutig ist, einsetzen möchte. Schließlich ist die Gefahr einer Präjudizierung einem auf Kooperation angelegten Verfahren systemimmanent und vermag dieser Umstand allein nicht die Verletzung des Grundsatzes der Unschuldsvermutung zu begründen. Denn die vergleichsbereiten Parteien gehen durch ihr Entgegenkommen – insbesondere durch die etwaige Preisgabe belastender Informationen – bewusst ein gewisses Risiko ein, haben dafür im Gegenzug aber auch die Aussicht auf den Erhalt einer Belohnung.[971]

---

968 Auf das Problem einer möglichen Befangenheit des Gerichts bereits für den Fall der Anregung einer Verständigung im deutschen Strafverfahren weisen auch *Knauer/Lickleder*, NStZ 2012, 366 (371), hin.

969 Kommission, Mitteilung über das Vergleichsverfahren, Rn. 11.

970 Vgl. entsprechend zur gescheiterten Verständigung im deutschen Strafverfahren *Schünemann*, NJW 1989, 1895 (1899 f.); *ders.*, ZRP 2009, 104 (107).

971 Vgl. in diese Richtung auch zum Instrument der Verpflichtungszusagen EuGH v. 29.06.2010, C-441/07 P, Slg. 2010, I-5949 (6033, Rn. 48) – *Alrosa*: „Die Unternehmen, die Verpflichtungszusagen auf der Grundlage des Art. 9 der Verordnung Nr. 1/2003 anbieten, nehmen bewusst hin, dass ihre Zusagen über das hinausgehen können, wozu sie von der Kommission in einer gemäß Art. 7 der Verordnung

Eine andere Beurteilung ergibt sich nicht aufgrund des Umstandes, dass die Parteien im weiteren Verlauf des Vergleichsverfahrens ein Geständnis abgeben und dieses nicht mehr einseitig widerrufen können. Denn auch aufgrund dessen steht die Schuld der Parteien noch nicht fest, bevor sie durch rechtsförmlichen Beweis, d. h. durch Erlass eines Beschlusses der Kommission festgestellt wurde. So handelt es sich bei dem Geständnis eben nur um *ein* Beweismittel, anhand dessen die Verantwortlichkeit der beschuldigten Partei durch die Kommission beurteilt wird. Letztere bleibt aber – wie dargestellt – trotz des Geständnisses weiterhin verpflichtet, das Vorliegen der Zuwiderhandlung sowie die Verantwortlichkeit der Partei hierfür nachzuweisen. Insofern stellt das Geständnis nur eine Hilfe bei der Beweisführung dar.

Bedenklich erscheint aber der Umstand, dass das zuständige case team auch im Fall des Abbruchs des Vergleichsverfahrens und der Fortführung des dann streitigen Verfahrens zuständig bleibt. So könnte das case team aufgrund der vorherigen Kooperation der Parteien hinsichtlich des weiteren Verfahrens derart voreingenommen sein, dass objektive Ermittlungen nicht mehr zu erwarten sind.[972] Dies gilt freilich umso mehr, je weiter fortgeschritten das Vergleichsverfahren im Zeitpunkt seines Abbruchs bereits gewesen ist. Nach der Rückkehr in das streitige Verfahren gilt zwar das in den Vergleichsausführungen abgegebene Geständnis als zurückgezogen und kann dieses nicht mehr als Beweismittel gegen die Parteien verwendet werden.[973] Allerdings findet das Beweisverwertungsverbot keine Anwendung auf solche Beweismittel, die das case team durch Folgeermittlungen aufgrund von im Vergleichsverfahren erlangten Kenntnissen gewonnen hat.[974] Somit besteht die Befürchtung, dass das case team bereits aufgrund der bloßen Teilnahme am Vergleichsverfahren von der Verantwortlichkeit der Partei überzeugt ist. Für diese entstünde im Fall des Abbruchs des Vergleichsverfahrens dann ein doppelter Nachteil: Zum einen könnte

nach eingehender Prüfung getroffenen Entscheidung verpflichtet werden könnten. Dagegen erlaubt es ihnen die Beendigung des gegen sie eingeleiteten Verfahrens, die Feststellung eines Wettbewerbsverstoßes und die Verhängung einer Geldbuße zu verhindern."

972 Auf dieses Problem wird von zahlreichen Autoren hingewiesen. Vgl. *Hennig*, Settlements, S. 325; *Hull/Clancy*, in: Gheur/Petit, Alternative enforcement techniques, 107 (117); *Ortega Gonzalez*, ECLR 2011, 170 (176); *Scordamaglia*, GAR 2009, 61 (79 f.); *Van Bael/Bellis*, Competition law, S. 1183. In Bezug auf Verständigungen in Strafverfahren hat das BVerfG (NJW 2013, 1058 [1061]) darauf hingewiesen, dass das Recht auf den gesetzlichen Richter aus Art. 101 Abs. 1 Satz 2 GG garantiert, „dass der Betroffene nicht vor einem Richter steht, der auf Grund persönlicher oder sachlicher Beziehungen zu den Verfahrensbeteiligten oder zum Streitgegenstand die gebotene Neutralität vermissen lässt [...]. Dieses Verlangen nach Unvoreingenommenheit und Neutralität des Richters ist zugleich ein Gebot der Rechtsstaatlichkeit [...]."

973 Kommission, Mitteilung über das Vergleichsverfahren, Rn. 27/29.

974 Vgl. dazu bereits Teil 3, A., VI., 4., b).

sie der Kommission bereits belastende Informationen mitgeteilt haben.[975] Zum anderen erhält sie aber nicht die für die Durchführung des Vergleichsverfahrens in Aussicht gestellte Bußgeldermäßigung.[976]

Gegen eine Verletzung des Grundsatzes der Unschuldsvermutung sprechen indes die folgenden Erwägungen. Die Parteien dürfen in den Vergleichsgesprächen trotz ihrer grundsätzlich kooperativen Haltung ähnlich wie in der Anhörung im streitigen Verfahren auch entlastende Umstände vortragen und insofern von ihren Verteidigungsrechten Gebrauch machen. Sie sind also keinesfalls dazu angehalten, einem vorgefestigten Vorwurf der Kommission lediglich zuzustimmen. Nach Abbruch des Vergleichsverfahrens ist die Kommission dann verpflichtet, die von der Partei bereits vorgebrachten sowie alle weiteren entlastenden Umstände zu deren Gunsten zu berücksichtigen. Es ist davon auszugehen, dass die Beamten des case teams professionell genug sein werden, dieser Pflicht auch tatsächlich nachzukommen. Im Übrigen gilt aber das bereits wiederholt angeführte Argument, dass die Kooperation der Parteien lediglich eine Hilfe bei der Beweisführung darstellt, die Beweisführungslast aber sowohl während des Vergleichsverfahrens als auch nach Abbruch desselben auf Seiten der Kommission verbleibt. Schließlich ist es nicht das jeweilige case team, das den verfahrensbeendenden Beschluss erlässt, sondern es bereitet diesen lediglich vor, während das Kommissionskollegium die Geldbuße verhängt. Vergleiche zum gerichtlichen Strafverfahren, wo ein Richter wegen Besorgnis der Befangenheit abgelehnt werden kann, wenn ein Grund vorliegt, der geeignet ist, Misstrauen gegen dessen Unparteilichkeit zu rechtfertigen (vgl. etwa § 24 Abs. 2 StPO), verbieten sich bereits aus diesem Grund. Schließlich müssen auch weder die Beamten des case teams noch die Kommissare die hohen Anforderungen erfüllen, die an die richterliche Unparteilichkeit gestellt werden. Diese Erwägungen führen im Ergebnis dazu, dass ein Verstoß gegen die Unschuldsvermutung nicht anzunehmen ist, allein weil das case team nach Abbruch des Vergleichsverfahrens und bei Fortführung des streitigen Verfahrens dasselbe bleibt.

3. Bewertung des in dubio pro reo-Grundsatzes im Vergleichsverfahren

Was den in dubio pro reo-Grundsatz angeht, folgt aus den Ausführungen zum Grundsatz der Unschuldsvermutung, dass die Vergleichsbeschlüsse nicht – jedenfalls

---

975 Allerdings gilt es zu berücksichtigen, dass das Vergleichsverfahren nicht unmittelbar auf die Gewinnung zusätzlicher Beweismittel zielt – von dem Geständnis einmal abgesehen – und dass die Parteien der Kommission solche im Regelfall kaum liefern dürften. Vgl. dazu bereits Teil 3, A., VI., 4., b).

976 In Betracht kommt dann allenfalls eine Herabsetzung der Geldbuße gemäß der Bußgeldleitlinien der Kommission, nach denen die (aktive) Kooperation der Parteien ebenfalls einen zu berücksichtigenden mildernden Umstand darstellt; vgl. auch *Kindhäuser/Meyer*, in: FK-Kartellrecht, Band III, Art. 23 VO 1/2003 Rn. 171. Dabei dürfte die Bußgeldermäßigung in der Regel aber deutlich geringer als 10 % ausfallen.

nicht weniger als die streitigen Beschlüsse – mit Zweifeln behaftet sind. Denn es ergeben sich keine Anhaltspunkte dafür, dass die Kommission den Sachverhalt im Rahmen des Vergleichsverfahrens nicht hinreichend ausermitteln würde. Dessen Anwendung hat damit nicht etwa zur Folge, dass die Kommission eine Geldbuße verhängen würde, obgleich an der Schuld der Partei noch Zweifel bestünden.

4. Ergebnis

Damit verstößt das Vergleichsverfahren weder gegen die Unschuldsvermutung noch gegen den in dubio pro reo-Grundsatz. Trotz der starken Formalisierung des Vergleichsverfahrens ist sein Missbrauchspotential allerdings nicht völlig von der Hand zu weisen. Letztlich dürfte viel davon abhängen, ob die Kommission den Großteil der Beweisführung tatsächlich selbst leistet – wie es die Mitteilung über das Vergleichsverfahren vorsieht und wie es die bereits entschiedenen Vergleichsfälle auch nahelegen – oder ob sie sich auf das Geständnis einschließlich der Bestätigung des Sachverhaltes durch die Parteien verlässt. Diese sind gut beraten, den ihnen von der Kommission zur Last gelegten Sachverhalt nicht vorschnell zu bestätigen, nur um die Kommission nicht „zu verärgern“ und die Chance auf Fortführung des Vergleichsverfahrens und die damit verbundene Bußgeldermäßigung nicht zu verlieren.

VII. Recht auf eine gute Verwaltung

In Betracht kommt ferner ein Verstoß des Vergleichsverfahrens gegen das Recht auf eine gute Verwaltung, das von Art. 41 GRC gewährleistet wird. Eine Entsprechung dieses Rechts findet sich weder in der EMRK noch in den Verfassungen der Mitgliedstaaten.[977] Den Erläuterungen zur GRC zufolge haben die Unionsgerichte das Recht auf eine gute Verwaltung als allgemeinen Rechtsgrundsatz des Unionsrechts festgeschrieben.[978] Nach Aufnahme dieses Rechts in die GRC ist in der Rechtsprechung hierauf auch bereits für das Kartellverfahren Bezug genommen worden.[979]

In Art. 41 Abs. 2 und 4 GRC finden sich insgesamt vier spezielle Gewährleistungen, auf welche die Parteien im Vergleichsverfahren teilweise verzichten. Dabei handelt es sich namentlich um das Recht auf Anhörung (Art. 41 Abs. 2 lit. a GRC), das Recht auf Aktenzugang (Art. 41 Abs. 2 lit. b GRC), das Recht auf Begründung (Art. 41 Abs. 2 lit. c GRC) sowie das Korrespondenzrecht (Art. 41 Abs. 4 GRC). Ergänzt und präzisiert werden diese Bestimmungen durch weitere primär- und insbesondere sekundärrechtliche Vorschriften, die im Folgenden ebenfalls als Maßstab für die Prüfung der Rechtmäßigkeit des Vergleichsverfahrens herangezogen werden.

---

977 *Classen*, Gute Verwaltung, S. 177/198/430 ff.

978 Erläuterungen zur Charta der Grundrechte, ABl. EU 2007 Nr. C 303/17 (28). Vgl. die dort sowie die bei *Rengeling/Szczekalla*, Grundrechte in der EU, Rn. 1083, angegebenen Nachweise aus der Rechtsprechung.

979 EuGH v. 30.01.2002, T-54/99, Slg. 2002, II-313 (333, Rn. 48) – *max.mobil*; EuG v. 13.01.2004, T-67/01, Slg. 2004, II-49 (71, Rn. 36) – *JCB Service*.

1. *Anhörungsrecht*

a) Vorüberlegungen

Nach Art. 41 Abs. 2 lit. a GRC hat jede Person das Recht, „gehört zu werden, bevor ihr gegenüber eine für sie nachteilige individuelle Maßnahme getroffen wird."[980] Der Anspruch auf rechtliches Gehör ist ein im Unionsrecht allgemein anerkannter Grundsatz, der auch im Kartellverfahren Anwendung findet.[981] Eine spezielle sekundärrechtliche Norm, die eine Anhörung der Parteien im Kartellverfahren garantiert, findet sich in Art. 27 Abs. 1 Satz 1 VO 1/2003. Hiernach muss die Kommission den Parteien, gegen die sie einen Beschluss zu erlassen beabsichtigt, Gelegenheit geben, sich zu den mitgeteilten Beschwerdepunkten zu äußern. Art. 27 Abs. 1 Satz 2 VO 1/2003 ergänzt, dass die Kommission ihren Beschluss nur auf solche Beschwerdepunkte stützen darf, zu denen sich die Parteien zuvor äußern konnten. Ein Äußerungsrecht der Parteien zu den in der Mitteilung der Beschwerdepunkte enthaltenen Tatvorwürfen sieht ferner Art. 11 Abs. 1 VO 773/2004 vor.[982]

Im Vergleichsverfahren haben die Parteien nach der Mitteilung der Beschwerdepunkte hingegen nur in sehr beschränktem Umfang die Möglichkeit, sich zu den in ihr enthaltenen Tatvorwürfen zu äußern. Sofern sie nicht riskieren wollen, dass die Kommission das Vergleichsverfahren abbricht, sollten sie in der Erwiderung bestätigen, „dass die Mitteilung der Beschwerdepunkte dem Inhalt ihrer Vergleichsausführungen entspricht und dass sie sich verpflichten, das Vergleichsverfahren weiterhin zu befolgen. Sollte diese Erwiderung nicht eingehen, nimmt die Kommission zur Kenntnis, dass die Partei ihrer Verpflichtung nicht nachgekommen ist, und kann ferner das Ersuchen der Partei auf Befolgung des Vergleichsverfahrens zurückweisen."[983] Die Parteien können sich jedoch im Rahmen der Vergleichsgespräche zu den Tatvorwürfen der Kommission äußern, auch wenn ihnen die Beschwerdepunkte zu diesem Zeitpunkt noch nicht förmlich mitgeteilt worden sind. Anders als die vorgenannten Vorschriften gewährt Art. 12 Abs. 1 VO 773/2004 nicht nur ein Recht auf (schriftliche) Äußerung, sondern vielmehr ausdrücklich ein solches auf *mündliche* Anhörung. Hiernach können die Parteien ihre Argumente der Kommission gegenüber auch mündlich vortragen, sofern sie dies in ihren Ausführungen auf die Mitteilung der Beschwerdepunkte beantragen. Auf eben dieses Anhörungsrecht müssen die Parteien aber im Vergleichsverfahren durch eine entsprechende Erklärung in den Vergleichsausführungen verzichten (vgl. Art. 12 Abs. 2

---

980 Für das Kartellverfahren hat das EuG (v. 11.07.2007, T-170/06, Slg. 2007, II-2601 (2659, Rn. 188) – *Alrosa*) bereits auf diese Vorschrift Bezug genommen.

981 EuGH v. 13.02.1979, C-85/76, Slg. 1979, 461 (511, Rn. 9) – *Hoffmann-La Roche*; ders. v. 07.06.1983, C-100, -103/80, Slg. 1983, 1825 (1881, Rn. 10) – *Musique Diffusion Française.*

982 Nach Erwägungsgrund Nr. 10 zur VO 773/2004 „sollte die Kommission den Parteien rechtliches Gehör gewähren, bevor sie eine Entscheidung trifft."

983 Kommission, Mitteilung über das Vergleichsverfahren, Rn. 26.

VO 773/2004),[984] so dass das Vergleichsverfahren gegen das Recht auf Anhörung verstoßen könnte.

b) Bewertung des Anhörungsrechts im Vergleichsverfahren

Ein Verstoß gegen die in der VO 773/2004 enthaltenen Rechte (Artt. 11 Abs. 1 und 12 Abs. 1) kommt indes bereits deshalb nicht in Betracht, weil es sich bei der Bestimmung, die einen Verzicht auf das Anhörungsrecht im Vergleichsverfahren vorsieht – Art. 12 Abs. 2 VO 773/2004 –, um eine in der Normenhierarchie gleichrangige Bestimmung handelt, so dass eine Verletzung höherrangigen Rechts insofern von vornherein ausscheidet.

Überdies ist im Vergleichsverfahren insofern lediglich der Zeitpunkt der Anhörung vorgezogen: Während die Parteien im streitigen Verfahren häufig erst durch die Mitteilung der Beschwerdepunkte Kenntnis von den konkreten Tatvorwürfen erlangen, werden ihnen diese im Vergleichsverfahren bereits zu Beginn der Vergleichsgespräche dargelegt und können sich die Parteien im Laufe der Vergleichsgespräche zu ihnen äußern.[985] Entgegen Art. 12 Abs. 1 VO 773/2004 findet eine Anhörung nicht erst nach der förmlichen Mitteilung der Beschwerdepunkte, sondern bereits im Zuge der Vergleichsgespräche statt. Demgemäß ist in der Mitteilung über das Vergleichsverfahren die Rede davon, dass die Parteien erklären müssen, „dass sie nicht beabsichtigen [...] eine *erneute* mündliche Anhörung zu beantragen [...]."[986]

Art. 41 Abs. 2 lit. a GRC und Art. 27 Abs. 1 Satz 1 VO 1/2003 stellen gegenüber Art. 12 Abs. 2 VO 773/2004 zwar höherrangiges Recht dar, da es sich bei letzterem lediglich um eine Regelung in einer Kommissionsverordnung handelt. Eine Pflicht der Kommission, den Parteien die Gelegenheit zur Stellungnahme nach Mitteilung der Beschwerdepunkte oder in einer mündlichen Anhörung zu gewähren, enthalten indes weder Art. 41 Abs. 2 lit. a GRC noch Art. 27 Abs. 1 Satz 1 VO 1/2003.[987] Die Möglichkeit der Parteien, sich überhaupt zu den von der Kommission erhobenen Tatvorwürfen zu äußern, besteht aber – wie erwähnt – auch im Vergleichsverfahren. Ohnehin muss eine mündliche Anhörung im streitigen Verfahren nach Mitteilung der Beschwerdepunkte gesondert beantragt werden, vgl. Art. 12 Abs. 1 VO 773/2004,

---

984 Vgl. auch Kommission, Mitteilung über das Vergleichsverfahren, Rn. 20 lit. d.

985 *Hederström*, in: Weiß, Die Rechtsstellung Betroffener, 9 (19); *Horányi*, ZEuS 2008, 663 (682).

986 Kommission, Mitteilung über das Vergleichsverfahren, Rn. 20 lit. d. [Hervorhebung durch Verf.].

987 EuGH v. 29.10.1980, C-209 bis -215, -218/78, Slg. 1980, 3125 (3232, Rn. 18) – *Van Landewyck*; EuG v. 26.09.2002, T-199/99, Slg. 2001, II-3731 (3756, Rn. 58) – *Sgaravatti Mediterranea*; *Jarass*, Grundrechtecharta, Art. 41 Rn. 22; *Magiera*, in: Meyer, Grundrechtecharta, Art. 41 Rn. 12; *Weiß*, in: Loewenheim/Meessen/Riesenkampff, Kartellrecht, Art. 27 VO 1/2003 Rn. 7.

so dass eine solche auch im streitigen Verfahren kein zwingend vorgesehener Verfahrensschritt ist, obgleich sie dort in aller Regel stattfindet.[988]

Schließlich könnten die Parteien durch die Vorlage der Vergleichserklärungen und der in ihnen enthaltenen Erklärung, keine Anhörung zu beantragen, wirksam auf das Anhörungsrecht verzichtet haben. Voraussetzung für einen wirksamen Grundrechtsverzicht ist, dass das Grundrecht (1) disponibel ist, d. h. dem Verzicht insbesondere keine öffentlichen Interessen von erheblichem Gewicht entgegenstehen,[989] dass der Verzicht (2) freiwillig erfolgt und dass sich der Verzichtende (3) der Tragweite seines Handelns bewusst ist.[990]

In Bezug auf das Vergleichsverfahren gilt Folgendes. Zunächst ist das Anhörungsrecht disponibel, wie bereits der Umstand zeigt, dass eine mündliche Anhörung auch im streitigen Verfahren gesondert beantragt werden muss. Der Verzicht auf die Anhörung wird – wie oben im Rahmen des nemo tenetur-Grundsatzes dargestellt – ferner nicht dadurch unfreiwillig, dass dieser mit einer Ermäßigung der Geldbuße belohnt wird.[991] Lediglich die Bestrafung eines unterbliebenen Verzichts auf die Anhörung durch Erhöhung der Geldbuße wäre rechtswidrig.[992] Auch der Hinweis der Kommission darauf, „dass alle anderen Adressaten auf ihr Recht auf eine Anhörung verzichtet hätten und dass die Kommission die Sache so rasch wie möglich voranbringen wolle", führt nicht zu der Annahme, dass Zwang ausgeübt würde.[993] Schließlich ist nichts dafür ersichtlich, dass der Partei die Tragweite ihres Handelns nicht bewusst wäre, zumal auch im Vergleichsverfahren Gespräche mit der Kommission stattfinden – und zum Zeitpunkt der Verzichtserklärung auch

---

988 Im Jahr 2003 etwa verzichtete nur ein Fünftel aller Adressaten der Mitteilung der Beschwerdepunkte auf eine mündliche Anhörung; vgl. Kommission, XXXIII. Bericht über die Wettbewerbspolitik 2003, Rn. 23 (Fn. 13).

989 Vgl. *Ehlers*, in: Ehlers, Europäische Grundrechte, § 14 Rn. 64; *Jarass*, Grundrechtecharta, Art. 52 Rn. 20.

990 EGMR v. 01.03.2006, Nr. 56581/00, Rn. 86 – *Sejdovic*; ders. v. 27.05.2007, Nr. 32432/96, Rn. 59 – *Talat Tunc*; ders. v. 08.12.2009, Nr. 44023/02, Rn. 86 – *Caka*; ders. v. 22.12.2009, Nr. 5962/03, Rn. 135 – *Makarenko*. Vgl. *Grabenwarter/Pabel*, EMRK, § 18 Rn. 32 f.; *Meyer-Ladewig*, EMRK, Art. 6 Rn. 99; ausführlich *Bueren*, Verständigungen, S. 746 ff., und *ders.*, ZEuS 2011, 485 (496 ff.). Für die grundsätzliche Möglichkeit des Verzichts auf die in der GRC niedergelegten Rechte wird Art. 8 Abs. 2 S. 1 GRC angeführt, der die Rechtmäßigkeit der Verarbeitung von personenbezogenen Daten unter den Einwilligungsvorbehalt des Berechtigten stellt. Vgl. *Bueren*, Verständigungen, S. 746; *ders.*, ZEuS 2011, 485 (489); *Frenz*, Europäische Grundrechte, Rn. 318.

991 Kritisch – auch insofern – *Waelbroeck*, in: Gheur/Petit, Alternative enforcement techniques, 221 (250 ff.).

992 Vgl. – entsprechend zum Recht auf Akteneinsicht – EuG v. 20.03.2002, T-23/99, Slg. 2002, II- 1705 (1775, Rn. 178) – *LR AF 1998*.

993 Vgl. EuG v. 30.04.2009, T-18/03, Slg. 2009, II-1021 (1064 f., Rn. 122 ff.) – *CD-Contact Data*.

bereits stattgefunden haben –, die es den Parteien ermöglichen, über die Tatvorwürfe informiert zu werden und sich zu diesen zu äußern.

Damit ist das Anhörungsrecht im Vergleichsverfahren kaum eingeschränkt; einziger Unterschied zum streitigen Verfahren ist, dass der Zeitpunkt der Gespräche bzw. der Anhörung ein anderer ist.

c) Ergebnis

Im Ergebnis verstößt das Vergleichsverfahren also nicht gegen das Recht auf Anhörung.[994]

2. Akteneinsichtsrecht

a) Vorüberlegungen

Primärrechtlich sieht Art. 41 Abs. 2 lit. b GRC ein Recht auf Akteneinsicht – dort als Akten*zugang* bezeichnet – vor.[995] Wie das Anhörungsrecht dient das Recht auf Einsicht in die Akten der Kommission der Verwirklichung des Anspruchs auf rechtliches Gehör.[996] Im Kartellverfahren haben die Parteien gemäß Art. 27 Abs. 2 Satz 2 VO 1/2003 das Recht, Einsicht in die Akten der Kommission zu nehmen. Art. 15 Abs. 1 Satz 2 VO 773/2004 konkretisiert dieses Recht dahingehend, dass die Akteneinsicht erst nach Mitteilung der Beschwerdepunkte gewährt wird,[997] da die Parteien durch die Akteneinsicht in die Lage versetzt werden sollen, die ihnen zur Last gelegten Tatvorwürfe nachvollziehen zu können[998].

---

994 So auch *Brenner*, Das Vergleichsverfahren, S. 249 f., der allerdings insofern eine „latente Gefährdung" des Anspruchs auf rechtliches Gehör feststellt, als die „Unternehmen [in den Vergleichsgesprächen] gehemmt sein [könnten], kritische Auffassungen vorzubringen, um die Bemühungen um eine einvernehmliche Verfahrensbeendigung nicht zu gefährden."

995 Von Art. 42 GRC („Recht auf Zugang zu Dokumenten") unterscheidet sich Art. 41 Abs. 2 lit. b GRC dadurch, dass dieser ein Einsichtsrecht lediglich für solche Akten gewährt, die den Einsichtsbegehrenden selbst betreffen. Vgl. *Classen*, Gute Verwaltung, S. 307; *Magiera*, in: Meyer, Grundrechtecharta, Art. 41 Rn. 13. Während ersterer also ein verfahrens*konstitutives* Akteneinsichtsrecht gewährt, handelt es sich bei letzterem um ein verfahrens*akzessorisches* Recht; vgl. *von Danwitz*, Europäisches Verwaltungsrecht, S. 428 ff.

996 EuG v. 18.12.1992, T-10 bis -12, -15/92, Slg. 1992, II-2667 (2682, Rn. 38) – *Cimenteries CBR u. a.*; dass. v. 11.07.2007, T-170/06, Slg. 2007, II-2601 (2661, Rn. 197) – *Alrosa*; *Gumbel*, Grundrechte im EG-Kartellverfahren, S. 185/186; *Hetzel*, Kronzeugenregelungen, S. 232; *Pfeffer*, Gute Verwaltung, S. 154; *Weiß*, in: Loewenheim/Meessen/Riesenkampff, Kartellrecht, Art. 27 VO 1/2003 Rn. 18.

997 Vgl. auch Mitteilung über die Akteneinsicht, Rn. 26.

998 *Ritter*, in: Immenga/Mestmäcker, EU-Wettbewerbsrecht, Art. 27 VO 1/2003 Rn. 21. Kritisch zu dieser Regelung *Gumbel*, Grundrechte im EG-Kartellverfahren, S. 211 f.

Nachdem die Unionsgerichte den Parteien im Kartellverfahren zunächst nur das Recht zugesprochen haben, über die wesentlichen Tatsachen informiert zu werden, nicht jedoch den gesamten Akteninhalt mitgeteilt zu bekommen,[999] gewähren sie seit einer Rechtsprechungsänderung zu Beginn der 1990er Jahre[1000] vollständige Einsicht in die Kommissionsakten (ausschließlich der Geschäftsgeheimnisse anderer Parteien sowie vertraulicher Informationen der Kommission und der Wettbewerbsbehörden der Mitgliedstaaten, vgl. Art. 27 Abs. 2 Satz 2–4 VO 1/2003 sowie Artt. 15 Abs. 2 und 16 VO 773/2004).[1001] Das von Art. 27 Abs. 2 Satz 2 VO 1/2003 gewährte Recht, Einsicht „in die Akten" zu erhalten, ist somit als Recht, Einsicht „in *alle* Akten" zu erhalten, zu verstehen.[1002] Die Kommission darf die Akten daher nicht „filtern", indem sie den Parteien nur bestimmte Dokumente zur Verfügung stellt.[1003] Vielmehr soll eine umfassende Einsicht es den Parteien ermöglichen, auch entlastende Dokumente in der Akte aufzufinden.[1004] Zusätzlich ist die Kommission verpflichtet, den Parteien ein Inhaltsverzeichnis aller in der Akte enthaltenen Dokumente zur Verfügung zu stellen.[1005] Allerdings soll die unterbliebene Offenlegung eines entlastenden Dokuments nach der Rechtsprechung nur dann zu einem Verstoß gegen das Recht auf Akteneinsicht führen, wenn die Partei nachweisen kann, dass die fehlende Kenntnis vom Inhalt des betreffenden Dokuments den Verfahrensablauf sowie den Kommissionsbeschluss zu ihrem

---

999 Vgl. nur EuGH v. 13.07.1966, C-56/64, Slg. 1966, 321 (386) – *Consten und Grundig*; ders. v. 14.07.1972, C-49/69, Slg. 1972, 713 (731, Rn. 8) – *BASF*.

1000 Während der EuGH (v. 03.07.1991, C-62/86, Slg. 1991, I-3359 [3444, Rn. 16] – *Akzo*) unter Berufung auf seine bisherige Rechtsprechung weiterhin entschied, dass nicht der gesamte Akteninhalt mitgeteilt werden müsste, ging diese Rechtsprechungsänderung zunächst vom EuG (v. 17.12.1991, T-7/89, Slg. 1991, II-1711 [1739 f.] – *Hercules Chemicals*) aus. Vgl. in der Folge aber insbesondere auch EuG v. 29.06.1995, T-30/91, Slg. 1995, II-1775 (1800 ff., Rn. 55 ff.) – *Solvay*; dass. v. 29.06.1995, T-36/91, Slg. 1995, II-1847 (1880 ff., Rn. 69 ff.) – *ICI*.

1001 Vgl. auch *Böse*, Strafen und Sanktionen, S. 235; *Classen*, Gute Verwaltung, S. 303 ff.; *Gumbel*, Grundrechte im EG-Kartellverfahren, S. 190 ff.; *Kehl*, Schutz von Informationen, S. 203 ff.; *Mader*, Verteidigungsrechte, S. 160 ff.

1002 *Mader*, Verteidigungsrechte, S. 165 f. Vgl. auch *Classen*, Gute Verwaltung, S. 309; *Kehl*, Schutz von Informationen, S. 210.

1003 EuG v. 10.05.2001, T-186, -187, -190 bis -192, -210, -211, -216 bis -218, -279, -290, -293/97, -147/99, Slg. 2001, II-1337 (1407, Rn. 185) – *Kaufring u.a.*; *Classen*, Gute Verwaltung, S. 310.

1004 EuGH v. 25.10.2011, C-109/10 P, Slg. 2011, I-10329, Rn. 54 – *Solvay*; EuG v. 18.06.2008, T-410/03, Slg. 2008, II-881 (927, Rn. 145) – *Hoechst*; *Ritter*, in: Immenga/Mestmäcker, EU-Wettbewerbsrecht, Art. 27 VO 1/2003 Rn. 22; *Weiß*, in: Loewenheim/Meessen/Riesenkampff, Kartellrecht, Art. 27 VO 1/2003 Rn. 18.

1005 EuG v. 15.03.2000, T-25, -26, -30 bis -32, -34 bis -39, -42 bis -46, -48, -50 bis -65, -68 bis -71, -87, -88, -103, 104/95, Slg. 2000, II-491 (564 f., Rn. 147 ff.) – *Cimenteries CBR u.a.* Vgl. auch die Mitteilung über die Akteneinsicht, Rn. 45.

Nachteil beeinflusst hat.[1006] Somit scheidet eine Verletzung der Verteidigungsrechte der Parteien aus, sofern andere Beweismittel den Tatvorwurf ebenfalls rechtmäßig begründen konnten.[1007]

Im Vergleichsverfahren verzichten die Parteien indes mittels einer entsprechenden Erklärung in den Vergleichsausführungen weitgehend auf ihr Akteneinsichtsrecht. Zudem besteht gemäß Art. 15 Abs. 1a Satz 2 VO 773/2004 und entgegen Art. 15 Abs. 1 Satz 2 VO 773/2004 *nach* Erhalt der Mitteilung der Beschwerdepunkte gerade keine Möglichkeit zur Akteneinsicht mehr. *Vor* Erhalt der Mitteilung der Beschwerdepunkte richtet sich die Offenlegung von Dokumenten zunächst nach Art. 10a Abs. 2 Unterabs. 1 Satz 1 VO 773/2004. Nach dieser Vorschrift kann die Kommission den Parteien die in lit. a bis d genannten Informationen während der Vergleichsgespräche offenlegen. Da es sich bei Art. 10a Abs. 2 Unterabs. 1 Satz 1 VO 773/2004 um eine „kann-Vorschrift" handelt, entscheidet die Kommission grundsätzlich nach eigenem Ermessen darüber, ob, wann und in welchem Umfang sie den Parteien die genannten Informationen offenlegt.[1008] Bei dieser Entscheidung will sich die Kommission an dem in den Vergleichsgesprächen erzielten Fortschritt orientieren[1009] und einem Antrag auf Offenlegung lediglich dann zustimmen, wenn die Effektivität des Vergleichsverfahrens nicht gefährdet ist[1010]. Hiermit dürfte die Kommission sicherstellen wollen, dass die Parteien tatsächlich an einem Vergleich mit der Kommission interessiert sind und die Offenlegung der Beweismittel nicht etwa missbrauchen.[1011] Zudem dürfte sie darauf bedacht sein, nur wenigen und besonders begründeten Anträgen auf Einsicht in bestimmte Dokumente stattzugeben, da sich anderenfalls kaum Rationalisierungen im Vergleich zur Akteneinsicht im streitigen Verfahren ergäben.[1012] Dabei gilt es indes zu berücksichtigen, dass die Kommission ihren Beschluss gemäß Art. 27 Abs. 1 Satz 2 VO 1/2003 nur auf solche Beschwerdepunkte stützen kann, zu denen sich die Parteien äußern konnten, was bedeutet, dass den Parteien vor Erlass des verfahrensbeendenden Beschlusses Gelegenheit zur Einsicht jedenfalls in solche Unterlagen zu gewähren ist, die den Beschwerdepunkten zugrunde liegen.[1013] Nach Art. 10a Abs. 2 Unterabs. 2 Satz 3

1006 Vgl. EuGH v. 07.01.2004, C-204/00, -205, -211, -213, -217, -219/00 P, Slg. 2004, I-123 (445, Rn. 74) – *Aalborg Portland u. a.*; EuG v. 29.06.1995, T-30/91, Slg. 1995, II-1775 (1806 ff., Rn. 68) – *Solvay*.

1007 *Brenner*, Das Vergleichsverfahren, S. 253.

1008 *Hennig*, Settlements, S. 315.

1009 Kommission, Mitteilung über das Vergleichsverfahren, Rn. 15.

1010 Kommission, MEMO/08/458, S. 4.

1011 *Joshua/Hugmark/Daems*, EAR 2009, 23 (25).

1012 *Joshua/Hugmark/Daems*, EAR 2009, 23 (25).

1013 *Hederström*, in: Weiß, Die Rechtsstellung Betroffener, 9 (18); *Hennig*, Settlements, S. 315; *Ritter*, in: Immenga/Mestmäcker, EU-Wettbewerbsrecht, Art. 27 VO 1/2003 Rn. 21. Zu weitgehend aber *Bueren*, Verständigungen, S. 596, der daraus folgert, dass der Kommission bei der Offenlegung der Dokumente grundsätzlich kein Ermessen zustehe, da die „kann-Formulierung" in Art. 10a Abs. 2 Unterabs. 1 S. 1

VO 773/2004 haben die Parteien schließlich einen Anspruch auf Offenlegung der in Art. 10a Abs. 2 Unterabs. 1 VO 773/2004 genannten Informationen, nachdem die Kommission sie zur Vorlage der Vergleichsausführungen aufgefordert, aber noch bevor sie ihnen eine Frist hierfür gesetzt hat.[1014] Wegen des Verweises auf den gesamten Unterabs. 1 sind davon insbesondere auch die in lit. c genannten „nicht vertrauliche[n] Fassungen sämtlicher in der Akte des Falles aufgeführter Unterlagen" erfasst.[1015]

Fraglich ist aber, wie ein solcher Anspruch auf Akteneinsicht mit der ebenfalls in lit. c genannten Einschränkung, „sofern die Partei dies beantragt, damit sie ihre Position bezüglich eines Zeitraums oder anderer Gesichtspunkte des Kartells ermitteln kann" zu vereinbaren ist. Denn wie sich aus der Mitteilung über das Vergleichsverfahren ergibt, sieht die Kommission hierfür nicht nur einen – bloß formellen – Antrag als ausreichend an, sondern verlangt darüber hinaus in materieller Hinsicht, dass die Einsicht in sämtliche Unterlagen erforderlich ist, „um dieser Partei die Möglichkeit zu geben, ihre Position hinsichtlich eines Zeitraums oder anderer Gesichtspunkte des Kartells zu ermitteln."[1016] Verstärkt wird dieser Eindruck noch vom Wortlaut des Art. 15 Abs. 1a VO 773/2004: Dort ist die Rede davon, dass die „Kommission den Parteien auf Antrag und *zu den in den jeweiligen Unterabsätzen festgelegten Bedingungen* die in Artikel 10a Absatz 2 genannten Beweise und Unterlagen offen[legt]."[1017] Schließlich spricht auch der Zweck dieser Regelungen dafür, dass sich die Kommission ein solches Prüfungsrecht vorbehalten wollte. Denn sollten die Parteien einen bedingungslosen Anspruch auf Einsicht in sämtliche Aktenbestandteile erhalten, würde dies einer Verfahrensbeschleunigung, wie sie die Kommission mit der Einführung des Vergleichsverfahrens bezweckte, gerade widersprechen.

Somit ist davon auszugehen, dass den Parteien – anders als im streitigen Verfahren – grundsätzlich keine vollständige Akteneinsicht gewährt wird.[1018] In welchem Umfang die Kommission Dokumente im Einzelnen offenlegt bzw. inwiefern sie von

VO 773/2004 lediglich als Ausdruck dafür zu verstehen sei, dass die Parteien keinen Anspruch auf die Durchführung eines Vergleichsverfahrens haben sollen.

1014 Vgl. auch Kommission, Mitteilung über das Vergleichsverfahren, Rn. 17 a. E.; *Van Bael/Bellis*, Competition Law, S. 1182. Unklar daher *Brenner*, Das Vergleichsverfahren, S. 255, der meint, dass die Ausübung des Rechts auf Akteneinsicht nur während der Vergleichsgespräche möglich sei.

1015 Zudem bezieht sich die Mitteilung über das Vergleichsverfahren, Rn. 17 a. E. ebenfalls auf die gesamte Rn. 16, ohne zwischen den einzelnen Arten von Informationen zu differenzieren.

1016 Kommission, Mitteilung über das Vergleichsverfahren, Rn. 16 a. E.

1017 [Hervorhebung durch Verf.].

1018 *Laina/Laurinen*, JECLP 2013, 302 (304); *Ritter*, in: Immenga/Mestmäcker, EU-Wettbewerbsrecht, Art. 27 VO 1/2003 Rn. 20.

ihrem Prüfungsrecht Gebrauch macht, bleibt allerdings offen.[1019] Es könnte daher im Vergleichsverfahren die Gefahr bestehen, dass die Kommission den Parteien nur solche Unterlagen zur Verfügung stellt, die die gegen die Parteien erhobenen Tatvorwürfe eindeutig bekräftigen, so dass diese ihre Verteidigungsposition möglicherweise falsch einschätzen und sich vorschnell auf einen für sie ungünstigen Vergleich mit der Kommission einlassen.[1020] Vor dem Hintergrund der für den Verzicht auf die Akteneinsicht in Aussicht gestellten Bußgeldermäßigung liegt der Vorwurf des „Abkaufens von Verteidigungsrechten" nahe.

b) Bewertung des Akteneinsichtsrechts im Vergleichsverfahren

Was die fehlende Möglichkeit der Parteien auf Aktenzugang nach Mitteilung der Beschwerdepunkte angeht, so gilt es zunächst zu berücksichtigen, dass Art. 15 Abs. 1a Satz 2 VO 773/2004 lex specialis zu Art. 15 Abs. 1 Satz 2 773/2004 ist. Da beide Normen gleichrangig sind, kommt eine Verletzung höherrangigen Rechts durch das Vergleichsverfahren insofern von vornherein nicht in Betracht. Sofern zudem das Akteneinsichtsrecht der Parteien im Vergleichsverfahren zunächst im Ermessen der Kommission steht und sich erst nach der Aufforderung zur Vorlage von Vergleichsausführungen zu einem Anspruch auf Gewährung von Akteneinsicht verdichtet, gilt es zu berücksichtigen, dass ein solcher auch im streitigen Verfahren erst nach Mitteilung der Beschwerdepunkte besteht.

Zwar werden den Parteien die Tatvorwürfe zu Beginn der Vergleichsgespräche mitgeteilt; daher haben sie – anders als im streitigen Verfahren – bereits vor Mitteilung der Beschwerdepunkte Zugang zu den Beweismitteln der Kommission. Man könnte also annehmen, dass die Akteneinsicht im Vergleichsverfahren lediglich vorgezogen wird. Dieser Annahme steht jedoch der Umstand entgegen, dass die Parteien im streitigen Verfahren grundsätzlich einen Anspruch auf vollständige Akteneinsicht haben, während dies im Vergleichsverfahren – wie dargestellt – grundsätzlich nicht der Fall ist. Der Vergleich der Akteneinsicht im streitigen Verfahren mit der im Vergleichsverfahren zeigt also, dass nicht nur – anders als hinsichtlich der Anhörung – der Zeitpunkt der Akteneinsicht ein anderer ist, sondern dass sie sich vielmehr auch dem Umfang nach deutlich unterscheiden.

Vor diesem Hintergrund ist die Wirksamkeit einer Verzichtserklärung der Parteien auf die Einsichtnahme nicht unproblematisch: Zwar ist das Akteneinsichtsrecht disponibel, da es auch im streitigen Verfahren gesondert beantragt werden muss.

1019 Vgl. auch *Brenner*, Das Vergleichsverfahren, S. 255 f., der betont, dass die Kommission umso eher gewillt sein könnte, das Vergleichsverfahren abzubrechen, je umfassender die Akteneinsicht durch die Parteien ausfällt.

1020 Vgl. *Horányi*, ZEuS 2008, 663 (683 f.); *Hull/Clancy*, in: Gheur/Petit, Alternative enforcement techniques, 107 (115); *Siragusa/Guerri*, in: Ehlermann/Marquis, Antitrust Settlements, 185 (196). Vgl. auch *Kindhäuser/Meyer*, in: FK-Kartellrecht, Band III, Art. 23 VO 1/2003 Rn. 159: „Waffengleichheit ist während des Verfahrens nicht gewährleistet und auf Akteneinsicht wird verzichtet."

Zudem erfolgt der Verzicht freiwillig;[1021] hier gilt nichts anderes als bereits in Bezug auf den nemo tenetur-Grundsatz sowie das Anhörungsrecht ausgeführt. Allerdings könnte ein wirksamer Verzicht daran scheitern, dass die Parteien mangels Kenntnis des Aktenstandes die Reichweite ihres Verzichts nicht überblicken. Da sie den Umfang entlastender Aktenbestandteile nicht umfassend einschätzen können, fehlt es den Parteien möglicherweise an der für einen wirksamen Verzicht erforderlichen Kenntnis der Sachlage.

Allerdings erscheint es nicht angezeigt, die Anforderungen an die Wirksamkeit einer Verzichtserklärung derart hoch anzusetzen. So geht mit nahezu jedem Rechtsverzicht eine Einschränkung der Verteidigungsrechte des Betroffenen einher. Ließe man diesen Umstand außer Acht, wäre ein Verzicht auf die Verteidigungsrechte – entgegen der ständigen Rechtsprechung des EGMR, der einen solchen für grundsätzlich zulässig hält[1022] – kaum denkbar. Vor diesem Hintergrund ist es vielmehr ausreichend, wenn die Parteien die Tragweite ihrer Verzichtserklärung überblicken, sie sich also darüber bewusst sind, dass sich in den Akten der Kommission entlastende Unterlagen befinden könnten, zu denen nunmehr kein Zugang besteht. Denn die Gefahr, dass das Verteidigungspotential der Parteien mangels Kenntnis entlastender Aktenbestandteile möglicherweise nicht voll ausgeschöpft werden kann, ist einem Verzicht auf (vollständige) Akteneinsicht immanent und hinzunehmen. Demgegenüber ginge die grundsätzliche Versagung der Möglichkeit, auf die Akteneinsicht zu verzichten, angesichts der bewussten Entscheidung der Parteien für einen solchen Verzicht zu weit. Schließlich gilt es zu berücksichtigen, dass den Parteien trotz ihrer Verzichtserklärung zumindest eine Liste von sämtlichen in der Verfahrensakte befindlichen Unterlagen bereitgestellt wird,[1023] so dass sie über den Akteninhalt nicht völlig im Dunkeln gelassen werden und die eingangs skizzierte Gefahr, entlastende Unterlagen nicht aufzufinden, zwar keine vollends auszuschließende, aber gleichwohl eher eine theoretische ist.

Demnach ist auch den an das Erfordernis der Kenntnis der Sachlage zu stellenden Voraussetzungen genügt und der Verzicht auf das Akteneinsichtsrecht wirksam.[1024]

c) Ergebnis

Das Vergleichsverfahren verstößt also nicht gegen das Recht auf Aktenzugang.[1025]

1021 Kritisch – auch insofern – *Waelbroeck*, in: Gheur/Petit, Alternative enforcement techniques, 221 (250 ff.).

1022 Vgl. bereits 1., b).

1023 Kommission, Mitteilung über das Vergleichsverfahren, Rn. 16 (Fn. 2).

1024 So auch *Bueren*, Verständigungen, S. 751 f.; *ders.*, ZEuS 2011, 485 (500).

1025 So im Ergebnis auch *Brenner*, Das Vergleichsverfahren, S. 257, der allerdings – ähnlich seiner Beurteilung in Bezug auf die Vereinbarkeit des Vergleichsverfahrens mit dem Anhörungsrecht – von einer „latenten Gefährdungslage“ ausgeht.

3. *Begründungsrecht*

a) Vorüberlegungen

Art. 41 Abs. 2 lit. c GRC verpflichtet die Verwaltung, ihre Entscheidungen zu begründen. Mit dieser Verpflichtung korrespondiert ein entsprechendes Recht der Parteien auf Begründung. Auch Art. 296 Abs. 2 AEUV statuiert eine Pflicht für die Unionsorgane, ihre Rechtsakte mit einer Begründung zu versehen. Dabei handelt es sich um eine wesentliche Formvorschrift im Sinne des Art. 263 Abs. 2 AEUV.[1026] Anders als Art. 41 Abs. 2 lit. c GRC, der sich nur auf *Verwaltungs*entscheidungen bezieht, gilt Art. 296 Abs. 2 AEUV zusätzlich für Gesetzgebung sowie Rechtsprechung.[1027]

Weder in der VO 1/2003 noch der VO 773/2004 findet sich eine spezielle Regelung für die Begründung von Kommissionsbeschlüssen im Kartellverfahren. Der EuGH betrachtet eine solche jedoch als eine „grundlegende Garantie für die Verteidigungsrechte der Unternehmen".[1028] Daneben ermöglicht die Begründung den Unionsgerichten eine etwaige Nachprüfbarkeit der erlassenen Entscheidung.[1029] „[D]ie Pflicht zur Begründung einer Einzelentscheidung [hat] den Zweck, dem Gerichtshof die Überprüfung der Entscheidung auf ihre Rechtmäßigkeit hin zu ermöglichen und den Betroffenen so ausreichend zu unterrichten, dass er erkennen kann, ob die Entscheidung richtig ist oder eventuell mit einem Mangel behaftet ist, der ihre Anfechtung ermöglicht."[1030] Es ist zudem üblich, dass die Kommission ihre Bußgeldbeschlüsse – dem Umfang und der Komplexität der meisten Kartellverstöße sowie der Intensität des mit der Verhängung einer Geldbuße verbundenen Eingriffs[1031] entsprechend – in tatsächlicher und rechtlicher Hinsicht sowie unter Angabe zahlreicher Beweismittel umfangreich begründet. Die Vergleichsbeschlüsse[1032] sind demgegenüber deutlich

---

1026 *Cremer*, in: Calliess/Ruffert, EUV/AEUV, Art. 263 AEUV Rn. 88; *Calliess*, in: Calliess/Ruffert, EUV/AEUV, Art. 296 AEUV Rn. 33; *Hirsbrunner*, EuZW 2011, 12 (15); *ders.*, in: FIW, Schwerpunkte des Kartellrechts 2009/2010, 87 (95).

1027 *Classen*, Gute Verwaltung, S. 318; *Jarass*, Grundrechtecharta, Art. 41 Rn. 28.

1028 EuGH v. 21.09.1989, C-46/87, -227/88, Slg. 1989, 2859 (2929, Rn. 41) – *Hoechst*; ders. v. 17.10.1989, C-97 bis -99/87, Slg. 1989, 3165 (3192, Rn. 45) – *Dow Chemical Ibérica u. a.*

1029 EuG v. 25.05.2005, T-288/03, Slg. 2005, II-1767 (1781, Rn. 25) – *Teletech Holdings*; *Calliess*, in: Calliess/Ruffert, EUV/AEUV, Art. 296 AEUV Rn. 15.

1030 EuGH v. 02.10.2003, C-199/99 P, Slg. 2003, I-11177 (11261, Rn. 145) – *Corus UK*; ders. v. 28.06.2005, C-189, -202, -205 bis -208, -213/02 P, Slg. 2005, I-5425 (5632 f., Rn. 462) – *Dansk Rørindustri u. a.* Mit ähnlichem Wortlaut bereits EuG v. 14.05.1998, T-347/94, Slg. 1998, II-1751 (1772, Rn. 42) – *Mayr-Melnhof.*

1031 Vgl. EuGH v. 26.09.1997, T-183/97 R, Slg. 1997, II-1473 (1496, Rn. 56) – *Micheli*; *Classen*, Gute Verwaltung, S. 328; *Frenz*, Europäische Grundrechte, Rn. 4579; *Jarass*, Grundrechtecharta, Art. 41 Rn. 31.

1032 Das Gleiche gilt – wie oben ausgeführt – für die Mitteilung der Beschwerdepunkte. Da es sich hierbei aber nicht um eine „Entscheidung" im Sinne des Art. 41 Abs. 2 lit. c GRC bzw. einen „Rechtsakt" im Sinne des Art. 296 Abs. 2 AEUV handelt,

kürzer und zeichnen sich durch eine erheblich geringere Detailtiefe aus. In den bislang veröffentlichten Vergleichsbeschlüssen finden weder eine eingehende rechtliche Würdigung noch eine umfassende Beweiswürdigung statt. Vielmehr bezieht sich die Kommission im Wesentlichen auf die Kooperation der Parteien und deren Eingeständnis der Tatvorwürfe. Insofern kommt ein Verstoß des Vergleichsverfahrens gegen das Recht auf Begründung in Betracht.

b) Bewertung des Begründungsrechts im Vergleichsverfahren

Dagegen spricht aber, dass die Kommission auch ihre Vergleichsbeschlüsse mit einer Begründung versieht. Zwar sind diese nicht so umfangreich begründet wie im streitigen Verfahren. Es ist für die Wahrung der Verteidigungsrechte aber auch lediglich erforderlich, dass der betreffende Beschluss eine Begründung enthält, aus der hervorgeht, auf welcher Grundlage die Kommission diesen erlassen hat, so dass eine Überprüfung seiner Begründetheit durch die Parteien möglich ist.[1033] „Es reicht aus, wenn sie die Tatsachen anführt und die Rechtsausführungen macht, denen in der Entscheidung eine wesentliche Bedeutung zukommt."[1034] [S]ie braucht jedoch nicht auf alle sachlichen und Fragen einzugehen, die von allen Beteiligten während des Verwaltungsverfahrens vorgebracht wurden."[1035] Diesen Anforderungen genügen die Vergleichsbeschlüsse ebenfalls, da sie eine nachvollziehbare – wenn auch knappe – Begründung enthalten und zudem im Wesentlichen den Inhalt der Vergleichsausführungen widerspiegeln, die die Parteien der Kommission selbst vorgelegt haben.[1036] Denn der aus der verstärkten verfahrensmäßigen Einbeziehung folgende erhöhte Kenntnisstand der Parteien im Vergleichsverfahren von den den Vergleichsbeschluss tragenden Gründen ist dann auch bei dem Umfang der Begründung berücksichtigungsfähig.[1037] Dabei kann die Kommission insbesondere auf das in den Vergleichsausführungen abgegebene Anerkenntnis der Parteien

---

scheidet ein Verstoß gegen die genannten Vorschriften insofern von vornherein aus. Gleichwohl ist die Kommission nach Art. 27 Abs. 1 S. 2 VO 1/2003 verpflichtet, den Parteien alle Beschwerdepunkte, auf die sie ihren Beschluss stützt, in verständlicher Form mitzuteilen, so dass sich die Parteien zu ihnen äußern können.

1033 *Classen*, Gute Verwaltung, S. 323; *Frenz*, Europäische Grundrechte, Rn. 4578; *Gumbel*, Grundrechte im EG-Kartellverfahren, S. 238 f.; *Magiera*, in: Meyer, Grundrechtecharta, Art. 41 Rn. 15; *Pfeffer*, Gute Verwaltung, S. 169 f.; *Zagrosek*, Kronzeugenregelungen, S. 135 f.

1034 EuG v. 24.01.1995, T-5/93, Slg. 1995, II-185 (199, Rn. 29) – *Tremblay u.a.*; EuG v. 21.03.2001, T-206/99, Slg. 2001, II-1057 (1077 f., Rn. 44) – *Métropole Télévision.*

1035 EuG v. 29.10.1980, C-209 bis -215, -218/78, Slg. 1980, 3125 (3244, Rn. 66) – *Van Landewyck*; dass. v. 14.05.1998, T-347/94, Slg. 1998, II-1751 (1772, Rn. 42) – *Mayr-Melnhof.*

1036 *Sauer*, in: Schulte/Just, Kartellrecht, Art. 23 VO 1/2003 Rn. 240.

1037 Vgl. EuG v. 09.11.1994, T-46/92, Slg. 1994, II-1039 (1053, Rn. 20) – *Scottish Football*; dass. v. 30.01.2002, T-54/99, Slg. 2002, II-313 (344, Rn. 79) – *max.mobil*; *Classen*, Gute Verwaltung, S. 327; *Frenz*, Europäische Grundrechte, Rn. 4579.

Bezug nehmen.[1038] Indem die Kommission die Tatbestandsmerkmale des Verstoßes sowie die Umstände, die bei der Bußgeldbemessung Berücksichtigung gefunden haben, in – wenigstens knapper Form – in dem Beschluss erwähnt, ermöglicht sie schließlich auch den Unionsgerichten die Nachprüfung der Entscheidung. Einer so umfangreichen, oftmals mehrere hundert Seiten umfassenden Begründung wie im streitigen Verfahren bedarf es daher im Vergleichsverfahren nicht.

Auch wenn die Mitteilung über das Vergleichsverfahren keine dahingehende ausdrückliche Erklärung der Parteien in den Vergleichsausführungen vorsieht, haben die Parteien durch ihre Teilnahme am Vergleichsverfahren schließlich konkludent auf ihr Recht auf eine ausführliche Begründung verzichtet. Vor dem Hintergrund, dass die Kommissionsbeschlüsse nicht nur den Parteien des Vergleichsverfahrens, sondern auch Dritten – insbesondere Kartellgeschädigten zur Begründung einer Schadensersatzklage – dienen, mag die Disponibilität des Begründungsrechts auf den ersten Blick zwar nicht gänzlich unproblematisch erscheinen. Wie dargelegt bezweckt das Begründungsrecht aber in erster Linie die Wahrung der Verteidigungsrechte der betroffenen Parteien und lassen sich auch den Vergleichsbeschlüssen die tragenden Gründe ihres Erlasses entnehmen. Demgegenüber ist es nicht Aufgabe der Vergleichsbeschlüsse, Dritten detaillierte Informationen zu liefern, sondern stellt dies vielmehr eine reflexhafte Folge der im streitigen Verfahren üblichen Detailtiefe der Kommissionsbeschlüsse dar. Gegen die Wirksamkeit eines entsprechenden Verzichts bestehen demnach keine Bedenken.

c) Ergebnis

Das Vergleichsverfahren verstößt also nicht gegen das Recht auf Begründung.

4. Korrespondenzrecht

a) Vorüberlegungen

Nach Art. 41 Abs. 4 GRC kann sich jede Person in einer der – aktuell 24 und in Art. 55 Abs. 1 EUV aufgeführten – Amtssprachen an die Unionsorgane wenden und ist berechtigt, eine Antwort in derselben Sprache zu erhalten. Ein solches Recht wird primärrechtlich von Artt. 24 Abs. 4 sowie 20 Abs. 2 Satz 2 lit. d AEUV gewährleistet. Da diese Vorschriften lediglich Unionsbürger berechtigen, ist der Schutzbereich des Art. 41 Abs. 4 GRC gemäß Art. 52 Abs. 2 GRC ebenfalls auf Unionsbürger beschränkt.[1039] Allerdings existiert mit Art. 2 VO Nr. 1 eine entsprechende, aber

1038 Vgl. *Hederström*, in: Weiß, Die Rechtsstellung Betroffener, 9 (17); *Hennig*, Settlements, S. 329; *Horányi*, ZEuS 2008, 663 (679).

1039 *Frenz*, Europäische Grundrechte, Rn. 4608; *Jarass*, Grundrechtecharta, Art. 41 Rn. 40. Anders aber *Magiera*, in: Meyer, Grundrechtecharta, Art. 41 Rn. 23 f., der sich fälschlicherweise auf Art. 2 VO Nr. 1 (Verordnung Nr. 1 zur Regelung der Sprachenfrage für die Europäische Wirtschaftsgemeinschaft, ABl. 1958 Nr. L 17/385; geändert durch VO (EG) Nr. 920/2005, ABl. EU 2005 Nr. L 156/3) beruft, obgleich

hinsichtlich des personalen Schutzbereichs weiterreichende, sekundärrechtliche Norm, die dazu führt, dass sich jede „der Hoheitsgewalt eines Mitgliedstaates unterstehende Person“ auf dieses sog. „Korrespondenzrecht“[1040] berufen kann.[1041]

Mit diesem könnte das Vergleichsverfahren unvereinbar sein, da die Parteien in den Vergleichsausführungen eine Erklärung abgeben, gemäß derer die Mitteilung der Beschwerdepunkte und der verfahrensbeendende Beschluss von der Kommission in einer zuvor vereinbarten Amtssprache der Union verfasst werden.[1042] Die Kommission verspricht sich hiervon eine Reduzierung ihres Arbeitsaufwandes, weil sie die Mitteilung der Beschwerdepunkte sowie den verfahrensbeendenden Beschluss nicht erst in die jeweiligen Amtssprachen der Mitgliedstaaten, in denen die an dem Kartell beteiligten Parteien ihren Sitz haben, übersetzen muss, sondern sie in *einer* Sprache verfassen kann.

b) Bewertung des Korrespondenzrechts im Vergleichsverfahren

Zweifelhaft ist aber bereits, ob die vorgenannten Vorschriften überhaupt auf den vorliegenden Fall anwendbar sind. Dort ist die Rede davon, dass sich die Unionsbürger in einer bestimmten Sprache an die Organe oder an Einrichtungen der Union richten bzw. wenden und dann eine Antwort in derselben Sprache erhalten. Diese ist mit der im Vergleichsverfahren gegebenen Situation kaum vergleichbar: Weder „richten“ bzw. „wenden“ sich die Parteien durch den Erhalt der Mitteilung der Beschwerdepunkte oder des verfahrensbeendenden Beschlusses an die Kommission, noch stellen die Mitteilung der Beschwerdepunkte oder der verfahrensbeendende Beschluss eine „Antwort“ der Kommission dar. Selbst wenn man die Vorschriften entgegen ihres Wortlautes weit verstehen und auf die Kommunikation zwischen Kommission sowie den betroffenen Parteien im Kartellverfahren anwenden würde, verzichten letztere jedenfalls wirksam[1043] auf die Ausübung dieses Rechts.

Art. 52 Abs. 2 GRC nur die in den *Verträgen* geltenden Bestimmungen und Grenzen als maßgeblich für die in der GRC enthaltenen Rechte bezeichnet. Gegen eine Beschränkung auf Unionsbürger auch *Pfeffer*, Gute Verwaltung, S. 215, die meint, dass die dem Art. 41 Abs. 4 GRC verwandten Rechte aus Artt. 42 bis 44 GRC einem erweiterten Kreis an Grundrechtsträgern zukämen (vgl. „die Unionsbürgerinnen und Unionsbürger sowie jede natürliche oder juristische Person mit Wohnsitz oder satzungsmäßigem Sitz in einem Mitgliedstaat“), eine Differenzierung hinsichtlich des personalen Schutzbereichs bei diesen Rechten aber nicht einleuchtend sei.

1040 Vgl. *Jarass*, Grundrechtecharta, Art. 41 vor Rn. 34; *Voet van Vormizeele*, in: Schwarze, EU-Kommentar, Art. 41 GRC Rn. 13. Zu weiteren Bezeichnungen vgl. *Pfeffer*, Gute Verwaltung, S. 212.

1041 *Frenz*, Europäische Grundrechte, Rn. 4608; *Jarass*, Grundrechtecharta, Art. 41 Rn. 40

1042 Vgl. Kommission, Mitteilung über das Vergleichsverfahren, Rn. 20 lit. e.

1043 Das Korrespondenzrecht ist disponibel, der Verzicht erfolgt freiwillig, und die Parteien können auch dessen Tragweite überblicken. Insbesondere scheint die Gefahr, dass sich die Parteien durch den Verzicht auf „ihre“ Sprache nicht mehr

c) Ergebnis
Somit ist das Vergleichsverfahren mit dem Korrespondenzrecht vereinbar.

5. Ergebnis zum Recht auf eine gute Verwaltung

Ein Verstoß gegen die in Art. 41 Abs. 2 und 4 GRC genannten Gewährleistungen des Rechts auf eine gute Verwaltung liegt nicht vor.

VIII. Recht auf Hinzuziehung eines juristischen Beistands

1. Vorüberlegungen

Möglicherweise ist aber das Recht auf Hinzuziehung eines juristischen Beistands[1044] verletzt. Dieses findet sich sowohl in Art. 48 Abs. 2 GRC[1045] als auch in Art. 6 Abs. 3 lit. c EMRK[1046]. Da Art. 48 Abs. 2 GRC aber nur – ganz allgemein – von den „Verteidigungsrechten" spricht, bedarf es für die Konkretisierung seines Inhalts des Rückgriffs über Art. 52 Abs. 3 GRC auf den Katalog des Art. 6 Abs. 3 EMRK.[1047]

---

angemessen verteidigen können, fernliegend. Denn Kommission und Parteien werden sich auf eine Sprache einigen, derer die natürlichen Personen, die die Parteien im Vergleichsverfahren vertreten, mächtig sind. Das dürfte in der Praxis üblicherweise Englisch sein.

1044 Hiervon zu unterscheiden ist der Anspruch auf Wahrung der Vertraulichkeit des Schriftverkehrs zwischen Anwalt und Mandant (sog. „legal privilege" oder „legal professional privilege"); vgl. *Nowak*, in: Loewenheim/Meessen/Riesenkampff, Kartellrecht, Art. 20 VO 1/2003 Rn. 33 ff. Dieses Recht hat jüngst insofern Bedeutung erlangt, als der EuGH (v. 14.09.2010, C-550/07 P, Slg. 2010, I-8301 (8380 ff., Rn. 27 ff. – *Akzo Nobel Chemicals und Akcros Chemicals*) festgestellt hat, dass die Kommunikation mit einem Syndikusanwalt nicht unter das legal privilege falle. In der Literatur hat die Entscheidung zahlreiche Kritik hervorgerufen; vgl. nur *Burrichter/Hennig*, in: Immenga/Mestmäcker, EU-Wettbewerbsrecht, vor Art. 17–22 VO 1/2003 Rn. 51 f.

1045 „Jedem Angeklagten wird die Achtung seiner Verteidigungsrechte gewährleistet."

1046 „Jede Person hat mindestens folgende Rechte:
[...]
c) sich selbst zu verteidigen, sich durch einen Verteidiger ihrer Wahl verteidigen zu lassen oder, falls ihr die Mittel zur Bezahlung fehlen, unentgeltlich den Beistand eines Verteidigers zu erhalten, wenn dies im Interesse der Rechtspflege erforderlich ist
[...]."

1047 *Eser*, in: Meyer, Grundrechtecharta, Art. 48 Rn. 24; *Jarass*, Grundrechtecharta, Art. 48 Rn. 13; *Voet van Vormizeele*, in: Schwarze, EU-Kommentar, Art. 48 GRC Rn. 7. Ähnliche Gewährleistungen findet sich – speziell für Gerichtsverfahren – auch in Art. 47 Abs. 2 S. 2 GRC („Jede Person kann sich beraten, verteidigen und vertreten lassen."). Inhaltlich kommt es zu Überschneidungen mit Art. 48 Abs. 2 GRC; vgl. *Eser*, in: Meyer, Grundrechtecharta, Art. 47 GRC 21/37. Auch Art. 41

Die Geltung des Rechts auf Hinzuziehung eines juristischen Beistands ist in der Rechtsprechung der Unionsgerichte auch für das Kartellbußgeldverfahren bereits seit Längerem anerkannt.[1048] Explizite Erwähnung findet es jedoch nur in Art. 18 Abs. 4 Satz 2 VO 1/2003 hinsichtlich der Auskunftsverlangen durch die Kommission.

Im Vergleichsverfahren ist dieses Recht insofern betroffen, als sich mehrere Parteien desselben Unternehmens von einem gemeinsamen Anwalt vertreten lassen müssen, eine individuelle Verteidigung also ausgeschlossen ist. Dies könnte dem ebenfalls geschützten Recht, sich von einem *Wahl*verteidiger vertreten zu lassen,[1049] zuwider laufen. Die gemeinsame Vertretung durch nur einen Verteidiger birgt zudem die Gefahr etwaiger haftungsrechtlicher Interessenkollisionen innerhalb eines (Konzern-)Unternehmens: So wird die Muttergesellschaft regelmäßig darum bemüht sein, der Annahme eines bestimmenden und mithin haftungsbegründenden Einflusses auf die Tochtergesellschaft entgegenzutreten, während letztere an der Bejahung eines solchen gerade interessiert sein dürfte, weil die Kommission dann befugt wäre, den Bußgeldbeschluss an die Muttergesellschaft zu richten.[1050] Nachteile für die Haftungszurechnung innerhalb eines (Konzern-)Unternehmens könnten sich ferner aus dem Umstand ergeben, dass die Unionsgerichte das gemeinsame Auftreten von Mutter- und Tochtergesellschaft gegenüber der Kommission während des Kartellverfahrens wiederholt als Indiz für einen bestimmenden Einfluss der Mutter- auf die Tochtergesellschaft gewertet haben.[1051] Daraus könnte im Vergleichsverfahren ein – jedenfalls faktischer – Verzicht, die Haftungszurechnung zwischen Tochter- und Muttergesellschaft anzugreifen, folgen.[1052]

2. *Bewertung des Rechts auf Hinzuziehung eines juristischen Beistands im Vergleichsverfahren*

Gegen eine Verletzung des Rechts auf Hinzuziehung eines juristischen Beistands sprechen indes folgende Erwägungen. Den letztgenannten Aspekt hat die Kommission offensichtlich selbst für problematisch erachtet und eine dahingehende

---

GRC wird – speziell für Verwaltungsverfahren – das Recht entnommen, sich durch einen Anwalt vertreten zu lassen; vgl. *Jarass*, EU-Grundrechte, § 36 Rn. 30.

1048 EuGH v. 21.09.1989, C-46/87, -227/88, Slg. 1989, 2859 (2924, Rn. 16) – *Hoechst*; ders. v. 17.10.1989, C-85/87, Slg. 1989, 3137 (3156, Rn. 27) – *Dow Benelux*; ders. v. 22.10.2002, C-94/00, Slg. 2002, I-9011 (9058 f., Rn. 46) – *Roquette Frères*.

1049 Vgl. *Eser*, in: Meyer, Grundrechtecharta, Art. 48 Rn. 17; *Voet van Vormizeele*, in: Schwarze, EU-Kommentar, Art. 48 GRC Rn. 8.

1050 Vgl. *Bueren*, Verständigungen, S. 775 f.

1051 EuGH v. 16.11.2000, C-286/98 P, Slg. 2000, I-9925 (9976, Rn. 29) – *Stora Kopparbergs Bergslags*; ders. v. 10.09.2009, C-97/08 P, Slg. 2009, I-8237 (8288, Rn. 62) – *Akzo Nobel u.a.*; EuG v. 08.07.2008, T-52/03, abgekürzte Veröffentlichung, Slg. 2008, II-115, Rn. 358 – *Knauf Gips*.

1052 Vgl. *Bueren*, Verständigungen, S. 774 f.; *Hull/Clancy*, in: Gheur/Petit, Alternative enforcement techniques, 107 (113 f.).

Passage in die Mitteilung über das Vergleichsverfahren aufgenommen, dass die „Beauftragung der gemeinsamen Vertreter [...] in keiner Weise der Zuweisung der Haftung unter den Parteien vor[greift]."[1053] Zwar mag man in der Pflicht zur Beauftragung eines gemeinsamen Vertreters einen faktischen Haftungsvorgriff sehen und die Erklärung der Kommission deshalb lediglich für eine Fiktion halten. Käme es aber tatsächlich zu einem Streit über die Frage der Haftung, wäre den Parteien mit der Erklärung in der Mitteilung über das Vergleichsverfahren jedenfalls ein starkes Argument gegen eine anders lautende Auffassung der Kommission an die Hand gegeben. Damit ist es den Parteien also nicht etwa verwehrt, die Haftungszurechnung anzugreifen, und erscheinen gegenteilige Bedenken letztlich nicht überzeugend. Ferner gilt es zu berücksichtigen, dass die Kommission von den Parteien im Vergleichsverfahren (nur) die Wahl eines gemeinsamen Vertreters verlangt, so dass die zitierte Rechtsprechung, die in dem hiervon zu unterscheidenden gemeinsamen Auftreten von Mutter- und Tochtergesellschaft während des Kartellverfahrens ein Indiz für einen bestimmenden und mithin haftungsbegründenden Einfluss sieht, keine andere Bewertung rechtfertigt.[1054] So hat das EuG die Annahme eines solchen Indizes von dem zusätzlichen Umstand abhängig gemacht, dass die Muttergesellschaft die Vertretung der Tochtergesellschaft während des Kartellverfahrens nicht in Frage gestellt habe.[1055] Diese Möglichkeit wird den Parteien im Vergleichsverfahren aber – wie erwähnt – nicht verschlossen.[1056]

In Bezug auf die möglicherweise auftretenden *Interessen*kollisionen zwischen Mutter- und Tochtergesellschaft sind die dargestellten Bedenken tatsächlich ungleich schwerer von der Hand zu weisen, zumal die Beauftragung eines gemeinsamen Vertreters bereits zu einem sehr frühen Zeitpunkt im Verfahren – namentlich vor den Vergleichsgesprächen – erfolgen muss. Gleichwohl ist der jedenfalls konkludent erklärte Verzicht auf eine individuelle Verteidigung nicht etwa unwirksam; insbesondere ist das Recht auf Hinzuziehung eines juristischen Beistands disponibel und erfolgt der Verzicht freiwillig. Problematisch erscheint allenfalls das Wirksamkeitserfordernis der hinreichenden Kenntnis der Sachlage, da die Parteien vor Aufnahme der Vergleichsgespräche *konkrete* Interessenkollisionen noch nicht vorhersehen können. Allerdings ist es nicht gerechtfertigt, die Anforderungen an die Wirksamkeit des Verzichts derart

---

1053 Kommission, Mitteilung über das Vergleichsverfahren, Rn. 12.

1054 So im Ergebnis auch *Bueren*, Verständigungen, S. 774.

1055 EuG v. 08.07.2008, T-52/03, abgekürzte Veröffentlichung, Slg. 2008, II-115, Rn. 358 – *Knauf Gips*: „Darüber hinaus hat sich die Klägerin im Verwaltungsverfahren als alleinige Gesprächspartnerin der Kommission präsentiert. Sie hat diese Eigenschaft zu keinem Zeitpunkt des Verwaltungsverfahrens bestritten."

1056 Freilich eignen sich Fälle, in denen ein Unternehmen die von der Kommission behauptete Haftung dieses Unternehmens für ein anderes bestreitet, nur bedingt für die Durchführung des Vergleichsverfahrens, weil es insofern um grundlegende Rechtsfragen geht, deren Klärung die Kommission aus Effizienzgründen im Rahmen der Vergleichsgespräche wohl weitestgehend zu vermeiden versucht; vgl. auch *Vascott*, GCR 2013, 11.

hoch anzusetzen. Es dürfte vielmehr ausreichend sein, dass sich die Parteien des Entstehens etwaiger Interessenkollisionen abstrakt bewusst sind. Dass dies der Fall ist, kann angesichts der entsprechenden Passage in der Mitteilung über das Vergleichsverfahren, die „spätestens" auf eine solche Gefahr hindeutet, nicht zweifelhaft sein. Dies gilt umso mehr, als es sich bei der Haftungszurechnung in (Konzern-)Unternehmen um eine ganz typische Fragestellung des Kartellbußgeldrechts handelt. Konkret auftretende Interessenkollisionen können und müssen die Parteien für die Annahme eines wirksamen Rechtsverzichts hingegen nicht vorhersehen.[1057]

3. *Ergebnis*

Das Vergleichsverfahren verstößt nicht gegen das Recht auf Hinzuziehung eines juristischen Beistands.

IX. Recht auf einen wirksamen Rechtsbehelf

1. *Vorüberlegungen*

In Betracht kommt ferner ein Verstoß des Vergleichsverfahrens gegen das Recht auf einen wirksamen Rechtsbehelf gemäß Art. 47 Abs. 1 GRC. Hiernach hat „[j]ede Person, deren durch das Recht der Union garantierte Rechte oder Freiheiten verletzt worden sind, [...] das Recht, nach Maßgabe der in diesem Artikel vorgesehenen Bedingungen bei einem Gericht einen wirksamen Rechtsbehelf einzulegen." Der EuGH hat das Recht auf einen wirksamen Rechtsbehelf als allgemeinen Grundsatz des Gemeinschaftsrechts anerkannt,[1058] obgleich ein solches in nur etwa einem Drittel der Verfassungen der Mitgliedstaaten verankert ist[1059]. Eine dem Art. 47 Abs. 1 GRC entsprechende Rechtsschutzgarantie enthält Art. 13 EMRK. Allerdings gewährt ersterer einen Anspruch auf *gerichtlichen* Rechtsschutz und ist damit weitergehend als letzterer.[1060]

1057 Vgl. dazu bereits die ähnlich lautende Argumentation zum Verzicht auf das Akteneinsichtsrecht, wo eine umfassende Kenntnis des Akteninhalts nach hier vertretener Auffassung ebenfalls keine Wirksamkeitsvoraussetzung darstellt, VII., 2., b). Anders aber *Bueren*, Verständigungen, S. 778 ff.

1058 EuGH v. 15.05.1986, C-222/84, Slg. 1986, 1651 (1682, Rn. 18) – *Johnston*; ders. v. 15.10.1987, C-222/86, Slg. 1987, 4097 (4117, Rn. 14) – *Unectef*; ders. v. 03.12.1992, C-97/91, Slg. 1992, I-6313 (6334, Rn. 14) – *Oleificio Borelli*.

1059 Vgl. *Eser*, in: Meyer, Grundrechtecharta, Art. 47 Rn. 6a.

1060 Erläuterungen zur Charta der Grundrechte, ABl. EU 2007 Nr. C 303/17 (29); *Eser*, in: Meyer, Grundrechtecharta, Art. 47 Rn. 11; *Frenz*, Europäische Grundrechte, Rn. 4994; *Heine*, Die Rechtsstellung des Beschuldigten, S. 173; *Jarass*, Grundrechtecharta, Art. 47 Rn. 1/17; *Voet van Vormizeele*, in: Schwarze, EU-Kommentar, Art. 47 GRC Rn. 1.

Wie dargestellt[1061] können die Beschlüsse der Kommission von den Parteien gemäß Art. 263 Abs. 4 AEUV i. V. m. Art. 261 AEUV und Art. 31 VO 1/2003 mittels einer (modifizierten) Nichtigkeitsklage angegriffen werden. Diese Möglichkeit steht den Parteien grundsätzlich zwar auch im Vergleichsverfahren offen, da ein Rechtsmittelverzicht keine Voraussetzung für den Erlass eines Vergleichsbeschlusses durch die Kommission ist.[1062] Es wird vielmehr bezweifelt, dass die Parteien der Kommission gegenüber überhaupt wirksam auf ihr Recht, Rechtsmittel einzulegen, verzichten können.[1063] Schließlich ist der EGMR der Auffassung, die Verhängung einer strafrechtlichen Sanktion durch eine Behörde verstoße nur dann nicht gegen Art. 6 Abs. 1 EMRK, wenn der Betroffene die Rechtmäßigkeit des Bußgeldbescheides durch ein unabhängiges und unparteiisches Gericht überprüfen lassen kann.[1064]

Anders als dies im *behördlichen* Verfahren nach Abbruch des Vergleichsverfahrens der Fall ist,[1065] gilt das Geständnis der Parteien nach Einlegung eines Rechtsmittels gegen den Vergleichsbeschluss der Kommission nicht automatisch als widerrufen. Entgegen einer teilweise vertretenen Ansicht[1066] gibt es kein allgemeines strafrechtliches Prinzip, nach dem ein Angeklagter ein im Ermittlungsverfahren abgegebenes Geständnis vor Gericht jederzeit widerrufen könnte.[1067] Auch gilt die durch die Mitteilung über das Vergleichsverfahren bewirkte Selbstbindung der Kommission hinsichtlich der Nichtverwertung des Geständnisses – natürlich – nicht für die Unionsgerichte. Diese sind damit berechtigt, das Geständnis als Beweismittel zu verwenden.[1068] Folgerichtig ist es auch den Unionsgerichten nicht grundsätzlich verwehrt, sich auf Beweismittel zu beziehen, die auf der freiwilligen Kooperation einer Partei im Kommissionsverfahren beruhen, wenn sich diese im gerichtlichen Verfahren nicht mehr an ihre Kooperation gebunden fühlt. So haben die

1061 Vgl. bereits Teil 2, A., V.

1062 Vgl. bereits Teil 3, A., VI., 6., b).

1063 *Hetzel*, Kronzeugenregelungen, S. 233; *Horányi*, ZEuS 2008, 663 (679); *Scordamaglia*, GAR 2009, 61 (78); *Stephan*, ICLQ 2009, 627 (632/638). Die fehlende Bindungswirkung eines Rechtsmittelverzichts ist wohl am ehesten damit zu begründen, dass die Unionsgerichte anderenfalls ihrer Kontrollfunktion entzogen wären. In diese Richtung auch *de Bronett*, ZWeR 2012, 157 (201), der kritisiert, dass im Vergleichsverfahren „im Allgemeinen nicht nur die Rechtmäßigkeitskontrolle“ der Kommissionsbeschlüsse entfiele, sondern dass „die europäischen Gerichte [...] darüber hinaus an der Ausübung ihrer Befugnis zur unbeschränkten Nachprüfung nach Art. 31 VO Nr. 1/2003 gehindert“ würden. Er schlägt deshalb vor, in jedem Vergleichsfall eine gerichtliche Bestätigung einzuholen; vgl. *de Bronett*, a. a. O., 209. Vgl. auch *Brenner*, Das Vergleichsverfahren, S. 169 (Fn. 583), der die Unwirksamkeit eines Rechtsmittelverzichts im Vergleichsverfahren damit begründet, dass sich die Regelungskompetenz der Kommission nicht auf das Gerichtsverfahren erstrecke.

1064 Vgl. bereits Teil 2, A., IV., 3., b).

1065 Vgl. Kommission, Mitteilung über das Vergleichsverfahren, Rn. 27/29.

1066 *Van Bael/Bellis*, Competition Law, S. 1180 f.

1067 *Bueren*, Verständigungen, S. 882 f.

1068 So auch *Brenner*, Das Vergleichsverfahren, S. 191.

Unionsgerichte wiederholt entschieden, dass tatsächliche Gesichtspunkte, die eine Partei im behördlichen Verfahren eingeräumt habe, als erwiesen anzusehen seien und vor Gericht nicht mehr bestritten werden könnten.[1069]

Es steht daher zu befürchten, dass Klagen gegen Vergleichsbeschlüsse seltener erfolgreich sein werden, da sich für die Parteien angesichts ihres umfassenden Geständnisses in den Vergleichsausführungen weniger Klagegründe finden dürften.[1070] Zwar gilt es zu bedenken, dass die Parteien in Kartellfällen vor Gericht selten die Existenz des Kartells bzw. ihre Beteiligung daran bestreiten, sondern sich meist gegen die Bußgeldbemessung durch die Kommission wenden.[1071] Da sie in ihren Vergleichsausführungen aber einen Betrag angeben müssen, den sie maximal zu akzeptieren bereit sind,[1072] könnte den Parteien auch dieser Klagegrund weitgehend abgeschnitten sein.[1073] Dies gilt umso mehr, als sie kaum argumentieren können, die Kommission habe ihnen Informationen vorenthalten, weshalb sie die Höhe der zu verhängenden Geldbuße nicht richtig hätten einschätzen können. Denn

---

1069 EuGH v. 16.11.2000, C-297/98 P, Slg. 2000, I-10101 (10147, Rn. 37) – *SCA Holding*; EuG 09.03.2003, T-224/00, Slg. 2003, II-2597 (2681, Rn. 227) – *Archer Daniels Midland*; dass. v. 29.04.2004, T-236, -239, -244 bis -246, -251, -252/01, Slg. 2004, II-1181 (1234, Rn. 108) – *Tokai Carbon u. a.*; dass. v. 08.10.2008, T-69/04, Slg. 2008, II-2567 (2607 f., Rn. 84) – *Schunk*. Die Rechtsprechung ist zwar zur Kronzeugenregelung ergangen, lässt sich aber ohne Weiteres auf das Vergleichsverfahren übertragen. In der Literatur wird das Ergebnis der Rechtsprechung teilweise mit dem Grundsatz des Verbots widersprüchlichen Verhaltens („venire contra factum proprium") begründet; vgl. dazu ausführlich *Bueren*, Verständigungen, S. 489 ff./882 ff. Mit ihr soll verhindert werden, dass die Feststellung der Zuwiderhandlung von der Kommission auf das Gericht verlagert wird; vgl. EuG v. 08.10.2008, T-69/04, Slg. 2008, II-2567 (2607 f., Rn. 85) – *Schunk*. Kritikwürdig ist diese Rechtsprechung insofern, als sie zur Folge haben könnte, dass bei der gerichtlichen Entscheidung möglicherweise sehenden Auges von einem unzutreffenden Sachverhalt ausgegangen wird. Kritisch auch *Brenner*, Das Vergleichsverfahren, S. 180 ff. Gerechtfertigt erscheint es aber jedenfalls, dass die Anforderungen an die Partei zur Erbringung des Nachweises, dass sich die zunächst eingestandenen Tatsachen tatsächlich anders dargestellt haben sollen, erhöht sind.

1070 *Brankin*, CompLaw 2008, 170 (179); *Brinker*, NZKart 2013, 2 (5); *Hirsbrunner*, EuZW 2011, 12 (13); *Horányi*, ZEuS 2008, 663 (679); *Hull/Clancy*, in: Gheur/Petit, Alternative enforcement techniques, 107 (113); *Joshua/Hugmark/Daems*, EAR 2009, 23 (26); *Kindhäuser/Meyer*, in: FK-Kartellrecht, Band III, Art. 23 VO 1/2003 Rn. 158; *Ledoux/Roda*, CCC 8–9/2008, 8 (11); *Scordamaglia*, GAR 2009, 61 (79); *Soltész*, BB 2010, 2123 (2127); *Soltész/Köckritz*, ECLR 2011, 261 (263 f.); *Waelbroeck*, in: Gheur/Petit, Alternative enforcement techniques, 221 (256).

1071 So Kommission, IP/08/1056, S. 1; *Kroes*, SPEECH/07/722, S. 4; *Scordamaglia*, GAR 2009, 61 (79); *Stephan*, ICLQ 2009, 627 (653).

1072 Kommission, Mitteilung über das Vergleichsverfahren, Rn. 20 lit. b.

1073 *Scordamaglia*, GAR 2009, 61 (79).

diesbezüglich müssen die Parteien in den Vergleichsausführungen erklären, „dass sie über die Beschwerdepunkte hinreichend in Kenntnis gesetzt wurden […]."[1074]

Das Vergleichsverfahren könnte aus den genannten Gründen dazu führen, dass die Parteien weitgehend die Möglichkeit verlieren, gerichtlich gegen die Vergleichsbeschlüsse vorzugehen. Insofern wird vielfach vertreten, dass ein Vergleichsbeschluss einen faktischen Rechtsmittelverzicht für die Parteien bedeute.[1075]

2. Bewertung des Rechts auf einen wirksamen Rechtsbehelf im Vergleichsverfahren

Die Existenz des Kartells und die grundsätzliche Beteiligung an diesem werden die Parteien nach Abgabe der Vergleichsausführungen tatsächlich kaum mehr bestreiten können. Im Hinblick auf die vorgenannte Rechtsprechung sind durch das Anerkenntnis vielmehr alle Rechtsmittelgründe ausgeschlossen, die sich gegen den Tatvorwurf in seiner *tatsächlichen* Gestalt richten. Somit können die Parteien auch nicht etwa argumentieren, dass ihre Rolle im Kartell tatsächlich kleiner war als in den Vergleichsausführungen angegeben. Anderes gilt indes für die *rechtliche Würdigung* des Tatvorwurfs. Im Gegensatz zur Sachverhaltsermittlung fällt jene in den *ausschließlichen* Aufgabenbereich der Kommission[1076] und ist eine hierauf gerichtete, belohnenswerte Hilfe der Parteien nicht denkbar; vielmehr stehen Rechtsfragen schlechthin nicht zur Disposition der Parteien. Zwar hat die Rechtsprechung die Möglichkeit eines Anerkenntnisses rechtlicher Gesichtspunkte nicht ausdrücklich verneint. Sie interpretiert ein solches aber dahingehend, dass das Vorliegen einer wettbewerbswidrigen Vereinbarung eingeräumt werde,[1077] was eher einem Anerkenntnis in tatsächlicher Hinsicht entspricht und die Parteien (nur) insofern bindet. Darüber hinaus ist ihr Geständnis aber rechtlich irrelevant und können sie sich vor Gericht auf eine andere rechtliche Würdigung berufen. Diesbezügliche Einwendungen werden den Parteien durch ihre Vergleichserklärungen also nicht abgeschnitten, sondern sind von den Unionsgerichten vollumfänglich zu prüfen.[1078]

Häufiger wenden sich die Parteien in Kartellfällen – wie erwähnt – ohnehin gegen die Berechnung der Geldbuße. Auch wenn sie in den Vergleichsausführungen einen Höchstbetrag angeben müssen, den sie zu akzeptieren bereit sind, bedeutet dies allerdings nicht, dass die Parteien nicht vorbringen könnten, die betreffende

1074 Kommission, Mitteilung über das Vergleichsverfahren, Rn. 20 lit. c.

1075 Vgl. *Brankin*, CompLaw 2008, 170 (179); *Brinker*, NZKart 2013, 2 (5/8); *Polley/Heinz*, WuW 2012, 14 (25 f.); *Sauer*, in: Schulte/Just, Kartellrecht, Art. 23 VO 1/2003 Rn. 242; *Scordamaglia*, GAR 2009, 61 (84); *Stockmann*, ZWeR 2012, 20 (40 f.); *Waelbroeck*, in: Gheur/Petit, Alternative enforcement techniques, 221 (257).

1076 *GA Léger* v. 28.10.2004, C-57, -65, -73/02 P, Slg. 2005, I-6689 (6725, Rn. 157) – *Acerinox*; *Bueren*, Verständigungen, S. 805.

1077 EuG v. 08.10.2008, T-69/04, Slg. 2008, II-2567 (2610, Rn. 94 f.) – *Schunk*.

1078 So auch *Brenner*, Das Vergleichsverfahren, S. 189 f.; *Bueren*, Verständigungen, S. 810 ff./917; *Soltész/Köckritz*, ECLR 2011, 261 (264).

Zuwiderhandlung rechtfertige letztlich nur eine geringere Geldbuße.[1079] Denn der Höchstbetrag, den die Parteien als Obergrenze einer maximal zu akzeptierenden Geldbuße benennen, muss nicht der aus Parteisicht „richtige" sein. Es handelt sich – dem Wortlaut der Mitteilung über das Vergleichsverfahren nach – eben nur um einen solchen, mit dessen Verhängung sich die Parteien *einverstanden* erklären.[1080] Darüber hinaus obliegt auch die Bußgeldbemessung allein der Kommission und steht nicht nur Disposition der Parteien.[1081] Hier gilt also nichts anderes als in Bezug auf die rechtliche Bewertung des Tatvorwurfes, so dass eine diesbezügliche Erklärung der Parteien auch insofern rechtlich bedeutungslos ist und sie die Bußgeldhöhe weiterhin angreifen können.[1082] Insofern scheint etwa ein Berufen darauf möglich, dass die Kommission den Parteien im Vergleichsverfahren Informationen vorenthalten hat, die möglicherweise die Verhängung einer lediglich geringeren Geldbuße gerechtfertigt hätten. Angesichts des Umstandes, dass die Parteien auf eine vollständige Akteneinsicht verzichten und sich in den Vergleichsgesprächen wohl möglichst kooperativ verhalten, um nicht einen Abbruch des Vergleichsverfahrens herbeizuführen, sowie unter Berücksichtigung des oben[1083] beschriebenen Falles des Office of Fair Trading bleibt ein solches Vorgehen zumindest theoretisch denkbar. Dies wird den Parteien auch nicht durch die weitere in den Vergleichsausführungen abzugebende Erklärung, „dass sie über die Beschwerdepunkte hinreichend in Kenntnis gesetzt wurden", abgeschnitten. Denn diese Erklärung ergibt insofern wenig Sinn, als die Parteien schlechthin nicht wissen können, ob ihnen seitens der Kommission irgendwelche Informationen vorenthalten wurden. Sie ist deshalb nicht dergestalt zu verstehen, dass dadurch jegliche dahingehende Argumentation ausgeschlossen würde. Schließlich ist auch die Geltendmachung von sonstigen Verfahrensfehlern, die keinen Bezug zu den eingestandenen Tatsachen aufweisen, möglich.[1084] Gleiches gilt hinsichtlich der Haftungszurechnung in (Konzern-)Unternehmen, die von den Parteien trotz der Beauftragung eines gemeinsamen Vertreters

1079 *Soltész/Köckritz*, ECLR 2011, 261 (264).

1080 *Bueren*, Verständigungen, S. 917 f., weist zutreffend darauf hin, dass die Parteien dann allerdings kaum mehr den Einwand der fehlenden wirtschaftlichen Leistungsfähigkeit (vgl. Bußgeldleitlinien Kommission, Rn. 35) sowie den der fehlenden Angemessenheit des Abschreckungsaufschlages (vgl. Bußgeldleitlinien Kommission, Rn. 30 f.) erheben könnten.

1081 Dies scheint nicht zuletzt die Kommission selbst so zu sehen, da sie in der Mitteilung über das Vergleichsverfahren erklärt, sie verhandele weder über das Vorliegen einer Zuwiderhandlung noch über deren angemessene Ahndung; vgl. Kommission, Mitteilung über das Vergleichsverfahren, Rn. 2.

1082 So auch *Bueren*, Verständigungen, S. 825 f./917; *Horányi*, ZEuS 2008, 663 (679 f.); *Kindhäuser/Meyer*, in: FK-Kartellrecht, Band III, Art. 23 VO 1/2003 Rn. 160; *Soltész/Köckritz*, ECLR 2011, 261 (264). Dies übersehen *Brankin*, CompLaw 2008, 170 (179); *Weitbrecht/Mühle*, EuZW 2008, 551 (559, Fn. 99).

1083 Vgl. VI., 2.

1084 *Brenner*, Das Vergleichsverfahren, S. 171; *Bueren*, Verständigungen, S. 920.

weiterhin angegriffen werden kann.[1085] Demnach verbleiben den Parteien auch nach Durchführung des Vergleichsverfahrens noch – obgleich deutlich weniger – Rechtsmittelgründe, und die Annahme eines faktischen Rechtsmittelverzichts kann nicht vollends überzeugen. Es ist gleichwohl davon auszugehen, dass die Parteien angesichts der oben genannten Rechtsprechung hinsichtlich der Geständniswirkung deutlich mehr Begründungsaufwand für eine erfolgreiche Anfechtung des Vergleichsbeschlusses werden leisten müssen.

Selbst ein faktischer Rechtsmittelverzicht verstieße aber nicht gegen das Recht auf einen wirksamen Rechtsbehelf. Zwar käme einem tatsächlichen erklärten Verzicht mangels Disponibilität des betroffenen Rechts keine Bindungswirkung zu.[1086] Allerdings handelt es sich bei dem in der Literatur diskutierten Rechtsmittelverzicht ohnehin nur um einen solchen *faktischer* – nicht jedoch rechtlicher – Natur, da die Einlegung eines Rechtsmittels in jedem Fall möglich ist und insofern lediglich dessen Erfolgsaussichten bestritten werden. Dabei gilt es indes zu berücksichtigen, dass das „Recht auf einen *wirksamen* Rechtsbehelf" nicht etwa als „Recht auf einen *erfolgreichen* Rechtsbehelf" zu verstehen ist; eine „Erfolgsgarantie" ist mit der Einlegung des Rechtsbehelfs freilich nicht verbunden.[1087] Es kann daher lediglich verlangt werden, dass das Gericht die Klage der Partei prüft und ihr ggf. abhilft.[1088] Zwar darf die Ausgestaltung des Verwaltungsverfahrens die Erlangung gerichtlichen Rechtsschutzes nicht „praktisch unmöglich machen oder übermäßig erschweren"[1089]. Jedoch gilt dies nur hinsichtlich der formellen Ausgestaltung des Verwaltungsverfahrens, das insbesondere den in Art. 41 Abs. 2 GRC aufgestellten Anforderungen genügen muss, damit der Rechtsschutzsuchende überhaupt die Möglichkeit erhält, gegen den Kommissionsbeschluss vorzugehen.[1090] In materieller Hinsicht kann der Kommission hingegen nicht vorgeworfen werden, dass sie das Vergleichsverfahren so ausgestaltet, dass die Parteien später keine Gründe mehr finden, den Vergleichsbeschluss erfolgreich anzugreifen. Da deren Kooperation und insbesondere die Abgabe des Geständnisses rechtlich zulässig sind, erschiene es widersprüchlich, aus dem Umstand, dass nunmehr keine – oder jedenfalls kaum – Klagegründe verbleiben, eine Verletzung des Rechts auf einen wirksamen Rechtsbehelf herleiten zu wollen. Dementsprechend hat auch der EuGH in einer jüngeren Entscheidung festgestellt, dass „[d]as ausdrückliche oder stillschweigende Eingeständnis tatsächlicher oder rechtlicher Gesichtspunkte durch ein Unternehmen während des Verwaltungsverfahrens vor der Kommission [...] zwar ein ergänzendes

1085 Vgl. dazu bereits VIII., 2.

1086 Vgl. bereits Fn. 1063.

1087 *Eser*, in: Meyer, Grundrechtecharta, Art. 47 Rn. 19; *Frenz*, Europäische Grundrechte, Rn. 5013; *Voet van Vormizeele*, in: Schwarze, EU-Kommentar, Art. 47 GRC Rn. 10.

1088 Vgl. *Eser*, in: Meyer, Grundrechtecharta, Art. 47 Rn. 19; *Voet van Vormizeele*, in: Schwarze, EU-Kommentar, Art. 47 GRC Rn. 10.

1089 EuGH v. 09.02.1999, C-343/96, Slg. 1999, I-579 (611, Rn. 25) – *Dilexport; Jarass*, Grundrechtecharta, Art. 47 Rn. 48.

1090 Vgl. *Jarass*, Grundrechtecharta, Art. 47 Rn. 48 f.

Beweismittel bei der Beurteilung der Begründetheit einer Klage darstellen, [...] aber nicht die Ausübung des Rechts natürlicher und juristischer Personen aus Art. 263 Abs. 4 AEUV, beim Gericht Klage zu erheben, an sich einschränken [kann]."[1091]

3. *Ergebnis*

Das Vergleichsverfahren verstößt also nicht gegen das Recht auf einen wirksamen Rechtsbehelf.[1092]

X. Fair trial-Grundsatz

1. *Vorüberlegungen*

In Betracht kommt schließlich ein Verstoß gegen den fair trial-Grundsatz. Dieser zielt – mit allen seinen Teilgarantien – darauf, einen fairen Verfahrensablauf zu gewährleisten.[1093] Ob ein Verfahren fair ist, beurteilt sich nach allen Umständen des Einzelfalls.[1094] In der EMRK ist der fair trial-Grundsatz in Art. 6 Abs. 1 Satz 1 EMRK (vgl. „in einem fairen Verfahren") niedergelegt; einige Teilgarantien finden sich in Art. 6 Abs. 3 EMRK. Auch die Unionsgerichte haben die Anwendung des fair trial-Grundsatzes im Kartellbußgeldverfahren wiederholt bejaht.[1095] In der GRC klingt das Prinzip der verfahrensmäßigen Fairness sowohl in Art. 41 Abs. 1[1096] als auch in

1091 EuGH v. 01.07.2010, C-407/08 P, Slg. 2010, I-6375 (6449, Rn. 90) – *Knauf Gips*. So in der Folge auch – wieder – das EuG v. 15.09.2011, T-234/07, Slg. 2011, II-6169, Rn. 37 ff. – *Koninklijke Grolsch*, nachdem es diese Auffassung bereits in einem früheren Urteil (v. 14.05.1998, T-354/94, Slg. 1998, II-2111 [2132, Rn. 50] – *Stora Kopparbergs Bergslags*) vertreten, seine Rechtsprechung aber zwischenzeitlich (v. 27.09.2006, T-330/01, Slg. 2006, II-3389 [3420, Rn. 88] – *Akzo Nobel*; v. 08.07.2008, T-52/03, abgekürzte Veröffentlichung, Slg. 2008, II-115, Rn. 359 f. – *Knauf Gips*) geändert hatte. Vgl. dazu ausführlich *Brenner*, Das Vergleichsverfahren, S. 165 ff.

1092 So im Ergebnis auch *Bueren*, Verständigungen, S. 920.

1093 *Grabenwarter/Pabel*, EMRK, § 24 Rn. 60.

1094 *Meyer-Ladewig*, EMRK, Art. 6 Rn. 96.

1095 EuGH v. 03.09.2009, C-322, -327, -338/07 P, Slg. 2009, I-7191 (7291, Rn. 143) – *Papierfabrik August Koehler u.a.*; ders., v. 17.12.1998, C-185/95 P, Slg. 1998, I-8417 (8496, Rn. 21) – *Baustahlgewebe*; ders. v. 15.10.2002, C-238, -244, -245, -247, -250 bis -252, -254/99 P, Slg. 2002, I-8375 (8697, Rn. 228) – *Limburgse Vinyl Maatschappij u.a.*; ders. v. 25.01.2007, C-411/04 P, Slg. 2007, I-959 (1002, Rn. 32 f.) – *Salzgitter Mannesmann*; EuG v. 29.06.1995, T-36/91, Slg. 1995, II-1847 (1890, Rn. 93) – *ICI*. Vgl. auch *Baudisch*, Die Rechtsstellung des Unternehmens, S. 261; *Hetzel*, Kronzeugenregelungen, S. 227; *Zagrosek*, Kronzeugenregelungen, S. 192.

1096 „Jede Person hat ein Recht darauf, dass ihre Angelegenheiten von den Organen, Einrichtungen und sonstigen Stellen der Union unparteiisch, *gerecht* und innerhalb einer angemessenen Frist behandelt werden." [Hervorhebung durch Verf.].

Art. 47 Abs. 2 Satz 1[1097] an. Da die Einführung des Art. 47 Abs. 2 Satz 1 GRC aber auf Art. 6 Abs. 1 EMRK gestützt und jener diesem nachgebildet worden ist,[1098] ist die Verbürgung des fair trial-Grundsatzes in Art. 47 Abs. 2 Satz 1 GRC – und nicht etwa in Art. 41 Abs. 1 GRC – zu sehen.[1099]

Ein tragendes Prinzip des fair trial-Grundsatzes stellt das „Gebot der Waffengleichheit" dar, das als Teilgarantie zwar nicht ausdrücklich in Art. 6 Abs. 3 EMRK genannt, aber allgemein anerkannt ist.[1100] Danach müssen die Verfahrensbeteiligten – hier: die Kommission einerseits sowie die Parteien andererseits –grundsätzlich gleichgestellt werden.[1101] Insofern ist das Gebot der Waffengleichheit zugleich eine besondere Ausprägung des Gleichheitsgrundsatzes.[1102] Dabei wird keine absolute Gleichheit gefordert, sondern nur eine solche unter Berücksichtigung der Verschiedenartigkeit der Prozessrollen;[1103] es geht also eher um die Gewährleistung einer gewissen Chancengleichheit. Die größte Bedeutung hat das Gebot der Waffengleichheit in der Rechtsprechung darin, dem Angeklagten in Bezug auf Beweiserhebung und -führung die gleichen Rechte zu gewährleisten wie der Anklagebehörde.[1104] Darüber hinaus ist es zwar noch weitgehend konturlos,[1105] dürfte nach dem

---

1097 „Jede Person hat ein Recht darauf, dass ihre Sache von einem unabhängigen, unparteiischen und zuvor durch Gesetz errichteten Gericht *in einem fairen Verfahren*, öffentlich und innerhalb angemessener Frist verhandelt wird." [Hervorhebung durch Verf.].

1098 Vgl. Erläuterungen zur Charta der Grundrechte, ABl. EU 2007 Nr. C 303/17 (30); *Abetz*, Justizgrundrechte in der EU, S. 109; *Eser*, in: Meyer, Grundrechtecharta, Art. 47 Rn. 20; *Pache*, NVwZ 2001, 1342 (1343); *Voet van Vormizeele*, in: Schwarze, EU-Kommentar, Art. 47 GRC Rn. 2.

1099 So auch – allerdings ohne nähere Begründung – *Hetzel*, Kronzeugenregelungen, S. 227. Vgl. allgemein zum Verhältnis von Artt. 41 und 47 GRC bei der Anwendung auf Kartellverfahren *Brenner*, Das Vergleichsverfahren, S. 225 f.

1100 Vgl. *Baudisch*, Die Rechtsstellung des Unternehmens, S. 259; *Eser*, in: Meyer, Grundrechtecharta, Art. 47 Rn. 34; *Grabenwarter/Pabel*, EMRK, § 24 Rn. 60/61; *Hetzel*, Kronzeugenregelungen, S. 227; *Pache*, NVwZ 2001, 1342 (1345); *Schädler/Jakobs*, in: Karlsruher Kommentar, StPO, Art. 6 EMRK Rn. 19 f.

1101 *Baudisch*, Die Rechtsstellung des Unternehmens, S. 259 f.; *Bueren*, Verständigungen, S. 908; *Grabenwarter/Pabel*, EMRK, § 24 Rn. 61.

1102 *Baudisch*, Die Rechtsstellung des Unternehmens, S. 260; *Classen*, Gute Verwaltung, S. 200; *Grabenwarter/Pabel*, EMRK, § 24 Rn. 61.

1103 *Heine*, Die Rechtsstellung des Beschuldigten, S. 77; *Safferling*, NStZ 2004, 181 (184).

1104 Vgl. *Baudisch*, Die Rechtsstellung des Unternehmens, S. 259 ff.; *Grabenwarter/Pabel*, EMRK, § 24 Rn. 62 f./65; *Jeßberger*, Kooperation, S. 132; *Meyer-Ladewig*, EMRK, Art. 6 Rn. 114; *Safferling*, NStZ 2004, 181 ff. Insofern findet sich das Gebot der Waffengleichheit (dort als *Grundsatz* der Waffengleichheit bezeichnet) auch in der unionsgerichtlichen Rechtsprechung zum Kartellbußgeldverfahren. Vgl. nur EuG v. 29.06.1995, T-36/91, Slg. 1995, II-1847 (1896, Rn. 111) – *ICI*; dass. v. 27.09.2006, T-314/01, Slg. 2006, II-3085 (3111, Rn. 66) – *Avebe*.

1105 *Brenner*, Das Vergleichsverfahren, S. 279.

Ausgeführten aber auch stets dann betroffen sein, wenn ein Verfahren stark einseitig ausgestaltet ist.

Unter diesem Gesichtspunkt könnte das Vergleichsverfahren insofern problematisch sein, als es den Parteien nach Vorlage der Vergleichsausführungen nicht mehr gestattet ist, aus dem Vergleichsverfahren auszusteigen, während sich die Kommission ein solches Recht vorbehält. Der Umstand, dass das in den Vergleichsausführungen enthaltene Geständnis nicht mehr einseitig von den Parteien widerrufen werden kann, ist bereits auf seine Vereinbarkeit mit dem Grundsatz der Unschuldsvermutung überprüft und mit diesem für vereinbar erklärt worden.[1106] Nunmehr soll der Frage nachgegangen werden, ob von einer fairen Ausgestaltung des Vergleichsverfahrens gesprochen werden kann, wenn der Kommission als Anklagebehörde insofern möglicherweise weitergehende Rechte zustehen als der beschuldigten Partei.[1107] Hierbei ist ferner zu berücksichtigen, dass die Parteien durch ihr kooperatives Verhalten – insbesondere im Rahmen der Vergleichsgespräche und durch die Vorlage der Vergleichsausführungen einschließlich des Geständnisses – massiv in Vorleistung getreten sind. Die Kommission leistet ihren „Kooperationsbeitrag“ hingegen erst am Ende des Verfahrens, namentlich in Form der als Belohnung für die Kooperation in Aussicht gestellten 10 %-igen Bußgeldermäßigung.[1108] Dann aber erscheint es umso „unfairer“, wenn die Gewährung der Geldbuße bis zuletzt

1106 Vgl. VI., 2.

1107 Auf das Problem der Einseitigkeit des Vergleichsverfahrens zu Gunsten der Kommission weist auch *Cooke*, in: Ehlermann/Marquis, Antitrust Settlements, 261 (271), hin.

1108 Vgl. auch *Bueren*, Verständigungen, S. 908, sowie *Weitbrecht/Mühle*, EuZW 2008, 251 (551). Letztere (a. a. O.) sehen das Problem allerdings nur in Bezug auf Hybrid-Fälle: „Zum zweiten wird das Problem der so genannten Hybridfälle nicht gelöst, also der Fälle, in denen nur ein Teil der an einem Kartell beteiligten Unternehmen dem Vergleichsverfahren zustimmt: Die Kommission behält sich ein uneingeschränktes Ermessen vor, die Vergleichsverhandlungen mit verständigungsbereiten Unternehmen – selbst nach deren Schuldeingeständnis im Vergleichsverfahren – jederzeit einzustellen, falls eine Verfahrensrationalisierung nicht mehr möglich ist, weil andere Unternehmen das Verfahren streitig betreiben wollen. Dies kann unter dem Gesichtspunkt des Grundsatzes des fairen Verfahrens kaum überzeugen – bevor ein Unternehmen seine Beteiligung an einem Kartellverstoß eingesteht, muss es sicher sein können, dass dieses Geständnis angemessen honoriert wird.“ Ähnlich *Burrichter/Zimmer*, in: Ehlermann/Atanasiu, Enforcement, 611 (617), hinsichtlich des Grundsatzes der Rechtssicherheit sowie *Schwarze/Bechtold/Bosch*, Rechtsstaatliche Defizite, S. 72 f., hinsichtlich der Gebote der Bestimmtheit und der Berechenbarkeit des Verwaltungshandelns. Auf das parallele Problem des Invorleistungtretens durch die Parteien im Rahmen der Kronzeugenregelung weisen auch *Hetzel*, Kronzeugenregelungen, S. 228, sowie *Wiesner*, Der Kronzeuge im Kartellrecht, S. 152 ff., hin.

in das Ermessen der Kommission gestellt ist.[1109] Im Gegensatz dazu sieht die Kronzeugenregelung (von 2002 und 2006) einen – immerhin bedingten – Anspruch der Parteien auf Erlass der Geldbuße vor, sofern die in der Kronzeugenmitteilung genannten Voraussetzungen erfüllt sind.[1110]

2. *Bewertung des fair trial-Grundsatzes im Vergleichsverfahren*

Durch die einseitige Bindung der Parteien und der letztlich in das Ermessen der Kommission gestellten Entscheidung über die Gewährung der Bußgeldermäßigung stehen letzterer weitergehende Rechte zu als ersteren. Zwar geht der Entscheidung der Kommission gerade ein auf den Erlass eines Vergleichsbeschlusses gerichteter Antrag der Parteien voraus und entspricht die Kommission dem letztlich mit der Fortführung des Vergleichsverfahrens nur. Allerdings erscheint es vor dem Hintergrund obiger Ausführungen unnötig, dass die Parteien an ihren Antrag gebunden sind, sie von diesem also auch etwa dann nicht mehr abrücken können, wenn sie nach Antragstellung feststellen sollten, dass eine streitige Entscheidung für sie günstiger wäre, während die Kommission ihrerseits das Verfahren weiterhin jederzeit abbrechen kann. Damit scheint der Zeitraum zwischen der Stellung des Antrages und dem Erlass des Kommissionsbeschlusses „bemakelt" und ist das Bestehen einer Waffenungleichheit zu Ungunsten der Parteien zumindest nicht von vornherein ausgeschlossen.

Eine solche ist im Vergleichsverfahren aber möglicherweise nur deshalb gegeben, weil das Verfahren von einem case team der Generaldirektion Wettbewerb durchgeführt, der verfahrensbeendende Beschluss allerdings vom Kommissionskollegium getroffen wird.[1111] Dies könnte den Schluss nahelegen, dass die Kommission den Parteien eine automatische Bußgeldermäßigung bei Erfüllen der in der Mitteilung über das Vergleichsverfahren genannten Voraussetzungen nicht abstrakt zusagen kann, sondern stets eine Entscheidung des Kommissionskollegiums im Einzelfall herbeigeführt werden muss. Sollte dies der Fall sein, könnte eine Waffenungleichheit jedenfalls gerechtfertigt sein.

Bereits vor Inkrafttreten des Vergleichsverfahrens wurde in der Literatur vorgeschlagen, dem Wettbewerbskommissar die Befugnis zum Erlass des Beschlusses in Vergleichsverfahren zu übertragen.[1112] Eine vergleichbare Befugnis besitzt der Wettbewerbskommissar bereits in der Fusionskontrolle bei Entscheidungen im

---

1109 Kritisch hinsichtlich des Ermessens, das sich die Kommission bei der Gewährung der Bußgeldermäßigung vorbehält, auch *Hennig*, Settlements, S. 332, sowie *Scordamaglia*, GAR 2009, 61 (81 f.).

1110 Vgl. bereits Teil 3, A., II.

1111 Vgl. dazu bereits Teil 2, A., II., sowie Teil 3, A., VI., 6., c).

1112 *Burrichter/Zimmer*, in: Ehlermann/Atanasiu, Enforcement, 611 (617). Auf die Möglichkeit einer solchen Ermächtigung weist auch *Soltész*, EWS 2000, 241 (245), hinsichtlich der Kronzeugenregelung von 1996 hin, die – anders als ihre Nachfolgeregelungen – noch keinen automatischen Bußgelderlass vorsah.

Vorverfahren nach Art. 6 Abs. 1 VO 139/2004[1113].[1114] Zu diesen zählen die Feststellung, dass der angemeldete Zusammenschluss nicht unter die VO 139/2004 fällt (lit. a), dass der angemeldete Zusammenschluss zwar unter die VO 139/2004 fällt, aber keinen Anlass zu ernsthaften wettbewerblichen Bedenken gibt und deshalb genehmigt wird (lit. b) sowie dass der angemeldete Zusammenschluss unter die VO 139/2004 fällt und Anlass zu ernsthaften wettbewerblichen Bedenken gibt und deshalb das Hauptprüfverfahren eröffnet wird (lit. c). Alle endgültigen inhaltlichen Entscheidungen werden hingegen auch dort nicht von dem Wettbewerbskommissar getroffen, sondern bleiben vielmehr dem Kommissionskollegium vorbehalten.[1115] So sieht Art. 13 Abs. 1 GO Kommission lediglich vor, dass „[d]ie Kommission [...] eines oder mehrere ihrer Mitglieder ermächtigen [kann], *Maßnahmen der Geschäftsführung und der Verwaltung* zu treffen."[1116] Die Vorschrift gestattet es der Kommission dabei gerade nicht, eine solche weitreichende Maßnahme wie die Befugnis zum Erlass eines Beschlusses, mit dem eine Geldbuße festgesetzt wird, an den Wettbewerbskommissar zu delegieren.[1117] Möglich wäre es allerdings, den Parteien eine Bußgeldermäßigung verbindlich zuzusagen.[1118] Denn bereits mit der Einfügung einer entsprechenden Erklärung in die Mitteilung über das Vergleichsverfahren würde das Ermessen der Kommission wegen des Grundsatzes der Selbstbindung der Verwaltung insofern auf Null reduziert und müsste sie den an dem Vergleichsverfahren teilnehmenden Parteien eine Bußgeldermäßigung gewähren. Einer solchen Selbstbindung steht auch nicht entgegen, dass das Vergleichsverfahren von der Wettbewerbskommission durchgeführt, der Beschluss aber vom Kommissionskollegium erlassen wird. So erfolgt die zu einer Selbstbindung führende Veröffentlichung einer Mitteilung durch die (gesamte) Kommission, mithin auch „im Namen" des Kommissionskollegiums. In Betracht zu ziehen wäre es ferner, den Parteien ebenfalls die Möglichkeit zu eröffnen, bis zum Erlass des verfahrensbeendenden Beschluss ihrerseits aus dem Vergleichsverfahren auszusteigen, und zwar mit den Rechtsfolgen, die auch aktuell nach der Mitteilung über das Vergleichsverfahren für den Fall des Abbruchs des Vergleichsverfahrens vorgesehen sind; d. h. es würde das streitige Verfahren zur Anwendung kommen, und das Geständnis der Parteien könnte nicht weiter als Beweismittel verwendet werden.

1113 Verordnung (EG) Nr. 139/2004 des Rates vom 20. Januar 2004 über die Kontrolle von Unternehmenszusammenschlüssen („EG-Fusionskontrollverordnung"), ABl. EU 2004 Nr. L 24/1.

1114 *Burrichter/Zimmer*, in: Ehlermann/Atanasiu, Enforcement, 611 (617); *Immenga/Körber*, in: Immenga/Mestmäcker, EU-Wettbewerbsrecht, Art. 6 VO 139/2004 Rn. 12.

1115 *Emberger/Peter*, in: Loewenheim/Meessen/Riesenkampff, Kartellrecht, Art. 6 VO 139/2004 Rn. 2.

1116 [Hervorhebungen durch Verf.].

1117 So auch *Brenner*, Das Vergleichsverfahren, S. 151; *Bueren*, Verständigungen, S. 890.

1118 So auch – hinsichtlich der Kronzeugenregelung von 1996 – *Soltész*, EWS 2000, 240 (245).

Schließlich könnte man erwägen, das Kommissionskollegium in das Vergleichsverfahren zu involvieren. Dieses müsste dann zwar nicht bereits an den Vergleichsgesprächen teilnehmen, könnte aber etwa seine Zustimmung zu dem in den Vergleichsgesprächen gefundenen Ergebnis erteilen. An diese Zustimmung wäre es dann bei Erlass des verfahrensbeendenden Beschlusses wegen des fair trial-Grundsatzes grundsätzlich gebunden bzw. dürfte von ihr nur in atypischen Fällen abweichen.

Nach alledem ist die abstrakte Zusage einer Bußgeldermäßigung möglich, ohne dass hierüber im Einzelfall eine Entscheidung des Kommissionskollegiums herbeigeführt werden müsste. Daneben sind – wie gezeigt – auch weitere Ausgestaltungen denkbar, ohne dass der Anschein der eingangs skizzierten Waffenungleichheit entstünde.

Für die Beurteilung des Bestehens einer Verletzung des fair trial-Grundsatzes sind aber – wie erwähnt – alle Umstände des Einzelfalls heranzuziehen und sprechen gegen einen Verstoß letztlich folgende Überlegungen. Zunächst ist zu berücksichtigen, dass das Geständnis für den Fall, dass es nicht zur Wiedergabe der Vergleichserklärungen in der Mitteilung der Beschwerdepunkte oder zum Erlass eines Vergleichsbeschlusses kommt, als zurückgezogen gilt und dass die Verteidigungsrechte aufgrund des Wechsels in das streitige Verfahren wieder aufleben. Insofern birgt die Teilnahme am Vergleichsverfahren für die Parteien wenig Risiken.[1119] Es besteht allenfalls die abstrakte Befürchtung, dass das jeweils zuständige case team mittelbar gewonnene Beweismittel auch im streitigen Verfahren verwendet. Eine solche Gefahr für die Parteien dürfte sich zwar eher im theoretischen Bereich bewegen, ist aber nicht ganz von der Hand zu weisen.[1120] Jedoch gilt es zu berücksichtigen, dass eine Fernwirkung von Beweisverwertungsverboten in der Rechtsprechung der Unionsgerichte nicht anerkannt ist.[1121] Angesichts der eindeutigen Aussage der Kommission in der Mitteilung über das Vergleichsverfahren, dass sie sich einen einseitigen Abbruch des Vergleichsverfahrens vorbehalte,[1122] ist bei den Parteien zudem kein begründetes Vertrauen geschaffen worden, das einer Nichtgewährung der Bußgeldermäßigung nunmehr entgegengehalten werden könnte.[1123] Schließlich ist anzunehmen, dass die Kommission die in Aussicht gestellte Bußgeldermäßigung auch tatsächlich gewährt. Zum einen hat sie erklärt, dass die Gewährung der Bußgeldermäßigung nur ausnahmsweise unterbleiben solle.[1124] Zum anderen hat sie in keinem der bislang abgeschlossenen Vergleichsfälle einem

---

1119 Vgl. auch *Bueren*, Verständigungen, S. 909: „Fairness wird danach durch ‚Rückabwicklung' der Verständigung hergestellt."

1120 Kritisch auch *Brenner*, Das Vergleichsverfahren, S. 283 f., sowie *Bueren*, Verständigungen, S. 911 ff.

1121 Vgl. dazu bereits Teil 3, A., VI., 4., b).

1122 Kommission, Mitteilung über das Vergleichsverfahren, Rn. 27/29.

1123 Vgl. auch *Bueren*, Verständigungen, S. 896.

1124 Kommission, MEMO/08/458, S. 6: "However, this should occur only exceptionally if the usefulness of the settlement instrument is to be preserved."

Unternehmen die Bußgeldermäßigung verwehrt. Somit scheint die Kommission selbst davon auszugehen, dass eine Bußgeldermäßigung nur ausnahmsweise und bei Vorliegen atypischer Konstellationen nicht gewährt werden soll.

3. Ergebnis

Das Vergleichsverfahren verstößt nicht gegen den fair trial-Grundsatz.

B. Deutsches Recht

Im Folgenden ist zu untersuchen, ob die Praxis des Bundeskartellamtes, Kartellbußgeldverfahren einvernehmlich zu beenden, mit höherrangigem Recht vereinbar ist. Da das deutsche Vergleichsverfahren dem der Kommission weitgehend ähnelt und die strafrechtlichen bzw. strafprozessualen Grundsätze hier wie dort Anwendung finden, kann die nachfolgende Prüfung – so viel sei vorweggenommen – deutlich kürzer ausfallen. Gleichwohl weist das deutsche Vergleichsverfahren einige Besonderheiten auf, die eine eigenständige Untersuchung rechtfertigen. Vorschriften, die durch die Praxis des Bundeskartellamtes verletzt sein könnten, enthalten das OWiG, die StPO und – soweit sich dort keine speziellen Regelungen finden – das GG.[1125] Da neben den Unionsorganen auch die Mitgliedstaaten Adressaten der GRC sind und das Bundeskartellamt mit der Anwendung der Artt. 101 und 102 AEUV regelmäßig Unionsrecht durchführt (sog. „administrative Durchführung"),[1126] ist es schließlich an die GRC gebunden, vgl. Art. 51 Abs. 1 Satz 1 GRC. Allerdings sind die zuvor genannten Regelungen spezieller und gewährt die GRC lediglich einen Mindestschutz.[1127] Auf diese wäre deshalb nur einzugehen, sofern OWiG, StPO und GG im Einzelfall hinter dem Schutzniveau der GRC zurückbleiben sollten.

I. Kompetenz des Bundeskartellamtes zur Einführung des Vergleichsverfahrens

Mit der jüngst erfolgten Veröffentlichung des Merkblatts zum Vergleichsverfahren hat auch das Bundeskartellamt eine Verwaltungsvorschrift veröffentlicht.[1128] Da es von § 81 Abs. 7 GWB zur Festlegung solcher Verwaltungsgrundsätze, die (auch) die

---

1125 Um die Parallelität bei der Darstellung des europäischen und des deutschen Vergleichsverfahrens zu wahren, werden etwaige Verstöße gegen diese einfachrechtlichen Vorschriften im Rahmen des jeweiligen verfassungsrechtlichen Grundsatzes geprüft.

1126 Vgl. *Ehlers*, in: Ehlers, Europäische Grundrechte, § 14 Rn. 51; *Jarass*, Grundrechtecharta, Art. 51 Rn. 17; *Borowsky*, in: Meyer, Grundrechtecharta, Art. 51 Rn. 24.

1127 Vgl. bereits A., I., 2.

1128 Vgl. bereits Teil 3, B., V., 2.

Bußgeldbemessung betreffen, ausdrücklich ermächtigt wird,[1129] stellt sich die zum europäischen Recht entsprechend aufgeworfene Frage, ob sich das Bundeskartellamt durch den Erlass einer quasi-gesetzlichen Regelung möglicherweise Gesetzgebungskompetenzen angemaßt hat, hier von vornherein nicht. Zudem ist das Merkblatt zum Vergleichsverfahren vergleichsweise abstrakt, so dass auch die Gefahr einer möglichen Vorwegnahme des Einzelfalls durch eine antizipierte behördliche Ermessenskonkretisierung nicht besteht.[1130]

Allerdings könnte eine ausdrückliche Regelung des Vergleichsverfahrens durch den Gesetzgeber erforderlich sein. Insofern gilt es zu erinnern, dass die Vorschriften des Verständigungsgesetzes in Bezug auf das behördliche (Kartell-)Bußgeldverfahren zwar sinngemäß gelten, so dass deren zentrale rechtsstaatliche Grundsätze auch hier Anwendung finden, der Gesetzgeber aber „[a]uf eine Regelung, die auch der Verwaltungsbehörde explizit die im Strafverfahren dem Gericht eingeräumten Befugnisse zur Verständigung gewährt,“[1131] verzichtet hat.

Eine Pflicht zum gesetzgeberischen Tätigwerden könnte sich dabei aus dem Grundsatz vom Vorbehalt des Gesetzes ergeben. Dieses aus dem Rechtsstaatsprinzip[1132] (Art. 20 Abs. 3 GG) folgende Prinzip verlangt, dass staatliches Handeln in bestimmten Bereichen einer förmlichen Gesetzesgrundlage bedarf.[1133] Dies gilt in erster Linie für die Eingriffsverwaltung, kann darüber hinaus aber auch in anderen Fällen angezeigt sein. Nach der sog. „Wesentlichkeitstheorie“ des BVerfG hat der Gesetzgeber alle wesentlichen Entscheidungen selbst zu treffen, wobei wesentlich „in der Regel ‚wesentlich für die Verwirklichung der Grundrechte‘“[1134] bedeutet.[1135] Zwar stellt das Vergleichsverfahren keine klassische Maßnahme der Eingriffsverwaltung dar, da es von einer freiwilligen Inanspruchnahme der Betroffenen abhängt und außerdem zu einer Bußgeldermäßigung statt -erhöhung führt.[1136] Bei seiner

---

1129 Zu § 81 Abs. 7 GWB und der Veröffentlichung von Verwaltungsgrundsätzen zum Vergleichsverfahren durch das Bundeskartellamt vgl. bereits Teil 3, B., V., 2.

1130 Zu den entsprechenden, letztlich jedoch ebenfalls nicht durchgreifenden Bedenken im europäischen Vergleichsverfahren vgl. bereits A., II., 2., a).

1131 RegE Verständigungsgesetz, BT-Drucks. 16/12310, S. 16. Vgl. dazu bereits Teil 3, B., V., 1., b).

1132 So jedenfalls die ganz h. M. Vgl. nur BVerfGE 40, 237 (248 f.); 49, 89 (126); 77, 170 (230). Demgegenüber wird in der Literatur teilweise auf das Demokratieprinzip bzw. auf die Grundrechte verwiesen. Vgl. die Nachweise bei *Hetzel*, Kronzeugenregelungen, S. 253 (Fn. 764); *Wiesner*, Der Kronzeuge im Kartellrecht, S. 162 (Fn. 155).

1133 *Hetzel*, Kronzeugenregelungen, S. 253; *Müller*, Absprachen im Strafverfahren, S. 100; *Wiesner*, Der Kronzeuge im Kartellrecht, S. 162.

1134 BVerfGE 47, 46 (79). Vgl. auch dass. 57, 295 (320 f.); 77, 170 (230 f.).

1135 *Hetzel*, Kronzeugenregelungen, S. 254; *Müller*, Absprachen im Strafverfahren, S. 100; *Wiesner*, Der Kronzeuge im Kartellrecht, S. 162 f.

1136 Vgl. entsprechend zur Kronzeugenregelung *Hetzel*, Kronzeugenregelungen, S. 253; *Wiesner*, Der Kronzeuge im Kartellrecht, S. 162. Vor diesem Hintergrund kommt auch ein Verstoß gegen den nulla poena sine lege-Grundsatz aus Art. 103 Abs. 2

Einführung könnte es sich aber bereits deshalb um eine wesentliche Entscheidung im genannten Sinne handeln, weil das Vergleichsverfahren Bußgeldrelevanz und damit Grundrechtsintensität besitzt sowie weil es zu einem deutlich veränderten Ablauf des streitigen Kartellbußgeldverfahrens führt.[1137]

Auch vor dem Hintergrund dieser Erwägungen kann die Kompetenz des Bundeskartellamtes zur einvernehmlichen Verfahrensbeendigung letztlich aber nicht zweifelhaft sein. Würde man das Erfordernis einer gesetzlichen Regelung bereits aufgrund des Umstandes bejahen, dass das Vergleichsverfahren Bußgeldrelevanz besitzt, so würde die gesetzliche Entscheidung für die Geltung des Opportunitätsprinzips im Ordnungswidrigkeitenrecht konterkariert.[1138] Die wesentliche Entscheidung hat der Gesetzgeber bereits selbst mit der Schaffung der einzelnen Bußgeldtatbestände sowie ihrer Rechtsfolgen und der Geltung des Opportunitätsprinzips geschaffen.[1139] Sofern das Vergleichsverfahren die vom Gesetzgeber vorgesehene Sanktion lediglich mildert, bleibt jenes hinter dieser Eingriffsmöglichkeit zurück und fehlt es ihm an einer besonderen Grundrechtsintensität.[1140] Eine ausdrückliche gesetzliche Regelung von Milderungsgründen ist daher nicht erforderlich.

Aus dem Opportunitätsprinzip folgt zugleich, dass die Behörde das Bußgeldverfahren im Wesentlichen frei gestalten kann, solange sie dabei nicht gegen höherrangiges Recht verstößt. Demnach mag die Einführung von Absprachen im vom Legalitätsprinzip beherrschten und mithin stark formalisierten Strafverfahren durch richterliche Rechtsfortbildung kritikwürdig erscheinen[1141] und ein Tätigwerden des Gesetzgebers erfordern. Im Ordnungswidrigkeitenrecht sind der Behörde hingegen weniger strenge Grenzen gesetzt und besitzt sie – unter Beachtung der Gewährleistung der einzelnen Verteidigungsrechte – die Befugnis, den Verfahrensablauf weitgehend selbst zu bestimmen.[1142] In diesem Zusammenhang scheint es zwar

---

GG, der als besondere Ausprägung des Gesetzesvorbehaltes für die Strafandrohung neben dem Kriminalstrafrecht auch im Ordnungswidrigkeitenrecht das Erfordernis gerade einer *gesetzlichen* Regelung statuiert (vgl. *Hetzel*, Die Kronzeugenregelungen, S. 255; *Rogall*, in: Karlsruher Kommentar, OWiG, § 3 Rn. 1 f.; *Schmid-Aßmann*, in: Maunz/Dürig, GG, Art. 103 Abs. 2 Rn. 195), nicht in Betracht.

1137 Vgl. entsprechend zur Kronzeugenregelung *Hetzel*, Kronzeugenregelungen, S. 255 f., und *Wiesner*, Der Kronzeuge im Kartellrecht, S. 164, sowie zu Absprachen im Strafverfahren – allerdings noch vor Inkrafttreten des Verständigungsgesetzes – *Müller*, Absprachen im Strafverfahren, S. 100 f.

1138 *Wiesner*, Der Kronzeuge im Kartellrecht, S. 164; *ders.*, WuW 2005, 606 (613).

1139 Zur Möglichkeit, die Kooperation der Betroffenen hinsichtlich des Grundsatzes des schuldangemessenen Strafens im Rahmen der gesetzlichen Vorgaben zu berücksichtigen, vgl. noch ausführlich II.

1140 Vgl. entsprechend zur Kronzeugenregelung *Wiesner*, Der Kronzeuge im Kartellrecht, S. 164 f.; *ders.*, WuW 2005, 606 (613).

1141 Vgl. dazu nur *Müller*, Absprachen im Strafverfahren, S. 100 ff.

1142 Nachdem zwischenzeitlich mit § 81 Abs. 7 GWB eine Ermächtigungsgrundlage für den Erlass bußgeldzumessungsrelevanter Verwaltungsvorschriften eingeführt worden ist, werden auch die Bußgeldleitlinien sowie die Bonusregelung des

– zumindest auf den ersten Blick – inkonsequent, dass das verwaltungsrechtliche Instrument der Verpflichtungszusagen seinen Niederschlag in § 32b GWB gefunden hat, auf eine gesetzliche Regelung des bußgeldrelevanten Vergleichsverfahrens hingegen verzichtet wird.[1143] Es gilt jedoch zu bedenken, dass die Möglichkeit, das Verwaltungsverfahren durch das Instrument der Verpflichtungszusagen zu beenden, zu einer neuen Entscheidungsform im Kartellverfahren geführt hat,[1144] während das Vergleichsverfahren weiterhin durch einen „normalen" Bußgeldbescheid abgeschlossen und das streitige Verfahren insofern (lediglich) abgekürzt wird.

Ein Verstoß gegen den Vorbehalt des Gesetzes ist daher abzulehnen. Das Bundeskartellamt besitzt die nötige Kompetenz zur Ein- und Durchführung des Vergleichsverfahrens.

II. Grundsatz schuldangemessenen Strafens

1. Vorüberlegungen

Der Grundsatz schuldangemessenen Strafens ist in Art. 1 Abs. 1 GG und Art. 2 Abs. 1 GG sowie Art. 20 Abs. 3 GG verankert und hat damit Verfassungsrang.[1145] Er besagt, „daß die angedrohte Strafe in einem gerechten Verhältnis zur Schwere der Tat und zum Verschulden des Täters stehen muß."[1146] In erster Linie folgt daraus das (Übermaß-)Verbot, eine unangemessen *hohe* Strafe zu verhängen.[1147] Da aber ein Allgemeininteresse an der Verhängung gerechter Sanktionen besteht, findet der Grundsatz schuldangemessenen Strafens auch in dem umgekehrten Fall

Bundeskartellamtes – soweit ersichtlich – allgemein für rechtmäßig erachtet, obgleich diese ebenfalls nicht vom Gesetzgeber selbst erlassen worden sind. Vgl. nur zur Bonusregelung – obgleich durchaus kritisch – *Dannecker/Biermann*, in: Immenga/Mestmäcker, GWB, § 81 Rn. 440: „Zwar hat die Einführung einer gesetzlichen Ermächtigungsgrundlage für eine Bonusregelung des Bundeskartellamts in § 81 Abs. 7 die Situation hinsichtlich des Prinzips des Gesetzesvorbehalts deutlich verbessert. Dennoch ist nach wie vor eine Aufnahme einer Selbstanzeigeregelung in das GWB selber zu fordern, da dies die (rechtsstaatliche) Legitimität des Programmes erhöhen würde."

1143 Vgl. *Brenner*, WuW 2011, 590 (600).

1144 Vgl. dazu nur *Bach*, in: Immenga/Mestmäcker, GWB, § 32b Rn. 4.

1145 BVerfGE 50, 205 (214 f.); BGHSt 50, 40 (49). Soweit mit der Bezugnahme auf Art. 1 Abs. 1 GG ein personales Substrat verbunden ist, gilt der Grundsatz schuldangemessenen Strafens bei der Ahndung von juristischen Personen gleichwohl. Insofern begründet die Schuld der gesetzlichen Vertreter eine eigene Schuld der juristischen Person; dabei liegt der Schwerpunkt auf der Vorwerfbarkeit und nicht etwa auf der Annahme einer sittlich-moralischen Schuld. Vgl. *Dannecker/Biermann*, in: Immenga/Mestmäcker, GWB, vor § 81 Rn. 99.

1146 BVerfGE 6, 389 (439). Ähnlich auch dass. 50, 205 (215); 73, 206 (253); 95, 96 (140).

1147 Vgl. BVerfGE 50, 205 (215); 73, 206 (253); 95, 96 (140).

Anwendung und ist die Verhängung einer unangemessen *niedrigen* Strafe gleichfalls unzulässig.[1148]

Neben dem (Kriminal-)Strafrecht findet der Grundsatz schuldangemessenen Strafens auch im Ordnungswidrigkeitenrecht Anwendung,[1149] und zwar nicht nur in seiner Ausprägung als Übermaßverbot, sondern gleichfalls bei der Eingrenzung des Bußgeldrahmens nach unten. Denn auch an der Verhängung einer als gerecht empfundenen *Geldbuße* besteht ein hohes öffentliches Interesse, was insbesondere für die „große Ordnungswidrigkeiten" des Kartellrechts gilt.[1150]

Gegen diesen Grundsatz könnte das Vergleichsverfahren insofern verstoßen, als es die Kooperation der Betroffenen bußgeldmindernd berücksichtigt, obgleich die Tatschuld von dieser Kooperation möglicherweise nicht beeinflusst wird. Entsprechend des Vorgehens beim europäischen Recht soll auch hier zunächst dargestellt werden, inwiefern nach den (einfach-)gesetzlichen Zumessungsregeln die Kooperation der Betroffenen berücksichtigungsfähig ist, ehe auf die spezifischen Bedenken hinsichtlich des Vergleichsverfahrens eingegangen wird.

2. *Bußgeldzumessungskriterien, § 81 Abs. 4 Satz 6 GWB, § 17 Abs. 3 Satz 1 OWiG*

Wie dargestellt[1151] kommen bei der Zumessung der Geldbuße durch das Bundeskartellamt § 81 Abs. 4 Satz 6 GWB und § 17 Abs. 3 Satz 1 GWB nebeneinander zur Anwendung. Während jener aber einzig die Kriterien der Schwere und Dauer nennt und daher für die Berücksichtigung der Kooperation bei der Bußgeldzumessung wenig erhellend ist, könnte insofern § 17 Abs. 3 Satz 1 OWiG mit dem Kriterium des „Vorwurf[s], der den Täter trifft" weiterhelfen. Da aber auch diesem die nötigen „Konturen"[1152] fehlen, bietet sich ein vergleichender Blick auf das Strafrecht und den dortigen § 46 StGB an, wo hinsichtlich der Berücksichtigung von kooperativem Verhalten bei der Strafzumessung eine tiefergehende Dogmatik existiert. Gegen eine vorbehaltlose Heranziehung von § 46 StGB spricht freilich, dass Straf- und Ordnungswidrigkeitenrecht wesentlich verschieden sind und daher auch die Sanktionierung nach unterschiedlichen Gesichtspunkten zu erfolgen hat. Da das

---

1148 Vgl. BGHSt 50, 40 (49): „Die Strafe darf sich nicht – auch nicht nach unten – von ihrer Bestimmung als gerechter Schuldausgleich lösen." Vgl. auch BVerfG, NStZ 1987, 419; BGHSt 43, 195 (208 ff.); ders., NStZ 2008, 170 (171); *König/Harrendorf*, in: Dölling/Duttge/Rössner, Gesamtes Strafrecht, § 257c StPO Rn. 16; *Krumm*, NZV 2011, 376 (377); *Miebach*, in: Münchener Kommentar, § 46 Rn. 209; *Stuckenberg*, in: Löwe-Rosenberg, StPO, § 257c Rn. 49.

1149 BVerfGE 20, 323 (331); 81, 228 (237); OLG Düsseldorf v. 26.06.2009, VI-2a Kart 2–6/08 (OWi), Rn. 627 (zit. nach *juris*); *Achenbach*, WuW 1997, 393 (395); *Dannecker/Biermann*, in: Immenga/Mestmäcker, GWB, vor § 81 Rn. 250 f./§ 81 Rn. 319/360.

1150 *Dannecker/Biermann*, in: Immenga/Mestmäcker, GWB, § 81 Rn. 362.

1151 Vgl. Teil 2., B., III.

1152 So *Mitsch*, in: Karlsruher Kommentar, OWiG, § 17 Rn. 32.

Ordnungswidrigkeitenrecht mehr dem Schutz eines bestehenden Ordnungsgefüges und weniger der Ahndung persönlicher Schuld dient, ist in § 17 Abs. 3 Satz 1 OWiG mit dem Merkmal der Bedeutung der Ordnungswidrigkeit ein objektives Kriterium an erster Stelle genannt; der Unrechtsgehalt der Ordnungswidrigkeit – und nicht die Schuld des Täters – ist folglich primärer Anknüpfungspunkt für die Bußgeldzumessung.[1153]

§ 46 StGB Abs. 1 Satz 1 StGB bestimmt, dass die Schuld des Täters Grundlage für die Zumessung der Strafe ist. Trotz der Verwendung unterschiedlicher Begriffe – „Vorwurf" im Ordnungswidrigkeitenrecht, „Schuld" im Strafrecht – meinen beide Normen dasselbe.[1154] Anders als § 17 Abs. 3 OWiG zählt § 46 Abs. 2 Satz 2 StGB beispielhaft Umstände auf, welche die Strafe des Täters erhöhen bzw. mindern. Ausdrücklich genannt ist dort auch das Nachtatverhalten. Obgleich dieses gemäß § 46 Abs. 2 StGB bei der Strafzumessung also grundsätzlich Berücksichtigung finden kann, ist fraglich, ob dies auch für den hier zu betrachtenden Fall gilt, in dem sich der Täter angesichts der in Aussicht gestellten Ermäßigung oder gar des Erlasses einer Sanktion zur Kooperation und insbesondere zur Abgabe eines Geständnisses bereit erklärt. Denn nach § 46 Abs. 1 Satz 1 StGB ist die Schuld des Täters maßgeblich und zwar nur die Schuld *bei* Begehung der Tat.

Zur Begründung der schuldmindernden Berücksichtigung des positiven Nachtatverhaltens bedient sich die herrschende Meinung im Strafrecht der sog. „doppelspurigen Indizkonstruktion", wonach aus dem Prozessverhalten ein Rückschluss auf die Schuld des Täters gezogen wird.[1155] Ein Geständnis etwa soll Ausdruck von Reue und Unrechtseinsicht sein und kann sich dementsprechend strafmildernd auswirken. Ungeachtet der grundsätzlichen Kritik an dieser Vorgehensweise[1156] ist sie doch bei Verfahrensabsprachen – ebenso wie bei Anwendung der Kronzeugenregelung – nicht wirklich weiterführend. Denn es lässt sich wohl nur selten ernsthaft argumentieren, dass die Motive des im Rahmen dieser Instrumente kooperierenden Täters (auch) Reue bzw. Unrechtseinsicht seien. In den allermeisten Fällen dürfte ihn vielmehr allein die Aussicht auf Strafermäßigung zur Kooperation bewegen, so dass diese das Ergebnis bloßer taktischer Erwägungen ist.[1157] Der BGH misst dem im Rahmen einer Verständigung abgegebenen Geständnis gleichwohl strafmildernde Wirkung bei.[1158] Zwar will er nicht ausschließen, dass ein solches

---

1153 *Dannecker/Biermann*, in: Immenga/Mestmäcker, GWB, § 81 Rn. 368; *Mitsch*, in: Karlsruher Kommentar, OWiG, § 17 Rn. 32.

1154 *Steinberg*, WuW 2006, 719 (725).

1155 BGHSt 1, 105 (106); *Beulke/Satzger*, JuS 1997, 1072 (1077 f.); *Jeßberger*, Kooperation, S. 66 f.; *Weigend*, NStZ 1999, 57 (60).

1156 Vgl. nur *Jescheck/Weigend*, Strafrecht AT, S. 893 ff.; *Jeßberger*, Kooperation, S. 67 f.

1157 *Stuckenberg*, in: Löwe-Rosenberg, StPO, § 257c Rn. 15; *Weigend*, JZ 1990, 774 (779); *ders.*, NStZ 1999, 57 (60). Neben der Schuldrelevanz mangelt es der Kooperation insofern regelmäßig auch an der Präventionsrelevanz; vgl. dazu *Jeßberger*, Kooperation, S. 68 ff.

1158 BGHSt 43, 195 (209 f.).

Geständnis nicht auch Ausdruck von Reue und Einsicht sein kann; jedenfalls sei dies nach dem in dubio pro reo-Grundsatz anzunehmen.[1159] Ehrlicher wird der BGH indes, wenn er ausführt, dass „ein Geständnis dem Angeklagten auch als Beitrag zur Sachaufklärung und Verfahrensabkürzung zugute gehalten werden [kann]."[1160] Mit Einführung der strafrechtlichen Kronzeugenregelung (§ 46b StGB) und der Verständigung im Strafverfahren (§ 257c StPO) dürfte mittlerweile aber auch der Gesetzgeber der Ansicht sein, dass die strafmildernde Kooperation des Täters nicht zwingend Ausdruck von Reue oder Unrechtseinsicht sein muss. Vielmehr verdeutlichen diese Instrumente, dass eine Strafminderung auch als Gegenleistung für die taktische Kooperation gewährt werden kann – vorausgesetzt natürlich, diese hat einen gewissen Wert. Nicht oder jedenfalls nur in geringem Maße strafmildernd wirkt sich folglich ein bloß formelhaftes Geständnis bei im Übrigen erdrückender Beweislage aus.[1161]

Eher noch als das Straf- erlaubt das Ordnungswidrigkeitenrecht die Berücksichtigung der nicht schuldrelevanten Kooperation des Täters im Verfahren,[1162] so dass diese hier weitaus weniger problematisch ist.[1163] Anders als im Strafrecht, das vom Legalitätsprinzip beherrscht wird, gilt im Ordnungswidrigkeitenrecht das Opportunitätsprinzip. Dementsprechend räumt § 47 Abs. 1 OWiG der Behörde ein pflichtgemäßes Ermessen bei der Verfolgung von Ordnungswidrigkeiten ein. Zwar betrifft § 47 Abs. 1 OWiG nur das Verfolgungs- und nicht das Ahndungsermessen, so dass diese Vorschrift für die Bußgeldzumessung nicht – jedenfalls nicht unmittelbar – herangezogen werden kann. Maßstab für die bußgeldmindernde Berücksichtigung der Kooperation eines Betroffenen ist daher § 17 Abs. 3 OWiG.[1164] Gleichwohl ist eine argumentative Berufung auf § 47 Abs. 1 OWiG möglich und auch naheliegend. Denn wenn diese Vorschrift es der Behörde unter Umständen

---

1159 BGHSt 43, 195 (209). So auch *Beulke/Satzger*, JuS 1997, 1072 (1078); *Müller*, Absprachen im Strafverfahren, S. 106. Kritisch dagegen *Stuckenberg*, in: Löwe-Rosenberg, StPO, § 257c Rn. 15, der zutreffend darauf verweist, dass der in dubio pro reo-Grundsatz überhaupt nur und erst nach Ausschöpfung aller Aufklärungsmöglichkeiten eingreife und die abstrakte Möglichkeit des Vorliegens von Reue eine Strafmilderung nicht rechtfertige. Ähnlich auch *Velten*, in: SK-StPO, § 257c StPO Rn. 16.

1160 BGHSt 43, 195 (209). So bereits *Niemöller*, StV 1990, 34 (36, Fn. 16).

1161 Vgl. BVerfG, NJW 2013, 1058 (1063); BGHSt 43, 195 (209); ders. v. 03.12.1998, 4 StR 606/98, Rn. 8 (zit. nach *juris*).

1162 Vgl. *Mitsch*, in: Karlsruher Kommentar, OWiG, § 17 Rn. 64: „Ebenso ist es dem Betroffenen zugute zu halten, wenn er durch ein Geständnis das Ermittlungsverfahren oder das gerichtliche Verfahren abkürzt und auf einer positiven Grundhaltung gegenüber der Rechtsordnung beruht." Anders aber (noch) *Oehler*, BB 1980, 446 (447), der die Ansicht vertritt, ein Geständnis des Betroffenen müsse Ausdruck von Reue oder Einsicht sein und könne nur in diesem Fall einen mildernden Umstand darstellen.

1163 Vgl. dazu bereits zum europäischen Recht A., III., 3., d), cc).

1164 *Steinberg*, WuW 2006, 719 (724 f.). Anders aber *Wiesner*, WuW 2005, 606 (609).

sogar gestattet, bereits auf die *Verfolgung* einer Ordnungswidrigkeit zu verzichten, kann § 17 OWiG der Ermäßigung der Geldbuße oder dem Verzicht auf die Verhängung einer solchen nicht grundsätzlich entgegenstehen.[1165] Dennoch erlaubt das Ordnungswidrigkeitenrecht – natürlich – keine willkürlichen oder sachwidrigen Entscheidungen; in diesem Fall wäre die Grenze pflichtgemäßen Ermessens überschritten. Vielmehr muss sich die Behörde neben Nützlichkeitserwägungen auch an den Sanktionszwecken der Geldbuße orientieren.[1166] Die Vorwerfbarkeit der Tat stellt aber lediglich ein Ermessenskriterium dar, das die Behörde bei der Bußgeldzumessung zu berücksichtigen hat.[1167] Die Vorwerfbarkeit hat folglich weniger Bedeutung als bei der Strafzumessung, und ihre Relevanz kann auf ein Minimum beschränkt sein. Während im Strafrecht die Tatschuld limitierender Faktor bei der Ermäßigung oder gar des Absehens von Strafe ist, kann die Vorwerfbarkeit der Tat im Ordnungswidrigkeitenrecht von präventiven Zwecken oder Nützlichkeitserwägungen überlagert sein.[1168] Deshalb findet bei der Bußgeldzumessung ohne Weiteres auch die taktische Kooperation als positives Nachtatverhalten Berücksichtigung, ohne dass es des Vorliegens von Reue, Unrechtseinsicht oder einer (sonst) positiven Einstellung gegenüber der Rechtsordnung bedürfte.[1169]

1165 Vgl. *Wiesner*, WuW 2005, 606 (609 f.).

1166 *Steinberg*, WuW 2006, 719 (724 f.).

1167 *Steinberg*, WuW 2006, 719 (725).

1168 *Steinberg*, WuW 2006, 719 (725). *Ders.*, a. a. O., 719 (726), folgert daraus, dass privilegierendes Nachtatverhalten lediglich einen objektiven Bezug zu derjenigen Tat voraussetzt, die der Täter begangen hat; eine subjektive Abkehr von der Tat sei – anders als im Strafrecht – nicht erforderlich.

1169 Vgl. OLG Düsseldorf v. 30.03.2009, VI-2 Kart 10/08 (OWi), Rn. 50 (zit. nach *juris*): „Die in der Bonusregelung des Amtes vorgesehene Bußgeldminderung bewegt sich im Rahmen der in § 17 Abs. 3 OWiG enthaltenen Zumessungsregeln. Danach sind Grundlage für die Zumessung der Geldbuße neben den wirtschaftlichen Verhältnissen des Täters vor allem die Bedeutung der Ordnungswidrigkeit und der Vorwurf, der den Täter trifft. Zu den besonderen Umständen in der Person des Täters, die für die Bemessung der Bußgeldhöhe eine Rolle spielen, gehört dessen Mitwirkung an der Aufklärung des Sachverhalts. Diese erlangt insbesondere bei komplizierten Zusammenhängen, bei denen die Mithilfe des Täters zur Aufdeckung der Ordnungswidrigkeit erforderlich ist, besonderes Gewicht und Bedeutung [...]. An diesen Milderungsgrund knüpft die Bonusregelung des Amtes an. Sie stellt Kartellmitgliedern, die selbst keine maßgebliche Rolle im Kartell gespielt haben und durch eine umfassende Kooperation mit der Kartellbehörde entscheidend zur Aufdeckung des Kartells beitragen, eine erhebliche Reduzierung der eigenen Geldbuße um mindestens 50 % in Aussicht und sieht für alle anderen Kartellmitglieder, die durch ihre Angaben zur Aufdeckung der Kartellabsprachen wesentlich beitragen, eine angemessene Absenkung der Geldbuße vor. Diese Bußgeldminderungen sind sachgerecht und von § 17 Abs. 3 OWiG gedeckt." Im Ergebnis ebenso – aber gleichwohl auf das Erfordernis der Unrechtseinsicht abstellend – OLG Düsseldorf v. 27.03.2006, WuW/E DE-R, 1733 (1739): „Zu den besonderen

Folglich sieht auch die Bonusregelung des Bundeskartellamtes unter bestimmten Voraussetzungen sogar die Möglichkeit des Verzichts auf die Verhängung einer Geldbuße selbst bei Hardcore-Kartellen vor, obgleich diese als schwerste Kartellordnungswidrigkeiten gelten. Demgegenüber erlaubt § 46b i. V. m. § 49 StGB ein Absehen von der Verhängung einer Strafe nur bei weniger schwerwiegenden Straftaten; im Übrigen kommt allenfalls eine Ermäßigung der Strafe in Betracht.

Die Bonusregelung des Bundeskartellamtes wird von der Rechtsprechung[1170] und der ganz überwiegenden Ansicht in der Literatur[1171] insofern als grundsätzlich verhältnismäßig angesehen, als sie mittels der Möglichkeit der Bußgeldermäßigung sowie des -erlasses den Ermittlungsnotstand bei der Aufdeckung von Kartellen zu beseitigen versucht. Kritisiert wurde hingegen das Fehlen einer speziellen gesetzlichen Grundlage.[1172] Dieser Kritik ist der Gesetzgeber nachgekommen, indem er im Rahmen der 7. GWB-Novelle einen neuen § 81 Abs. 7 GWB eingefügt hat, nach dem „[d]as Bundeskartellamt [...] allgemeine Verwaltungsgrundsätze über die Ausübung seines Ermessens bei der Bemessung der Geldbuße [...] festlegen [kann]." Der Regierungsentwurf zu § 81 Abs. 7 GWB sieht hiervon ausdrücklich auch die Bonusregelung erfasst: „Dazu gehören insbesondere Grundsätze über die bußgeldmindernde oder -ausschließende Berücksichtigung der Aufklärungsbereitschaft einzelner Kartellanten (vgl. hierzu Bekanntmachung 68/2000 – ‚Bonusregelung'). Derartige Verwaltungsgrundsätze konkretisieren in zulässiger Weise das Verfolgungsermessen der Kartellbehörde [...]."[1173] Es entspricht daher der – zutreffenden – Einschätzung des Gesetzgebers, dass sich die Bonusregelung im Rahmen des bei der Bußgeldzumessung erlaubten Ermessens bewegt.[1174]

Nach alledem bleibt festzuhalten, dass die Zumessungsvorschriften des (Kartell-) Ordnungswidrigkeitenrechts die Bußgeldermäßigung wegen der Kooperation im Bußgeldverfahren grundsätzlich erlauben.

Umständen in der Person des Täters, die für die Bemessung der Bußgeldhöhe eine Rolle spielen, gehört dessen Mitwirkung an der Aufklärung des Sachverhalts. Dem kommt insbesondere bei komplizierten Zusammenhängen, bei denen die Mithilfe des Täters zur Aufdeckung der Ordnungswidrigkeit erforderlich ist, Gewicht zu, weil sich hier Unrechtseinsicht zeigt [...]." In letzterem Sinne wohl auch *Mitsch*, in: Karlsruher Kommentar, OWiG, § 17 Rn. 64, und *Vollmer*, ECLR 2011, 350 (352).

1170 OLG Düsseldorf v. 27.03.2006, WuW/E DE-R, 1733 (1738 f.); dass. v. 30.03.2009, VI-2 Kart 10/08 (OWi), Rn. 48 ff. (zit. nach *juris*).

1171 *Hetzel*, Kronzeugenregelungen, S. 210 ff.; *Steinberg*, WuW 2006, 719 (724 ff.); *Wiesner*, Der Kronzeuge im Kartellrecht, S. 129 ff.; *ders.*, WuW 2006, 606 (609 ff.).

1172 So nimmt *Hetzel*, Kronzeugenregelungen, S. 253 ff., einen Verstoß gegen den Grundsatz vom Vorbehalt des Gesetzes an. Anders aber *Thiem*, Die Bonusregelung, S. 89 ff.; *Wiesner*, Der Kronzeuge im Kartellrecht, S. 161 ff.; *ders.*, WuW 2006, 606 (613 f.); *Zagrosek*, Kronzeugenregelungen, S. 117 ff.

1173 RegE 7. GWB-Novelle, S. 67.

1174 Vgl. OLG Düsseldorf v. 27.03.2006, WuW/E DE-R, 1733 (1739); dass. v. 30.03.2009, VI-2 Kart 10/08 (OWi), Rn. 51 (zit. nach *juris*).

3. *Verstoß gegen § 47 Abs. 3 OWiG*

Möglicherweise steht einer bußgeldmindernden Berücksichtigung aber § 47 Abs. 3 OWiG entgegen. Dieser verbietet es, die Einstellung des Ordnungswidrigkeitenverfahrens von der Zahlung eines Geldbetrages an eine gemeinnützige Einrichtung oder sonstige Stelle abhängig zu machen oder damit in Zusammenhang zu bringen. Das Vergleichsverfahren könnte hiermit unvereinbar sein, weil es die Kooperation der Betroffenen zur Voraussetzung für die Ermäßigung der Geldbuße macht.

Insofern kommt jedoch allenfalls eine dreifach analoge Anwendung des § 47 Abs. 3 OWiG in Betracht.[1175] Das Bundeskartellamt stellt das Bußgeldverfahren nämlich (1) nicht ein, sondern erlässt einen Bußgeldbescheid und verhängt lediglich eine ermäßigte Geldbuße. Die Gegenleistung der Betroffenen besteht (2) auch nicht in der Zahlung eines Geldbetrages, sondern in dem kooperativen Verhalten während des Bußgeldverfahrens. Diese Gegenleistung wird (3) schließlich nicht gegenüber einer „gemeinnützigen Einrichtung oder sonstigen Stelle", sondern gegenüber dem Bundeskartellamt erbracht, mithin der für die Durchführung des Verfahrens zuständigen Behörde. Bereits die Notwendigkeit einer *dreifach* analogen Anwendung des § 47 Abs. 3 OWiG zeigt, dass diese Vorschrift eine Belohnung des kooperativen Verhaltens, wie sie im Vergleichsverfahren vorgesehen ist, nicht verbieten will.[1176] Ferner stellt § 47 Abs. 3 OWiG eine Ausnahmevorschrift zu § 153a StPO dar und ist als solche nicht analogiefähig.[1177] So ist anerkannt, dass die Einstellung des Bußgeldverfahrens von anderen Gegenleistungen wie etwa der Beseitigung des rechtswidrigen Zustands oder der Zahlung einer Entschädigung an den Verletzten abhängig gemacht werden kann.[1178] Die analoge Anwendung einer Norm setzt schließlich das Vorliegen einer planwidrigen Regelungslücke voraus. Die Verständigung im behördlichen Ordnungswidrigkeitenverfahren sollte jedoch bewusst nicht gesetzlich geregelt werden, obgleich der Gesetzgeber sie für zulässig erachtet.[1179] Es mangelt somit an einer planwidrigen Regelungslücke.[1180]

Das Vergleichsverfahren verstößt daher nicht gegen § 47 Abs. 3 OWiG.[1181]

1175 Vgl. auch *Brenner*, WuW 2011, 590 (598), der aber (nur) von einer *doppelt* analogen Anwendung ausgeht.

1176 *Gillmeister*, Ermittlungsrechte, S. 36, meint dagegen, dass § 47 Abs. 3 OWiG auch gilt, „wenn die Gegenleistung des Betroffenen in einer Zeugenaussage oder gar in einer Denunziation besteht."

1177 *Hetzel*, Kronzeugenregelungen, S. 252; *Lutz*, BB 2000, 677 (680 f.); *Zagrosek*, Kronzeugenregelungen, S. 183 f.

1178 *Lutz*, BB 2000, 677 (681); *Wiesner*, Der Kronzeuge im Kartellrecht, S. 118; *Zagrosek*, Kronzeugenregelungen, S. 184.

1179 RegE Verständigungsgesetz, BT-Drucks. 16/12310, S. 16.

1180 *Brenner*, WuW 2011, 590 (598).

1181 So auch entsprechend zur Kronzeugenregelung *Hetzel*, Kronzeugenregelungen, S. 252; *Lutz*, BB 2000, 677 (680 f.); *Wiesner*, Der Kronzeuge im Kartellrecht, S. 118; *Zagrosek*, Kronzeugenregelungen, S. 184.

4. *Verhältnismäßigkeit*

a) Allgemeines

Das deutsche Vergleichsverfahren verfolgt – ebenso wie das europäische – das legitime Ziel, die oftmals langwierigen Kartellbußgeldverfahren abzukürzen, um so für eine effizientere Kartellrechtsdurchsetzung zu sorgen. Es ist auch geeignet, dieses Ziel zu erreichen, sowie erforderlich, da Bonusregelung und Verpflichtungszusagen keine gleich geeigneten, milderen Mittel darstellen. Allerdings könnte sich die Ausgestaltung des deutschen Vergleichsverfahrens als unangemessen darstellen. Auch insofern gelten zunächst ähnliche Bedenken wie in Bezug auf das europäische Vergleichsverfahren. Namentlich sind dies (1) die unangemessene Gewichtung der Sanktionszwecke, (2) die Berücksichtigung des Beschleunigungsgebotes sowie (3) die Gewährung der Bußgeldermäßigung auch für „Haupttäter". Diese Bedenken führen hier wie dort indes nicht dazu, dass die Bußgeldermäßigung als unangemessen anzusehen wäre. Insbesondere der beim europäischen Vergleichsverfahren bereits dargestellte, zentrale Gedanke, dass die verminderte Repressionswirkung im Einzelfall durch eine höhere Präventionswirkung im Sinne einer effizienteren Kartellrechtsdurchsetzung ausgeglichen wird, gilt in Bezug auf das deutsche Vergleichsverfahren in gleicher Weise.[1182] Schließlich führen sowohl der Verzicht auf die vollständige Ausübung der Verteidigungsrechte als auch die Abgabe der Settlementerklärung bzw. die des Geständnisses zu einer Verfahrensbeschleunigung und können diese Kooperationsleistungen damit eine Bußgeldermäßigung rechtfertigen.[1183]

b) Verhandlungsmöglichkeiten

Fraglich ist aber, ob und wie der Umstand, dass das Vergleichsverfahren des Bundeskartellamtes – im Vergleich zu dem der Kommission – mehr Möglichkeiten zu Absprachen zwischen den Betroffenen und dem Bundeskartellamt bietet, mit dem Grundsatz schuldangemessenen Strafens in Einklang zu bringen ist. Insofern ist an die oben hinsichtlich des europäischen Vergleichsverfahrens erhobenen, dort aber entkräfteten Bedenken in Bezug auf eine Verständigung im Sinne eines gegenseitigen Nachgebens zu erinnern. Entsprechende Bedenken bestehen im deutschen Vergleichsverfahren in noch stärkerem Maße, weil das Bundeskartellamt offenbar eher dazu neigt, auf eine vollständige Ermittlung des Tatvorwurfs zu verzichten und die Höhe der Geldbuße mit den Betroffenen auszuhandeln. Sofern es dadurch zur Verhängung einer Geldbuße kommt, deren Höhe auch durch die bußgeldmindernde Berücksichtigung der Kooperation der Betroffenen nicht mehr zu rechtfertigen ist,

1182 Es kann somit auf die obigen Ausführungen zum Vergleichsverfahren der Kommission verwiesen werden; vgl. oben A., III., 3., d).

1183 Vgl. *Brenner*, WuW 2011, 590 (597).

könnte ein solches Vorgehen gegen den Grundsatz schuldangemessenen Strafens verstoßen.[1184]

Sofern das Bundeskartellamt auf die weitere Verfolgung und mithin auch auf die Ahndung von kleineren Tatteilen verzichtet, gilt Folgendes. Wie der Kommission obliegt es dem Bundeskartellamt, die Zuwiderhandlung von Amts wegen aufzuklären und alle die Betroffenen be- und entlastenden Umstände zu berücksichtigen; auch im deutschen Ordnungswidrigkeitenverfahren gilt also der Amtsermittlungsgrundsatz.[1185] Belohnt werden sollen die Betroffenen, die sich bei eindeutigem Sachverhalt für eine Kooperation mit dem Bundeskartellamt entscheiden, um das Bußgeldverfahren abzukürzen und im Gegenzug eine Bußgeldermäßigung erhalten. Von dieser „sauberen Kooperation" sind allerdings solche Fälle zu unterscheiden, in denen Bundeskartellamt und Betroffene bereits zu einem frühen Zeitpunkt und durch das Vorlegen „nachgebesserter Angebote" über Tatvorwurf und Bußgeldhöhe verhandeln. Dies mag aus verfahrensökonomischer Sicht zwar für alle Beteiligten wünschenswert sein, birgt aber aus rechtsstaatlicher Perspektive u. a. die Gefahr einer etwaigen Über- oder Untersanktionierung – je nachdem, ob die Verhandlungsmacht des Bundeskartellamtes oder die der Betroffenen größer war. Für das Strafverfahren hat der BGH einer solchen Verhandlungspraxis eine deutliche Absage erteilt:[1186] „Im Übrigen erscheint der Hinweis angezeigt, dass die Vorlage (ggf.

1184 Vgl. auch *Tiedemann*, in: Immenga/Mestmäcker, GWB, 2. Aufl., § 81 Rn. 57 (dazu bereits Fn. 821). Allgemein für das Bußgeldverfahren *Seitz*, in: Göhler, OWiG, vor § 59 Rn. 53a. Eher theoretischer Natur – und damit weder veri- noch falsifizierbar – sind die „grundsätzlichen Vorbehalte", die *Stockmann*, ZWeR 2012, 20 (42), gegenüber der Verhandelbarkeit der Sanktion im Vergleichsverfahren äußert: „Stärker noch als beim Kronzeugenverfahren muss bei der einvernehmlichen Verfahrenserledigung mit der Aussicht auf Verhandlungs- und entsprechende Rabattchancen die von den Kartellbehörden für ihre Bußgeldsanktionen in Anspruch genommene Abschreckungswirkung sinken. Diese Wirkung ist hier deshalb noch höher anzusetzen als bei der Kronzeugenregelung, weil die Rabattchancen nicht nur den schnelleren Mittätern, sondern allen Tätern ohne vergleichbaren Zeitdruck zur Verfügung stehen. Außerdem wirkt das Verfahren, wie auf andere Weise auch die Kronzeugenregelung, sowohl der Repression, als auch einer wirksamen Abschöpfung rechtswidrig erzielter Vorteile entgegen. Wer die Aussicht hat, die Folgen seiner kartellrechtlichen Verstöße in einer einverständlichen Lösung maßgeblich mit zu beeinflussen, braucht die Sanktion nicht mehr zu befürchten, als wenn ihm diese Möglichkeit fehlte. Hinsichtlich seiner rechtswidrigen aufgrund des Kartellverstoße erzielten Vorteile gilt der Satz ‚Verbrechen darf sich nicht lohnen' für ihn nur noch begrenzt. Die Repression leider also unter ihrer Verhandelbarkeit und die Abschöpfung dadurch, dass die Suche nach rechtswidrig erzielten Vorteilen in diesem ganz auf die kartellbehördliche Verfahrensökonomie angelegten Verfahren wegen ihrer Ressourcenintensität nicht mehr viel Sinn hat."

1185 Vgl. bereits Teil 2, B., II.

1186 BGH, wistra 2011, 28. Vgl. entsprechend für das Kartellbußgeldverfahren *Vollmer*, in: FIW, Schwerpunkte des Kartellrechts 2009/2010, 135 (142).

mehrfach) ,nachgebesserter Angebote' von Seiten des Gerichts zur Erlangung von verfahrensabkürzenden Geständnissen regelmäßig nicht tunlich ist. Erfolgen solche Angebote, wie hier, in der Weise, dass ein immer günstigerer Verfahrensausgang angeboten wird, je länger Beschuldigte früheren Angeboten ,nicht näher treten', so führt dies sowohl in der Darstellung gegenüber den Verfahrensbeteiligten als auch in der öffentlichen Wahrnehmung leicht zu einem Eindruck eines ,Aushandelns' des staatlichen Strafausspruchs, das mit der Würde des Gerichts kaum vereinbar ist."

Obgleich der Gesetzgeber nicht etwa beabsichtigt hat, mit dem Verständigungsgesetz ein konsensuales Verfahrensmodell für das Strafverfahren einzuführen, sondern er vielmehr die Verpflichtung des Gerichts zur Ermittlung der materiellen Wahrheit hat beibehalten wollen,[1187] erscheint es aber gerade Sinn und Zweck von Lösungen zur einvernehmlichen Verfahrensbeendigung, langwierige Beweisermittlungen abzukürzen und den Untersuchungsgrundsatz somit – jedenfalls ein Stück weit – einzuschränken. Das „Lippenbekenntnis" des § 257c Abs. 1 Satz 2 StPO, dass der Untersuchungsgrundsatz gemäß § 244 Abs. 2 StPO unberührt bleibe, steht einer solchen Einschränkung wohl nur verbal entgegen.[1188]

Im Ordnungswidrigkeitenrecht besteht die Möglichkeit, den Untersuchungsgrundsatz einzuschränken, noch viel eher. Hier ist eine Aufklärung des Sachverhaltes nur insoweit geboten (vgl. § 47 Abs. 1 OWiG), als die Ermittlungen mit angemessenem Aufwand betrieben werden können.[1189] Ist dies hingegen nicht der Fall, kann die Behörde aufgrund von Verhältnismäßigkeitserwägungen auf eine

---

1187 RegE Verständigungsgesetz, BT-Drucks. 16/12310, S. 7/8/22; BVerfG, NJW 2013, 1058 (1062). Im Schrifttum wird dagegen vielfach eine faktische Einführung der Konsensmaxime angenommen. Vgl. die Kritik bei *Eschelbach*, in: Graf, Beck-OK StPO, § 257c StPO Rn. 2; *Jahn/Müller*, NJW 2009, 2625 (2631); *Miebach*, in: Münchener Kommentar, StGB, § 46 Rn. 207; *Stuckenberg*, in: Löwe-Rosenberg, StPO, § 257c Rn. 9; *Velten*, in: SK-StPO, § 257c StPO Rn. 36. Vor Inkrafttreten des Verständigungsgesetzes stellte der BGH fest, dass das deutsche Strafverfahren zwar grundsätzlich vergleichsfeindlich ausgestaltet sei, dass aus der Strafprozessordnung aber nicht geschlossen werden könne, dass Absprachen über das Verfahrensergebnis gänzlich unzulässig seien; vgl. BGHSt 43, 195 (203). Kritisch zu konsensualen Elementen im Strafverfahren aber auch *Böse*, Wirtschaftsaufsicht und Strafverfolgung, S. 37: „Im Strafverfahren wird ein persönlicher Vorwurf ,gegen' den Verdächtigen erhoben. Der behaupteten Normverletzung wird auf diese Weise von Seiten des Staates *widersprochen*. Im Strafverfahren ist also ein Antagonismus zwischen Beschuldigtem und Staat angelegt, der einem Streben nach Konsens bereits im Ansatz zuwiderläuft."

1188 *Eschelbach*, in: Graf, Beck-OK StPO, § 257c StPO Rn. 2; *Jahn/Müller*, NJW 2009, 2625 (2631); *Meyer-Goßner*, StPO, § 257c Rn. 3; *Stuckenberg*, in: Löwe-Rosenberg, StPO, § 257c Rn. 23. *Knauer/Lickleder*, NStZ 2012, 366 (367), bezeichnen die Vorschrift gar als „Geburtsfehler" bzw. „Mogelpackung". *Miebach*, in: Münchener Kommentar, StGB, § 46 Rn. 209, spricht von „wenig mehr als Augenwischerei".

1189 *Brenner*, WuW 2011, 590 (596); *Dannecker/Biermann*, in: Immenga/Mestmäcker, GWB, vor § 81 Rn. 251; *Stockmann*, ZWeR 2012, 20 (44).

weitere Sachaufklärung verzichten und sich mit den Betroffenen über den Sachverhalt verständigen.[1190] Statt des im Strafrecht geltenden Legalitätsprinzips (§ 152 Abs. 2 StPO) findet das Opportunitätsprinzip Anwendung und liegt die Verfolgung der Ordnungswidrigkeit im pflichtgemäßen Ermessen der Behörde.[1191] Grenzen ergeben sich freilich aus dem Prinzip der materiellen Wahrheit, das als hinter § 257c StPO stehender verfassungsrechtlicher Grundsatz[1192] im behördlichen Ordnungswidrigkeitenverfahren ebenfalls Anwendung findet. Entgegen teilweise vertretener Auffassung folgt indes auch aus der regelmäßig hohen Sozialschädlichkeit von Kartellrechtsverstößen keine – auch keine faktische – Geltung des Legalitätsprinzips.[1193]

Allerdings handelt es sich bei *Kartell*bußgeldsachen nicht um „massenhaft auftretendes Bagatellunrecht", wo ein allgemeiner Verweis auf das Opportunitätsprinzip zur Begründung des Absehens von der Verfolgung eines Verstoßes ausreichend wäre; vielmehr muss der Verzicht auf die Sanktionierung eines Kartellrechtsverstoßes die Ausnahme sein.[1194] Obgleich das Ermessen des Bundeskartellamtes jedenfalls zur Einleitung eines Ermittlungsverfahrens insbesondere bei Hardcore-Kartellen also regelmäßig reduziert sein dürfte, kann von der Verfolgung und Ahndung einzelner Tatteile abgesehen werden, wenn hierfür eine sachliche Rechtfertigung besteht.[1195] Dies ist wiederum dann der Fall, wenn mit deren Ausermittlung ein unverhältnismäßiger Aufwand verbunden wäre, etwa weil der Sachverhalt wirtschaftlich komplex, der Tatvorwurf aber nicht schwerwiegend ist und die Verhängung einer nur geringen Geldbuße nach sich ziehen würde.[1196] Vorsicht geboten ist zwar vor dem Aushandeln einer – vermeintlich – angemessenen Bußgeldreduzierung. Sofern durch die Kooperation aber vor allem Verfahrenseffizienzen erzielt werden (sollen) – ein „echtes" Dealen im Sinne des U.S.-amerikanischen Plea Bargaining scheint neben dem europäischen auch im deutschen Vergleichsverfahren nicht beabsichtigt –, ist es letztlich gerechtfertigt, die Betroffenen hierfür mit einer Bußgeldermäßigung zu belohnen.[1197]

1190 *Seitz*, in: Göhler, OWiG, vor § 59 Rn. 53a.

1191 Vgl. bereits oben Teil 2, B., II., sowie – speziell zu Absprachen im Kartellbußgeldverfahren – *Wrage-Molkenthin/Bauer*, in: FK-Kartellrecht, vor §§ 81–86 GWB Rn. 27.

1192 Vgl. BVerfG, NJW 2013, 1058 (1062).

1193 *Brenner*, WuW 2011, 590 (596); *Hetzel*, Kronzeugenregelungen, S. 250; *Thiem*, Die Bonusregelung, S. 78 f.; *Zagrosek*, Kronzeugenregelungen, S. 124 f. Anders aber *Wegner*, Die Systematik der Zumessung, S. 112.

1194 *Wiesner*, WuW 2005, 606 (610).

1195 *Brenner*, WuW 2011, 590 (596/597); *Vollmer*, ECLR 2011, 350 (352/353).

1196 Vgl. *Dannecker/Biermann*, in: Immenga/Mestmäcker, GWB, vor § 81 Rn. 196; *Fischötter/Wrage-Molkenthin*, in: FS-Lieberknecht, 321 (327 f.).

1197 Anders aber *Tiedemann*, in: Immenga/Mestmäcker, GWB, 2. Aufl., § 81 Rn. 57, der ein Verhandeln zwischen Bundeskartellamt und Betroffenen ausschließlich in „leichten Fällen" und bezüglich „Umständen [...], die für die eigentliche Sachentscheidung nicht von Bedeutung sind", für zulässig hält. Kritisch gegenüber einem

c) Vereinbarung einer „Punktsanktion"

Möglicherweise führt aber die Vereinbarung einer „Punktsanktion"[1198] zu einem Verstoß gegen den Grundsatz schuldangemessenen Strafens. So wird darauf hingewiesen, dass die Zustimmung zu einem vom Bundeskartellamt in Aussicht gestellten Höchstbetrag in der Praxis die Zustimmung zu einem exakten Geldbetrag bedeute.[1199]

Im Strafverfahren ist nach § 257c Abs. 3 Satz 2 StPO lediglich die Angabe eines Strafrahmens mit einer Ober- und Untergrenze zulässig, die Vereinbarung einer „Punktstrafe" hingegen nicht. Bereits vor Inkrafttreten des Verständigungsgesetzes hat der BGH entschieden, dass das Gericht aus dem „Inbegriff der Verhandlung in der Urteilsberatung über die Strafe zu entscheiden [hat]. Diese richterliche Entscheidungsfindung darf nicht durch Festlegung auf eine konkrete Strafe vorweggenommen werden; eine Bindung des Gerichts an ein bestimmtes Verfahrensergebnis vor Abschluß der Hauptverhandlung ist ausgeschlossen [...]."[1200] Anderenfalls würde die Absprache in unzulässiger Weise an die Stelle des Urteils treten[1201] und zu einer Strafe führen, die nicht mehr schuldangemessen wäre.

Im Ordnungswidrigkeitenverfahren gilt das Verbot von Punktsanktionen nach teilweise vertretener Ansicht hingegen nicht und sollen Vereinbarungen über die exakte Bußgeldhöhe daher zulässig sein.[1202] Dies dürfte indes nur für massenhaft auftretende Bagatelldelikte wie etwa die bußgeldbewehrten Straßenverkehrsverstöße gelten, wo mit der Bußgeldkatalog-Verordnung bereits ohnehin Punktsanktionen existieren.[1203] Auch bei Kartellrechtsverstößen ist die Bußgeldbemessung – nicht zuletzt aufgrund der zahlreichen vom Bundeskartellamt hierzu veröffentlichten Verwaltungsgrundsätze – vergleichsweise transparent und drückt sich die für eine Kooperation in Aussicht gestellte Bußgeldermäßigung meist in einem bestimmten Prozentsatz aus. Dies kann allerdings nicht darüber hinweg täuschen, dass es sich bei Kartellrechtsverstößen um schwerwiegende und auch komplexe Zuwiderhandlungen handelt, bei denen die eine, richtige Bußgeldhöhe nicht existiert, sondern es vielmehr stets eines umfassenden Bemessungsaktes bedarf. Hierzu gehört auch die Würdigung der für und gegen die Betroffenen Umstände, die sich jedenfalls in ihrer Gesamtheit einer exakten mathematischen Berechnung verschließen. Damit stehen Kartellrechtsverstöße Straftaten bereits sehr nahe und wäre eine abgesprochene Sanktion dort ebenfalls nur schwer erträglich. Eine sinngemäße Anwendung des

---

Verhandeln zwischen Bundeskartellamt und Betroffenem auch *Oehler*, BB 1980, 446 f.

1198 *Krumm*, NZV 2011, 376.

1199 Vgl. *Herrlinger*, ZWeR 2012, 137 (153).

1200 BGHSt 43, 195 (206 f.). Vgl. auch ders., NStZ 1999, 571 (572); ders., NStZ-RR 2007, 245 (246); ders., NStZ 2010, 650; ders., NStZ 2011, 231 (232); ders., NStZ 2011, 648.

1201 BGHSt 43, 195 (208).

1202 *Krumm*, NZV 2011, 376 (377).

1203 *Krumm*, NZV 2011, 376 (377).

§ 257c Abs. 3 Satz 2 StPO ergibt deshalb, dass das Verbot der Punktstrafe auch im Kartellbußgeldverfahren gilt.

Im Fall einer entsprechenden Vereinbarung über eine exakte Bußgeldhöhe wären die genannten Voraussetzungen an die Bemessung der Geldbuße also nicht erfüllt und läge ein Verstoß gegen den Grundsatz schuldangemessen Strafens vor.

5. Ergebnis

Nach alledem wirft das Vergleichsverfahren des Bundeskartellamtes in Bezug auf den Grundsatz schuldangemessenen Strafens deutlich mehr Bedenken auf als jenes der Kommission hinsichtlich des im europäischen Recht insofern einschlägigen Verhältnismäßigkeitsgrundsatzes. Problematisch ist insbesondere, ob das Bundeskartellamt lediglich eine – angemessene – Belohnung der Kooperation der Betroffenen vornimmt oder ob es zum „echten" Aushandeln einer – unangemessenen – Geldbuße kommt. Da aber jedenfalls die „offiziellen" Veröffentlichungen des Bundeskartellamtes eine ermessenswidrige Praxis im letztgenannten Sinne nicht nahelegen, kann ein grundsätzlicher Verstoß des deutschen Vergleichsverfahrens gegen den Grundsatz schuldangemessenen Strafens nicht angenommen werden.

III. Gleichbehandlungsgrundsatz

1. Vorüberlegungen

Möglicherweise verstößt das Vergleichsverfahren gegen den allgemeinen Gleichbehandlungsgrundsatz aus Art. 3 Abs. 1 GG. Das BVerfG hat festgestellt, der „Anspruch aller in Strafverfahren Beschuldigten auf Gleichbehandlung" erfordere es, „daß der Strafanspruch durchgesetzt, also auch eingeleitete Verfahren fortgesetzt werden."[1204]

In Bezug auf das Vergleichsverfahren könnte eine nicht gerechtfertigte Ungleichbehandlung darin zu erblicken sein, dass nur den Teilnehmern desselben eine Bußgeldermäßigung gewährt wird, den sich streitig verteidigenden Betroffenen hingegen nicht, und dass diese Bußgeldermäßigung geringer ist als bei der Bonusregelung. Im europäischen Vergleichsverfahren ist der Umstand, dass die Kommission den Anwendungsbereich des Vergleichsverfahrens auf Hardcore-Kartelle beschränkt, zumindest bedenklich. Insofern besteht eine – letztlich aber

---

1204 BVerfG, NStZ 1987, 419. Vgl. auch BGHSt 50, 40 (53): „Das Prinzip der Rechtsstaatlichkeit, die Pflicht des Staats, die Sicherheit seiner Bürger und deren Vertrauen in die Funktionstüchtigkeit der staatlichen Institutionen zu schützen, und nicht zuletzt *das Gebot der Gleichbehandlung aller in Strafverfahren Beschuldigten* geben es den zuständigen staatlichen Stellen und insbesondere den Organen der Strafrechtspflege auf, dafür Sorge zu tragen, dass der staatliche Strafanspruch insgesamt – mit Blick auf alle einzuleitenden Strafverfahren – so gut wie möglich durchgesetzt werden kann." [Hervorhebung durch Verf.].

gerechtfertigte – Ungleichbehandlung zwischen den Hardcore-Kartellen und den übrigen Verstößen gegen Artt. 101 und 102 AEUV.[1205] Demgegenüber erweist sich das Vorgehen des Bundeskartellamtes von vornherein als unproblematisch, da dieses kein Kartelldelikt von der Anwendung des Vergleichsverfahrens ausgenommen hat. Anders als im Vergleichsverfahren der Kommission kann die Bußgeldermäßigung im Vergleichsverfahren des Bundeskartellamtes jedoch unterschiedlich hoch ausfallen, so dass möglicherweise eine nicht gerechtfertigte Ungleichbehandlung der einzelnen Teilnehmer des Vergleichsverfahrens *untereinander* besteht.

Bei der Prüfung eines Verstoßes gegen Art. 3 Abs. 1 GG ist zunächst zu fragen, ob eine Ungleichbehandlung von wesentlich Gleichem oder eine Gleichbehandlung von wesentlich Ungleichem vorliegt. In einem zweiten Schritt stellt sich die Frage, ob diese (Un-)Gleichbehandlung gerechtfertigt werden kann. Bei der Frage, welcher Maßstab bei der Rechtfertigung gilt, differenziert das BVerfG danach, ob die (Un-)Gleichbehandlung von geringerer oder größerer Intensität ist. Im ersteren Fall erfolgt eine reine Willkürkontrolle, so dass nahezu jeder sachliche Grund die (Un-)Gleichbehandlung rechtfertigen kann. Im letzteren Fall ist eine vollständige Verhältnismäßigkeitsprüfung geboten. Eine (Un-)Gleichbehandlung größerer Intensität ist gegeben, wenn sich die (Un-)Gleichbehandlung nicht nur auf unterschiedliche Sachverhalte, sondern auf unterschiedliche Personengruppen bezieht und „je stärker sich die Ungleichbehandlung von Personen oder Sachverhalten auf die Ausübung grundrechtlich geschützter Freiheiten nachteilig auswirken kann."[1206]

Nach diesen Kriterien kommen bei den nachfolgend zu untersuchenden Punkten des Vergleichsverfahrens überhaupt nur (Un-)Gleichbehandlungen geringerer Intensität in Betracht. Denn es geht jeweils um die (Un-)Gleichbehandlung von Sachverhalten, nicht jedoch von Personengruppen. Zudem wirkt das Vergleichsverfahren, was die Bußgeldermäßigung betrifft, täterbegünstigend; es hat also keine (besonders) nachteiligen Auswirkungen auf die Ausübung grundrechtlich geschützter Freiheiten.

2. *Beurteilung des Vergleichsverfahrens*

Vor diesem Hintergrund und unter Berücksichtigung der zum Vergleichsverfahren der Kommission sowie der zum Grundsatz schuldangemessenen Strafens gemachten Ausführungen sprechen folgende Erwägungen für eine Vereinbarkeit auch mit dem Gleichbehandlungsgrundsatz. So ist die Ungleichbehandlung zwischen den Teilnehmern des Vergleichsverfahrens, denen einzig eine Bußgeldermäßigung gewährt wird, und den sich streitig verteidigenden Betroffenen durch deren berücksichtigungsfähige Kooperation im Vergleichsverfahren gerechtfertigt.[1207] Das Ermessen,

1205 Vgl. bereits A., IV., 2., e).

1206 BVerfGE 91, 346 (363). Vgl. auch *Herzog*, in: Maunz/Dürig, GG, Art. 3 Anhang Rn. 2 ff.; *Hetzel*, Kronzeugenregelungen, S. 259 f.

1207 Vgl. in Bezug auf die Verständigung im Strafverfahren BGHSt 43, 195 (210): „Das Gericht darf deshalb auch ein Geständnis, das der Angeklagte im Rahmen einer

das sich das Bundeskartellamt bei der Entscheidung über die Durchführung des Vergleichsverfahrens im Einzelfall vorbehält, kann ebenfalls keinen Gleichheitsverstoß begründen.[1208] Was die im Vergleich zur Bonusregelung geringere Höhe der Bußgeldermäßigung angeht, so ergibt sich diese – wie im Vergleichsverfahren der Kommission – daraus, dass die Kooperation im Rahmen der Kronzeugenregelung für die Wettbewerbsbehörden regelmäßig einen höheren Wert hat und daher auch entsprechend belohnt wird. Zudem würden hohe Bußgeldermäßigungen auch für Hardcore-Kartellanten das Kronzeugenprogramm gefährden, weil diese dann einen geringeren Anreiz zur Mitwirkung an der Aufdeckung von Kartellen hätten.

Einzig bedenklich erscheinen die unterschiedlich hohen Bußgeldermäßigungen, die den Teilnehmern des Vergleichsverfahrens gewährt werden. Es steht zu befürchten, dass die konkrete Höhe der Bußgeldermäßigung ausgehandelt wird und nicht auf dem Kooperationsbeitrag der Betroffenen, mithin nicht auf sachlichen Erwägungen beruht. Letztlich erweisen sich diese Überlegungen aber als Scheinproblem. So ist bereits festgestellt worden, dass die Verhandlungsmöglichkeiten auch im Vergleichsverfahren des Bundeskartellamtes nicht grundsätzlich ein Ausmaß erreichen, das zur Gewährung einer nicht schuldangemessenen Strafe führen würde. Dann ist aber auch ein Verstoß gegen das Gleichbehandlungsgebot fernliegend.[1209] Im Übrigen ist die Bußgeldermäßigung in Kartellfällen, bei denen das Problem einer Ungleichbehandlung der einzelnen Betroffenen *untereinander* einzig auftreten kann, ohnehin auf maximal 10 % begrenzt.[1210] In diesem Rahmen dürfte eine etwaige Ungleichbehandlung indes damit zu rechtfertigen sein, dass ein „echtes" Verhandeln mal mehr und mal weniger schnell zum Abschluss des Kartellverfahrens führt. Auch eine solche Ungleichbehandlung wäre also gerechtfertigt.

3. *Ergebnis*

Im Ergebnis verstößt das deutsche Vergleichsverfahren somit nicht gegen den allgemeinen Gleichbehandlungsgrundsatz aus Art. 3 Abs. 1 GG.

Absprache abgelegt hat, strafmildernd berücksichtigen; es darf nur nicht zur Erlangung eines Geständnisses eine Strafmilderung zusagen und gewähren, die zur Bedeutung des Strafmilderungsgrundes außer Verhältnis steht und zu einer nicht mehr schuldangemessenen Strafe führt. *Dann ist auch eine Verletzung des Gleichbehandlungsgrundsatzes durch Verständigungen nicht zu befürchten.*" [Hervorhebung durch Verf.].

1208 Vgl. dazu bereits zum Vergleichsverfahren der Kommission A., IV., 2., a).

1209 Vgl. bereits Fn. 1207.

1210 Vgl. bereits Teil 3, B., VII., 4.

IV. Nemo tenetur-Grundsatz

1. Vorüberlegungen

Der nemo tenetur-Grundsatz gilt neben dem Straf- grundsätzlich auch im Bußgeldverfahren.[1211] Für das Kartellverfahren ergibt sich dies zwar noch nicht aus § 59 Abs. 5 GWB, der ein spezielles Auskunftsverweigerungsrecht wegen der Gefahr der Selbstbezichtigung enthält. Aufgrund seiner Stellung im ersten Abschnitt des dritten Teils des GWB über Verwaltungssachen gilt § 59 Abs. 5 GWB jedoch nur für kartellrechtliche *Verwaltungs*-, nicht jedoch für *Bußgeld*verfahren.[1212] Eine entsprechende Normierung ist für das Kartellbußgeldverfahren allerdings nicht erforderlich, da § 136 Abs. 1 Satz 2 StPO dem in einem Strafverfahren Beschuldigten ein Auskunftsverweigerungsrecht gewährt und die Vorschriften über das Strafverfahren gemäß § 46 Abs. 1 OWiG auch auf das (Kartell)Bußgeldverfahren Anwendung finden.[1213]

Sofern eine natürliche Person betroffen ist, kann sich diese unproblematisch auf § 46 Abs. 1 OWiG i. V. m. § 136 Abs. 1 Satz 2 StPO berufen. Problematisch ist hingegen, ob das Aussageverweigerungsrecht auch für juristische Personen gilt. In Strafverfahren stellt sich diese Frage nicht, da das deutsche Strafrecht (i. e. S.) kein Unternehmensstrafrecht kennt und strafrechtliche Sanktionen (i. e. S.) nur gegen natürliche Personen verhängt werden können. Anders ist dies im Ordnungswidrigkeitenrecht, wo sich nach Maßgabe des § 30 OWiG die Geldbuße gegen juristische Personen richten kann, was im Kartellrecht auch regelmäßig der Fall ist.[1214] Das BVerfG lehnt die Geltung des nemo tenetur-Grundsatzes für juristische Personen ab, insbesondere weil es diesen Grundsatz in der Menschenwürde und dem allgemeinen Persönlichkeitsrecht (Art. 2 Abs. 1 i. V. m. Art. 1 Abs. 1 GG)

1211 *Böse*, Wirtschaftsaufsicht und Strafverfolgung, S. 194 f.; *Hetzel*, Kronzeugenregelungen, S. 269; *Klusmann*, in: Wiedemann, Kartellrecht, § 57 Rn. 40; *Thiem*, Die Bonusregelung, S. 125 f.; *Wiesner*, Der Kronzeuge im Kartellrecht, S. 147; *Zagrosek*, Kronzeugenregelungen, S. 167.

1212 *Dannecker/Biermann*, in: Immenga/Mestmäcker, GWB, vor § 81 Rn. 238; *Hetzel*, Kronzeugenregelungen, S. 269; *Klusmann*, in: Wiedemann, Kartellrecht, § 57 Rn. 40.

1213 *Hetzel*, Kronzeugenregelungen, S. 269. Demgegenüber ähnelt § 59 Abs. 5 GWB strukturell weniger § 136 Abs. 1 S. 2 StPO als vielmehr § 55 StPO, da die aussagende Person bzw. die Person, welche die Aussage verweigert, im Fall des § 136 Abs. 1 Satz 2 StPO bereits beschuldigt ist, während § 59 Abs. 5 GWB und § 55 Abs. 1 StPO eine erzwungene Selbstbezichtigung einer noch *nicht* beschuldigten Person verhindern wollen. § 59 Abs. 5 GWB sowie § 55 Abs. 1 StPO sind auch insofern enger als § 136 Abs. 1 Satz 2 StPO, als dieser es erlaubt, generell zu schweigen, während jene nur die Verweigerung der Auskunft auf solche Fragen gestatten, deren Beantwortung den Auskunftspflichtigen selbst oder einen seiner Angehörigen der Gefahr der Verfolgung wegen einer Straftat oder einer Ordnungswidrigkeit aussetzen würde. Vgl. *Gillmeister*, Ermittlungsrechte, S. 30.

1214 Vgl. bereits Teil 2, B., I.

verankert sieht und diese Rechte gemäß Art. 19 Abs. 3 GG nicht wesensmäßig auf juristische Personen anwendbar sind. Wie ausgeführt[1215] beansprucht der nemo tenetur-Grundsatz aber auch für juristische Personen Geltung, da er seinen Ursprung weder in der Menschenwürde noch im allgemeinen Persönlichkeitsrecht hat, sondern als Verfahrensgrundrecht Ausdruck des fair trial-Grundsatzes ist. Er soll den beschuldigten Unternehmen eine angemessene Verteidigung ermöglichen, wozu das Recht gehört, im Ganzen oder zu bestimmten Fragen zu schweigen, ohne dafür eine Sanktion fürchten zu müssen. Da die Unternehmen selbst Adressaten sowohl der kartellrechtlichen Ge- und Verbotsvorschriften als auch der Bußgeldbescheide – und damit originär Betroffene des Verfahrens[1216] – sein können, ist letztlich kein Grund ersichtlich, ihnen das Aussageverweigerungsrecht vorzuenthalten.[1217]

Das deutsche Vergleichsverfahren könnte aus mehreren Gründen nicht mit dem nemo tenetur-Grundsatz vereinbar sein. Zunächst stellt sich auch hier die bereits bei der Beurteilung des europäischen Vergleichsverfahrens aufgeworfene Frage, ob die in Aussicht gestellte Belohnung einen unzulässigen Zwang zur Kooperation erzeugt. Im Gegensatz zur Kommission hat das Bundeskartellamt die Höhe der Bußgeldermäßigung nicht von vornherein, sondern nur in Kartellfällen auf 10 % begrenzt, so dass das etwaige Vorliegen einer sog. „Sanktionsschere" möglicherweise zu einem Verstoß gegen den nemo tenetur-Grundsatz führt. Auch die Konnexität von Bußgeldhöhe und Zeitpunkt des Verfahrensabschlusses könnte einen solchen Verstoß begründen, da der Druck auf die Betroffenen, möglichst frühzeitig und umfangreich zu kooperieren, im deutschen Vergleichsverfahren besonders groß ist. Problematisch ist ferner die Praxis des Bundeskartellamtes in Hybridverfahren, die Betroffenen, gegen die ein Vergleichsverfahren bereits beendet worden ist, als Zeugen gegen die übrigen Kartellanten zu vernehmen. Schließlich erscheint es bedenklich, wenn – wie mutmaßlich in einem Fall geschehen – die einvernehmliche Beendigung eines Kartellverfahrens von der Zahlung der Geldbuße in einem anderen Verfahren abhängig gemacht wird.

2. *Beurteilung des Vergleichsverfahrens*

a) *Zulässigkeit der Belohnung des Geständnisses*

Wie das europäische sieht auch das deutsche Vergleichsverfahren als wesentliche Voraussetzung für den Erlass einer Vergleichsentscheidung und die Gewährung einer Bußgeldermäßigung die Abgabe eines Geständnisses durch die Betroffenen

1215 Vgl. bereits zum europäischen Recht A., V., 1., d).

1216 Voraussetzung der Haftung einer juristischen Person ist lediglich die zurechenbare Handlung einer natürlichen Person; vgl. dazu bereits Fn. 7 sowie Teil 2, B., I.

1217 So auch *Böse*, Wirtschaftsaufsicht und Strafverfolgung, S. 196 f.; *Dannecker/Biermann*, in: Immenga/Mestmäcker, GWB, vor § 81 Rn. 215 ff.; *Hassemer/Dallmeyer*, Gesetzliche Orientierung, S. 59 ff.; *Hetzel*, Kronzeugenregelungen, S. 269 (Fn. 836); *Queck*, Die Geltung des nemo tenetur-Grundsatzes, S. 231 f./275.

bzw. die Abgabe einer Settlementerklärung durch die Nebenbetroffenen voraus. Diese Praxis könnte mit dem nemo tenetur-Grundsatz unvereinbar sein und gegen § 46 Abs. 1 OWiG i. V. m. § 136 Abs. 1 Satz 2 StPO verstoßen, da sich die Betroffenen angesichts der in Aussicht gestellten Bußgeldermäßigung möglicherweise gezwungen sehen, den Tatvorwurf anzuerkennen.

Eine Verletzung des nemo tenetur-Grundsatzes ist indes mit im Wesentlichen den gleichen Argumenten abzulehnen, die bereits bei der Beurteilung des Vergleichsverfahrens der Kommission angeführt worden sind. So geben die Betroffenen das Geständnis bzw. die Settlementerklärung *freiwillig* ab. Ihnen droht auch keine – zusätzliche – Sanktion, wenn sie sich entscheiden, zu schweigen. Sie erhalten dann lediglich keine Bußgeldermäßigung, und es bleibt bei der Geldbuße, deren Höhe sich nach den allgemeinen Regeln bestimmt. Zudem führt die Anwendung des Vergleichsverfahrens auch nicht zu einer schleichenden Erhöhung des Bußgeldniveaus, so dass die Nichtteilnahme am Vergleichsverfahren – und folgerichtig das Schweigen – doch bestraft würde. Festzuhalten ist demnach, dass die Abgabe des Geständnisses bzw. der Settlementerklärung auch innerhalb des deutschen Vergleichsverfahrens grundsätzlich zulässig ist und keinen Verstoß gegen § 46 Abs. 1 OWiG i. V. m. § 136 Abs. 1 Satz 2 StPO begründet.

b) „Sanktionsschere"

Einen Verstoß gegen § 136a Abs. 1 Satz 3 StPO könnte aber der Umstand begründen, dass den Betroffenen möglicherweise eine nicht schuldangemessene Geldbuße in Aussicht gestellt wird.[1218] Insbesondere wenn die in Aussicht gestellte Geldbuße weitaus niedriger wäre als die im streitigen Verfahren verhängte Sanktion (sog. „Sanktionsschere"[1219]), würde es an der erforderlichen Konnexität von Leistung und Gegenleistung im Sinne des § 136a Abs. 1 Satz 3 StPO fehlen. Für Absprachen im Strafverfahren ist anerkannt, dass die Zusage einer nicht schuldangemessen niedrigen Strafe im Gegenzug für ein Geständnis das Versprechen eines gesetzlich nicht vorgesehenen Vorteils darstellt (§ 136a Abs. 1 Satz 3 *Alt. 2* StPO) und deshalb

---

1218 Die Anwendbarkeit des § 136a StPO auf Unternehmen erscheint problematisch; denn durch das Verbot bestimmter Vernehmungsmethoden soll vor allem die Menschenwürde des Vernommenen geschützt werden. Daneben dient die Vorschrift aber auch der Gewährleistung eines justizförmigen Verfahrens und ist damit Ausdruck sowohl des fair trial- als auch des Rechtsstaatsprinzips. Vgl. nur BVerfG, NStZ 1984, 82; *Gleß*, in: Löwe-Rosenberg, StPO, § 136a Rn. 1/3. Vor dem Hintergrund der obigen Ausführungen und der hier vertretenen Ansicht, dass der nemo tenetur-Grundsatz als Verfahrensgrundrecht auch auf Unternehmen Anwendung findet (vgl. dazu bereits A., V., 1., d) sowie 1.), kann im Hinblick auf § 136a StPO letztlich nichts gegenteiliges gelten, geht es doch in beiden Fällen um die Frage der Ausübung von Zwang durch Inaussichtstellen einer Belohnung für die Abgabe eines Geständnisses.

1219 Vgl. nur BGHSt 50, 40 (50); *Krumm*, NZV 2011, 376 (377); *Miebach*, in: Münchener Kommentar, StGB, § 46 Rn. 213.

unzulässig ist.[1220] Stellt das Gericht dem Angeklagten eine unangemessen hohe Alternativstrafe in Aussicht, liegt darin ferner das Drohen mit einer nach den Vorschriften des Strafverfahrensrechts unzulässigen Maßnahme im Sinne des § 136a Abs. 1 Satz 3 *Alt. 1* StPO.[1221] Für das Strafverfahren wird eine angemessene Herabsetzung der Strafe als Belohnung für ein Geständnis mit 20 bis 30 % beziffert.[1222]

Zwar gelten im Ordnungswidrigkeitenrecht nicht die strengen Anforderungen des Strafrechts und erlaubt es § 17 Abs. 3 OWiG in weit größerem Umfang, die Geldbuße als Gegenleistung für die Kooperation der Betroffenen zu ermäßigen.[1223] Jedoch würde eine Geldbuße, die in keinem Verhältnis zur Gegenleistung stünde, dort ebenfalls eine Drucksituation entstehen lassen, bei der eine freie Willensentschließung des Betroffenen nicht mehr vorläge.[1224] Allerdings bestehen keine durchgreifenden Bedenken, dass das Bundeskartellamt in der beschriebenen Weise verfahren würde. Vielmehr stellt die Bußgeldermäßigung, die das Bundeskartellamt als Gegenleistung für die Teilnahme am Vergleichsverfahren gewährt und die im Fall eines Hardcore-Kartells lediglich 10 % beträgt, eine äußerst moderate Herabsetzung der ursprünglich zu verhängenden Sanktion dar. Zwar kann die Bußgeldermäßigung im deutschen Vergleichsverfahren grundsätzlich höher ausfallen als im europäischen. Insbesondere die Begrenzung auf eine lediglich 10 %-ige Bußgeldermäßigung bei der Sanktionierung der als besonders schwerwiegend geltenden Hardcore-Kartelle zeigt aber, dass das Bundeskartellamt die Geldbußen auch im Vergleichsverfahren durchaus schuldangemessen verhängt, so dass das Vorliegen einer etwaigen Drucksituation nicht ersichtlich ist.

1220 BGHSt 50, 40 (47); ders., NStZ 2005, 393; ders., NStZ 2008, 170 f.; OLG Düsseldorf v. 27.03.2006, WuW/E DE-R, 1733 (1737); dass. v. 30.03.2009, VI-2 Kart 10/08 (OWi), Rn. 46 (zit. nach *juris*); *Diemer*, in: Karlsruher Kommentar, StPO, § 136a Rn. 30/32; *König/Harrendorf*, in: Dölling/Duttge/Rössner, Gesamtes Strafrecht, § 257c StPO Rn. 16; *Meyer-Goßner*, StPO, § 136a Rn. 23; *Müller*, Absprachen im Strafverfahren, S. 147 ff.

1221 BGH, NStZ 2005, 393; ders., NStZ 2008, 170 f.; *König/Harrendorf*, in: Dölling/Duttge/Rössner, Gesamtes Strafrecht, § 257c StPO Rn. 16. Das Inaussichtstellen einer Strafmilderung für den Fall der Abgabe eines Geständnisses ist hingegen nicht zugleich als Androhung einer Strafschärfung für den Fall der Verweigerung der Kooperation zu verstehen; so aber *Weigend*, JZ 1990, 774 (778).

1222 *Meyer-Goßner*, StPO, § 257c Rn. 19. *Eschelbach*, in: Graf, Beck-OK StPO, § 257c StPO Rn. 14, beziffert die Strafermäßigung in der Praxis auf 25 bis 50 %.

1223 So wird im Rahmen der Bonusregelung sogar der vollständige Verzicht auf die Geldbuße für zulässig erachtet. Vgl. OLG Düsseldorf v. 27.03.2006, WuW/E DE-R, 1733 (1738 f.); dass. v. 30.03.2009, VI-2 Kart 10/08 (OWi), Rn. 49 (zit. nach *juris*). Zur Zulässigkeit der Berücksichtigung der Kooperation bei der Bußgeldbemessung vgl. bereits oben II., 2.

1224 So auch *Herrlinger*, ZWeR 2012, 137 (154).

c) *Verknüpfung der Höhe der Bußgeldermäßigung mit dem Zeitpunkt des Abschlusses der Vergleichsgespräche*

Anders als die Kommission, die eine einheitliche Bußgeldermäßigung i. H. v. 10 % gewährt, macht das Bundeskartellamt die Höhe der Bußgeldermäßigung u. a. davon abhängig, wie zügig die Vergleichsgespräche abgeschlossen werden können.[1225] Dies erscheint insofern bedenklich, als sich die Parteien gezwungen sehen könnten, möglichst frühzeitig und möglichst umfangreich auf ihre Verteidigungsrechte zu verzichten, nur um eine möglichst hohe Bußgeldermäßigung zu erzielen.[1226] Hier steht – noch deutlicher als beim Vergleichsverfahren der Kommission – der Vorwurf des „Abkaufens von Verteidigungsrechten" im Raum.

Gegen einen Verletzung des nemo tenetur-Grundsatzes sprechen indes folgende Argumente. Trotz der Verknüpfung der Höhe der Bußgeldermäßigung mit dem Zeitpunkt des Abschlusses der Vergleichsgespräche entsteht nicht etwa ein „Wettlauf" um die Bußgeldermäßigung. Soweit in Bezug auf die Kronzeugenregelung teilweise von einem solchen ausgegangen und insofern das Entstehen eines unzulässigen Drucks auf die Parteien angenommen wird,[1227] ist diese Situation auf das Vergleichsverfahren nicht übertragbar. Denn hier steht kein nur einmalig zu gewährender Bußgelderlass in Rede, sondern haben vielmehr alle Parteien die Möglichkeit, eine Bußgeldermäßigung in derselben Höhe zu erhalten. Selbst angesichts des bei der Kronzeugenregelung bestehenden Wettlaufs um den Erlass der Geldbuße geht die ganz herrschende Meinung aber von deren Vereinbarkeit mit dem nemo tenetur-Grundsatz aus,[1228] was insofern konsequent erscheint, als es auch hier bei einer Belohnung des Sprechenden bleibt und es nicht etwa zu einer Bestrafung des Schweigenden kommt. Ferner gilt es zu berücksichtigen, dass die Verknüpfung der Höhe der Bußgeldermäßigung mit dem Zeitpunkt des Abschlusses der Vergleichsgespräche zu einer konsequenten Verfolgung des Prinzips von Leistung und Gegenleistung führt. Denn je eher es zu einer einvernehmlichen Verfahrensbeendigung kommt, desto eher ist der Zweck des Vergleichsverfahrens – die Beschleunigung des streitigen Kartellverfahrens – verwirklicht und desto eher ist eine Belohnung der Parteien für ihre Zusammenarbeit zu rechtfertigen, obgleich dies nicht zwingend geboten erscheint[1229]. Im Ergebnis dürfte es auch deshalb an der Ausübung unzulässigen Drucks fehlen, weil sich die Höhe der Bußgeldermäßigung stets in einem

1225 Vgl. bereits Teil 3, B., VII., 4.

1226 Vgl. bereits A., IV., 2., c).

1227 Vgl. dazu bereits A., V., 2.

1228 Vgl. nur in Bezug auf die Bonusregelung des Bundeskartellamtes, ohne allerdings das Problem des Wettlaufs um die Bußgeldermäßigung gesondert zu erwähnen, *Hetzel*, Kronzeugenregelungen, S. 269 f.; *Thiem*, Die Bonusregelung, S. 125 ff.; *Wiesner*, WuW 2005, 606 (615); *Zagrosek*, Kronzeugenregelungen, S. 168 ff.

1229 Vgl. dazu bereits A., IV., 2., c).

moderaten Rahmen bewegt und insbesondere in Kartellfällen die Höhe von 10 % nicht übersteigt.[1230]

d) Unzulässiger Rollentausch von Betroffenem und Zeugen

Die Vernehmung eines Betroffenen, gegen den das Verfahren in Hybrid-Fällen bereits abgeschlossen ist, könnte einen unzulässigen Rollentausch von Betroffenem und Zeugen darstellen und gegen § 46 Abs. 1 OWiG i. V. m. § 55 StPO verstoßen.

Die Frage, wie zu bestimmen ist, ob jemand die Stellung eines Beschuldigten oder eines Zeugen innehat, wird zwar uneinheitlich beurteilt. Während eine Ansicht diese Bestimmung anhand der förmlichen Prozessrolle vornimmt, so dass die früheren Mitbeschuldigten nach einer Trennung des Verfahrens als Zeugen gegeneinander aussagen können, stellt die Gegenauffassung – materiell – darauf ab, ob die betreffende Person der Tatbeteiligung verdächtig ist.[1231] Einigkeit herrscht jedoch insofern, als der Beschuldigte, gegen den ein Verfahren rechtskräftig abgeschlossen worden ist, sich durch die Beantwortung von Fragen nicht mehr der Gefahr der weiteren Strafverfolgung wegen dieser Tat aussetzt.[1232] Dementsprechend kann sich der Betroffene, mit dem ein Kartellbußgeldverfahren einvernehmlich abgeschlossen worden ist, auch nicht auf sein Auskunftsverweigerungsrecht aus § 46 Abs. 1 OWiG i. V. m. § 55 StPO berufen.[1233] Angesichts der dem Betroffenen hierfür im Gegenzug gewährten und – wie dargestellt – auch zulässigen Bußgeldermäßigung hat dieser wirksam auf sein anderenfalls bestehendes Auskunftsverweigerungsrecht verzichtet und wird dieses nicht etwa unterlaufen.[1234]

1230 Demgegenüber kann der Vorwurf des „Abkaufens von Verteidigungsrechten“ nicht gänzlich ausgeräumt werden kann. Angesichts des hier gefundenen Ergebnisses sind diese – in erster Linie – moralischen Bedenken allerdings hinzunehmen.

1231 Vgl. *Gillmeister*, Ermittlungsrechte, S. 33 f.; *Lutz*, BB 2000, 677 (680); *Zagrosek*, Kronzeugenregelungen, S. 167; jeweils m. w. N.

1232 BVerfG, NStZ 1985, 277; BGH, NStZ 2010, 287 (288); ders., NStZ 2010, 463; *Meyer-Goßner*, StPO, § 55 Rn. 8; *Senge*, in: Karlsruher Kommentar, StPO, § 55 Rn. 4.

1233 Anders ist dies aber, wenn die Gefahr besteht, dass sich der Zeuge durch seine Aussage der Verfolgung wegen möglicher weiterer Straftaten aussetzt, die nicht vom Strafklageverbrauch erfasst sind; vgl. BVerfG, NStZ 2002, 378 (379).

1234 Vgl. *Fischötter/Wrage-Molkenthin*, in: FS-Lieberknecht, 321 (330 f.). Anders aber *Stockmann*, ZWeR 2012, 20 (43), der der Auffassung ist, dass die nicht kooperativen Kartellbeteiligten in Hybrid-Fällen benachteiligt würden: „Die kartellbehördlichen Vorteile, insbesondere die Verwendbarkeit von Geständnissen der kooperationswilligen Beteiligten gegenüber den kooperationsunwilligen Mittätern sowie das mit der Rechtskraft einer einverständlichen Verfahrenserledigung Entfallen der Auskunftsverweigerungsrechte von Zeugen (§ 55 StPO i. V. m. § 46 Abs. 1 OWiG) bedeuten für die nicht kooperierenden Mittäter, dass solche Geständnisse und Zeugnisse gegen sie verwendet werden können. Daraus ergibt sich, dass vergleichbares, schuldhaftes Unrecht im erklärten Interesse der Kartellbehörden und dem für diese Interessen instrumentalisierten Interessen kooperationsunwilliger

Die Praxis des Bundeskartellamtes, den ehemals Betroffenen nunmehr als Zeugen gegen die übrigen Kartellanten aussagen zu lassen, verstößt damit nicht gegen den nemo tenetur-Grundsatz.[1235]

e) Fehlende Konnexität von Leistung und Gegenleistung

Schließlich erscheint es aber insbesondere in Bezug auf den nemo tenetur-Grundsatz bedenklich, wenn – wie mutmaßlich in einem Fall geschehen – die einvernehmliche Beendigung eines Kartellverfahrens von der Zahlung der Geldbuße in einem anderen Fall abhängig gemacht wird. Mit dieser Praxis könnte das Bundeskartellamt gegen § 46 Abs. 1 OWiG i. V. m. § 136a Abs. 1 Satz 3 StPO verstoßen haben.[1236]

Der Problematik liegt folgender Sachverhalt zugrunde.[1237] Das Bundeskartellamt hat gegen mehrere Betroffene wegen wettbewerbsbeschränkender Absprachen Geldbußen i. H. v. insgesamt 250 Millionen Euro verhängt. Nachdem die Betroffenen Einspruch zum OLG Düsseldorf eingelegt haben, soll das Bundeskartellamt den Unternehmen Bußgeldermäßigungen i. H. v. 40 bis 70 % angeboten haben, falls sie in einem anderen Verfahren wegen Missbrauchs der Marktmacht Verpflichtungszusagen gemäß § 32b GWB abgäben. Die Verpflichtungszusagen haben vordergründig der Ausräumung wettbewerblicher Bedenken dienen und der Einleitung eines Verfahrens wegen Missbrauchs der Marktmacht vorbeugen sollen. Allerdings seien die Verpflichtungszusagen vom Bundeskartellamt gleichwohl zur Voraussetzung für die Gewährung der Bußgeldermäßigung in dem Verfahren wegen der wettbewerbsbeschränkenden Absprachen gemacht worden.

Zwar wäre auch hier die Bußgeldermäßigung – isoliert betrachtet – kein gesetzlich nicht vorgesehener Vorteil, so dass das Verhalten des Bundeskartellamtes auf den ersten Blick mit § 136a Abs. 1 Satz 3 *Alt. 2* StPO zu vereinbaren wäre. Allerdings würde es an der erforderlichen Konnexität zwischen dem Verhalten des Unternehmens und der Bußgeldermäßigung fehlen, wenn diese nicht in dem Verfahren gewährt würde, in dem das Unternehmen die Gegenleistung erbracht

---

Täter materiell und prozessual unterschiedlich behandelt wird. Diese gravierend unterschiedliche Behandlung gleichen Unrechts lässt sich nicht so leicht wie die Ungleichbehandlung der Mittäter im Rahmen der Kronzeugenregelung mit Blick auf die bei dieser belohnten Aufklärungsbeiträge aus dem Opportunitätsprinzip rechtfertigen."

1235 So auch zur Bonusregelung, wo die Kronzeugen im Zeitpunkt ihrer Aussage gegen die übrigen Kartellbeteiligten jedoch weiterhin Betroffene des Verfahrens sind, *Hetzel*, Kronzeugenregelungen, S. 251 f.; *Lutz*, BB 2000, 677 (680); *Zagrosek*, Kronzeugenregelungen, S. 166 ff. Anders aber für den Fall der Nichtverfolgungszusage durch das Bundeskartellamt vor Einführung der Bonusregelung *Gillmeister*, Ermittlungsrechte, S. 35; *Tiedemann*, in: Immenga/Mestmäcker, GWB, 2. Aufl., vor § 81 Rn. 22.

1236 Zur Anwendbarkeit des § 136a StPO auf Unternehmen vgl. bereits Fn. 1218.

1237 Vgl. HANDELSBLATT, Nr. 69/2011 v. 07.04.2011, S. 30.

hat.[1238] Darüber hinaus könnte auch ein Verstoß gegen § 136a Abs. 1 Satz 3 *Alt. 1* StPO gegeben sein. Hiernach ist die Drohung mit einer nach den Vorschriften des Strafverfahrensrechts unzulässigen Maßnahme verboten. Unter einer Drohung ist das Inaussichtstellen eines Übels zu verstehen. Zwar ist die Bußgeldermäßigung, die das Bundeskartellamt den beteiligten Unternehmen als Gegenleistung für die Abgabe der Verpflichtungszusagen in Aussicht gestellt hat, positiv und stellt daher kein Übel dar. Allerdings ist das Unterlassen der Bußgeldermäßigung als ein solches anzusehen. Dies allein begründet noch keinen Verstoß gegen § 136a Abs. 1 Satz 3 Alt. 1 StGB, wie die grundsätzliche Zulässigkeit des Inaussichtstellens einer Bußgeldermäßigung im Gegenzug für die Kooperation des Betroffenen im Verfahren zeigt.[1239] Etwas anderes gilt aber möglicherweise wiederum dann, wenn die Bußgeldermäßigung nicht in dem Verfahren gewährt wird, indem der Betroffene die zu belohnende Gegenleistung erbracht hat, so dass es – wie oben zu § 136a Abs. 1 Satz 3 Alt. 2 StGB ausgeführt – an der erforderlichen Konnexität von Leistung und Gegenleistung fehlen könnte. So folgt für Strafverfahren aus § 257c Abs. 1 und 2 StPO, „dass sich Verständigungen ausschließlich auf das ‚zugrundeliegende Erkenntnisverfahren' beziehen dürfen, also sogenannte ‚Gesamtlösungen' unter Einbeziehung anderer Verfahren und nicht in der Kompetenz des Gerichts liegende Zusagen unzulässig sind."[1240]

Allerdings ist diese Rechtsprechung auf die vorliegende Konstellation nicht übertragbar, da das Bundeskartellamt für alle bei ihm anhängigen Kartellverfahren zuständig ist und das in Bezug auf Verständigungen in Strafverfahren auftretende Kompetenzproblem insofern nicht besteht. Auch eine etwaige Zuordnung der Kartellverfahren zu unterschiedlichen Beschlussabteilungen innerhalb des Bundeskartellamtes wäre unbeachtlich, da dies lediglich die verwaltungsinterne Organisation des Bundeskartellamtes betreffen, an dessen gesetzlicher Zuständigkeit aber nichts ändern würde.

Demnach kann das Bundeskartellamt auch das Nachtatverhalten der Betroffenen in anderen, bei ihm anhängigen Kartellverfahren bußgeldmindernd berücksichtigen, ohne dass dieses Vorgehen gegen § 136a Abs. 1 Satz 3 Alt. 1 StPO verstieße.

1238 Vgl. auch BGHSt 49, 84 (87 ff.), wo im Rahmen einer Verständigung im Strafverfahren das Inaussichtstellen einer niedrigeren Strafe für das Begleichen der aus einer Vortat des Angeklagten herrührenden Steuerschuld als inkonnex angesehen und ein Verstoß gegen den Grundsatz des fairen Verfahrens bejaht worden ist. Zu ähnlichen Fallgestaltungen vgl. *Müller,* Absprachen im Strafverfahren, S. 251 ff.

1239 *Velten*, in: SK-StPO, § 257c StPO Rn. 50, erblickt in dem Versprechen einer Strafmilderung für ein – dann taktisch motiviertes – Geständnis stets einen Verstoß gegen § 136a Abs. 1 Satz 3 StPO.

1240 BVerfG, NJW 2013, 1058 (1064). Vgl. auch BGH, wistra 2011, 28; *Stuckenberg*, in: Löwe-Rosenberg, StPO, § 257c Rn. 34.

f) Ergebnis

Eine Verletzung des nemo tenetur-Grundsatzes im deutschen Vergleichsverfahren ist nicht festzustellen.

V. Grundsatz der Unschuldsvermutung und in dubio pro reo-Grundsatz

In Betracht kommt ferner ein Verstoß des Vergleichsverfahrens gegen die Unschuldsvermutung und den in dubio pro reo-Grundsatz. Beide Prinzipien gelten neben dem Straf- auch im Ordnungswidrigkeitenverfahren.[1241] Seine verfassungsrechtliche Grundlage hat der Grundsatz der Unschuldsvermutung im Rechtsstaatsprinzip aus Art. 20 Abs. 3 GG.[1242]

Ähnlich wie beim europäischen Vergleichsverfahren könnte sich beim deutschen Vergleichsverfahren ein Verstoß gegen die Unschuldsvermutung daraus ergeben, dass der Sachverhalt vom Bundeskartellamt möglicherweise nicht ausermittelt wird,[1243] sondern sich dieses auf die Kooperation der Betroffenen verlässt, um den Beweis einer Zuwiderhandlung zu erbringen – zumal die Tendenz zu Verhandlungen über den Tatvorwurf im deutschen Vergleichsverfahren größer sind. Bedenken ergeben sich hier auch aus dem Umstand, dass das Bundeskartellamt Betroffene, gegen die das Vergleichsverfahren bereits abgeschlossen ist, als Zeugen gegen Mitkartellanten aussagen lässt. Durch die Kooperation der Betroffenen, insbesondere durch die Abgabe des Geständnisses könnte deren Schuld zudem während des laufenden Ermittlungsverfahrens, d. h. noch vor Erlass der verfahrensbeendenden Entscheidung präjudiziert sein. Ein Verstoß gegen den in dubio pro reo-Grundsatz könnte schließlich darin begründet liegen, dass das Bundeskartellamt einen Bußgeldbescheid erlässt, obgleich es mangels ausreichender Überzeugungsbildung von der geahndeten Tat möglicherweise noch Zweifel an dem Tatvorwurf hat.

1. Grundsatz der Unschuldsvermutung im Vergleichsverfahren

Die Mithilfe der Betroffenen im Verfahren begründet grundsätzlich keinen Verstoß gegen die Unschuldsvermutung, sofern sie dem Bundeskartellamt lediglich bei der Beweisführung helfen und dieses deren Geständnisse allenfalls als weiteres

---

1241 RegE 7. GWB-Novelle, S. 23/44; *Dannecker/Biermann*, in: Immenga/Mestmäcker, GWB, vor § 81 Rn. 253; *Klusmann*, in: Wiedemann, Kartellrecht, § 57 Rn. 50; *Rogall*, in: Karlsruher Kommentar, OWiG, vor § 1 Rn. 21; *Seitz*, in: Göhler, OWiG, § 46 Rn. 10b; *Wache*, in: Karlsruher Kommentar, OWiG, vor § 53 Rn. 66.

1242 BVerfGE 22, 254 (265); 82, 106 (114); dass., NJW 2009, 3569; *Pfeiffer/Hannich*, in: Karlsruher Kommentar, StPO, Einl. Rn. 32a; *Seitz*, in: Göhler, OWiG, § 46 Rn. 10b; *Valerius*, in: Graf, Beck-OK StPO, Art. 6 EMRK Rn. 31; *Wache*, in: Karlsruher Kommentar, OWiG, vor § 53 Rn. 66.

1243 Vgl. *Zimmer/Höft*, ECLR 2013, 434 (439).

Beweismittel nutzt. So stellt sich die Situation im Vergleichsverfahren der Kommission dar, das deshalb mit dem Grundsatz der Unschuldsvermutung vereinbar ist.[1244] Anders könnte hingegen das deutsche Vergleichsverfahren zu beurteilen sein, wo die Bereitschaft des Bundeskartellamtes, mit den Betroffenen über Tatvorwurf und Sanktion zu verhandeln, höher zu sein scheint. Hier ist die Gefahr, dass sich das Bundeskartellamt den Tatvorwurf von den Betroffenen gleichsam nur noch bestätigen lässt und es dadurch zur Festsetzung einer Geldbuße kommt, die anderenfalls nicht – jedenfalls nicht in dieser Höhe – hätte verhängt werden können, größer.[1245]

Zwar steht dem Bundeskartellamt im Kartellbußgeldverfahren nach Maßgabe der obigen Ausführungen ein Verfolgungsermessen zu und sind Absprachen über den Tatvorwurf möglich. Dies rechtfertigt es aber nicht, dass das Bundeskartellamt zu Lasten der Betroffenen von einem Sachverhalt ausgehen dürfte, den es nicht vollständig ausermittelt hätte. Vielmehr muss die Verfolgungsbehörde, soweit sie sich für die Verfolgung eines Verstoßes entschieden hat, auch alle ihr zur Verfügung stehenden Möglichkeiten zur Sachverhaltsaufklärung ausschöpfen.[1246] Für Verständigungen in Strafverfahren bestimmt § 257c Abs. 1 Satz 2 StPO insofern, dass der Aufklärungsgrundsatz aus § 244 Abs. 2 StPO unberührt bleibt. In (Kartell)Bußgeldverfahren ist § 257c Abs. 1 Satz 2 StPO zwar sinngemäß anwendbar (vgl. § 46 Abs. 1); hier führt die Möglichkeit der Berücksichtigung von Opportunitätserwägungen jedoch dazu, dass der Aufklärungsgrundsatz in abgeschwächter Form gilt.[1247] Diesen Anforderungen ist zwar auch genügt, wenn die Ermittlungen durch Beweise angestoßen werden, welche die Betroffenen etwa nach der Kronzeugenregelung oder im Vergleichsverfahren beigebracht haben. Allerdings ist das Bundeskartellamt dann auch verpflichtet, die im Wege der Kooperation beigebrachten Beweise – darunter insbesondere das Geständnis – zu überprüfen.[1248] Es muss selbst eine Überzeugung von dem Kartellverstoß gewinnen und kann nicht einfach wesentliche Tatvorwürfe ungeprüft oder – schlimmer noch – wider besseres Wissens zur Grundlage seines Bußgeldbescheides machen. Insofern gilt es zu berücksichtigen, dass eine Absprache die Aufklärungslast nur ein Stück weit und nicht mehr als bei einem „normalen Geständnis" abmildert.[1249]

Nach den obigen Ausführungen[1250] greifen die geäußerten Bedenken indes auch in Bezug auf das deutsche Vergleichsverfahren nicht durch: Trotz größerer Verhandlungsbereitschaft wird der Sachverhalt vom Bundeskartellamt weitestgehend ausermittelt und verlässt sich dieses nicht etwa nur auf die Kooperation der

---

1244 Vgl. dazu bereits A., VI., 2.

1245 Dass solche Bedenken nicht nur theoretischer Natur ist, zeigt das bereits angeführte Settlement des Office of Fair Trading; vgl. dazu A., VI., 2.

1246 *Fischötter/Wrage-Molkenthin*, in: FS-Lieberknecht, S. 321 (330); *Zagrosek*, Kronzeugenregelungen, S. 182.

1247 Vgl. dazu bereits II., 4., b).

1248 *Lutz*, BB 2000, 677 (681); *Zagrosek*, Kronzeugenregelungen, S. 183.

1249 *Velten*, in: SK-StPO, § 257c StPO Rn. 34. Vgl. auch BVerfG, NJW 2013, 1058 (1063).

1250 Vgl. II., 4., b).

Betroffenen.[1251] Zu einem sog. „schlanken Geständnis“, das nur die bloße Tatbegehung einräumt, ohne den Verstoß genauer zu beschreiben, und das in Bezug auf die Verständigung im Strafverfahren besonders kritisch gesehen wird,[1252] kommt es im deutschen Vergleichsverfahren gerade nicht.

Als problematisch könnte sich aber der Umstand darstellen, dass die Kooperation, die das Bundeskartellamt mit einem Betroffenen eingeht, möglicherweise auch zu Lasten der übrigen Kartellteilnehmer geht. Denn diese könnten sich plötzlich Vorwürfen ausgesetzt sehen, die vom Bundeskartellamt zuvor ausgehandelt, aber nicht ausermittelt worden sind. Hinzu kommt, dass das Bundeskartellamt, die Betroffenen, gegen die bereits ein Bußgeldbescheid erlassen worden ist, als Zeugen gegen die übrigen Kartellanten aussagen lässt. Aus diesen Gründen könnte man eine materielle Beweislastumkehr annehmen, die dazu führen würde, dass nicht mehr das Bundeskartellamt die Tat aufzuklären hat, sondern sich die Betroffenen nunmehr der Vorwürfe ihrer Mitkartellanten zu erwehren haben.[1253] Im Ergebnis gilt jedoch, dass die Zeugenaussagen der Betroffenen, gegen die bereits ein Bußgeldbescheid erlassen worden ist, dem Bundeskartellamt zwar in der Tat als zusätzliche Beweismittel dienen können, eine Beweislastumkehr damit aber nicht verbunden ist. Die Zeugenaussagen stellen lediglich eine Hilfe bei der Beweisführung dar, und das

1251 Vgl. auch die *Monopolkommission*, Hauptgutachten 2010/2011, Rn. 487: „Dabei wird das Rechtsstaatsprinzip gewahrt, da die Vorwürfe bis zur Belegbarkeit der Tatvorwürfe ausermittelt werden [...].“

1252 BGH, NStZ-RR 2012, 52; *Eschelbach*, in: Graf, Beck-OK StPO, § 257c StPO Rn. 23; *Velten*, in: SK-StPO, § 257c StPO Rn. 35.

1253 Vgl. für die Verständigung im Strafverfahren BGHSt 48, 161 (167 f.): „Wie der Bundesgerichtshof bereits betont hat, darf eine Absprache über das Strafmaß nicht dazu führen, daß ein so zustande gekommenes Geständnis dem Schuldspruch zugrunde gelegt wird, ohne daß sich das Gericht von dessen Richtigkeit überzeugt. Das Gericht bleibt dem Gebot der Wahrheitsfindung verpflichtet. Das Geständnis muß daher auf seine Glaubhaftigkeit überprüft werden; sich hierzu aufdrängende Beweiserhebungen dürfen nicht unterbleiben [...]. Dies gilt umso mehr, wenn sich das Strafverfahren gegen mehrere Angeklagte richtet, von denen nicht alle ein Geständnis ablegen. Bei der Verurteilung eines Angeklagten aufgrund von Geständnissen der Mitangeklagten, die Gegenstand einer verfahrensbeendenden Absprache sind, muß die Glaubhaftigkeit dieser Geständnisse in einer für das Revisionsgericht nachprüfbaren Weise gewürdigt werden. Dazu gehören insbesondere das Zustandekommen und der Inhalt der Absprache. Denn bei dieser Sachlage besteht u. a. die Gefahr, daß die Mitangeklagten den Nichtgeständigen zu Unrecht belasten, weil sie sich dadurch für die eigene Verteidigung Vorteile versprechen. Dieses Problem besteht überall dort, wo ‚Aufklärungshilfen‘ Vorteile gewährt werden [sic!], etwa bei der Kronzeugenregelung oder der Strafmilderung nach § 31 BtMG. In einem solchen Fall ist das Gericht zum einen zu besonderer Rücksichtnahme auf die Verteidigungsinteressen des nicht geständigen Angeklagten verpflichtet, zum anderen hat der Tatrichter die Geständnisse der anderen Angeklagten kritisch zu würdigen [...].“

Bundeskartellamt ist weiterhin verpflichtet, den Sachverhalt von Amts wegen aufzuklären. Schließlich steht den Betroffenen, gegen die bereits ein Bußgeldbescheid erlassen worden ist, ein Auskunftsverweigerungsrecht gemäß § 46 Abs. 1 OWiG i. V. m. § 55 Abs. 1 StPO nicht mehr zu, so dass deren Auskünfte gegen die übrigen Kartellteilnehmer verwendet werden können.[1254]

Wie entsprechend zum europäischen Vergleichsverfahren dargelegt,[1255] begründet der bloße Umstand, dass die Betroffenen mit dem Bundeskartellamt während des Bußgeldverfahrens kooperieren, keine Präjudizierung ihrer Verantwortlichkeit für den Verstoß. Etwas Anderes gilt auch nicht allein deshalb, weil die Beamten derselben Beschlussabteilung weiterhin für die Durchführung des Verfahrens zuständig sind, wenn es nicht zu einer einvernehmlichen Beendigung des Verfahrens gekommen ist und das Verfahren nunmehr in streitiger Weise fortgeführt wird.[1256] Allerdings ist insofern ein gewisses Maß an Vorsicht und Unvoreingenommenheit seitens der Beamten geboten, zumal der Bußgeldbescheid im deutschen – und im Gegensatz zum europäischen – Kartellbußgeldverfahren von derjenigen Beschlussabteilung erlassen wird, welche zuvor auch für die Ermittlungen verantwortlich war.

2. In dubio pro reo-Grundsatz im Vergleichsverfahren

Nach alledem ist auch ein Verstoß gegen den in dubio pro reo-Grundsatz ausgeschlossen. So ermittelt das Bundeskartellamt den Sachverhalt trotz der Kooperation der Betroffenen vollständig aus, soweit es eine Geldbuße verhängt. Bei Erlass des Bußgeldbescheides bestehen also grundsätzlich keine Zweifel mehr an der Verantwortlichkeit der Betroffenen.

3. Ergebnis

Das Vergleichsverfahren verstößt weder gegen den Grundsatz der Unschuldsvermutung noch gegen den in dubio pro reo-Grundsatz.

VI. Grundsatz des rechtlichen Gehörs

1. Vorüberlegungen

Problematisch ist ferner, dass das Bundeskartellamt den Verzicht auf eine vollständige Einsicht in die Verfahrensakten sowie auf ein ausführliches Anhörungsschreiben zur Voraussetzung für die einvernehmliche Verfahrensbeendigung macht. Dies lässt

1254 Vgl. dazu bereits IV., 2., d).

1255 Vgl. A., VI., 2.

1256 Anders aber für Absprachen im Strafverfahren *Stuckenberg*, in: Löwe-Rosenberg, StPO, § 257c Rn. 16, der aufgrund einer möglichen Befangenheit der Richter eine Verletzung der Unschuldsvermutung annimmt. Von einer „strukturellen Voreingenommenheit" gehen auch *Eschelbach*, in: Graf, Beck-OK StPO, § 257c StPO Rn. 39.2, und *Schünemann*, ZRP 2009, 104 (107), aus.

befürchten, dass das Bundeskartellamt den Betroffenen ihre Verteidigungsrechte „abkauft" und diese möglicherweise einen schlechten Deal eingehen, wenn sie das Verfahren einvernehmlich beenden, statt sich streitig zu verteidigen.[1257] An dem Vorgehen des Bundeskartellamtes wird insofern Kritik geübt, als die bloße Einsicht in die „wichtigsten Beweismittel" kein Gesamtbild der Beweismittellage ergebe, so dass die Gefahr bestehe, dass den Betroffenen etwaige entlastende Unterlagen vorenthalten sein könnten.[1258]

Sowohl die Akteneinsicht als auch das ausführliche Anhörungsschreiben dienen der Durchsetzung des Anspruchs auf rechtliches Gehör, der den Betroffenen die Möglichkeit zur Information und Stellungnahme bietet. Rechtsgrundlage des Anspruchs auf rechtliches Gehör ist im Bußgeldverfahren vor dem Bundeskartellamt zwar nicht Art. 103 Abs. 1 GG,[1259] der ausweislich seines Wortlauts nur für *Gerichts*verfahren gilt[1260]. Allerdings gewährleistet das Rechtsstaatsprinzip die Gewährung rechtlichen Gehörs (auch) im *behördlichen* Verfahren. Einfachgesetzlich findet dieses Prinzip seine Grundlage für das Bußgeldverfahren in § 55 OWiG.[1261] Darüber hinaus dienen die Akteneinsicht und das ausführliche Anhörungsschreiben der Herstellung von Waffengleichheit zwischen dem Bundeskartellamt und den Betroffenen, so dass auch das fair trial-Prinzip betroffen ist. Der Anspruch auf rechtliches Gehör ist gegenüber diesem jedoch die speziellere Gewährleistung.[1262]

2. Bewertung des Vergleichsverfahrens

a) Akteneinsicht

Im streitigen Kartellbußgeldverfahren haben die Betroffenen gemäß § 46 Abs. 1 OWiG i. V. m. § 147 Abs. 1 StPO das Recht auf Einsicht in alle Ermittlungsakten. Im Vergleichsverfahren legt das Bundeskartellamt den Betroffenen hingegen nur bestimmte Beweismittel offen und wird eine vollständige Akteneinsicht nicht gewährt. Da dieser Verzicht indes freiwillig erfolgt und die Betroffenen die Akteneinsicht auch im streitigen Verfahren ausdrücklich beantragen müssen, scheidet ein Verstoß gegen § 46 Abs. 1 OWiG i. V. m. § 147 Abs. 1 StPO aus. Ein Verstoß gegen den Grundsatz des Anspruchs auf rechtliches Gehör bestünde aber dann, wenn die

---

1257 Vgl. – zur Bonusregelung (von 2000) – *Hetzel*, Kronzeugenregelungen, S. 271: „Grundsätzlich dürfen aber an die Ausübung gesetzlich vorgesehener Verteidigungsrechte keine negativen Folgen geknüpft werden, sodass trotz der Pflicht zur uneingeschränkten Zusammenarbeit das Recht auf eine effektive Verteidigung gewahrt bleiben muss."

1258 *Herrlinger*, ZWeR 2012, 137 (152).

1259 So aber *Hetzel*, Kronzeugenregelungen, S. 267.

1260 Eine entsprechende Anwendung des Art. 103 Abs. 1 GG auf das behördliche Verfahren wird ebenfalls abgelehnt; vgl. *Schmidt-Aßmann*, in: Maunz/Dürig, GG, Art. 103 Abs. 1 Rn. 62.

1261 Vgl. bereits Teil 2, B., II.

1262 *Di Fabio*, in: Maunz/Dürig, GG, Art. 2 Rn. 73.

mit diesem Verteidigungsrecht verfolgten Zwecke – Information und Möglichkeit der Stellungnahme – im Vergleichsverfahren gar nicht zur Geltung kämen. Diesbezüglich gilt jedoch Ähnliches wie bereits zum Vergleichsverfahren der Kommission ausgeführt. Die Betroffenen werden mittels der Vergleichsgespräche ausreichend über den Tatvorwurf in Kenntnis gesetzt. Aufgrund dessen sowie der zumindest teilweisen Offenlegung der Beweismittel durch die Kommission sind sie in der Lage, angemessen zu den Tatvorwürfen Stellung zu nehmen. Schließlich können die Betroffenen auch in hinreichendem Maße beurteilen, ob eine Verteidigung im streitigen Verfahren oder die einvernehmliche Verfahrensbeendigung die für sie günstigere Alternative darstellt. Die Praxis des Bundeskartellamtes, einen Verzicht der Betroffenen auf eine vollständige Akteneinsicht zu verlangen, verstößt damit nicht gegen den Grundsatz des Anspruchs auf rechtliches Gehör.

b) Ausführliches Anhörungsschreiben

Ein solcher Verstoß ergibt sich auch nicht daraus, dass das Bundeskartellamt den Betroffenen im Vergleichsverfahren kein ausführliches Anhörungsschreiben zukommen lässt. Zum einen ist das Anhörungsschreiben – anders als die Mitteilung der Beschwerdepunkte im Kommissionsverfahren – kein zwingend vorgesehener Verfahrensschritt. Zum anderen sind die Betroffenen bereits durch die Vergleichsgespräche hinreichend über die Tatvorwürfe informiert; ein ausführliches Anhörungsschreiben würde daher eine bloße Förmelei darstellen, auf die im Vergleichsverfahren verzichtet werden kann. Schließlich versendet das Bundeskartellamt vor Erlass des Bußgeldbescheides auch noch einen Entwurf desselben, der die Betroffenen über dessen Inhalt informieren soll und das Anhörungsschreiben jedenfalls teilweise ersetzt.

3. Ergebnis

Das deutsche Vergleichsverfahren verstößt nicht gegen den Grundsatz des Anspruchs auf rechtliches Gehör.

VII. Garantie effektiven Rechtsschutzes

1. Vorüberlegungen

In Betracht kommt aber eine Verletzung der Garantie effektiven Rechtsschutzes aus Art. 19 Abs. 4 GG. Die Erklärung eines Rechtsmittelverzichts seitens der Betroffenen macht das Bundeskartellamt zwar ebenfalls nicht zur Voraussetzung einer einvernehmlichen Verfahrensbeendigung,[1263] und wie im europäischen Recht wäre ein solcher auch nicht zulässig[1264]. Nach Inkrafttreten des Verständigungsgesetzes

1263 Vgl. bereits Teil 3, B., VII., 2., b).

1264 Vgl. Bundeskartellamt, Plea Bargaining 2006, Rn. 17; dass., in: OECD, Settlements, S. 52; *Klusmann*, in: Wiedemann, Kartellrecht, § 57 Rn. 55; *Vollmer*, ECLR 2011, 350

ergibt sich die Unzulässigkeit eines Rechtsmittelverzichts aus § 302 Abs. 1 Satz 2 StPO. Diese Vorschrift ist Ausdruck des verfassungsrechtlichen Grundsatzes schuldangemessenen Strafens und findet deshalb auch im behördlichen Bußgeldverfahren sinngemäße Anwendung. So hat der BGH entschieden, dass die „Verknüpfung von Strafhöhe mit versprochenen Rechtsmittelverzicht [...] einen grundlegenden Verstoß gegen das Prinzip schuldangemessenen Strafens darstellt."[1265] Danach kann im Fall einer vorangegangenen Verständigung vor Ablauf der Rechtsmittelfrist nicht auf die Einlegung eines Rechtsmittels verzichtet werden und zwar unabhängig davon, ob der Rechtsmittelverzicht Gegenstand der Absprache war oder nicht.[1266]

---

(354); *ders.*, FIW, Schwerpunkte des Kartellrechts 2009/2010, 135 (139). *Brenner*, WuW 2011, 590 (598), spricht von einem „Abkauf des Rechtsmittels".

1265 BGHSt 50, 40 (56): „Außer Frage steht der Extremfall einer *Verknüpfung von Strafhöhe mit versprochenem Rechtsmittelverzicht, der einen grundlegenden Verstoß gegen das Prinzip schuldangemessenen Strafens darstellt.* [...]. Wie der vorlegende Senat zutreffend dargelegt hat, bestehen an einer Zulassung der Möglichkeit, einen Rechtsmittelverzicht im Rahmen einer Urteilsabsprache zu vereinbaren, keine legitimen Interessen. Zudem könnten hieraus nachhaltige Gefahren nicht nur für die Rechtskultur, sondern darüber hinaus für eine effektive Wahrung unverzichtbarer Anliegen eines rechtsstaatlich geführten Strafverfahrens erwachsen. Auch für diese Fälle muß eine effektive Möglichkeit der Kontrolle gerichtlicher Entscheidungen durch das Revisionsgericht erhalten werden." [Hervorhebung durch Verf.]. Vgl. zuvor bereits – allerdings ohne diese Deutlichkeit – BGHSt 43, 195 (204 f.): „Umgekehrt ist es aber nicht zulässig, wenn sich das Gericht für das Inaussichtstellen einer milderen Strafe durch den Angeklagten versprechen läßt, daß dieser auf Rechtsmittel verzichten werde. Dies bedeutet zum einen eine unzulässige Verknüpfung der Rechtsmittelbefugnis mit der Höhe der Strafe, auf die jene keinen Einfluß haben darf. Zum anderen kann der Angeklagte frühestens nach Verkündung des Urteils auf Rechtsmittel verzichten [...]; das Gericht darf daher von ihm keinesfalls verlangen, daß er sich bereits vor Abschluß der Hauptverhandlung und Kenntnis der Entscheidung dieser Kontrollmöglichkeit begibt."

1266 Nachdem es zuvor divergierende Entscheidungen zwischen den einzelnen Senaten des BGH gegeben hatte, entschied der Große Senat vor Inkrafttreten des Verständigungsgesetzes für Absprachen im Strafverfahren, dass ein Rechtsmittelverzicht (nur dann) wirksam ist, wenn der Angeklagte zuvor „qualifiziert belehrt" worden ist; vgl. BGHSt 50, 40 (61 f.). Wegen der strengeren Neuregelung in § 302 Abs. 1 Satz 2 entfällt auch die Möglichkeit des Tatrichters, ein abgekürztes Urteil im Sinne des § 267 Abs. 4 StPO zu erlassen; vgl. *Velten*, in: SK-StPO, vor §§ 257b-257c ff. StPO Rn. 8. Hier wird zunächst der Ablauf der Rechtsmittelfrist abzuwarten sein. Vgl. *Cirener*, in: Graf, Beck-OK StPO, § 302 StPO Rn. 21; *Meyer-Goßner*, StPO, § 302 Rn. 26e. Eine Umgehung des § 302 Abs. 1 Satz 2 StPO dergestalt, dass ein zunächst eingelegtes Rechtmittel vor Ablauf der Rechtsmittelfrist zurückgenommen wird, um dadurch vorzeitige Rechtskraft eintreten zu lassen, hat der BGH hingegen für zulässig erachtet; vgl. BGHSt 55, 82 (85 f.). Ablehnend *Stuckenberg*, in: Löwe-Rosenberg, StPO, § 257c Rn. 29.

Möglicherweise führt die einvernehmliche Verfahrensbeendigung aber zu einem *faktischen* Rechtsmittelverzicht, der mit der Garantie effektiven Rechtsschutzes aus Art. 19 Abs. 4 GG nicht vereinbar sein könnte. Denn die Rechtsschutzgarantie schützt nicht nur das Vorhandensein eines Rechtsweges schlechthin, sondern auch die Möglichkeit, im Einzelfall wirkungsvollen Rechtsschutz zu erhalten.[1267]

2. *Bewertung des Vergleichsverfahrens*

a) Möglichkeit der Rücknahme des Bußgeldbescheids im Zwischenverfahren

Problematisch ist in diesem Zusammenhang zunächst, dass es aufgrund der Möglichkeit der Rücknahme des Vergleichsbescheids durch das Bundeskartellamt im Zwischenverfahren möglicherweise nie zu einer gerichtlichen Überprüfung des Vergleichsschlusses kommt. Denn sofern die Betroffenen nach einer einvernehmlichen Verfahrensbeendigung Einspruch gegen den Bußgeldbescheid eingelegt haben, wird das Bundeskartellamt diesen im Übrigen – mangels ausreichender Begründung – regelmäßig nicht aufrechterhalten, sondern zurücknehmen und einen neuen, umfangreich begründeten Bescheid erlassen.[1268] Da das Bundeskartellamt die Betroffenen so zu für sie nachteilhaften Vergleichsschlüssen drängen könnte, ohne eine gerichtliche Aufhebung fürchten zu müssen, scheint ein massives Missbrauchspotential vorhanden.[1269]

Jedoch gilt es zu bedenken, dass auch die Gefahren für die Betroffenen begrenzt sind. Diese nehmen zunächst am Vergleichsverfahren teil und erhalten einen Vergleichsbescheid, gegen den sie Einspruch einlegen, sollten sie ihn für ungünstig halten. Wenn das Bundeskartellamt daraufhin den Vergleichsbescheid zurücknimmt und einen neuen, vollständig begründeten Bußgeldbescheid erlässt, können die Betroffenen gegen diesen wiederum Einspruch einlegen. Auf diesen Einspruch folgt dann, sollte er vom Bundeskartellamt nicht erneut zurückgenommen werden, ein Gerichtsverfahren. Es ist also davon auszugehen, dass eine gerichtliche Überprüfung des Vergleichsschlusses in der Regel zwar tatsächlich nicht stattfinden wird, die Betroffenen dadurch aber nicht schlechter gestellt sind, als wenn sie sich von vornherein gegen die Durchführung des Vergleichsverfahrens entschieden hätten.

Einen Verstoß gegen die Garantie effektiven Rechtsschutzes begründet der Umstand, dass das Bundeskartellamt den Vergleichsbescheid im Zwischenverfahren zurücknehmen kann – und regelmäßig wird –, also nicht.

1267 BVerfGE 10, 264 (268); 40, 272 (274 f.); 77, 275 (284); *Hetzel*, Kronzeugenregelungen, S. 267 f.

1268 Vgl. bereits Teil 2, B., V.

1269 Vgl. auch *Brenner*, WuW 2011, 590 (599): „Allerdings droht zum anderen auch eine Gefahr des Missbrauchs, wenn die Einlegung eines Rechtsmittels aus Sorge um das erzielte Verständigungsergebnis unterbleibt."

b) *Möglichkeit der Bußgelderhöhung nach Rücknahme des Bußgeldbescheides im Zwischenverfahren*

Fraglich ist indes, ob das Bundeskartellamt die Geldbuße im Fall der Rücknahme des Bußgeldbescheides im Zwischenverfahren um die zunächst für die Durchführung des Vergleichsverfahrens gewährte Bußgeldermäßigung erhöhen kann. Möglicherweise entfaltet das Settlement bei der Rücknahme des Bußgeldbescheides durch das Bundeskartellamt insofern eine der Erhöhung der Geldbuße entgegenstehende Bindungswirkung. Der BGH hat entschieden, dass ein Gericht eine im Rahmen einer Verständigung zunächst in Aussicht gestellte Höchststrafe nicht allein deshalb überschreiten darf, weil der Angeklagte erklärt hat, das – abgesprochene – Urteil doch nicht akzeptieren zu wollen, und er dieses auch tatsächlich mit einem Rechtsmittel angegriffen hat.[1270] Übertragen auf das Kartellbußgeldverfahren bedeutet dies, dass die Bindungswirkung des Vergleichsschlusses nach Einspruchseinlegung nicht automatisch entfallen würde[1271] und dass das Bundeskartellamt die ermäßigte Geldbuße im Zwischenverfahren nicht allein aus diesem Grund erhöhen könnte[1272]. Gegen eine solche strikte Anwendung der BGH-Rechtsprechung auf das Vergleichsverfahren ist zwar anzuführen, dass die Bußgeldbemessung dort wesentlich transparenter ist als die Strafzumessung im Strafverfahren;[1273] so könnte das Bundeskartellamt die Geldbuße einfach um den zunächst reduzierten Prozentsatz erhöhen. Vor diesem Hintergrund erscheint das Risiko eines Einspruchs für die Betroffenen weitgehend mess- und kontrollierbar. Gegen die Möglichkeit einer „automatischen" Bußgelderhöhung spricht jedoch entscheidend, dass durch sie die Erzwingung eines unzulässigen Rechtsmittelverzichts zu befürchten wäre.[1274] Das Verbot eines Rechtsmittelverzichts gilt aber im Bußgeldverfahren ebenfalls[1275] und unterscheidet sich dieses insofern nicht vom Strafverfahren.

Für das im Vergleichsverfahren von den Betroffenen abgegebene Geständnis bzw. für die Settlementerklärung besteht nach Einspruchseinlegung zudem ein Beweisverwertungsverbot entsprechend § 257c Abs. 4 Satz 3 StPO. Diese Vorschrift ist Ausdruck des fair trial-Grundsatzes[1276] und findet daher auch im behördlichen

---

1270 BGHSt 52, 165 (172).

1271 Anders aber – jedenfalls hinsichtlich des Wechsels in das gerichtliche Verfahren – *Brenner*, WuW 2011, 590 (594); *Wrage-Molkenthin/Bauer*, in: FK-Kartellrecht, Band VI, vor §§ 81–86 GWB Rn. 30.

1272 *Polley/Heinz*, WuW 2012, 14 (26); *Vollmer*, ECLR 2011, 350 (354); *ders.*, in: FIW, Schwerpunkte des Kartellrechts 2009/2010, 135 (145).

1273 Vgl. bereits II., 4., c).

1274 So auch *Polley/Heinz*, WuW 2012, 14 (26).

1275 Vgl. bereits 1.

1276 Vgl. RegE Verständigungsgesetz, BT-Drucks. 16/12310, S. 14/21. Vgl. auch BVerfG, NJW 2013, 1058 (1067): „Mit dem Verwertungsverbot des § 257c Abs. 4 Satz 3 StPO ist dort zudem eine dem Schutz des Angeklagten dienende Vorschrift enthalten, der im Vertrauen auf den Bestand einer Verständigung ein Geständnis abgegeben

Bußgeldverfahren sinngemäße Anwendung; hier ist der in Vorleistung tretende Betroffene gleichermaßen schutzwürdig.[1277]

c) Fehlende Rechtsmittelgründe

Problematisch ist schließlich, dass der Einspruch – sollte der Bußgeldbescheid vom Bundeskartellamt ausnahmsweise aufrechterhalten werden – in einem etwaigen gerichtlichen Verfahren jedoch von vornherein erfolglos sein könnte. Hinsichtlich des europäischen Vergleichsverfahrens wird vielfach vertreten, dass ein Vergleichsschluss einen faktischen Rechtsmittelverzicht darstelle, weil eine Klage gegen den Vergleichsbescheid der Kommission kaum Aussicht auf Erfolg habe. Diese Ansicht ist bereits abgelehnt worden, und sie kann für das deutsche Vergleichsverfahren noch weniger gelten. Denn hier müssen die Betroffenen die ihnen vorgeworfene Zuwiderhandlung weder ausdrücklich eingestehen, noch müssen sie ihrer rechtlichen Qualifizierung durch das Bundeskartellamt zustimmen.[1278]

Deshalb ist bereits das Vorliegen eines faktischen Rechtsmittelverzichts auch im deutschen Vergleichsverfahren abzulehnen.[1279] Zudem stellt ein solcher keinen Verzicht im Rechtssinne dar, der allein einen Verstoß gegen die Garantie effektiven Rechtsschutzes begründen würde.[1280]

3. Ergebnis

Somit verstößt das Vergleichsverfahren auch nicht gegen den Grundsatz effektiven Rechtsschutzes.

---

und damit von seinem Recht, sich nicht zur Sache einzulassen, keinen Gebrauch gemacht und der Verurteilung eine Grundlage verschafft hat."

1277 Vgl. *Brenner*, WuW 2011, 590 (594); *Wrage-Molkenthin/Bauer*, in: FK-Kartellrecht, Band VI, vor §§ 81–86 GWB Rn. 30. Anders aber *Polley/Heinz*, WuW 2012, 14 (26); *Vollmer*, ECLR 2011, 350 (354); *ders.*, in: FIW, Schwerpunkte des Kartellrechts 2009/2010, 135 (145), die meinen, dass das Geständnis bzw. die Settlementerklärung zudem ausdrücklich widerrufen werden müsste.

1278 Vgl. bereits Teil 3, B., VII., b). *Polley/Heinz*, WuW 2012, 14 (26) meinen, dass dies den Betroffenen die Möglichkeit eröffne, zu argumentieren, dass eine bestimmte Absprache – entgegen der Wertung des Bundeskartellamtes – keinen Hardcore-Verstoß darstelle und daher eine wesentlich geringere Geldbuße rechtfertige. Nach hier vertretener Auffassung bindet das Anerkenntnis der rechtlichen Würdigung die Parteien allerdings auch im europäischen Vergleichsverfahren nicht; vgl. dazu bereits A., IX., 2.

1279 Anders aber – „faktische Beschränkung des Rechtsmittels durch vorheriges Eingeständnis" – *Junker/Knigge/Pischel/Reinhart*, in: Rechtsanwaltshandbuch, § 48 Rn. 60.

1280 Vgl. bereits zum europäischen Recht A., IX., 2.

VIII. Fair trial-Grundsatz

In Betracht kommt schließlich ein Verstoß gegen den fair trial-Grundsatz, dessen Geltung im deutschen Recht für das Straf- sowie das Ordnungswidrigkeitenverfahren allgemein anerkannt ist.[1281] Die verfassungsrechtliche Grundlage bildet die allgemeine Handlungsfreiheit (Art. 2 Abs. 1 GG) i. V. m. dem Rechtsstaatsprinzip (Art. 20 Abs. 3 GG).[1282]

1. Abbruch des Vergleichsverfahrens

Während sich die Kommission den – einseitigen – Abbruch des Vergleichsverfahrens bis zum Erlass des Vergleichsbescheids vorbehält, fühlt sich das Bundeskartellamt grundsätzlich an den Vergleichsschluss gebunden. Die zum europäischen Vergleichsverfahren geäußerten Bedenken bestehen deshalb in Bezug auf das deutsche Vergleichsverfahren von vornherein nicht.

Für das Strafverfahren sieht § 257c Abs. 4 Satz 1 StPO eine Loslösung des Gerichts von der Verständigung nur für den Fall vor, dass „rechtlich oder tatsächlich bedeutsame Umstände übersehen worden sind oder sich neu ergeben haben und das Gericht deswegen zu der Überzeugung gelangt, dass der in Aussicht gestellte Strafrahmen nicht mehr tat- oder schuldangemessen ist." Dies entspricht auch der Rechtsprechung des BGH vor Inkrafttreten des Verständigungsgesetzes, der zunächst entschieden hat, dass das Vertrauen des Angeklagten in die Erklärungen des Gerichts grundsätzlich schützenswert sei und eine Bindung desselben nur ausnahmsweise, namentlich bei Eintreten schwerwiegender neuer Umstände, die dem Gericht bisher unbekannt waren und die Einfluss auf das Urteil haben können, entfalle.[1283] In der Folge – aber ebenfalls noch vor Inkrafttreten des Verständigungsgesetzes – hat der BGH seine Rechtsprechung dahingehend ergänzt, dass das Gericht auch dann von der Zusage abweichen darf, „wenn schon bei der Urteilsabsprache vorhandene relevante tatsächliche oder rechtliche Aspekte übersehen wurden."[1284] Nach § 257c Abs. 4 Satz 2 StPO kommt eine Loslösung von der Absprache ferner in Betracht, „wenn das weitere Prozessverhalten des Angeklagten nicht dem Verhalten entspricht, das der Prognose des Gerichts zugrunde gelegt worden ist." Beiden Alternativen ist gemein, dass die Bindungswirkung nur dann nicht mehr besteht, wenn der „Irrtum" auf Seiten des Gerichts kausal für die Rechtsfolge ist, die in Aussicht

---

1281 Vgl. nur *Hetzel*, Kronzeugenregelungen, S. 266; *Wiesner*, Der Kronzeuge im Kartellrecht, S. 153 f.; *Zagrosek*, Kronzeugenregelungen, S. 178.

1282 BVerfGE 63, 380 (390); 86, 288 (317); dass., NStZ 1987, 419; *Di Fabio*, in: Maunz/Dürig, GG, Art. 2 Rn. 72; *Fischer*, in: Karlsruher Kommentar, StPO, Einl. Rn. 134; *Müller*, Absprachen im Strafverfahren, S. 95. Demgegenüber hat Art. 6 Abs. 1 EMRK im deutschen Recht nur den Rang eines einfachen Gesetzes.

1283 BGHSt 36, 210 (214); 43, 195 (210).

1284 BGH, NStZ 2004, 493 f.; ders., NStZ 2005, 115 f.; BGHSt 50, 40 (50).

gestellte Strafe also nicht mehr tat- oder schuldangemessen erscheint.[1285] Auch diese Vorschriften, die von einer grundsätzlichen Bindung an den Vergleichsschluss ausgehen, dürften Ausdruck des fair trial-Grundsatzes sein und damit gemäß § 46 Abs. 1 OWiG im Bußgeldverfahren ebenfalls Anwendung finden.[1286] Folglich kann sich das Bundeskartellamt nur ausnahmsweise von dem Vergleichsschluss loslösen; eine bloße „Meinungsänderung" ist insofern unbeachtlich.[1287] Offenbar hat sich das Bundeskartellamt in einem Vergleichsverfahren auch bereits auf § 257c Abs. 4 Satz 1 StPO berufen und die in Aussicht gestellte Bußgeldermäßigung nicht gewährt, weil eine seitens des Nebenbetroffenen zugesagte Settlementerklärung schließlich nicht abgegeben worden ist.[1288]

Für den Fall der Loslösung von dem geschlossenen Vergleich im laufenden Verfahren[1289] gebietet es der fair trial-Grundsatz wiederum, dass das Bundeskartellamt nicht „ohne Weiteres" einen Bußgeldbescheid erlässt, der den Vergleichsschluss nicht wiedergibt, also insbesondere keine Bußgeldermäßigung gewährt. In diesem Fall müssen den Betroffenen vielmehr die im Vergleichsverfahren vorenthaltenen Rechte – etwa eine vollständige Akteneinsicht – gewährt werden. Schließlich sind die in den Settlementerklärungen bzw. dem Geständnis gemachten Angaben zum Tatvorwurf nicht verwertbar, vgl. § 46 Abs. 1 OWiG i. V. m. § 257c Abs. 4 Satz 3 StPO.[1290] So belohnt das Bundeskartellamt mit der Gewährung der Bußgeldermäßigung sowohl den Verzicht auf Verfahrensrechte als auch die Abgabe des Geständnisses. Bliebe eine Bußgeldermäßigung hingegen aus, würde es gegen den fair trial-Grundsatz verstoßen, dem vorleistungspflichtigen Betroffenen die Verfahrensrechte nicht zu gewähren und das Geständnis gleichwohl zu verwerten.[1291] Während

---

1285 *Velten*, in: SK-StPO, § 257c StPO Rn. 38/41/45.

1286 Der RegE Verständigungsgesetz, BT-Drucks. 16/12310, S. 14/21, sowie das BVerfG, NJW 2013, 1058 (1067), erwähnen den fair trial-Grundsatz ausdrücklich nur in Bezug auf § 257c Abs. 4 *Satz 3* StPO.

1287 Vgl. entsprechend zum Strafverfahren *Jahn/Müller*, NJW 2009, 2625 (2629); *Stuckenberg*, in: Löwe-Rosenberg, StPO, § 257c Rn. 60. Zu undifferenziert deshalb *Hirsbrunner*, in: FIW, Schwerpunkte des Kartellrechts 2009/2010, 87 (89): „Sowohl Bundeskartellamt als auch Europäische Kommission entscheiden frei, ob sie das Settlement-Verfahren eröffnen, und sie können es auch jederzeit wieder beenden, woraufhin wieder das ‚ordentliche' Verfahren zur Anwendung kommt."

1288 Vgl. *Vollmer*, in: FIW, Schwerpunkte des Kartellrechts 2009/2010, 135 (143).

1289 Vgl. zur Situation im Zwischenverfahren, mithin nach Erlass des verfahrensbeendenden Beschlusses bereits VII., 2., b).

1290 *Brenner*, WuW 2011, 590 (594); *Polley/Heinz*, WuW 2012, 14 (24); *Vollmer*, in: FIW, Schwerpunkte des Kartellrechts 2009/2010, 135 (143). Zur Anwendbarkeit des § 257c Abs. 4 Satz 3 StPO im Bußgeldverfahren vgl. bereits VII., 2., b).

1291 Zum Verwertungsverbot des Geständnisses nach dem Wegfall der Bindung an die Verständigung im Strafverfahren vgl. entsprechend *Jahn/Müller*, NJW 2009, 2625 (2629). § 257c Abs. 4 Satz 3 StPO regelt ausdrücklich nur das Verwertungsverbot des Geständnisses, nicht hingegen die Pflicht zur neuerlichen Gewährung der Verteidigungsrechte, auf die im Vergleichsverfahren des Bundeskartellamtes

die Rechtsprechung des BGH zu Absprachen im Strafverfahren kein absolutes Verwertungsverbot von Geständnissen vorsah,[1292] ging das Bundeskartellamt offenbar schon vor Inkrafttreten des Verständigungsgesetzes von einer Unverwertbarkeit der Settlementerklärung bzw. des Geständnisses im Fall des Abbruchs des Vergleichsverfahrens aus.[1293]

Sofern das Bundeskartellamt diese Vorgaben beachtet, wovon mangels gegenteiliger Anhaltspunkte auszugehen ist, liegt ein Verstoß gegen den fair trial-Grundsatz nicht vor.

2. *„Sanktionsschere“*

Auch sofern das Bundeskartellamt den Betroffenen für die einvernehmliche Verfahrensbeendigung eine weitaus niedrigere als die ursprünglich zu verhängende Geldbuße in Aussicht stellen sollte (sog. „Sanktionsschere“), ist – neben dem Grundsatz schuldangemessenen Strafens und dem nemo tenetur-Grundsatz – auch der fair

---

regelmäßig verzichtet wird. Dies ist wohl damit zu erklären, dass § 257c Abs. 2 Satz 2 StPO – ausgestaltet als „Sollvorschrift“ – ausdrücklich nur die Abgabe eines Geständnisses, nicht jedoch den Verzicht auf Verfahrensrechte vorsieht; obgleich ein solcher ebenso wie etwa die Stellung weiterer Beweisanträge natürlich möglich ist, vgl. § 257c Abs. 2 Satz 1 StPO. Dem entspricht es, dass das Gericht nach § 257c Abs. 4 Satz 4 StPO nur eine *Hinweis*pflicht trifft, wenn es von dem Vergleichsschluss abweichen möchte. So bereits BGHSt 36, 210 (216); ders., NStZ 2002, 219 (220). Eine Pflicht zur Nachholung der Verfahrensrechte, auf die zuvor verzichtet worden ist, ist daher nicht ausdrücklich normiert worden. Wenn aber – wie im Vergleichsverfahren des Bundeskartellamtes – die Betroffenen auf Verfahrensrechte verzichten, ist es geboten, ihnen diese nach Abbruch des Vergleichsverfahrens zu gewähren. Vgl. für das Strafverfahren *Eschelbach*, in: Graf, Beck-OK StPO, § 257c StPO Rn. 39.1: „Entfällt die Verständigung, dann ist ein Wohlverhalten des Angeklagten in der Weise, dass er auf Anträge, die nach der Strafprozessordnung zulässig sind, verzichtet hatte, jedenfalls nicht mehr aufgrund der Absprachenbedingungen erforderlich. Bisher unterlassene Prozesshandlungen können nachgeholt werden.“

1292 Vgl. dazu *Kölbel*, NStZ 2003, 232 (233); *Velten*, in: SK-StPO, vor §§ 257b-257c ff. StPO Rn. 8. Im Entwurf zum Verständigungsgesetz wird das Verwertungsverbot nunmehr ausdrücklich mit dem „Grundsatz eines auf Fairness angelegten Strafverfahrens“ begründet; vgl. RegE Verständigungsgesetz, BT-Drucks. 16/12310, S. 14.

1293 Vgl. ICN, Cartel Settlements, S. 30; *Bueren*, Verständigungen, S. 81 (Fn. 269). Ungeklärt ist aber die Verwertbarkeit von Erkenntnissen aus Folgeermittlungen; vgl. *Vollmer*, in: FIW, Schwerpunkte des Kartellrechts 2009/2010, 135 (143). Für das Strafrecht wird eine solche Fernwirkung von der wohl überwiegenden Ansicht im Grundsatz verneint. Vgl. nur *Meyer-Goßner*, StPO, § 257c Rn. 28; *Stuckenberg*, in: Löwe-Rosenberg, StPO, § 257c Rn. 68 m. w. N. Anders aber *Eschelbach*, in: Graf, Beck-OK StPO, § 257c StPO Rn. 37; *Velten*, in: SK-StPO, § 257c StPO Rn. 51.

trial-Grundsatz verletzt.[1294] Obgleich im Ordnungswidrigkeitenrecht nicht die strengen Anforderungen des Strafrechts gelten, muss auch dort bei der Bußgeldbemessung das Prinzip der Konnexität von Leistung und Gegenleistung gewahrt sein.[1295]

Ein Verhandeln zwischen Bundeskartellamt und Betroffenem um die Höhe der Geldbuße scheint zwar eher möglich als zwischen der Kommission und der betroffenen Partei. Jedoch ist – wie dargestellt – nicht von einer Praxis des Bundeskartellamtes auszugehen, welche den Betroffenen eine nicht schuldangemessene Geldbuße in Aussicht stellt. Insofern liegt auch kein Verstoß gegen den fair trial-Grundsatz vor.

3. Ergebnis

Die Praxis des Bundeskartellamtes verstößt daher nicht gegen den fair trial-Grundsatz.

C. Zusammenfassung

Sowohl die Kommission als auch das Bundeskartellamt hatten bzw. haben die Kompetenz, ein Vergleichsverfahren zu erlassen bzw. ein solches durchzuführen. Eines Tätigwerdens des jeweiligen Gesetzgebers bedurfte es in beiden Fällen nicht. Die Ermäßigung der Geldbuße im Gegenzug für die Abgabe eines Geständnisses sowie den Verzicht auf bestimmte Verfahrensrechte stellt keinen Verstoß gegen den Verhältnismäßigkeitsgrundsatz bzw. den Grundsatz schuldangemessenen Strafens dar. Vielmehr ist die Kooperation der Parteien bei der Zumessung der Geldbuße berücksichtigungsfähig, weil sie die Arbeit der Wettbewerbsbehörden erleichtert und zu einem schnelleren Verfahrensabschluss beiträgt. Ein Verstoß gegen den Gleichbehandlungsgrundsatz ist ebenfalls nicht gegeben. Insbesondere kann die Teilnahme am Vergleichsverfahren eine Ungleichbehandlung in Bezug auf die Gewährung der Bußgeldermäßigung rechtfertigen. Entgegen der von den Unionsgerichten vertretenen Auffassung beansprucht der nemo tenetur-Grundsatz im Kartellverfahren vor der Kommission umfassende Geltung; hierauf können sich auch juristische Personen berufen. Ein Verstoß gegen den nemo tenetur-Grundsatz ist indes weder in Bezug auf das europäische noch auf das deutsche Vergleichsverfahren festzustellen. Die Gewährung einer Bußgeldermäßigung für die Abgabe eines Geständnisses bedeutet keine Pönalisierung des „Schweigens". Nur diese, nicht hingegen die Belohnung des „Redens", verbietet der nemo tenetur-Grundsatz. In

1294 Vgl. zur Verständigung im Strafverfahren BGH, NStZ 2005, 393, wo das Strafgericht dem Angeklagten bei Abgabe eines Geständnisses eine Freiheitsstrafe von dreieinhalb Jahren in Aussicht gestellt hat, während die Freiheitsstrafe anderenfalls sechs bis sieben Jahre betragen sollte. Der BGH, a. a. O., nahm hier einen Verstoß gegen den fair trial-Grundsatz an.

1295 Zur Verständigung im Strafverfahren vgl. *Müller*, Absprachen im Strafverfahren, S. 252 f., mit weiteren Rechtsprechungsnachweisen.

diesem Zusammenhang ist es dem Bundeskartellamt – anders als dem Gericht im Strafverfahren – auch nicht etwa verwehrt, die Bußgeldermäßigung eines Betroffenen von seinem Wohlverhalten in einem anderen Verfahren abhängig zu machen. Die Kooperation der Parteien begründet zudem weder einen Verstoß gegen den Grundsatz der Unschuldsvermutung noch gegen den in dubio pro reo-Grundsatz. Insbesondere findet eine Sachverhaltsermittlung durch die Kommission bzw. das Bundeskartellamt gleichwohl statt und ist nach Abbruch des Vergleichsverfahrens eine Fortführung des streitigen Verfahrens durch dieselben Mitarbeiter zulässig. Ein Verstoß gegen bestimmte Verfahrensrechte (Akteneinsicht, Anhörung etc.) ist ebenfalls nicht gegeben. Zum einen müssen diese Rechte im streitigen Verfahren gesondert geltend gemacht werden, zum anderen sind sie im Vergleichsverfahren nur teilweise eingeschränkt. So wird die formelle Anhörung durch die Vergleichsgespräche ersetzt. Schließlich verzichten die Parteien wirksam auf ihre Ausübung. Die Pflicht im Vergleichsverfahren der Kommission zur Bestellung eines gemeinsamen Verteidigers für solche Parteien, die zu *einem* Unternehmen gehören, verstößt nicht gegen das Recht auf Hinzuziehung eines juristischen Beistands. Vielmehr erfolgt ein wirksamer Verzicht auf dieses Verteidigungsrecht. Da die Erklärung eines Rechtsmittelverzichts weder im Vergleichsverfahren der Kommission noch in dem des Bundeskartellamtes zur Voraussetzung für eine einvernehmliche Verfahrensbeendigung gemacht wird, liegt kein Verstoß gegen den Grundsatz auf einen wirksamen Rechtsbehelf bzw. den des effektiven Rechtsschutzes vor. Auch ein – vielfach angenommener, tatsächlich nicht gegebener – faktischer Rechtsmittelverzicht könnte einen solchen Verstoß nicht begründen. Schließlich sind beide Verfahren mit dem fair trial-Grundsatz vereinbar, obgleich die lediglich einseitige Möglichkeit der Abstandnahme von der einvernehmlichen Verfahrensbeendigung durch die Kommission im europäischen Vergleichsverfahren unter dem Gesichtspunkt der Waffengleichheit nicht unbedenklich erscheint.

Teil 5: Akteneinsichtsrecht privater Schadensersatzkläger

A. Einführung

Im diesem Teil der Arbeit soll der Frage nachgegangen werden, ob Dritte ein Recht auf Einsicht in die Vergleichsausführungen und Settlementerklärungen bzw. Geständnisse[1296] haben. Während es in Teil 4 der Arbeit also vor allem um den Einfluss des Vergleichsverfahrens auf die Verteidigungsrechte der betroffenen Parteien ging, wird nunmehr die Rechtsstellung Dritter untersucht werden. Zu diesen Dritten zählen insbesondere private Kläger, die vor den nationalen Gerichten Ansprüche auf Schadensersatz geltend machen, weil sie Opfer eines Wettbewerbsverstoßes geworden sind. Insofern hat der EuGH festgestellt, dass die Wirksamkeit des Kartellverbots beeinträchtigt wäre, wenn nicht jedermann Ersatz des Schadens verlangen könnte, der ihm durch eine wettbewerbsbeschränkende Maßnahme entstanden ist.[1297] Dieser Anspruch umfasst nicht nur den Ersatz des Vermögensschadens, sondern auch den des entgangenen Gewinns und die Zahlung von Zinsen.[1298] In anderen Kartellrechtsordnungen – allen voran dem Antitrustrecht in den USA – spielt die private Rechtsdurchsetzung mittels Schadensersatzklagen bereits eine bedeutende Rolle.[1299] Auf Unionsebene finden sich aber weder in den Verträgen noch im Sekundärrecht entsprechende Regelungen oder gar Anspruchsgrundlagen. Die private Kartellrechtsdurchsetzung erfolgt vielmehr durch die Mitgliedstaaten und deren Gerichte.[1300] Diesbezüglich gelten die Grundsätze der Äquivalenz und Effektivität, wonach die nationalen Regelungen nicht ungünstiger ausgestaltet sein dürfen als solche für gleichartige Klagen des innerstaatlichen Rechts und sie den Schutz der unionsrechtlich gewährten Rechte des Einzelnen nicht erschweren oder

1296 Im Folgenden wird für die Vergleichsausführungen des europäischen Vergleichsverfahrens sowie die Settlementerklärungen bzw. Geständnisse des deutschen Vergleichsverfahrens grundsätzlich der einheitliche Begriff „Vergleichserklärungen" verwendet.

1297 EuGH v. 20.09.2001, C-453/99, Slg. 2001, I-6297 (6323, Rn. 26) – *Courage und Crehan.*

1298 EuGH v. 13.07.2006, C-295 bis -298/04, Slg. 2006, I-6619 (6670, Rn. 95) – *Manfredi u.a.*

1299 *Baudisch*, Die Rechtsstellung des Unternehmens, S. 26; *Klees*, Europäisches Kartellverfahrensrecht, § 8 Rn. 2; *Mäsch*, EuR 2003, 825 (828); *Wils*, World Competition 2003, 473 (476 f.).

1300 Vgl. Erwägungsgrund Nr. 7 zur VO 1/2003; *Klees*, Europäisches Kartellverfahrensrecht, § 8 Rn. 11; *Mestmäcker/Schweitzer*, Europäisches Wettbewerbsrecht, § 22 Rn. 2.

gar unmöglich machen dürfen.[1301] Grundlage für einen Schadensersatzanspruch ist im deutschen Recht § 33 Abs. 3 Satz 1 GWB. Private Schadensersatzklagen, insbesondere solche in Form der sog. „follow on-Klagen",[1302] haben in den letzten Jahren eine immer größere Bedeutung erlangt.[1303] Das Private Enforcement ist neben dem Public Enforcement mittlerweile als zweite Säule des Kartellrechts weitgehend etabliert und soll – nach dem Willen sowohl der Kommission als auch der nationalen Wettbewerbsbehörden – intensiviert werden.[1304]

Dadurch entsteht aber auch ein Spannungsverhältnis zwischen der privaten und der öffentlichen Kartellrechtsdurchsetzung. Denn zur Substantiierung ihrer Klagen auf Schadensersatz benötigen die Kläger regelmäßig Informationen aus den kartellbehördlichen Verfahrensakten. Zwar entfalten im Fall der Erhebung einer follow on-Klage bestandskräftige behördliche Entscheidungen in Deutschland nach Art. 16 Abs. 1 Satz 1 VO 1/2003 sowie § 33 Abs. 4 Satz 1 GWB Tatbestandswirkung.[1305] Dies gilt auch für das Vergleichsverfahren, da nach Abschluss desselben ebenfalls „normale" Entscheidungen auf Grundlage von Artt. 7 und 23 VO 1/2003 bzw. § 81 GWB erlassen werden.[1306] Jedoch besteht die Tatbestandswirkung nur für den – rechtswidrigen und schuldhaften – Verstoß als solchen. Die konkreten Voraussetzungen des Schadensersatzanspruchs, namentlich die Kausalität, das Verschulden und das Vorliegen sowie den Umfang des Schadens, müssen die Kläger hingegen nach den allgemeinen zivilprozessualen Regeln darlegen und beweisen.[1307] Die Bestimmung des Umfangs des Schadens unterliegt allenfalls der freien

---

1301 Vgl. *Mäsch*, EuR 2003, 825 (836); *Mestmäcker/Schweitzer*, Europäisches Wettbewerbsrecht, § 22 Rn. 2; *Rittner/Dreher*, Wirtschaftsrecht, § 23 Rn. 139 f.

1302 Bei „follow on-Klagen" handelt es sich – im Gegensatz zu sog. „stand alone-Klagen" – um Schadensersatzklagen, die im Nachgang zu einem kartellbehördlichen Verfahren erhoben werden.

1303 Vgl. *Mundt/Meeßen*, in: Oberender, Kartellrechtsdurchsetzung, (39) 40 f. Zwar stellt das Tätigkeitsbericht Bundeskartellamt 2009/2010, S. 49, fest: „Der Schwerpunkt der privaten Kartellrechtsdurchsetzung liegt dabei weiterhin auf eigenständigen Verfahren (sog. ‚stand alone actions') […]". Allerdings (vgl. Bundeskartellamt, a. a. O.): „Follow-on-Klagen im Bereich von Hardcore-Kartellen spielten nach den Beobachtungen des Bundeskartellamtes im Berichtszeitraum eine wachsende Rolle: Sie betrafen u. a. die Ansprüche von Geschädigten des Vitamin-Kartells, des Transportbeton-Kartells (Berlin), des Zement-Kartells, des Papier-Kartells und des Fahrtreppen-Kartells."

1304 Vgl. *Fornasier/Sanner*, WuW 2011, 1067 (1068); *Lampert/Weidenbach*, WRP 2007, 152 (161); *Wagner-von Papp*, EWS 2009, 445 (446).

1305 In Bezug auf bestandskräftige Beschlüsse der Kommission ergibt sich die Tatbestandswirkung bereits aus Art. 16 Abs. 1 Satz 1 VO 1/2003, den § 33 Abs. 4 Satz 1 GWB insofern nur wiederholt; vgl. *Emmerich*, in: Immenga/Mestmäcker, GWB, § 33 Rn. 74. Die Einführung des Art. 16 VO 1/2003 geht zurück auf EuGH v. 14.12.2000, C-344/98, Slg. 2000, I-11369 (11431, Rn. 60) – *Masterfoods und HB.*

1306 *Ellenrieder*, Der Nachweis eines Kartellrechtsverstoßes, S. 134 f.

1307 RegE 7. GWB-Novelle, S. 54; *Bechtold*, GWB, § 33 Rn. 38.

richterlichen Beweiswürdigung und kann unter Umständen geschätzt werden; es gelten die §§ 286, 287 ZPO.[1308]

Bedeutende Angaben können insofern auch die der Kommission bzw. dem Bundeskartellamt vorgelegten Vergleichserklärungen enthalten. Den Parteien ist naturgemäß nicht daran gelegen, dass diese Informationen offengelegt werden. Sie befürchten, dass private Schadensersatzkläger durch die Möglichkeit der Verwendung solcher Informationen häufiger sowie erfolgreicher Schadensersatzprozesse führen. Dies hätte zur Folge, dass der Vorteil der Bußgeldermäßigung, den die Parteien als Belohnung für ihre Kooperation im Vergleichsverfahren von den Behörden erhalten, durch etwaige Schadensersatzzahlungen gleichsam zu Nichte gemacht wird. Um die Attraktivität ihrer kooperativen Verfahrensinstrumente nicht zu gefährden, versuchen Kommission und Bundeskartellamt deshalb, Dritte von der Einsicht in die von den Parteien abgegebenen Erklärungen auszuschließen. Anderenfalls – so die Befürchtung – würden sich weniger Parteien für eine Kooperation mit den Behörden entscheiden und wäre nicht nur das Funktionieren dieser Verfahrensinstrumente, sondern die öffentliche Kartellrechtsdurchsetzung insgesamt wesentlich gefährdet (sog. „chilling effect" oder „Abkühlungseffekt")[1309].

Die Diskussion über die Frage, ob Dritten Akteneinsicht auch in die von den Parteien vorgelegten Erklärungen und Informationen gewährt werden soll, ist bislang im Wesentlichen im Hinblick auf die von *Kronzeugen* vorgelegten Beweismittel geführt worden. Daher ist zunächst zu zeigen, dass eine vergleichbare Interessenlage auch in Bezug auf die Vergleichserklärungen besteht. Anschließend erfolgt eine Darstellung der Offenlegungsmöglichkeiten der bei den Parteien befindlichen Vergleichserklärungen unter besonderer Berücksichtigung der sog. „Pre-trial Discovery" des U.S.-amerikanischen Zivilprozessrechts, ehe ein Überblick über die möglichen Anspruchsgrundlagen für die Einsicht privater Schadensersatzkläger in die Verfahrensakten der Kommission sowie des Bundeskartellamtes gegeben und schließlich auf die spezifische Frage des Rechts auf Einsicht in die sich bei den Wettbewerbsbehörden befindlichen Vergleichserklärungen eingegangen wird.

B. Vergleichbarkeit des Vergleichsverfahrens mit der Kronzeugenregelung

I. Bedeutung der Vergleichserklärungen für private Schadensersatzkläger

Die Situation der Parteien des Vergleichsverfahrens im Hinblick auf die Gefahr der Inanspruchnahme durch private Schadensersatzkläger ist eine besondere. Sie unterscheidet sich zum einen deutlich von der Situation der Parteien des streitigen

1308 *Busch/Sellin*, BB 2012, 1167 (1169); *Zöttl/Schlepper*, EuZW 2012, 573 (575).
1309 *Milde*, Schutz des Kronzeugen, S. 31 f. Vgl. auch *Dworschak/Maritzen*, WuW 2013, 829 (830 f.); *Fiedler/Huttenlauch*, NZKart 2013, 350; *Vascott*, GCR 2013, 14.

Verfahrens, zum anderen ähnelt sie nur bedingt der Situation, in der sich Kronzeugen befinden.

Zunächst einmal befinden sich die Parteien des Vergleichsverfahrens – ebenso wie Kronzeugen – insofern in einer exponierten Lage, als sie – in Hybrid-Fällen – gegenüber dem bzw. den Mitkartellanten als erste „greifbar" sind. Denn Vergleichsverfahren werden nicht nur schneller durchgeführt als streitige Verfahren; die an dem Vergleichsverfahren teilnehmenden Parteien legen gegen die Entscheidung der Behörde auch nur äußerst selten Rechtsmittel ein.[1310] Folglich entfaltet die behördliche Entscheidung zunächst nur zu ihren Ungunsten nach Art. 16 Abs. 1 Satz 1 VO 1/2003 bzw. § 33 Abs. 4 GWB Tatbestandswirkung, so dass zu befürchten ist, dass private Kläger versuchen werden, vorrangig die Parteien des Vergleichsverfahrens auf Schadensersatz in Anspruch zu nehmen.[1311] Damit geht ein weiteres Problem einher, dessen Ursprung allerdings im allgemeinen Zivilrecht liegt und weniger „vergleichsspezifisch" ist: Die Kartellanten haften gemäß §§ 830, 840 BGB gesamtschuldnerisch;[1312] jeder Einzelne schuldet dem Dritten also Ersatz des vollen, durch das Kartell entstandenen Schadens und kann sich gemäß § 426 Abs. 1 und 2 BGB lediglich im Innenverhältnis an seine Mitkartellanten wenden. Sofern private Schadensersatzkläger nun zunächst die Parteien des Vergleichsverfahrens in Anspruch nehmen, müssten diese Ersatz des vollen Schadens leisten und könnten

---

1310 *Hirsbrunner*, EuZW 2011, 12 (15).

1311 Vgl. Bundeskartellamt, Plea Bargaining, Rn. 25: „According to the Bundeskartellamt's experience the threat of possible claims for damages is the most important obstacle for cartel members to enter into negotiations for a settlement agreement. The basis of each settlement agreement is a confession by the party concerned. If the party concerned has thus admitted to having taken part in the offence, it is to be expected that he will be the first to face possible claims for damages. Moreover there is the risk of further sanctions, e.g. exclusion from public tendering procedures." Vgl. entsprechend zur Kronzeugenregelung *Dworschak/Maritzen*, WuW 2013, 829 (830); *Klose*, in: Münchener Kommentar, EU-Wettbewerbsrecht, Leniency-Bekanntmachung Rn. 75; *Ritter*, WuW 2008, 762 (773); *Seitz*, EuZW 2011, 599 (602); *Wagner-von Papp*, EWS 2009, 445 (453). Einschränkend gilt es indes zu berücksichtigen, dass die Kommission im Hinblick auf private follow on-Klagen mit der Zustellung der Vergleichsbeschlüsse wartet, bis auch das Verfahren gegen die nicht vergleichsbereite(n) Partei(en) abgeschlossen ist. Vgl. *Hirsbrunner*, EuZW 2011, 12 (16); *ders.*, in: FIW, Schwerpunkte des Kartellrechts 2009/2010, 87 (93). Ebenso soll grundsätzlich auch das Bundeskartellamt verfahren, wobei es hiervon bereits in mehreren Fällen und aus nicht näher genannten Gründen Ausnahmen gemacht haben soll; vgl. *Vollmer*, in: FIW, Schwerpunkte des Kartellrechts 2009/2010, 135 (145 f.).

1312 BGHZ 190, 145 (171); *Brenner*, Das Vergleichsverfahren, S. 215; *Vollmer*, ZWeR 2012, 442 (453); *Zöttl/Schlepper*, EuZW 2012, 573.

allenfalls im Nachhinein bei den Mitkartellanten regressieren, wobei sie jedoch deren Ausfallrisiko tragen.[1313]

Allerdings stehen die Parteien des Vergleichsverfahrens insofern besser, als private Schadensersatzkläger im Fall der follow on-Klage grundsätzlich weniger Informationen zur Substantiierung der Klage finden. Denn anders als im streitigen Verfahren enthalten weder die Mitteilung der Beschwerdepunkte bzw. das Anhörungsschreiben noch der Bußgeldbescheid detaillierte Angaben zum Verstoß, auf die sich private Schadensersatzkläger – etwa bei der Berechnung des ihnen entstandenen Schadens – stützen könnten.[1314] Dieser Umstand privilegiert die Parteien des Vergleichsverfahrens sowohl gegenüber den Parteien, die sich für das streitige Verfahren entscheiden, als auch gegenüber Kronzeugen, deren Kooperation zwar im Bußgeldbescheid erwähnt wird, die im Übrigen aber weder eine verkürzte Mitteilung der Beschwerdepunkte noch einen verkürzten Bußgeldbescheid erhalten.[1315] Hinzu kommt, dass Kommission und Bundeskartellamt in Vergleichsfällen

---

1313 *Brenner*, Das Vergleichsverfahren, S. 216 f. Vgl. entsprechend zur Kronzeugenregelung *Klose*, in: Münchener Kommentar, EU-Wettbewerbsrecht, Leniency-Bekanntmachung Rn. 75; *Ritter*, WuW 2008, 762 (773). Die Kommission fordert deshalb in ihrem *Vorschlag für eine Richtlinie des Europäischen Parlaments und des Rates über bestimmte Vorschriften für Schadensersatzklagen nach einzelstaatlichem Recht wegen Zuwiderhandlungen gegen wettbewerbsrechtliche Bestimmungen der Mitgliedstaaten und der Europäischen Union, KOM(2013) 404* (im Folgenden: RL-V), „die Haftung des Kronzeugen und seinen den anderen Rechtsverletzern im Rahmen der gesamtschuldnerischen Haftung geschuldeten Ausgleichsbetrag auf den Schaden zu beschränken, den er seinen eigenen unmittelbaren oder mittelbaren Abnehmern oder, im Falle eines Einkaufskartells, seinen unmittelbaren oder mittelbaren Lieferanten verursacht hat." Vgl. S. 19 RL-V sowie Art. 11 Abs. 2 und 3 RL-V (S. 44 RL-V). Ganz ähnlich wird in der Literatur diskutiert, ob Kronzeugen in Schadensersatzprozessen gegenüber den Mitkartellanten dergestalt privilegiert werden sollen, dass die auf erstere entfallenden Teile der Schadenssumme von letzteren zu tragen sind. Vgl. zu diesen und weiteren Überlegungen nur *Dworschak/Maritzen*, WuW 2013, 829 (840 ff.), sowie *Thomas*, in: Oberender, Kartellrechtsdurchsetzung, 55 (73). Letzterer verweist aber zu Recht darauf, dass der Kronzeuge dann nicht nur die Bußgeldfreiheit erlangen würde, sondern zusätzlich die Vorteile der Tat behalten dürfte und damit doppelt privilegiert wäre; vgl. *Thomas*, a. a. O.

1314 *Dohrn*/Liebich, WRP 2012, 1601 (1602); *Junker/Knigge/Pischel/Reinhart*, in: Rechtsanwaltshandbuch, § 48 Rn. 60; *Mundt*, Alternative Instrumente, S. 16; *Sauer*, in: Schulte/Just, Kartellrecht, Art. 23 VO 1/2003 Rn. 223; *Scordamaglia*, GAR 2009, 61 (71/85); *Siragusa/Guerri*, in: Ehlermann/Marquis, Antitrust Settlements, 185 (200); *Stockmann*, ZWeR 2012, 20 (43/44); *Thomas*, in: Oberender, Kartellrechtsdurchsetzung, 55 (72); *Vascott*, GCR 2013, 7. In dem bereits erwähnten *Dekorpapier*-Fall sollen die nur vier bzw. sechs Seiten langen Bußgeldbescheide des Bundeskartellamtes zur Schadensberechnung laut *Kapp*, WuW 2012, 474 (475), „unbrauchbar" gewesen sein.

1315 Im Hinblick auf die (im streitigen Verfahren) umfangreichen Bußgeldbescheide relativierte *GA Mazák* (v. 16.12.2010, C-360/09, Slg. 2011, I-5161, Rn. 41 – *Pfleiderer*) die Relevanz der Kronzeugendokumente für follow on-Klagen.

regelmäßig nur in stark begrenztem Umfang verfahrensspezifische Informationen im Rahmen ihrer Öffentlichkeitsarbeit zur Verfügung stellen. Zwar verstößt diese Praxis nicht gegen höherrangiges Recht,[1316] sie führt indes zu einer weiteren Verknappung der vorhandenen Informationen für potenzielle Schadensersatzkläger.[1317]

Dieser Umstand – die exponierte Lage der Parteien des Vergleichsverfahrens einerseits und das bestehende Informationsdefizit (verkürzte Mitteilung der Beschwerdepunkte, verkürzter Beschluss sowie Veröffentlichung des Beschlusses in verkürzter Form) andererseits – lassen die Vergleichserklärungen für private Schadensersatzkläger besonders wertvoll erscheinen. Denn diese enthalten neben einem Eingeständnis der Zuwiderhandlung eine ausführliche Beschreibung derselben.[1318] Zwar müssen die Parteien – anders als bei der Kronzeugenregelung – keine Beweismittel für die Zuwiderhandlung vorlegen, sondern eben „nur" ein Geständnis – oder jedenfalls eine geständnisähnliche Erklärung – abgeben. Man könnte deshalb annehmen, dass die Vergleichserklärungen von geringerer Bedeutung seien, zumal die behördlichen Entscheidungen im Fall von follow on-Klagen Tatbestandswirkung haben. Allerdings ist insofern das soeben dargestellte Informationsdefizit zu berücksichtigen, welches dazu führt, dass die Vergleichserklärungen regelmäßig zu

---

1316 Das Bundeskartellamt ist nicht zur Veröffentlichung von Bußgeldentscheidungen verpflichtet; vgl. *Ellenrieder*, Der Nachweis eines Kartellrechtsverstoßes, S. 133. Es tut dies auch nur äußerst selten (vgl. die wenigen veröffentlichen Bußgeldbescheide auf der Internetseite des Bundeskartellamtes) und beschränkt sich zumeist darauf, den Sachverhalt, die wesentlichen Entscheidungsgründe sowie die Höhe der verhängten Geldbuße(n) in einem Fallbericht zusammenzufassen. Für die Kommission sieht Art. 30 Abs. 1 VO 1/2003 grundsätzlich eine Pflicht zur Veröffentlichung ihrer Beschlüsse im Amtsblatt vor. Allerdings verlangt Art. 30 Abs. 2 Satz 1 VO 1/2003 lediglich „[d]ie Veröffentlichung [...] unter Angabe der Beteiligten und des wesentlichen Inhalts der Entscheidung einschließlich der verhängten Sanktionen."

1317 Vgl. auch *Bach*, in: Ehlermann/Marquis, Antitrust Settlements, 251 (254 f.). Grundsätzlich dient die Veröffentlichung der Beschlüsse auch der Information privater Schadensersatzkläger; vgl. *Ritter*, in: Immenga/Mestmäcker, EU-Wettbewerbsrecht, Art. 30 VO 1/2003 Rn. 1. So empfiehlt die Kommission ausdrücklich, „Teile der veröffentlichten Entscheidung als Beweis vor[zu]legen, dass das Verhalten tatsächlich stattgefunden hat und rechtswidrig war." Vgl. Kommission, Pressemitteilung IP/05/1656 v. 21.12.2005, S. 2. Ähnlich auch Kommission, Pressemitteilung IP/06/698 v. 31.05.2006, S. 3.

1318 Ein ausdrückliches Anerkenntnis des Tatvorwurfs enthalten zwar nur die im Vergleichsverfahren der Kommission vorzulegenden Vergleichsausführungen. Das Bundeskartellamt verlangt hingegen kein solches Eingeständnis, aber (immerhin) eine Erklärung, die in Aussicht gestellte Geldbuße zu akzeptieren, sowie ebenfalls eine ausführliche Beschreibung der Zuwiderhandlung. Insgesamt dürfte den Settlementerklärungen bzw. Geständnissen des deutschen Vergleichsverfahrens daher jedenfalls eine geständnisähnliche Wirkung zukommen.

den wenigen gehaltvollen Informationen zählen.[1319] Ohne die Möglichkeit der Einsichtnahme in die Vergleichserklärungen stünden privaten Schadensersatzklägern deshalb erheblich weniger Informationen zur Verfügung und wäre eine erfolgreiche Klageerhebung deutlich schwieriger.[1320]

II. Maßnahmen zum Schutz der Vergleichserklärungen

Da die einvernehmliche Verfahrensbeendigung für Kommission und Bundeskartellamt mittlerweile zu einem äußerst wichtigen Instrument ihrer Kartellverfolgung geworden ist und sie befürchten, dass die Parteien im Fall einer vermehrten zivilrechtlichen Inanspruchnahme von einer Kooperation Abstand nehmen, ist ihnen daran gelegen, möglichst wenige „vergleichsspezifische Informationen" offenlegen zu müssen, und haben sie diesbezüglich verschiedene Schutzmaßnahmen ergriffen.

1. Kommission

Die Kommission hat Regelungen zum Schutz der von den Parteien abgegebenen Vergleichsausführungen in der Mitteilung über das Vergleichsverfahren getroffen.[1321]

1319 *Brenner*, Das Vergleichsverfahren, S. 212, geht sogar davon aus, dass die Gefahr der Verwendung der Vergleichserklärungen noch größer als bei den Unternehmenserklärungen der Kronzeugenregelung sei, da letztere kein detailliertes Anerkenntnis enthielten.

1320 So auch *Ellenrieder*, Der Nachweis eines Kartellrechtsverstoßes, S. 134; *Ortega Gonzalez*, ECLR 2011, 170 (175); *Ritter*, WuW 2008, 762 (765/773); Stellungnahme des Bundesministeriums für Wirtschaft und Technologie, des Bundesministeriums der Justiz, des Bundesministeriums für Ernährung, Landwirtschaft und Verbraucherschutz und des Bundeskartellamts zum Weißbuch „Schadensersatzklagen wegen Verletzung des EG-Wettbewerbsrechts" der Europäischen Kommission vom 14.07.2008, S. 4 f., abrufbar unter: http://ec.europa.eu/competition/antitrust/actionsdamages/white_paper_comments/bund_de.pdf.

1321 Ergänzende Bestimmungen zum Schutz der Mitteilung der Beschwerdepunkte und der von den Parteien des Vergleichsverfahrens in den Vergleichsgesprächen mitgeteilten Informationen enthält die VO 773/2004. Da diese Bestimmungen allerdings nicht den Schutz der Vergleichsausführungen betreffen, sollen sie hier weitestgehend außer Acht gelassen werden. Nur so viel: Art. 6 Abs. 1 VO 773/2004 bestimmt, dass den Beschwerdeführern in Vergleichsfällen nicht wie üblich eine nicht vertrauliche Fassung der Mitteilung der Beschwerdepunkte übermittelt wird, sondern sie nur schriftlich über die Art und den Gegenstand des Verfahrens unterrichtet werden. Eine solch strenge Handhabung ist in Bezug auf die von Kronzeugen übermittelten Dokumente nicht vorgesehen; vgl. *Caruso*, JECLP 2010, 453 (464). Anders als in streitigen Verfahren verzichtet die Kommission in Vergleichsverfahren zudem darauf, die wesentlichen Punkte der Mitteilung der Beschwerdepunkte in einer zeitnahen Pressemitteilung zu veröffentlichen; vgl. DG Competition, Best Practices on the conduct of proceedings concerning Articles

Das Schutzniveau der Vergleichserklärungen entspricht dabei im Wesentlichen dem der Unternehmenserklärungen[1322].[1323]

Einsicht in die Vergleichsausführungen möchte die Kommission nur den Adressaten der Mitteilung der Beschwerdepunkte gewähren, die keinen Vergleich beantragt haben, und auch nur unter der Voraussetzung, dass sie sich verpflichten, die Vergleichsausführungen nicht zu kopieren sowie sicherzustellen, dass die Informationen nur für die Zwecke des betreffenden Rechts- oder Verwaltungsverfahrens verwendet werden.[1324] Nicht gestattet ist also insbesondere die Einsichtnahme zwecks Vorbereitung einer privaten Schadensersatzklage. Dritte, die keine Parteien des Verfahrens und daher auch nicht Adressaten der Mitteilung der Beschwerdepunkte sind, sollen ausdrücklich keine Einsicht in die Vergleichsausführungen erhalten.[1325] Einen Verstoß gegen diese Verpflichtung möchte die Kommission wie folgt sanktionieren: Versagung des Erlasses oder der Ermäßigung der Geldbuße nach der Kronzeugenregelung, Beantragung auf Erhöhung der Geldbuße in einem ggf. nachfolgenden gerichtlichen Verfahren und – im Fall der Beteiligung eines Rechtsbeistands an dem Verstoß – Meldung des Vorfalls an die Kammer des Rechtsbeistands zwecks Einleitung von disziplinarischen Maßnahmen.[1326]

Anderen Wettbewerbsbehörden der Mitgliedstaaten möchte die Kommission die Vergleichsausführungen nur dann übermitteln, „wenn die in der Bekanntmachung über die Zusammenarbeit im ECN festgelegten Bedingungen erfüllt sind und der von der empfangenden Wettbewerbsbehörde gewährte Schutz vor Offenlegung

---

101 and 102 TFEU, Rn. 79, abrufbar unter http://ec.europa.eu/competition/consultations/2010_best_practices/best_practice_articles.pdf.

Art. 10a Abs. 2 Unterabs. 1 S. 2 VO 773/2004 bestimmt, dass die den Parteien des Vergleichsverfahrens in den Vergleichsgesprächen mitgeteilten Informationen (vgl. Art. 10a Abs. 2 Unterabs. 1 S. 1 VO 773/2004) Dritten gegenüber vertraulich sind, es sei denn, die Kommission hat eine Offenlegung vorher ausdrücklich genehmigt. Art. 10a Abs. 2 Unterabs. 1 S. 2 VO 773/2004 wird durch eine ähnlich lautende Bestimmung in der Mitteilung über das Vergleichsverfahren ergänzt. Diese sieht zudem Sanktionen für den Fall vor, dass die Parteien des Vergleichsverfahrens die mitgeteilten Informationen gleichwohl offenlegen; vgl. Kommission, Mitteilung über das Vergleichsverfahren, Rn. 7.

1322 Als Unternehmenserklärung bezeichnet die Kronzeugenmitteilung 2006, Rn. 31, „eine freiwillige Darlegung seitens oder im Namen des Unternehmens gegenüber der Kommission bezüglich seines Wissens über ein Kartell und seine Beteiligung daran, die speziell für die Zwecke dieser Mitteilung erfolgt."

1323 *Goddin*, JECLP 2011, 10 (15); *Grasso*, MJIL 2008, 565 (585).

1324 Kommission, Mitteilung über das Vergleichsverfahren, Rn. 35.

1325 Kommission, Mitteilung über das Vergleichsverfahren, Rn. 35.

1326 Kommission, Mitteilung über das Vergleichsverfahren, Rn. 36.

jenem der Kommission entspricht."[1327] Die Gerichte der Mitgliedstaaten sollen die Vergleichsausführungen nur mit Einwilligung der betreffenden Partei erhalten.[1328]

Auf Wunsch des Antragstellers nimmt die Kommission die Vergleichsausführungen, welche grundsätzlich schriftlich einzureichen sind, auch in mündlicher Form entgegen; die mündlichen Vergleichsausführungen werden von der Kommission aufgezeichnet und niedergeschrieben.[1329]

Schließlich ist die Kommission der Auffassung, dass eine Offenlegung „von Unterlagen und schriftlichen oder aufgezeichneten Ausführungen (einschließlich Vergleichsausführungen), die im Rahmen dieser Mitteilung eingehen", gemäß der VO 1049/2001[1330] nicht erfolgen sollte. Die Einsicht in solche Unterlagen würde „in der Regel bestimmte öffentliche oder private Interessen, z.B. den Schutz des Zweckes von Nachprüfungen Untersuchungen, schädigen [...], auch nachdem eine Entscheidung ergangen ist."[1331]

2. Bundeskartellamt

Eine offizielle Haltung des Bundeskartellamtes zur Frage der Gewährung von Einsicht in die Vergleichserklärungen für private Schadensersatzkläger ist nicht bekannt. In einem jüngst entschiedenen Fall scheint die Einsicht aber – neben den Kronzeugendokumenten – auch in die Vergleichserklärungen verweigert worden zu sein.[1332] Da sich die Geständnisse bzw. Settlementerklärungen, welche die Betroffenen gegenüber dem Bundeskartellamt abgeben, ihrem Inhalt bzw. ihrem Umfang nach nicht wesentlich von den Vergleichsausführungen der Kommission unterscheiden, ist ihre Bedeutung für private Schadensersatzklagen ebenfalls nicht gänzlich von der Hand zu weisen und ist die Frage der Gewährung von Akteneinsicht insofern ebenfalls von großer Relevanz. Jedenfalls können die Vergleichserklärungen aber auch gegenüber dem Bundeskartellamt mündlich abgegeben werden,[1333] was

1327 Kommission, Mitteilung über das Vergleichsverfahren, Rn. 37. Vgl. dazu noch die dem Urteil des EuGH in der Rechtssache *Pfleiderer* zu Grunde liegende Problematik unter E., II., 4.

1328 Kommission, Mitteilung über das Vergleichsverfahren, Rn. 39.

1329 Kommission, Mitteilung über das Vergleichsverfahren, Rn. 38. Vgl. dazu noch die der U.S.-amerikanischen Pre-trial Discovery zu Grunde liegende Problematik unter C., 2.

1330 Verordnung (EG) Nr. 1049/2001 des europäischen Parlaments und des Rates vom 30. Mai 2001 über den Zugang der Öffentlichkeit zu Dokumenten des Europäischen Parlaments, des Rates und der Kommission, ABl. EG 2001 Nr. L 145/43.

1331 Kommission, Mitteilung über das Vergleichsverfahren, Rn. 40.

1332 Auch das OLG Düsseldorf hat in der Folge das Bestehen eines sich auf die Vergleichserklärungen erstreckendes Akteneinsichtsrecht abgelehnt; vgl. dazu noch D., II., 1.

1333 Bundeskartellamt, Merkblatt zum Vergleichsverfahren, S. 3; *Polley/Heinz*, WuW 2012, 14 (19).

darauf hindeutet, dass dieses ebenfalls von der grundsätzlichen Schutzbedürftigkeit der Vergleichserklärungen ausgeht.[1334]

C. Offenlegung der bei den Parteien befindlichen Vergleichserklärungen im Zivilprozess

I. Allgemeines

Um die Relevanz eines Einsichtsrechts in die behördlichen Verfahrensakten zu verdeutlichen, soll im Folgenden der Frage nachgegangen werden, welche Möglichkeiten der Einsichtnahme für Dritte bestehen, wenn sich die betreffenden Unterlagen im Besitz der Parteien befinden. Insbesondere mit Hilfe des Instituts der Pre-trial Discovery des U.S.-amerikanischen Zivilprozessrechts könnten private Schadensersatzkläger an bestimmte Dokumente der Parteien gelangen, um sie im Zivilprozess als Beweismittel zu verwenden. Diesem Umstand bzw. der daraus möglicherweise folgenden Beeinträchtigung der Attraktivität des Vergleichsverfahrens treten sowohl die Kommission als auch das Bundeskartellamt entgegen, indem sie – wie dargestellt – die Abgabe der Vergleichserklärungen in mündlicher Form zulassen. In diesem Fall befinden sich keine Kopien der Vergleichserklärungen im Besitz der Parteien,[1335] und die sich nunmehr in den Akten der Wettbewerbsbehörden befindlichen schriftlichen Aufzeichnungen der Vergleichserklärungen gelten nicht als Dokumente der Parteien,[1336] was den Zugriff privater Schadensersatzkläger auf die Vergleichserklärungen erschwert.

1334 Demgegenüber enthält die Bonusregelung des Bundeskartellamtes – ähnlich wie die Kronzeugenmitteilung und die Mitteilung über das Vergleichsverfahren der Kommission – eine ausdrückliche Erklärung zum Schutz der durch die Kronzeugen freiwillig übermittelten Dokumente. Vgl. Bonusregelung 2006, Rn. 22: „Das Bundeskartellamt wird Anträge privater Dritter auf Akteneinsicht bzw. Auskunftserteilung im Rahmen des gesetzlich eingeräumten Ermessens grundsätzlich insoweit ablehnen, als es sich um den Antrag auf Erlass oder Reduktion der Geldbuße und die dazu übermittelten Beweismittel handelt." Außerdem können die Bonusanträge durch die Kronzeugen mündlich gestellt werden; vgl. Bonusregelung 2006, Rn. 15.

1335 Vgl. *Jüntgen*, WuW 2007, 128 (136); *Klose*, in: Münchener Kommentar, EU-Wettbewerbsrecht, Leniency-Bekanntmachung, Rn. 63; *Nordlander*, ECLR 2004, 646 (647). Als Alternative zur mündlichen Abgabe schlägt *Jüntgen*, a. a. O., 137, vor, die Erklärungen von externen Anwälten schriftlich erstellen und an die Behörde weitergeben zu lassen. Aufgrund des *legal professional privilege* unterliegen die bei den Anwälten verbleibenden Kopien einem höheren Schutzniveau, als wenn diese sich im Besitz der Parteien befinden.

1336 *Klose*, in: Münchener Kommentar, EU-Wettbewerbsrecht, Leniency-Bekanntmachung, Rn. 63.

II. Möglichkeiten der Einsicht in die bei den Parteien befindlichen Vergleichserklärungen

1. Deutsches Recht

Das deutsche Zivilprozessrecht bietet dem Kläger insbesondere zwei Möglichkeiten für den Zugang zu Dokumenten der beklagten Partei: §§ 421, 422 ZPO einerseits und § 142 ZPO andererseits.[1337]

a) §§ 421, 422 ZPO

Nach §§ 421, 422 ZPO besteht eine Verpflichtung zur Vorlegung der Urkunde im Rahmen eines Beweisantritts, wenn der Beweisführer einen materiell-rechtlichen Anspruch auf Herausgabe oder Vorlegung der Urkunde hat. Ein solcher materiell-rechtlicher Anspruch könnte sich wiederum aus §§ 809 und 810 sowie 242 BGB ergeben. Diesen Vorschriften ist gemein, dass sie dem Anspruchsteller zur Durchsetzung eines Hauptanspruchs verhelfen können, indem sie ihm die hierzu benötigten Informationen verschaffen.

aa) § 809 BGB

§ 809 BGB gewährt einen Anspruch gegen den Besitzer einer Sache. Die Vorschrift setzt voraus, dass der Anspruchsteller gegen diesen in Ansehung der Sache bereits einen Anspruch hat oder dass er sich Gewissheit verschaffen will, ob ihm ein solcher Anspruch zusteht. Unter den Begriff der Sache in diesem Sinne fällt auch eine Urkunde.[1338] Für die Bejahung einer Pflicht zur Vorlegung der Urkunde soll es genügen, wenn diese dazu dient, dem Beweisführer Gewissheit über das Bestehen

---

1337 Bei der nachfolgenden Darstellung sollen § 143 sowie § 423 ZPO keine Berücksichtigung finden. Ersterer dient ausschließlich dazu, die Gerichtsakten (wieder) zu vervollständigen, etwa weil einzelne Dokumente, die von der betreffenden Partei bereits vorgelegt werden sollten, fehlen. Vgl. *Stadler*, in: Musielak, ZPO, § 143 Rn. 1; *Wagner*, in: Münchener Kommentar, ZPO, §§ 144 Rn. 120. § 423 ZPO ist nur dann einschlägig, wenn die Partei, in deren Besitz sich die betreffende Urkunde befindet, zuvor zur Beweisführung auf diese Bezug genommen hat. Es erscheint allerdings abwegig, dass die beklagte Partei in einem Kartellzivilprozess auf die Vergleichserklärungen Bezug nimmt, da sich eine solche Bezugnahme regelmäßig nachteilig auswirken dürfte. Auch insgesamt – das sei vorweggenommen – haben die Offenlegungsmechanismen des deutschen Zivilprozessrechts in der kartellrechtlichen Praxis bislang nur eine geringe Bedeutung gehabt; vgl. *Fiedler/Huttenlauch*, NZKart 2013, 350 (351).

1338 *Ahrens*, in: Wieczorek/Schulte, ZPO, § 422 Rn. 19. Einschränkend *Ellenrieder*, Der Nachweis eines Kartellrechtsverstoßes, S. 78, und *Osterloh-Konrad*, Der Informationsanspruch, S. 29, die insofern § 810 BGB als die speziellere Norm ansehen.

und den Umfang eines Hauptanspruchs zu verschaffen.[1339] Diese Voraussetzungen dürften im Hinblick auf die Vergleichserklärungen gegeben sein.

bb) § 810 BGB

Demgegenüber scheidet ein Anspruch auf Einsicht in die Vergleichserklärungen nach § 810 BGB aus. Denn dieser setzt voraus, dass die Urkunde, deren Einsicht begehrt wird, „in seinem [des Anspruchstellers] Interesse errichtet oder in der Urkunde ein zwischen ihm und einem anderen bestehendes Rechtsverhältnis beurkundet ist oder die Urkunde Verhandlungen über ein Rechtsgeschäft enthält, die zwischen ihm und einem anderen oder zwischen einem von beiden und einem gemeinschaftlichen Vermittler gepflogen worden sind." Auf die vorliegende Konstellation, in der ein durch das Kartell (potenziell) geschädigter Dritter Einsicht in die Vergleichserklärungen begehrt, trifft indes keine der genannten Alternativen zu.[1340]

cc) § 242 BGB

Zur Verminderung der Darlegungs- und Beweisnot kommt schließlich ein Auskunftsanspruch aus Treu und Glauben gemäß § 242 BGB in Betracht,[1341] der in der Rechtsprechung auch für den Fall der Durchsetzung eines Schadensersatzanspruchs wegen eines Kartellrechtsverstoßes anerkannt ist[1342]. Um eine allgemeine Auskunftspflicht und eine sog. „Ausforschung des Prozessgegners", wie sie im U.S.-amerikanischen Recht vorgesehen ist,[1343] zu vermeiden, werden die Voraussetzungen eines solchen Auskunftsanspruchs bisweilen eng gefasst. Insbesondere soll eine rechtliche Sonderverbindung zwischen dem Anspruchsteller und dem Anspruchsgegner dergestalt erforderlich sein, dass der Hauptanspruch, zu dessen Durchsetzung der Auskunftsanspruch geltend gemacht wird, bereits dem Grunde nach feststeht.[1344] Da der Schadensersatzkläger, der Einsicht in die Vergleichserklärungen begehrt, seinen – dem Grunde nach regelmäßig bestehenden – Anspruch mittels der in ihnen enthaltenen Informationen lediglich dem Umfang nach substantiieren möchte, ist die geforderte rechtliche Sonderverbindung im vorliegenden Fall wohl zu bejahen.

1339 *Ahrens*, in: Wieczorek/Schulte, ZPO, § 422 Rn. 19. Streitig ist indes, inwiefern die Voraussetzungen des Hauptanspruchs dargelegt und bewiesen sein müssen; vgl. dazu *Osterloh-Konrad*, Der Informationsanspruch, S. 30 ff.

1340 So auch – allgemein für Urkunden, die einen Kartellrechtsverstoß betreffen – *Ellenrieder*, Der Nachweis eines Kartellrechtsverstoßes, S. 80 f. *Lübbig/le Bell*, WRP 2006, 1209 (1216).

1341 Vgl. *Ellenrieder*, Der Nachweis eines Kartellrechtsverstoßes, S. 81; *Lübbig/le Bell*, WRP 2006, 1209 (1216).

1342 BGH, NJWE-WettbR 1999, 212 (214); OLG Düsseldorf v. 16.06.1998, WuW/E DE-R, 143 (149).

1343 Vgl. dazu noch 2., a).

1344 Vgl. *Ellenrieder*, Der Nachweis eines Kartellrechtsverstoßes, S. 81 f., sowie – ausführlich – *Osterloh-Konrad*, Der Informationsanspruch, S. 213 ff.

Demnach dürfte ein Auskunftsanspruch nach § 242 BGB regelmäßig in Betracht kommen.

dd) Rechtsfolge der Missachtung einer Vorlagepflicht

Missachtet die Partei ihre Verpflichtung zur Vorlage der Urkunde nach §§ 421, 422 ZPO, richten sich die innerprozessualen Wirkungen ausschließlich nach § 427 ZPO.[1345] Während dessen Satz 1 vorliegend nicht einschlägig ist, sieht § 427 Satz 2 ZPO für den Fall der Nichtvorlage der Urkunde durch den Gegner vor, dass die Behauptungen des Beweisführers über die Beschaffenheit und den Inhalt der Urkunde als bewiesen gelten. Dies dürfte dem potenziell Kartellgeschädigten, der Zugang zu den Vergleichserklärungen in der Erwartung begehrt, in diesen ergänzende Informationen zur Substantiierung einer Schadensersatzklage zu finden, nur bedingt weiterhelfen. Zu weitgehend erscheint es etwa, einen von dem Kläger behaupteten Schadensumfang bereits hiernach als bewiesen anzusehen.

b) § 142 Abs. 1 ZPO

Nach § 142 Abs. 1 Satz 1 ZPO kann das Gericht ferner von Amts wegen anordnen, dass eine Partei die in ihrem Besitz befindlichen Dokumente, auf die sich die andere Partei bezieht, vorzulegen hat. Das Bestehen eines materiell-rechtlichen Anspruchs ist – anders als bei § 422 ZPO – keine Voraussetzung.[1346] Erforderlich ist indes, dass die Partei die begehrten Dokumente hinreichend konkret bezeichnet und nicht etwa nur pauschal auf alle bei der beklagten Partei vorhandenen Dokumente, die für den betreffenden Fall von Interesse sein könnten, verweist.[1347] Nach vorherrschender Ansicht müssen die einzelnen Dokumente daher zumindest identifizierbar sein,[1348] was im Hinblick auf die Vergleichserklärungen mittels einer Bezugnahme auf diese unproblematisch möglich sein dürfte. Eine allgemeine prozessuale Aufklärungspflicht, wonach die eine Partei der anderen Material, über das diese nicht schon von sich aus verfügt, verschaffen muss, besteht hingegen auch nach Maßgabe des § 142 ZPO nicht.[1349] Die Vorschrift befreit die Partei, die sich auf ein Dokument bezieht, deshalb nicht von ihrer Darlegungs- und Substantiierungslast.[1350]

1345 *Ahrens*, in: Wieczorek/Schulte, ZPO, § 422 Rn. 26 f.; *Schreiber*, in: Münchener Kommentar, ZPO, § 422 Rn. 7.

1346 Vgl. RegE eines Gesetzes zur Reform des Zivilprozesses, BT-Drucks. 14/4722 v. 24.11.2000 (im Folgenden: RegE Zivilprozess), S. 92; *Meeßen*, Der Anspruch auf Schadensersatz, S. 145; *Rosenberg/Schwab/Gottwald*, ZPO, § 119 Rn. 43.

1347 *Ellenrieder*, Der Nachweis des Kartellrechtsverstoßes, S. 97; *Lübbig/le Bell*, WRP 2006, 1209 (1216); *Meeßen*, Der Anspruch auf Schadensersatz, S. 146.

1348 *Ellenrieder*, Der Nachweis des Kartellrechtsverstoßes, S. 97; *Jüntgen*, WuW 2007, 128 (133); *Stadler*, in: Musielak, ZPO, § 142 Rn. 4.

1349 Vgl. BGHZ 173, 23 (31 f.); ders., NJW 1990, 3151; ders., NJW 2000, 1108 (1109).

1350 Beschlussempfehlung und Bericht des Rechtsausschusses (6. Ausschuss) zu dem Gesetzentwurf der Bundesregierung – Drucksache 14/4722 – Entwurf eines

Mit der Einfügung des § 142 ZPO sollte insbesondere nicht die bereits erwähnte, im angloamerikanischen Rechtsraum bekannte Ausforschung des Prozessgegners ermöglicht werden.[1351]

Die Entscheidung über die Vorlageanordnung steht im (pflichtgemäßen) Ermessen der Gerichte (vgl. § 142 Abs. 1 Satz 1 ZPO: „kann"). Bei seiner Ermessensentscheidung hat das Gericht den möglichen Erkenntnisgewinn auf der einen und das Geheimhaltungsinteresse auf der anderen Seite zu berücksichtigen.[1352] Eine Ermessensreduzierung auf Null, mithin eine Pflicht des Gerichts zur Vorlageanordnung ist nach einer Ansicht anzunehmen, wenn es davon überzeugt ist, dass sich die Urkunde im Besitz der anderen Partei befindet, die Tatsache, die durch die Vorlegung der Urkunde bewiesen werden soll, erheblich ist und der Inhalt der Urkunde zum Beweis dieser Tatsache geeignet erscheint.[1353] Andere sind der Auffassung, dass es sich um eine streitige, substantiierte Behauptung handeln und die betreffende Urkunde hinreichend genau bezeichnet sein müsse.[1354] Im Hinblick auf die Vergleichserklärungen dürften sowohl die einen als auch die anderen Voraussetzungen regelmäßig erfüllt sein, so dass eine Ermessensreduzierung auf Null insofern naheliegend erscheint.

Kommt die Partei der Vorlageanordnung des Gerichts nicht nach, ist die Vorlage mit Ordnungsmitteln nicht erzwingbar.[1355] Dann kann ein entsprechendes Verhalten zwar in freier Beweiswürdigung gemäß § 286 ZPO als Beweisvereitelung gewertet werden, mit der Folge, dass die Behauptungen des Klägers in analoger Anwendung des § 427 Satz 2 ZPO als bewiesen gelten.[1356] Hieran dürfte jedoch – wie oben zu

---

Gesetzes zur Reform des Zivilprozesses u. a., BT-Drucks. 14/6036 v. 15.05.2001 (im Folgenden: Beschlussempfehlung RegE Zivilprozess), S. 121; BGHZ 173, 23 (32).

1351 Beschlussempfehlung RegE Zivilprozess, S. 120; BGHZ 173, 23 (31 f.), *Meeßen*, Der Anspruch auf Schadensersatz, S. 146; *Milde*, Schutz des Kronzeugen, S. 196; *Rosenberg/Schwab/Gottwald*, ZPO, § 119 Rn. 46. Dies dürfte auch der Grund dafür sein, weshalb die Gerichte von der Möglichkeit der Vorlageanordnung bislang nur sehr zurückhaltend Gebrauch gemacht haben; vgl. *Lübbig/le Bell*, WRP 2006, 1209 (1216).

1352 Beschlussempfehlung RegE Zivilprozess, S. 120; BGHZ 173, 23 (31), *Ellenrieder*, Der Nachweis eines Kartellrechtsverstoßes, S. 100; *Meeßen*, Der Anspruch auf Schadensersatz, S. 146.

1353 *Jüntgen*, WuW 2007, 128 (135). So auch RegE Zivilprozess, S. 92, für den Fall, dass sich die Urkunde im Besitz eines Dritten befindet und die Partei Beweis gemäß §§ 428 Alt. 2, 142 ZPO antritt.

1354 *Ellenrieder*, Der Nachweis eines Kartellrechtsverstoßes, S. 100; *Stadler*, in: Musielak, ZPO, § 142 Rn. 7.

1355 RegE Zivilprozess, S. 78; *Ellenrieder*, Der Nachweis eines Kartellrechtsverstoßes, S. 100; *Jüntgen*, WuW 2007, 128 (133); *Meeßen*, Der Anspruch auf Schadensersatz, S. 146; *Stadler*, in: Musielak, ZPO, § 142 Rn. 7; *Wagner*, in: Münchener Kommentar, ZPO, § 144 Rn. 13.

1356 BGHZ 173, 23 (31); *Ellenrieder*, Der Nachweis eines Kartellrechtsverstoßes, S. 101; *Jüntgen*, WuW 2007, 128 (133); *Meeßen*, Der Anspruch auf Schadensersatz, S. 147.

§§ 421, 422 ZPO ausgeführt – in Kartellzivilprozessen regelmäßig kein großes Interesse bestehen.

2. Besonderheiten des U.S.-amerikanischen Zivilprozessrechts

Aufgrund der klägerfreundlichen Ausgestaltung des U.S.-amerikanischen Zivilprozessrechts besteht ferner die Gefahr, dass die Vergleichserklärungen in Schadensersatzprozessen vor den dortigen Gerichten Verwendung gegen ihre Urheber finden.

a) Pre-trial Discovery

Während das deutsche Zivilprozessrecht also durchaus – wenn auch eher „en passant" – die Möglichkeit bietet, an die im Besitz der Gegenseite befindlichen Informationen heranzukommen, geht die im U.S.-amerikanischen Recht vorgesehene Pre-trial Discovery wesentlich weiter.

Nach Rule 34 der Federal Rules of Civil Procedure (FRCP) kann eine Partei im Zivilprozess die gegnerische Partei ersuchen, alle Dokumente, die sich in deren Herrschaftsbereich[1357] befinden und die im Zusammenhang mit dem Streitgegenstand stehen, vorzulegen bzw. über sie Auskunft zu erteilen (sog. „production of documents and things").[1358] Die Pre-trial Discovery findet im Stadium zwischen Klageeinreichung sowie Hauptverhandlung und grundsätzlich nur zwischen den Prozessparteien, d. h. – anders als nach deutschem Recht – (nahezu) ohne Mitwirkung des Gerichts statt.[1359] Ersteres ist Folge des Umstandes, dass die Schriftsätze nach U.S.-amerikanischem Zivilprozessrecht vergleichsweise wenig substantiiert sein müssen und lediglich dazu dienen, der gegnerischen Partei einen groben Überblick über den Streitgegenstand zu verschaffen; dessen Eingrenzung sowie die Ermittlung des Tatsachenstoffes erfolgen dagegen erst in der Pre-trial Discovery.[1360] Aufgrund dieser soll keine der Parteien alleine deshalb in der Hauptverhandlung benachteiligt sein, weil die gegnerische Partei über einen Informationsvorsprung verfügt. Während ein solches Vorgehen mit den Vorstellungen des deutschen Zivilprozessrechts nur schwerlich zu vereinbaren ist und von der überwiegenden Auffassung als unzulässige Ausforschung des Prozessgegners angesehen sowie als solche abgelehnt wird, dient die Pre-trial Discovery nach U.S.-amerikanischem Verständnis vor allem

---

1357 Vgl. Rule 34(a)(1): „possession, custody, or control".

1358 Beschlussempfehlung RegE Zivilprozess, S. 120.

1359 *Böhm*, Amerikanisches Zivilprozessrecht, Rn. 388; *Ellenrieder*, Der Nachweis eines Kartellrechtsverstoßes, S. 41; *Schack*, US-amerikanisches Zivilprozessrecht, S. 110. Nur sofern die verpflichtete Partei dem Ersuchen nicht nachkommt, kann die ersuchende Partei eine gerichtliche Anordnung auf Herausgabe der begehrten Informationen beantragen; vgl. Rule 37(a) FRCP sowie – falls die verpflichtete Partei auch der gerichtlichen Anordnung nicht nachkommt – Rule 37(b) FRCP.

1360 *Böhm*, Amerikanisches Zivilprozessrecht, Rn. 318; *Ellenrieder*, Der Nachweis eines Kartellrechtsverstoßes, S. 42; *Schack*, US-amerikanisches Zivilprozessrecht, Rn. 99/110.

der Herstellung von Waffengleichheit zwischen den Prozessparteien[1361].[1362] Insofern ist nicht Voraussetzung, dass es sich bei dem betreffenden Dokument um einen im Prozess zwingend notwendigen Beweisgegenstand handelt.[1363] Erforderlich – aber auch ausreichend – ist, dass es Relevanz für eine Partei besitzt (vgl. Rule 26(b)(1) FRCP), was weit verstanden wird,[1364] und dass das Dokument hinreichend genau bezeichnet ist[1365]. Darüber hinaus ist eine Vorlage bzw. Auskunftserteilung insbesondere dann ausgeschlossen, wenn sie unverhältnismäßig ist oder missbräuchlich eingesetzt wird sowie bei Eingreifen bestimmter Verfahrensgarantien der verpflichteten Partei (Selbstbelastungsfreiheit, legal professional privilege etc.).[1366]

b) Discovery von europäischen Kronzeugenerklärungen in Zivilprozessen vor U.S.-amerikanischen Gerichten

Ein weiterer Vorteil für private Schadensersatzkläger und dementsprechend ein Nachteil für die beklagten Kartellbeteiligten ist der weite extraterritoriale Geltungsanspruch des U.S.-amerikanischen Rechts,[1367] der insbesondere auch in Kartellfällen Bedeutung erlangt. So hat es in solchen wiederholt Anordnungen U.S.-amerikanischer Gerichte zur Vorlage von Dokumenten, die sich in den Händen einer Partei außerhalb der USA befunden haben, gegeben;[1368] vorausgesetzt natürlich, das

---

1361 Beschlussempfehlung RegE Zivilprozess, S. 120; *Böhm*, Amerikanisches Zivilprozessrecht, Rn. 406; *Ellenrieder*, Der Nachweis eines Kartellrechtsverstoßes, S. 42; *Schack*, US-amerikanisches Zivilprozessrecht, Rn. 111.

1362 Als weitere Zwecke werden das Ausschalten des Überraschungsmoments, die Förderung der Vergleichsbereitschaft sowie die Begrenzung des Streitstoffs auf den strittigen Sachverhalt angeführt. Vgl. *Albrecht*, Die Anwendung von Kronzeugenregelungen, S. 425; *Ellenrieder*, Der Nachweis eines Kartellrechtsverstoßes, S. 42; *Nordlander*, ECLR 2004, 646 (649).

1363 *Albrecht*, Die Anwendung von Kronzeugenregelungen, S. 425.

1364 *Ellenrieder*, Der Nachweis eines Kartellrechtsverstoßes, S. 43.

1365 *Albrecht*, Die Anwendung von Kronzeugenregelungen, S. 425.

1366 Vgl. im Einzelnen Rule 26(b) FRCP sowie die Übersicht bei *Böhm*, Amerikanisches Zivilprozessrecht, Rn. 413.

1367 Vgl. *Ellenrieder*, Der Nachweis eines Kartellrechtsverstoßes, S. 45; *Schack*, US-amerikanisches Zivilprozessrecht, Rn. 130 ff.

1368 Zwar kann eine Partei ohne die Inanspruchnahme von Rechtshilfe des Staates, in dem sich die betreffenden Dokumente befinden, nicht zur Herausgabe gezwungen werden, anderenfalls wäre die völkerrechtliche Souveränität dieses Staates verletzt; vgl. *Schack*, US-amerikanisches Zivilprozessrecht, Rn. 131. Allerdings muss diese Partei dann prozessuale Nachteile fürchten, die von der Unterstellung einer behaupteten Tatsache als wahr bis hin zum Erlass eines Versäumnisurteils reichen. Vgl. *Böhm*, Amerikanisches Zivilprozessrecht, Rn. 403/417; *Schack*, US-amerikanisches Zivilprozessrecht, Rn. 128. In Bezug auf das Haager Übereinkommen über die Beweisaufnahme im Ausland in Zivil- oder Handelssachen v. 18.03.1970 (BGBl. II 1977, S. 1452 [1472]) hat Deutschland einen Vorbehalt nach Art. 23 des Übereinkommens eingelegt, dass Rechtshilfeersuchen, die eine

wettbewerbswidrige Verhalten hat sich überhaupt auf den U.S.-amerikanischen Markt ausgewirkt.[1369]

Insbesondere vier Prozesse vor U.S.-amerikanischen Gerichten betreffend die Herausgabe von Kronzeugenerklärungen, die im europäischen Kartellverfahren schriftlich gegenüber der Kommission abgegeben wurden, haben in diesem Zusammenhang eine gewisse Bedeutung erlangt und sollen hier deshalb kurz dargestellt werden.

In der Rechtssache *Vitamins*[1370] verpflichtete der U.S. District Court des District of Columbia das betreffende Unternehmen zur Herausgabe der Kopien der Kronzeugendokumente, obgleich die Kommission dies zu verhindern versuchte, indem sie als sog. „amicus curiae"[1371] auftrat und argumentierte, dass die Herausgabe der Kronzeugendokumente potenzielle Kronzeugen abschrecke und so das europäische Kronzeugenprogramm gefährde. Die Kommission berief sich dabei auf das im U.S.-amerikanischen Recht anerkannte „law enforcement investigatory privilege"[1372]

„Pre-trial Discovery of Documents" zum Gegenstand haben, nicht erledigt werden; vgl. Beschlussempfehlung RegE Zivilprozess, S. 120. Der U.S. Supreme Court hält das Haager Übereinkommen aber nicht für ausschließlich anwendbar; vgl. *Societe Nationale Industrielle Aerospatiale v. United States District Court for the Southern District of Iowa*, 482 U.S. 522, 544 (1987).

1369 Vgl. dazu U.S. Supreme Court, 124 S. Ct. 2359 (2004) und U.S. Court of Appeal for the District of Columbia, 417 F. 3d 1267 (D.C.C. 2005) in der Rechtssache *Empagran S.A. v. Hoffmann-La Roche Ltd.*; *Brenner*, Das Vergleichsverfahren, S. 199 ff. Nach Rule 28 United States Code § 1782 können Discovery-Maßnahmen durch U.S.-amerikanische Gerichte unter Umständen in ausländischen, mithin auch in europäischen oder deutschen Gerichtsverfahren im Rahmen eines Rechtshilfeersuchens des entscheidenden Gerichts oder sogar auf Antrag einer Partei ergehen. Vgl. dazu *Böhm*, Amerikanisches Zivilprozessrecht, Rn. 482 ff., sowie – zu dem betreffenden Kartellverfahren *Intel v. Advanced Micro Devices Inc*, 542 U.S. 241 (2004) – *Lampert/Weidenbach*, WRP 2007, 152 (162), und *Vandenborre*, ECLR 2011, 116 (120 f.).

1370 *Re Vitamins Antitrust Litigation*, Misc. No. 99–197 (D.D.C. Sept. 17, 2002). Vgl. dazu *Albrecht*, Die Anwendung von Kronzeugenregelungen, S. 429 ff.; *Nordlander*, ECLR 2004, 646 (650 ff.).

1371 Als „amicus curiae" wird jemand bezeichnet, der sich an einem Gerichtsverfahren beteiligt, ohne selbst Partei des Verfahrens zu sein. Das Auftreten als amicus curiae zielt in erster Linie darauf ab, das Gericht von der Richtigkeit einer bestimmten Auffassung zu überzeugen, um eine Prozesspartei – meist zur Durchsetzung eigener Interessen – zu unterstützen. Dieser Möglichkeit hat sich die Kommission wiederholt bedient, indem sie den U.S.-amerikanischen Gerichten schriftliche Stellungnahmen (sog. „amicus curiae briefs") zukommen ließ. Vgl. *Albrecht*, Die Anwendung von Kronzeugenregelungen, S. 429 f.; *Nordlander*, ECLR 2004, 646 (651/652); *Vandenborre*, ECLR 2011, 116/118/120.

1372 Das „law enforcement investigatory privilege" bezweckt den Schutz der Ermittlungen von Verfolgungsbehörden und führt dazu, dass die Herausgabe von Dokumenten unter bestimmten Voraussetzungen verweigert werden darf. Dabei

sowie auf den Grundsatz der „international comity“[1373]. Das Gericht bewertete jedoch das Interesse der USA an der Durchsetzung ihrer kartellrechtlichen Vorschriften als höherrangig. Zudem könne sich die Kommission nicht auf das investigatory privilege berufen, da sich die Kronzeugendokumente nicht in ihren Akten, sondern im Besitz der beklagten Partei befunden hätten.

In der Rechtssache *Methionine*[1374] hingegen entschied der U.S. District Court des Northern District of California zu Gunsten der beklagten Partei bzw. der Kommission, die hier erneut als amicus curiae auftrat. Dieser Fall unterscheidet sich von dem vorgenannten insofern, als die klägerische Partei hier bereits im Besitz einer redaktionell bearbeiteten Kopie der Kronzeugendokumente war und daher lediglich die Herausgabe einer „Rohfassung“ begehrte. Das Gericht stützte sich bei seiner Entscheidung in erster Linie auf den Grundsatz der international comity und bewertete das Interesse der Kommission an der Integrität ihres Kronzeugenprogramms als höherrangig gegenüber dem (geringen) Mehrwert, den die redaktionell nicht bearbeitete Fassung der Kronzeugendokumente für die klagende Partei hätte.

Auch in der Rechtssache *Rubber Chemicals*[1375] entschied der U.S. District Court des Northern District of California, dass die beklagte Partei nicht zur Herausgabe der Kronzeugendokumente, die sie als einzige von den insgesamt begehrten Dokumenten dem Kläger nicht bereits freiwillig vorgelegt hatte, verpflichtet sei. Erneut stützte sich das Gericht im Wesentlichen auf den Grundsatz der international comity. Während die Kronzeugendokumente einerseits für das vorliegende Gerichtsverfahren nur einen geringen Wert hätten,[1376] könnte ihre Offenlegung andererseits

---

müssen das Geheimhaltungsinteresse der Verfolgungsbehörde auf der einen und das Informationsinteresse des Klägers auf der anderen Seite gegeneinander abgewogen werden. Vgl. *Albrecht*, Die Anwendung von Kronzeugenregelungen, S. 429 (Fn. 1565); *Nordlander*, ECLR 2004, 646 (649 f.); *Petrasincu*, ECLR 2011, 356 (362); *Vandenborre*, ECLR 2011, 116 (120).

1373 Den Grundsatz der „international comity“ hat der U.S. Supreme Court (vgl. *Hartford Fire Insurance Co. v. California*, 509 U.S. 764, 817 [1993]) als „the respect sovereign nations afford each other by limiting their reach of their laws“ beschrieben. Es handelt sich um einen Grundsatz gegenseitiger Rücksichtnahme, bei dem es im Wesentlichen um die Abwägung der gegenläufigen Interessen betroffener Staaten geht. Vgl. *Albrecht*, Die Anwendung von Kronzeugenregelungen, S. 429 (Fn. 1566); *Nordlander*, ECLR 2004, 646 (655 f.); *Grasso*, MJIL 2008, 565 (590 ff.); *Petrasincu*, ECLR 2011, 356 (364); *Vandenborre*, ECLR 2011, 116 (118).

1374 *Re Methionine Antitrust Litigation*, Master File No. C 99–3491, Report of Special Master (N.D. Cal. June 17, 2002). Vgl. dazu *Albrecht*, Die Anwendung von Kronzeugenregelungen, S. 429 ff.; *Nordlander*, ECLR 2004, 646 (650 ff.).

1375 *Re Rubber Chemicals Antitrust Litigation*, 486 F. Supp. 2d 1078 (N.D. Cal. 2007). Vgl. dazu *Grasso*, MJIL 2008, 565 (590 ff.); *Petrasincu*, ECLR 2011, 356 (365); *Vandenborre*, ECLR 2011, 116 (118 f.).

1376 Anlass für die Klage war ein vom Kläger behaupteter Wettbewerbsverstoß auf dem U.S.-amerikanischen Markt, an dem die beklagte Partei beteiligt gewesen sein soll. Die begehrten Kronzeugendokumente, welche die beklagte Partei der

zur Beeinträchtigung der Zusammenarbeit zwischen den USA und der Union bei der Durchsetzung des Wettbewerbsrechts führen.

In der zuletzt entschiedenen Rechtssache *Flat Glass II*[1377] erließ der U.S. District Court des Western District of Pennsylvania zunächst eine Anordnung gegen die beklagte Partei auf Herausgabe u. a. der Kronzeugendokumente. Das Gericht kam im Rahmen einer Abwägung der widerstreitenden Interessen unter Berücksichtigung des Grundsatzes der international comity zu dem Ergebnis, dass die Interessen des Klägers überwiegten. Daraufhin beantragte die Kommission, als Prozesspartei zugelassen zu werden. Neben einer eigenen Stellungnahme, in welcher sie ihr Interesse an der Geheimhaltung der Kronzeugendokumente betonte, legte die Kommission dem Gericht ferner ein Schreiben des U.S. Department of Justice vor, das ihre Argumentation stützte. In der Folge ließ das Gericht die Kommission zwar als Prozesspartei zu, allerdings kam es in der Sache nicht zu einer neuerlichen gerichtlichen Entscheidung. Vielmehr schlossen die Parteien einen Vergleich (sog. „consent order"), der die Geheimhaltung der Kronzeugendokumente – auch im Sinne der Kommission – gewährleistete und die ursprüngliche Anordnung des Gerichts aufhob.

c) Zwischenergebnis

Zwar zeichnet sich in der Rechtsprechung U.S.-amerikanischer Gerichte eine gewisse Tendenz zur vermehrten Geheimhaltung der dem europäischen Kartellverfahren entstammenden Kronzeugendokumente ab. Allerdings dürfte die Pre-trial Discovery (neben der im U.S.-amerikanischen Recht vorgesehenen Möglichkeit, dreifachen Schadensersatz zu erlangen[1378]) privaten Schadensersatzklägern immer noch einen großen Anreiz bieten, Klage vor U.S.-amerikanischen Gerichten zu erheben und die Parteien dort um die Vorlage sensibler Dokumente zu ersuchen.[1379]

3. Abgabe der Vergleichserklärungen in mündlicher Form

Um die Herausgabeanordnung eines U.S.-Gerichts wie im Vitaminkartell zu vermeiden, ging die Kommission im Jahr 2005 dazu über, die Stellung der Kronzeugenanträge in mündlicher Form zuzulassen,[1380] nachdem das EuG zuvor entschieden hatte,

---

Kommission übermittelt hatte, betrafen hingegen einen Wettbewerbsverstoß auf dem europäischen Markt.

1377 *Re Flat Glass II Antitrust Litigation*, No. 08–180 (Doc. 185) (W.D. Pa. 2009). Vgl. dazu *Caruso*, JECLP 2010, 453 (471 f.); *Vandenborre*, ECLR 2011, 116 (119).

1378 Section 4 des *Clayton Antitrust Act*. Die zivilrechtliche Haftung von Teilnehmern des U.S.-amerikanischen Kronzeugenprogramms ist indes nach Section 213 des *Antitrust Criminal Penalty Enhancement and Reform Act* aus dem Jahre 2004 nunmehr auf den einfachen Schadensersatz begrenzt. Vgl. *Caruso*, JECLP 2010, 453 (454); *Grasso*, MJIL 2008, 565 (602); *Jüntgen*, Die prozessuale Durchsetzung, S. 160.

1379 *Grasso*, MJIL 2008, 565 (587); *Nordlander*, ECLR 2004, 646 (648).

1380 *Albrecht*, Die Anwendung von Kronzeugenerklärungen, S. 433; *Nordlander*, ECLR 2004, 646 (657).

dass die Abgabe von Kronzeugeninformationen an die Kommission nicht zwingend in schriftlicher Form zu erfolgen habe[1381]. Ehe die Kronzeugenregelung im Zuge ihrer Neufassung im Jahr 2006 eine entsprechende Erklärung erhielt,[1382] geschah dies zwischenzeitlich auf „informellem" Wege[1383]. Auch nach der Bonusregelung des Bundeskartellamtes von 2006 kann ein Kronzeugenantrag mündlich gestellt werden.[1384] Die Abgabe in mündlicher Form hat den Vorteil, dass sich keine Kopien der Kronzeugenanträge im Besitz der Parteien befinden bzw. die sich in den Akten der Wettbewerbsbehörden befindlichen schriftlichen Aufzeichnungen der Kronzeugenanträge nicht als Dokumente der Parteien darstellen.[1385] Folglich verbleibt den privaten Schadensersatzklägern nur die Möglichkeit, die Wettbewerbsbehörden wegen der Herausgabe der Kronzeugendokumente in Anspruch zu nehmen. Diese gewähren den in ihren Akten befindlichen Dokumenten aber – insbesondere aufgrund des investigatory privilege – ein höheres Schutzniveau; es erscheint daher unwahrscheinlich, dass ein U.S.-Gericht eine Herausgabeanordnung an die Kommission oder das Bundeskartellamt richtet.[1386]

In Bezug auf die Vergleichserklärungen stellen sich im Rahmen der Pre-trial Discovery die gleichen Interessenkonflikte wie hinsichtlich der Kronzeugendokumente,[1387] so dass Kommission[1388] und Bundeskartellamt[1389] den Betroffenen ebenfalls die Möglichkeit bieten, die Vergleichserklärungen in mündlicher Form abzugeben. Es ist auch kein Gesichtspunkt ersichtlich, der den Parteien oder den Wettbewerbsbehörden ein solches Vorgehen untersagen würde. Zwar haben private Schadensersatzkläger unter Umständen einen Anspruch sowohl gegen die Parteien des

1381 EuG v. 29.04.2004, T-236, -239, -244 bis -246, -251, -252/01, Slg. 2002, II-1181 (1336, Rn. 431) – *Tokai Carbon u. a.*

1382 Vgl. Kronzeugenmitteilung 2006, Rn. 32.

1383 Kommission, Bericht über die Wettbewerbspolitik 2005, Rn. 179.

1384 Bonusregelung 2006, Rn. 15.

1385 *Grasso*, MJIL 2008, 565 (582); *Jüntgen*, WuW 2007, 128 (136); *Klose*, in: Münchener Kommentar, EU-Wettbewerbsrecht, Leniency-Bekanntmachung, Rn. 63; *Nordlander*, ECLR 2004, 646 (647/657). Allerdings wird zu bedenken gegeben, dass eine Herausgabepflicht auch bestehe, wenn die beklagte Partei Zugriff auf das betreffende Dokument habe; vgl. Rule 34(a)(1): „possession, custody, *or control*" [Hervorhebung durch Verf.]. Folgerichtig könne die beklagte Partei bereits dann zur Herausgabe der Kronzeugendokumente verpflichtet sein, wenn sie einen Anspruch gegen die Kommission auf Herausgabe ihrer Kronzeugendokumente habe. Vgl. *Albrecht*, Die Anwendung von Kronzeugenregelungen, S. 434 f.; *Nordlander*, ECLR 2004, 646 (658); *Petrasincu*, ECLR 2011, 356 (366). Zu den verbleibenden Möglichkeiten der Informationsgewinnung für private Schadensersatzkläger nach U.S.-amerikanischem Recht vgl. *Nordlander*, ECLR 2004, 646 (657 ff.), sowie *Petrasincu*, ECLR 2011, 356 (365 ff.).

1386 Vgl. auch *Petrasincu*, ECLR 2011, 356 (361 f./365).

1387 So auch *Scordamaglia*, GAR 2009, 61 (85); *Vandenborre*, ECLR 2011, 116.

1388 Vgl. bereits B., II., 1.

1389 Vgl. bereits B., II., 2.

Vergleichsverfahrens (wie soeben dargestellt) als auch gegen die Wettbewerbsbehörden[1390] auf Herausgabe bzw. Offenlegung bereits vorhandener Beweismittel. Die Parteien können aber nicht dazu verpflichtet werden, solche Beweismittel überhaupt erst zu produzieren. Die grundsätzliche Existenz der Vergleichserklärungen ist vielmehr eine tatsächliche Folge der Einführung des Vergleichsverfahrens. Sofern diesem Umstand aber dadurch vorgebeugt wird, dass die Wettbewerbsbehörden den Parteien entsprechende Abhilfemaßnahmen zur Verfügung stellen, ist hiergegen in rechtlicher Hinsicht nichts einzuwenden.

III. Zwischenergebnis

Für die Zwecke der vorliegenden Untersuchung ist deshalb festzuhalten, dass es den privaten Schadensersatzklägern faktisch verwehrt ist, und zwar auch nach der grundsätzlich sehr weitreichenden Pre-trial Discovery,[1391] die Parteien des Vergleichsverfahrens erfolgreich um die Herausgabe der (Kopien der) Vergleichserklärungen zu ersuchen; vorausgesetzt natürlich, die Möglichkeit der Abgabe in mündlicher Form wird tatsächlich wahrgenommen.

D. Rechtsgrundlage für die Einsicht in die Behördenakten

Nachfolgend soll – getrennt nach europäischem und deutschem Recht – dargestellt werden, auf welcher Rechtsgrundlage Dritte Einsicht in die Akten der Kommission und des Bundeskartellamtes nehmen können. Die sich daran anschließende Frage, ob auch Einsicht in die Vergleichsausführungen zu gewähren ist oder ob die Wettbewerbsbehörden diese ausschließen können, soll zunächst noch weitgehend ausgeklammert und erst später[1392] beantwortet werden.

I. Europäisches Recht

1. Akteneinsichtsrecht nach der VO 1/2003 und der VO 773/2004

Nach Art. 27 Abs. 2 Satz 2 VO 1/2003 haben ausschließlich die Parteien des Kartellverfahrens ein Recht auf Akteneinsicht. Parteien des Kartellverfahrens sind die Unternehmen, gegen die sich das Kartellverfahren richtet, nicht jedoch die Beschwerdeführer und sonstige Dritte, mithin auch nicht die privaten Schadensersatzkläger.[1393]

1390 Vgl. dazu noch D. sowie E.

1391 So auch *Brenner*, Das Vergleichsverfahren, S. 212 f.

1392 Vgl. dazu E.

1393 Diese Differenzierung ergibt sich bereits aus der Überschrift zu Art. 27 VO 1/2003, wo von der „Anhörung der Parteien, der Beschwerdeführer und sonstiger Dritter" die Rede ist.

Während die sonstigen Dritten, die weder Partei noch Beschwerdeführer sind, ein hinreichendes Interesse an dem Ausgang des Verfahrens geltend machen müssen und dann in gewissem Umfang Beteiligungsrechte haben, werden Beschwerdeführer gemäß Art. 27 Abs. 1 Satz 3 VO 1/2003 „eng in das Verfahren einbezogen“ und habe diese nach Maßgabe des Art. 8 Abs. 1 Satz 1 VO 773/2004 ein Akteneinsichtsrecht.[1394] Ein solches besteht jedoch nur, sofern die Kommission beabsichtigt, die Beschwerde eines Dritten im Sinne des Art. 7 Abs. 1 VO 1/2003 abzuweisen, und nur in Bezug auf die Dokumente, die der vorläufigen Beurteilung der Kommission zugrunde liegen. Für die Zwecke der Vorbereitung einer Schadensersatzklage ist dieses Recht aber lediglich bedingt tauglich. Zunächst bestimmt Art. 8 Abs. 2 773/2004, dass „[d]ie Unterlagen, in die der Beschwerdeführer in einem von der Kommission nach den Artikeln 81 und 82 EG-Vertrag geführten Verfahren Einsicht genommen hat, [...] vom Beschwerdeführer nur für Gerichts- oder Verwaltungsverfahren zur Anwendung dieser Bestimmungen des EG-Vertrags verwendet werden [dürfen].“ Die Vorbereitung einer Klage auf Schadensersatz ist mit den so gewonnenen Informationen daher gerade untersagt.[1395] Ferner bieten die Dokumente, in die der Beschwerdeführer gemäß Art. 8 Abs. 1 Satz 1 VO 773/2004 Einsicht erhält, aber auch kaum Informationen, die ihm bei der Substantiierung einer Klage auf Schadensersatz helfen würden. Denn sofern die Kommission beabsichtigt, eine Beschwerde abzuweisen, hat ein von dem Beschwerdeführer behaupteter Verstoß entweder tatsächlich nicht vorgelegen, oder die Kommission hat jedenfalls keine (ausreichenden) Beweise hierfür erlangen können.[1396] Darüber hinaus steht aber auch den Beschwerdeführern kein spezifisch kartellrechtliches Akteneinsichtsrecht zu.

1394 Statt wie üblich eine nicht vertrauliche Fassung der Mitteilung der Beschwerdepunkte zu erhalten, werden Beschwerdeführer in Vergleichsfällen gemäß Art. 6 Abs. 1 VO 773/2004 auch nur – wie sonstige Dritte gemäß Art. 13 Abs. 1 VO 773/2004 – über Art und Gegenstand des Verfahrens unterrichtet. Eine gewisse Stärkung der Rechte der sonstigen Dritten hat das EuG (v. 07.06.2006, T-213, -214/01, Slg. 2006, II-1601 [1643 ff., Rn. 106 ff.] – *Österreichische Postsparkasse*) vorgenommen, indem es entschied, dass diese eine nicht vertrauliche Fassung der Mitteilung über die Beschwerdepunkte erhalten, sofern sie ein berechtigtes Interesse hieran nachweisen können; vgl. *Lampert/Weidenbach*, WRP 2007, 152 (153).

1395 Zwar ist ein Verstoß gegen Art. 8 Abs. 2 773/2004 nicht sanktionsbewehrt, stellt jedoch ein von nationalen Gerichten und Behörden zu beachtenden Beweisverwertungsverbot dar; vgl. *Bischke*, in: Münchener Kommentar, EU-Wettbewerbsrecht, Art. 27 VO 1/2003 Rn. 27.

1396 *Ellenrieder*, Der Nachweis eines Kartellrechtsverstoßes, S. 136. Dies übersieht *Jüntgen*, WuW 2007, 128 (130), der eine Einsicht in – vermeintlich vorhandene – Kronzeugenerklärungen erst daran scheitern lässt, dass er sie als Geschäftsgeheimnisse bzw. sonstige vertrauliche Informationen anderer Verfahrensbeteiligter im Sinne des Art. 8 Abs. 1 S. 2 VO 773/2004 einordnet.

Somit haben private Schadensersatzkläger nach den kartellrechtlichen Vorschriften kaum Möglichkeiten, an Informationen aus den Verfahrensakten der Kommission zu gelangen.[1397]

2. *Akteneinsichtsrecht nach der VO 1049/2001*

In Betracht kommt aber eine Einsicht in die Akten der Kommission nach der VO 1049/2001. Anders als die kartellrechtlichen Vorschriften über die Akteneinsicht für die Parteien, die in erster Linie der Verwirklichung der Verteidigungsrechte dienen, zielt die VO 1049/2001 darauf ab, die Tätigkeiten der Unionsorgane möglichst transparent und damit kontrollierbar zu machen.[1398] Sie beruht auf Art. 1 Abs. 2 EUV sowie Art. 255 Abs. 2 EG (jetzt: Art. 15 Abs. 3 Unterabs. 2 AEUV) und stellt die sekundärrechtliche Konkretisierung des primärrechtlich in Art. 15 Abs. 3 AEUV und Art. 42 GRC verbürgten Rechts auf Zugang zu Dokumenten der Unionsorgane dar.[1399] Dieses Recht gewährt Art. 2 Abs. 1 VO 1049/2001 jedem Unionsbürger sowie jeder natürlichen oder juristischen Person mit (Wohn-)Sitz in einem Mitgliedstaat. Der personale Anwendungsbereich der VO 1049/2001 ist damit deutlich weiter als jener der kartellrechtlichen Vorschriften, die – wie dargestellt – grundsätzlich nur für die Parteien des Kartellverfahrens und darüber hinaus nur in begrenztem Umfang für die Beschwerdeführer gelten. Das Aktenzugangsrecht nach der VO 1049/2001 besteht zudem unabhängig von einem konkreten Verfahren, d. h. es ist anders als das Akteneinsichtsrecht nach den kartellrechtlichen Vorschriften nicht verfahrensakzessorisch.[1400]

Folglich scheint die VO 1049/2001 auch auf Dritte, die zum Zwecke der Vorbereitung einer Schadensersatzklage wegen eines Kartellrechtsverstoßes Einsicht in die Verfahrensakten der Kommission begehren, Anwendung zu finden. Dadurch aber könnten die restriktiven Vorschriften des Kartellrechts über die Akteneinsicht umgangen werden, was die Frage nach ihrem Verhältnis zur VO 1049/2001 aufwirft. Während die herrschende Auffassung die VO 1049/2001 neben den kartellrechtlichen Vorschriften für grundsätzlich anwendbar hält,[1401] wird teilweise vertreten,

---

1397 So auch *Ellenrieder*, Der Nachweis eines Kartellrechtsverstoßes, S. 134; *Jüntgen*, WuW 2007, 128 (130); *Kellerbauer*, WuW 2011, 688 (690); *Lampert/Weidenbach*, WRP 2007, 152 (153).

1398 *Lampert/Weidenbach*, WRP 2007, 152 (153).

1399 Vgl. Erwägungsgründe Nr. 1 und 4 zur VO 1049/2001; *GA Kokott* v. 03.03.2011, C-506/08 P, Slg. 2011, I-6237, Rn. 1/27 – *Schweden/MyTravel*; *Bueren*, Verständigungen, S. 929; *ders.*, ZWeR 2011, 74 (76); S. 136; *Goddin*, JECLP 2011, 10 (11); *Kellerbauer*, WuW 2011, 688 (692); *Kehl*, Schutz von Informationen, S. 256/257.

1400 *Kehl*, Schutz von Informationen, S. 256.

1401 *Bach*, in: Ehlermann/Marquis, Antitrust Settlements, 251 (258); *Bartelt*, CMLR 2006, 191 (205 f.); *Bischke*, in: Münchener Kommentar, EU-Wettbewerbsrecht, Art. 27 VO 1/2003 Rn. 28; *Bueren*, Verständigungen, S. 931 ff.; *ders.*, ZWeR 2011, 74 (78 ff.); *Busch/Sellin*, BB 2012, 1167 (1169 f.); *Fornasier/Sanner*, WuW 2011, 1067 (1073);

dass sich die Einsicht in die Verfahrensakten allein nach letzteren richte und diese die Anwendung der VO 1049/2001 ausschließen[1402]. Ob die Kommission bereits das Nebeneinander von VO 1049/2001 und den kartellrechtlichen Vorschriften verneint oder nur das regelmäßige Eingreifen einer der in Art. 4 VO 1049/2001 geregelten Ausnahmetatbestände bejaht, wird angesichts widersprüchlicher Formulierungen nicht mit letzter Konsequenz deutlich. Einerseits erklärt die Kommission, die VO 1049/2001 stelle keine geeignete Rechtsgrundlage für den Zugang zu Beweismitteln zum Zwecke der Erhebung privater Schadenersatzklagen dar.[1403] Sofern sie sich andererseits – wie in der Mitteilung über das Vergleichsverfahren[1404], aber auch in der Kronzeugenmitteilung[1405] – dahingehend äußert, die Offenlegung bestimmter, ihr im Rahmen dieser Instrumente freiwillig vorgelegter Informationen falle unter die Ausnahme des Art. 4 VO 1049/2001 und komme daher nicht in Betracht, scheint sie (zumindest) von der grundsätzlichen Anwendbarkeit der VO 1049/2001 auf die Akteneinsicht in Kartellverfahren auszugehen.

Die Unionsgerichte haben die Anwendbarkeit der VO 1049/2001 auf Akteneinsichtsbegehren gegenüber der Kommission in Kartellverfahren lange Zeit nicht ausdrücklich bestätigt; auch nicht in der insofern vielfach angeführten Rechtssache

Frenz, Europäische Grundrechte, Rn. 4631; *Goddin*, JECLP 2011, 10; *Jüntgen*, WuW 2007, 128 (130); *Kehl*, Schutz von Informationen, S. 258 f.; *Kellerbauer*, WuW 2011, 688 (692 ff.); *Kleine*, ZWeR 2007, 303 (305 ff.); *Lampert/Weidenbach*, WRP 2007, 152 (154); *Milde*, Schutz des Kronzeugen, S. 80 ff.; *Schnichels*, EuZW 2002, 577; *Tietje/Nowrot*, EWS 2006, 486 ff.; *Wesselburg*, Drittschutz, S. 59 f. Zweifelnd – allerdings ohne nähere Begründung – *Mäger/Zimmer/Milde*, WuW 2009, 885 (895). Auch das Europäische Parlament betont das Erfordernis der Kommission, den Geschädigten eines Kartellrechtsverstoßes zur Vorbereitung einer Schadensersatzklage nach der VO 1049/2001 Einsicht in die Behördenakten zu gewähren; vgl. European Parliament resolution of 26 March 2009 on the White Paper on damages actions for breach of the EC antitrust rules (2008/2154(INI)), S. 5 (Rn. 13), abrufbar unter: http://www.europarl.europa.eu/sides/getDoc.do?pubRef=-//EP//NONSGML+TA+P6-TA-2009-0187+0+DOC+PDF+V0//EN.

1402 *Soltész/Marquier/Wendenburg*, EWS 2006, 102 (104 ff.); *Weitbrecht*, WuW 2010, 867, offen gelassen für den Zeitraum nach Abschluss des Kartellverfahrens. *Caruso*, JECLP 2010, 453 (469), möchte die Akteneinsicht jedenfalls insofern ausschließen, als sie das „Sammeln von Beweisen" zwecks Vorbereitung einer privaten Schadenersatzklage betrifft.

1403 Commission staff working paper accompanying the white paper on damages actions for breach of the EC antitrust rules, COM(2008) 165 final v. 02.04.2008, S. 32 (Rn. 104): „In this context, it is important to emphasise that in the Commission's view Article 255 EC and Regulation 1049/2001 setting out the principles, conditions and limits of public access to documents held by Community institutions normally do not constitute an appropriate legal basis for obtaining access to evidence for the purposes of pursuing private damages actions".

1404 Kommission, Mitteilung über das Vergleichsverfahren, Rn. 40.

1405 Kronzeugenmitteilung 2006, Rn. 40

Verein für Konsumenteninformation.[1406] In dieser ist von den Streithelfern[1407] zwar der Einwand erhoben worden, dass sich das Recht auf Akteneinsicht in Kartellverfahren ausschließlich nach der – damals noch einschlägigen – VO 17/1962 richte.[1408] Dieser Einwand konnte vom EuG aber bereits als unzulässig, weil den Rahmen des Rechtsstreits verändernd, zurückgewiesen werden, so dass über ihn in der Sache nicht entschieden wurde.[1409] Im Folgenden prüfte das EuG, ob die Kommission dem Kläger die Einsicht in die Kartellverfahrensakten nach der VO 1049/2001 verweigern durfte und verneinte dies.[1410] Indem das EuG die Anwendung der VO 1049/2001 durch die Kommission überprüfte, ging es jedoch offensichtlich, wenn auch ohne nähere Begründung, von deren Anwendbarkeit auf Akteneinsichtsbegehren gegenüber der Kommission in Kartellverfahren aus.[1411] Ähnlich stellten sich die Rechtssachen *Technische Glaswerke Ilmenau*[1412], *My Travel*[1413], *Éditions Jacob Odile*[1414], *Agrofert Holding*[1415], *CDC Hydrogene Peroxide*[1416] und *EnBW*[1417] dar, denen behördliche Verfahren aus dem Beihilfe-, dem Fusionskontrollrecht und zuletzt dem Kartellrecht zugrunde lagen. Ohne ausdrücklich auf die Anwendbarkeit der VO 1049/2001 einzugehen, prüfte das EuG jeweils, ob die Kommission die Akteneinsicht habe verweigern dürfen.[1418]

1406 *Bartelt*, CMLR 2006, 191 (195); *Bueren*, Verständigungen, S. 930; *ders.*, ZWeR 2011, 74 (77); *Nordmann*, EuZW 2005, 573 (574); *Wesselburg*, Drittschutz, S. 59. Anders aber *Ellenrieder*, Der Nachweis eines Kartellrechtsverstoßes, S. 137.

1407 Das sind die kartellbeteiligten Unternehmen, gegen die sich das behördliche Kartellverfahren der Kommission zuvor gerichtet hat.

1408 EuG v. 13.04.2005, T-2/03, Slg. 2005, II-1121 (1140, Rn. 48) – *Verein für Konsumenteninformation.*

1409 EuG v. 13.04.2005, T-2/03, Slg. 2005, II-1121 (1140, Rn. 52 ff.) – *Verein für Konsumenteninformation.*

1410 EuG v. 13.04.2005, T-2/03, Slg. 2005, II-1121 (1140, Rn. 56 ff.) – *Verein für Konsumenteninformation.*

1411 *Bueren*, Verständigungen, S. 930 (Fn. 4937); *ders.*, ZWeR 2011, 74 (77, Fn. 20); *Jüntgen*, Die prozessuale Durchsetzung, S. 63; *Lampert/Weidenbach*, WRP 2007, 152 (154).

1412 EuG v. 14.12.2006, T-237/02, Slg. 2006, II-5131.

1413 EuG v. 09.09.2008, T-403/05, Slg. 2008, II-2027.

1414 EuG v. 09.06.2010, T-237/05, Slg. 2010, II-2245.

1415 EuG v. 07.07.2010, T-111/07, abgekürzte Veröffentlichung, Slg. 2010, II-128.

1416 EuG v. 15.12.2011, T-437/08, Slg. 2011, II-8251.

1417 EuG v. 22.05.2012, T-344/08, noch nicht in amtl. Slg.

1418 Vgl. EuG v. 14.12.2006, T-237/02, Slg. 2006, II-5131 (5144 ff., Rn. 27 ff.) – *Technische Glaswerke Ilmenau*; dass. v. 09.09.2008, T-403/05, Slg. 2008, II-2027 (2045 ff., Rn. 31 ff.) – *MyTravel*; dass. v. 09.06.2010, T-237/05, Slg. 2010, II-2245 (2269 ff., Rn. 39 ff.) – *Éditions Odile Jacob;* dass. v. 07.07.2010, T-111/07, abgekürzte Veröffentlichung, Slg. 2010, II-128, Rn. 42 ff. – *Agrofert Holding*; dass. v. 15.12.2011, T-437/08, Slg. 2011, II-8251, Rn. 24 ff. – *CDC Hydrogene Peroxide;* dass. v. 22.05.2012, T-344/08, noch nicht in amtl. Slg., Rn. 32 ff. – *EnBW.*

In zwei neueren Entscheidungen äußerte sich der EuGH zum Verhältnis der VO 1049/2001 zum Fusionskontrollrecht wie folgt: „Die genannten Verordnungen [VO 1049/2001 und VO 139/2004] enthalten keine Bestimmung, die ausdrücklich den Vorrang der einen gegenüber der anderen vorsähe. Daher ist eine Anwendung jeder dieser Verordnungen sicherzustellen, die mit der Anwendung der jeweils anderen vereinbar ist und somit deren kohärente Anwendung erlaubt. Nach der Rechtsprechung des Gerichtshofs soll zwar die Verordnung Nr. 1049/2001 der Öffentlichkeit ein größtmögliches Recht auf Zugang zu den Dokumenten der Organe gewähren, doch unterliegt dieses Recht im Licht des Systems der in Art. 4 dieser Verordnung vorgesehenen Ausnahmen bestimmten Schranken aus Gründen des öffentlichen oder privaten Interesses [...].“[1419]

Diese Rechtsprechung hat der EuGH in der Rechtssache *EnBW* nunmehr auch für das Kartellrecht übernommen: „Da die genannten Verordnungen [VO 1049/2001 sowie VO 1/2003 und VO 773/2004] keine Bestimmung enthalten, die ausdrücklich den Vorrang der einen gegenüber der anderen vorsähe, ist sicherzustellen, dass jede dieser Verordnungen in einer Weise angewandt wird, die mit der Anwendung der jeweils anderen vereinbar ist und somit ihre kohärente Anwendung erlaubt [...].“[1420]

Der herrschenden Auffassung ist zuzustimmen. Insbesondere stellen die kartellrechtlichen Vorschriften keine leges speciales dar, die die Anwendbarkeit der VO 1049/2001 ausschlössen.[1421] Sofern befürchtet wird, dass die VO 1049/2001 zur Umgehung der strengeren Akteneinsichtsrechte der VO 1/2003 und der VO 773/2004 führen könnte,[1422] ist dem zu entgegnen, dass die Ausnahmetatbestände des Art. 4 VO 1049/2001 ausreichende Möglichkeiten bieten, eine solche Umgehung zu verhindern. So dürfte ein Anspruch auf Akteneinsicht nach der VO 1049/2001 während des *laufenden* Kartellverfahrens regelmäßig gemäß Art. 4 Abs. 2 Spiegelstr. 3 sowie Art. 4 Abs. 3 Unterabs. 1 VO 1049/2001 ausscheiden,[1423] während

---

1419 EuGH v. 28.06.2012, C-477/10 P, noch nicht in amtl. Slg., Rn. 52 f. – *Agrofert Holding*, mit ähnlichem Wortlaut auch ders. v. 28.06.2012, C-404/10 P, noch nicht in amtl. Slg., Rn. 110 f. – *Éditions Odile Jacob*.

1420 EuGH v. 27.02.2014, C-365/12 P, noch nicht in amtl. Slg., Rn. 84 – *EnBW*. In diesem Sinne zuvor bereits EuG v. 13.09.2013, T-380/08, noch nicht in amtl. Slg., Rn. 31 – *Niederlande*: „[Es] ist festzustellen, dass die Verordnung Nr. 1049/2001 und die Verordnung Nr. 1/2003 keine Bestimmung enthalten, die ausdrücklich den Vorrang der einen vor der anderen vorsieht.“

1421 So aber *Soltész/Marquier/Wendenburg*, EWS 2006, 102 (104 f.).

1422 Vgl. *Bartelt*, CMLR 2006, 191 (206); *Soltész/Marquier/Wendenburg*, EWS 2006, 102 (104 f.).

1423 Nach Art. 4 Abs. 2 Spiegelstr. 3 VO 1049/2001 „verweigern [die Organe] den Zugang zu einem Dokument, durch dessen Verbreitung Folgendes beeinträchtigt würde:
[...]
– der Schutz des Zwecks von Inspektions-, Untersuchungs- und Audittätigkeiten, es sei denn, es besteht ein überwiegendes öffentliches Interesse an der Verbreitung.“

die kartellrechtlichen Vorschriften über die Akteneinsicht nur bis zum Abschluss des Kartellverfahrens Anwendung finden.[1424] Zwar enthält Art. 4 VO 1049/2001 nur Ausnahmevorschriften vom Grundsatz des größtmöglichen Zugangs zu Dokumenten der Unionsorgane (vgl. Art. 1 lit. a VO 1049/2001 sowie Erwägungsgrund Nr. 4 zur VO 1049/2001) und ist deshalb eng auszulegen.[1425] Allerdings haben die Unionsorgane regelmäßig ein legitimes Interesse daran, dass die Ermittlungstätigkeiten und Entscheidungsprozesse in laufenden Verfahren nicht dadurch beeinträchtigt werden, dass vertrauliche Informationen nach außen gelangen.[1426] In der Rechtssache *Technische Glaswerke Ilmenau* ist der EuGH deshalb hinsichtlich eines laufenden Beihilfeverfahrens von der allgemeinen (aber widerleglichen) Vermutung ausgegangen, „dass durch die Verbreitung der Dokumente der Verwaltungsakte grundsätzlich der Schutz des Zwecks von Untersuchungstätigkeiten beeinträchtigt würde."[1427] Überträgt man diese Rechtsprechung auf das Kartellverfahren, was aufgrund der insofern vergleichbaren Situation ohne Weiteres möglich ist,[1428] so ist

---

Art. 4 Abs. 3 VO 1049/2001 lautet: „Der Zugang zu einem Dokument, das von einem Organ für den internen Gebrauch erstellt wurde oder bei ihm eingegangen ist und das sich auf eine Angelegenheit bezieht, in der das Organ noch keinen Beschluss gefasst hat, wird verweigert, wenn eine Verbreitung des Dokuments den Entscheidungsprozess des Organs ernstlich beeinträchtigen würde, es sei denn, es besteht ein überwiegendes öffentliches Interesse an der Verbreitung."

1424 *Bueren*, Verständigungen, S. 932; *ders.*, ZWeR 2011, 74 (79); *Kleine*, ZWeR 2007, 303 (307).

1425 EuGH v. 18.12.2007, C-64/05 P, Slg. 2007, I-11389 (11447, Rn. 66) – *Schweden*; ders. v. 01.07.2008, C-39, -52/05 P, Slg. 2008, I-4723 (4765, Rn. 36) – *Schweden und Turco*; ders. v. 21.09.2010, C-514, -528, -532/07 P, Slg. 2010, I-8533 (8582, Rn. 73) – *Schweden u. a.*; ders. v. 21.07.2011, C-506/08 P, Slg. 2011, I-6237, Rn. 75 – *Schweden/MyTravel;* EuG v. 13.04.2005, T-2/03, Slg. 2005, II-1121 (1155 f., Rn. 106) – *Verein für Konsumenteninformation*; dass. v. 15.12.2011, T-437/08, Slg. 2011, II-8251, Rn. 36 – *CDC Hydrogene Peroxide*; dass. v. 22.05.2012, T-344/08, noch nicht in amtl. Slg., Rn. 41/54/126 – *EnBW*; dass. v. 25.10.2013, T-561/12, noch nicht in amtl. Slg., Rn. 22 – *Beninca*; *Bueren*, Verständigungen, S. 934; *ders.*, ZWeR 2011, 74 (80); *Carstenholz*, Informationszugangsfreiheit, S. 155; *Jarass*, Grundrechtecharta, Art. 42 Rn. 13; *Lampert/Weidenbach*, WRP 2007, 152 (154); *Magiera*, in: Meyer, Grundrechtecharta, Art. 42 Rn. 11; *Riemann*, Die Transparenz der EU, S. 162 f.; *Schöbener*, in: Tettinger/Stern, Grundrechtecharta, Art. 42 Rn. 17.

1426 So auch *Schnichels*, EuZW 2002, 577.

1427 EuGH v. 29.06.2010, C-139/07 P, Slg. 2010, I-5885 (5943, Rn. 61) – *Technische Glaswerke Ilmenau.* In zwei jüngeren, fusionskontrollrechtlichen Entscheidungen hat der EuGH die vorgenannte Vermutung sogar auf die Zeit nach Abschluss des Verfahrens ausgedehnt. Vgl. EuGH v. 28.06.2012, C-477/10 P, noch nicht in amtl. Slg., Rn. 66 – *Agrofert Holding*; ders. v. 28.06.2012, C-404/10 P, noch nicht in amtl. Slg., Rn. 124 – *Éditions Odile Jacob.* So nun auch für das Kartellrecht das EuG v. 13.09.2013, T-380/08, noch nicht in amtl. Slg., Rn. 43 – *Niederlande.*

1428 *Bueren*, Verständigungen, S. 935 f.; *ders.*, ZWeR 2011, 74 (81); *Milde*, Schutz des Kronzeugen, S. 106; *Weitbrecht*, WuW 2010, 867.

während des laufenden Kartellverfahrens regelmäßig der Ausnahmetatbestand des Art. 4 Abs. 2 Spiegelstr. 3 VO 1049/2001 einschlägig.[1429] Gleiches dürfte gemäß Art. 4 Abs. 3 Unterabs. 1 VO 1049/2001 hinsichtlich der Beeinträchtigung des Entscheidungsprozesses der Kommission gelten. Der dort vorgesehenen Differenzierung danach, ob das Verfahren noch andauert (Unterabs. 1) oder bereits abgeschlossen ist (Unterabs. 2), ist zu entnehmen, dass der Schutz von Dokumenten während des laufenden Verfahrens vom Gesetzgeber als wichtiger eingeschätzt wurde als der nach Abschluss des Verfahrens.[1430] Daraus folgt, dass der interne Entscheidungsprozess der Kommission grundsätzlich beeinträchtigt wäre, wenn bereits während des laufenden Verfahrens Unterlagen desselben veröffentlicht würden.[1431] Die Gefahr einer Umgehung der kartellrechtlichen Vorschriften über die Akteneinsicht durch die VO 1049/2001 besteht insofern nur bedingt.

Ferner wird gegen die Möglichkeit der Einsichtnahme in die Kartellverfahrensakten nach der VO 1049/2001 angeführt, dass diese der Kontrolle des öffentlichen Sektors, nicht jedoch der Durchsetzung privater Interessen diene und daher für die Durchsetzung von Schadenersatzklagen „zweckentfremdet" werde.[1432] Zuzugestehen ist diesem Argument, dass die VO 1049/2001 – wie erwähnt – in der Tat zunächst einmal den Zweck verfolgt, die Tätigkeit der Unionsorgane transparenter zu gestalten. Das schließt jedoch nicht aus, dass sie nicht auch der Verfolgung privater Belange dienen kann.[1433] Gegenteiliges ergibt sich weder aus der Anspruchsgrundlage des Art. 2 Abs. 1 VO 1049/2001 noch aus der Ausnahmevorschrift des Art. 4 VO 1049/2001. Ferner gilt es zu berücksichtigen, dass die Erhebung von privaten Schadensersatzklagen dabei helfen soll, die Durchsetzungskraft der Wettbewerbsregeln zu verbessern. Die Gewährung von Akteneinsicht zur Vorbereitung von privaten Schadensersatzklagen dient damit sehr wohl einem öffentlichen Interesse[1434] und ist folglich auch mit dem Zweck der VO 1049/2001 vereinbar.[1435] Insofern kann von einer Zweckentfremdung nicht die Rede sein.

1429 So auch *Bueren*, Verständigungen, S. 936; *ders.*, ZWeR 2011, 74 (81); *Milde*, Schutz des Kronzeugen, S. 141 f.; *Schnichels*, EuZW 2002, 577; *Wesselburg*, Drittschutz, S. 60 f. Einschränkend dagegen *Bach*, in: Ehlermann/Marquis, Antitrust Settlements, 251 (258), der die Möglichkeit der Beeinträchtigung von Ermittlungsmaßnahmen der Kommission nur bis zum Versand der Mitteilung der Beschwerdepunkte annimmt.

1430 EuGH v. 21.07.2011, C-506/08 P, Slg. 2011, I-6237, Rn. 80 – *Schweden/MyTravel.*

1431 So auch *Bueren*, Verständigungen, S. 936 f.; *ders.*, ZWeR 2011, 74 (82); *Kellerbauer*, WuW 2011, 688 (695).

1432 *Soltész/Marquier/Wendenburg*, EWS 2006, 102 (105 f.).

1433 Anders aber *Kleine*, ZWeR 2007, 303 (312).

1434 Vgl. dazu noch ausführlich E., I., 2., c), cc), (1).

1435 *Kleine*, ZWeR 2007, 303 (312); *Tietje/Nowrot*, EWS 2006, 486 (487). Zustimmend *Ellenrieder*, Der Nachweis eines Kartellrechtsverstoßes, S. 137 (Fn. 904). Vgl. auch *Fornasier/Sanner*, WuW 2011, 1067 (1074).

Nach alledem ist die VO 1049/2001 neben den kartellrechtlichen Vorschriften anwendbar – obgleich eine Akteneinsicht während des laufenden Verfahrens regelmäßig nach Art. 4 VO 1049/2001 ausscheidet – und können sich auch private Schadensersatzkläger auf jene berufen.[1436]

3. *Aktenübermittlung an mitgliedstaatliche Gerichte gemäß Art. 15 Abs. 1 VO 1/2003*

Eine weitere Möglichkeit, Zugang zu den im Besitz der Kommission befindlichen Dokumenten zu erhalten, bietet Art. 15 Abs. 1 VO 1/2003. Hiernach „können die Gerichte der Mitgliedstaaten die Kommission um die Übermittlung von Informationen, die sich in ihrem Besitz befinden, [...] bitten."[1437]

Allerdings gewährt Art. 15 Abs. 1 VO 1/2003 keinen Anspruch auf eine „direkte" Einsicht in die Verfahrensakten. Die in ihnen enthaltenen Informationen können lediglich dadurch in einen bereits laufenden Zivilprozess einfließen, dass ein nationales Gericht die Kommission um ihre Übermittlung bittet. Wegen der im Zivilprozess geltenden Dispositionsmaxime muss sich der Kläger in seinem Vorbringen zuvor auf die in den Akten befindlichen Informationen berufen (vgl. § 273 Abs. 2 Nr. 2 ZPO) oder einen entsprechenden Beweisantrag (vgl. § 432 Abs. 1 ZPO) gestellt haben.[1438] Es besteht daher – anders als nach Art. 2 Abs. 1 VO 1049/2001 – nicht die Möglichkeit, die Verfahrensakten vor Klageerhebung auf Informationen, die für die Erhebung einer Schadensersatzklage relevant sein könnten, zu „scannen", um das Prozessrisiko entsprechend zu minimieren.[1439] Auch ein Anspruch des Klägers auf Einsicht in die so „beigezogenen" Akten nach § 299 Abs. 1 ZPO besteht nicht, da diese nicht Bestandteil der Prozessakte sind. Vielmehr darf das Gericht dem Kläger die Akten nicht zur Verfügung stellen, wenn die Kommission dem widersprochen hat. Dann aber können die in ihnen befindlichen Informationen auch keine Berücksichtigung in der gerichtlichen Entscheidung finden.[1440]

Zudem enthält die Mitteilung über das Vergleichsverfahren – wie bereits erwähnt – eine dahingehende Erklärung, dass die Kommission die Vergleichsausführungen

---

1436 Zur Situation nach Beendigung des Kartellverfahrens, d. h. dem auch im Rahmen von follow on-Klagen maßgeblichen Zeitpunkt für die Einsicht in die Vergleichserklärungen, vgl. ausführlich noch E., I., 2., c).

1437 Eine mit Art. 15 Abs. 1 VO 1/2003 übereinstimmende, rein deklaratorische Regelung enthält § 90a Abs. 3 Satz 1 GWB.

1438 *Nothdurft*, in: Münchener Kommentar, EU-Wettbewerbsrecht, Art. 15 VO 1/2003 Rn. 20, sowie – bzgl. entsprechender Ersuchen an das Bundeskartellamt – *Jüntgen*, WuW 2007, 128 (131); *Lampert/Weidenbach*, WRP 2007, 152 (160).

1439 *Fornasier/Sanner*, WuW 2011, 1067 (1076). Daneben besteht die Möglichkeit der Einsicht in die Ermittlungsakten (nur) für das Zivilgericht nach Maßgabe der §§ 474, 477 StPO; vgl. noch II., 2.

1440 Vgl. dazu BGH, NJW 1952, 305 (306); *Prütting*, in: Münchener Kommentar, ZPO, § 299 Rn. 6.

ohne Einwilligung der betreffenden Partei nicht an ein nationales Gericht weiterleiten werde.[1441] Die Parteien dürften indes kaum bereit sein, in die Übermittlung ihrer Vergleichsausführungen einzuwilligen. Und auch die nationalen Gerichten dürften sich aufgrund der – ursprünglich aus Art. 10 EG (jetzt: Art. 4 Abs. 3 EUV) hergeleiteten – Verpflichtung zur loyalen Zusammenarbeit mit der Kommission[1442] an die Beschränkungen, die sich diese für die Informationsübermittlung auferlegt hat, halten und daher regelmäßig nicht um die Übermittlung von Vergleichsausführungen bitten.

Demnach ist Art. 15 Abs. 1 VO 1/2003 für private Schadensersatzkläger wenig attraktiv und hat die Norm insofern eine entsprechend geringe Aufmerksamkeit erfahren.

II. Deutsches Recht

1. § 46 Abs. 1 OWiG i. V. m. § 406e Abs. 1 StPO

Mit § 406e StPO, der über § 46 Abs. 1 OWiG auch im (Kartell-)Bußgeldverfahren Anwendung findet (vgl. § 46 Abs. 3 Satz 4 Hs. 2 OWiG), existiert im deutschen Recht eine spezielle[1443] Anspruchsgrundlage für die Einsicht des Geschädigten[1444]

1441 Die Mitteilung über das Vergleichsverfahren, Rn. 39, verweist dabei auf eine entsprechende Erklärung in der Bekanntmachung der Kommission über die Zusammenarbeit zwischen der Kommission und den Gerichten der EU-Mitgliedstaaten bei der Anwendung der Artikel 81 und 82 des EG-Vertrags, ABl. EU 2004 Nr. C 101/54, Rn. 26, betreffend den Schutz von im Rahmen der Kronzeugenregelung abgegebenen Unternehmenserklärungen.

1442 Vgl. *Nothdurft*, in: Münchener Kommentar, EU-Wettbewerbsrecht, Art. 15 VO 1/2003 Rn. 10 f.; Ritter, in: Immenga/Mestmäcker, EU-Wettbewerbsrecht, Art. 15 VO 1/2003 Rn. 1; *Zuber*, in: Loewenheim/Meessen/Riesenkampff, Kartellrecht, Art. 15 VO 1/2003 Rn. 1.

1443 § 406e Abs. 1 StPO ist lex specialis gegenüber dem allgemeinen Anspruch auf Zugang zu amtlichen Informationen der Bundesbehörden aus § 1 Abs. 1 IFG und geht diesem gemäß § 1 Abs. 3 IFG vor. So auch *Ellenrieder*, Der Nachweis eines Kartellrechtsverstoßes, S. 139 f.; *Fornasier/Sanner*, WuW 2011, 1067 (1072); *Jüntgen*, WuW 2007, 128 (131); *Meeßen*, Der Anspruch auf Schadensersatz, S. 147; *Soltész/Marquier/Wendenburg*, EWS 2006, 102 (107). Anders aber *Lampert/Weidenbach*, WRP 2007, 152 (158), die der Ansicht sind, das IFG gelte nur für Verwaltungssachen. Dies lässt sich indes weder dem Entwurf eines Gesetzes zur Regelung des Zugangs zu Informationen des Bundes (Informationsfreiheitsgesetz – IFG), BT-Drucks. 15/4493 v. 14.12.2004, so aber *Lampert/Weidenbach*, WRP 2007, 152 (158, Fn. 43), noch dessen Wortlaut entnehmen.

1444 Als originär strafrechtliche Norm spricht § 406e Abs. 1 StPO vom „Verletzten". Begehrt statt des Verletzten ein sonstiger Dritter Einsicht in die Ermittlungsakten, ist nicht § 406e StPO, sondern § 475 StPO einschlägig. Relevanz hat dies insbesondere für Unternehmen, die – wie die *Cartel Damage Claims S.A.* – aus abgetretenem Recht gegen die Kartellschädiger vorgehen. Der Zessionar ist dann

in die Verfahrensakten des Bundeskartellamtes.[1445] Die Akteneinsicht wird für den Geschädigten von dessen Verteidiger ausgeübt.

Die Akteneinsicht gemäß § 406e Abs. 1 StPO erfordert zwar – anders als jene nach der VO 1049/2001 – die Darlegung eines berechtigten Interesses.[1446] Ein solches ist aber regelmäßig vorhanden, wenn die Akteneinsicht der Prüfung des Bestehens sowie des Umfangs eines Schadensersatzanspruchs gegen den kartellrechtswidrig handelnden Schädiger dient.[1447] Das BVerfG verweist insofern darauf, dass „[n]ach dem Willen des Gesetzgebers [...] die Verfolgung zivilrechtlicher Schadensersatzansprüche ein schutzwürdiges Interesse des Verletzten einer Straftat [ist]."[1448] Vielfach wird darauf hingewiesen, dass das Akteneinsichtsrecht nicht zu einer „Ausforschung" oder einer nach dem Zivilrecht unzulässigen Beweisgewinnung führen dürfe.[1449] Solchen Bedenken ist jedoch zu entgegnen, dass die Gesetzgebungsmaterialien des „Opferschutzgesetzes", in Zuge dessen § 406e StPO eingeführt worden ist, darauf hindeuten, dass sich das Akteneinsichtsrecht des Verletzten gerade nicht an den zivilrechtlichen Vorschriften orientieren, sondern die Stellung des Verletzten im Hinblick auf die Durchsetzung seiner zivilrechtlichen Ansprüche gegen den Schädiger vielmehr verbessert werden sollte.[1450] Dies trifft insbesondere auch auf das

---

nicht als Verletzter anzusehen, so dass nur ein Akteneinsichtsrecht nach Maßgabe des § 475 StPO in Betracht kommt. Vgl. *Vollmer*, ZWeR 2012, 442 (447) sowie – ausführlich auch zu den Voraussetzungen und Grenzen des Auskunftsrechts nach § 475 StPO – *Milde*, Schutz des Kronzeugen, S. 193/235 ff.

1445 Weitere Akteneinsichtsrechte enthalten §§ 147 Abs. 1 StPO, 49 Abs. 1 OWiG, 29 Abs. 1 VwVfG, und 72 Abs. 2 GWB. Diese können privaten Schadensersatzklägern jedoch keinen Zugang zu Informationen bieten, weil sie nur für Verfahrensbeteiligte (§§ 147 Abs. 1 StPO, 49 Abs. 1 OWiG, 29 Abs. 1 VwVfG) bzw. in Verwaltungsverfahren (§ 29 Abs. 1 VwVfG) bzw. in (Rechts-)Beschwerdeverfahren in Verwaltungssachen (§ 72 Abs. 2 GWB) gelten.

1446 Einer darüber hinaus gehenden Glaubhaftmachung der (schlüssig) vorgetragenen Tatsachen bedarf es indes nicht. Vgl. *Milde*, Schutz des Kronzeugen, S. 204; *Zabeck*, in: Karlsruher Kommentar, StPO, § 406e Rn. 4.

1447 Speziell für die Einsicht in die Akten des Bundeskartellamtes OLG Düsseldorf, WRP 2012, 1596 (1599); AG Bonn v. 24.09.2008, WuW/E DE-R, 2503 (2504); dass. v. 04.08.2009, 51 Gs 53/09, Rn. 9 (zit. nach *juris*); dass., NJW 2012, 947; *Lampert/Weidenbach*, WRP 2007, 152 (158); *Vollmer*, ZWeR 2012, 442 (448). Anders aber *Mäger/Zimmer/Milde*, WuW 2009, 885 (892).

1448 BVerfG, NJW 2007, 1052 (1053). Vgl. auch BVerfG, ZIP 2009, 1270 (1271 f.); OLG Koblenz, NStZ 1990, 604 f.; LG Bielefeld, wistra 1995, 118 (119); LG Mühlhausen, wistra 2006, 76 (77); *Kiethe*, wistra 2006, 50 (52).

1449 Vgl. dazu *Hilger*, in: Löwe-Rosenberg, StPO, § 406e Rn. 7; *Lauterwein*, Akteneinsicht, S. 66 ff.; *Kiethe*, wistra 2006, 50 (52); *Mäger/Zimmer/Milde*, WuW 2008, 885 (890 ff.); *Meyer-Goßner*, StPO, § 406e Rn. 3; *Milde*, Schutz des Kronzeugen, S. 194 ff.; *Riedel/Wallau*, NStZ 2003, 393 (395 f.); *Velten*, in: SK-StPO, § 406e StPO Rn. 12 f.

1450 Vgl. RegE eines Ersten Gesetzes zur Verbesserung der Stellung des Verletzten im Strafverfahren, BT-Drucks. 10/5305 v. 10.04.1986, S. 8/17. Vgl. Beschlußempfehlung

Kartellrecht zu, wo in zunehmendem Maße nicht nur das Bundeskartellamt, sondern auch der Gesetzgeber die privatrechtliche Rechtsdurchsetzung vereinfachen und fördern möchte,[1451] so dass das zivilprozessuale Beweisrecht nicht etwa lex specialis zu § 406e StPO ist[1452]. Jedenfalls soweit die Akteneinsicht der bloßen Absicherung bereits vorhandener – und nicht der Gewinnung neuer Informationen – dient, ist eine Ausforschung ausgeschlossen und hat der Schadensersatzkläger nach allgemeiner Meinung ein berechtigtes Interesse im Sinne des § 406e Abs. 1 StPO.

Auch besteht das Akteneinsichtsrecht nicht erst nach rechtskräftigem Abschluss des Kartellverfahrens.[1453] Dies ergibt sich bereits aus dem Wortlaut des § 406e Abs. 4 Satz 1 StPO, nach dem für die Entscheidung über die Gewährung der Akteneinsicht im vorbereitenden Verfahren sowie nach rechtskräftigem Abschluss des Verfahrens die Staatsanwaltschaft, im Übrigen – d. h. nach Anklageerhebung bis zum rechtskräftigen Abschluss des Verfahrens – der Vorsitzende des mit der Sache befassten Gerichts zuständig ist.[1454] Zudem besteht im deutschen Recht die Gefahr einer Umgehung etwaiger spezieller Vorschriften nicht. Vielmehr stehen

---

und Bericht des Rechtsausschusses (6. Ausschuß) zu dem Entwurf eines Gesetzes zur Stärkung der Rechte des Verletzten im Strafprozeß (Opferschutz) – Drucksache 10/3636 – und zu dem Entwurf eines Gesetzes zur Verbesserung der Stellung des Verletzten im Strafverfahren – Drucksache 10/5305 –, BT-Drucks. 10/6124 v. 03.10.1986, S. 1 f. Vgl. dazu ausführlich *Lauterwein*, Akteneinsicht, S. 67 ff., der in den Gesetzgebungsmaterialien aber keinen Zusammenhang zwischen der Verfolgung zivilrechtlicher Ansprüche und dem Akteneinsichtsrecht aus § 406e StPO erkennen will. Anders auch *Milde*, Schutz des Kronzeugen, S. 201, die meint, der Gesetzgeber habe speziell mit der Einführung des § 406e StPO lediglich eine Verbesserung der Stellung des Verletzten im Strafverfahren, nicht jedoch im Hinblick auf die Durchsetzbarkeit von Schadensersatzansprüchen bezweckt.

1451 Vgl. AG Bonn v. 24.09.2008, WuW/E DE-R, 2503 (2505); *Lampert/Weidenbach*, WRP 2007, 152 (158 f.); *Vollmer*, ZWeR 2012, 442 (448 ff.). Anders aber *Mäger/Zimmer/Milde*, WuW 2009, 885 (888 ff.).

1452 So aber *Mäger/Zimmer/Milde*, WuW 2009, 885 (891). Vgl. auch *Milde*, Schutz des Kronzeugen, S. 201 f./203, die den Zugang zu den kartellbehördlichen Akten im Hinblick auf die eingeschränkten Möglichkeiten des deutschen Zivilprozessrechts zur Informationsgewinnung und deren etwaige Umgehung durch § 406e StPO einschränkend auslegen möchte.

1453 Anders aber *Jüntgen*, Die prozessuale Durchsetzung, S. 65, der während des laufenden Kartellverfahrens „meist" die Versagungsgründe der Gefährdung des Untersuchungszwecks oder der Verzögerung des Verfahrens als gegeben ansieht. Vgl. für das Strafverfahren auch *Velten*, in: SK-StPO, § 406e StPO Rn. 13, der die Akteneinsicht von der rechtskräftigen Feststellung der Täterschaft abhängig macht.

1454 Auch wenn ein Kartellverfahren bereits in Teilen durch den Erlass von Bußgeldbescheiden gegen die Nebenbetroffenen rechtskräftig abgeschlossen ist, liegt die Entscheidungszuständigkeit über die Einsicht in die Aktenbestandteile des noch anhängigen Verfahrensteils beim Gericht (und nicht etwa bei der Staatsanwaltschaft); vgl. OLG Düsseldorf, WRP 2012, 1596 (1597 f.).

das Akteneinsichtsrecht der Betroffenen gemäß § 147 Abs. 1 StPO und das der Geschädigten gemäß § 406e Abs. 1 StPO nebeneinander. Im Kartellrecht streitet für die Möglichkeit der Akteneinsichtnahme noch im laufenden Verfahren zudem § 33 Abs. 4 GWB, dessen gesetzgeberische Intention, die Erhebung von Schadensersatzklagen zu vereinfachen, in ihr Gegenteil verkehrt würde, wenn ein Akteneinsichtsrecht erst nach Eintritt der Rechtskraft des Bußgeldbescheides bestünde.[1455] Folgerichtig haben sowohl das OLG Düsseldorf als auch das AG Bonn entschieden, dass das Interesse der kartellrechtlich Zuwiderhandelnden, nicht mit Schadensersatzbegehren konfrontiert zu werden, bis ein gegen sie gerichteter Bußgeldbescheid rechtskräftig geworden ist, nicht schutzwürdig sei.[1456]

In einer neueren Entscheidung hat das OLG Düsseldorf eine Einsicht des Geschädigten speziell in die Settlementerklärungen bzw. Geständnisse mit dem Argument verneint, eine solche sei nicht notwendig.[1457] Damit dürfte es (bereits) das Vorhandensein eines berechtigten Interesses an der Akteneinsicht im Sinne des § 406e Abs. 1 StPO verneint haben. *Vollmer* stimmt dem OLG Düsseldorf – jedenfalls im Ergebnis – zu. Sofern er ausführt, dass die Erklärung, die Geldbuße bis zu einer bestimmten Höhe zu akzeptieren, sowie die Erklärung zu den wirtschaftlichen Verhältnissen der Partei keine für die Berechnung des Schadens relevanten Angaben enthalte und daher für potenzielle Schadensersatzkläger nicht relevant sei,[1458] ist ihm auch zuzustimmen. Dagegen können die Angaben, die die Betroffenen im Rahmen der Vergleichsgespräche zum Tatvorwurf machen,[1459] aber durchaus von Relevanz sein; dies insbesondere vor dem Hintergrund, dass in Vergleichsfällen regelmäßig ein Informationsdefizit besteht und den Settlementerklärungen bzw. Geständnissen daher eine besondere Bedeutung zukommt.[1460] Ferner gilt es zu berücksichtigen, dass über die Geschädigteneigenschaft hinaus keine weiteren Anforderungen an das Vorliegen eines berechtigten Interesses im Sinne des § 406e Abs. 1 StPO zu stellen sind. Anhaltspunkte für ein gegenteiliges Verständnis sind weder den Gesetzgebungsmaterialien noch der (bisherigen) Rechtsprechung zu entnehmen. Sofern *Vollmer* ein berechtigtes Interesse im Hinblick auf die Settlementerklärungen bzw. Geständnisse mit dem Argument verneint, die Geschädigten könnten ebenso gut Einsicht in den Bußgeldbescheid nehmen und insofern von der Tatbestandswirkung des § 33 Abs. 4 GWB profitieren,[1461] verkennt er zum einen, dass eine solche Entscheidung dem die Einsicht begehrenden Geschädigten selbst überlassen bleiben sollte und zum

---

1455 AG Bonn v. 24.09.2008, WuW/E DE-R, 2503 (2505); *Vollmer*, ZWeR 2012, 442 (450).

1456 OLG Düsseldorf OLG Düsseldorf, WRP 2012, 1596 (1600); AG Bonn v. 24.09.2008, WuW/E DE-R, 2503 (2504 f.); zustimmend *Vollmer*, ZWeR 2012, 442 (450).

1457 OLG Düsseldorf v. 22.08.2012, V-4 Kart 5 + 6/11 (OWi), S. 14 f. (insoweit nicht veröffentlicht); vgl. *Vollmer*, ZWeR 2012, 442 (469).

1458 *Vollmer*, ZWeR 2012, 442 (469).

1459 Vgl. Teil 3, B., VII., 2., b). *Vollmer*, ZWeR 2012, 442 (469), rechnet diese Angaben sogar ausdrücklich zu den Settlementerklärungen.

1460 Vgl. dazu bereits B., I.

1461 *Vollmer*, ZWeR 2012, 442 (469).

anderen, dass die im Vergleichsverfahren erlassenen Kurzbescheide kaum relevante Informationen enthalten[1462]. Ein berechtigtes Interesse an der Akteneinsicht ist deshalb nur dann zu verneinen, wenn die betreffenden Dokumente von vornherein als ungeeignet zur Substantiierung einer potenziellen Schadensersatzklage anzusehen sind, etwa weil sie in keinem Zusammenhang mit dem Kartellverstoß stehen, was hinsichtlich der Settlementerklärungen bzw. Geständnisse nicht der Fall ist.[1463] Angesichts dessen kann die Auffassung des OLG Düsseldorf sowie die *Vollmers* nicht überzeugen und ist ein berechtigtes Interesse im Sinne des § 406e Abs. 1 StPO an der Einsicht in die Settlementerklärungen bzw. Geständnisse zu bejahen.[1464]

2. §§ 273 Abs. 2 Nr. 2, 432 Abs. 1 ZPO und §§ 474, 477 StPO

Neben der Akteneinsicht nach § 46 Abs. 1 OWiG i. V. m. § 406e Abs. 1 StPO können auch die in den Verfahrensakten des Bundeskartellamtes befindlichen Informationen im Zivilprozess durch das Gericht „beigezogen" werden.[1465] Zum einen kann das Gericht das Bundeskartellamt gemäß § 273 Abs. 2 Nr. 2 ZPO zur Vorbereitung eines Verhandlungstermins „um Mitteilung von Urkunden oder um Erteilung amtlicher Auskünfte ersuchen", sofern sich der Kläger in seinem Vorbringen auf die in ihnen enthaltenen Informationen berufen hat. Zum anderen kann der Kläger Beweis antreten, indem er beantragt, das Bundeskartellamt „um die Mitteilung der Urkunde zu ersuchen", vgl. § 432 Abs. 1 ZPO.[1466] Schließlich kommt eine Akteneinsicht (nur) durch das Gericht in einem bereits anhängigen Zivilverfahren nach Maßgabe der §§ 474,

1462 Vgl. zu Letzterem bereits Teil 3, B., VII., 3., sowie B., I.

1463 Ähnlich auch hinsichtlich der Einsicht in die Bonusanträge *Dohrn/Liebich*, WRP 2012, 1601 (1602).

1464 Deren – vermeintlicher – Minderwert zur Substantiierung von Schadensersatzklagen könnte dann allenfalls im Rahmen der Abwägung des Einsichts- mit dem Geheimhaltungsinteresse im Rahmen des § 406e Abs. 2 StPO berücksichtigungsfähig sein. So anscheinend auch das Vorgehen des OLG Düsseldorf, WRP 2012, 1596 (1601), in Bezug auf Einsichtsbegehren in die Bonusanträge.

1465 Vgl. dazu *Jüntgen*, WuW 2007, 128 (131); *Lampert/Weidenbach*, WRP 2007, 152 (160).

1466 Ein Beweisantrag gemäß § 432 Abs. 1 ZPO könnte vorliegend aber nach dessen Abs. 2 ausgeschlossen sein. Dies wäre dann der Fall, wenn das Bundeskartellamt aufgrund gesetzlicher Vorschriften verpflichtet wäre, der Partei das betreffende Dokument zu verschaffen. Dass eine Akteneinsicht nach § 406e StPO der einfachere und raschere Weg zur Urkundenbeschaffung ist – so der hinter § 432 Abs. 2 ZPO stehende Gedanke –, erscheint indes zweifelhaft. Vgl. auch *Ahrens*, in: Wieczorek/Schütze, ZPO, § 432 Rn. 9; *Schreiber*, in: Münchener Kommentar, ZPO, § 432 Rn. 5. Eine Vorlageanordnung nach § 142 ZPO kommt nicht in Betracht, da das Gericht die Behörde lediglich um Amtshilfe (Art. 35 GG und § 168 GVG) ersuchen kann, ihr gegenüber jedoch keine Anordnungen treffen darf. Vgl. *Ahrens*, in: Wieczorek/Schütze, ZPO, § 432 Rn. 3. Anders aber – jedoch ohne nähere Begründung – *Rosenberg/Schwab/Gottwald*, ZPO, § 119 Rn. 41.

477 StPO in Betracht, wenn dies für die Zwecke der Rechtspflege erforderlich ist, vgl. § 474 Abs. 1 StPO. Im Übrigen ist die Akteneinsicht nach diesen Vorschriften – einschließlich ihrer Ausnahmen – weitgehend parallel zu jener des § 406e StPO ausgestaltet und gilt gemäß § 49b OWiG grundsätzlich auch in Kartellbußgeldverfahren.[1467] Angesichts der oben zu Art. 15 VO 1/2003 angeführten Argumente, die hier im Wesentlichen entsprechend gelten,[1468] dürfte die Akteneinsicht nach § 46 Abs. 1 OWiG i. V. m. § 406e Abs. 1 StPO für private Schadensersatzkläger aber regelmäßig deutlich attraktiver sein als eine bloße Beiziehung der in den Verfahrensakten des Bundeskartellamtes befindlichen Informationen durch das Zivilgericht nach §§ 273, 432 ZPO sowie einer Akteneinsicht desselben gemäß §§ 474, 477 StPO.

III. Ergebnis

Ein Recht auf direkte Einsicht in die Verfahrensakten von Kommission und Bundeskartellamt zur Vorbereitung einer Schadensersatzklage gewähren lediglich Art. 2 Abs. 1 VO 1049/2001 sowie § 46 Abs. 1 OWiG i. V. m. § 406e Abs. 1 StPO. Demgegenüber stellt die Möglichkeit der Beiziehung von Verfahrensakten der Wettbewerbsbehörden in einen laufenden Zivilprozess eine deutlich weniger attraktive Alternative dar. Der Anspruch auf Einsicht in die Vergleichserklärungen soll daher im Folgenden ausschließlich anhand von Art. 2 Abs. 1 VO 1049/2001 sowie § 46 Abs. 1 OWiG i. V. m. § 406e Abs. 1 StPO bzw. ihrer jeweiligen Ausnahmen untersucht werden.

1467 Jüngst hat eine Entscheidung des OLG Hamm (v. 26.11.2013, 1 VAs 116/13 - 120/13 und 122/13, abrufbar unter: http://www.justiz.nrw.de/nrwe/olgs/hamm/j2013/1_VAs_116_13_ 120_13_und_122_13_Beschluss_20131126.html) in einem Kartellschadensersatzprozess für einiges Aufsehen gesorgt, weil das OLG Hamm die Ausnahmen von der Akteneinsicht in § 477 Abs. 2 StPO deutlich enger auslegte, als es zuvor das OLG Düsseldorf sowie das AG Bonn zu § 406e Abs. 2 StPO getan hatten (vgl. noch E., II., S. 302 ff.), und dem ersuchenden LG Berlin Einsicht auch in die bei der Staatsanwaltschaft Düsseldorf befindlichen Bonusdokumente gewährte. Vorausgegangen waren dem Zivilprozess vor dem LG Berlin eine Bußgeldentscheidung der Kommission sowie ein strafrechtliches Ermittlungsverfahren mit dem Vorwurf der Submissionsabsprache. Das Strafverfahren ist später zwar eingestellt worden; in den Akten der Staatsanwaltschaft befanden sich aber u. a. die Bonusanträge der nunmehr beklagten Parteien, die diese ursprünglich beim Bundeskartellamt eingereicht haben. Da das Bundeskartellamt aufgrund der vorrangigen Zuständigkeit der Kommission in Fällen mit zwischenstaatlichem Bezug kein Verfahren einleiten konnte (vgl. Art. 11 Abs. 6 VO 1/2003), hat es die streitgegenständlichen Unterlagen der Staatsanwaltschaft übermittelt, die daraufhin gegen die natürlichen Personen Ermittlungsverfahren führte. Vgl. zum Ganzen *Heinichen*, NZKart 2014, 83 (85 ff.); *Yomere/Kresken*, WuW 2014, 481 ff.

1468 Ausschließlich freilich der nicht entsprechend anwendbaren Pflicht zur loyalen Zusammenarbeit zwischen den Unionsorganen.

E. Einsicht in die Vergleichserklärungen

Nach Darstellung der besonderen Interessenlage im Hinblick auf die Einsicht in die Vergleichserklärungen zur Vorbereitung einer privaten Schadensersatzklage und Identifizierung der maßgeblichen Vorschriften soll nun – erneut getrennt nach europäischem und deutschem Recht – untersucht werden, ob ein Recht auf Einsicht in die bei Kommission und Bundeskartellamt befindlichen Vergleichserklärungen besteht.

I. Einsicht in die Vergleichserklärungen der Kommission

Das Akteneinsichtsrecht aus Art. 2 Abs. 2 VO 1049/2001 umfasst grundsätzlich auch die Vergleichserklärungen, die die Parteien des Vergleichsverfahrens gegenüber der Kommission abgegeben haben, da die VO 1049/2001 auch für solche Dokumente eines Unionsorgans gilt, die „bei ihm eingegangen sind und sich in seinem Besitz befinden", vgl. Art. 2 Abs. 3 VO 1049/2001.[1469] Die Einsicht in die Vergleichserklärungen könnte allerdings zu versagen sein, wenn einer (oder mehrere) der in Art. 4 Abs. 1 bis 3 VO 1049/20001 – abschließend[1470] – aufgeführten Ausnahmetatbestände[1471] einschlägig ist.[1472]

1. Art. 4 Abs. 1 VO 1049/2001

Art. 4 Abs. 1 1049/2001 enthält absolute Verweigerungsgründe, bei denen eine Abwägung mit etwaig vorhandenen öffentlichen Interessen an der Akteneinsicht nicht erfolgt, bei deren Vorliegen die Akteneinsicht also zwingend zu versagen ist.[1473] Die

1469 Das betreffende Unionsorgan muss die Urheber im Fall eines Antrags lediglich gemäß Art. 4 Abs. 4 VO 1049/2001 konsultieren, „um zu beurteilen, ob eine der Ausnahmeregelungen der Absätze 1 oder 2 anwendbar ist, es sei denn, es ist klar, dass das Dokument verbreitet werden muss bzw. nicht verbreitet werden darf." Eine fremde Urheberschaft ist aber kein grundsätzlicher Ausnahmegrund (mehr). Vgl. dazu *Carstenholz*, Informationszugangsfreiheit, S. 176 ff.; *Riemann*, Die Transparenz der EU, S. 139 ff.

1470 Vgl. *Carstenholz*, Informationszugangsfreiheit, S. 153; *Riemann*, Die Transparenz der EU, S. 232.

1471 Darüber hinaus ist nach Art. 9 Abs. 1 VO 1049/2001 eine Versagung des Zugangs möglich, wenn es sich bei dem begehrten Dokument um ein sog. „sensibles Dokument" handelt, das den in Art. 4 Abs. 1 lit. a VO 1049/2001 genannten Bereichen (insbesondere öffentliche Sicherheit, Verteidigung, militärische Belange) zuzuordnen und als vertraulich eingestuft worden ist. Vgl. dazu *Riemann*, Die Transparenz der EU, S. 220 ff.

1472 Die nachfolgende Untersuchung der einzelnen Ausnahmetatbestände orientiert sich an der von Art. 4 VO 1049/2001 vorgegebenen Reihenfolge.

1473 *Frenz*, Europäische Grundrechte, Rn. 4659; *Kleine*, ZWeR 2007, 303 (309); *Magiera*, in: Meyer, Grundrechtecharta, Art. 42 Rn. 12; *Schöbener*, in: Tettinger/Stern, Grundrechtecharta, Art. 42 Rn. 17.

Vorschrift schützt bestimmte öffentliche Interessen (lit. a) sowie die Privatsphäre und die Integrität des Einzelnen (lit. b). Im Hinblick auf Einsichtsbegehren in die Vergleichserklärungen ist indes keine der dort genannten Ausnahmen in spezifischem Maße[1474] einschlägig, so dass hier nicht weiter auf sie einzugehen ist.[1475]

2. Art. 4 Abs. 2 VO 1049/2001

a) Allgemeines

Im Gegensatz zu Art. 4 Abs. 1 VO 1049/2001 enthält dessen Abs. 2 keine absoluten, sondern relative Verweigerungsgründe, bei deren Vorliegen die Akteneinsicht grundsätzlich zu versagen ist, sofern dem nicht ausnahmsweise ein überwiegendes öffentliches Interesse entgegensteht.[1476] Der Grundsatz des größtmöglichen Zugangs der Öffentlichkeit zu den Dokumenten der Union macht es erforderlich, dass Ausnahmen von der Ausnahme wiederum weit auszulegen sind.[1477] Danach verweigern die Organe den Zugang zu einem Dokument, durch dessen Verbreitung der Schutz der geschäftlichen Interessen einer natürlichen oder juristischen Person, einschließlich des geistigen Eigentums (Spiegelstr. 1), der Schutz von Gerichtsverfahren und der Rechtsberatung (Spiegelstr. 2) oder der Schutz des Zwecks von Inspektions-, Untersuchungs- und Audittätigkeiten (Spiegelstr. 3) beeinträchtigt würde, es sei denn, es besteht ein überwiegendes öffentliches Interesse an der Verbreitung. Während der Ausnahmetatbestand des Schutzes von Gerichtsverfahren und der

---

1474 Es kann natürlich nicht vollständig ausgeschlossen werden, dass sich in den Vergleichserklärungen im Einzelfall nicht doch Informationen finden, die unter eine (oder mehrere) der in Art. 4 Abs. 1 VO 1049/2001 genannten Ausnahmetatbestände fallen. Dies ist jedoch nicht sehr wahrscheinlich und keine spezifische Frage der Einsicht in die Vergleichserklärungen. *Bueren*, ZWeR 2011, 74 (89), etwa nennt den Fall, dass ein Kronzeuge in den Vergleichserklärungen bestimmte Inhalte seines Kronzeugenantrages wiederholt und damit Aufschluss über die Identität von natürlichen Personen, die Informanten in einem Kartellverfahren waren, gibt (vgl. Art. 4 Abs. 1 lit. b VO 1049/2001). Zur Beeinträchtigung des öffentlichen Interesses im Hinblick auf die Wirtschaftspolitik der Union im Sinne des Art. 4 Abs. 1 lit. a Spiegelstr. 4 VO 1049/2001 durch die Offenlegung von Kronzeugendokumenten vgl. aber *Milde*, Schutz des Kronzeugen, S. 119 ff.

1475 Vgl. zu diesen Ausnahmetatbeständen *Frenz*, Europäische Grundrechte, Rn. 4664 ff.; *Riemann*, Die Transparenz der EU, S. 166 ff.

1476 *Frenz*, Europäische Grundrechte, Rn. 4659 f.; *Kleine*, ZWeR 2007, 303 (309); *Magiera*, in: Meyer, Grundrechtecharta, Art. 42 Rn. 12; *Schöbener*, in: Tettinger/Stern, Grundrechtecharta, Art. 42 Rn. 17. Dagegen meint *Partsch*, NJW 2001, 3154 (3157), dass sich aus der „editorische[n] Anordnung" des Art. 4 Abs. 2 letzter Hs. VO 1049/2001 ergebe, dass die Abwägung mit einem etwaig vorhandenen öffentlichen Interesse auch im Rahmen des Abs. 1 zu erfolgen habe. Hiergegen spricht – neben dem Wortlaut der Vorschrift (vgl. *Kleine*, ZWeR 2007, 303 [309]) – jedoch, dass eine solche „editorische Anordnung" nicht zu erkennen ist.

1477 *Riemann*, Die Transparenz der EU, S. 163.

Rechtsberatung (Spiegelstr. 2) im Hinblick auf die Einsicht in die Vergleichserklärungen nicht von Belang ist,[1478] bedürfen die beiden übrigen Ausnahmetatbestände des Art. 4 Abs. 2 VO 1049/2001 einer näheren Untersuchung.

b) Art. 4 Abs. 2 Spiegelstr. 1 VO 1049/2001

Möglicherweise steht der Schutz geschäftlicher Interessen einer Einsicht in die Vergleichserklärungen entgegen. Art. 4 Abs. 2 Spiegelstr. 1 VO 1049/2001 soll juristische oder natürliche Personen vor einer Beeinträchtigung ihrer geschäftlichen Position, die durch den Dokumentenzugang entstehen könnte, schützen.[1479]

Der Begriff „geschäftliche Interessen" ist weiter als der früher sowie in weiteren Vorschriften des Unionsrechts verwendete Begriff des „Geschäfts- und Industriegeheimnisses"[1480] bzw. des „Geschäftsgeheimnisses" (vgl. Art. 16 VO 773/2004) oder des „Berufsgeheimnisses" (vgl. Art. 339 AEUV und Artt. 28 Abs. 2 VO 1/2003, 17 Abs. 2 VO 139/2004). Ob die abweichende Begrifflichkeit mehr als nur sprachlicher Natur ist und eine weitergehende Beschränkung des Zugangsrechts darstellt, darf aber bezweifelt werden.[1481] Vielmehr sind die Unionsgerichte bemüht, einen gewissen Gleichlauf zwischen der VO 1049/2001 sowie Art. 339 AEUV und Artt. 28 Abs. 2 VO 1/2003, 17 Abs. 2 VO 139/2004 herzustellen.[1482] Das EuG etwa hat entschieden, „dass Artikel 20 der Verordnung Nr. 17 [jetzt: Art. 28 VO 1/2003] außer der Offenlegung von Geschäftsgeheimnissen insbesondere die Veröffentlichung von Informationen verbietet, die unter die in Artikel 4 der Verordnung 1049/2001 vorgesehenen Ausnahmen vom Recht auf Zugang zu Dokumenten fallen [...]. Hingegen steht er der Veröffentlichung von Informationen nicht entgegen, auf

1478 Unter die Ausnahme „Schutz von Gerichtsverfahren" fallen nur solche Dokumente, die speziell für ein bestimmtes Gerichtsverfahren erstellt worden sind. Vgl. EuG v. 07.12.1999, T-92/98, Slg. 1999, II-3521 (3541 f., Rn. 40 ff.) – *Interporc*; dass. v. 06.07.2006, T-391/03, Slg. 2006, II-2023 (2059 f., Rn. 88 ff.) – *Franchet und Byk*; *Frenz*, Europäische Grundrechte, Rn. 4696; *Lampert/Weidenbach*, WRP 2007, 152 (155). Unter die Ausnahme „Schutz der Rechtsberatung" fallen solche Dokumente, die das Verhältnis eines Anwalts zu seinem Mandanten betreffen oder die der Juristische Dienst der Union für ein Organ erstellt hat. Vgl. EuG v. 23.11.2004, T-84/03, Slg. 2004, II-4061 (4087, Rn. 61 f.) – *Turco*; *Frenz*, Europäische Grundrechte, Rn. 4699.

1479 *Kleine*, ZWeR 2007, 303 (309); *Riemann*, Die Transparenz der EU, S. 187.

1480 Vgl. Verhaltenskodex 93/730/EG für den Zugang der Öffentlichkeit zu Rats- und Kommissionsdokumenten, ABl. EG 1993 Nr. L 340/41.

1481 So meint *Riemann*, Die Transparenz der EU, S. 188: „Die neue Regelung dürfte lediglich zutreffend klarstellen, dass die Ausnahme nicht dem Schutz von Geheimnissen als solchen dient, sondern letztlich den dahinter stehenden Interessen."

1482 Vgl. *Kellerbauer*, WuW 2011, 688 (697).

deren Kenntnis die Öffentlichkeit aufgrund des Rechts auf Zugang zu Dokumenten Anspruch hat."[1483]

Der Oberbegriff des Geschäftsgeheimnisses ist der des Berufsgeheimnisses; dieser umfasst – neben den Geschäftsgeheimnissen – „sonstige vertrauliche Informationen".[1484] Um als Geschäftsgeheimnis (bzw. als sonstige vertrauliche Information) zu gelten, müssen nach der Rechtsprechung des EuG folgende drei Voraussetzungen erfüllt sein: (1) darf die Informationen nur einer beschränkten Anzahl von Personen bekannt sein, (2) muss durch ihre Offenlegung dem Auskunftsgeber oder Dritten ein ernsthafter Nachteil entstehen und (3) müssen die Interessen, die durch die Informationen verletzt werden können, objektiv schützenswert sein.[1485] Da der Schutz von Geschäftsgeheimnissen den hauptsächlichen Anwendungsfall des Ausnahmetatbestandes „Schutz geschäftlicher Interessen" bildet,[1486] dürften die genannten Voraussetzungen im Rahmen des Art. 4 Abs. 2 Spiegelstr. 1 VO 1049/2001 ebenfalls zu beachten sein[1487].

Misst man die Vergleichserklärungen an diesen Voraussetzungen, so ist festzustellen, dass jene zwar nur einer beschränkten Anzahl von Personen bekannt sind und dass der betreffenden Partei im Fall ihrer Offenlegung zwecks Vorbereitung einer Schadensersatzklage ein ernsthafter Nachteil entstünde. Allerdings sind die in den Vergleichserklärungen enthaltenen Informationen nicht bereits deshalb objektiv schützenswert, weil sie einen begangenen Kartellverstoß betreffen und der Vorbereitung einer privaten Schadenersatzklage dienen.[1488] Vielmehr hat das EuG

1483 EuG v. 30.05.2006, T-198/03, Slg. 2006, II-1429 (1464, Rn. 75) – *Bank Austria Creditanstalt.* Mit ähnlichem Wortlaut dass. v. 12.10.2007, T-474/04, Slg. 2007, II-4225 (4254, Rn. 64) – *Pergan Hilfsstoffe.* Vgl. auch – in Bezug auf Art. 17 Abs. 2 VO 139/2004 – dass. v. 07.07.2010, T-111/07, abgekürzte Veröffentlichung, Slg. 2010, II-128, Rn. 69 ff. – *Agrofert Holding.* Allerdings hat das EuG in einer neueren Entscheidung festgestellt, dass sich der Begriff der geschäftlichen Interessen im Sinne der VO 1049/2001 von dem in der Mitteilung über die Akteneinsicht unterscheide und allein im Hinblick auf jene auszulegen sei; vgl. EuG v. 15.12.2011, T-437/08, Slg. 2011, II-8251, Rn. 42 – *CDC Hydrogene Peroxide.* Vgl. auch *Milde*, Schutz des Kronzeugen, S. 135.

1484 EuG v. 18.09.1996, T-353/94, Slg. 1996, II-921 (953 f., Rn. 86) – *Postbank*; dass. v. 30.05.2006, T-198/03, Slg. 2006, II-1429 (1449 f., Rn. 29 ff.) – *Bank Austria Creditanstalt*; dass. v. 12.10.2007, T-474/04, Slg. 2007, II-4225 (4254 f., Rn. 64 f.) – *Pergan Hilfsstoffe*; *Barthelmeß/Rudolf*, in: Loewenheim/Meessen/Riesenkampff, Kartellrecht, Art. 28 VO 1/2003 Rn. 20.

1485 EuG v. 30.05.2006, T-198/03, Slg. 2006, II-1429 (1462 f., Rn. 71 f.) – *Bank Austria Creditanstalt*; dass. v. 12.10.2007, T-474/04, Slg. 2007, II-4225 (4254 f., Rn. 65) – *Pergan Hilfsstoffe.*

1486 *Frenz*, Europäische Grundrechte, Rn. 4687; *Riemann*, Die Transparenz der EU, S. 188.

1487 So wohl auch *Lampert/Weidenbach*, WRP 2007, 152 (157).

1488 So aber *Kleine*, ZWeR 2007, 303 (309 f.), der meint, dass diese Ausnahme bei Auskunftsverlangen von Dokumenten aus Kartellverfahren regelmäßig einschlägig

entschieden, dass „das Interesse eines Unternehmens, dem die Kommission eine Geldbuße wegen Verstoßes gegen das Wettbewerbsrecht auferlegt hat, daran, dass die Einzelheiten der ihm zur Last gelegten Zuwiderhandlung nicht der Öffentlichkeit preisgegeben werden, keinen besonderen Schutz [verdient] angesichts des Interesses der Öffentlichkeit, möglichst umfassende Kenntnis von den Gründen jedes Handelns der Kommission zu erhalten, des Interesses der Wirtschaftsbeteiligten, zu wissen, welches Verhalten Sanktionen nach sich ziehen kann, und des Interesses der durch die Zuwiderhandlung geschädigten Personen daran, deren Einzelheiten zu erfahren, um ggf. ihre Rechte gegenüber den mit der Sanktion belegten Unternehmen geltend machen zu können."[1489] Auch in den Rechtssachen *CDC Hydrogene Peroxide*[1490] sowie *EnBW*[1491] hat das EuG das Interesse einer Partei an der Vermeidung einer privaten Schadensersatzklage zu Recht als nicht schutzwürdig bewertet.[1492]

Allerdings ist es von dieser Auffassung jüngst – jedenfalls ein Stück weit – abgewichen. In der Rechtssache *Niederlande* hat das EuG den Schutz der geschäftlichen Interessen zum einen auf das Verwertungsverbot des Art. 28 Abs. 1 und 2 VO 1/2003, zum anderen auf das Vertraulichkeitsgebot des Art. 27 Abs. 2 VO 1/2003 und ferner darauf gestützt, dass „de[r] Ruf und die Würde der betroffenen Unternehmen zu achten [sind], solange sie nicht endgültig verurteilt sind", wie im Falle der Erhebung einer Nichtigkeitsklage gegen den Beschluss der Kommission.[1493] Jedoch kann diese Entscheidung weder in der Begründung noch im Ergebnis überzeugen. So soll Art. 28 Abs. 1 VO 1/2003 die Kartellanten davor schützen, dass ihre nach Artt. 17 bis 22 VO 1/2003 übermittelten Informationen keinen Anlass für Folgeermittlungen der Kommission bieten, und Art. 28 Abs. 2 VO 1/2003 die Vertraulichkeit der hoheitlichen handelnden Personen mit solchen Informationen gewährleisten. Art. 27 Abs. 2 VO 1/2003 besagt lediglich, dass die Geschäftsgeheimnisse anderer Unternehmen

---

sei, weil mit den in ihnen enthaltenen Informationen die Beweisführung in einem privaten Schadensersatzprozess erleichtert werde. Ähnlich *Milde*, Schutz des Kronzeugen, S. 136 f., die darauf abstellt, dass eine Preisgabe der in den Kronzeugendokumenten enthaltenen Informationen das betreffende Unternehmen schwer beeinträchtigen könne.

1489 EuG v. 30.05.2006, T-198/03, Slg. 2006, II-1429 (1465, Rn. 78) – *Bank Austria Creditanstalt.* Mit ähnlichem Wortlaut dass. v. 12.10.2007, T-474/04, Slg. 2007, II-4225 (4257 f., Rn. 72) – *Pergan Hilfsstoffe.*

1490 EuG v. 15.12.2011, T-437/08, Slg. 2011, II-8251, Rn. 49 – *CDC Hydrogene Peroxide.* Aus der Entscheidung folgern *Hempel*, EuZW 2012, 161 (162), und – diesem zustimmend – *Seitz*, GRUR-RR 2012, 137 (141), dass die Akteneinsicht weder aufgrund des bloßen Interesses der Schädiger an der Verhinderung von Schadensersatzklagen, noch mit dem von den Wettbewerbsbehörden vorgebrachten Argument der abstrakten Gefährdung des Kronzeugenprogramms versagt werden könne.

1491 EuG v. 22.05.2012, T-344/08, noch nicht in amtl. Slg., Rn. 148 – *EnBW.* Aufgehoben durch EuGH v. 27.02.2014, C-365/12 P, noch nicht in amtl. Slg., Rn. 78 ff. – *EnBW.*

1492 Dagegen aber *GA Villalón* v. 03.10.2013, C-365/12 P, noch nicht in amtl. Slg., Rn. 93 – *EnBW.*

1493 EuG v. 13.09.2013, T-380/08, noch nicht in amtl. Slg., Rn. 48 ff. – *Niederlande.*

sowie vertrauliche Informationen von der Akteneinsicht auszunehmen sind, konkretisiert insofern aber nicht, welche Dokumente hiervon erfasst sind. Schließlich erscheint es fraglich, ob „Würde und Ruf" des betroffenen Unternehmens auch noch nach Erlass des Bußgeldbeschlusses besonders schutzwürdig sind, nur weil dieser Gegenstand eines Rechtsmittelverfahrens ist. Dabei gilt es zu berücksichtigen, dass auch die Kommission nur wenig Rücksicht auf die Interessen der Unternehmen nimmt, wenn es darum geht, Art und Umfang des Wettbewerbsverstoßes sowie Höhe der verhängten Geldbußen einschließlich eines etwaigen Kronzeugenantrages oder einer Settlementerklärung offenzulegen – und zwar unabhängig von der Rechtskraft des Bußgeldbeschlusses.

Deshalb ist in Übereinstimmung mit der früheren Rechtsprechung des EuG nicht vom Vorliegen eines – schutzwürdigen – geschäftlichen Interesses im Sinne des Art. 4 Abs. 2 Spiegelstr. 1 VO 1049/2001 auszugehen und sind die Vergleichserklärungen nicht von der Akteneinsicht ausgenommen, ohne dass die Abwägung mit einem entgegenstehenden öffentlichen Interesse an der Akteneinsicht erforderlich würde.[1494] Dies gilt jedenfalls insofern, als sie sich unmittelbar auf den begangenen Kartellverstoß beziehen, was angesichts der inhaltlichen Vorgaben, welche die Mitteilung über das Vergleichsverfahren den Vergleichserklärungen macht, regelmäßig ausschließlich der Fall sein dürfte. Denn Angaben über Art und Umfang der Zuwiderhandlung wie etwa die sachliche oder räumliche Ausdehnung des Kartells oder die Höhe der Kartellpreise sind gerade solche, die für einen potenziellen Schadensersatzkläger erforderlich sind.[1495] Nur soweit die Vergleichserklärungen ausnahmsweise weitere, rein betriebsbezogene Informationen enthalten sollten,[1496] können diese unter den Ausnahmetatbestand des Art. 4 Abs. 2 Spiegelstr. 1 VO 1049/2001 fallen, und die Akteneinsicht wäre ggf., d. h. sofern an dieser nicht ein überwiegendes öffentliches Interesse besteht, zu versagen. Darüber hinaus ist sie gemäß Art. 4 Abs. 6 VO 1049/2001 aber zumindest „teilweise" zu gewähren.

c) Art. 4 Abs. 2 Spiegelstr. 3 VO 1049/2001

aa) Allgemeines

Der naheliegendste Ausnahmetatbestand, der die Versagung der Einsicht in die Vergleichserklärungen begründen könnte, ist der Schutz des Zwecks von Inspektions-, Untersuchungs- und Audittätigkeiten, vgl. Art. 4 Abs. 2 Spiegelstr. 3 VO 1049/2001. Er wird von der Kommission für den Fall der Versagung des Zugangs zu einem

1494 So auch *Bueren*, Verständigungen, S. 946; *ders.*, ZWeR 2011, 74 (84); *Lampert/Weidenbach*, WRP 2007, 152 (157), allgemein für Dokumente aus Kartellverfahren.

1495 *Lampert/Weidenbach*, WRP 2007, 152 (159).

1496 Etwa Einzelheiten zu Absatz und Bezug von Produkten, Marktanteile und -strategien, Kosten- und Preisstrukturen etc. Vgl. dazu die Beispiele bei *Bueren*, Verständigungen, S. 944; *ders.*, ZWeR 2011, 74 (82); *Frenz*, Europäische Grundrechte, Rn. 4688; *Milde*, Schutz des Kronzeugen, S. 136.

Dokument am häufigsten angeführt;[1497] auf ihn stützt sie sich auch ausdrücklich in der Mitteilung über das Vergleichsverfahren, um eine Versagung der Offenlegung der Vergleichserklärungen zu rechtfertigen.[1498] Während eine Gefährdung des Zwecks von Inspektions- und Untersuchungstätigkeiten vor Abschluss des Kartellverfahrens noch vergleichsweise einfach zu begründen ist,[1499] stellt sich die Frage, ob eine solche auch dann noch in Betracht kommt, wenn ein verfahrensbeendender Beschluss bereits erlassen, das konkrete Verfahren mithin abgeschlossen ist. Die Kommission geht hiervon in der Mitteilung über das Vergleichsverfahren ohne Weiteres aus.[1500]

Nach zunächst vom EuG vertretener Auffassung war der Ausnahmetatbestand des Art. 4 Abs. 2 Spiegelstr. 3 VO 1049/2001 nach Abschluss des Kartellverfahrens regelmäßig nicht mehr einschlägig. Es hat entschieden, „dass diese Vorschrift, die ‚[den Zweck] von Inspektions-, Untersuchungs- und Audittätigkeiten' schützen soll, nur dann anwendbar ist, wenn die Zugänglichmachung der betreffenden Dokumente dazu führen könnte, dass diese Tätigkeiten nicht abgeschlossen werden können."[1501] Zwar könnten Dokumente „auch noch unter die Ausnahme zum Schutz von Inspektions-, Untersuchungs- und Audittätigkeiten fallen [...], selbst wenn die konkrete Untersuchung oder Inspektion, die Grundlage des Berichts ist, zu dem Zugang begehrt wird, beendet ist."[1502] Es sei nämlich „zu beachten, dass mit der Ausnahme gemäß Art. 4 Abs. 2 dritter Gedankenstrich der Verordnung Nr. 1049/2001, wie sich aus ihrem Wortlaut ergibt, nicht die Untersuchungstätigkeiten als solche geschützt werden sollen, sondern deren *Zweck*, der im Fall eines Verfahrens in Wettbewerbssachen darin besteht, zu überprüfen, ob ein Verstoß gegen Art. 81 EG oder Art. 82 EG begangen worden ist, und ggf. Sanktionen gegen die verantwortlichen Unternehmen zu verhängen."[1503] Hieran hat das EuG indes hohe Anforde-

---

1497 Vgl. die Übersichten für die Jahre 2008–2010 im Bericht der Kommission über die Durchführung der Verordnung (EG) Nr. 1049/2001 über den Zugang der Öffentlichkeit zu Dokumenten des Europäischen Parlaments, des Rates und der Kommission im Jahr 2010 v. 12.08.2011, KOM(2011) 492 endgültig, S. 10 f.

1498 Kommission, Mitteilung über das Vergleichsverfahren, Rn. 40.

1499 Vgl. dazu bereits D., I., 2.

1500 Kommission, Mitteilung über das Vergleichsverfahren, Rn. 40 a. E.

1501 EuG v. 06.07.2006, T-391/03, -70/04, Slg. 2006, II-2023 (2064, Rn. 109) – *Franchet und Byk*; dass. v. 09.06.2010, T-237/05, Slg. 2010, II-2245 (2280, Rn. 72) – *Éditions Odile Jacob*. Mit ähnlichem Wortlaut EuG v. 09.09.2008, T-403/05, Slg. 2008, II-2027 (2060, Rn. 72) – *MyTravel*.

1502 EuG v. 06.07.2006, T-391/03, Slg. 2006, II-2023 (2064, Rn. 110) – *Franchet und Byk;* dass. v. 09.06.2010, T-237/05, Slg. 2010, II-2245 (2280, Rn. 73) – *Éditions Odile Jacob*. Mit ähnlichem Wortlaut auch dass. v. 15.12.2011, T-437/08, Slg. 2011, II-8251, Rn. 59 – *CDC Hydrogene Peroxide*; dass. 22.05.2012, T-344/08, noch nicht in amtl. Slg., Rn. 116 – *EnBW*.

1503 EuG v. 15.12.2011, T-437/08, Slg. 2011, II-8251, Rn. 59 – *CDC Hydrogene Peroxide*. [Hervorhebung durch Verf.]. Mit ähnlichem Wortlaut auch dass. v. 22.05.2012, T-344/08, noch nicht in amtl. Slg., Rn. 116 – *EnBW*.

rungen gestellt: „Nähme man jedoch an, dass die verschiedenen mit Inspektions-, Untersuchungs- und Audittätigkeiten im Zusammenhang stehenden Dokumente solange unter die in Artikel 4 Absatz 2 dritter Gedankenstrich der Verordnung Nr. 1049/2001 vorgesehene Ausnahmen fallen, wie die in diesen Verfahren zu ergreifenden Folgemaßnahmen nicht bestimmt wurden, würde man den Zugang zu diesen Dokumenten je nach der Schnelligkeit und Sorgfalt der befassten Verwaltungsstellen von einem zufälligen, künftigen und vielleicht fern liegenden Ereignis abhängig machen."[1504] „Daher ist zu prüfen, ob zum Zeitpunkt des Erlasses der angefochtenen Entscheidungen noch Inspektions- und Untersuchungstätigkeiten im Gange waren, die durch die Zugänglichmachung der beantragten Dokumente hätten gefährdet werden können, und ob diese Tätigkeiten in einer angemessenen Frist fortgeführt wurden."[1505] Unter den Ausnahmetatbestand des Art. 4 Abs. 2 Spiegelstr. 3 VO 1049/2001 sollten somit lediglich alle laufenden sowie unmittelbar bevorstehenden Inspektionen bzw. Untersuchungen fallen. Zudem setzte die Versagung der Akteneinsicht nach Auffassung des EuG grundsätzlich eine konkrete und individuelle Prüfung jedes einzelnen Dokuments, zu dem Zugang begehrt wird, voraus.[1506]

Demgegenüber hat der EuGH zunächst in zwei Urteilen zur Einsicht in die Akten von Fusionskontrollverfahren die gegenteiligen Entscheidungen des EuG[1507] aufgehoben und festgestellt, dass sich die Kommission zur Versagung der Akteneinsicht auf die allgemeine, aber widerlegliche Vermutung stützen könne, dass die betreffenden Dokumente ihre Untersuchungstätigkeiten beeinträchtigten.[1508] Dies gelte

---

1504 EuG v. 06.07.2006, T-391/03, Slg. 2006, II-2023 (2064, Rn. 111) – *Franchet und Byk*; dass. v. 09.06.2010, T-237/05, Slg. 2010, II-2245 (2280 f., Rn. 74) – *Éditions Odile Jacob*.

1505 EuG v. 06.07.2006, T-391/03, Slg. 2006, II-2023 (2065, Rn. 113) – *Franchet und Byk*.

1506 EuG v. 13.04.2005, T-2/03, Slg. 2005, II-1121 (1146 ff., 67 ff.) – *Verein für Konsumenteninformation*; dass. v. 06.07.2006, T-391/03, Slg. 2006, II-2023 (2065 f., Rn. 115 ff.) – *Franchet und Byk*; dass. v. 14.12.2006, T-237/02, Slg. 2006, II-5131 (5159 f., Rn. 77 ff.) – *Technische Glaswerke Ilmenau*; dass. v. 09.09.2008, T-403/05, Slg. 2008, II-2027 (2060 f., Rn. 73 f.) – *MyTravel*; dass. v. 09.06.2010, T-237/05, Slg. 2010, II-2245 (2270 f., Rn. 41 ff.) – *Éditions Odile Jacob*; dass. 22.05.2012, T-344/08, noch nicht in amtl. Slg., Rn. 44 ff. – *EnBW*. Allerdings erscheint die hierfür angeführte Begründung (vgl. EuG v. 13.04.2005, T-2/03, Slg. 2005, II-1121 [1147, Rn. 70] – *Verein für Konsumenteninformation*; dass. v. 06.07.2006, T-391/03, Slg. 2006, II-2023 [2065, Rn. 116] – *Franchet und Byk;* dass. v. 14.12.2006, T-237/02, Slg. 2006, II-5131 [5159 f., Rn. 78] – *Technische Glaswerke Ilmenau*; dass. v. 09.09.2008, T-403/05, Slg. 2008, II-2027 [2061, Rn. 74] – *MyTravel*; EuG v. 09.06.2010, T-237/05, Slg. 2010, II-2245 [2271, Rn. 42] – *Éditions Odile Jacob*), das Erfordernis einer solchen Prüfung ergebe sich aus dem Wortlaut der VO 1049/2001 („zu einem Dokument"), sehr formalistisch.

1507 EuG v. 09.06.2010, T-237/05, Slg. 2010, 2245 – *Éditions Odile Jacob*; dass. v. 07.07.2010, T-111/07, abgekürzte Veröffentlichung, Slg. 2010, II-128 – *Agrofert Holding*.

1508 Vgl. EuGH v. 28.06.2012, C-477/10 P, noch nicht in amtl. Slg., Rn. 64 – *Agrofert Holding*; ders. v. 28.06.2012, C-404/10 P, noch nicht in amtl. Slg., Rn. 123 – *Éditions Odile Jacob*. Dieselbe Vermutung hat der EuGH, a. a. O., auch in Bezug auf

„unabhängig davon, ob der Zugangsantrag ein bereits abgeschlossenes oder ein noch laufendes Kontrollverfahren betrifft. [...] Zudem könnte die Aussicht auf eine solche Veröffentlichung nach Abschluss des Kontrollverfahrens die Bereitschaft der Unternehmen zur Zusammenarbeit während des laufenden Verfahrens mindern."[1509] Diese Rechtsprechung haben die Unionsgerichte – zunächst das EuG in der Rechtssache *Niederlande*[1510], jüngst auch der EuGH in der Rechtssache *EnBW*[1511] – nunmehr in Bezug auf das Kartellverfahren übernommen.

bb) Anforderungen an den Ausnahmetatbestand der Gefährdung des Zwecks von Inspektions- und Untersuchungstätigkeiten

Eine Gefährdung des Zwecks von Inspektions- und Untersuchungstätigkeiten im Fall der Einsicht in die Vergleichserklärungen könnte zunächst mit dem Argument angenommen werden, dass ein Kartellverfahren im materiellen Sinne auch nach Erlass eines Beschlusses durch die Kommission noch nicht abgeschlossen ist, wenn der Beschluss wegen eines eingelegten Rechtsmittels zunächst keine Rechtskraft erlangt hat.[1512] Hiergegen spricht indes, dass das EuG im Rechtsmittelverfahren keine eigenen Ermittlungen anstellt; solche können erst dann wieder stattfinden, wenn das EuG den Beschluss aufhebt und die Sache an die Kommission zurückverweist.[1513]

---

den Ausnahmetatbestand des Schutzes der geschäftlichen Interessen aufgestellt. Anders als die streitgegenständlichen Dokumente (es handelte sich um den Schriftverkehr zwischen der Kommission und den an dem Zusammenschluss beteiligten Unternehmen sowie um Unterlagen, die diese jener im Rahmen des Kontrollverfahrens haben zukommen lassen; vgl. EuGH v. 28.06.2012, C-477/10 P, noch nicht in amtl. Slg., Rn. 56 – *Agrofert Holding*; ders. v. 28.06.2012, C-404/10 P, noch nicht in amtl. Slg., Rn. 115 – *Éditions Odile Jacob*) enthalten die Vergleichserklärungen nach den obigen Ausführungen aber regelmäßig keine Geschäftsgeheimnisse im Sinne des Art. 4 Abs. 2 Spiegelstr. 1 VO 1049/2001.

1509 EuGH v. 28.06.2012, C-404/10 P, noch nicht in amtl. Slg., Rn. 124 – *Éditions Odile Jacob*. Mit ähnlichem Wortlaut ders. v. 28.06.2012, C-477/10 P, noch nicht in amtl. Slg., Rn. 66 – *Agrofert Holding*.

1510 EuG v. 13.09.2013, T-380/08, noch nicht in amtl. Slg., Rn. 42 f. – *Niederlande*. In seiner Begründung beruft sich das EuG nicht zuletzt auf eine etwaige Gefährdung der Kronzeugenregelung; a. a. O., Rn. 41.

1511 EuGH v. 27.02.2014, C-365/12 P, noch nicht in amtl. Slg., Rn. 78 ff. – *EnBW*. Entgegen der Vorinstanz; vgl. EuG v. 22.05.2012, T-344/08, noch nicht in amtl. Slg., Rn. 70 ff. – *EnBW*.

1512 Vgl. Kommission, in: EuG v. 13.04.2005, T-2/03, Slg. 2005, II-1121 (1149, Rn. 80) – *Verein für Konsumenteninformation*, sowie in: EuG v. 09.06.2010, T-237/05, Slg. 2010, II-2245 (2275, Rn. 57) – *Éditions Odile Jacob*. So nunmehr auch EuGH v. 27.02.2014, C-365/12 P, noch nicht in amtl. Slg., Rn. 99 – *EnBW*, sowie EuG v. 13.09.2013, T-380/08, noch nicht in amtl. Slg., Rn. 64 – *Niederlande*. Vgl. ferner – allerdings hinsichtlich Art. 4 *Abs. 3* VO 1049/2001 – EuG v. 25.10.2013, T-561/12, noch nicht in amtl. Slg., Rn. 34 ff. – *Beninca*.

1513 *Lampert/Weidenbach*, WRP 2007, 152 (157).

Mit Erlass des Beschlusses sind die Inspektions- bzw. Untersuchungstätigkeiten also für die nächste Zeit abgeschlossen[1514] und werden mithin nicht in „angemessener Frist" fortgeführt. Darüber hinaus ist die Frage, ob solche Ermittlungen überhaupt noch durchgeführt werden, eine rein hypothetische, die nach Abschluss des Kartellverfahrens zunächst nicht beantworten werden kann.[1515] Eine Versagung der Akteneinsicht kommt aber nach der Rechtsprechung der Unionsgerichte grundsätzlich nur dann in Betracht, wenn die Gefahr einer Beeinträchtigung der durch Art. 4 VO 1049/2001 geschützten Interessen „angemessen absehbar und nicht rein hypothetisch ist".[1516] Sofern die Kommission die Aufhebung ihres Beschlusses nicht nur für rein hypothetisch, sondern realistisch hält, ist ihr zu entgegnen, dass sie die Entscheidung nicht hätte erlassen dürfen, wenn sie selbst nicht von deren Rechtmäßigkeit überzeugt ist.[1517] Hierzu hat das EuG in einem früheren Verfahren treffend festgestellt: „Die Untersuchungstätigkeiten in einer konkreten Sache sind jedoch mit dem Erlass der endgültigen Entscheidung als abgeschlossen zu betrachten, unabhängig davon, ob diese Entscheidung in der Folge von den Gerichten möglicherweise für nichtig erklärt wird; das betreffende Organ hat nämlich das Verfahren zu diesem Zeitpunkt selbst für abgeschlossen gehalten."[1518]

1514 *Lampert/Weidenbach*, WRP 2007, 152 (156 f.); *Milde*, Schutz des Kronzeugen, S. 145 f. Anders aber *Soltész/Marquier/Wendenburg*, EWS 2006, 102 (107).

1515 Vgl. EuG v. 15.12.2011, T-437/08, Slg. 2011, II-8251, Rn. 64 – *CDC Hydrogene Peroxide*; dass. v. 22.05.2012, T-344/08, noch nicht in amtl. Slg., Rn. 120 – *EnBW*. So auch *Milde*, Schutz des Kronzeugen, S. 143.

1516 EuGH 01.07.2008, C-39, -52/05 P, Slg. 2008, I-4723, Rn. 43 – *Schweden und Turco*; ders. v. 21.07.2011, C-506/08 P, Slg. 2011, I-6237, Rn. 76 – *Schweden/MyTravel*; EuG v. 25.10.2013, T-561/12, noch nicht in amtl. Slg., Rn. 23 – *Beninca*.

1517 *Hempel*, ECLR 2012, 195 (201); *Milde*, Schutz des Kronzeugen, S. 143.

1518 EuG v. 15.12.2011, T-437/08, Slg. 2011, II-8251, Rn. 62 – *CDC Hydrogene Peroxide*; mit ähnlichem Wortlaut auch dass. v. 22.05.2012, T-344/08, noch nicht in amtl. Slg., Rn. 119 – *EnBW*. Anders aber jüngst der EuGH v. 27.02.2014, C-365/12 P, noch nicht in amtl. Slg., Rn. 99 – *EnBW*: „Anders als vom Gericht in Rn. 119 des angefochtenen Urteils ausgeführt, kann nämlich ein Verfahren nach Art. 81 EG nicht mit dem Erlass der endgültigen Entscheidung der Kommission als abgeschlossen angesehen werden, ohne dass die Möglichkeit einer späteren Nichtigerklärung dieser Entscheidung durch die Unionsgerichte berücksichtigt wird. Nach Art. 233 EG kann nämlich die Nichtigerklärung einer solchen Entscheidung die Kommission veranlassen, neuerlich tätig zu werden, um gegebenenfalls eine neue Entscheidung nach Art. 81 EG zu erlassen, was im Übrigen in der vorliegenden Sache nach den Angaben der Kommission in der mündlichen Verhandlung in Bezug auf zwei betroffene Parteien der Fall war. Damit kann die Kommission auch veranlasst sein, den Inhalt der Akte, die sich auf die für nichtig erklärte Entscheidung bezieht, erneut zu verwenden oder diese Akte in Ausübung der ihr mit der Verordnung Nr. 1/2003 übertragenen Befugnisse durch weitere Elemente zu ergänzen. Demzufolge können die Untersuchungstätigkeiten in Bezug auf ein Verfahren nach Art. 81 EG erst dann als abgeschlossen gelten, wenn die

Ungleich bedeutender im Hinblick auf die Einsicht in die Vergleichserklärungen ist die Frage, ob der Ausnahmetatbestand des Art. 4 Abs. 2 Spiegelstr. 3 VO 1049/2001 einschlägig ist, wenn durch die Offenlegung der Informationen zwar nicht (mehr) – wie gerade gezeigt – das *konkrete* Kartellverfahren, in dem die Vergleichserklärungen abgegeben worden sind, betroffen ist, sich daraus möglicherweise aber Beeinträchtigungen für *zukünftige* Kartellverfahren ergeben. Denn potenziell vergleichsbereite Parteien könnten angesichts einer durch die Einsicht in die Vergleichserklärungen zu erwartenden vermehrten Inanspruchnahme im Rahmen privater Schadensersatzprozesse von der Teilnahme an dem Vergleichsverfahren abgeschreckt sein und sich zukünftig ausschließlich für das streitige Verfahren entscheiden. Eine entsprechende Diskussion wird bereits seit Längerem in Bezug auf die Einsicht in die Kronzeugendokumente geführt. Mit dem Argument, dass die Bereitschaft der Parteien zur freiwilligen Übermittlung von Informationen an die Kommission sinke, hat sich diese wiederholt auf die Anwendbarkeit des Versagungsgrundes des Art. 4 Abs. 2 Spiegelstr. 3 VO 1049/2001 berufen.[1519] Dieser Argumentation hat sich das EuG jüngst überraschend angeschlossen.[1520]

Dann aber müssten zukünftige Kartellverfahren auf der Grundlage der (gefestigten) Rechtsprechung des EuG – die Rechtssache *Niederlande* sei insofern ausgenommen – konkrete Folgeuntersuchungen darstellen. Etwaige zukünftige Kartellverfahren stehen indes mit dem ursprünglichen Kartellverfahren, dem die streitgegenständlichen Vergleichserklärungen entstammen, in keinerlei Zusammenhang. Vielmehr sind Ermittlungen in den einzelnen Kartellfällen getrennt voneinander zu betrachten und stellt die öffentliche Kartellrechtsdurchsetzung auch nicht etwa eine einzige, fortdauernde Untersuchungstätigkeit der Kommission dar, die es schlechthin zu schützen gölte. Solche zukünftigen Verfahren sind daher weder konkrete – sondern rein hypothetische – Folgeuntersuchungen, noch finden sie in angemessener Frist statt.

Entscheidung der Kommission im Rahmen dieses Verfahrens bestandskräftig ist." Ähnlich zuvor bereits das EuG v. 13.09.2013, T-380/08, noch nicht in amtl. Slg., Rn. 64 – *Niederlande.*

1519 Vgl. die Kommission, in: EuG v. 13.04.2005, T-2/03, Slg. 2005, II-1121 (1150, Rn. 81) – *Verein für Konsumenteninformation*; allgemein für ihr übermittelte Informationen vgl. dies., in: EuG v. 09.06.2010, T-237/05, Slg. 2010, II-2245 (2260, Rn. 8) – *Éditions Odile Jacob*; dies., in: EuG v. 07.07.2010, T-111/07, abgekürzte Veröffentlichung, Slg. 2010, II-128, Rn. 100 – *Agrofert Holding*; EuG v. 15.12.2011, T-437/08, Slg. 2011, II-8251, Rn. 69 – *CDC Hydrogene Peroxide*; dass. v. 22.05.2012, T-344/08, noch nicht in amtl. Slg., Rn. 124 – *EnBW*. Vgl. zur Kronzeugenregelung aus der Literatur *Kleine*, ZWeR 2011, 303 (310 f.); *Mäger/Zimmer/Milde*, WuW 2009, 885 (895); *Milde*, Schutz des Kronzeugen, S. 146 ff.; *Soltész/Marquier/Wendenburg*, EWS 2006, 102 (106 f.). Vgl. allgemein für die der Kommission freiwillig übermittelte Informationen *Caruso*, JECLP 2010, 453 (476); *Riemann*, Die Transparenz der EU, S. 205. Anders aber *Kellerbauer*, WuW 2011, 688 (696 f.); *Lampert/Weidenbach*, WRP 2007, 152 (156 f.).

1520 EuG v. 13.09.2013, T-380/08, noch nicht in amtl. Slg., Rn. 41/43 – *Niederlande.*

Neben diesen systematischen Erwägungen spricht ferner der Grundsatz des größtmöglichen Zugangs zu den Dokumenten der Unionsorgane gegen ein solches Verständnis von der Reichweite des Ausnahmetatbestandes der Gefährdung des Untersuchungszwecks. Wäre nämlich die etwaige Beeinträchtigung zukünftiger Kartellverfahren berücksichtigungsfähig, könnte die Akteneinsicht mit einem bloßen Verweis hierauf nahezu immer versagt werden.[1521] Ähnliche Kritik ist auch gegenüber der neueren Rechtsprechung des EuGH[1522] und der von ihm vertretenen „Unzugänglichkeitsvermutung" vorzubringen: Sofern die Kommission nicht mehr verpflichtet ist, die Schutzwürdigkeit jedes einzelnen Dokuments oder zumindest bestimmter Dokumententypen[1523] darzulegen, um die Akteneinsicht versagen zu können, wird das Regel-Ausnahme-Verhältnis der VO 1049/2001 gerade in sein Gegenteil verkehrt und den Antragstellern eine dort eigentlich nicht vorgesehene Darlegungslast auferlegt.[1524] Deshalb ist der Ausnahmetatbestand des Art. 4 Abs. 2 Spiegelstr. 3 VO 1049/2001 in Bezug auf die Einsicht in die Vergleichserklärungen nach Abschluss des Kartellverfahrens nicht mehr einschlägig.[1525]

Über diese „Hürde" kann auch das erwähnte – in Bezug auf die Kronzeugenregelung vorgebrachte und für das Vergleichsverfahren dem Grunde nach gleichfalls geltende – Argument, dass die Bereitschaft der Parteien, mit der Kommission zu kooperieren und dieser Informationen zu übermitteln, sinke,[1526] nicht hinweghelfen.

1521 Vgl. EuG v. 15.12.2011, T-437/08, Slg. 2011, II-8251, Rn. 70 f. – *CDC Hydrogene Peroxide;* dass. v. 22.05.2012, T-344/08, noch nicht in amtl. Slg., Rn. 125 f. – *EnBW.*

1522 Vgl. dazu bereits aa).

1523 Vgl. EuG v. 01.07.2008, C-39, -52/05 P, Slg. 2008, I-4723 (4767, Rn. 50) – *Schweden und Turco.*

1524 *Hauser/Titze*, GWR 2012, 567.

1525 So im Ergebnis auch *Bach*, in: Ehlermann/Marquis, Antitrust Settlements, 251 (258), unter Verweis auf EuG v. 06.07.2006, T-391/03, Slg. 2006, II-2023 (2064, Rn. 109) – *Franchet und Byk*; *Hempel*, ECLR 2012, 195 (201). Vgl. auch *Bueren*, Verständigungen, S. 938 f., und *ders.*, ZWeR 2011, 74 (85 f.), der allerdings einen Unterschied zur Kronzeugenregelung sieht, „weil sie […] ein ganz wesentliches Instrument zur Aufdeckung von Kartellen und ihre Funktionsfähigkeit daher conditio sine qua non für viele Folgeuntersuchungen in diesem Bereich ist." Dieses Argument ist aber nur insofern überzeugend, als es sich auf Folgeuntersuchungen innerhalb desselben Kartellfalls bezieht. Der Umstand, dass durch die Gewährung von Einsicht in die Kronzeugendokumente, die Bereitschaft der Parteien zur freiwilligen Übermittlung solcher Dokumente an die Kommission in zukünftigen Kartellverfahren sinkt, ist auf Grundlage der dargestellten Rechtsprechung ebenso irrelevant wie im Rahmen des Vergleichsverfahrens. Anders aber – im Hinblick auf die Kronzeugenregelung – *Milde*, Schutz des Kronzeugen, S. 148 ff., die einen Zusammenhang zwischen der beendeten und der zukünftigen Untersuchung bejaht.

1526 So auch – für die Einsicht in die Akten von Fusionskontrollverfahren – EuGH v. 28.06.2012, C-477/10 P, noch nicht in amtl. Slg., Rn. 66 – *Agrofert Holding*; ders. v. 28.06.2012, C-404/10 P, noch nicht in amtl. Slg., Rn. 124 – *Éditions Odile Jacob.*

Zwar besteht im Rahmen der öffentlichen Kartellrechtsdurchsetzung durchaus ein schutzwürdiges Interesse an der Kooperation der Parteien mit der Kommission im Bußgeldverfahren. Dieses Interesse ist aber ausschließlich im Rahmen der Abwägung mit einem etwaig vorhandenen öffentlichen Interesse an dem Dokumentenzugang gemäß Art. 4 Abs. 2 a. E. VO 1049/2001 berücksichtigungsfähig.[1527] Die Abwägung der widerstreitenden Interessen für und wider die Akteneinsicht ist nämlich überhaupt erst eröffnet, wenn (zumindest) einer der in Art. 4 Abs. 2 Spiegelstr. 1–3 VO 1049/2001 genannten Ausnahmetatbestände erfüllt ist; dies scheint oft verkannt zu werden.

cc) Überwiegendes öffentliches Interesse an der Akteneinsicht

Obgleich der Ausnahmetatbestand des Art. 4 Abs. 2 Spiegelstr. 3 VO 1049/2001 nach hier vertretener Ansicht bereits deshalb nicht einschlägig ist, weil es in Bezug auf die Einsicht in die Vergleichserklärungen an der Gefährdung einer Untersuchungstätigkeit fehlt, soll nachfolgend – gleichsam hilfsweise – der Frage nachgegangen werden, ob die Vorbereitung einer privaten Schadensersatzklage ein überwiegendes öffentliches Interesse besteht im Sinne des Art. 4 Abs. 2 a. E. VO 1049/2001 darstellt.[1528]

(1) Private Enforcement als öffentliches Interesse im Sinne des Art. 4 Abs. 2 a. E. VO 1049/2001

Fraglich ist zunächst, welche Anforderungen an den Begriff des „öffentlichen Interesses“ im Sinne des Art. 4 Abs. 2 a. E. VO 1049/2001 zu stellen sind. Während das EuG entschieden hat, dass das überwiegende öffentliche Interesse, das die Verbreitung eines Dokuments rechtfertigen könne, grundsätzlich von den Grundsätzen verschieden sein müsse, auf denen diese Verordnung aufbaue,[1529] sieht der EuGH hierin eine fehlerhafte Auslegung der Vorschrift.[1530] Vielmehr seien „[d]ie Bestimmungen

1527 Vgl. dazu sogleich cc).

1528 Die nachfolgende Darstellung erfolgt im Rahmen des Art. 4 Abs. 2 Spiegelstr. 3 VO 1049/2001, weil es sich hierbei – wie erwähnt – um den naheliegendsten und am häufigsten angeführten Ausnahmetatbestand handelt. Die Berücksichtigung eines etwaigen überwiegenden öffentlichen Interesses ist freilich auch stets bei Vorliegen der übrigen Ausnahmetatbestände des Art. 4 Abs. 2 und 3 VO 1049/2001 erforderlich. Zu einer entsprechenden Abwägung zwischen dem Interesse an der Einsicht in die Kronzeugendokumente und den Ausnahmetatbeständen des Art. 4 Abs. 2 Spiegelstr. 1 und 3 VO 1049/2001 vgl. die Darstellung bei *Milde*, Schutz des Kronzeugen, S. 154 ff.

1529 EuG v. 23.11.2004, T-84/03, Slg. 2004, II-4061 (4091, Rn. 83) – *Turco*.

1530 EuGH v. 01.07.2008, C-39, -52/05 P, Slg. 2008, I-4723 (4773, Rn. 74) – *Schweden und Turco*.

eines Gesetzgebungsakts [...] ersichtlich im Licht der Grundsätze anzuwenden, auf denen er aufbaut."[1531]

Der Ansicht des EuGH ist zuzustimmen. Es macht wenig Sinn, dass im Rahmen der Abwägung des Art. 4 Abs. 2 a. E. VO 1049/2001 andere Interesse ausschlaggebend sein sollen als bei der Anwendung der VO 1049/2001 im Übrigen. Für ein gegenteiliges Verständnis finden sich auch keine Hinweise im Wortlaut des Art. 4 Abs. 2 a. E. VO 1049/2001. Denn dort ist lediglich von einem *überwiegenden*, nicht jedoch etwa von einem *besonderen* öffentlichen Interesse die Rede. Demnach genügt für den „Einstieg" in die Abwägung des Art. 4 Abs. 2 a. E. VO 1049/2001 das Vorliegen der öffentlichen Interessen, die bereits Grundlage der VO 1049/2001 sind, namentlich Transparenz und Kontrolle der Tätigkeiten der Unionsorgane.[1532] Um die in Art. 4 Abs. 2 Spiegelstr. 1–3 VO 1049/2001 genannten Ausnahmetatbestände zu überwiegen, muss das Interesse an der Transparenz bzw. der Kontrolle der Tätigkeiten der Unionsorgane freilich besonders bedeutend sein. Um ein solches, besonders großes Interesse an der Transparenz bzw. der Kontrolle der Tätigkeiten der Unionsorgane zu begründen, können aber wiederum – auch unter Berücksichtigung der vom EuGH geforderten „Auslegung im Licht der Grundsätze, auf denen die VO 1049/2001 aufbaut" – andere (öffentliche) Interessen herangezogen werden. Es ist nämlich nicht ersichtlich, worin ein überwiegendes öffentliches Interesse an der Akteneinsicht anderenfalls bestehen sollte.

Zugleich ist mit dem Erfordernis eines öffentlichen Interesses klargestellt, dass private Interessen im Rahmen der Abwägung des Art. 4 Abs. 2 a. E. VO 1049/2001 nicht berücksichtigungsfähig sind.[1533] Vielmehr hat das EuG gefordert, dass „[i]n Anbetracht des allgemeinen Grundsatzes des Zugangs zu Dokumenten im Sinne von Art. 255 EG und der Erwägungsgründe 1 und 2 der Verordnung [...] dieses Interesse *objektiv und allgemein* sein [muss] und [...] nicht mit besonderen oder privaten Interessen [...] verwechselt werden [darf]."[1534] Demnach könnte die Einsicht in die Vergleichserklärungen möglicherweise nicht damit gerechtfertigt werden, dass sie der Vorbereitung einer privaten Schadensersatzklage, mithin einem scheinbar privaten Interesse dient. In diesem Zusammenhang gilt es jedoch zu berücksichtigen, dass die private Kartellrechtsdurchsetzung jedenfalls auch die Aufrechterhaltung der unionsrechtlichen Wettbewerbsvorschriften bezweckt.[1535]

1531 EuGH v. 01.07.2008, C-39, -52/05 P, Slg. 2008, I-4723 (4773, Rn. 75) – *Schweden und Turco*.

1532 So auch *Carstenholz*, Informationszugangsfreiheit, S. 163 f. Anders aber *Frenz*, Europäische Grundrechte, Rn. 4708; *Riemann*, Die Transparenz der EU, S. 159.

1533 EuG v. 06.07.2006, T-391/03, Slg. 2006, II-2023 (2070, Rn. 137 f.) – *Franchet und Byk*; *Carstenholz*, Informationszugangsfreiheit, S. 163; *Frenz*, Europäische Grundrechte, Rn. 4708.

1534 EuG v. 09.09.2008, T-403/05, Slg. 2008, II-2027 (2057 f., Rn. 65) – *MyTravel*. [Hervorhebungen durch Verf.].

1535 Vgl. EuGH v. 20.09.2001, C-453/99, Slg. 2001, I-6297 (6323, Rn. 26 f.) – *Courage und Crehan*: „Die volle Wirksamkeit des Artikels 85 EG-Vertrag und insbesondere die

Damit verfolgt sie ein Ziel, das im Interesse der Allgemeinheit steht und das auch nicht etwa nur ein „mittelbar auftretendes öffentliches Interesse" darstellt, weil es Ausdruck der Verfolgung privater Interessen wäre.[1536] Denn die Verfolgung des zunächst privaten Interesses an der Erlangung von Schadensersatz wird dadurch zu einem öffentlichen, dass sie zugleich dem erklärten Ziel der Aufrechterhaltung der unionsrechtlichen Wettbewerbsvorschriften dient.[1537] Dies unterscheidet die hier in Rede stehende Konstellation betreffend die private Kartellrechtsdurchsetzung von dem Sachverhalt, der dem zitierten Urteil des EuG in der Rechtssache *MyTravel* zu Grunde lag und in dem die Klägerin Akteneinsicht zwecks Vorbereitung einer Schadensersatzklage gegen die Kommission wegen der unberechtigten Untersagung eines Zusammenschlusses begehrte.

Gleichwohl entschied das EuG jüngst, dass „das Interesse an der Möglichkeit, Schadensersatz für einen wegen einer Zuwiderhandlung gegen das Wettbewerbsrecht der Union erlittenen Schaden zu erlangen, trotz der Bedeutung des eventuellen Beitrags der Schadensersatzklagen für die Aufrechterhaltung eines wirksamen Wettbewerbs innerhalb der Union als ein privates Interesse anzusehen" sei.[1538] Es bediente sich dabei der Begründung, dass „das öffentliche Interesse an der Anwendung des Wettbewerbsrechts auf das den Markt für Straßenbaubitumen betreffende Kartell in den Niederlanden von der Kommission bereits verfolgt wurde, als sie zu diesem Zweck die Bitumen-Entscheidung erließ."[1539] Damit aber macht das EuG die Erlangung von Schadensersatz von dem (Nicht-) Vorliegen einer Bußgeldentscheidung abhängig und setzt sich in Widerspruch zu der EuGH-Rechtsprechung in Sachen *Courage und Crehan* sowie *Manfredi*,[1540] nach denen die private gleichermaßen wie die öffentliche Durchsetzung der Aufrechterhaltung des Wettbewerbs dient und beide nebeneinander Anwendung finden.

praktische Wirksamkeit des in Artikel 85 Absatz 1 ausgesprochenen Verbots wären beeinträchtigt, wenn nicht jedermann Ersatz des Schadens verlangen könnte, der ihm durch einen Vertrag, der den Wettbewerb beschränken oder verfälschen kann, oder durch ein entsprechendes Verhalten entstanden ist. Ein solcher Schadensersatzanspruch erhöht nämlich die Durchsetzungskraft der gemeinschaftlichen Wettbewerbsregeln und ist geeignet, von – oft verschleierten – Vereinbarungen oder Verhaltensweisen abzuhalten, die den Wettbewerb beschränken oder verfälschen können. Aus dieser Sicht können Schadensersatzklagen vor den nationalen Gerichten wesentlich zur Aufrechterhaltung eines wirksamen Wettbewerbs in der Gemeinschaft beitragen." Vgl. auch EuGH v. 13.07.2006, C-295 bis -298/04, Slg. 2006, I-6619 (6660 f., Rn. 60 f.) – *Manfredi u. a.*

1536 So aber *Bueren*, Verständigungen, S. 950; *ders.*, ZWeR 2011, 74 (91).

1537 *Fornasier/Sanner*, WuW 2011, 1067 (1074). Vgl. dazu auch *Milde*, Schutz des Kronzeugen, S. 157 ff.

1538 EuG v. 13.09.2013, T-380/08, noch nicht in amtl. Slg., Rn. 84 – *Niederlande.*

1539 EuG v. 13.09.2013, T-380/08, noch nicht in amtl. Slg., Rn. 84 – *Niederlande.*

1540 Vgl. Fn. 1535.

Folglich handelt es sich bei der Akteneinsicht zwecks Vorbereitung einer Schadensersatzklage richtigerweise um ein öffentliches Interesse im Sinne des Art. 4 Abs. 2 a. E. VO 1049/2001.

(2) Abwägung der widerstreitenden Interessen

Für eine Einsicht auch in die Vergleichserklärungen zum Zwecke der Vorbereitung einer Schadensersatzklage ist zunächst das zunehmende Interesse an einer Verbesserung der privaten Kartellrechtsdurchsetzung anzuführen. Es scheint widersprüchlich, wenn die Kommission zwar wiederholt die Bedeutung der privaten Kartellrechtsdurchsetzung und das Erfordernis, diese zu verbessern, betont,[1541] gleichzeitig jedoch von der Offenlegung der für private Schadensersatzkläger besonders bedeutsamen Vergleichserklärungen zurückschreckt. Eine beabsichtigte Verbesserung der privaten Kartellrechtsdurchsetzung bedeutet jedoch nicht, dass diese die gleiche Bedeutung wie die behördliche Kartellrechtsdurchsetzung haben oder diese gar ersetzen müsste. So scheint die Kommission die private im Verhältnis zur behördlichen Kartellrechtsdurchsetzung eher als Hilfs-, denn als gleichrangiges Instrument zu begreifen,[1542] was ihr nicht grundsätzlich verwehrt ist. Innerhalb der behördlichen Kartellrechtsdurchsetzung wiederum spielt das Vergleichsverfahren eine zunehmend bedeutende Rolle. Angesichts dessen ist das Interesse der Kommission, das Vergleichsverfahren nicht durch die Offenlegung der Vergleichserklärungen gefährden zu wollen, legitim und nachvollziehbar.

Allerdings ist das Vergleichsverfahren für die behördliche Kartellrechtsdurchsetzung deutlich weniger essentiell als die Kronzeugenerklärung. Insofern wird – nicht ganz zu Unrecht – darauf verwiesen, dass die Kronzeugenerklärung es überhaupt erst ermögliche, gegen die Beteiligten anderenfalls verborgen gebliebener Kartelle zivilrechtlich vorzugehen.[1543] Demgegenüber ist das Vergleichsverfahren (nur) ein Instrument zur Verfahrensbeschleunigung. Diesem Umstand ist auch bei der Abwägung der widerstreitenden Interessen gemäß Art. 4 Abs. 2 a. E. VO 1049/2001 Rechnung zu tragen. Daher spricht viel dafür, dass das Interesse an der Einsicht in die Vergleichserklärungen die – nach hier vertretener Ansicht tatsächlich nicht

---

1541 Vgl. etwa Kommission, Pressemitteilung IP/13/525 v. 11.06.2013, S. 1.

1542 Vgl. etwa Kommission, Weißbuch Schadensersatzklagen, S. 3 f. „Ein weiteres von der Kommission in diesem Weißbuch verfolgtes Leitprinzip besteht darin, eine weiterhin starke behördliche Durchsetzung der Artikel 81 und 82 EG-Vertrag durch die Kommission und die einzelstaatlichen Wettbewerbsbehörden sicherzustellen. Mit den im Weißbuch vorgeschlagenen Maßnahmen soll somit ein wirksames System zur privaten Durchsetzung mittels Schadenersatzklagen geschaffen werden, das die behördliche Durchsetzung ergänzt, nicht aber ersetzt oder gefährdet."

1543 Vgl. *GA Mazák* v. 16.12.2010, C-360/09, Slg. 2011, I-5161, Rn. 41 – *Pfleiderer*; *Caruso*, JECLP 2010, 453 (476); *Dworschak/Maritzen*, WuW 2013, 829 (831); *Mundt*, Pressemitteilung des Bundeskartellamtes v. 30.01.2012, S. 2; *Mundt/Meeßen*, in: Oberender, Kartellrechtsdurchsetzung, 39 (43).

gegebene, insofern aber zu unterstellende – Gefährdung des Zwecks von Inspektions- und Untersuchungstätigkeiten nicht zu überwiegen vermag.

Hierfür und somit gegen die Akteneinsicht könnte ferner sprechen, dass die Kommission mit der in der Mitteilung über das Vergleichsverfahren enthaltenen Erklärung, Dritten die Einsicht in die Vergleichserklärungen versagen zu wollen, gegenüber den an dem Vergleichsverfahren teilnehmenden Parteien einen Vertrauenstatbestand geschaffen haben könnte.[1544] Sollten die Vergleichserklärungen nun gleichwohl offengelegt werden, könnte hierin ein Verstoß gegen den fair trial-Grundsatz liegen. Ein etwaig bestehender Vertrauenstatbestand für die betroffenen Parteien kann jedoch, wie das EuG zu Recht entschieden hat, Dritten nicht entgegen gehalten werden; denn Ausnahmen vom Recht auf Akteneinsicht können ausschließlich auf Art. 4 VO 1049/2001 gestützt werden.[1545]

Für die Gewährung der Einsicht auch in die Vergleichserklärungen ist schließlich anzuführen, dass Schadensersatzklagen in Vergleichsfällen angesichts des beschriebenen Informationsdefizits[1546] kaum erfolgreich erhoben werden könnten. Dann aber würde dem Geschädigten der ihm aus Art. 17 GRC (Grundrecht auf Eigentum) zustehende Anspruch auf Schadensersatz faktisch genommen.[1547] Zwar behält der Schadensersatzkläger weiterhin die Möglichkeit, über die Vorschriften des Zivilprozessrechts an die begehrten Informationen zu gelangen. Diese stellen jedoch nicht nur eine wesentlich unattraktivere Alternative zum Dokumentenzugang nach der VO 1049/2001 dar.[1548] Vielmehr stehen die unterschiedlichen Instrumente der Informationsgewinnung – und das ist ungleich bedeutender – nebeneinander, so dass der (faktische) Ausschluss des einen nicht mit dem Verweis auf das andere versagt werden kann.[1549]

Nach alledem sprechen die besseren Gründe dafür, dass die Einsicht in die Vergleichserklärungen zwecks Vorbereitung einer privaten Schadensersatzklage ein überwiegendes öffentliches Interesse darstellt.

3. Art. 4 Abs. 3 VO 1049/2001

Schließlich ist auch der Ausnahmetatbestand des Art. 4 Abs. 3 VO 1049/2001 im Hinblick auf die Einsicht in die Vergleichserklärungen nicht anwendbar, da es sich bei diesen nicht – wie von der Vorschrift vorausgesetzt[1550] – um sog. interne Dokumente (Stellungnahmen, Aktennotizen, Diskussionspapiere etc.) handelt, die allein für den

1544 *GA Mazák* v. 16.12.2010, C-360/09, Slg. 2011, I-5161, Rn. 45 – *Pfleiderer.*
1545 EuG v. 07.07.2010, T-111/07, abgekürzte Veröffentlichung, Slg. 2010, II-128, Rn. 85 – *Agrofert Holding*. Anders aber *Milde*, Schutz des Kronzeugen, S. 139 f.
1546 Vgl. B., I.
1547 So – für Artt. 14 Abs. 1 und 103 Abs. 1 GG – BVerfG, NJW 1988, 405.
1548 Vgl. dazu bereits C.
1549 *Fornasier/Sanner*, WuW 2011, 1067 (1076).
1550 Vgl. *Frenz*, Europäische Grundrechte, Rn. 4709 f.; *Riemann*, Die Transparenz der EU, S. 213.

Gebrauch innerhalb eines Unionsorgans erstellt worden sind und deren Verbreitung eine bevorstehende (Unterabs. 1) oder zukünftige (Unterabs. 2) Beschlussfassung beeinträchtigen würde.[1551]

4. *Ergebnis*

Nach alledem ist eine Versagung der Einsicht in die Vergleichserklärungen grundsätzlich nicht möglich, jedenfalls und insbesondere nicht unter Verweis auf eine etwaige Gefährdung des Vergleichsverfahrens.

5. *Geplante Änderungen im Zuge der Reform der VO 1049/2001*

Am 30. April 2008 hat die Kommission einen Entwurf zur Änderung der VO 1049/2001[1552] vorgelegt. Art. 2 Abs. 6 VO 1049/2001-E dieses Entwurfs sieht zwei Einschränkungen des Akteneinsichtsrechts vor, die auch für die vorliegende Untersuchung von Bedeutung sind. Er lautet:

> *„Unbeschadet besonderer, im EU-Recht festgelegter Zugangsrechte für interessierte Parteien sind Dokumente, die Teil der Verwaltungsakte zu einer Untersuchung oder von Verfahren, die einen individuellen Akt betreffen, öffentlich nicht zugänglich, bis die Untersuchung abgeschlossen oder der Akt endgültig ist. Schriftstücke, die Informationen enthalten, die ein Organ im Rahmen solcher Verfahren von natürlichen oder juristischen Personen gesammelt oder erhalten hat, sind öffentlich nicht zugänglich.“*[1553]

Nach Art. 2 Abs. 6 *Satz 1* VO 1049/2001-E bestünde von vornherein kein Einsichtsrecht in Akten, die Gegenstand eines laufenden Kartellverfahrens sind. Nach hier vertretener Auffassung wäre dies bereits jetzt regelmäßig der Fall, so dass sich insofern keine wesentliche Änderung zur bestehenden Rechtslage ergäbe. Hingegen schließt Art. 2 Abs. 6 *Satz 2* VO 1049/2001-E die Einsicht in alle Unterlagen aus, die in Kartellverfahren von den Parteien stammen und sich nun im Besitz der Kommission befinden. Hiervon erfasst wären u. a. die Kronzeugendokumente[1554]

1551 So auch – im Hinblick auf Kronzeugendokumente – *Milde*, Schutz des Kronzeugen, S. 153 f.

1552 Vorschlag für eine Verordnung des Europäischen Parlaments und des Rates über den Zugang der Öffentlichkeit zu Dokumenten des Europäischen Parlaments, des Rates und der Kommission v. 30.04.2008, KOM(2008) 229 endgültig, 200/0090 (COD) (im Folgenden: Kommissionsentwurf VO 1049/2001).

1553 Kommissionsentwurf VO 1049/2001, S. 18.

1554 Was das Verhältnis von Schadensersatzklagen zur Kronzeugenregelung angeht, so fordert die Kommission in ihrem *Weißbuch: Schadensersatzklagen wegen Verletzung des EG-Wettbewerbsrechts v. 02.04.2008, KOM(2008) 165 endgültig* auch im Hinblick auf die Kronzeugendokumente einen „angemessenen Schutz vor Offenlegung“ und – weiter – „die zivilrechtliche Haftung jener Kronzeugen, denen der Erlass einer Geldbuße zuerkannt wurde, auf Schadenersatzansprüche ihrer direkten und indirekten Vertragspartner zu begrenzen“; vgl. Kommission, a. a. O., S. 12. Vgl.

sowie die Vergleichserklärungen. Insofern würden die hier gefundenen Ergebnisse zur bestehenden Rechtslage durch Art. 2 Abs. 6 *Satz 2* VO 1049/2001-E zukünftig nahezu vollständig in ihr Gegenteil verkehrt.

Allerdings sind die von der Kommission geplanten Beschränkungen des Akteneinsichtsrechts in dem Parlamentsentwurf zur Änderung der VO 1049/2001[1555] nicht mehr enthalten, sondern vielmehr ersatzlos gestrichen worden. In dem Parlamentsentwurf finden sich die Ausnahmen von der Akteneinsicht zwar in Art. 6 VO 1049/2001 – statt wie bisher in Art. 4 VO 1049/2001 –, sehen aber für die vorliegende Untersuchung keine Änderungen vor, die geeignet wären, die gefundenen Ergebnisse in Frage zu stellen. Auch der neue Kommissionsentwurf zur Änderung der VO 1049/2001 vom 21. März 2011[1556] enthält keine diesbezüglichen Änderungen mehr.[1557] Damit bleibt es bei der bestehenden Rechtslage,[1558] nach der die Einsicht in die Vergleichserklärungen nur in dem dargestellten, eng begrenzten Umfang versagt werden kann.

II. Einsicht in die Vergleichserklärungen des Bundeskartellamtes

1. *Allgemeines*

Im Folgenden ist zu untersuchen, ob das grundsätzlich bestehende Akteneinsichtsrecht des Geschädigten auch die gegenüber dem Bundeskartellamt abgegebenen Vergleichserklärungen (Settlementerklärungen bzw. Geständnisse) umfasst oder ob die Akteneinsicht insofern versagt werden kann. Mögliche Versagungsgründe

hierzu auch das Commission Staff Working Paper accompanying the White Paper on Damages actions for breach of the EC antitrust rules v. 02.04.2008, SEC(2008) 404, Rn. 268 ff. Vgl. ferner die Entschließung des Europäischen Parlaments vom 26. März 2009 zu dem Weißbuch: Schadenersatzklagen wegen Verletzung des EG-Wettbewerbsrechts (2008/2154(INI)), ABl. EU 2010 Nr. C 117 E/161. Das Parlament fordert zwar die Aufrechterhaltung der Attraktivität des Kronzeugenprogramms, lehnt aber eine – jedenfalls vollständige – Befreiung des Kronzeugen von der Pflicht zur Leistung von Schadensersatz ab; vgl. Parlament, a. a. O., Rn. 21.

1555 Vorschlag für eine Verordnung des Europäischen Parlaments und des Rates über den Zugang der Öffentlichkeit zu Dokumenten des Europäischen Parlaments, des Rates und der Kommission (Neufassung) v. 11.03.2009, (KOM(2008)0229 – C6–0184/2008–2008/0090(COD)), ABl. EU 2010 Nr. C 87 E/362.

1556 Vorschlag für eine Verordnung des Europäischen Parlaments und des Rates zur Änderung der Verordnung (EG) Nr. 1049/2001 über den Zugang der Öffentlichkeit zu Dokumenten des Europäischen Parlaments, des Rates und der Kommission v. 23.03.2011, KOM(2011) 137 endgültig, 2008/0090 (COD).

1557 Die Reform der VO 1049/2001 befindet sich zurzeit im Gesetzgebungsverfahren; vgl. zum aktuellen Stand desselben http://ec.europa.eu/prelex/detail_dossier_real.cfm?CL=de&DosId =196983.

1558 So auch *Bueren*, Verständigungen, S. 951; *ders.*, ZWeR 2011, 74 (92).

ergeben sich aus § 406e Abs. 2 StPO.[1559] Da es sich hierbei um Ausnahmetatbestände handelt, sind sie nach allgemeinen Regeln eng auszulegen. Durch die Verwendung des Begriffes „soweit“ (vgl. § 406e Abs. 2 Satz 1 und 2 StPO) wird zudem deutlich, dass die Akteneinsicht nur insoweit zu versagen ist, als ihr tatsächlich ein Versagungsgrund entgegensteht, im Übrigen aber teilweise zu gewähren ist.[1560] Nach § 406e Abs. 2 Satz 1 *ist* die Akteneinsicht zu versagen, soweit überwiegende schutzwürdige Interessen des Beschuldigten oder anderer Personen entgegenstehen. Sie *kann* versagt werden, soweit der Untersuchungszweck, auch in einem anderen Verfahren, gefährdet erscheint (Satz 2), oder wenn das Verfahren durch die Akteneinsicht erheblich verzögert würde (Satz 3). Während § 406e Abs. 2 Satz 1 StPO also einen zwingenden Versagungsgrund darstellt, handelt es sich bei § 406e Abs. 2 Satz 2 und 3 StPO um fakultative Versagungsgründe, bei denen die Versagung im pflichtgemäßen Ermessen der über die Akteneinsicht entscheidenden Stelle, vorliegend namentlich des Bundeskartellamtes, steht.[1561] Voraussetzung für die Ermessensausübung ist freilich (auch) in den beiden letztgenannten Fällen, dass ein Versagungsgrund – Gefährdung des Untersuchungszwecks bzw. erhebliche Verfahrensverzögerung – überhaupt vorliegt. Zweifelsfälle, in denen nicht geklärt werden kann, welches der widerstreitenden Interessen überwiegt, wirken sich zu Gunsten des Geschädigten aus und erhält dieser folglich die begehrte Akteneinsicht.[1562]

1559 Gemäß § 96 S. 1 StPO kann die oberste Dienstbehörde (im Fall des Bundeskartellamtes also der Bundesminister für Wirtschaft und Energie) ferner eine Sperrerklärung für bestimmte Behördenakten abgeben, wenn das Bekanntwerden ihres Inhalts dem Wohl des Bundes oder eines deutschen Landes Nachteile bereiten würde. Hinsichtlich der Vergleichserklärungen scheint das Vorliegen dieser Voraussetzungen jedoch fernliegend, so dass auf die Vorschrift im Folgenden nicht weiter eingegangen werden soll. In der kartellbehördlichen Praxis scheint sie – soweit ersichtlich – jedenfalls keine große Rolle zu spielen. Gleichwohl hält *Milde*, Schutz des Kronzeugendokumente, S. 206 ff., eine solche Sperrerklärung im Hinblick auf Kronzeugendokumente für zulässig, sofern durch deren Offenlegung die Durchsetzung des Wettbewerbsrechts der Union gefährdet oder die gegenüber den Kronzeugen abgegebene Vertraulichkeitszusage (vgl. Bonusregelung, Rn. 22) nicht eingehalten würde.

1560 *Hilger*, in: Löwe-Rosenberg, StPO, § 406e Rn. 8; *Milde*, Schutz des Kronzeugen, S. 211; *Velten*, in: SK-StPO, § 406e StPO Rn. 14; *Vollmer*, ZWeR 2012, 442 (456); *Zabeck*, in: Karlsruher Kommentar, StPO, § 406e Rn. 9. Dies gilt trotz des von § 406e Abs. 2 Satz 3 StPO verwendeten Begriffes „wenn“ statt „soweit“ auch für den dort genannten Versagungsgrund, da es sich hierbei um ein Formulierungsversehen im Zuge des „Gesetz[es] zur Stärkung der Rechte von Verletzten und Zeugen im Strafverfahren (2. Opferrechtsreformgesetz)“, BGBl. I 2009, S. 2280 (im Folgenden: 2. Opferrechtsreformgesetz) handeln soll; vgl. *Lauterwein*, Akteneinsicht, S. 125.

1561 *Kiethe*, wistra 2006, 50 (52); *Lauterwein*, Akteneinsicht, S. 121; *Velten*, in: SK-StPO, § 406e StPO Rn. 14.

1562 *Milde*, Schutz des Kronzeugen, S. 211; *Zabeck*, in: Karlsruher Kommentar, StPO, § 406e Rn. 6

Die Entscheidung über die Gewährung von Akteneinsicht ist im Ordnungswidrigkeitenrecht unanfechtbar.[1563] Etwas anderes ergibt sich nicht aus § 406e Abs. 4 Satz 4 StPO, den § 46 Abs. 1 und 3 Satz 4 Hs. 2 OWiG zwar sinngemäß für anwendbar erklärt, der aber keine andere gesetzliche Bestimmung im Sinne des § 62 Abs. 2 Satz 3 OWiG ist und damit nur im Straf-, nicht jedoch im Ordnungswidrigkeitenverfahren gilt.[1564] Das LG Bonn hat insofern zutreffend darauf hingewiesen, dass § 62 OWiG eine für das Ordnungswidrigkeitenverfahren abschließende Vorschrift darstelle und für eine sinngemäße Anwendung der Vorschriften über das Strafverfahren kein Raum bleibe.[1565] Im Ordnungswidrigkeitenrecht ist eine solche auch nicht erforderlich, da hier „ein geringerer Schutz der Belange der Betroffenen im Vergleich zum Strafverfahren angelegt und eine zügige Bearbeitung der Verfahren beabsichtigt ist."[1566]

2. § 406e Abs. 2 Satz 1 StPO

Zunächst ist klarzustellen, dass ein überwiegendes Interesse des kartellrechtlich Zuwiderhandelnden an der Versagung der Akteneinsicht gemäß § 406e Abs. 2 Satz 1 StPO nicht darin zu sehen ist, allgemein keinen Schadensersatzansprüchen ausgesetzt zu sein. Ein solches Interesse ist angesichts des Willens des Gesetzgebers, die Durchsetzung von zivilrechtlichen Ansprüchen gegen den Schädiger zu verbessern, bereits nicht schutzwürdig.[1567]

Möglicherweise haben aber speziell die Betroffenen im Rahmen des Vergleichsverfahrens ein überwiegendes Interesse daran, keinen Schadensersatzansprüchen ausgesetzt zu sein, da sie das Bußgeldverfahren durch ihr kooperatives Verhalten maßgeblich vorangebracht haben.[1568] Dem ist indes zu entgegnen, dass die Zusammenarbeit der Betroffenen im Bußgeldverfahren lediglich einen Anspruch auf ihre Berücksichtigung bei der Festsetzung der Höhe der Geldbuße begründet, nicht jedoch ein schutzwürdiges Interesse daran, von Dritten nicht zum Ersatz des diesen entstandenen Schadens herangezogen zu werden.[1569]

1563 LG Bonn v. 27.09.2010, 27 Qs 25/10, Rn. 11 (zit. nach *juris*); *Janssen*, in: FIW, Schwerpunkte des Kartellrechts 2011, 19 (33); *Vollmer*, ZWeR 2012, 442 (471). Anders aber *Mäger/Zimmer/Milde*, WuW 2011, 935 (943).

1564 LG Bonn v. 27.09.2010, 27 Qs 25/10, Rn. 11 f. (zit. nach *juris*); *Janssen*, in: FIW, Schwerpunkte des Kartellrechts 2011, 19 (33); *Vollmer*, ZWeR 2012, 442 (471).

1565 LG Bonn v. 27.09.2010, 27 Qs 25/10, Rn. 13 f. (zit. nach *juris*).

1566 LG Bonn v. 27.09.2010, 27 Qs 25/10, Rn. 15 (zit. nach *juris*).

1567 AG Bonn v. 24.09.2008, WuW/E DE-R, 2503 (2505); *Lampert/Weidenbach*, WRP 2007, 152 (159); *Vollmer*, ZWeR 2012, 442 (457).

1568 Die folgenden Erwägungen gelten grundsätzlich auch in Bezug auf die Kronzeugenregelung bzw. die Einsicht in die dort vorzulegenden Kronzeugenanträge und Beweismittel.

1569 *Meeßen*, Der Anspruch auf Schadensersatz, S. 148.

Etwas anderes könnte wiederum insofern gelten, als das Bundeskartellamt den Betroffenen zusichert, die Kronzeugendokumente bzw. Vergleichserklärungen Dritten nicht zugänglich zu machen. So hat das OLG Düsseldorf in einer neueren Entscheidung einen Vertrauenstatbestand zu Gunsten der Kronzeugen angenommen.[1570] Wie bereits erwähnt können Verwaltungsgrundsätze eine Bindungswirkung für die Behörde erzeugen, indem sie bei den Adressaten einen Vertrauenstatbestand schaffen.[1571] Eine Selbstbindung des Bundeskartellamtes hat das AG Bonn auch in einem Beschluss vom 24. September 2008 hinsichtlich der Erklärung in der Bonusregelung (Rn. 22), Bonusanträge und mit diesen im Zusammenhang stehende Beweismittel nicht offen zu legen, bejaht.[1572] Eine entsprechende Erklärung findet sich in dem Merkblatt zum Vergleichsverfahren zwar nicht; sofern das Bundeskartellamt den an dem Vergleichsverfahren beteiligten Betroffenen aber eine individuelle Zusicherung gibt, die Vergleichserklärungen nicht offen zu legen, wäre eine Selbstbindung des Bundeskartellamtes infolge der Schaffung eines entsprechenden Vertrauenstatbestandes ebenfalls zu bejahen und würde sich die Frage nach einem daraus folgenden Ausschluss der Akteneinsicht gleichermaßen stellen. Eine Selbstbindung kann jedoch nur dann entstehen, wenn das entsprechende Verwaltungshandeln rechtmäßig ist. Sollten Dritte hingegen einen Anspruch auf Einsicht in die Vergleichserklärungen gemäß § 406e Abs. 1 Satz 1 StPO haben, weil deren Interesse hieran höher zu bewerten wäre, müsste auch das Bundeskartellamt Einsicht in die betreffenden Dokumente gewähren; anderenfalls würde es sein Ermessen überschreiten. Da es keinen Vertrauensschutz für rechtswidriges Verwaltungshandeln gibt, wäre das Bundeskartellamt nicht an seine Erklärung gebunden.[1573] Das

1570 OLG Düsseldorf, WRP 2012, 1596 (1599/1600). Zustimmend *Palzer*, EWS 2012, 544; *Vollmer*, ZWeR 2012, 442 (465). Auch *Mäger/Zimmer/Milde*, WuW 2009, 885 (893), sowie *Milde*, Schutz des Kronzeugen, S. 213 f., sehen in der Vertraulichkeitszusage des Bundeskartellamtes ein entscheidendes Argument gegen die Offenlegung der Kronzeugendokumente.

1571 Vgl. dazu bereits Teil 3, B., V., 2.

1572 AG Bonn v. 24.09.2008, WuW/E DE-R, 2503 (2505). Allerdings handelt es sich bei der diesbezüglichen Feststellung des AG Bonn um ein obiter dictum, da lediglich Einsicht in die Verfahrensakten ausschließlich der Kronzeugendokumente beantragt wurde, die Antragsteller (das sind die an dem Kartellverfahren beteiligten Unternehmen) die Einsicht aber insgesamt, mithin auch in Bezug auf die übrigen Aktenbestandteile ausschließen wollten, was das AG Bonn, a. a. O., verneinte.

1573 Vgl. zum fehlenden Vertrauensschutz bei einer rechtswidrigen Zusicherung seitens des Gerichts im Rahmen einer Verständigung im Strafverfahren BGHSt 36, 210 (215 f.): „Bedenken dagegen, die Zusicherung des Vorsitzenden als Grundlage eines entsprechenden Vertrauensschutzes anzuerkennen, ergeben sich auch nicht aus der Art ihres Gegenstandes. Schutzwürdige Erwartungen der Verfahrensbeteiligten werden allerdings nicht durch Zusicherungen begründet, deren Erfüllung (wie etwa eine bestimmte Gestaltung des Strafvollzugs) außerhalb des Kompetenz des Tatgerichts läge oder (wie etwa die Unterschreitung einer für das Delikt zwingend vorgeschriebenen Mindeststrafe offensichtlich rechtswidrig wäre. Auf

Vertrauensschutzargument führt hinsichtlich der Frage der Akteneinsicht also zu einem Zirkelschluss. Denn das Entstehen eines Vertrauenstatbestandes setzt gerade voraus, dass Dritten die Einsicht in die Vergleichserklärungen in rechtmäßiger Weise versagt werden kann.

Zudem erscheint es zweifelhaft, ob das Vertrauen der Kartellanten in eine dahingehende Erklärung des Bundeskartellamtes, Dritten keine Einsicht in die Vergleichserklärungen zu gewähren, im Rahmen der Abwägung mit dem Akteneinsichtsinteresse überhaupt berücksichtigungsfähig wäre. Vielmehr ist nicht ersichtlich, warum der (vermeintliche) Vertrauensschutz zu einer Versagung der Akteneinsicht für Dritte führen, sich mithin zu deren Lasten auswirken sollte, wenn aus ihm überhaupt nur eine Selbstbindung des Bundeskartellamtes hergeleitet werden kann. In Bezug auf die Nichtgewährung der Einsicht in die Bonusanträge führt *Kapp* zutreffend aus, „dass das Bundeskartellamt sein eigenes Recht durch die Zusicherung von Vertraulichkeit nach Tz. 22 der Bonusregelung (welcher keine Gesetzeskraft zukommt) schafft und dadurch die gesetzliche Regelung in § 406e StPO desavouiert."[1574]

Das Gericht, das im Fall der Beantragung einer gerichtlichen Entscheidung über das Bestehen des Akteneinsichtsrechts zu befinden hat, ist jedenfalls von vornherein nicht an eine entsprechende – rechtmäßige oder rechtswidrige – Erklärung des Bundeskartellamtes gebunden, sondern es hat lediglich die gesetzliche Wertung des § 406e StPO zu beachten.[1575] Das AG Bonn hat dieser Vorschrift entnommen, „dass Schadensersatzansprüche wegen Kartellverstößen vereinfacht und gefördert werden sollen", so dass Akteneinsicht auch in die Dokumente zu gewähren sei, die das Bundeskartellamt nach der Bonusregelung (Rn. 22) von der Offenlegung ausgeschlossen habe.[1576]

§ 406e Abs. 2 Satz 1 StPO bezweckt zwar auch den Schutz von Betriebs- und Geschäftsgeheimnissen der Betroffenen vor Offenlegung.[1577] Hier gilt aber das gleiche, was bereits zur Akteneinsicht nach der VO 1049/2001 ausgeführt worden ist[1578]: Der Schutz von Geschäftsgeheimnissen verbietet es nicht, Einsicht in solche Unterlagen zu nehmen, die sich – wie die Vergleichserklärungen – ausschließlich auf den begangenen Rechtsverstoß beziehen; insofern fehlt es an einem schutzwürdigen

---

Kompetenzüberschreitung oder evidenten Rechtsverstoß darf selbst bei entsprechender Zusicherung niemand vertrauen; werden solche Erwartungen dennoch geweckt oder gehegt, so verdienen sie jedenfalls keinen rechtlichen Schutz."

1574 *Kapp*, WuW 2012, 474 (480). Ähnlich auch *Dohrn/Liebich*, WRP 2012, 1601 (1602).

1575 Vor diesem Hintergrund haben *Dohrn/Liebich*, WRP 2012, 1601 (1602), – allerdings ohne nähere Begründung – gegen das Vertrauensschutzargument sogar verfassungsrechtliche Bedenken.

1576 Vgl. AG Bonn v. 04.08.2009, 51 Gs 53/09, Rn. 10 (zit. nach *juris*). So bereits *Lampert/Weidenbach*, WRP 2007, 152 (158).

1577 *Lampert/Weidenbach*, WRP 2007, 152 (159); *Mäger/Zimmer/Milde*, WuW 2009, 885 (887).

1578 Vgl. I., 2., b).

Interesse der Beschuldigten an der Geheimhaltung der entsprechenden Aktenbestandteile.[1579] Hinzu kommt, dass von § 406e Abs. 2 Satz 1 StPO in erster Linie solche Informationen geschützt sein sollen, die üblicherweise nicht in Verfahrensakten enthalten sind, wie insbesondere Betriebs- oder Geschäftsgeheimnisse, bei Betroffenen auch bestimmte persönliche Angaben;[1580] anderenfalls würde die grundsätzliche Entscheidung des Gesetzgebers zu Gunsten der Gewährung von Akteneinsicht konterkariert. Keine der genannten Alternativen trifft hingegen auf die Vergleichserklärungen zu, so dass der Schutzzweck von Betriebs- und Geschäftsgeheimnissen nicht einschlägig ist.

Möglicherweise kann hinsichtlich des Bestehens eines schutzwürdigen Interesses aber auf das Bundeskartellamt selbst abgestellt werden. Dessen Interesse an einem funktionierenden Vergleichsverfahren, an dem sich weiterhin Betroffene beteiligen, weil diese nicht befürchten müssen, durch die Offenlegung ihrer Vergleichserklärungen vermehrt Schadensersatzklagen ausgesetzt zu sein, ist grundsätzlich als schützenswert anzusehen. Allerdings handelt es sich bei dem Bundeskartellamt weder um den „Beschuldigten" noch um eine „andere Person" im Sinne des § 406e Abs. 2 Satz 1 StPO. Zwar ist der Begriff der anderen Person denkbar weit zu verstehen und umfasst etwa Verletzte und Zeugen sowie sonstige natürliche oder juristische Personen.[1581] Ferner können dem Akteneinsichtsrecht grundsätzlich auch staatliche Interessen entgegengehalten werden.[1582] Davon ausgenommen ist aber die über die Gewährung der Akteneinsicht befindende Stelle, deren Interessen sich in den in § 406e Abs. 2 *Satz 2 und 3* StPO genannten Versagungsgründen erschöpfen. Mangels Adressateneigenschaft des Bundeskartellamtes ist dessen Interesse an einer wirksamen Kartellverfolgung im Rahmen des *Satz 1* also nicht berücksichtigungsfähig.[1583] *Vollmer* schlägt hingegen vor, als „andere Person" die Bundesrepublik Deutschland als juristische Person des nationalen Rechts bzw. die Europäische Union als juristische Person des Völkerrechts anzusehen und deren Interesse an einer wirksamen Kartellverfolgung höher als das Interesse potenziell Kartellgeschädigter an einer Einsichtnahme in die Bonusanträge (bzw. in die Vergleichserklärungen)

1579 OLG Düsseldorf, WRP 2012, 1596 (1599); AG Bonn v. 24.09.2008, WuW/E DE-R, 2503 (2506); *Lampert/Weidenbach*, WRP 2007, 152 (159); *Vollmer*, ZWeR 2012, 442 (458/459).

1580 Vgl. OLG Düsseldorf, WRP 2012, 1596 (1600); *Hauger/Palzer*, EWS 2012, 124 (128); *Velten*, in: SK-StPO, § 406e StPO Rn. 16; *Vollmer*, ZWeR 2012, 442 (457).

1581 *Hilger*, in: Löwe-Rosenberg, StPO, § 406e Rn. 9; *Weiner*, in: Graf, Beck-OK StPO, § 406e StPO Rn. 3.

1582 *Velten*, in: SK-StPO, § 406e StPO Rn. 17. Kritisch *Dohrn/Liebich*, WRP 2012, 1601 (1602).

1583 So auch *Dohrn/Liebich*, WRP 2012, 1601 (1602); *Seitz*, EuZW 2011, 599 (600). Anders aber *Milde*, Schutz des Kronzeugen, S. 217 ff., die im Hinblick auf die Offenlegung von Kronzeugendokumenten eine Beeinträchtigung der Interessen des Bundeskartellamtes bzw. des – damaligen – Bundesministeriums für Wirtschaft und Technologie bejaht.

zu bewerten.[1584] So bemerkenswert das Abstellen auf die Bundesrepublik Deutschland bzw. die Union als „andere Person“ in dogmatischer Hinsicht auch erscheint, wirkt es doch recht behelfsmäßig. Die Tatsache, dass derartige „Umwege“ gegangen werden müssen, deutet vielmehr darauf hin, dass der Gesetzgeber die vorliegende Konstellation gerade nicht von der Ausnahmevorschrift des § 406e Abs. 2 Satz 1 StPO erfasst sehen wollte. Der BGH hat die Frage, ob zu den anderen Personen im Sinne der Vorschrift auch die Bundesrepublik Deutschland zählt, in einem jüngeren Beschluss ausdrücklich offen gelassen.[1585] Da es in dem entschiedenen Fall um die Einsicht in geheime Aktenbestandteile („VS – GEHEIM“) ging, die sich auf den militärischen Einsatz der Bundeswehr in Afghanistan bezogen, konnte er die Versagung der Akteneinsicht mit dem – jedenfalls mittelbaren – Schutzzweck von Leben und körperlicher Unversehrtheit der an dem Einsatz beteiligten Soldaten sowie der mit ihnen zusammen arbeitenden Personen begründen.[1586] Selbst bei Anerkennung der Bundesrepublik Deutschland bzw. der Union als „andere Person“ wäre deren Interesse an einer wirksamen Kartellverfolgung aus den oben genannten Gründen im Ergebnis aber immer noch geringer einzustufen als das der privaten Schadensersatzkläger an einer Einsichtnahme in die Vergleichserklärungen.

Gleiches gilt im Ergebnis auch, möchte man – mit *Milde*[1587] – die Interessen zukünftig durch Wettbewerbsverstöße Geschädigter berücksichtigen. Dahinter steht der Gedanke, dass Schadensersatzklagen meist nur als follow on-Klagen auftreten, so dass befürchtet wird, eine geschwächte öffentliche Kartellrechtsdurchsetzung werde negativen Einfluss auf die Möglichkeit der Erlangung von Schadensersatz haben.[1588] Es erscheint jedoch wenig einsichtig, dass aktuell tatsächlich Geschädigte zu Gunsten zukünftig potentiell Geschädigter auf ihr Akteneinsichtsrecht verzichten und damit einen Misserfolg ihrer Schadensersatzklagen in Kauf nehmen sollen. Vielmehr handelt es sich bei dem Interesse zukünftig Geschädigter an Kompensation um einen rein hypothetischen Umstand, dessen Einfluss auf die Rechtsstellung aktueller Kläger mehr als zweifelhaft ist.

Somit kann privaten Schadensersatzklägern die Einsicht in die Vergleichserklärungen nicht nach § 406e Abs. 2 Satz 1 StPO versagt werden.

3. *§ 406e Abs. 2 Satz 2 StPO*

Möglicherweise steht einer Einsicht in die Vergleichserklärungen aber der Versagungsgrund der Gefährdung des Untersuchungszwecks entgegen, vgl. § 406e Abs. 2 Satz 2 StPO.

Im Hinblick auf das konkrete Kartellverfahren, aus dem auch die Vergleichserklärungen stammen, in die Einsicht begehrt wird, ist dieser Versagungsgrund indes

1584 *Vollmer*, ZWeR 2012, 442 (465).
1585 BGH, StV 2012, 327 (328).
1586 BGH, StV 2012, 327 (329).
1587 *Milde*, Schutz des Kronzeugen, S. 220 f.
1588 Vgl. *Milde*, Schutz des Kronzeugen, S. 220 f.

nicht einschlägig. Was speziell die Einsicht in die Vergleichserklärungen angeht, so sind die eigentlichen Ermittlungen in dem Zeitpunkt, in dem die Betroffenen die Vergleichserklärungen abgegeben haben und diese überhaupt erst in den Akten des Bundeskartellamtes vorhanden sind, d. h. nach dem Vergleichsschluss und kurz vor dem Erlass des Bußgeldbescheides, regelmäßig abgeschlossen. Jedenfalls hiernach bzw. – im (seltenen) Fall der Einlegung eines Einspruchs gegen den Vergleichsbescheid – des Erlasses des Zweitbescheides sind die Ermittlungen jedoch ab- und scheint eine Gefährdung des Untersuchungszwecks mithin ausgeschlossen.

Dem könnte indes eine Entscheidung des OLG Naumburg entgegenstehen.[1589] Dieses hat entschieden, dass die Akteneinsicht wegen des Ablehnungsgrundes der Gefährdung des Untersuchungszwecks gemäß § 406e Abs. 2 Satz 2 StPO auch nach Abschluss der Ermittlungen versagt werden kann.[1590] Es berief sich zunächst darauf, dass § 406e Abs. 2 *Satz 2* StPO – anders als § 406e Abs. 2 *Satz 3* StPO, der im Fall der Nebenklage sowie der Nebenklagebefugnis auf den Abschluss der Ermittlungen abstellt – keine zeitliche Beschränkung der Ablehnungsmöglichkeit vorsehe.[1591] Damit habe sich die aus den Gesetzgebungsmaterialien ersichtliche Auffassung des Bundesrates, „dass es auch nach Abschluss der Ermittlungen durch die Staatsanwaltschaft zu Situationen kommen kann, in denen die Gewährung von Akteneinsicht den Untersuchungszweck gefährden könnte, wie zum Beispiel bei anstehenden Durchsuchungen und Festnahmen"[1592] durchgesetzt.[1593] Die Auffassung des OLG Naumburg verdient Zustimmung. Bereits die Gesetzgebungsmaterialien der ursprünglichen Gesetzesfassung sahen eine Versagung der Akteneinsicht auch nach Abschluss der Ermittlungen vor.[1594] Dort ist als Beispiel für das Vorliegen des Versagungsgrundes genannt, dass „die Kenntnis des Verletzten vom Akteninhalt die Zuverlässigkeit und den Wahrheitsgehalt einer von ihm noch zu erwartenden Zeugenaussage beeinträchtigen könnte." Diese Konstellation wird in Rechtsprechung und Literatur als Hauptanwendungsfall angesehen.[1595]

1589 OLG Naumburg, NStZ 2011, 118.

1590 So auch AG Saalfeld, NStZ 2005, 656; *Hilger*, in: Löwe-Rosenberg, StPO, § 406e Rn. 12; *Meyer-Goßner*, StPO, § 406e Rn. 6a; *Zabeck*, in: Karlsruher Kommentar, StPO, § 406e Rn. 7.

1591 OLG Naumburg, NStZ 2011, 118.

1592 RegE eines Gesetzes zur Stärkung der Rechte von Verletzten und Zeugen im Strafverfahren (2. Opferrechtsreformgesetz), BT-Drucks. 16/12812 v. 29.04.2009, S. 15.

1593 OLG Naumburg, NStZ 2011, 118 (119); *Velten*, in: SK-StPO, § 406e StPO Rn. 18.

1594 RegE eines Ersten Gesetzes zur Verbesserung der Stellung des Verletzten im Strafverfahren, BT-Drucks. 10/5305 v. 10.04.1986, S. 18: „Nach *Satz 2* kann sie bei sonst drohender erheblicher Verfahrensverzögerung oder bei Gefährdung des Untersuchungszwecks versagt werden. Anders als in § 147 Abs. 2 ist die Versagung bei Gefährdung des Untersuchungszwecks auch nach Klageerhebung möglich."

1595 AG Saalfeld, NStZ 2005, 656, *Hilger*, in: Löwe-Rosenberg, StPO, § 406e Rn. 13; *Lauterwein*, Akteneinsicht, S. 122; *Meyer-Goßner*, StPO, § 406e Rn. 6a; *Velten*, in: SK-StPO, § 406e StPO Rn. 19. Kritisch dazu *Kiethe*, wistra 2006, 50 (52 ff.).

Allerdings führen diese Erwägungen hinsichtlich der Gewährung von Einsicht in die Vergleichserklärungen letztlich zu keiner anderen Beurteilung als der Nichtanwendbarkeit von § 406e Abs. 2 Satz 2 StPO. Insofern gilt es nämlich zu berücksichtigen, dass sich der Begriff „Ermittlungen" lediglich auf das Ermittlungsverfahren der Staatsanwaltschaft, nicht jedoch auf das gerichtliche Zwischen- und Hauptverfahren bezieht. Denn im Kartellbußgeldverfahren finden die eigentlichen Ermittlungen des Bundeskartellamtes vor der Übermittlung des Anhörungsschreibens bzw. – bei Anwendung des Vergleichsverfahrens – vor der Aufnahme der Vergleichsgespräche statt, so dass jene spätestens nach der Übermittlung des Anhörungsschreibens bzw. nach der Aufnahme der Vergleichsgespräche abgeschlossen sind. Nach Abgabe der Vergleichserklärungen, jedenfalls aber nach dem Erlass des Bußgeldbescheides bzw. – im (seltenen) Fall der Einlegung eines Einspruchs gegen den Vergleichsbescheid – des Zweitbescheides, sind die Ermittlungen jedoch ab- und ist eine Gefährdung des Untersuchungszwecks des konkreten Verfahrens mithin ausgeschlossen.

Daher kommt allenfalls eine Gefährdung des Untersuchungszwecks von parallel geführten Bußgeldverfahren in demselben Kartellfall in Betracht. Dass auch solche Verfahren berücksichtigungsfähig sind, ergibt sich nunmehr ausdrücklich aus dem Einschub „in einem anderen Strafverfahren" in § 406e Abs. 2 Satz 2 StPO, der mit Wirkung zum 1. Januar 2010 durch das „Gesetz zur Änderung des Untersuchungshaftrechts"[1596] eingefügt worden ist.[1597] Dessen Einfügung war als Folge einer ursprünglich vorgesehenen entsprechenden Änderung des § 147 Abs. 2 Satz 1 StPO gedacht.[1598] Die Änderung dieser Vorschrift sollte die Erfassung solcher Fälle bezwecken, in denen zugleich ein weiteres Verfahren gegen denselben oder andere, ggf. noch unbekannte Mittäter geführt wird und in dem sich die Ermittlungen noch in einem früheren Stadium befinden. „Die Gewährung von Akteneinsicht könnte dann unerwünschte Rückschlüsse auf Ermittlungsansätze in diesem weiteren Verfahren zulassen und unter Umständen zu Verdunkelungshandlungen führen."[1599] Insbesondere in Hybrid-Fällen ist es nicht unüblich, dass das Bundeskartellamt nach Durchführung des Vergleichsverfahrens bereits einen Bußgeldbescheid

---

1596 BGBl. I 2009, S. 2274.

1597 Vgl. *Milde*, Schutz des Kronzeugen, S. 227; *Velten*, in: SK-StPO, § 406e StPO Rn. 18. Anders aber *Meeßen*, Der Anspruch auf Schadensersatz, S. 148, der meint, § 406e Abs. 2 Satz 2 StPO stelle allein auf das *konkrete* Verfahren ab.

1598 *Kapp*, WuW 2012, 474 (478); *Lauterwein*, Akteneinsicht, S. 23. Der Stellungnahme des Rechtsausschusses folgend (vgl. Beschlussempfehlung und Bericht des Rechtsausschusses [6. Ausschuss] zu dem Gesetzentwurf der Bundesregierung – Drucksache 16/11644 – Entwurf eines Gesetzes zur Änderung des Untersuchungshaftrechts, BT-Drucks. 16/13097 v. 20.05.2009, S. 19), ist die Änderung des § 147 Abs. 2 Satz 1 StPO allerdings verworfen und nur eine solche des § 406e Abs. 2 Satz 2 StPO vorgenommen worden.

1599 RegE eines Gesetzes zur Änderung des Untersuchungshaftrechts, BT-Drucks. 16/11644 v. 21.01.2009, S. 34. Diese Ausführungen gelten für § 406e Abs. 2 Satz 2 StPO entsprechend; vgl. RegE, a. a. O., S. 35.

erlassen und dies auch bekannt gemacht hat, ein oder mehrere parallel geführte Kartellverfahren in demselben Fall aber noch andauern. Vor diesem Hintergrund scheint eine Gefährdung des Untersuchungszwecks dieser noch laufenden Kartellverfahren nicht ausgeschlossen, so dass auch eine Versagung der Akteneinsicht im Hinblick auf parallel geführte Bußgeldverfahren in Betracht kommt.[1600]

Fraglich ist aber – und dies ist der in Bezug auf die Einsicht in die Kronzeugendokumente wohl am häufigsten diskutierte Fall –, ob dies auch in Bezug auf etwaige zukünftige, noch nicht absehbare Kartellverfahren bzw. das Funktionieren der öffentlichen Kartellrechtsdurchsetzung schlechthin gilt. Insofern ist Ausgangspunkt der Überlegungen erneut der Umstand, dass die Einsichtnahme in die Vergleichserklärungen durch private Schadensersatzkläger geeignet ist, die Attraktivität des Vergleichsverfahrens für potenzielle Teilnehmer desselben zu verringern. Dementsprechend wird in Bezug auf die Bonusregelung des Bundeskartellamtes teilweise das Vorliegen des Versagungsgrundes „Gefährdung des Untersuchungszwecks" angenommen.[1601]

Das Abstellen auf zukünftige Verfahren scheint vor dem Hintergrund der Einfügung des Einschubs „in einem anderen Strafverfahren" in § 406e Abs. 2 Satz 2 StPO durchaus naheliegend. Denn *zukünftige* Kartellverfahren stellen – rein begrifflich – *andere* Kartellverfahren dar und scheint eine Versagung der Einsicht in die Vergleichserklärungen wegen einer etwaigen Gefährdung zukünftiger Kartellverfahren insofern nicht ausgeschlossen. Dafür spricht zudem, dass der Versagungsgrund bereits einschlägig ist, wenn der Untersuchungszweck gefährdet „erscheint".[1602] Dementsprechend wird der über die Akteneinsicht entscheidenden Stelle ein weiter Ermessensspielraum zugesprochen,[1603] und es sollen bereits schwache Anhaltspunkte für die Annahme einer Gefährdung genügen.[1604]

Allerdings gilt es zu beachten, dass der Einschub „in einem anderen Strafverfahren" – wie erwähnt – lediglich die Gefährdung des Untersuchungszwecks zum einen von *parallelen* Verfahren verhindern sollte, da „[d]ie Gewährung von Akteneinsicht [...] unerwünschte Rückschlüsse auf Ermittlungsansätze in diesem weiteren Verfahren zulassen und unter Umständen zu Verdunkelungshandlungen führen [könnte]."[1605] Zum anderen sollte eine Beeinträchtigung *konkret* bevorstehender Ermittlungsmaßnahmen verhindert werden, was dadurch deutlich wird, dass in den

1600 So auch *Milde*, Schutz des Kronzeugen, S. 227.

1601 *Mäger/Zimmer/Milde*, WuW 2009, 885 (893 ff.); *Milde*, Schutz des Kronzeugen, S. 226 ff.; *Vollmer*, ZWeR 2012, 442 (463 f.). So nun auch das AG Bonn, NJW 2012, 947 (948), in der Rechtssache *Pfleiderer*; vgl. dazu noch 4., b).

1602 *Milde*, Schutz des Kronzeugen, S. 231 f.; *Vollmer*, ZWeR 2012, 442 (464).

1603 BGH, NJW 2005, 1519 (1520).

1604 *Hilger*, in: Löwe-Rosenberg, StPO, § 406e Rn. 12; *Lauterwein*, Akteneinsicht, S. 121; *Milde*, Schutz des Kronzeugen, S. 231; *Vollmer*, ZWeR 2012, 442 (460).

1605 RegE eines Gesetzes zur Änderung des Untersuchungshaftrechts, BT-Drucks. 16/11644 v. 21.01.2009, S. 34.

Gesetzgebungsmaterialien von „anstehenden Untersuchungen und Festnahmen“[1606] die Rede ist.[1607] Sofern es um die grundsätzliche Versagung der Akteneinsicht aufgrund einer zu befürchtenden Beeinträchtigung der Anreizwirkung des Vergleichsverfahrens geht, liegt aber weder die eine noch die andere Gefährdungssituation vor. Vielmehr ist insofern (lediglich) der Schutz abstrakter, zukünftiger Verfahren bezweckt, der von dem gesetzgeberischen Willen des § 406e Abs. 2 Satz 2 StPO nicht mehr gedeckt ist.[1608] Somit ergibt die historische Auslegung der Vorschrift – anders als die ihres Wortlautes –, dass etwaige zukünftige Verfahren keine „anderen“ Verfahren sind. Gleiches gilt in Bezug auf die Auslegung der Vorschrift nach ihrem Telos: Allenfalls parallele oder konkret bevorstehende Ermittlungsmaßnahmen könnten gefährdet werden, indem sie bekannt würden, nicht jedoch solche in etwaigen zukünftigen, noch nicht einmal eingeleiteten Verfahren.[1609] Der Versagungsgrund „Gefährdung des Untersuchungszwecks“ ist daher in Bezug auf eine etwaige Beeinträchtigung zukünftiger Kartellverfahren durch eine möglicherweise verringerte Inanspruchnahme des Vergleichsverfahrens nicht einschlägig; geschützt sind vielmehr nur die Untersuchungstätigkeiten in tatsächlich stattfindenden oder konkret bevorstehenden Verfahren.[1610]

Wie bereits zum europäischen Recht ausgeführt[1611] erscheint es zudem nicht sachgerecht, potenziellen Schadensersatzklägern die Möglichkeit der Akteneinsicht nur aufgrund hypothetischer Erwägungen in Bezug auf zukünftige Verfahren abzuschneiden. Denn bei der öffentlichen Kartellrechtsdurchsetzung handelt es nicht etwa um „einen einzigen, großen Untersuchungszweck“, den es durch die Versagung der Akteneinsicht zu schützen gälte. Selbst wenn man dies annähme, dürfte eine ggf. verringerte Inanspruchnahme des Vergleichsverfahrens nicht dazu führen, dass dieser Untersuchungszweck nunmehr gefährdet wäre. Denn obgleich das Vergleichsverfahren für das Bundeskartellamt zu einem wertvollen Instrument seiner Behördentätigkeit geworden ist und in der überwiegenden Anzahl der Kartellbußgeldverfahren zum Einsatz kommt, hat es doch eine erheblich geringere Bedeutung als die Bonusregelung, die eine Aufdeckung und Ahndung von Kartellen vielfach erst ermöglicht. Sofern in Bezug auf letztere also teilweise eine Einsicht in

---

1606 Vgl. RegE eines Gesetzes zur Stärkung der Rechte von Verletzten und Zeugen im Strafverfahren (2. Opferrechtsreformgesetz), BT-Drucks. 16/12812 v. 29.04.2009, S. 15.

1607 *Busch/Sellin*, BB 2012, 1167 (1170).

1608 So auch *Busch/Sellin*, BB 2012, 1167 (1170); *Hauger/Palzer*, EWS 2012, 124 (128); *Kapp*, WuW 2012, 474 (478).

1609 *Kapp*, WuW 2012, 474 (479). Anders aber *Milde*, Schutz des Kronzeugen, S. 228, die meint, „dass die Verhinderung eines zukünftigen Verfahrens ein Mehr gegenüber der Beeinträchtigung ist.“

1610 So im Ergebnis auch – in Bezug auf die Kronzeugenregelung – *Meeßen*, Der Anspruch auf Schadensersatz, S. 148, sowie *Yomere*, WuW 2013, 34 (37).

1611 Vgl. I., 2., c), bb).

die dem Bundeskartellamt freiwillig übermittelten Dokumente vertreten wird,[1612] gilt dies jedenfalls in Bezug auf die Vergleichserklärungen nicht in gleichem Maße.

Demnach kann eine Einsicht in diese wegen einer Gefährdung des Untersuchungszwecks nach § 406e Abs. 2 Satz 2 StPO regelmäßig nicht versagt werden.[1613]

4. Rechtssache Pfleiderer

Im Hinblick auf die Einsicht in die Bonusdokumente war auch das AG Bonn in der Rechtssache *Pfleiderer* zunächst der Auffassung, dass privaten Schadensersatzklägerin Akteneinsicht zu gewähren sei. Allerdings zweifelte es an der Vereinbarkeit der Einsicht in die Bonusdokumente mit unionsrechtlichen Bestimmungen und richtete deshalb ein entsprechendes Vorlageersuchen an den EuGH. Angesichts der – wie dargestellt[1614] – ähnlichen Interessenlage zwischen der Einsicht in die Bonusdokumente und der Einsicht in die Vergleichserklärungen sind Verfahrensgang und Urteil(e) in der Rechtssache *Pfleiderer* auch für die vorliegende Untersuchung von Beachtung und soll diese daher kurz dargestellt sowie bewertet werden.

a) Verfahrensgang[1615]

Das Bundeskartellamt verhängte Ende 2007 gegen drei Hersteller von Dekorpapier Geldbußen i. H. v. insgesamt 62 Millionen Euro wegen Verstoßes gegen das Kartellverbot aus Art. 81 EGV (jetzt: Art. 101 AEUV). Das Bußgeldverfahren war durch die Inanspruchnahme der Kronzeugenregelung angestoßen worden.[1616] Die *Pfleiderer AG*[1617] war Abnehmerin der an dem Kartell beteiligten Unternehmen und bezog von diesen im maßgeblichen Zeitraum Waren im Wert von über 60 Millionen Euro. Zur Vorbereitung einer privaten follow on-Klage beantragte *Pfleiderer* beim Bundeskartellamt Einsicht u. a. in die Bonusdokumente, d. h. die Bonusanträge sowie die übrigen in diesem Zusammenhang freiwillig zur Verfügung gestellten Informationen und Unterlagen. Das Bundeskartellamt teilte *Pfleiderer* jedoch mit, die Einsicht in die Bonusdokumente versagen zu wollen, woraufhin das Unternehmen

---

1612 Vgl. dazu Fn. 1601.

1613 Zu den möglichen Argumenten für und wider die Gewährung von Einsicht in die Vergleichserklärungen, die das Bundeskartellamt im Rahmen seiner Ermessensausübung bei dem ausnahmsweisen Vorliegen einer Gefährdung des Untersuchungszwecks gegeneinander abzuwägen hat, vgl. bereits oben I., 2., c), cc), (2). Die dortigen Erwägungen dürften im deutschen Kartellverfahren im Wesentlichen entsprechend gelten, so dass auf eine erneute – und ohnehin lediglich „hilfsweise" Interessenabwägung – verzichten werden soll, zumal diese nur im Einzelfall wirklich konsequent erfolgen kann.

1614 Vgl. oben B.

1615 Vgl. dazu nur *Hauger/Palzer*, EWS 2012, 124 (126 ff.); *Kapp*, WuW 2012, 474 ff.

1616 Bei dem betreffenden Kartell handelt es sich um den bereits erwähnten *Dekorpapier*-Fall; vgl. Teil 3, B., VII., 1.

1617 Im Folgenden: *Pfleiderer*.

Antrag auf gerichtliche Entscheidung beim AG Bonn stellte. Dieses vertrat mit Beschluss vom 3. Februar 2009 die Ansicht, dass sich das Akteneinsichtsrecht aus § 406e Abs. 1 StPO auch auf die Bonusanträge erstrecke. Gegen den Beschluss des AG Bonn wurde jedoch eine Anhörungsrüge erhoben, so dass das Verfahren in die Lage vor dem Erlass des Beschlusses zurückversetzt wurde. An der in seinem Beschluss vom 3. Februar 2009 geäußerten Rechtsansicht wollte das AG Bonn zwar grundsätzlich festhalten; es äußerte aber nunmehr Zweifel an der Vereinbarkeit der Gewährung von Einsicht in die Bonusdokumente mit dem Gemeinschaftsrecht (jetzt: Unionsrecht).[1618]

Deshalb legte das AG Bonn in einem Vorlagebeschluss vom 4. August 2009 dem EuGH folgende Frage zur Vorabentscheidung vor: „Sind die kartellrechtlichen Bestimmungen des Gemeinschaftsrechts – insbesondere die Art. 11 und 12 VO Nr. 1/2003 sowie Art. 10 Abs. 2 EG i. V. m. Art. 3 Abs. 1 lit. g – dahingehend auszulegen, dass Geschädigte eines Kartells zur Geltendmachung zivilrechtlicher Ansprüche keine Akteneinsicht in Bonusanträge und von Bonusantragstellern in diesem Zusammenhang freiwillig herausgegebene Informationen und Unterlagen erhalten dürfen, die eine mitgliedstaatliche Wettbewerbsbehörde nach Maßgabe eines nationalen Bonusprogramms im Rahmen eines (auch) auf die Durchsetzung von Art. 81 EG gerichteten Bußgeldverfahrens erhalten hat?“[1619]

b) *Schlussanträge von GA Mazák*

In seinen Schlussanträgen setzte sich *GA Mazák* zunächst ausführlich mit dem Spannungsverhältnis zwischen öffentlicher und privater Kartellrechtsdurchsetzung auseinander.[1620] Die besondere Bedeutung der Kronzeugenregelung betonend, gelangte er zu dem Ergebnis, dass bei der Frage der Akteneinsicht in die Kronzeugendokumente zwischen zwei Arten von Kronzeugendokumenten zu differenzieren sei: den Unternehmenserklärungen[1621] und dem „bereits vorhandenen Beweismaterial“[1622]. Während die Akteneinsicht in die Unternehmenserklärungen, mit denen sich die Kronzeugen selbst belasten, zu verweigern sei, sollten private Schadensersatzkläger Einsicht in das bereits vorhandene Beweismaterial erhalten.[1623] Zur Begründung dieser Differenzierung berief sich *GA Mazák* darauf, dass das bereits vorhandene Beweismaterial nicht „im eigentlichen Sinne [...] durch das Kronzeugenverfahren erlangt worden [ist], weil es anders als die vorstehend

1618 AG Bonn v. 04.08.2009, 51 Gs 53/09, Rn. 16.
1619 AG Bonn v. 04.08.2009, 51 Gs 53/09, Tenor (zit. nach *juris*).
1620 *GA Mazák* v. 16.12.2010, C-360/09, Slg. 2011, I-5161, Rn. 33 ff. – *Pfleiderer*.
1621 Vgl. Kronzeugenmitteilung 2006, Rn. 9 lit. a.
1622 Vgl. *GA Mazák* v. 16.12.2010, C-360/09, Slg. 2011, I-5161, Rn. 32 (Fn. 44). – *Pfleiderer*, der sich insofern auf die Kronzeugenmitteilung 2006, Rn. *9 lit. b*, bezieht. Vgl. aber *Grasso*, MJIL 2008, 565 (578), der hinsichtlich der „pre-existing documents“ auf die Kronzeugenmitteilung 2006, Rn. *6*, verweist.
1623 Vgl. *GA Mazák* v. 16.12.2010, C-360/09, Slg. 2011, I-5161, Rn. 44 ff. –*Pfleiderer*.

erwähnten Unternehmenserklärungen, mit denen sich Antragsteller selbst belasten, unabhängig von diesem Verfahren existiert und mindestens theoretisch auch andernorts aufgefunden werden könnte."[1624] Zudem geht er davon aus, „dass Bonusantragsteller berechtigterweise darauf vertrauen können, dass das Bundeskartellamt sein Ermessen in dieser Sache dahin ausübt, dass freiwillige Erklärungen, mit denen sich Antragsteller selbst belasten, nicht offengelegt werden" und „dass, auch wenn das Grundrecht auf einen wirksamen Rechtsbehelf in größtmöglichem Umfang gewahrt werden muss, das berechtigte Vertrauen der Bonusantragsteller darauf überwiegt, dass die Erklärungen, mit denen sie sich selbst belasten, nicht offengelegt werden."[1625] Schlechthin keine Einsicht – auch nicht in das bereits vorhandene Beweismaterial – soll aber wiederum gewährt werden „[i]n Rechtsordnungen, einschließlich derjenigen der Bundesrepublik Deutschland, in denen private Kläger Schadensersatzklagen auf bestandskräftige Entscheidungen der nationalen Wettbewerbsbehörde oder in der Rechtsmittelinstanz ergangene rechtskräftige gerichtliche Entscheidung stützen können, um einen Verstoß gegen Art. 101 AEUV nachzuweisen."[1626]

c) Urteil des EuGH

Der EuGH entschied, dass „[d]ie kartellrechtlichen Bestimmungen der Union [...] dahin auszulegen sind, dass sie es nicht verbieten, dass eine durch einen Verstoß gegen das Wettbewerbsrecht der Union geschädigte und Schadensersatz fordernder Person Zugang zu Dokumenten eines Kronzeugenverfahrens erhält, die den Urheber dieses Verstoßes betreffen."[1627] Zunächst stellte der EuGH fest, dass weder der EGV (jetzt: AEUV) noch die VO 1/2003 Vorschriften über den Zugang zu Dokumenten enthielten, die im Rahmen einer nationalen Kronzeugenregelung freiwillig einer nationalen Wettbewerbsbehörde übermittelt wurden.[1628] Die Bekanntmachung über die Zusammenarbeit im ECN, das ECN-Kronzeugenregelungsmodell[1629] zur Vereinheitlichung bestimmter Aspekte nationaler Kronzeugenregelungen sowie die Kronzeugenmitteilung der Kommission seien für die Mitgliedstaaten und deren Gerichte nicht verbindlich.[1630] Mangels einer verbindlichen Regelung sei es insofern Sache der Mitgliedstaaten, nationale Vorschriften über den Zugang von Kartellgeschädigten zu Kronzeugendokumenten zu erlassen und anzuwenden.[1631]

Gleichwohl enthält das Urteil des EuGH einige Kriterien, die bei der Abwägung der Mitgliedstaaten, ob privaten Schadensersatzklägern Einsicht in die

1624 *GA Mazák* v. 16.12.2010, C-360/09, Slg. 2011, I-5161, Rn. 47 – *Pfleiderer.*
1625 *GA Mazák* v. 16.12.2010, C-360/09, Slg. 2011, I-5161, Rn. 45 – *Pfleiderer.*
1626 *GA Mazák* v. 16.12.2010, C-360/09, Slg. 2011, I-5161, Rn. 47 (Fn. 75) – *Pfleiderer.*
1627 EuGH v. 14.06.2011, C-360/09, Slg. 2011, I-5161, Rn. 32 – *Pfleiderer.*
1628 EuGH v. 14.06.2011, C-360/09, Slg. 2011, I-5161, Rn. 20 – *Pfleiderer.*
1629 http://ec.europa.eu/competition/ecn/model_leniency_de.pdf.
1630 EuGH v. 14.06.2011, C-360/09, Slg. 2011, I-5161, Rn. 21 f. – *Pfleiderer.*
1631 EuGH v. 14.06.2011, C-360/09, Slg. 2011, I-5161, Rn. 23 – *Pfleiderer.*

Kronzeugendokumenten zu gewähren ist, Berücksichtigung finden sollten. So müssten die Mitgliedstaaten einerseits dafür sorgen, „dass die Vorschriften, die sie erlassen oder anwenden, die wirksame Anwendung der Art. 101 AEUV und 102 AEUV nicht beeinträchtigen."[1632] Die Kronzeugenprogramme, welche nützliche Instrumente zur Aufdeckung sowie Beendigung von Wettbewerbsverstößen seien und damit der wirksamen Anwendung der Artt. 101 und 102 AEUV dienten, könnten durch die Übermittlung von Kronzeugendokumenten an Personen, die eine Schadensersatzklage erheben wollen, beeinträchtigt werden.[1633] Es sei anzunehmen, dass sich die an einem Kartell beteiligten Personen wegen der Möglichkeit der Übermittlung der Kronzeugendokumente zwecks Vorbereitung einer Schadensersatzklage von der Inanspruchnahme der Kronzeugenregelung abhalten lassen; zumal die Kronzeugendokumente im ECN nach Artt. 11 und 12 VO 1/2003 zwischen der Kommission sowie den nationalen Wettbewerbsbehörden ausgetauscht werden könnten.[1634] Andererseits betonte der EuGH – unter Verweis auf seine Urteile in den Rechtssachen *Courage und Crehan*[1635] sowie *Manfredi*[1636] – die Bedeutung privater Schadensersatzklagen für die Durchsetzung der Wettbewerbsregeln sowie die Aufrechterhaltung wirksamen Wettbewerbs in der Union.[1637] Die insofern anwendbaren innerstaatlichen Regelungen dürften nicht weniger günstig sein als die für ähnliche innerstaatliche Rechtsbehelfe geltenden und dürften nicht so ausgestaltet sein, dass sie die Erlangung eines Schadensersatzes praktisch unmöglichen machen oder wesentlich erschweren.[1638]

Die danach erforderliche Abwägung zwischen dem Interesse an einer Übermittlung der Kronzeugendokumente und dem Interesse an deren Schutz vor einer solchen „können die nationalen Gerichte im Rahmen des nationalen Rechts nur im Einzelfall und unter Berücksichtigung aller maßgeblichen Gesichtspunkte der Rechtssache vornehmen."[1639]

d) Bewertung des EuGH-Urteils

Da es die Entscheidung über die Akteneinsicht von Kronzeugendokumenten den Mitgliedstaaten überlassen hat, ist das EuGH-Urteil vielfach kritisiert worden: Es schaffe keine Rechtssicherheit für die Kronzeugen, sondern führe zu einer uneinheitlichen Offenlegungspraxis im ECN und mithin dazu, dass die Attraktivität der

1632 EuGH v. 14.06.2011, C-360/09, Slg. 2011, I-5161, Rn. 24 – *Pfleiderer.*
1633 EuGH v. 14.06.2011, C-360/09, Slg. 2011, I-5161, Rn. 25 f. – *Pfleiderer.*
1634 EuGH v. 14.06.2011, C-360/09, Slg. 2011, I-5161, Rn. 27 – *Pfleiderer.*
1635 Vgl. Fn. 1297.
1636 Vgl. Fn. 1298.
1637 EuGH v. 14.06.2011, C-360/09, Slg. 2011, I-5161, Rn. 28 f. – *Pfleiderer.*
1638 EuGH v. 14.06.2011, C-360/09, Slg. 2011, I-5161, Rn. 30 – *Pfleiderer.*
1639 EuGH v. 14.06.2011, C-360/09, Slg. 2011, I-5161, Rn. 30 f. – *Pfleiderer.*

Kronzeugenregelungen abnehme.[1640] Sollte das AG Bonn an seiner im Beschluss vom 3. Februar 2009 geäußerten Rechtsansicht festhalten, stehe außerdem zu befürchten, dass die Zusammenarbeit des Bundeskartellamtes mit den übrigen Wettbewerbsbehörden des ECN erschwert werde, weil diese jenem mangels der Gewährleistung eines ausreichenden Schutzniveaus keine Kronzeugendokumente mehr zur Verfügung stellen werden.[1641]

So wahrscheinlich diese Folgen des EuGH-Urteils sein mögen, so wenig berechtigen sie zur Kritik an der Entscheidung. In ihr spiegeln sich offensichtlich die Erwartungen, die an eine klare Positionierung des EuGH in der Frage, ob private Schadensersatzkläger Einsicht in die Kronzeugendokumente erhalten sollten, gestellt worden sind, die dieser aber schlechthin nicht erfüllen konnte. Denn die Schaffung eines unionsweiten Standards für den Schutz von Kronzeugendokumenten ist eine rechtspolitische Aufgabe, die dem Unionsgesetzgeber, nicht jedoch der Entscheidung des EuGH obliegt.[1642] So existieren, wie der EuGH zu Recht feststellt, auf Unionsebene aktuell keine Vorschriften, die es den Mitgliedstaaten verbieten würden, private Schadensersatzkläger von der Einsicht in die Kronzeugendokumente auszuschließen. Die fehlende Positionierung des EuGH ist daher lediglich die Konsequenz des Umstandes, dass das Unionsrecht den Mitgliedstaaten insofern keine verbindlichen Vorgaben für die Kartellrechtsdurchsetzung macht. So sind die Mitgliedstaaten auch nicht etwa verpflichtet, eigene Kronzeugenregelungen einzuführen. Dann aber können an die Ausgestaltung der nationalen Kronzeugenregelungen seitens des Unionsrechts erst recht keine besonderen Anforderungen gestellt werden.[1643] Dementsprechend weist der EuGH zwar auf die Nützlichkeit von Kronzeugenprogrammen für die wirksame Anwendung der Artt. 101 und 102 AEUV

1640 Vgl. *Fornasier/Sanner*, WuW 2011, 1067 (1070 ff.); *Mäger/Zimmer/Milde*, WuW 2011, 935 (940 f.); *Thomas*, in: Oberender, Kartellrechtsdurchsetzung, 55 (72). Besonders deutlich *Geiger*, ECLR 2011, 535: „This means that the ECJ has not taken any decision at all. It has avoided solving the problem by playing the ball back to the national level. The factual result of this judgment is sheer nonsense and a catastrophe for the antitrust authorities' future work. It means that every European court from Palermo to Hamburg can decide differently on whether your secret is safe or not. [...] Why the ECJ didn't have the guts to decide the case itself is hard to understand. It has given the chance away to set an EU-wide standard."

1641 *Palzer/Preisendanz*, EWS 2011, 365 (368). Sowohl die Kronzeugenmitteilung der Kommission (Rn. 35) als auch das ECN-Kronzeugenregelungsmodell (Rn. 49) sehen vor, dass ein Austausch von Kronzeugendokumenten innerhalb des ECN nur erfolgen soll, wenn die empfangende Behörde den Dokumenten den gleichen Schutz vor dem Zugang Dritter gewährt wie die übermittelnde Behörde.

1642 *Fornasier/Sanner*, WuW 2011, 1067 (1070); *Mäger/Zimmer/Milde*, WuW 2011, 935 (939).

1643 Dies übersehen offensichtlich *Mäger/Zimmer/Milde*, WuW 2009, 885 (895 ff.), die indes annehmen, Art. 4 Abs. 2 Spiegelstr. 3 VO 1049/2001 versage die Einsicht in die Kronzeugendokumente, so dass der diesem entsprechende Versagungsgrund des § 406e Abs. 2 Satz 2 StPO europarechtskonform auszulegen sei.

sowie auf deren etwaige Beeinträchtigung durch die Möglichkeit der Übermittlung von Kronzeugendokumenten an private Schadensersatzkläger hin. Er betont aber zugleich die Bedeutung der privaten Kartellrechtsdurchsetzung und überlässt es folgerichtig den mitgliedstaatlichen Gerichten, eine einzelfallbezogene Abwägung der widerstreitenden Interessen vorzunehmen. Das mag aus Sicht der Praxis unbefriedigend erscheinen; jede andere Entscheidung würde aber das Nebeneinander von Unionsrecht und nationalem Recht verkennen.

Außerdem gilt es zu berücksichtigen, dass der EuGH eine Entscheidung zu Gunsten des Bestehens eines Einsichtsrechts in die Kronzeugendokumente ohnehin nicht treffen konnte, da das AG Bonn in seinem Vorlagebeschluss danach fragte, ob eine Einsicht in die Kronzeugendokumente mit den Bestimmungen des Unionsrechts vereinbar und nicht, ob sie auch geboten ist.[1644]

Schließlich übernimmt der EuGH zu Recht nicht die Argumentation von *GA Mazák*, der in seinen Schlussanträgen zwischen den Kronzeugenanträgen sowie den sonstigen von den Kronzeugen freiwillig vorgelegten Dokumenten differenziert und nur erstere von der Akteneinsicht ausnimmt. Dieser Differenzierung ist aber entgegenzuhalten, dass beide Arten von Dokumenten die Kronzeugen belasten und daher gleichermaßen schutzwürdig erscheinen.[1645] Hiervon geht offensichtlich auch das Bundeskartellamt in seiner Bonusregelung aus, indem es „Anträge privater Dritter auf Akteneinsicht [...] insoweit ablehnen [möchte], als es sich um den Antrag auf Erlass oder Reduktion der Geldbuße *und* die dazu übermittelten Beweismittel handelt."[1646] Das Argument des Vertrauensschutzes, das *GA Mazák* gegen eine Einsicht in die Unternehmenserklärungen anführt,[1647] gilt damit auch in Bezug auf die von den Kronzeugen übermittelten Beweismittel, mithin für solche, die von ihm als „bereits vorhandenes Beweismaterial" bezeichnet werden. Eine Rechtfertigung für die unterschiedliche Behandlung der verschiedenen Kronzeugendokumente ist somit nicht ersichtlich und würde zu einer künstlichen Aufspaltung derselben führen.[1648]

e) Beschluss des AG Bonn

Mit Beschluss vom 18. Januar 2012 verneinte das AG Bonn entgegen seiner ursprünglichen Auffassung überraschenderweise ein Recht *Pfleiderers* auf Einsicht in die Bonusdokumente, wobei es seine Entscheidung – anders als das OLG Düsseldorf

1644 *Fornasier/Sanner*, WuW 2011, 1067 (1071 f.).

1645 *Mäger/Zimmer/Milde*, WuW 2011, 935 (940). Anders aber *Fornasier/Sanner*, WuW 2011, 1067 (1078), die sich darauf berufen, dass „[d]er Kartellbeteiligte [...] nämlich stets damit rechnen [muss], dass derartige Informationen – beispielsweise infolge einer Durchsuchung – in die Hände der Wettbewerbsbehörde fallen und sodann einem potentiell geschädigten Dritten übermittelt werden."

1646 Bonusregelung 2006, Rn. 22. [Hervorhebung durch Verf.].

1647 *GA Mazák* v. 16.12.2010, C-360/09, Slg. 2011, I-5161, Rn. 45 – *Pfleiderer.*

1648 *Mäger/Zimmer/Milde*, WuW 2011, 935 (939 f.).

in seinem Beschluss vom 22. August 2012 – nicht auf den Versagungsgrund des § 406e Abs. 2 *Satz 1* StPO, sondern den des § 406e Abs. 2 *Satz 2* StPO stützte.[1649] Der Wortlaut der Vorschrift, ihr Sinn und Zweck sowie unionsrechtlich geschützte Interessen der Vorschrift stünden einer Versagung der Akteneinsicht nicht entgegen.[1650] Für eine solche spreche dagegen insbesondere das Recht der Kronzeugen auf informationelle Selbstbestimmung, hinter dem das Akteneinsichtsrecht des Schadensersatzklägers zurückstehe, sowie die den Kronzeugen durch das Bundeskartellamt zugesicherte Vertraulichkeit ihrer Bonusanträge.[1651] Hiergegen ist aber anzuführen, dass eine Abwägung des Rechts auf informationelle Selbstbestimmung mit dem Interesse auf Akteneinsicht bereits durch den Gesetzgeber erfolgt ist, der die Akteneinsicht ausschließlich bei einer *konkreten* Gefährdung des Untersuchungszwecks versagen wollte. Das AG Bonn befasste sich indes schlechthin gar nicht mit dem gesetzgeberischen Hintergrund der Norm.[1652] Gegen das Argument des Vertrauensschutzes für die Kronzeugen bzw. ihre Bonusanträge spricht, dass eine bloße Verwaltungsvorschrift des Bundeskartellamts – natürlich – nicht ein gesetzlich gewährtes Akteneinsichtsrecht einschränken kann.[1653]

Vielfach wird an dem Beschluss des AG Bonn ferner zu Recht kritisiert, dass die vom EuGH geforderte Einzelfallabwägung durch die wiederholten Bezugnahmen auf den „konkreten Fall" nur vordergründig stattgefunden habe, tatsächlich jedoch gar nicht erfolgt sei.[1654] Es entsteht daher insgesamt der Eindruck, als sei

---

1649 AG Bonn, NJW 2012, 947 ff. Zustimmend *Dück/Eufinger/Schultes*, EuZW 2012, 418 (420 f.); *Vollmer*, ZWeR 2012, 442 (461 f./463 f.); ebenso – wenn auch mit abweichender Begründung – *Busch/Sellin*, BB 2012, 1167 (1170 f.). Kritisch hingegen *Hauger/Palzer*, EWS 2012, 124 (126 ff.); *Kapp*, WuW 2012, 474 (477 ff.); *Stockmann*, ZWeR 2012, 20 (39).

1650 AG Bonn, NJW 2012, 947 (948 f.).

1651 AG Bonn, NJW 2012, 947 (948). So auch bereits das OLG Düsseldorf im Rahmen des Versagungsgrundes des § 406e Abs. 2 Satz 1 StPO; vgl. dazu bereits 2.

1652 Hierauf weisen auch *Busch/Sellin*, BB 2012, 1167 (1170), hin.

1653 So auch *Kapp*, WuW 2012, 474 (480). Vgl. dazu bereits 2.

1654 *Dworschak/Maritzen*, WuW 2013, 829 (834); *Fiedler/Huttenlauch*, NZKart 2013, 350 (352); *Hempel*, EuZW 2013, 589 (590); *Yomere*, WuW 2013, 34 (37). Anders aber *Seitz*, GRUR-RR 2012, 137 (149), die dem AG Bonn – gerade umgekehrt – vorwirft, nicht für ausreichende Rechtssicherheit gesorgt zu haben. Als Positivbeispiel einer Einzelfallabwägung durch ein mitgliedstaatliches Gericht wird demgegenüber wiederholt die Entscheidung *National Grid* des britischen High Court of Justice v. 04.04.2012 - [2012] EWHC 869 (Ch), hervorgehoben. Dieser hatte über eine Klage auf Gewährung von Einsicht in vertrauliche Bestandteile (einschließlich des Kronzeugenantrags) eines Kommissionsbeschlusses zu entscheiden und unterzog dabei tatsächlich jedes Dokument einer gesonderten Beurteilung. Im Ergebnis gewährte der High Court weitreichende Akteneinsicht und entschied u. a., dass das Vertrauen der Kronzeugen in die Geheimhaltung ihrer Anträge nicht geschützt sei sowie dass die Effektivität des Kronzeugenprogramms durch die Gewährung von Akteneinsicht nicht gefährdet werde, da der Erlass oder die Reduzierung

die Entscheidung erheblich davon beeinflusst, die Attraktivität der Bonusregelung nicht gefährden zu wollen.

Entsprechend der von *GA Mazák* vorgeschlagenen Differenzierung zwischen den Kronzeugenanträgen und den übrigen in diesem Zusammenhang freiwillig herausgegebenen Informationen und Unterlagen bejahte das AG Bonn aber ein Recht auf Einsicht in letztere.[1655]

5. § 406e Abs. 2 Satz 3 StPO

Schließlich kommt eine Versagung der Einsicht in die Vergleichserklärungen in Betracht, wenn[1656] durch sie das Verfahren erheblich verzögert wird, vgl. § 406e Abs. 2 Satz 3 StPO. Einschränkend sieht die Vorschrift vor, dass der Versagungsgrund nach Abschluss der Ermittlungen gegenüber Nebenklägern bzw. Nebenklagebefugten nicht mehr einschlägig ist. Im Ordnungswidrigkeitenrecht ist der Anschluss durch einen Nebenkläger allerdings erst im (straf-)gerichtlichen,[1657] nicht jedoch bereits im behördlichen Verfahren möglich (§ 46 Abs. 3 Satz 4 Hs. 1 OWiG); die Einschränkung ist für die vorliegende Problematik daher gegenstandslos. Darüber hinaus steht der Versagungsgrund des § 406e Abs. 2 Satz 3 StPO einer Einsicht in die Vergleichserklärungen aber auch deshalb nicht entgegen, weil diese nicht zu einer *erheblichen* Verfahrensverzögerung der behördlichen Ermittlungen führen würde. Zwar dient das Vergleichsverfahren gerade einer Beschleunigung des streitigen Kartellverfahrens, so dass ein zügiger Verfahrensabschluss hier von besonderer Bedeutung ist. Allerdings gilt es zu berücksichtigen, dass eine Einsicht in die Vergleichserklärungen überhaupt erst gegen Ende des Kartellverfahrens in Betracht kommt, weil vorher noch gar keine Vergleichserklärungen vorhanden sind. Zu diesem Zeitpunkt müssten aber kaum mehr etwa dringende Bearbeitungstermine wegen der Gewährung von Akteneinsicht verschoben werden und würde die Gesamtdauer des Verfahrens daher nicht wesentlich verlängert.[1658] Jedenfalls nach Abschluss des Kartellverfahrens steht der Ausnahmetatbestand des § 406e Abs. 2 Satz 3 StPO einer Einsicht in die Vergleichserklärungen daher nicht mehr entgegen.[1659]

---

der Geldbuße einen ausreichenden Anreiz zur Kooperation darstellen. Vgl. dazu *Fiedler/Huttenlauch*, NZKart 2013, 350 (352); *Heinichen*, NZKart 2014, 83 (84).

1655 AG Bonn, NJW 2012, 947 (949).

1656 Lies: „soweit"; vgl. oben Fn. 1560.

1657 *Wache*, in: Karlsruher Kommentar, OWiG, § 81 Rn. 29.

1658 Vgl. *Hilger*, in: Löwe-Rosenberg, StPO, § 406e Rn. 14. Für die Annahme einer erheblichen Verfahrensverzögerung soll ein Zeitraum von wenigen Tagen regelmäßig nicht ausreichend sein. Vgl. *Zabeck*, in: Karlsruher Kommentar, StPO, § 406e Rn. 8; *Lauterwein*, Akteneinsicht, S. 125; *Meyer-Goßner*, StPO, § 406e Rn. 6b.

1659 So im Ergebnis auch für die Kronzeugendokumente *Milde*, Schutz des Kronzeugen, S. 233 f.

6. Ergebnis

Nach alledem kann die Einsicht in die Vergleichserklärungen nur in wenigen Fällen versagt werden. Hierzu gehört etwa die Konstellation, dass die Vergleichserklärungen ausnahmsweise Angaben enthalten, die sich nicht auf den Kartellverstoß beziehen und insofern als Geschäftsinterna schutzwürdig im Sinne des § 406e Abs. 2 Satz 1 StPO sind. Dann wiederum kommt aber nur ein partieller Ausschluss der Akteneinsicht in Betracht, während diese im Übrigen zu gewähren ist. Darüber hinaus ist eine Versagung der Einsicht in die Vergleichserklärungen möglich, soweit der Untersuchungszweck eines parallel geführten Kartellverfahrens gefährdet erscheint, vgl. § 406e Abs. 2 Satz 2 StPO, was insbesondere in Hybrid-Fällen in Betracht kommt. Jedoch kann die Einsicht in die Vergleichserklärungen nicht mit dem Argument versagt werden, sie gefährde die Kartellrechtsdurchsetzung insgesamt, weil sich – aus Angst vor einer vermehrten zivilrechtlichen Inanspruchnahme – weniger Betroffene für die Teilnahme an dem Vergleichsverfahren entscheiden würden. Vielmehr sind die Auswirkungen der Einsicht in die Vergleichserklärungen auf zukünftige Kartellverfahren im Rahmen des § 406e Abs. 2 Satz 2 StPO nicht berücksichtigungsfähig.

7. Das Akteneinsichtsrecht im Zuge der 8. GWB-Novelle

a) Gesetzesinitiative

Die Einsicht in die Vergleichserklärungen war auch von einer zunächst geplanten, schließlich jedoch verworfenen Änderung des Akteneinsichtsrechts im Zuge der 8. GWB-Novelle nicht betroffen. Ausgeschlossen werden sollte nur die Einsicht in die Bonusdokumente. Da hinsichtlich dieser und der Einsicht in die Vergleichserklärungen aber eine ähnliche Interessenlage besteht, soll die Gesetzesinitiative nicht unerwähnt bleiben, zumal deren Vereinbarkeit mit der Rechtsprechung des EuGH in Sachen *Pfleiderer* sowie *Donau Chemie*[1660] fraglich erscheint.[1661]

§ 81b GWB-E des Referentenentwurfs lautet(e):

„§ 81b Vertraulichkeit von Aufklärungsbeiträgen

(1) Akteneinsicht in einen Antrag auf Erlass oder Reduktion einer Geldbuße und die dazu übermittelten Beweismittel nach § 406e der Strafprozessordnung, auch in Verbindung mit § 46 Absatz 1 des Gesetzes über Ordnungswidrigkeiten, findet nicht statt. Zu verfahrensübergreifenden Zwecken erfolgen Akteneinsicht in den Antrag, Auskunft aus

1660 EuGH v. 06.06.2013, C-536/11, noch nicht in amtl. Slg. – *Donau Chemie u. a.*

1661 Umso erstaunlicher ist es, dass eine Vorschrift, welche die Einsicht in die Bonusdokumente versagt, ausdrücklich als Reaktion auf das *Pfleiderer*-Urteil erfolgen sollte; vgl. RefE des Bundesministeriums für Wirtschaft und Technologie für ein „Achtes Gesetz zur Änderung des Gesetzes gegen Wettbewerbsbeschränkungen" (im Folgenden: RefE 8. GWB-Novelle), S. 30; abrufbar unter: http://www.bmwi.de/BMWi/Redaktion/PDF/G/gwb-8-aenderung-referentenentwurf,property=pdf,bereich=bmwi,sprache=de,rwb=true.pdf. Vgl. dazu noch b).

dem Antrag, Beiziehung oder Übermittlung des Antrags, jeweils einschließlich der damit übermittelten Beweismittel, nur nach § 161 Absatz 1, § 474 Absatz 2 Satz 2 und § 476 der Strafprozessordnung, auch in Verbindung mit § 46 Absatz 1 und § 49b des Gesetzes über Ordnungswidrigkeiten. Akteneinsicht nach § 474 Absatz 1 der Strafprozessordnung, auch in Verbindung mit § 46 Absatz 1 des Gesetzes über Ordnungswidrigkeiten, wird nur der Staatsanwaltschaft und den Strafgerichten gewährt. Die §§ 50a bis 50c bleiben unberührt.

(2) Absatz 1 findet auf die Kartellbehörde und andere Stellen Anwendung, die den Antrag und die Beweismittel im Rahmen ihrer Aufgaben erlangt haben."[1662]

Die geplante Einführung des § 81b GWB-E wurde im Wesentlichen mit den oben bereits wiederholt angeführten Argumenten begründet.[1663] So verringere die Einsicht in die Bonusdokumente den Anreiz zur Kooperation und gefährde damit sowohl die öffentliche als auch die private Kartellrechtsdurchsetzung; letzteres deshalb, weil die Aufdeckung eines Kartells die Erhebung von Schadensersatzklagen gegen die Schädiger erst ermögliche. Folglich werde die effektive Durchsetzung der Ansprüche der Geschädigten weder praktisch unmöglich gemacht noch übermäßig erschwert. Vielmehr würde durch die Möglichkeit der Einsicht in die Bonusdokumente die „große Gruppe Geschädigter" noch verborgener Kartelle gegenüber der „kleinen Gruppe Geschädigter" bereits aufgedeckter Kartelle benachteiligt. Schließlich sei hinsichtlich des Nachweises des Kartellverstoßes die Tatbestandswirkung des § 33 Abs. 4 GWB zu berücksichtigen.

Letztlich kam § 81b GWB-E aber nicht über den Status des Referentenentwurfs hinaus. Bereits im Regierungsentwurf vom 30. März 2012[1664] war eine Regelung über die Einsicht in die Bonusanträge nicht mehr enthalten. Daraufhin beschloss der Bundesrat eine Stellungnahme, in der dieser eine klarstellende gesetzliche Regelung zur Einsicht privater Dritter in die Bonusanträge forderte:[1665] „Im Gesetz gegen Wettbewerbsbeschränkungen ist der Umfang der Akteneinsicht in Bonusanträge (Kronzeugenanträge) klarzustellen. Die Kronzeugenregelungen der Kartellbehörden (Bonusregelungen) in Deutschland haben sich als wesentliche Basis für die Aufdeckung von Kartellen erwiesen. Die Akteneinsicht in diese Anträge durch Kartellgeschädigte oder Dritte beziehungsweise deren Möglichkeit beeinträchtigt die Attraktivität von Kronzeugenanträgen erheblich. Aus diesem Grund hat das Amtsgericht Bonn vor kurzem die Akteneinsicht in Kronzeugenanträge verweigert. Da für die Anreizsystematik der Kronzeugenanträge Rechtssicherheit zentral ist, sollte diese zutreffende Rechtsauffassung klarstellend ins Gesetz aufgenommen werden."

1662 Vgl. RefE 8. GWB-Novelle, S. 17 f.

1663 Vgl. dazu RefE 8. GWB-Novelle, S. 50 f.

1664 Regierungsentwurf eines Achten Gesetzes zur Änderung des Gesetzes gegen Wettbewerbsbeschränkungen (8. GWB-ÄndG), BR-Drucks. 176/12 v. 30.03.2012.

1665 Stellungnahme des Bundesrates zum Entwurf eines Achten Gesetzes zur Änderung des Gesetzes gegen Wettbewerbsbeschränkungen (8. GWB-ÄndG), BR-Drucks. 176/12(B) v. 11.05.2012, S. 3.

In ihrer Gegenäußerung zu der Stellungnahme des Bundesrates begründete die Bundesregierung das Absehen von der Aufnahme einer Regelung über die Einsicht in die Bonusanträge damit, dass „[d]as Amtsgericht Bonn [...] in seiner Entscheidung vom 18. Januar 2012 in der Rechtssache ‚Pfleiderer' (Az. 51 Gs 53/09) das Akteneinsichtsrecht in Kronzeugenanträge bereits auf der Grundlage des geltenden § 406e der Strafprozessordnung sehr weitgehend eingeschränkt [hat]" und „[a]us Sicht der Bundesregierung [...] die Kronzeugenregelung ihre Funktion deshalb auch ohne gesetzgeberisches Handeln weiterhin erfüllen [kann]."[1666] Dennoch ergänzt der Regierungsentwurf: „Die Bundesregierung wird aber ungeachtet dessen bis zum März 2013 die Spruchpraxis der Gerichte zu Akteneinsichtsanträgen bei Kartellverfahren weiter verfolgen. Sollte sich aus den dabei gewonnenen Erfahrungen gesetzlicher Handlungsbedarf ergeben, wird die Bundesregierung die entsprechenden Maßnahmen ergreifen."[1667]

Das Bundeskartellamt sieht die Streichung der Regelung über die Einsicht in die Bonusanträge naturgemäß kritisch und betont in seiner Stellungnahme zum Regierungsentwurf die Notwendigkeit, die Bonusanträge vertraulich zu behandeln und sie vor der Einsicht Dritter zu schützen.[1668] Gleichwohl beschloss der Bundestag die 8. GWB-Novelle am 18. Oktober 2012 ohne eine solche Regelung über die Einsicht in die Bonusanträge in zweiter und dritter Lesung.[1669] Der ursprünglich geplante Zeitpunkt ihres Inkrafttretens zum 1. Januar 2012 war indes nicht mehr einzuhalten, da der Bundesrat den Vermittlungsausschuss anrief und die Beratung der 8. GWB-Novelle vertagt wurde. Eine Beschlussempfehlung des Vermittlungsausschusses wurde dann aber am 6. Juni 2013 vom Bundestag angenommen; ein Einspruch seitens des Bundesrates erfolgte nicht.[1670] Somit konnte die 8. GWB-Novelle schließlich mit Wirkung vom 30. Juni 2003 in Kraft treten.[1671]

b) Kritik

Nach hier vertretener Auffassung wäre ein Regelungsbedürfnis für den Schutz der Kronzeugendokumente tatsächlich gegeben, da die Einsicht in diese de lege lata

---

1666 RegE eines Achten Gesetzes zur Änderung des Gesetzes gegen Wettbewerbsbeschränkungen (8. GWB-ÄndG), BT-Drucks. 17/9852 v. 31.05.2012, S. 49.

1667 RegE eines Achten Gesetzes zur Änderung des Gesetzes gegen Wettbewerbsbeschränkungen (8. GWB-ÄndG), BT-Drucks. 17/9852 v. 31.05.2012, S. 49.

1668 Stellungnahme des Bundeskartellamts zum RegE zur 8. GWB-Novelle v. 22.06.2012, S. 16 f.

1669 Vgl. Deutscher Bundestag, Plenarprotokoll 17/198, S. 23927 ff., sowie BR-Drucks. 641/12.

1670 Beschluss des Deutschen Bundestages zum Achten Gesetz zur Änderung des Gesetzes gegen Wettbewerbsbeschränkungen (8. GWB-ÄndG), BR-Drucks. 475/13 v. 06.06.2013; Beschluss des Bundesrates zum Achten Gesetz zur Änderung des Gesetzes gegen Wettbewerbsbeschränkungen (8. GWB-ÄndG), BR-Drucks. 475/13 v. 07.06.2013.

1671 BGBl. I 2013, S. 1738.

nicht – oder jedenfalls nur in sehr begrenzte Maße, etwa bei Offenlegung von Geschäftsgeheimnissen oder bei parallel geführten Kartellverfahren – ausgeschlossen werden kann. Ob eine solche, sich immerhin zu Lasten der Kartellgeschädigten auswirkende Regelung (allein) mit dem Schutz des Kronzeugenprogramms zu rechtfertigen ist, erscheint hingegen zweifelhaft. Mehr noch: Fraglich ist, ob eine nationale Vorschrift, welche die Einsicht in die Bonusdokumente abstrakt-generell versagt und eine Abwägung der widerstreitenden Interessen im konkreten Einzelfall nicht zulässt, mit der Rechtsprechung des EuGH vereinbar wäre.

Die Gesetzesbegründung zu § 81b GWB-E verweist darauf, dass „die Passage des Pfleiderer-Urteils, nach der die mitgliedstaatlichen Gerichte die erforderliche Abwägung zwischen den Interessen, die die Übermittlung des Bonusantrags rechtfertigen, und dem Schutz des Kronzeugen vornehmen, [...] nicht dahingehend zu verstehen [sei], dass zwingend eine Interessenabwägung im Einzelfall durch die mitgliedstaatlichen Gerichte zu erfolgen hätte", sondern dass „der Mitgliedstaat mangels einschlägiger verbindlicher EU-Vorschriften auf der Grundlage einer umfassenden Interessenabwägung – wie hier geschehen – eine abstrakt-generelle Regelung treffen (vgl. Rn. 23 des Urteils)" könne.[1672] Allerdings muten die Bezugnahmen in der Gesetzesbegründung auf das *Pfleiderer*-Urteil unvollständig an. So heißt es in der Entscheidung vielmehr abschließend (vor der zusammenfassenden Antwort auf die Vorlagefrage und der Kostenentscheidung): „Eine solche Abwägung können die nationalen Gerichte im Rahmen des nationalen Rechts nur im Einzelfall und unter Berücksichtigung aller maßgeblichen Gesichtspunkte der Rechtssache vornehmen."[1673] Nach dieser ausdrücklichen Vorgabe treffen letztlich stets die *Gerichte* der Mitgliedstaaten und eben nicht deren Gesetzgeber die Entscheidung über die (Nicht-)Gewährung der Akteneinsicht.

Auch in der Folgeentscheidung *Donau Chemie*[1674] bekräftigte der EuGH die in der Rechtssache *Pfleiderer* für jeden Einzelfall geforderte Abwägung zwischen den widerstreitenden Interessen an der Einsicht in die Kronzeugendokumente auf der einen und ihrem Schutz vor Offenlegung auf der anderen Seite.[1675] Dabei ergänzte

---

1672 RefE 8. GWB-Novelle, S. 51.

1673 EuGH v. 14.06.2011, C-360/09, Slg. 2011, I-5161, Rn. 31 – *Pfleiderer*.

1674 Vgl. Fn. 1660. Die Entscheidung beruht auf einem Vorabentscheidungsersuchen des OLG Wien, das dem EuGH die Frage vorlegte, ob § 39 Abs. 2 ÖKartG mit dem Unionsrecht vereinbar ist. Diese Norm macht die Einsicht in die Akten des Kartellgerichts durch einen Dritten von der Zustimmung aller an dem Verfahren beteiligter Parteien abhängig. Verweigert daher nur eine Partei ihre Zustimmung, wie in dem Ausgangsverfahren geschehen, ist eine Akteneinsicht von vornherein ausgeschlossen und bleibt dem Gericht eine einzelfallbezogene Abwägung der widerstreitenden Interessen – entgegen der *Pfleiderer*-Rechtsprechung – verwehrt. Der EuGH antwortete auf die Vorlagefrage schließlich, dass § 39 Abs. 2 ÖKartG mit dem Unionsrecht unvereinbar sei. Vgl. zum Ganzen *Dworschak/Maritzen*, WuW 2013, 829 (837 f.).

1675 EuGH v. 06.06.2013, C-536/11, noch nicht in amtl. Slg., Rn. 30 ff. – *Donau Chemie u. a.*

der EuGH seine Ausführungen gegenüber dem *Pfleiderer*-Urteil um einige – ausgesprochen klägerfreundliche – Aspekte. So müsse die gerichtliche Prüfung für jedes einzelne Dokument erfolgen und dürfe nicht durch eine nationale Regelung, die bestimmte Dokumente systematisch von der Akteneinsicht ausnimmt, ersetzt werden.[1676] Schließlich verlangt der EuGH unter Hervorhebung der Bedeutung der privaten Schadensersatzklagen für die Kartellrechtsdurchsetzung das Bestehen einer konkreten Gefahr für die Wirksamkeit des Kronzeugenprogramms im Falle der Akteneinsicht; das bloße Berufen auf eine solche könne indes nicht genügen.[1677]

Somit erscheint es allenfalls möglich, dass die nationalen Gesetzgeber abstrakt-generelle Kriterien vorgeben, anhand derer die Gerichte ihre Abwägung konkret vorzunehmen haben;[1678] eine Vorwegnahme in Form einer „starren“ Regelung auf Gesetzgebungsebene ist hingegen ausgeschlossen.[1679]

8. *Das Akteneinsichtsrecht nach dem Richtlinien-Vorschlag der Kommission*

Am 11. Juni 2013 hat die Kommission einen Richtlinien-Vorschlag[1680] veröffentlicht, durch den die Einsicht privater Schadensersatzkläger in Kronzeugenunterlagen und Vergleichserklärungen im Rahmen von Kartellzivilprozessen in Zukunft ausgeschlossen werden soll. Zwar sieht Art. 5 Abs. 1 RL-V vor, dass ein einzelstaatliches Gericht die Offenlegung von Beweismitteln anordnen kann, sofern der Kläger plausible Gründe für den Verdacht vorgebracht hat, dass er durch einen Wettbewerbsverstoß geschädigt worden ist, er die Relevanz der betreffenden Dokumente nachgewiesen und diese hinreichend genau benannt hat. Eine solche Anordnung soll zudem unabhängig davon erfolgen können, ob das betreffende Dokument auch

1676 EuGH v. 06.06.2013, C-536/11, noch nicht in amtl. Slg., Rn. 43 ff. – *Donau Chemie u. a.*

1677 EuGH v. 06.06.2013, C-536/11, noch nicht in amtl. Slg., Rn. 46/48 – *Donau Chemie u. a. Dworschak/Maritzen*, WuW 2013, 829 (836), weisen zu Recht darauf hin, dass sich „[e]ine *konkrete* Gefahr [...] aus der jeweils vorliegenden Rechtssache schon deshalb nicht ergeben [wird], weil die Kronzeugenregelung hier bereits im Vorfeld in Anspruch genommen wurde. Es kann deshalb immer nur um die *abstrakte* Gefahr für die zukünftige öffentliche Kartellrechtsdurchsetzung durch das Abstandnehmen von Kronzeugenregelungen insgesamt gehen.“ [Hervorhebungen durch Verf.].

1678 Zu weitgehend daher *Kapp*, BB 2013, 1556, der meint, der EuGH habe dem nationalen Gesetzgeber „*jegliche* Steuerungsmöglichkeit zur Lösung des Konflikts aus der Hand geschlagen.“ [Hervorhebung durch Verf.].

1679 *Dworschak/Maritzen*, WuW 2013, 829 (840); *Fiedler/Huttenlauch*, NZKart 2013, 350 (354); *Hempel*, EuZW 2013, 589. *Dworschak/Maritzen*, WuW 2013, 829 (836), weisen – erneut – zu Recht darauf hin, dass dann auch eine Verwaltungspraxis ohne Einzelfallabwägung (vgl. etwa die Bonusregelung des Bundeskartellamtes, Rn. 22) unionsrechtswidrig ist und einen lediglich geringeren Vertrauensschutz erzeugt.

1680 Vgl. bereits Fn. 1313.

in den Akten einer Wettbewerbsbehörde enthalten ist.[1681] Sollte die Richtlinie tatsächlich mit dieser Bestimmung erlassen werden, wäre der deutsche Gesetzgeber verpflichtet, das im deutschen Zivilprozessrecht nicht existente und dort stets abgelehnte Discovery-Verfahren einzuführen,[1682] und würde die Rechtsstellung privater Schadenersatzkläger damit erheblich verbessert.

Gegenteilig stellt sich jedoch die Situation in Bezug auf Kronzeugenerklärungen und Vergleichsausführungen dar, deren Offenlegung in Zivilprozessen durch Art. 6 Abs. 1 RL-V eingeschränkt werden soll. Dieser lautet:

> *„Die Mitgliedstaaten gewährleisten, dass die einzelstaatlichen Gerichte für die Zwecke von Schadenersatzklagen zu keinem Zeitpunkt die Offenlegung der folgenden Beweismittelkategorien durch eine Partei oder einen Dritten anordnen können:*
> *a) Kronzeugenunternehmenserklärungen und*
> *b) Vergleichsausführungen."*[1683]

Art. 7 Abs. 1 RL-V ergänzt:

> *„Die Mitgliedstaaten gewährleisten, dass Beweismittel, die unter eine der in Artikel 6 Absatz 1 aufgeführten Kategorien fallen und von einer natürlichen oder juristischen Person allein durch Einsicht in die Akten einer Wettbewerbsbehörde in Ausübung ihrer Verteidigungsrechte nach Artikel 27 der Verordnung Nr. 1/2003 oder entsprechender Bestimmungen des einzelstaatlichen Rechts erlangt wurden, in Schadensersatzklageverfahren nicht zulässig sind."*[1684]

Es gilt allerdings zu berücksichtigen, dass der RL-V für die in dieser Arbeit erfolgte Untersuchung der Einsicht in die Vergleichserklärungen nur insofern Geltung beansprucht, als er ausschließlich die Offenlegungspflichten im *gerichtlichen* Verfahren, nicht jedoch die an die Kommission oder das Bundeskartellamt gerichteten Akteneinsichtsbegehren des Art. 2 1049/2001 bzw. des § 406e StPO betrifft. Von einer Beschränkung der Einsichtsbegehren, die sich auf die in den Verfahrensakten der Wettbewerbsbehörden befindlichen Kronzeugenerklärungen bzw. Vergleichsausführungen beziehen, ist in den Entwurfsvorschriften jedenfalls keine Rede. Auch in der Begründung des RL-V verweist die Kommission etwa nur auf das „Gericht[...], das mit der Schadensersatzklage befasst wird"[1685] sowie darauf, dass „ein einzelstaatliches Gericht niemals die Offenlegung dieser Unterlagen [der Kronzeugenerklärungen und Vergleichsausführungen] anordnen"[1686] kann.[1687] Außerdem plant sie – nach der Annahme des RL-V durch Parlament und Rat –, „[u]m

1681 Vgl. RL-V, S. 39.
1682 *Fiedler/Huttenlauch*, NZKart 2013, 350 (353).
1683 RL-V, S. 41.
1684 RL-V, S. 41.
1685 RL-V, S. 16.
1686 RL-V, S. 17.
1687 *Fiedler/Huttenlauch*, NZKart 2013, 350 (353).

Kohärenz hinsichtlich der Vorschriften über die Offenlegung und die Verwendung bestimmter Unterlagen aus den Akten einer Wettbewerbsbehörde zu erzielen [...], auch die bestehenden Vorschriften über die Durchführung der Verfahren der Kommission in der Verordnung Nr. 773/2004 der Kommission (insbesondere in Bezug auf den Zugang zu den Akten der Kommission und die Verwendung von daraus erlangten Unterlagen) und die erläuternden Mitteilungen der Kommission zu ändern." Dies wäre aber freilich nicht erforderlich, wenn der vorliegende RL-V bereits den Zugang zu den Verfahrensakten der Wettbewerbsbehörden regeln würde.[1688] Damit kommt dem RL-V zwar auch insoweit sicherlich eine gewisse indizielle Bedeutung zu; er ist für die Wettbewerbsbehörden indes nicht bindend.[1689]

Letztlich „krankt" der RL-V aber ebenfalls – wie § 81b GWB-E – an seiner Unvereinbarkeit mit der EuGH-Rechtsprechung in Sachen *Pfleiderer* und *Donau Chemie*; denn diese hat gerade jeder mitgliedstaatlichen Regelung, die den Gerichten die geforderte einzelfallbezogene Abwägung entzieht, eine Absage erteilt.[1690] Dass der RL-V nunmehr eine hiermit in Widerspruch stehende Regelung vorsieht, ist umso erstaunlicher, als dessen Veröffentlichung nur wenige Tage nach dem insofern eindeutigen *Donau Chemie*-Urteil erfolgte.

Am 17. April 2014 hat das Europäische Parlament eine überarbeitete Fassung des RL-V, die auf einem Kompromiss zwischen dem Parlament und dem Rat der Europäischen Union beruht, angenommen.[1691] Für die hier interessierenden Zwecke enthält die neue Fassung gegenüber dem ursprünglichen Entwurf der Kommission allerdings keine wesentlichen Änderungen.[1692] Die oben noch als Art. 6 *Abs. 1* RL-V zitierte Regelung findet sich – mit einer geringfügigen sprachlichen Abweichung[1693] –

1688 *Fiedler/Huttenlauch*, NZKart 2013, 350 (353).

1689 Vgl. *Fiedler/Huttenlauch*, NZKart 2013, 350 (353), die von einer „Signalwirkung" sprechen. Anders – allerdings ohne nähere Begründung – *Hempel*, EuZW 2013, 589 (590).

1690 *Dworschak/Maritzen*, WuW 2013, 829 (839); *Heinichen*, NZKart 2014, 83 (85); *Kapp*, BB 2013, 1556. Vgl. auch OLG Hamm v. 26.11.2013, 1 VAs 116/13 – 120/13 und 122/13, Rn. 99 ff. Zweifelnd *Hempel*, EuZW 2013, 589 (590). Für eine Vereinbarkeit des RL-V mit der EuGH-Rechtsprechung dagegen *Mederer*, EuZW 2013, 847 (849 f.), sowie *Fiedler/Huttenlauch*, NZKart 2013, 350 (354), letztere mit dem zweifelhaften Argument, der EuGH habe in seinem *Donau Chemie*-Urteil explizit auf eine fehlende europarechtliche Regelung verwiesen. Auch *Yomere/Kresken*, WuW 2014, 481 (488), meinen, der europäische Gesetzgeber könne „grundsätzlich neue Sekundärrechtsakte erlassen und damit die Bewertungsparameter des EuGH verändern, sofern dies mit dem Primärrecht vereinbar ist." Diesen Einwänden ist indes zu entgegnen, dass der EuGH das Erfordernis der Einzelfallabwägung gerade aus dem primärrechtlichen Effektivitätsgrundsatz ableitet.

1691 Vgl. http://ec.europa.eu/competition/antitrust/actionsdamages/documents.html.

1692 Vgl. dazu die konsolidierte, vom Europäischen Parlament angenommene Textfassung P7_TA(2014)0451, abrufbar unter: http://www.europarl.europa.eu/sides/getDoc.do?type= TA&reference=P7-TA-2014-0451&language=DE#BKMD-11.

1693 „Beweismittel*arten*" statt „Beweismittel*kategorien*". [Hervorhebungen durch Verf.].

in Art. 6 *Abs. 6* RL-V. In Art. 6 Abs. 7 RL-V ist ferner klargestellt, dass eine Einsicht in die Kronzeugenerklärungen bzw. Vergleichsausführungen auf begründeten Antrag des Schadensersatzklägers (nur) durch das Gericht erfolgen kann, um zu gewährleisten, dass es sich bei den betreffenden Unterlagen tatsächlich um solche handelt, die gemäß Art. 6 Abs. 6 RL-V privilegiert sind.

Auch Art. 7 Abs. 1 RL-V hat gegenüber der Kommissionsfassung eine Änderung erfahren[1694] und ist im Zuge der Abstimmung zwischen Rat und Parlament nochmals um einen klarstellenden Zusatz erweitert worden. Die Vorschrift lautet nunmehr wie folgt:

> *„Die Mitgliedstaaten gewährleisten, dass Beweismittel, die unter eine der in Artikel 6 Absatz 6 aufgeführten Kategorien fallen und von einer natürlichen oder juristischen Person allein durch Einsicht in die Akten einer Wettbewerbsbehörde erlangt wurden, in Verfahren auf Schadensersatz als unzulässig angesehen werden oder auf andere Weise nach dem anzuwendenden nationalen Recht geschützt sind, damit sichergestellt ist, dass die Beschränkungen für die Offenlegung von Beweismitteln nach Artikel 6 ihre volle Wirkung entfalten."*

Der RL-V wurde am 10. November 2014 vom Rat angenommen, am 26. November 2014 formell verabschiedet und schließlich am 5. Dezember 2014 im Amtsblatt der Europäischen Union veröffentlicht.[1695] Nachdem die Richtlinie schließlich am 20. Tag nach der Veröffentlichung im Amtsblatt in Kraft getreten ist, haben die Mitgliedstaaten von diesem Zeitpunkt an zwei Jahre Zeit, um sie in nationales Recht umzusetzen.

1694 Begründung: „Der Vorsitz hat den Wortlaut geändert, damit die Mitgliedstaaten die Möglichkeit haben, diejenigen Unterlagen, die von einer natürlichen oder juristischen Person allein durch Einsicht in die Akten einer Wettbewerbsbehörde erlangt wurden, durch Einstufung als unzulässig oder auf andere Weise unter Anwendung der im einzelstaatlichen Recht vorgesehenen Instrumente zu schützen. Durch diese Bestimmung wird zwar der Schutz der bezeichneten Unterlagen sichergestellt, jedoch nicht vorgegeben, wie die Mitgliedstaaten diesen Schutz gewährleisten sollen." Vgl. Rat der Europäischen Union, Vorschlag für eine Richtlinie des Europäischen Parlaments und des Rates über bestimmte Vorschriften für Schadensersatzklagen nach einzelstaatlichem Recht wegen Zuwiderhandlungen gegen wettbewerbsrechtliche Bestimmungen der Mitgliedstaaten und der Europäischen Union – Festlegung der allgemeinen Ausrichtung – v. 27.11.2013, 15983/13 (abrufbar unter: http://register.consilium.europa.eu/doc/srv?l=DE&t=PDF&f=ST+15983+2013+INIT), S. 2.

1695 Richtlinie 2014/104/EU des Europäischen Parlaments und des Rates vom 26. November 2014 über bestimmte Vorschriften für Schadensersatzklagen nach nationalem Recht wegen Zuwiderhandlungen gegen wettbewerbsrechtliche Bestimmungen der Mitgliedstaaten und der Europäischen Union, ABl. EU Nr. L 349/1.

F. Zusammenfassung

Angesichts der weitgehenden Verknappung von Informationen im Rahmen der Durchführung eines Vergleichsverfahrens ist die Möglichkeit der Einsichtnahme in die Vergleichserklärungen für potenzielle Schadensersatzkläger von herausragender Bedeutung. Dies gilt umso mehr, als weder das deutsche Zivilprozessrecht noch die grundsätzlich sehr weitreichende Pre-trial Discovery des U.S.-amerikanischen Rechts hinreichende Möglichkeiten bieten, an die Vergleichserklärungen bzw. an die Kopien von solchen zu gelangen, die sich im Besitz der *Parteien* befinden. Eine solche Offenlegung widerspricht jedoch dem Interesse sowohl der Kartellbeteiligten als auch der Wettbewerbsbehörden an der Geheimhaltung der Vergleichserklärungen, um vermehrten Schadensersatzforderungen vorzubeugen bzw. um die Attraktivität des Vergleichsverfahrens nicht zu gefährden. Deshalb sind die Wettbewerbsbehörden dazu übergangen, die Vergleichserklärungen mündlich entgegen zu nehmen, so dass entsprechende Dokumente nur selten im Besitz der Parteien vorhanden sind. Für private Schadensersatzkläger ist deshalb oftmals nur ein Anspruch auf Einsicht in die *behördlichen* Verfahrensakten zielführend.

Anspruchsgrundlage für die Einsicht in die bei der Kommission befindlichen Vergleichserklärungen ist Art. 2 Abs. 1 VO 1049/2001. Diese Vorschrift wird – jedenfalls nach Abschluss des Kartellverfahrens – nicht von den besonderen kartellrechtlichen Vorschriften über die Akteneinsicht der Parteien verdrängt. Nach deutschem Recht haben die Geschädigten gemäß § 46 Abs. 1 OWiG i. V. m. § 406e Abs. 1 StPO einen Anspruch auf Akteneinsicht. An der Einsicht in die Vergleichserklärungen besteht auch ein berechtigtes Interesse. Sie kann nach Art. 4 VO 1049/2001 und § 406e Abs. 2 StPO nur unter engen Voraussetzungen beschränkt werden, etwa soweit Ermittlungen der Wettbewerbsbehörde in einem parallel durchgeführten Kartellverfahren behindert oder schutzbedürftige, nicht mit dem Kartellverstoß in Zusammenhang stehende Informationen über die Parteien offengelegt würden. Eine Einsicht in die Vergleichserklärungen kann indes nicht mit dem bloßen, von den Wettbewerbsbehörden jüngst in Bezug auf die kartellrechtlichen Kronzeugenregelungen vorgebrachten Argument versagt werden, eine solche gefährde die Attraktivität des Verfahrens, weil sich die Parteien dann vermehrt gegen eine Kooperation entschieden. Insbesondere ist deren Interesse, keinen Schadensersatzansprüchen ausgesetzt zu sein, nicht schutzwürdig im Sinne des Art. 4 Abs. 2 Spiegelstr. 1 VO 1049/2001 bzw. des § 406e Abs. 2 Satz 1 StPO, und zwar auch dann nicht, wenn den Parteien des Vergleichsverfahrens die Vertraulichkeit ihrer Vergleichserklärungen seitens der Wettbewerbsbehörden zugesichert wird. Der Ausnahmetatbestand des Schutzes von Untersuchungstätigkeiten (vgl. Art. 4 Abs. 2 Spiegelstr. 3 bzw. § 406e Abs. 2 Satz 2 StPO) bezweckt nur den Schutz konkreter, nicht jedoch den bloß abstrakter, zukünftiger Verfahren.

Während dieses Ergebnis auch der früheren, obgleich gerade einmal zwei Jahre alten Rechtsprechung des EuG zur Einsicht in die Kronzeugendokumente entspricht, fiel dessen jüngste Entscheidung zum Zugang der Kommissionsakte in der Rechtssache *Niederlande* – offenbar beeinflusst von der Rechtsprechung des EuGH zu vergleichbaren Fragestellungen in beihilfe- und fusionskontrollrechtlichen Fällen, die dieser in der Rechtssache *EnBW* zuletzt auch für das Kartellverfahren übernommen hat – deutlich restriktiver aus. Gleiches gilt für die deutschen Gerichte, die sich zur Begründung des Schutzes von Kronzeugendokumenten auf die Versagungsgründe des § 406e Abs. 2 *Satz 1* StPO (OLG Düsseldorf) bzw. des § 406e Abs. 2 *Satz 2* StPO (AG Bonn) beriefen.

Teil 6: Abschließende Zusammenfassung und Endergebnis

Die vorliegende Untersuchung ging schwerpunktmäßig zwei Fragen nach. Erstens: Sind die Vergleichsverfahren von Kommission und Bundeskartellamt mit höherrangigem Recht vereinbar? Zweitens: Haben private Schadensersatzkläger ein Recht auf Einsicht in die im Besitz von Kommission und Bundeskartellamt befindlichen Vergleichserklärungen, oder kann ihnen die Akteneinsicht unter Verweis auf die Gefährdung der Vergleichsverfahren versagt werden?

Als Ausgangspunkt der Untersuchung diente eine im Wesentlichen überblicksartige Darstellung der öffentlichen Kartellrechtsdurchsetzung durch die Verhängung von Geldbußen seitens der Kommission und des Bundeskartellamtes. Zur Festlegung des Maßstabes für die Prüfung der Rechtmäßigkeit der Vergleichsverfahren war es erforderlich, näher auf die jeweilige Rechtsnatur der deutschen und europäischen Geldbuße einzugehen. Dabei ist die Qualifikation der europäischen Geldbuße in der Literatur (immer noch) nicht endgültig geklärt, obgleich die grundsätzliche Geltung strafrechtlicher und strafprozessualer Prinzipien im Kommissionsverfahren größtenteils anerkannt ist.[1696] Zum gleichen Ergebnis führt eine Einordnung der Kartellgeldbuße anhand der vom EGMR entwickelten Kriterien zur Bestimmung der Rechtsnatur einer Sanktion.[1697] Die Rechtsprechung der Unionsgerichte ist hinsichtlich der Anwendbarkeit von strafrechtlichen bzw. -prozessualen Grundsätzen im Kommissionsverfahren indes weitgehend zurückhaltend.[1698] Demgegenüber ist die Rechtslage im deutschen Kartellbußgeldverfahren weitaus weniger problematisch: Die Geldbuße ist nach allgemeiner Auffassung eine strafrechtliche Maßnahme i. w. S.; strafrechtliche und strafprozessuale Grundsätze finden Anwendung.[1699]

Eine Gegenüberstellung der einvernehmlichen Beendigung von Kartellbußgeldverfahren durch Kommission und Bundeskartellamt ergab, dass die Vergleichsverfahren in ihren Eckpunkten übereinstimmen. Vor beiden Wettbewerbsbehörden finden nach Ermittlung des Sachverhalts[1700] möglichst frühzeitig Vergleichsgespräche statt, während derer den Parteien die Tatvorwürfe dargelegt werden und diese sich zu den Beschuldigungen äußern können[1701]. Entscheiden sich beide Seiten für eine einvernehmliche Verfahrensbeendigung, geben die Parteien eine Vergleichserklärung ab, mittels derer sie den Tatvorwurf anerkennen, den Verstoß beschreiben und auf bestimmte Verfahrensrechte (wie insbesondere eine vollständige

1696 Teil 2, A., IV., 3., a).
1697 Teil 2, A., IV., 4., b).
1698 Teil 2, A., IV., 4., c).
1699 Teil 2, B., IV.
1700 Teil 3, A., VI., 1.; B., VII., 1.
1701 Teil 3, A., VI., 2.; B., VII., 2.

Akteneinsicht) verzichten.[1702] Im Gegenzug gewähren die Wettbewerbsbehörden den Parteien eine geringfügige Bußgeldermäßigung; im Vergleichsverfahren der Kommission beträgt diese stets 10 %, in dem des Bundeskartellamtes ist die Bußgeldermäßigung (lediglich) in Kartellfällen auf maximal 10 % begrenzt.[1703] Die Bußgeldbescheide sind dabei deutlich kürzer als die des streitigen Verfahrens und enthalten nur eine auf das Wesentliche beschränkte Begründung.[1704] Weder die Kommission noch das Bundeskartellamt machen einen Rechtsmittelverzicht der Parteien zur Voraussetzung für eine einvernehmliche Verfahrensbeendigung.[1705] Die Vergleichsverfahren unterscheiden sich dagegen insbesondere in folgenden Punkten. Während die Kommission ihr Verfahren detailliert in einer Verordnung und einer Mitteilung geregelt hat, hat das Bundeskartellamt erst jüngst – allerdings wenig umfangreiche – Verwaltungsgrundsätze veröffentlicht; insofern war und ist das Vergleichsverfahren weitgehend entformalisiert.[1706] Darüber hinaus gelten aber die zentralen rechtsstaatlichen Grundsätze des im Jahr 2009 für das deutsche Strafverfahren eingeführten Verständigungsgesetzes auch im Kartellbußgeldverfahren.[1707] Der Anwendungsbereich des Vergleichsverfahrens der Kommission ist auf Hardcore-Kartelle beschränkt.[1708] Im Vergleichsverfahren des Bundeskartellamtes besteht eine größere Möglichkeit zu „echten“ Verhandlungen.[1709] Während sich die Kommission einen einseitigen Ausstieg aus dem Vergleichsverfahren bis zum Erlass des Vergleichsbeschlusses ausdrücklich vorbehält, fühlt sich das Bundeskartellamt grundsätzlich an den Vergleichsschluss gebunden.[1710]

Die Untersuchung der zuvor dargestellten Vergleichsverfahren kam zu dem Ergebnis, dass sowohl das Vorgehen der Kommission als auch das des Bundeskartellamtes grundsätzlich mit höherrangigem Recht vereinbar ist. Keiner der untersuchten rechtsstaatlichen Grundsätze sowie keine der strafrechtlichen oder strafprozessualen Garantien ist verletzt.[1711] Damit ist freilich nicht gesagt, dass die einvernehmliche Beendigung von Kartellbußgeldverfahren im Allgemeinen bzw. das Vorgehen von Bundeskartellamt und Kommission im Speziellen gänzlich unproblematisch wären. Auch wenn die Schwelle zur Rechtswidrigkeit nicht überschritten ist, wohnt beiden Verfahren insgesamt ein nicht unerhebliches Missbrauchspotential seitens der Wettbewerbsbehörden inne. Ein solches resultiert dabei weniger aus dem Grad der Betroffenheit der jeweiligen Verteidigungsrechte als vielmehr aus ihrer Vielzahl, wobei es insbesondere deren Gesamtschau ist, die Bedenken aufwirft. Dies

1702 Teil 3, A., VI., 3.; B., VII., 2., c).
1703 Teil 3, A., VI., 7.; B., VII., 4.
1704 Teil 3, A., VI., 6., b); B., VII., 3.
1705 Teil 3, A., VI., 6., b); B., VII., 2., b).
1706 Teil 3, A., IV., 2.; B., V., 2.
1707 Teil 3, B., V., 1., b).
1708 Teil 3, A., V.; B., VI.
1709 Teil 3, A., VI., 2., c); B., VII., 2., a).
1710 Teil 3, A., VI., 3., c); B., VII., 2., c).
1711 Teil 4, A., II.-X.; B.

gilt umso mehr, als auf die Ausübung bestimmter Verteidigungsrechte zu Gunsten einer in Aussicht gestellten Bußgeldermäßigung verzichtet wird und insofern stets eine hierdurch beeinflusste, mangelnde Verteidigungsbereitschaft der Parteien im Raum steht. Vor diesem Hintergrund und angesichts des Umstandes, dass die Parteien der Wettbewerbsbehörde durch ihre Kooperation möglicherweise erst zum Erlass einer Bußgeldentscheidung verhelfen, die sie – in der konkreten Form – anderenfalls gar nicht hätte erlassen können, erscheint eine streitige Verteidigung nicht immer die schlechtere Wahl. Zugegebenermaßen handelt es sich hierbei jedoch um eine Einschätzung, die im Grundsatz auf alle Verfahren mit kooperativem Ansatz in einem Unter-/ Überordnungsverhältnis zutrifft, und es hängt im Wesentlichen von dem Verhalten der Wettbewerbsbehörde im Einzelfall ab, ob die Rechtsstaatlichkeit der Verfahrens gewahrt bleibt.

Auf die erste, schwerpunktmäßig zu behandelnde Frage ist demnach zu antworten, dass die Vergleichsverfahren von Kommission und Bundeskartellamt mit höherrangigem Recht vereinbar sind.

Die Untersuchung des Bestehens eines Einsichtsrechts privater Schadensersatzkläger in die Vergleichserklärungen ergab, dass weder die Kommission noch das Bundeskartellamt eine solche Einsicht mit dem abstrakten Hinweis auf eine etwaige, zukünftige Gefährdung ihrer Vergleichsverfahren verweigern können. In Vergleichsverfahren besteht ein Informationsdefizit, das eine Einsicht in die Vergleichserklärungen für private Schadensersatzkläger besonders begehrenswert erscheinen lässt.[1712] Die von den Wettbewerbsbehörden angebotene Möglichkeit, die Vergleichserklärungen mündlich abzugeben, hat zur Folge, dass sich bei den Parteien (möglichst) keine Kopien solcher mehr befinden.[1713] Insofern besteht ein weitgehender Schutz der Vergleichserklärungen, insbesondere auch vor Offenlegung im Rahmen der U.S.-amerikanischen Pre-trial Discovery.[1714] Angesichts dessen ist die Bedeutung einer Einsicht in die bei den Wettbewerbsbehörden befindlichen Vergleichserklärungen, die sich auf europäischer Ebene nach Art. 2 VO 1049/2001 und auf deutscher Ebene nach § 406e Abs. 1 StPO richtet,[1715] umso größer. Dieses Akteneinsichtsrecht kann nur nach Maßgabe des Art. 4 VO 1049/2001 bzw. des § 406e Abs. 2 StPO ausgeschlossen werden. Die dortigen Ausnahmetatbestände rechtfertigen indes keine Versagung mit der Begründung, die Vergleichserklärungen generell schützen zu wollen, um in Zukunft potenzielle Parteien nicht von der Durchführung eines Vergleichsverfahrens abzuschrecken.[1716] Einer gegenteiligen Argumentation der Kommission im Hinblick auf die Einsicht in die Kronzeugendokumente hatte das EuG zunächst eine deutliche Absage erteilt, bevor es den Zugang zur

1712 Teil 5, B., I.
1713 Teil 5, B., II.
1714 Teil 5, C.
1715 Teil 5, D.
1716 Teil 5, E.

Kommissionsakte in seiner jüngsten Entscheidung jedoch wieder einschränkte.[1717] Auch die deutschen Kartellgerichte verkennen, dass § 406e Abs. 2 StPO den Schutz solcher, bloß abstrakter Interessen schlechthin nicht zulässt.[1718] Es bleibt abzuwarten, wie sich die vergleichsweise junge Praxis sowohl der Wettbewerbsbehörden als auch der Gerichte auf europäischer und deutscher Ebene hinsichtlich der Einsicht in die Kronzeugen- bzw. Vergleichserklärungen – zumal vor dem Hintergrund des RL-V der Kommission zu Schadensersatzklagen[1719] – entwickeln wird.

Auf die zweite, schwerpunktmäßig zu behandelnde Frage ist demnach zu antworten, dass private Schadensersatzkläger einen Anspruch auf Einsicht in die bei Kommission und Bundeskartellamt befindlichen Vergleichserklärungen haben.

1717 Teil 5, E., I., 2., c).
1718 Teil 5, E., II., 2.
1719 Teil 5, E., II., 8.

Literaturverzeichnis

Alle in der Arbeit angegebenen Internetadressen befinden sich auf dem Stand vom 4. Juli 2014.

Alle in der Arbeit verwendeten Veröffentlichungen der Kommission und des Bundeskartellamtes ohne nähere Quellenangabe (insbesondere Pressemitteilungen, Bekanntmachungen, Fallberichte, Leitlinien, Merkblätter, Rede- und Fachbeiträge) sind auf der Webseite der Kommission, Generaldirektion Wettbewerb unter *http://ec.europa.eu/competition/index_en.html* bzw. des Bundeskartellamtes unter *www.bundeskartellamt.de* abrufbar.

Alle in der Arbeit angegebenen Entscheidungen des EGMR ohne nähere Quellenangabe sind in der Onlinedatenbank des Gerichtshofs unter *http://hudoc.echr.coe.int* abrufbar.

Abetz, Marie-Claire: Justizgrundrechte in der Europäischen Union, Frankfurt am Main (u. a.) 2005 (zit.: *Abetz*, Justizgrundrechte in der EU).

Achenbach, Hans: Bußgeldverhängung bei Kartellordnungswidrigkeiten nach dem Ende der fortgesetzten Handlung, WuW 1997, S. 393–404 (zit.: *Achenbach*, WuW 1997).

—: Bonusregelungen bei Kartellstraftaten?, NJW 2001, S. 2232–2234 (zit.: *Achenbach*, NJW 2001).

—: Ahndung materiell sozialschädlichen Verhaltens durch bloße Geldbuße? Zur Entwicklung und Problematik „großer" Wirtschafts-Ordnungswidrigkeiten, GA 2008, S. 1–17 (zit.: *Achenbach*, GA 2008).

Ackermann, Thomas: Prävention als Paradigma: Zur Verteidigung eines effektiven kartellrechtlichen Sanktionssystems, ZWeR 2010, S. 329–352 (zit.: *Ackermann*, ZWeR 2010).

Adam, Heike: Die Mitteilungen der Kommission: Verwaltungsvorschriften des Europäischen Gemeinschaftsrechts? Eine Untersuchung zur rechtsdogmatischen Einordnung eines Instruments der Kommission zur Steuerung der Durchführung des Gemeinschaftsrechts, Baden-Baden 1999 (zit.: *Adam*, Die Mitteilungen der Kommission).

Albrecht, Stephan: Die Anwendung von Kronzeugenregelungen bei der Bekämpfung internationaler Kartelle, Baden-Baden 2008 (zit.: *Albrecht*, Die Anwendung von Kronzeugenregelungen).

—: Die neue Kronzeugenmitteilung der Europäischen Kommission in Kartellsachen, WRP 2007, S. 417–427 (zit.: *Albrecht*, WRP 2007).

Almunia, Joaquín: Remedies, commitments and settlements in antitrust, Studienvereinigung Kartellrecht Conference, 8. März 2013, Brüssel, SPEECH/13/210, abrufbar unter: http://europa.eu/rapid/press-release_SPEECH-13-210_en.pdf (zit.: *Almunia*, SPEECH/13/210).

Alvarez Ligabue, Ricardo M.: Der Grundsatz „nemo tenetur se ipsum accusare“ und die Vertraulichkeit der Korrespondenz zwischen Anwalt und Mandant im Bußgeldrecht des Europäischen Kartellverfahrens, Bonn 2000 (zit.: *Alvarez Ligabue*, Der Grundsatz „nemo tenetur“).

Appel, Ivo: Verfassung und Strafe, Zu den verfassungsrechtlichen Grenzen staatlichen Strafens, Berlin 1998 (zit.: *Appel*, Verfassung und Strafe).

Bach, Albrecht: Negotiated Antitrust Settlements: Some Perspectives from the Point of View of (Potential) Plaintiffs, in: Claus-Dieter Ehlermann/Mel Marquis (Hrsg.), European Competition Law Annual 2008: Antitrust Settlements under EC Competition Law, Oxford (u. a.) 2010, S. 251–260 (zit.: *Bach*, in: Ehlermann/Marquis, Antitrust Settlements).

Bätge, Johanna: Wettbewerb der Wettbewerbsordnungen? Überlegungen zum richtigen Grad von Dezentralität und Harmonisierung im Recht gegen Wettbewerbsbeschränkungen, Baden-Baden 2009 (zit.: *Bätge*, Wettbewerb der Wettbewerbsordnungen).

Bartelt, Sandra: Case T-2/03, Verein für Konsumenteninformation v. Commission, judgement of the First Chamber (Extended composition) of the Court of First Instance of 13 April 2005, CMLR 2006, Vol. 43, S. 191–206 (zit.: *Bartelt*, CMLR 2006).

Baudisch, Ilja: Die Rechtsstellung des Unternehmens in grenzüberschreitenden Kartellverfahren, Zur Tragweite des Grundsatzes „ne bis in idem“ im EG-Kartellsanktionsrecht, Köln (u. a.) 2009 (zit.: *Baudisch*, Die Rechtsstellung des Unternehmens).

Bechtold, Rainer (Hrsg.): Kartellgesetz, Gesetz gegen Wettbewerbsbeschränkungen, Kommentar, 6. Aufl., München 2010 (zit.: *Bechtold*, GWB).

—. / *Bosch, Wolfgang*: Der Zweck heiligt nicht alle Mittel, Eine Erwiderung auf *Ackermann*, ZWeR 2010, 329, ZWeR 2011, S. 160–169 (zit.: *Bechtold/Bosch*, ZWeR 2011).

—. / *Brinker, Ingo / Hirsbrunner, Simon*: EG-Kartellrecht, Kommentar, 2. Aufl., München 2009 (zit.: *Bechtold/Bosch/Brinker/Hirsbrunner*, EG-Kartellrecht).

Becker, Monika / Kinzig, Jörg (Hrsg.): Rechtsmittel im Strafrecht, Eine international vergleichende Untersuchung zur Rechtswirklichkeit und Effizienz von Rechtsmitteln, Band 1: Rechtsvergleichender Teil, Freiburg im Breisgau 2000 (zit.: *Bearbeiter*, in: Becker/Kinzig, Rechtsmittel).

Beukelmann, Stephan: Europäisierung des Strafrechts – Die neue strafrechtliche Ordnung nach dem Vertrag von Lissabon, NJW 2010, S. 2081–2086 (zit.: *Beukelmann*, NJW 2010).

Beulke, Werner / Satzger, Helmut: Der fehlgeschlagene Deal und seine prozessualen Folgen – BGHSt 42, 191, JuS 1997, S. 1072–1080 (zit.: *Beulke/Satzger*, JuS 1997).

Bieber, Roland / Epiney, Astrid / Haag, Marcel: Die Europäische Union, Europarecht und Politik, 9. Aufl., Baden-Baden 2011 (zit.: *Bieber/Epiney*/Haag, Die Europäische Union).

Biermann, Jörg: Neubestimmung des deutschen und europäischen Kartellsanktionenrechts: Reformüberlegungen, Determinanten und Perspektiven einer Kriminalisierung von Verstößen gegen das Kartellrecht, ZWeR 2007, S. 1–48 (zit.: *Biermann*, ZWeR 2007).

Bischke, Alf-Henrik / Boger, Michael: Nahezu 50% der Bußgeldentscheidungen des Bundeskartellamts finden eine einvernehmliche Lösung, NZG 2009, S. 1022 (zit.: *Bischke/Boger*, NZG 2009).

Bloch, Robert E. / Schmidt, Jens Peter / Winters, Gary A. / Driscoll, Jennifer: Leniency and Plea Bargaining in Cartel Investigations in the United States and Europe, abrufbar unter: http://www.mayerbrown.com/public_docs/Le-niency_PleaBargaining_CartelInvestigations.pdf (zit.: *Bloch/Schmidt/Win-ters/Driscoll*, Leniency and Plea Bargaining).

Böhm, Ulrike: Amerikanisches Zivilprozessrecht, Köln 2005 (zit.: *Böhm*, Amerikanisches Zivilprozessrecht).

Böse, Martin: Strafen und Sanktionen im Europäischen Gemeinschaftsrecht, Köln (u. a.) 1996 (zit.: *Böse*, Strafen und Sanktionen).

—: Wirtschaftsaufsicht und Strafverfolgung, Die verfahrensübergreifende Verwendung von Informationen und die Grund- und Verfahrensrechte des Einzelnen, Tübingen 2005 (zit.: *Böse*, Wirtschaftsaufsicht und Strafverfolgung).

Brankin, Sean-Paul: All settled: Where are the European Commission's settlement proposals post consultation?, CompLaw 2008, S. 170–181 (zit.: *Brankin*, CompLaw 2008).

—: The first cases under the Commission's cartel-settlement procedure: problems solved?, ECLR 2011, 32(4), S. 165–169 (zit.: *Brankin*, ECLR 2011).

Braum, Stefan: Europäische Strafgesetzlichkeit, Frankfurt am Main 2003 (zit.: *Braum*, Europäische Strafgesetzlichkeit).

Brenner, Tobias: „Settlements" in Kartellverfahren des Bundeskartellamtes – Perspektiven und Grenzen, WuW 2011, S. 590–601 (zit.: *Brenner*, WuW 2011).

—: Das Vergleichsverfahren der Europäischen Kommission in Kartellfällen, Frankfurt am Main (u. a.) 2012 (zit.: *Brenner*, Das Vergleichsverfahren).

Brinker, Ingo: Die Zukunft des Kartellrechts, NZKart 2013, S. 2–11 (zit.: *Brinker*, NZKart 2013).

Bronckers, Mario / Vallery, Anne: No Longer Presumed Guilty: The Impact of Fundamental Rights on Certain Dogmas of EU Competition Law, World Competition 2011, Vol. 34 (4), S. 535–570 (zit.: *Bronckers/Vallery*, World Competition 2011).

Bruha, Thomas / Münch, Wolfgang: Stärkung der Durchführungsbefugnisse der Kommission – Anmerkungen zu Art. 10 der Einheitlichen Europäischen Akte, NJW 1987, S. 542–545 (zit.: *Bruha/Münch*, NJW 1987).

Büchting, Hans-Ulrich / Benno Heussen (Hrsg.): Beck'sches Rechtsanwaltshandbuch, 10. Aufl., München 2011 (zit.: *Bearbeiter*, in: Rechtsanwaltshandbuch).

Bueren, Eckart: Akteneinsicht Dritter im Vergleichsverfahren – Viel Wissen, viel Ärger?, ZWeR 2011, S. 74–94 (zit.: *Bueren*, ZWeR 2011).

—: Ein Beitrag zur Freiwilligkeit von Grundrechtsverzichten im europäischen Eigenverwaltungsrecht, dargestellt am Beispiel des Vergleichsverfahrens in Kartellbußgeldverfahren, ZEuS 2011, S. 485–520 (zit.: *Bueren*, ZEuS 2011).

—: Verständigungen – Settlements in Kartellbußgeldverfahren, Eine Untersuchung des Vergleichsverfahrens der Kommission mit einer rechtsvergleichenden und rechtsökonomischen Analyse, Baden-Baden 2011 (zit.: *Bueren*, Verständigungen).

Bundeskartellamt: Plea Bargaining/Settlement of Cartel Cases, DAF/COMP/WP3/WD(2006)77, Beitrag des Bundeskartellamtes vom 06.10.2006 für den Wettbewerbsausschuss der OECD (zit.: Bundeskartellamt, Plea Bargaining).

—: Kartellbußgeldverfahren zwischen deutschem Systemdenken und europäischer Konvergenz, Tagung des Arbeitskreises Kartellrecht am 4. Oktober 2012, Hintergrundpapier (zit.: Bundeskartellamt, Kartellbußgeldverfahren).

Burrichter, Jochen: Settlements in Cartel Cases: Practical Experiences in Germany, in: Claus-Dieter Ehlermann/Mel Marquis (Hrsg.), European Competition Law Annual 2008: Antitrust Settlements under EC Competition Law, Oxford (u. a.) 2010, S. 471–479 (zit.: *Burrichter*, in: Ehlermann/Marquis, Antitrust Settlements).

—. / Zimmer, Daniel J.: Reflections on the Implementation of a Plea Bargaining/ Direct Settlement-System in EC Competition Law, in: Claus-Dieter Ehlermann/ Isabela Atanasiu (Hrsg.), European Competition Law Annual 2006: Enforcement of Prohibition of Cartels, Oxford (u. a.) 2007, S. 611–624 (zit.: *Burrichter/Zimmer*, in: Ehlermann/Atanasiu, Enforcement).

Busch, Jürgen / Sellin, Katharina: Vertrauen in die Vertraulichkeit – Kronzeugenverfahren in Europa auf der Probe, BB 2012, S. 1167–1172 (zit.: *Busch/Sellin*, BB 2012).

Callewaert, Johan: Die EMRK und die EU-Grundrechtecharta – Bestandsaufnahme einer Harmonisierung auf halbem Weg, EuGRZ 2003, S. 198–206 (zit.: *Callewaert*, EuGRZ 2003).

Calliess, Christian / Ruffert, Matthias (Hrsg.): EUV/AEUV – Das Verfassungsrecht der Europäischen Union mit Europäischer Grundrechtecharta, Kommentar, 4. Aufl., München 2011 (zit.: *Bearbeiter*, in: Calliess/Ruffert, EUV/AEUV).

Carstenholz, Frank: Informationszugangsfreiheit im Gemeinschaftsrecht, Baden-Baden 2004 (zit.: *Carstenholz*, Informationszugangsfreiheit).

Caruso, Antonio: Leniency Programmes and Protection of Confidentiality: The Experience of the European Commission, JECLP 2010, S. 453–477 (zit.: *Caruso*, JECLP 2010).

Classen, Kai-Dieter: Gute Verwaltung im Recht der Europäischen Union, Eine Untersuchung zu Herkunft, Entstehung und Bedeutung des Art. 41 Abs. 1 und 2 der Europäischen Grundrechtecharta, Berlin 2008 (zit.: *Classen*, Gute Verwaltung).

Cooke, John D.: Negotiated Settlements under EC Competition Law: A Judicial Perspective, in: Claus-Dieter Ehlermann/Mel Marquis (Hrsg.), European Competition Law Annual 2008: Antitrust Settlements under EC Competition Law, Oxford (u. a.) 2010, S. 261–275 (zit.: *Cooke*, in: Ehlermann/Marquis, Antitrust Settlements).

Dannecker, Gerhard / Fischer-Fritsch, Jutta: Das EG-Kartellrecht in der Bußgeldpraxis, Köln (u. a.) 1989 (zit.: *Dannecker/Fischer-Fritsch*, Das EG-Kartellrecht).

Danwitz, Thomas von: Europäisches Verwaltungsrecht, Berlin (u. a.) 2008 (zit.: *von Danwitz*, Europäisches Verwaltungsrecht).

de Bronett, Georg-Klaus: Plädoyer für eine Reform der Aufgabenverteilung zwischen der Kommission und dem Gerichtshof der EU bei der Anwendung der Art. 101 und 102 AEUV in Einzelfällen, ZWeR 2012, S. 157–214 (zit.: *de Bronett*, ZWeR 2012).

de Frênes, Michael C.: Das US-amerikanische Kartellstrafrecht, Köln 1984 (zit.: *de Frênes*, Das US-amerikanische Kartellstrafrecht).

de Maizière, Karl Ernst Thomas: Die Praxis der informellen Verfahren beim Bundeskartellamt. Darstellung und rechtliche Würdigung eines verborgenen Vorgehens, Münster 1986 (zit.: *de Maizière*, Die Praxis der informellen Verfahren).

Dohrn, Daniel / Liebich, Simon: Kommentar zu OLG Düsseldorf v. 22.08.2012, V-4 Kart 5 + 6/11 (OWi), WRP 2012, S. 1601–1603 (zit.: *Dohrn/Liebich*, WRP 2012).

Dölling, Dieter / Duttge, Gunnar / Rössner, Dieter (Hrsg.): Gesamtes Strafrecht, StGB – StPO – Nebengesetzes, Handkommentar, 2. Aufl., Baden-Baden 2011 (zit.: *Bearbeiter*, in: Dölling/Duttge/Rössner, Gesamtes Strafrecht).

Dreher, Meinrad: Wider die Kriminalisierung des Kartellrechts, WuW 2011, S. 232–244 (zit.: *Dreher*, WuW 2011).

Dück, Hermann / Eufinger, Alexander / Schultes, Marion: Das Spannungsverhältnis zwischen kartellrechtlicher Kronzeugenregelung und Akteneinsichtsanspruch nach § 406e StPO, EuZW 2012, S. 418–421 (zit.: *Dück/Eufinger/Schultes*, EuZW 2012).

Dworschak, Sebastian / Maritzen, Lars: Einsicht – der erste Schritt zur Besserung? Zur Akteneinsicht in Kronzeugendokumente nach dem Donau Chemie-Urteil des EuGH, WuW 2013, S. 829–844 (zit.: *Dworschak/Maritzen*, WuW 2013).

Ehlers, Dirk (Hrsg.): Europäische Grundrechte und Grundfreiheiten, Berlin 2003 (zit.: *Bearbeiter*, in: Ehlers, Europäische Grundrechte, 1. Aufl.).

—. *(Hrsg.)*: Europäische Grundrechte und Grundfreiheiten, 3. Aufl., Berlin 2009 (zit.: *Bearbeiter*, in: Ehlers, Europäische Grundrechte).

Ellenrieder, Nils: Der Nachweis eines Kartellrechtsverstoßes bei eigenständigen Klagen im Rahmen der privaten Geltendmachung von Ansprüchen wegen der Verletzung des Kartellverbots nach europäischem Recht, Köln 2011 (zit.: *Ellenrieder*, Der Nachweis eines Kartellrechtsverstoßes).

Emmerich, Volker: Kartellrecht, 12. Aufl., München 2012 (zit.: *Emmerich*, Kartellrecht).

Engels, Hartmut: Unternehmensvorsatz und Unternehmensfahrlässigkeit im Europäischen Kartellrecht, Berlin 2002 (zit.: *Engels*, Unternehmensvorsatz).

Fischer, Lilly / Blume Huttenlauch, Anna: Der Schutz von Kronzeugen- und Settlementerklärungen vor der Einsichtnahme durch Dritte nach dem Richtlinien-Vorschlag der Kommission, NZKart 2013, S. 350–355 (zit.: *Fischer/Huttenlauch*, NZKart 2013).

Fischer, Thomas: Regelung der Urteilsabsprache – ein Appell zum Innehalten, NStZ 2007, S. 433–436 (zit.: *Fischer*, NStZ 2007).

—: Ein Jahr Absprache-Regelung, Praktische Erfahrungen und gesetzlicher Ergänzungsbedarf, ZRP 2010, S. 249–251 (zit.: *Fischer*, ZRP 2010).

Fischötter, Werner / Wrage-Molkenthin, Heidi: Brauchen wir eine Kronzeugenregelung im deutschen Kartellrecht?, in: Ernst Niederleithinger u.a. (Hrsg.), Festschrift für Otfried Lieberknecht zum 70. Geburtstag, München 1997, S. 321–331 (zit.: *Fischötter/Wrage-Molkenthin*, in: FS-Lieberknecht).

Flocken, Simone: Die Bußgeldbemessung der Europäischen Kommission in Kartellsachen, München 2007 (zit.: *Flocken*, Die Bußgeldbemessung der Kommission).

Fornasier, Matteo / Sanner, Julian Alexander: Die Entthronung des Kronzeugen? Akteneinsicht im Spannungsfeld zwischen behördlicher und privater Kartellrechtsdurchsetzung nach Pfleiderer, WuW 2011, S. 1067–1080 (zit.: *Fornasier/Sanner*, WuW 2011).

Frenz, Walter: Handbuch Europarecht, Band 2: Europäisches Kartellrecht, Berlin (u.a.) 2006 (zit.: *Frenz*, Europäisches Kartellrecht).

—: Handbuch Europarecht, Band 4: Europäische Grundrechte, Berlin (u.a.) 2009 (zit.: *Frenz*, Europäische Grundrechte).

—: Mitteilungen, Bekanntmachungen und Leitlinien nach dem Vertrag von Lissabon, WRP 2010, S. 224–232 (zit.: *Frenz*, WRP 2010).

Friedmann, Ruben: Die Geltung rechtsstaatlicher Grundsätze im kartellrechtlichen Bußgeldverfahren der Europäischen Gemeinschaft, Berlin 2005 (zit.: *Friedmann*, Die Geltung rechtsstaatlicher Grundsätze).

Fromm, Ingo E.: Auf dem Weg zur strafrechtlichen Verantwortlichkeit von Unternehmen/Unternehmensvereinigungen in Europa?, ZIS 2007, S. 279–291 (zit.: *Fromm*, ZIS 2007).

—: Deals im Straßenverkehr-Ordnungswidrigkeitenverfahren, NZV 2010, S. 550 f. (zit.: *Fromm*, NZV 2010).

Gambaro, Edoardo / Mazzocchi, Francesco: La nuova procedura transattiva nei procedimenti di cartello, Newsletter – 33, 2009, abrufbar unter: http://www.santalex.com/new_site/cgi-bin/newsletter/pdf/newsletter_33.pdf (zit.: *Gambaro/Mazzocchi*, La nuova procedura transattiva).

Gamble, Roger: „Speaking (formally) with the enemy" – cartel settlements evolve, ECLR 2011, 32(9), S. 449–456 (zit.: *Gamble*, ECLR 2011).

Geiger, Andreas: The end of the EU cartel leniency programme, ECLR 2011, 32(10), S. 535 f. (zit.: *Geiger, ECLR 2011).*

Gillmeister, Ferdinand: Ermittlungsrechte im deutschen und europäischen Kartellordnungswidrigkeitenverfahren, Baden-Baden 1985 (zit.: *Gillmeister*, Ermittlungsrechte).

Goddin, Gaëtane: Recent Judgements Regarding Transparency and Access to Documents in the Field of Competition Law: Where Does the Court of Justice of the EU Strike the Balance?, JECLP 2011, S. 10–23 (zit.: *Goddin*, JECLP 2011).

Göhler, Erich (begr.) / Gürtler, Franz (fortgef.) / Seitz, Helmut (fortgef.): Ordnungswidrigkeitengesetz, 16. Aufl., München 2012 (zit.: *Bearbeiter*, in: Göhler, OWiG).

Grabenwarter, Christoph / Pabel, Katharina: Europäische Menschenrechtskonvention, 5. Aufl., München 2012 (zit.: *Grabenwarter/Pabel*, EMRK).

Graf, Jürgen Peter (Hrsg.): Beck'scher Online-Kommentar Strafprozessordnung, Stand: 30.09.2013, Edition: 17, München (zit.: *Bearbeiter*, in: Graf, Beck-OK StPO).

Grasso, Roberto: The E.U. Leniency Program and U.S. Civil Discovery Rules: a Fraternal Fight?, MJIL 2008, Vol. 29, S. 565–604 (zit.: *Grasso*, MJIL 2008).

Gumbel, Tim: Grundrechte im EG-Kartellverfahren nach der VO 17/62, Untersuchung im Vergleich zum Grundrechtsschutz im deutschen und englischen Kartellverfahren, Berlin 2001 (zit.: *Gumbel*, Grundrechte im EG-Kartellverfahren).

Häberle, Birgit: Die Kronzeugenmitteilung der Europäischen Kommission im EG-Kartellrecht, Baden-Baden 2005 (zit.: *Häberle*, Die Kronzeugenmitteilung).

Härtel, Ines: Handbuch Europäische Rechtsetzung, Berlin (u. a.) 2006 (zit.: *Härtel*, Europäische Rechtsetzung).

Hammond, Scott D.: The U.S. Model of Negotiated Plea Agreements: A Good Deal with Benefits for All, OECD Competition Committee Working Party No. 3, Paris, 17. Oktober 2006 (zit.: *Hammond*, Negotiated Plea Agreements).

Hannich, Rolf (Hrsg.): Karlsruher Kommentar zur Strafprozessordnung, 7. Aufl., München 2013 (zit.: *Bearbeiter*, in: Karlsruher Kommentar, StPO).

Hansen, Marc / Calzado, Javier Ruiz / Sullivan Marguerite M.: Breaking New Ground: Direct Settlement of EC Cartel Cases, ARA 2008, S. 63–66 (zit.: *Hansen/Calzado/Sullivan*, ARA 2008).

Haratsch, Andreas / Koenig, Christian / Pechstein, Matthias: Europarecht, 8. Aufl., Tübingen 2012 (zit.: *Haratsch/Koenig/Pechstein*, Europarecht).

Hassemer, Winfried / Dallmeyer, Jens: Gesetzliche Orientierung im deutschen Recht der Kartellgeldbußen und das Grundgesetz, Baden-Baden 2010 (zit.: *Hassemer/ Dallmeyer*, Gesetzliche Orientierung).

Hauger, Nils F. W. / Palzer, Christoph: Verweigerung der Einsichtnahme in Bonusanträge nach EuGH „Pfleiderer" – die Folgeentscheidung des AG Bonn vom 18.1.2012-51 Gs 53/09, EWS 2012, S. 124–130 (zit.: *Hauger/Palzer*, EWS 2012).

Hauser, Sebastian Max / Titze, Laura: EuGH: „Unzugänglichkeitsvermutung" für Dokumente aus Fusionskontrollverfahren, GWR 2012, S. 567 (zit.: Hauser/Titze, GWR 2012).

Hecker, Bernd: Europäisches Strafrecht, 4. Aufl., Berlin (u. a.) 2012 (zit.: *Hecker*, Europäisches Strafrecht).

Hederström, Josefine: The Commission's legislative package on settlement procedures in cartel cases, in: Wolfgang Weiß (Hrsg.), Die Rechtsstellung Betroffener im modernisierten EU-Kartellverfahren, Baden-Baden 2010, S. 9–21 (zit.: *Hederström*, in: Weiß, Die Rechtsstellung Betroffener).

Heine, Henriette: Die Rechtsstellung des Beschuldigten im Rahmen der Europäisierung des Strafverfahrens, Frankfurt am Main (u. a.) 2009 (zit.: *Heine*, Die Rechtsstellung des Beschuldigten).

Heinichen, Christian: Akteneinsicht durch Zivilgerichte in Kartellschadensersatzverfahren, NZKart 2014, S. 83–92 (zit. *Heinichen*, NZKart 2014).

Heitzer, Anne: Punitive Sanktionen im Europäischen Gemeinschaftsrecht, Heidelberg 1996 (zit.: *Heitzer*, Punitive Sanktionen).

Hempel, Rolf: Zugang zu Kronzeugenanträgen nach der Transparenzverordnung?, EuZW 2012, S. 161 f. (zit.: *Hempel*, EuZW 2012).

—: Anmerkung zu EuGH, Urt. v. 6.6.2013 – C-536/11 (Bundeswettbewerbsbehörde/ Donau Chemie AG u. a.), EuZW 2013, S. 589 f. (zit.: *Hempel*, EuZW 2013).

Hennig, Thomas Tobias: Settlements im Europäischen Kartellverfahren, Baden-Baden 2010 (zit.: *Hennig*, Settlements).

Hensmann, Jan: Die Ermittlungsrechte der Kommission im europäischen Kartellverfahren, Reichweite und Grenzen, Baden-Baden 2009 (zit.: *Hensmann*, Die Ermittlungsrechte).

Herdegen, Matthias: Europarecht, 15. Aufl., München 2013 (zit.: *Herdegen*, Europarecht).

Herrlinger, Justus: Das Kartellordnungswidrigkeitenverfahren zwischen Strafprozessordnung und Opportunitätsprinzip, ZWeR 2012, 137–156 (zit.: *Herrlinger*, ZWeR 2012).

Hetzel, Philipp: Kronzeugenregelungen im Kartellrecht, Anwendung und Auslegung von Vorschriften über den Erlass oder die Ermäßigung von Geldbußen im Lichte elementarer Rechtsgrundsätze, Baden-Baden 2004 (zit.: *Hetzel*, Kronzeugenregelungen).

Hildebrandt, Michael W.: Der Irrtum im Bußgeldrecht der Europäischen Gemeinschaften, Eine rechtsvergleichende Analyse, Frankfurt am Main (u. a.) 1990 (zit.: *Hildebrandt*, Der Irrtum im Bußgeldrecht).

Hirsbrunner, Simon: Erfahrungen mit Settlements in Kartellbußgeldverfahren, in: FIW (Hrsg.), Schwerpunkte des Kartellrechts 2009/2010, Referate des 37. und 38. FIW-Seminars, S. 87–95, Köln 2011 (zit.: *Hirsbrunner*, in: FIW, Schwerpunkte des Kartellrechts 2009/2010).

—: Settlements in EU-Kartellverfahren – Kritische Anmerkungen nach den ersten Anwendungsfällen, EuZW 2011, S. 12–16 (zit.: *Hirsbrunner*, EuZW 2011).

Hirsch, Günter / Montag, Frank / Säcker, Jürgen (Hrsg.): Kommentar zum Europäischen und Deutschen Wettbewerbsrecht (Kartellrecht), Band 1: Europäisches Wettbewerbsrecht, München 2007 (zit.: *Bearbeiter*, in: Münchener Kommentar, EU-Wettbewerbsrecht).

Holmes, Simon / Girardet, Philipp: Settling Cartel Cases: Recent Developments in Europe, in: The International Comparative Legal Guide to: Cartels & Leniency 2011, 4. Ed., London 2010, S. 1–8 (zit.: *Holmes/Girardet*, Settling Cartel Cases).

—. */ Butler, Amanda*: Cartel Regulation in the United Kingdom, EAR 2009, S. 206–211 (zit.: *Holmes/Girardet/Butler*, EAR 2009).

Horányi, Márton: The European Commission's Settlement Procedure for Cartel Cases – Costs and Benefits, ZEuS 2008, S. 663–698 (zit.: *Horányi*, ZEuS 2008).

Hull, David W. / Clancy, Michael J.: The European Commission's new settlement procedure for cartel cases: a defense counsel's perspective, in: Gheur, Charles/ Petit, Nicolas (Hrsg.), Alternative enforcement techniques in EC competition law, Settlements, commitments and other novel instruments, Brüssel 2009, S. 107–120 (zit.: *Hull/Clancy*, in: Gheur/Petit, Alternative enforcement techniques).

International Competition Network, Cartel Working Group, Subgroup 1 – General Legal Framework, Cartel Settlements, Report to the ICN Annual Conference, Kyoto/Japan, April 2008, abrufbar unter: http://www.internationalcompetitionnetwork.org/uploads/library/doc347.pdf (zit.: ICN, Cartel Settlements).

Immenga, Ulrich / Mestmäcker, Ernst-Joachim (Hrsg.): Gesetz gegen Wettbewerbsbeschränkungen, Kommentar zum GWB, 2. Aufl., München 1992 (zit.: *Bearbeiter*, in: Immenga/Mestmäcker, GWB, 2. Aufl.).

—. *(Hrsg.)*: Wettbewerbsrecht, Band 1: EU/Teil 1 und 2, Kommentar zum Europäischen Kartellrecht, 5. Aufl., München 2012 (zit.: *Bearbeiter*, in: Immenga/Mestmäcker, EU-Wettbewerbsrecht).

—. *(Hrsg.)*: Wettbewerbsrecht, Band 2, GWB, Kommentar zum Deutschen Kartellrecht, 4. Aufl., München 2007 (zit.: *Bearbeiter*, in: Immenga/Mestmäcker, GWB).

Italianer, Alexander: Recent developments regarding the Commission's cartel enforcement, Studienvereinigung Kartellrecht Conference, Brüssel, 14. März 2012, abrufbar unter: http://ec.europa.eu/competition/speeches/text/sp2012_03_en.pdf (zit.: *Italianer*, Recent developments).

Jaeger, Wolfgang / Pohlmann, Petra / Rieger, Harald / Schroeder, Dirk (Hrsg.): Frankfurter Kommentar zum Kartellrecht, Loseblattwerk, 79. Erg.-Lfg., Stand: Dezember 2013, Köln (zit.: *Bearbeiter*, in: FK-Kartellrecht).

Jahn, Matthias / Müller, Martin: Das Gesetz zur Regelung der Verständigung im Strafverfahren – Legitimation und Reglementierung der Absprachenpraxis, NJW 2009, S. 2625–2631 (zit.: *Jahn/Müller*, NJW 2009).

Janssen, Helmut: Einsicht in Kronzeugenakten – Was bedeutet das Pfleiderer-Urteil in der Praxis, in: FIW (Hrsg.), Schwerpunkte des Kartellrechts 2011, Referate des 39. FIW-Seminars, S. 19–34, Köln 2012 (zit.: *Janssen*, in: FIW, Schwerpunkte des Kartellrechts, 2011).

Jarass, Hans D.: EU-Grundrechte, München 2005 (zit.: *Jarass*, EU-Grundrechte).

—: Charta der Grundrechte der Europäischen Union unter Einbeziehung der vom EuGH entwickelten Grundrechte und der Grundrechtsregelungen der Verträge, Kommentar, München 2010 (zit.: *Jarass*, Grundrechtecharta).

Jescheck, Hans-Heinrich / Weigend, Thomas: Lehrbuch des Strafrechts – Allgemeiner Teil, 5. Aufl., Berlin 1996 (zit.: *Jescheck/Weigend*, Strafrecht AT).

Jeßberger, Florian: Kooperation und Strafzumessung, Der Kronzeuge im deutschen und amerikanischen Strafrecht, Berlin 1999 (zit.: *Jeßberger*, Kooperation).

Joecks, Wolfgang / Miebach, Klaus (Hrsg.): Münchener Kommentar zum StGB, Band 2: §§ 38–79b StGB, 2. Aufl., München 2012 (zit.: Bearbeiter, in: Münchener Kommentar, StGB).

Joshua, Julian / Hugmark, Kristian / Daems, Ief: What's the Deal? Navigating the European Commission's 2008 Settlement Notice, EAR 2009, S. 23–30 (zit.: *Joshua/Hugmark/Daems*, EAR 2009).

Jüntgen, David Alexander: Die prozessuale Durchsetzung privater Ansprüche im Kartellrecht, Köln (u. a.) 2007 (zit.: *Jüntgen*, Die prozessuale Durchsetzung).

—: Zur Verwertung von Kronzeugenerklärungen in Zivilprozessen, WuW 2007, S. 128–137 (zit.: *Jüntgen*, WuW 2007).

Kapp, Thomas: Das Akteneinsichtsrecht kartellgeschädigter Unternehmen: Bonn locuta, causa finita?, WuW 2012, S. 474–487 (zit.: *Kapp*, WuW 2012).

—: „Grundsatz der Einzelabwägung sticht Gesetzgebungskompetenz aus", Kommentar zu EuGH, Urt. v. 6.6.2013 – C-536/11 (Bundeswettbewerbsbehörde/Donau Chemie AG u. a.), BB 2013, S. 1556 (*Kapp*, BB 2013).

Kehl, Isabel: Schutz von Informationen im europäischen Kartellverfahren, Auskunfts-/Zugriffsverweigerungsrechte und Schutz vertraulicher Informationen im europäischen Kartellverfahren unter Berücksichtigung der Verordnung (EG) 1/2003, München 2006 (zit.: *Kehl*, Schutz von Informationen).

Kellerbauer, Manuel: Zugang zur Ermittlungsakte in Verfahren nach den Artt. 101, 102 AEUV und der EU-Fusionskontrollverordnung: Wettbewerbsrecht vs. Transparenzverordnung, WuW 2011, S. 688–699 (zit.: *Kellerbauer*, WuW 2011).

Kiegler, Christoph: Rechtliche Anforderungen an die Berechnung der Bußgelder im Europäischen Kartellrecht, Eine Betrachtung zur Rechtmäßigkeit der Bemessungsleitlinien und der Kronzeugenmitteilung der Europäischen Kommission, Frankfurt am Main (u. a.) 2009 (zit.: *Kiegler*, Rechtliche Anforderungen).

Kiethe, Kurt: Zum Akteneinsichtsrecht des Verletzten (§ 406e StPO), wistra 2006, S. 50–54 (zit.: *Kiethe*, wistra 2006).

Klees, Andreas: Zu viel Rechtssicherheit für Unternehmen durch die neue Kronzeugenmitteilung im europäischen Kartellverfahren?, WuW 2002, S. 1056–1068 (zit.: *Klees*, WuW 2002).

—: Europäisches Kartellverfahrensrecht mit Fusionskontrollverfahren, Köln (u. a.) 2005 (zit.: *Klees*, Europäisches Kartellverfahrensrecht).

Kleine, Maxim: Grenzenloser Zugang zu Dokumenten der Kartellbehörden?, ZWeR 2007, S. 303–318 (zit.: *Kleine*, ZWeR 2007).

Knauer, Christoph / Lickleder, Andreas: Die obergerichtliche Rechtsprechung zu Verfahrensabsprachen nach der gesetzlichen Regelung – ein kritischer Überblick, NStZ 2012, S. 366–379 (zit.: *Knauer/Lickleder*, NStZ 2012).

Kobor, Susanne: Bargaining in the Criminal Justice Systems of the United States and Germany, Frankfurt am Main (u. a.) 2008 (zit.: *Kobor*, Bargaining).

Kölbel, Ralf: Geständnisverwertung bei missglückter Absprache, NStZ 2003, S. 232–237 (zit.: *Kölbel*, NStZ 2003).

König, Frank: Das Europäische Verwaltungssanktionsrecht und die Anwendung strafrechtlicher Rechtsgrundsätze am Beispiel der Verordnung 1/2003, Frankfurt am Main (u. a.) 2009 (zit.: *König*, Das Europäische Verwaltungssanktionsrecht).

Krajewski, Konrad: Geldbußen und Zwangsgelder im Recht der europäischen Gemeinschaften, Saarbrücken 1971 (zit.: *Krajewski*, Geldbußen und Zwangsgelder).

Kroes, Neelie: The First Hundred Days, 40th Anniversary of the Studienvereinigung Kartellrecht 1965–2005, International Forum on European Competition Law, Brüssel, 7. April 2005, SPEECH/05/205, abrufbar unter: http://europa.eu/rapid/press-release_SPEECH-05-205_en.pdf zit.: *Kroes*, SPEECH/05/205).

—: Delivering on the crackdown: recent developments in the European Commission's campaign against cartels, The 10th Annual Competition Conference at the European Institute, Fiesole, 13. Oktober 2006, SPEECH/06/595, abrufbar unter: http://europa.eu/rapid/press-release_SPEECH-06-595_en.pdf (zit.: *Kroes*, SPEECH/06/595).

—: Reinforcing the fight against cartels and developing private antitrust damage actions: two tools for a more competitive Europe, Commission/IBA Joint Conference on EC Competition Policy, Brüssel, 8. März 2007, SPEECH/07/128, abrufbar unter: http://europa.eu/rapid/press-release_SPEECH-07-128_en.pdf (zit.: *Kroes*, SPEECH/07/128).

—: European Competition Policy in a changing world and globalised economy: fundamentals, new objectives and challenges ahead, GCLC/College of Europe Conference on „50 years of EC Competition Law", Brüssel, 5. Juni 2007, SPEECH/07/364, abrufbar unter: http://europa.eu/rapid/press-release_SPEECH-07-364_en.pdf (zit.: *Kroes*, SPEECH/07/364).

—: Assessment of and perspectives for competition policy in Europe, Celebration of the 50th anniversary of the Treaty of Rome, Barcelona, 19. November 2007, SPEECH/07/722, abrufbar unter: http://europa.eu/rapid/press-release_SPEECH-07-722_en.pdf (zit.: *Kroes*, SPEECH/07/722).

—: Settlements in cartel cases, 12th Annual Competition Conference, Fiesole, 19. September 2008, SPEECH/08/445, abrufbar unter: http://eu-ropa.eu/rapid/press-release_SPEECH-08-445_en.pdf (zit.: *Kroes*, SPEECH/ 08/445).

Krüger, Wolfgang / Rauscher, Thomas (Hrsg.): Münchener Kommentar zur Zivilprozessordnung mit Gerichtsverfassungsgesetz und Nebengesetzen, Band 1: §§ 1–354 ZPO, 4. Aufl. 2013, Band 2: §§ 355–1024 ZPO, 4. Aufl. 2012, München (zit.: *Bearbeiter*, in: Münchener Kommentar, ZPO).

Krumm, Carsten: Verständigung auf eine „Punktstrafe" im OWi-Verfahren?, NZV 2011, S. 376 f. (zit.: *Krumm*, NZV 2011).

Laina, Flavio / Laurinen, Elina: The EU Cartel Settlement Procedure: Current Status and Challenges, JECLP 2013, S. 302–311 (zit.: *Laina/Laurinen*, JECLP 2013).

Lampert, Thomas / Weidenbach, Georg: Akteneinsicht zur Substantiierung einer Schadensersatzklage gegen Mitglieder eines Kartells – Beweisprobleme gibt es nicht!, WRP 2007, S. 152–163 (zit.: *Lampert/Weidenbach*, WRP 2007).

Langen, Eugen / Bunte, Hermann-Josef (Hrsg.): Kommentar zum deutschen und europäischen Kartellrecht, Band 1: Deutsches Kartellrecht, 11. Aufl., Köln 2011 (zit.: *Bearbeiter*, in: Langen/Bunte, Deutsches Kartellrecht).

—: Kommentar zum deutschen und europäischen Kartellrecht, Band 2: Europäisches Kartellrecht, 11. Aufl., Köln 2010 (zit.: *Bearbeiter*, in: Langen/Bunte, Europäisches Kartellrecht).

Lasserre, Bruno / Zivy, Fabien: A Principled Approach to Settlements: A Few Open Issues, in: Claus-Dieter Ehlermann/Mel Marquis (Hrsg.), European Competition Law Annual 2008: Antitrust Settlements under EC Competition Law, Oxford (u. a.) 2010, S. 143–169 (zit.: *Lasserre/Zivy*, in: Ehlermann/Marquis, Antitrust Settlements).

Lauterwein, Carl Constantin: Akteneinsicht und -auskünfte für den Verletzten, Privatpersonen und sonstige Stellen: §§ 406e und 475 StPO, München 2011 (zit.: *Lauterwein*, Akteneinsicht).

Ledoux, Valérie / Roda, Jean-Christophe: Adoption par la Commission européenne d'une procedure de „transaction" en matière d'ententes, CCC 2008, Nr. 8–9, S. 8–11 (zit.: *Ledoux/Roda*, CCC 8–9/2008).

Legros, Robert: L'arrêt BMW et le droit pénal européen, CDE 1980, S. 220–239 (zit.: *Legros*, CDE 1980).

Löwe-Rosenberg: Die Strafprozessordnung und das Gerichtsverfassungsgesetz, Großkommentar, Volker Erb u. a. (Hrsg.); Sechster Band: §§ 213–295, Zweiter Teilband: §§ 256–295, 26. Aufl., 2013; Achter Band: §§ 374–448, 26. Aufl., 2009; Berlin (zit.: *Bearbeiter*, in: Löwe-Rosenberg, StPO).

Loewenheim, Ulrich / Meessen, Karl M. / Riesenkampff, Alexander (Hrsg.): Kommentar zum Kartellrecht, 2. Aufl., München 2009 (zit.: *Bearbeiter*, in: Loewenheim/Meessen/Riesenkampff, Kartellrecht).

Lorenzmeier, Stefan: Kartellrechtliche Geldbußen als strafrechtliche Anklage im Sinne der Europäischen Menschenrechtskonvention, ZIS 2008, S. 20–30 (zit.: *Lorenzmeier*, ZIS 2008).

Lübbig, Thomas / le Bell, Miriam: Die Reform des Zivilprozesses in Kartellsachen, WRP 2006, S. 1209–1216 (zit.: *Lübbig/le Bell*, WRP 2006).

Lutz, Martin: Amnestie für aufklärungsbereite Kartellanten?, BB 2000, S. 677–684 (zit.: *Lutz*, BB 2000).

Macchi di Cellere, Stefano / Mezzapesa, Giuseppe: The Commission's settlement package: EU-US comparison, ECLR 2009, 30(12), S. 604–609 (zit.: *Macchi di Cellere/Mezzapesa*, ECLR 2009).

Mader, Oliver: Verteidigungsrechte im Europäischen Gemeinschaftsverwaltungsverfahren, Herkunft, Inhalt und Grenzen grundrechtlicher Verfahrensgarantien im unmittelbaren Vollzug sowie die Folgen ihrer Verletzung, unter besonderer Berücksichtigung der externen Finanzkontrolle, Baden-Baden 2006 (zit.: *Mader*, Verteidigungsrechte).

Mäger, Thorsten / Zimmer, Daniel J. / Milde, Sarah: Konflikt zwischen öffentlicher und privater Kartellrechtsdurchsetzung, Zum Schutz der Vertraulichkeit von Kronzeugenanträgen an das Bundeskartellamt, WuW 2009, S. 885–899 (zit.: *Mäger/Zimmer/Milde*, WuW 2009).

Mäsch, Gerald: Private Ansprüche bei Verstößen gegen das europäische Kartellverbot – *„Courage"* und die Folgen, EuR 2003, S. 825–846 (zit.: *Mäsch*, EuR 2003).

Marquis, Mel: Cartel Settlements and Commitment Decisions, in: Claus-Dieter Ehlermann/Mel Marquis (Hrsg.), European Competition Law Annual 2008: Antitrust Settlements under EC Competition Law, Oxford (u. a.) 2010, S. 29–74 (zit.: *Marquis*, in: Ehlermann/Marquis, Antitrust Settlements).

Martin Alegi, Lynda / Murray, Grant: Settling an Appropriate Policy: Reflections on OFT Work in Progress, in: Claus-Dieter Ehlermann/Mel Marquis (Hrsg.), European Competition Law Annual 2008: Antitrust Settlements under EC Competition Law, Oxford (u. a.) 2010, S. 511–521 (zit.: *Martin Alegi/Murray*, in: Ehlermann/Marquis, Antitrust Settlements).

Maunz, Theodor / Dürig, Günter (Hrsg.): Grundgesetz, Kommentar, Loseblattwerk, 66. Erg.-Lfg., Stand: August 2012, München (zit.: *Bearbeiter*, in: Maunz/Dürig, GG).

Mederer, Wolfgang: Richtlinienvorschlag über Schadensersatzklagen im Bereich des Wettbewerbsrechts, EuZW 2013, S. 847–851 (zit.: *Mederer*, EuZW 2013).

Meeßen, Gero: Der Anspruch auf Schadensersatz bei Verstößen gegen EU-Kartellrecht – Konturen eines Europäischen Kartelldeliktsrechts?, Tübingen 2011 (zit.: *Meeßen*, Der Anspruch auf Schadensersatz).

Mestmäcker, Ernst-Joachim / Schweitzer, Heike: Europäisches Wettbewerbsrecht, 2. Aufl., München 2004 (zit.: *Mestmäcker/Schweitzer*, Europäisches Wettbewerbsrecht).

Metha, Kirtikumar / Tierno Centella, María Luisa: Settlement procedure in EU cartel cases, CLI June 2008, S. 11–16 (zit.: *Metha/Tierno Centella*, CLI 6/2008).

Meyer, Jürgen (Hrsg.): Charta der Grundrechte der Europäischen Union, 3. Aufl., Baden-Baden 2011 (zit.: *Bearbeiter*, in: Meyer, Grundrechtecharta).

Meyer-Goßner, Lutz: Was nicht Gesetz werden sollte! Einige Bemerkungen zum Gesetzentwurf der Bundesregierung zur Verständigung im Strafverfahren, ZRP 2009, S. 107–109 (zit.: *Meyer-Goßner*, ZRP 2009).

—: Strafprozessordnung, Gerichtsverfassungsgesetz, Nebengesetze und ergänzende Bestimmungen, 56. Aufl., München 2013 (zit.: *Meyer-Goßner*, StPO).

Meyer-Ladewig, Jens: Europäische Menschenrechtskonvention, Handkommentar, 3. Aufl., Baden-Baden 2011 (zit.: *Meyer-Ladewig*, EMRK).

—. / Petzold, Herbert: Der neue ständige Europäische Gerichtshof für Menschenrechte, NJW 1999, S. 1165–1166 (zit.: *Meyer-Ladewig/Petzold*, NJW 1999).

Milde, Sarah: Schutz des Kronzeugen im Spannungsfeld von behördlicher Kartellrechtsdurchsetzung und privaten Schadensersatzklagen, Eine Untersuchung unter besonderer Berücksichtigung vorprozessualer Dokumentenzugangs- und Akteneinsichtsrechte Dritter auf europäischer und deutscher Ebene, Baden-Baden 2013 (zit.: *Milde*, Schutz des Kronzeugen).

Mitsch, Wolfgang: Recht der Ordnungswidrigkeiten, 2. Aufl., Berlin (u. a.) 2005 (zit.: *Mitsch*, Ordnungswidrigkeiten).

Möschel, Wernhard: Kartellbußen und Artikel 92 Grundgesetz, WuW 2010, S. 869–877 (zit.: *Möschel*, WuW 2010).

Monopolkommission: Hauptgutachten 2010/2011, Stärkung des Wettbewerbs bei Handel und Dienstleistungen, Baden-Baden 2012 (zit.: *Monopolkommission*, Hauptgutachten 2010/2011).

Motta, Massimo: On cartel deterrence and fines in the European Union, ECLR 2008, 29(4), S. 209–220 (zit.: *Motta*, ECLR 2008).

Müller, Martin: Probleme um eine gesetzliche Regelung der Absprachen im Strafverfahren, Köln (u. a.) 2008 (zit.: *Müller*, Absprachen im Strafverfahren).

Münch, Ingo von (begr.) / Kunig, Philip (Hrsg.): Grundgesetz, Kommentar, Band 2: Art. 70–146, 6. Aufl., München 2012 (zit.: *Bearbeiter*, in: von Münch/Kunig, GG).

Mundt, Andreas: Die Bußgeldleitlinien des Bundeskartellamtes, WuW 2007, S. 458–470 (zit.: *Mundt*, WuW 2007).

—: Verfahren ohne Sanktionen – Sanktionen ohne Verfahren? Alternative Instrumente der Kartellbehörden, Vortrag auf dem 44. Innsbrucker Symposium des FIW v. 10. März 2011 (zit.: *Mundt*, Alternative Instrumente).

—. / *Meeßen, Gero*: Private Kartellrechtsdurchsetzung – Deutsche und Europäische Initiativen aus Sicht des Bundeskartellamts, in: Peter Oberender (Hrsg.), Private und öffentliche Kartellrechtsdurchsetzung, Berlin 2012, S. 39–54 (zit.: *Mundt / Meeßen*, in: Oberender, Kartellrechtsdurchsetzung).

Musielak, Hans-Joachim (Hrsg.): Kommentar zur Zivilprozessordnung mit Gerichtsverfassungsgesetz, 10. Aufl., München 2013 (zit.: *Bearbeiter*, in: Musielak, ZPO).

Niemöller, Martin: Absprachen im Strafprozeß, StV 1990, S. 34–38 (zit.: *Niemöller*, StV 1990).

Nordlander, Kristina: Discovering discovery – US discovery of EC leniency statements, ECLR 2004, S. 646–659 (zit.: *Nordlander*, ECLR 2004).

Nordmann, Matthias J.: Rechtswidrig durch Kommission verweigerter Akteneinsichtsantrag – Lombard Club, Anmerkung, EuZW 2005, S. 573–575 (zit.: *Nordmann*, EuZW 2005).

O'Brien, Ann: Cartel Settlements in the U.S. and EU: Similarities, Differences & Remaining Questions, 13th Annual EU Competition Law and Policy Workshop, Florence 6th June 2006 (zit.: *O'Brien*, Cartel Settlements in the U.S. and EU).

OECD (Hrsg.): Experiences with Direct Settlements in Cartel Cases, DAF/COMP(2008)32, Zusammenstellung von Beiträgen der Wettbewerbsbehörden ausgewählter Länder vom 01.10.2009 für den Wettbewerbsausschuss der OECD, abrufbar unter: http://www.oecd.org/competition/cartelsandanticompetitiveagreements/44178372.pdf (zit.: *Wettbewerbsbehörde*, in: OECD, Settlements).

Oehler, Dietrich: Zur Bußgeldzumessung in Kartellsachen, BB 1980, S. 446 f. (zit.: *Oehler*, BB 1980).

—: Internationales Strafrecht, 2. Aufl., Köln (u. a.) 1983 (zit.: *Oehler*, Internationales Strafrecht).

—: Fragen zum Strafrecht der Europäischen Gemeinschaft, in: Theo Vogler (Hrsg.), Festschrift für Hans-Heinrich Jescheck zum 70. Geburtstag, Halbband II, Berlin 1985, S. 1399–1410 (zit.: *Oehler*, in: FS-Jescheck).

Ohle, Mario Mathias / Albrecht, Stephan: Die neue Bonusregelung des Bundeskartellamtes in Kartellsachen, WRP 2006, S. 866–874 (zit.: *Ohle/Albrecht*, WRP 2006).

Ohler, Christoph: Anm. zu EuGH, Urteil v. 6.12.2005 – C-66/04 Vereinigtes Königreich Großbritannien und Nordirland ./. Europäisches Parlament und Rat der EU, JZ 2006, S. 359–362 (zit.: *Ohler*, JZ 2006).

Oppermann, Thomas / Classen, Claus Dieter / Nettesheim, Martin: Europarecht, 4. Aufl., München 2009 (zit.: *Oppermann/Classen/Nettesheim*, Europarecht).

Ortega Gonzalez, Angela: The cartel settlement procedure in practice, ECLR 2011, 32(4), S. 170–177 (zit.: *Ortega Gonzalez*, ECLR 2011).

Osterloh-Konrad, Christine: Der allgemeine vorbereitende Informationsanspruch, Zivilrechtliche Auskunfts- und Rechenschaftsansprüche und ihre Funktion im Zivilprozess, München 2007 (zit.: *Osterloh-Konrad*, Der Informationsanspruch).

Pache, Eckhard: Das europäische Grundrecht auf einen fairen Prozess, NVwZ 2001, S. 1342–1347 (zit.: *Pache*, NVwZ 2001).

—. / *Rösch, Franziska*: Europäischer Grundrechtsschutz nach Lissabon – die Rolle der EMRK und der Grundrechtecharta in der EU, EuZW 2008, 519–522 (zit.: *Pache/Rösch*, EuZW 2008).

Palzer, Christoph: Anmerkung zu OLG Düsseldorf v. 22.08.2012, V-4 Kart 5 + 6/11 (OWi), EWS 2012, 544 (zit.: *Palzer*, EWS 2012).

—. / *Preisendanz, David*: Drum prüfe, wer sich offenbare ... – EuGH „Pfleiderer“, EWS 2011, S. 365–369 (zit.: *Palzer/Preisendanz*, EWS 2011).

Pampel, Gunnar: Europäisches Wettbewerbsrecht – Rechtsnatur und Rechtswirkungen von Mitteilungen der Kommission im europäischen Wettbewerbsrecht, EuZW 2005, S. 11–13 (zit.: *Pampel*, EuZW 2005).

Partsch, Christoph J.: Die neue Transparenzverordnung (EG) Nr. 1049/2001, NJW 2001, S. 3154–3158 (zit.: *Partsch*, NJW 2001).

Pascu, Octavian Gabriel: Strafrechtliche Fundamentalprinzipien im Gemeinschaftsrecht, Unter besonderer Berücksichtigung des Kartellordnungswidrigkeitenrechts, Frankfurt am Main (u. a.) 2010 (zit.: *Pascu*, Strafrechtliche Fundamentalprinzipien).

Petrasincu, Alex: Discovery revisited – the impact of the US discovery rules on the European Commission's leniency programme, ECLR 2011, S. 356–368 (zit.: *Petrasincu*, ECLR 2011).

Pfeffer, Kristin: Das Recht auf eine gute Verwaltung, Art II-101 der Grundrechtecharta des Vertrages über eine Verfassung für Europa, Baden-Baden 2006 (zit.: *Pfeffer*, Gute Verwaltung).

Polley, Romina / Heinz, Silke: Settlements bei der Europäischen Kommission und beim Bundeskartellamt – ein Praxisvergleich, WuW 2012, S. 14–27 (zit.: *Polley/Heinz*, WuW 2012).

—. / *Seeliger, Daniela*: Die neue Mitteilung der Europäischen Kommission über den Erlass und die Ermäßigung von Geldbußen in EG-Kartellsachen, EuZW 2002, S. 397–401 (zit.: *Polley/Seeliger*, EuZW 2002).

Queck, Nadine: Die Geltung des nemo-tenetur-Grundsatzes zugunsten von Unternehmen, Berlin 2005 (zit.: *Queck*, Die Geltung des nemo-tenetur-Grundsatzes).

Reindl, Andreas: The Legal Framework Governing Negotiated Settlements/Plea Agreements in Cartel Cases in the United States, in: Claus-Dieter Ehlermann/Mel Marquis (Hrsg.), European Competition Law Annual 2008: Antitrust Settlements under EC Competition Law, Oxford (u.a.) 2010, S. 47–65 (zit.: *Reindl*, in: Ehlermann/Marquis, Antitrust Settlements).

Rengeling, Hans-Werner / Szczekalla, Peter: Grundrechte in der Europäischen Union, Charta der Grundrechte und Allgemeine Rechtsgrundsätze, Köln (u. a.) 2004 (zit.: *Rengeling/Szczekalla*, Grundrechte in der EU).

Rieckhoff, Henning: Der Vorbehalt des Gesetzes im Europarecht, Tübingen 2007 (zit.: *Rieckhoff*, Der Vorbehalt des Gesetzes).

Riedel, Claudia / Wallau, Rochus: Das Akteneinsichtsrecht des „Verletzten" in Strafsachen – und seine Probleme, NStZ 2003, S. 393–399 (zit.: *Riedel/Wallau*, NStZ 2003).

Riemann, Frank: Die Transparenz der Europäischen Union, Das neue Recht auf Zugang zu Dokumenten von Parlament, Rat und Kommission, Berlin 2004 (zit.: *Riemann*, Die Transparenz der EU).

Rittner, Fritz / Dreher, Meinrad: Europäisches und deutsches Wirtschaftsrecht, 3. Aufl., Heidelberg 2008 (zit.: *Rittner/Dreher*, Wirtschaftsrecht).

Rivery, Eric Morgan de: The French „Non-Contest Procedure": a Practitioner's Point of View, in: Claus-Dieter Ehlermann/Mel Marquis (Hrsg.), European Competition Law Annual 2008: Antitrust Settlements under EC Competition Law, Oxford (u. a.) 2010, S. 453–469 (zit.: *Rivery*, in: Ehlermann/Marquis, Antitrust Settlements).

Rosenberg, Leo (begr.) / Schwab, Karl Heinz (fortgef.) / Gottwald, Peter (bearb.): Zivilprozessrecht, 17. Aufl., München 2010 (zit.: *Rosenberg/Schwab/Gott-wald*, ZPO).

Safferling, Christoph J. M.: Audiatur et altera pars – die prozessuale Waffengleichheit als Prozessprinzip? – Qui statuit alliquid parte inaudita altera, Aequm liquet statuerit haud aequs fuit., NStZ 2004, S. 181–188 (zit.: *Safferling*, NStZ 2004).

Satzger, Helmut: Die Europäisierung des Strafrechts, Eine Untersuchung zum Einfluß des Europäischen Gemeinschaftsrechts auf das deutsche Strafrecht, Köln (u. a.) 2001 (zit.: *Satzger*, Die Europäisierung des Strafrechts).

Schack, Haimo: Einführung in das US-amerikanische Zivilprozessrecht, 4. Aufl., München 2011 (zit.: *Schack*, US-amerikanisches Zivilprozessrecht).

Schmidt, Florian: Die Befugnis des Gemeinschaftsrichters zu unbeschränkter Ermessensnachprüfung, Die „pleine juridiction" im europäischen Gemeinschaftsrecht unter besonderer Berücksichtigung des Bußgeldverfahrens im Kartellrecht, Baden-Baden 2004 (zit.: *Schmidt*, Die Befugnis des Gemeinschaftsrichters).

Schmidt, Karsten: Zur Verantwortung von Gesellschaften und Verbänden im Kartell-Ordnungswidrigkeitenrecht, wistra 1990, S. 131–138 (zit.: *K. Schmidt*, wistra 1990).

Schnakl, Mario: Die Kronzeugenregelung in Kartellverfahren, Wien 2009 (zit.: *Schnakl*, Kronzeugenregelung).

Schneiders, Benedikt: Die Grundrechte der EU und die EMRK, Das Verhältnis zwischen ungeschriebenen Grundrechten, Grundrechtecharta und Europäischer Menschenrechtskonvention, Baden-Baden 2010 (zit.: *Schneiders*, Die Grundrechte).

Schnichels, Dominik: Die gläserne Kommission – Zugang zu Dokumenten der EG-Kommission, EuZW 2002, S. 577 (zit.: *Schnichels*, EuZW 2002).

Scholz, Ulrich / Haus, Florian C.: Geldbußen im EG-Kartellrecht und Einkommensteuerrecht, EuZW 2002, S. 682–688 (zit.: *Scholz/Haus*, EuZW 2002).

Schroth, Hans-Jürgen: Economic offences in EEC law, With special reference to English and German law, Kehl (u. a.) 1983 (zit.: *Schroth*, Economic offences).

Schünemann, Bernd: Die Verständigung – Wunderwaffe oder Bankrotterklärung der Verteidigung?, NJW 1989, S. 1895–1903 (zit.: *Schünemann*, NJW 1989).

—: Ein deutsches Requiem auf den Strafprozess des liberalen Rechtsstaats, ZRP 2009, S. 104–107 (zit.: *Schünemann*, ZRP 2009).

Schulte, Josef L. / Just, Christoph (Hrsg.): Kartellrecht – GWB, Kartellvergaberecht, EU-Kartellrecht, Kommentar, Köln 2012 (zit.: *Bearbeiter*, in: Schulte/Just, Kartellrecht).

Schwarze, Jürgen: Der Grundrechtsschutz für Unternehmen in der Europäischen Grundrechtecharta, EuZW 2001, S. 517–524 (zit.: *Schwarze*, EuZW 2001).

—: Rechtsstaatliche Grenzen der gesetzlichen und richterlichen Qualifikation von Verwaltungssanktionen im europäischen Gemeinschaftsrecht, EuZW 2003, S. 261–269 (zit.: *Schwarze*, EuZW 2003).

—: Europäische Kartellbußgelder im Lichte übergeordneter Vertrags- und Verfassungsgrundsätze, EuR 2009, S. 171–199 (zit.: *Schwarze*, EuR 2009).

—: Rechtsstaatliche Defizite des europäischen Kartellbußgeldverfahrens, WuW 2009, S. 6–12 (zit.: *Schwarze*, WuW 2009).

—. *(Hrsg.)*: EU-Kommentar, 3. Aufl., Baden-Baden 2012 (zit.: *Bearbeiter*, in: Schwarze, EU-Kommentar).

—. / *Bechtold, Rainer / Bosch, Wolfgang*: Rechtsstaatliche Defizite im Kartellrecht der Europäischen Gemeinschaft, Eine kritische Analyse der derzeitigen Praxis und Reformvorschläge, Stuttgart 2008, abrufbar unter: http://ec.europa.eu/competition/consultations/2008_regulation_1_2003/gleiss_lutz_de.pdf (zit.: *Schwarze/Bechtold/Bosch*, Rechtsstaatliche Defizite).

—. / *Weitbrecht, Andreas*: Grundzüge des europäischen Kartellverfahrensrechts, Baden-Baden 2004 (zit.: *Schwarze/Weitbrecht*, Grundzüge).

Scordamaglia, Andreas: The new Commission settlement procedure for cartels: A critical assessment, GAR 2009, S. 61–91 (zit.: *Scordamaglia*, GAR 2009).

Seitz, Claudia: Zugang geschädigter Dritter zu Dokumenten eines Kronzeugenverfahrens, Anm. zu EuGH, Urt. v. 14.06.2011 – C-360/09 (Pfleiderer-AG/BKartA), EuZW 2011, 599–602 (zit.: *Seitz*, EuZW 2011).

—: Public over Private Enforcement of Competition Law? Zugleich Besprechung von AG Bonn, Beschluss v. 18.1.2012–51 Gs 53/09 – Pfleiderer, GRUR-RR 2012, S. 137–142 (zit.: *Seitz*, GRUR-RR 2012).

Senge, Lothar (Hrsg.): Karlsruher Kommentar zum Gesetz über Ordnungswidrigkeiten, 3. Aufl., München 2006 (zit.: *Bearbeiter*, in: Karlsruher Kommentar, OWiG).

Siragusa, Mario / Guerri, Erika: Antitrust Settlements under EC Competition Law: The point of View of the Defendants, in: Claus-Dieter Ehlermann/Mel Marquis (Hrsg.), European Competition Law Annual 2008: Antitrust Settlements under EC Competition Law, Oxford (u. a.) 2010, S. 185–203 (zit.: *Siragusa/Guerri*, in: Ehlermann/Marquis, Antitrust Settlements).

Slater, Donald / Thomas, Sébastien / Waelbroeck, Denis: Competition law proceedings before the European Commission and the right to a fair trial: no need for reform?, Brügge 2008, abrufbar unter: http://www.coleurope.eu/content/gclc/documents/GCLC%20WP%2004-08.pdf (zit.: *Slater/Thomas/Wael-broeck*, Competition law proceedings).

Soltész, Ulrich: Bußgeldreduzierung bei Zusammenarbeit mit der Kommission in Kartellsachen – Kronzeugenmitteilung, EWS 2000, S. 240–246 (zit.: *Soltész*, EWS 2000).

—: Der „Kronzeuge" im Labyrinth des ECN, Zur Behandlung von Leniency-Anträgen im Netzwerk der Kartellbehörden, WuW 2005, S. 616–624 (zit.: *Soltész*, WuW 2005).

—: Belohnung für geständige Kartellsünder – Erste Settlements im Europäischen Kartellrecht, BB 2010, S. 2123–2127 (zit.: *Soltész*, BB 2010).

—: Due Process, Gesetzesvorbehalt und richterliche Kontrolle im Europäischen Kartellbußgeldverfahren, WuW 2012, S. 141–150 (zit.: *Soltész*, WuW 2012).

—. / *Köckritz, Christian von*: EU cartel settlements in practice – the future of EU cartel law enforcement?, ECLR 2011, 32(5), S. 258–265 (zit.: *Soltész/Köckritz*, ECLR 2011).

—. / *Marquier, Julia / Wendenburg, Felix*: Zugang zu Kartellrechtsakten für jedermann? – das EuG-Urteil Österreichische Banken, EWS 2006, S. 102–108 (zit.: *Soltész/Marquier/Wendenburg*, EWS 2006).

—. / *Steinle, Christian / Bielesz, Holger*: Rekordgeldbußen versus Bestimmtheitsgebot – Die Kartellverordnung auf dem Prüfstein höherrangigen Gemeinschaftsrechts, EuZW 2003, S. 202–210 (zit.: *Soltész/Steinle/Bielesz*, EuZW 2003).

Stephan, Andreas: The direct settlement of EC cartel cases, ICLQ 2009, 58(3), S. 627–654 (zit.: *Stephan*, ICLQ 2009).

—: OFT dairy price-fixing case leaves sour taste for cooperating parties in settlements, ECLR 2010, 31(11), S. 432–435 (zit.: *Stephan*, ECLR 2010).

Steinberg, Georg: Schuldgrundsatz versus kartellrechtliche Kronzeugenregelungen, WuW 2006, S. 719–726 (zit.: *Steinberg*, WuW 2006).

Stockmann, Kurt: Zur neueren Bußgeldpraxis bei Kartellverstößen, ZWeR 2012, S. 20–47 (zit.: *Stockmann*, ZWeR 2012).

Streinz, Rudolf: Europarecht, 9. Aufl., Heidelberg (u. a.) 2012 (zit.: *Streinz*, Europarecht).

Stuckenberg, Carl-Friedrich: Untersuchungen zur Unschuldsvermutung, Berlin (u. a.) 1997 (zit.: *Stuckenberg*, Untersuchungen zur Unschuldsvermutung).

Terhechte, Jörg Philipp (Hrsg.): Internationales Kartell- und Fusionskontrollverfahrensrecht, Bielefeld 2008 (zit.: *Bearbeiter*, in: Internationales Kartellrecht).

Tettinger, Peter J. / Stern, Klaus (Hrsg.): Kölner Gemeinschaftskommentar zur Europäischen Grundrechte-Charta, München 2006 (zit.: *Bearbeiter*, in: Tettinger/ Stern, Grundrechtecharta).

Theurer, Fabian: Geldbußen im EG-Wettbewerbsrecht, Frankfurt am Main (u. a.) 2009 (zit.: *Theurer*, Geldbußen).

Thiem, Ulrich: Die Bonusregelung des Bundeskartellamtes – Ein Zugewinn bei der Verfolgung und Ahndung illegaler Kartelle? Die Kronzeugenmodelle im deutschen und europäischen Kartellbußgeldrecht, Aachen 2004 (zit.: *Thiem*, Die Bonusregelung).

Thomas, Stefan: Aufdeckung – Abschreckung – Kompensation, Wechselwirkungen und Zielkonflikte der privaten und öffentlichen Kartellrechtsdurchsetzung, in: Peter Oberender (Hrsg.), Private und öffentliche Kartellrechtsdurchsetzung, S. 55–78, Berlin 2012 (zit.: *Thomas*, in: Oberender, Kartellrechtsdurchsetzung).

Tiedemann, Klaus: Kartellrechtsverstöße und Strafrecht, Köln (u. a.) 1976 (zit.: *Tiedemann*, Kartellrechtsverstöße).

—: Der Allgemeine Teil des europäischen supranationalen Strafrechts, in: Theo Vogler (Hrsg.), Festschrift für Hans-Heinrich Jescheck zum 70. Geburtstag, Halbband II, Berlin 1985, S. 1411–1440 (zit.: *Tiedemann*, in: FS-Jescheck).

Tierno Centella, María Luisa: The new settlement procedure in selected cartel cases, CPN Nr. 3/2008, S. 30–35 (zit.: *Tierno Centella*, CPN 3/2008).

Tietje, Christian / Nowrot, Karsten: Zugang zu Kartellrechtsakten nach der Transparenzverordnung als öffentliches Interesse, EWS 2006, S. 486–488 (zit.: *Tietje/ Nowrot*, EWS 2006).

Triantafyllou, Dimitris: Vom Vertrags- zum Gesetzesvorbehalt, Beitrag zum positiven Rechtmäßigkeitsprinzip in der EG, Baden-Baden 1996 (zit.: *Triantafyllou*, Vom Vertrags- zum Gesetzesvorbehalt).

Valls Prieto, Javier: Die juristische Natur der Sanktionen der Europäischen Union, ZStW 2008, Band 120, S. 403–417 (zit.: *Valls Prieto*, ZStW 2008 (120)).

Van Bael, Ivo / Bellis, Jean-François: Competition law of the European Community, 5. Ed., The Hague 2010 (zit.: *Van Bael/Bellis*, Competition law).

Van Hove, Kris / Burton, Richard: Direct Settlement, CompLI June 2010, S. 8 f. (zit.: *Van Hove/Burton*, CompLI 6/2010).

Vandenborre, Ingrid: The confidentiality of EU Commission cartel records in civil litigation: the ball is in the EU Court, ECLR 2011, (32)3, S. 116–125 (zit.: *Vandenborre*, ECLR 2011).

Vascott, David: EU cartel settlements: are they working? Flavio Laina, head of the cartel settlement unit at the European Commission's Directorate General for Competition, Marc Hansen, partner at Latham & Watkins and Gerwin Van Gerven, partner at Linklaters, take an in-depth look at the EU cartel settlement system, GCR 2013, abrufbar unter: *www.lw.com/mediaCoverage/are-eu-cartel-settlements-working (zit.: Vascott, GCR 2013).*

Veljanovski, Cento: Penalties for price-fixers: an analysis of fines imposed on 39 cartels by the EU commission, ECLR 2006, 27(9), S. 510–513 (zit.: *Veljanovski*, ECLR 2006).

Vocke, Christian: Die Ermittlungsbefugnisse der EG-Kommission im kartellrechtlichen Voruntersuchungsverfahren, Berlin 2006 (zit.: *Vocke*, Die Ermittlungsbefugnisse).

Vollmer, Christof: Settlements in German competition law, ECLR 2011, 32(7), S. 350–355 (zit.: *Vollmer*, ECLR 2011).

—: Erfahrungen mit Settlements in Kartellbußgeldverfahren aus der Sicht eines Kartellbeamten, in: FIW (Hrsg.), Schwerpunkte des Kartellrechts 2009/2010, Referate des 37. und 38. FIW-Seminars, S. 135–147, Köln 2011 (zit.: *Vollmer*, in: FIW, Schwerpunkte des Kartellrechts 2009/2010).

—: Akteneinsicht potenzieller Kartellgeschädigter gemäß § 406e StPO i. V. m. § 46 Abs. 1, 3 Satz 4 OWiG, ZWeR 2012, S. 442–473 (zit.: *Vollmer*, ZWeR 2012).

Wabnitz, Heinz-Bernd / Janovsky, Thomas (Hrsg.): Handbuch des Wirtschafts- und Steuerstrafrechts, 3. Aufl., München 2007 (*Bearbeiter*, in: Wabnitz/Janovsky, Wirtschafts- und Steuerstrafrecht).

Waelbroeck, Denis: The development of a new „settlement culture" in competition cases. What is left to the courts?, in: Gheur, Charles/Petit, Nicolas (Hrsg.), Alternative enforcement techniques in EC competition law, Settlements, commitments and other novel instruments, Brüssel 2009, S. 221–260 (zit.: *Waelbroeck*, in: Gheur/Petit, Alternative enforcement techniques).

Wagemann, Markus: Rechtfertigungs- und Entschuldigungsgründe im Bußgeldrecht der Europäischen Gemeinschaften, Heidelberg 1992 (zit.: *Wagemann*, Rechtfertigungs- und Entschuldigungsgründe).

Wagner-von Papp, Florian: Der Richtlinienentwurf zu kartellrechtlichen Schadensersatzklagen, EWS 2009, S. 445–454 (zit.: *Wagner-von Papp*, EWS 2009).

–., *Florian*: Kartellstrafrecht in den USA, dem vereinigten Königreich und Deutschland, WuW 2009, S. 1236–1249 (zit.: *Wagner-von Papp*, WuW 2009).

–.: Kriminalisierung von Kartellen, WuW 2010, S. 268–282 (zit.: *Wagner-von Papp*, WuW 2010).

Wegner, Carsten: Die Systematik der Zumessung unternehmensbezogener Geldbußen, Frankfurt am Main (u. a.) 2000 (zit.: *Wegner*, Die Systematik der Zumessung).

Weigend, Thomas: Abgesprochene Gerechtigkeit – Effizienz durch Kooperation im Strafverfahren? –, JZ 1990, S. 774–782 (zit.: *Weigend*, JZ 1990).

–.: Eine Prozeßordnung für abgesprochene Urteile? Anmerkungen zu den Entscheidungen BGHSt 43, 195 und BGH, NStZ 1999, 92, NStZ 1999, S. 57–63 (zit.: *Weigend*, NStZ 1999).

Weiß, Wolfgang: Die Verteidigungsrechte im EG-Kartellverfahren, Zugleich ein Beitrag zu den allgemeinen Rechtsgrundsätzen des Gemeinschaftsrechts, Köln (u. a.) 1996 (zit.: *Weiß*, Die Verteidigungsrechte).

–.: Der Schutz des Rechts auf Aussageverweigerung durch die EMRK, NJW 1999, S. 2236 f. (zit.: *Weiß*, NJW 1999).

–.: Das Leitlinien(un)wesen der Kommission verletzt den Vertrag von Lissabon, EWS 2010, S. 257–261 (zit.: *Weiß*, EWS 2010).

Weitbrecht, Andreas: Die Kronzeugenmitteilung in EG-Kartellsachen, EuZW 1997, S. 555–559 (zit.: *Weitbrecht*, EuZW 1997).

–.: Zeitenwende bei der Vorlage von Verfahrensakten der Kommission?, WuW 2010, S. 867 (zit.: *Weitbrecht*, WuW 2010).

–. / *Mühle, Jan*: Europäisches Kartellrecht 2003–2008, EuZW 2008, S. 551–560 (zit.: *Weitbrecht/Mühle*, EuZW 2008).

–.: Europäisches Kartellrecht 2009, EuZW 2010, S. 327–333 (zit.: *Weitbrecht/Mühle*, EuZW 2010).

Wesselburg, Alexander: Drittschutz bei Verstößen gegen das Kartellverbot, Unter Berücksichtigung der Wechselwirkungen zwischen privater und öffentlich-rechtlicher Durchsetzung, Baden-Baden 2010 (zit.: *Wesselburg*, Drittschutz).

Wieczorek, Bernhard (begr.) / Schütze, Rolf A.: Zivilprozeßordnung und Nebengesetze, Großkommentar, 2. Band/1. Teilband: §§ 128–252, 3. Aufl., Berlin 2007 (zit.: *Bearbeiter*, in: Wieczorek/Schütze, ZPO).

Wiedemann, Gerhard (Hrsg.): Handbuch des Kartellrechts, München 1999 (zit.: *Bearbeiter*, in: Wiedemann, Kartellrecht, 1. Aufl.).

–. *(Hrsg.)*: Handbuch des Kartellrechts, 2. Aufl., München 2008 (zit.: *Bearbeiter*, in: Wiedemann, Kartellrecht).

Wiesner, Till: Der Kronzeuge im Kartellrecht, Zur Rechtmäßigkeit der Honorierung von Aufklärungshilfe durch Sanktionserlass bei der Verfolgung von Hardcore-

Kartellen durch die Europäische Kommission und das Bundeskartellamt, Berlin 2004 (zit.: *Wiesner*, Der Kronzeuge im Kartellrecht).

—: Zur Rechtmäßigkeit einer „Bonusregelung“ im Kartellrecht, WuW 2005, S. 606–615 (zit.: *Wiesner*, WuW 2005).

Wils, Wouter P. J.: The Optimal Enforcement of EC Antitrust Law, Essays in Law and Economics, The Hague 2002 (zit.: *Wils*, The Optimal Enforcement).

—: Should Private Antitrust Enforcement be Encouraged in Europe? World Competition 2003, Vol. 26 (3), S. 473–488 (zit.: *Wils*, World Competition 2003).

—: Self-incrimination in EC Antitrust Enforcement: A Legal and Economic Analysis, World Competition 2003, 26 Vol. (4), S. 567–588 (zit.: *Wils*, World Competition 2003).

—: The Use of Settlements in Public Antitrust Enforcement: Objectives and Principles, World Competition 2008, Vol. 31 (3), S. 335–352 (zit.: *Wils*, World Competition 2008).

—: The Increased Level of EU Antitrust Fines, Judicial Review, and the European Convention of Human Rights, World Competition 2010, Vol. 33 (1), S. 5–29 (zit.: *Wils*, World Competition 2010).

—: EU Anti-trust Enforcement Powers and Procedural Rights and Guarantees: The Interplay between EU Law, National Law, the Charter of Fundamental Rights of the EU and the European Convention On Human Rights, World Competition, 2011, Vol. 34 (2), S. 189–213 (zit.: *Wils*, World Competition 2011).

Winkler, Rolf: Die Rechtsnatur der Geldbusse im Wettbewerbsrecht der Europäischen Wirtschaftsgemeinschaft, Ein Beitrag zum Wirtschaftsstrafrecht der Europäischen Gemeinschaften, Tübingen 1971 (zit.: *Winkler*, Die Rechtsnatur der Geldbuße).

Wissmann, Martin / Dreyer, Jan Joachim / Witting, Jörg (Hrsg.): Kartell- und regulierungsbehördliche Ermittlungen im Unternehmen und Risikomanagement, Köln (u. a.) 2008 (zit.: *Bearbeiter*, in: Wissmann/Dreyer/Witting, Kartellbehördliche Ermittlungen).

Wolf, Ernst: Zum Kartellrecht der EWG, WuW 1962, S. 645–661 (zit.: *Wolf*, WuW 1962).

Wolter, Jürgen (Hrsg.): SK-StPO, Systematischer Kommentar zur Strafprozessordnung, Mit GVG und EMRK; Band V: §§ 246a-295 StPO, 2012; Band VIII: §§ 374–495 StPO, 2013; 4. Aufl., Köln (zit.: *Bearbeiter*, in: SK-StPO).

Yomere, Anika: Die Problematik der Mehrfachsanktionierung von Unternehmen im EG-Kartellrecht, Baden-Baden 2010 (zit.: *Yomere*, Die Problematik der Mehrfachsanktionierung).

—: Die Entscheidung im Verfahren EnBW zum Recht von Schadensersatzklägern auf Akteneinsicht in Verfahrensakten der Kommission, WuW 2013, S. 34–40 (zit.: *Yomere*, WuW 2013).

—. / *Kresken, Jan*: Die Entscheidung des OLG Hamm zum Akteneinsichtsrecht von Zivilgerichten in Bonusanträge und vertrauliche Kommissionsentscheidungen, Anmerkung zu OLG Hamm, Beschl. v. 26.11.2013, 1 VAs 116/13-120/13 u. 122/13 - Einsicht in Strafakten (WuW/E DE-R 4101), WuW 2014, S. 481–489 (zit.: *Yomere/ Kresken*, WuW 2014).

Zagrosek, Roman: Kronzeugenregelungen im U.S.-amerikanischen, europäischen und deutschen Recht der Wettbewerbsbeschränkungen, Baden-Baden 2006 (zit.: *Zagrosek*, Kronzeugenregelungen).

Zimmer, Daniel / Höft, Jan C.: Alternative dispute resolution in antitrust cases? On the role of mediation in US antitrust and EU and German competition law, ECLR 2013, 34(8), S. 434–442 (zit.: *Zimmer/Höft*, ECLR 2013).

Zöttl, Johannes / Schlepper, Lisa: Die private Durchsetzung von kartellrechtlichen Schadensersatzansprüchen – Status quo in Deutschland, EuZW 2012, S. 573–576 (zit.: *Zöttl/Schlepper*, EuZW 2012).

Schriften zum deutschen, europäischen und internationalen Wirtschaftsstrafrecht

Herausgegeben von Robert Esser

Band 1 Josephine Scharnberg: Illegale Internal Investigations. Strafrechtliche Grenzen unternehmensinterner Ermittlungen. 2015.

Band 2 Matthias Peukert: Strafbare Untreue zum Nachteil einer in Deutschland ansässigen *Limited*. 2015.

Band 3 Thiemo Engelbracht: Die einvernehmliche Beendigung von Kartellbußgeldverfahren vor der Europäischen Kommission und dem Bundeskartellamt. Eine rechtsvergleichende Untersuchung aus strafrechtlicher Perspektive. 2015.

www.peterlang.com

www.ingramcontent.com/pod-product-compliance
Ingram Content Group UK Ltd.
Pitfield, Milton Keynes, MK11 3LW, UK
UKHW021831290926
8980IPUK00004B/377

9 783631 664964